Schriftenreihe
der Juristischen Schulung
Band 181

Einführung in das Kapitalmarktrecht

von

Dr. Barbara Grunewald

o. Professorin an der Universität zu Köln

Dr. Michael Schlitt

Honorarprofessor an der Universität zu Köln und
Rechtsanwalt in Frankfurt

unter Mitarbeit von

Sara Afschar-Hamdi
Dr. Thorsten Becker
Dr. Cornelia Ernst
Florian Kolling
Laura Lenz
Matthias Murr
Dr. Christian Ries
Dr. Susanne Schäfer
Dr. Jan Stoppel
Dr. Ann-Katrin Wilczek
Jan Winzen

Verlag C. H. Beck München 2014

www.beck.de

ISBN 978 3 406 65413 8

© 2014 Verlag C. H. Beck oHG
Wilhelmstraße 9, 80801 München
Druck und Bindung: Nomos Verlagsgesellschaft
In den Lissen 12, 76547 Sinzheim
Satz: Druckerei C. H. Beck, Nördlingen

Gedruckt auf säurefreiem, alterungsbeständigem Papier
(hergestellt aus chlorfrei gebleichtem Zellstoff)

Vorwort

Die vor knapp vier Jahren erschienene zweite Auflage der „Einführung in das Kapitalmarktrecht" ist – wie die erste Auflage – auf eine große Resonanz gestoßen. Dies sowie eine Vielzahl von gesetzlichen Neuerungen, wie etwa die neue Prospektrichtlinie und ihre Umsetzung in das deutsche Recht, haben uns bewogen, eine Neuauflage vorzulegen.

Dieses Buch wendet sich an alle Studierenden, Referendare und Berufsanfänger in Kanzleien, Banken und Unternehmen, die sich für die spannende Materie des Kapitalmarktrechts, insbesondere das Emissionsrecht, interessieren. Es will eine erste Einführung in ein in Ausbildung und Praxis zunehmend an Bedeutung gewinnendes Rechtsgebiet geben. Anders als ein herkömmliches Lehrbuch orientiert es sich in seinem Aufbau weniger an dogmatischen Gesichtspunkten, sondern stellt für einen Kapitalmarktrechtler wichtige Transaktionen und Tätigkeitsbereiche (Börsengang, Kapitalerhöhungen, Anleiheemissionen, Derivate, Delisting etc) sowie dort relevante Rechtsfragen vor. Dabei wird bewusst ein Schwerpunkt auf das praktisch bedeutsame Emissionsrecht gelegt; andere Bereiche werden dafür nur am Rande gestreift. Indem das Buch an vielen Stellen auf die aktienrechtlichen Bezüge von Wertpapieremissionen eingeht, trägt es der engen Verklammerung des Kapitalmarktrechts mit dem Gesellschaftsrecht Rechnung. Durch die Darstellung der wesentlichen Kapitalmarktprodukte und -transaktionen vermittelt das Werk gleichzeitig einen Einblick in die praktische Tätigkeit eines Kapitalmarktrechtlers in Kanzleien, Unternehmen oder Investmentbanken.

Das Buch ist ein Gemeinschaftswerk unserer beiden Teams am Lehrstuhl für Bürgerliches Recht und Wirtschaftsrecht an der Universität zu Köln bzw. in der Anwaltsgesellschaft Hogan Lovells International LLP.

Köln/Frankfurt, im September 2013

Barbara Grunewald
Michael Schlitt

Inhaltsübersicht

Vorwort	V
Inhaltsverzeichnis	IX
Abkürzungsverzeichnis	XXIII
Literaturverzeichnis	XXIX
§ 1. Grundlagen des Kapitalmarktrechts *(Schlitt)*	1
§ 2. Börsengang *(Ries/Murr)*	21
§ 3. Kapitalerhöhungen *(Ries)*	45
§ 4. Umplatzierung von Aktien *(Ries)*	63
§ 5. Anleihen *(Ernst)*	75
§ 6. Aktienverwandte Produkte *(Winzen)*	105
§ 7. Derivate *(Becker)*	133
§ 8. Übernahmevertrag *(Schäfer)*	159
§ 9. Konsortialvertrag *(Schäfer)*	177
§ 10. Börsenrecht *(Afschar-Hamdi/Lenz)*	189
§ 11. Prospekt *(Schäfer)*	211
§ 12. Prospekthaftung *(Wilczek)*	235
§ 13. Insiderrecht *(Stoppel)*	263
§ 14. Ad-hoc-Publizität *(Stoppel)*	277
§ 15. Sonstige Zulassungsfolgepflichten *(Kolling)*	291
§ 16. Delisting *(Grunewald)*	311
§ 17. Übernahmerecht *(Grunewald)*	319
Autorenverzeichnis	333
Stichwortverzeichnis *(Jäger)*	335

Inhaltsverzeichnis

Vorwort	V
Inhaltsübersicht	VII
Abkürzungsverzeichnis	XXIII
Literaturverzeichnis	XXIX

§ 1. Grundlagen des Kapitalmarktrechts ... 1
  I. Begriff des Kapitalmarktrechts ... 1
    1. Kapitalmarkt ... 1
    2. Kapitalmarktrecht ... 2
    3. Wichtige Rechtsquellen ... 3
       a) Internationales Recht ... 3
       b) Europäisches Recht ... 3
       c) Deutsches Recht ... 4
       d) Sonstige Bestimmungen ... 5
  II. Kapitalmärkte ... 5
    1. Primär- und Sekundärmärkte ... 5
    2. Organisierte und nicht organisierte Märkte ... 6
  III. Kapitalmarkt- und Finanzierungsprodukte ... 8
    1. Aktien ... 8
    2. Anleihen ... 9
    3. Aktienverwandte Produkte ... 9
    4. Termingeschäfte, Derivate ... 9
    5. Anteile an Investmentfonds ... 10
    6. Nicht-börsenfähige Finanzprodukte ... 10
  IV. Teilnehmer des Kapitalmarkts ... 10
    1. Emittent ... 11
    2. Konsortialbanken ... 11
    3. Bundesanstalt für Finanzdienstleistungsaufsicht ... 11
    4. Börse und andere Handelssysteme ... 11
    5. Anleger ... 12
    6. Sonstige ... 12
  V. Teilbereiche des Kapitalmarktrechts ... 13
    1. Wertpapierhandelsrecht ... 13
    2. Börsenrecht ... 13
    3. Wertpapierprospektrecht ... 13
    4. Wertpapiererwerbs- und Übernahmerecht ... 13
    5. Investmentrecht ... 14
    6. Kapitalanleger-Musterverfahrensrecht ... 14
    7. Das Recht der REIT-AG ... 15
    8. Finanzmarktstabilisierungsrecht ... 15
  VI. Kapitalmarkttransaktionen ... 16
    1. Emission von Wertpapieren ... 16
       a) Öffentliches Angebot/Privatplatzierung ... 16
       b) Selbst- und Fremdemission ... 17
    2. Börsenzulassung und -notierung ... 17
    3. Wichtige Anwendungsfälle in der Praxis ... 18
       a) Börsengang ... 18

b) Kapitalerhöhung	18
c) Umplatzierung von Aktien	19
d) Anleiheemission	19
e) Emission aktienverwandter Produkte	19
f) Derivate-Emissionen	20
g) Asset Backed Securities	20

VII. Kapitalmarktaufsicht ... 20

§ 2. Börsengang ... 21

  I. Einführung ... 21

  II. Vorbereitung des Börsengangs ... 22

1. Rechtliche Voraussetzungen für die Börsenfähigkeit	22
2. Vorbereitung der Gesellschaft	23
a) Umstrukturierung der Gesellschaft	23
b) Beendigung von Unternehmensverträgen	23
c) Anpassung der Satzung	24
d) Anpassung der inneren Organisation	24
3. Auswahl der Konsortialbanken	25
4. Due Diligence	25
5. Emissionskonzept	26
a) Gattung und Ausgestaltung der Platzierungsaktien	26
b) Börsenzulassung	27
c) Öffentliches Angebot von Aktien	28
d) Emissionsvolumen	29
6. Gremienbeschlüsse	29
a) Hauptversammlung	29
b) Vorstand	30
c) Aufsichtsrat	30
7. Börsengang von Tochtergesellschaften	30

  III. Durchführung des Börsengangs ... 32

1. Prospekt	32
a) Prospekterfordernis	33
b) Prospektinhalt	33
c) Prospekthaftung	34
d) Billigung	34
e) Veröffentlichung	34
f) Nachtragspflicht	35
g) Europäischer Pass	35
2. Übernahmevertrag	36
3. Angebot	37
a) Bookbuilding	37
b) Decoupled Bookbuilding	38
4. Börsenzulassung und Einführung	39
5. Marketing	39
6. Stabilisierung	41

  IV. Folgepflichten ... 43

  V. Zeitlicher Ablauf ... 44

§ 3. Kapitalerhöhungen ... 45

  I. Bezugsrechtsemissionen ... 45

1. Wesen	45
2. Gründe	45
3. Strukturierung	46
a) Grundsatz	46
b) Mittelbares Bezugsrecht	47
c) Kombination mit bezugsrechtsfreier Tranche	47
d) Gemischte Bar-/Sachkapitalerhöhung	47
4. Verträge mit Altaktionären	48

	5. Platzierungsverfahren	48
	a) Inhalt des Bezugsangebots	48
	b) Veröffentlichung des Bezugsangebots	49
	c) Festsetzung des Ausgabepreises	49
	6. Übernahme und Zeichnung der neuen Aktien	51
	7. Prospekt	51
	a) Prospekterfordernis	51
	b) Prospektinhalt	52
	c) Prospekthaftung	52
	d) Billigung	52
	e) Veröffentlichung	53
	f) Nachtragspflicht	53
	g) Europäischer Pass	53
	8. Zulassung	53
	9. Sonderfall: Aktiendividende	54
	a) Struktur	54
	b) Dokumentation	54
	c) Festlegung des Ausgabepreises für die neuen Aktien	54
II.	Bezugsrechtsfreie Kapitalerhöhungen	55
	1. Einleitung	55
	2. Voraussetzungen des § 186 Abs. 3 S. 4 AktG	55
	3. Mehrfaches Ausnutzen, Stufenermächtigung und Anrechnung	57
	4. Gremienbeschlüsse	58
	a) Hauptversammlung	58
	b) Vorstand	58
	c) Aufsichtsrat	59
	5. Ausgabebetrag der neuen Aktien	59
	a) Ausgabebetrag	59
	b) Kein wesentliches Unterschreiten	59
	c) Relevante Börse und relevanter Kurs	60
	d) Erfordernis einer Referenzperiode	60
	6. Zulassung	61
	7. Haftung	62

§ 4. Umplatzierung von Aktien ... 63

I.	Arten der Umplatzierung	63
	1. Öffentliche Umplatzierung	63
	2. Block Trade	63
	3. Pakethandel	64
II.	Öffentliche Umplatzierung	64
	1. Gründe	64
	2. Prospekt	65
	a) Prospekterfordernis und Prospektinhalt	65
	b) Verantwortungsübernahme	65
	c) Billigung	66
	d) Prospekthaftung	66
	3. Mitwirkung der Zielgesellschaft	67
	a) Vertraulichkeit und Due Diligence	67
	b) Garantien; Freistellung	68
	4. Gremienbeschlüsse	68
	a) Altaktionäre	68
	b) Zielgesellschaft	69
III.	Block Trades	69
	1. Gründe	69
	2. Struktur	70
	a) Best-Efforts-Underwriting	70
	b) Back-Stop-Transaktionen	71
	c) Bought-Deal-Transaktionen	71

3. Gremienbeschlüsse	71
a) Altaktionäre	72
b) Zielgesellschaft	72
4. Stabilisierung	72
5. Nachhandelspublizität	72

§ 5. Anleihen … 75

I. Einführung … 75

II. Erscheinungsformen von Anleihen … 76

1. Stand alone-Anleihen … 76
2. Emissions- und Angebotsprogramme … 77
   a) Medium-Term-Note-(MTN-)Programme … 78
   b) Commercial Paper (CP) Programme … 78
3. Internationale Anleihen … 78
4. Emission über eine Zweckgesellschaft … 79
5. Wertpapierrechtliche Verbriefung … 79

III. Ausgestaltung der Anleihebedingungen … 80

1. Verzinsung … 81
   a) Festverzinsliche Anleihen … 81
   b) Variabel verzinsliche Anleihen … 82
   c) Nullkuponanleihen … 83
   d) Bedeutung des Ratings für die Verzinsung … 83
2. Laufzeit und Tilgung … 85
   a) Anleihen mit fester Endfälligkeit … 85
   b) Annuitäten-Anleihen … 85
   d) Stripped Bonds … 86
   e) Kündigungs- und Rückkaufsrechte … 86
3. Rangverhältnis … 87
   a) Vertraglicher Nachrang … 87
   b) Struktureller Nachrang … 88
4. Sicherung der Gläubigerrechte … 88
   a) Personalsicherheiten … 88
   b) Realsicherheiten … 89
   c) Negativerklärung … 89
   d) Drittverzugsklausel … 90
   e) Besonderheiten bei High-Yield-Anleihen … 90

IV. Sonderformen … 90

1. Hybridanleihen … 90
2. Asset-Backed-Securities … 91
3. Pfandbriefe, Kommunalobligationen … 91
4. Katastrophen-Anleihen … 92
5. Teileingezahlte Anleihen … 92
6. Schuldbuchforderungen der öffentlichen Hand … 93

V. Emissions- und Platzierungsverfahren … 93

1. Gremienbeschlüsse … 94
2. Platzierung … 94
3. Wertpapierrechtliche Begebung … 95
4. Angebotsdokumentation … 95
5. Börsenzulassung … 95

VI. Rechtsbeziehungen der Beteiligten … 96

1. Emittent/Garant – Anleger … 96
   a) Anwendbarkeit des AGB-Rechts … 96
   b) Transparenzgebot und Inhaltskontrolle nach SchVG … 98
   c) Inhaltskontrolle nach § 242 BGB … 99
   d) Rechtswahl und Gerichtsstand … 99
2. Emittent/Garant – Konsortialbanken … 100

3. Konsortialbanken – Anleger 100
4. Rolle der Zahlstelle 100
5. Rolle eines Treuhänders oder gemeinsamen Vertreters 101

VII. Änderung der Anleihebedingungen und Restrukturierung 102
  1. Schuldverschreibungsgesetz 102
  2. Änderung von Anleihebedingungen von Altanleihen 103

§ 6. Aktienverwandte Produkte 105

I. Einführung 105
  1. Begriffliche Klärung 105
  2. Rechtsnatur 106
  3. Schutzzweckerwägungen 107
  4. Wirtschaftliche Hintergründe 108
  5. Abgrenzung zu verwandten Finanzierungsformen 109

II. Gestaltungsformen 111
  1. Direkte oder indirekte Emission 111
  2. Ausgabe gegen Sacheinlage 111

III. Gesellschaftsrechtlicher Rahmen 112
  1. Wandel- und Optionsanleihen 112
     a) Gremienbeschlüsse 112
     b) Bezugsrecht 114
     c) Lieferverpflichtungen 117
  2. Umtauschanleihen 122

IV. Überblick über das Platzierungsverfahren 122
  1. Bezugsrechtsemission 123
  2. Beschleunigtes Verfahren 124
  3. Umtauschanleihen 124

V. Ausgestaltung der Anleihebedingungen 125
  1. Wandlungsfrist 125
  2. Wandlungs- bzw. Bezugsverhältnis 125
  3. Verzinsung 126
  4. Vorzeitige Rückzahlung 126
  5. Barzahlung statt Lieferung von Aktien 126
  6. Bedingungen 127
  7. Wandlungspflicht 127
  8. Investorenschutz 129
     a) Kapitalmaßnahmen 129
     b) Sonstige Strukturmaßnahmen 130
  9. Inhaltskontrolle 131

VI. Börsenzulassung und Transparenzpflichten 131

VII. Umstrukturierung 132

§ 7. Derivate 133

I. Einführung 133
  1. Begriff des Derivats 133
     a) Termingeschäft 134
     b) Basiswert *(underlying)* 135
  2. Einsatzmöglichkeiten von Derivaten 135
     a) Risikomanagement *(hedging)* 135
     b) Arbitrage und Spreading 136
     d) Synthetische Positionen 137
     e) Vorbereiten einer Unternehmensbeteiligung 137

II. Erscheinungsformen ... 138
1. Unbedingte Geschäfte (Festgeschäfte) ... 138
   a) Futures ... 139
   b) Forwards ... 139
2. Bedingte Geschäfte (Optionen) ... 139
   a) Call ... 140
   b) Put ... 140
   c) Selbständige und unselbständige Optionsscheine ... 140
3. Austauschverträge *(swaps)* ... 141
4. Begrenzungsverträge ... 142
   a) Cap ... 142
   b) Floor ... 142
   c) Collar ... 142
5. Sonderformen ... 142
   a) Exotische Optionen ... 143
   b) Kreditderivate ... 143
   c) Katastrophen-, Wetter- und Makroderivate ... 143
   d) Mehrfach derivative Produkte ... 144
   e) Strukturierte Produkte ... 144

III. Rechtliche Grundlagen ... 144
1. Vertragliche Dokumentation ... 144
   a) Rahmenvertrag für Finanztermingeschäfte ... 145
   b) ISDA Master Agreement ... 145
2. Behandlung im Kundengeschäft der Banken ... 145
   a) Rechtsverbindlichkeit ... 145
   b) Informationspflichten ... 146
3. Behandlung im Insolvenzfall ... 147
4. Weitere Aspekte ... 148
   a) Bilanzierung ... 148
   b) Aufsichtsrecht ... 149
   c) Sorgfaltspflichten der Organe ... 149

IV. Handel derivativer Instrumente ... 150
1. Börslicher Handel ... 150
2. OTC *(over the counter)* Handel ... 151
3. Erfüllung *(settlement)* ... 152
   a) Effektiv (physisches Settlement) ... 152
   b) Barausgleich (Cash Settlement) ... 152
   c) Glattstellung ... 152
4. Sicherheitsleistung *(margin)* ... 152
5. Abwicklung *(clearing)* ... 153

V. Derivate auf eigene Aktien ... 153
1. Grundlagen ... 153
   a) Selbständige Optionsscheine *(naked warrants)* ... 154
   b) Optionen auf existierende eigene Aktien ... 154
   c) Erfüllung *(settlement)* ... 155
2. Unternehmensgegenstand ... 155
3. Kapitalschutzbestimmungen ... 156
   a) Einlagenrückgewähr ... 156
   b) Erwerb eigener Aktien ... 156
   c) Handel in eigenen Aktien ... 156
   d) Aktienübernahme für Rechnung der Gesellschaft ... 157
4. Schutz der Aktionäre ... 157
   a) Gleichbehandlung ... 157
   b) Bezugsrecht/Andienungsrecht ... 158

§ 8. Übernahmevertrag 159
I. Funktion 159
II. Arten 160
1. Best-Efforts-Underwriting 160
2. Back-Stop-Transaktionen 160
3. Bought-Deal-Transaktionen 161
III. Rechtsnatur 161
1. Best-Efforts-Underwriting 161
2. Back-Stop-/Bought-Deal-Transaktionen 162
IV. Ausgestaltung bei prospektpflichtigen Aktienemissionen 162
1. IPOs 162
   a) Vertragsschluss und Vertragsparteien 162
   b) Risikoverteilung 163
   c) Mehrzuteilungs- und Greenshoe-Option 164
   d) Lock-up-/Marktschutzvereinbarung 164
   e) Garantien und Verpflichtungen 165
   f) Haftungsfreistellung 166
   g) Vertragsbeendigung 167
2. Bezugsrechtsemissionen 168
   a) Vertragsschluss und Vertragsparteien 168
   b) Risikoverteilung 169
   c) Vereinbarung über Stabilisierung und Hedging 169
   d) Weitere Inhalte 169
   e) Problematik der verdeckten Sacheinlage 170
   f) Problematik des Kontrollerwerbs 171
V. Ausgestaltung bei prospektfreien Aktienemissionen 171
1. 10 %-Kapitalerhöhungen 171
   a) Vertragsschluss und Vertragsparteien 171
   b) Risikoverteilung 172
   c) Weiterer Inhalt 172
2. Block Trades 172
   a) Vertragsschluss und Vertragsparteien 172
   b) Risikoverteilung 173
   c) Weiterer Inhalt 173
VI. Ausgestaltung bei Anleihen 173
1. Vertragsschluss und Vertragsparteien 173
2. Risikoverteilung 174
3. Weiterer Inhalt 174
VII. Ausgestaltung bei aktienverwandten Produkten 175
1. Inhalt 175
2. Besonderheiten bei Emission über eine (ausländische) Finanzierungsgesellschaft 176

§ 9. Konsortialvertrag 177
I. Begriff und Funktion 177
1. Begriff 177
2. Funktion 177
II. Rechtliche Rahmenbedingungen 178
III. Struktur 178
1. Einheitskonsortium 178
2. Einheitsvertrags-Konsortium 179
3. Außenkonsortium 179
4. Praxis zur Vermeidung eines Pflichtangebots nach dem WpÜG 179

    5. Binnenstruktur des Konsortiums 180
        a) Konsortialführer 180
        b) Übrige Konsortialbanken 180
 IV. Rechtsnatur des Emissionskonsortiums 181
  V. Form des Konsortialvertrags 182
    1. Standardisierung 182
    2. Zeitpunkt des Vertragsschlusses 183
 VI. Inhalt des Konsortialvertrags 183
    1. Verteilung von Provisionen und Kosten 183
    2. Bevollmächtigung des Konsortialführers 183
    3. Ausfallhaftung 184
    4. Gewinn- und Verlustbeteiligung bei Stabilisierung 184
    5. Risikoverteilung für den Fall der Prospekthaftung 184
    6. Rechtswahlklausel 185
VII. Änderung und Beendigung des Konsortialvertrags 185
    1. Änderung des Konsortialvertrags 185
    2. Zweckerreichung oder Unmöglichkeit 185
    3. Kündigung 186
    4. Fortgeltung einzelner Bestimmungen 186
VIII. Annex: Sub-Underwriting 186
    1. Begriff 186
    2. Funktion 186
    3. Rechtsform 187

§ 10. Börsenrecht 189
  I. Einführung 189
 II. Rechtsquellen 189
III. Begriff der Börse 190
 IV. Organisation und Rechtsnatur der Börse 190
    1. Börse und Börsenträger 190
    2. Organisation der Börse 192
        a) Börsenorgane 192
        b) Handelsteilnehmer 193
    3. Börsenaufsicht 194
        a) BaFin 194
        b) Börsenaufsichtsbehörde 195
        c) Handelsüberwachungsstelle 195
  V. Multilaterale Handelssysteme, systematische Internalisierer und organisierte
     Handelssysteme 195
    1. Multilaterale Handelssysteme 195
    2. Systematische Internalisierer 196
    3. Organisierte Handelssysteme 197
 VI. Börsenplätze und Marktsegmente 198
    1. Börsenplätze 198
    2. Schwerpunkte und Initiativen der Regionalbörsen 198
    3. Marktsegmente nach dem Börsengesetz 198
        a) Regulierter Markt 198
        b) Freiverkehr 198
    4. Segmentierung an der Frankfurter Wertpapierbörse 201
        a) Regulierter Markt: General Standard und Prime Standard 201
        b) Open Market: Quotation Board und Entry Standard 201
        c) Prime Standard für Anleihen 202

VII. Börsenzulassung und Einbeziehung ... 202
1. Begriff der Zulassung ... 202
2. Abgrenzung zur Einbeziehung ... 202
   a) Regulierter Markt ... 202
   b) Freiverkehr ... 202
3. Zulassungs- und Einbeziehungsvoraussetzungen ... 203
   a) Zulassung zum regulierten Markt ... 203
   b) Einbeziehung in den Freiverkehr ... 204
4. Zulassungsverfahren ... 204

VIII. Einführung/Notierung ... 204

IX. Handelsorganisation ... 204
1. Kassa- und Terminmarkt ... 205
2. Parketthandel ... 205
3. Vollelektronischer Börsenhandel ... 206
   a) Market Maker, Designated Sponsors ... 206
   b) Preisfeststellung ... 206

X. Indizes ... 207
1. Indexsystematik ... 207
2. Bedingungen für die Aufnahme, Entscheidung über die Zusammensetzung ... 208

§ 11. Prospekt ... 211

I. Einführung ... 211
1. Bedeutung des Prospekts ... 211
2. Rechtsrahmen ... 212

II. Prospektpflicht ... 213
1. Anwendungsbereich des WpPG ... 213
2. Öffentliches Angebot ... 214
3. Zulassung/Einbeziehung ... 216

III. Ausnahmen von der Prospektpflicht ... 216
1. Ausnahmen für öffentliche Angebote ... 216
   a) Privatplatzierungen ... 216
   b) Betragsgrenzen ... 217
   c) Weitere Ausnahmen ... 217
2. Ausnahmen für die Zulassung ... 218
   a) 10 %-Kapitalerhöhungen ... 218
   b) Weitere Ausnahmen ... 218

IV. Prospektformat und -inhalt ... 219
1. Prospektformat ... 219
   a) Einteiliger und dreiteiliger Prospekt ... 219
   b) Basisprospekt ... 219
2. Prospektinhalte ... 219
   a) § 5 WpPG, ProspektVO ... 219
   b) Aufbau des Prospekts ... 220
   c) Incorporation by Reference ... 220
3. Einzelheiten ... 221
   a) Zusammenfassung ... 221
   b) Risikofaktoren ... 221
   c) Finanzinformationen ... 222
   d) Geschäfts- und Finanzlage ... 224
   e) Trendinformationen, Prognosen ... 224
   f) Verhältnismäßiges Prospektregime ... 225
   g) Angebotsbedingungen ... 226
4. Nichtaufnahme von Angaben ... 228

V. Billigungsverfahren ... 228
1. Zuständige Behörde ... 228
2. Prüfungsumfang und -frist ... 229
3. Hinterlegung und Veröffentlichung ... 230
4. Geltungsdauer ... 230
5. Nachtragspflicht ... 231

VI. EU-Pass, internationale Emissionen ... 231
1. Notifizierungsverfahren ... 232
2. Sprachenregelung ... 232
3. International Offering Circular ... 234

VII. Werbung ... 234

§ 12. Prospekthaftung ... 235

I. Einführung ... 235

II. Prospekthaftung nach §§ 21, 22, 24 WpPG ... 236
1. Prospektbegriff ... 236
2. Fehlerhaftigkeit der Prospektangaben ... 236
   a) Angaben ... 237
   b) Unrichtigkeit/Unvollständigkeit ... 237
   c) Wesentlichkeit ... 238
   d) Beurteilungsmaßstab ... 238
3. Kausalität ... 238
4. Haftungsadressaten ... 239
   a) Übernahme der Prospektverantwortung ... 239
   b) Prospektveranlasser ... 239
   c) Experten ... 240
5. Verschulden ... 240
   a) Sorgfaltspflichten des Emittenten ... 240
   b) Sorgfaltspflichten der Emissionsbegleiter ... 241
6. Anspruchsberechtigte ... 242
   a) Erwerbszeitpunkt ... 242
   b) Erwerbsgegenstand ... 242
   c) Entgeltlicher Erwerb, Inlandsbezug ... 243
7. Haftungsfolgen ... 243
   a) Haftungsumfang ... 243
   b) Haftungsausfüllende Kausalität ... 243
   c) Mitverschulden ... 243
8. Haftung bei fehlendem Prospekt nach § 24 WpPG ... 244
9. Haftungsausschlüsse ... 244
   a) Prospektberichtigung ... 244
   b) Prospektzusammenfassung ... 244
10. Verjährung ... 245
11. Kollision mit §§ 57, 71 AktG ... 245
12. Konkurrenzen ... 246
13. Übergangsregelungen ... 246
14. Prozessuale Aspekte ... 246

III. Due Diligence ... 247
1. Begriff der Due Diligence ... 247
2. Arten der Due Diligence und Beteiligte ... 248
3. Due Diligence und Gewährleistungsrecht ... 249
   a) „Due Diligence Defense", Pflicht zur Durchführung einer Due Diligence ... 249
   b) Auswirkungen auf das Verhältnis zwischen Emittent und Emissionsbanken ... 250
4. Zulässigkeit der Due Diligence ... 250
   a) Gesellschaftsrechtliche Grenzen ... 251
   b) Wertpapierhandelsrechtliche Grenzen ... 251
   c) Weitere Grenzen ... 252
5. Verfahren ... 252

Inhaltsverzeichnis

IV. Legal Opinion und Disclosure Opinion 254
   1. Begriff und Funktion 254
   2. Ausstellungsdatum, Aussteller und Adressaten 255
   3. Aussagen einer Legal Opinion und Disclosure Opinion 255
      a) Legal Opinion 255
      b) Disclosure Opinion 256
   4. Haftung 257

V. Comfort Letter 257
   1. Begriff und Funktion 257
   2. Abgabezeitpunkt, Aussteller und Adressaten 258
   3. Aussagen eines Comfort Letters 258
      a) Aussagen zu den geprüften Abschlüssen 258
      b) Aussagen zur Folgeperiode 259
      c) Circle-up 260
      d) Schlussabschnitt 260
   4. Haftung 260

§ 13. Insiderrecht 263
  I. Überblick 263
  II. Insiderpapiere und Insiderinformationen 264
   1. Insiderpapiere 264
   2. Insiderinformationen 265
      a) Mehrstufige Entscheidungsprozesse 266
      b) Gerüchte 267
  III. Das Verbot von Insidergeschäften 268
   1. § 14 Abs. 1 Nr. 1 WpHG: Transaktionen unter Verwendung von
      Insiderinformationen 268
   2. § 14 Abs. 1 Nr. 2 WpHG: Weitergabe von Insiderinformationen 269
   3. § 14 Abs. 1 Nr. 3 WpHG: Verleitung eines anderen zu Transaktionen .. 271
   4. Ausnahme des § 14 Abs. 2 WpHG 271
   5. Rechtsfolgen eines Verstoßes gegen § 14 Abs. 1 WpHG 272
      a) Straf- und ordnungswidrigkeitsrechtliche Sanktionen 272
      b) Zivilrechtliche Auswirkungen 272
   6. Anzeigepflicht aus § 10 WpHG 273
  IV. Führung von Insiderverzeichnissen, § 15b WpHG 273
  V. Aufzeichnungspflichten und Aufbewahrungspflichten nach §§ 16, 16b WpHG . 275
  VI. Ausblick 275

§ 14. Ad-hoc-Publizität 277
  I. Überblick 277
  II. Die einzelnen Publizitätspflichten, § 15 WpHG 278
   1. Allgemeine Veröffentlichungspflicht nach § 15 Abs. 1 S. 1 WpHG 278
      a) Adressaten der Veröffentlichungspflicht 278
      b) Gegenstand der Veröffentlichungspflicht 278
      c) Befreiungstatbestand § 15 Abs. 3 S. 1 WpHG 280
      d) Sonderfall Ad-hoc-Publizitätspflicht im Konzern 282
   2. Veröffentlichungspflicht durch Weitergabe nach § 15 Abs. 1 S. 4, 5 WpHG 283
   3. Pflicht zur Veröffentlichung einer Korrektur, § 15 Abs. 2 S. 2 WpHG .. 284
   4. Art und Inhalt der Veröffentlichung 284
   5. Vorabmitteilung nach § 15 Abs. 4 WpHG 284

III. Rechtsfolgen bei Verstößen 285
   1. Schadensersatzansprüche 285
      a) Haftung des Vorstands 285
      b) Haftung des Emittenten 287
   2. Ordnungswidrigkeiten 288

IV. Ausblick 289

§ 15. Sonstige Zulassungsfolgepflichten 291
   I. Zulassungsfolgepflichten des Emittenten 291
      1. Pflicht zur Zulassung später ausgegebener Aktien 291
      2. Pflichten gegenüber der Börsengeschäftsführung 291
         a) Auskunftserteilung 291
         b) Mitteilung von Änderungen der Rechtsgrundlage des Emittenten 292
      3. Pflichten zu Gunsten der Wertpapierinhaber 292
         a) Gleichbehandlung 292
         b) Verfügbarkeit der zur Rechtsausübung benötigten Einrichtungen und
            Informationen 293
         c) Datenschutz 293
         d) Benennung einer Zahlstelle 293
         e) Übermittlung eines Vollmachtformulars 293
         f) Angaben zu Zeit, Ort und Tagesordnung der Hauptversammlung, zu
            Dividendenausschüttungen und bestimmten Kapitalmaßnahmen 293
         g) Änderung der Wertpapierrechte 293
         h) Befreiung von Mitteilungs- und Veröffentlichungspflichten 294
      4. Insiderrecht/Ad-hoc-Publizität 295
      5. Verbot der Marktmanipulation 295
      6. Rechnungslegungspflichten 296
         a) Anwendbare Rechnungslegungsstandards 296
         b) Offenlegung 296
         c) Bilanzeid 297
         d) Erstellung und Bekanntmachung von Jahresabschlüssen/Jahresfinanz-
            berichten 297
         e) Erstellung und Bekanntmachung von Zwischenberichten/Halbjahresfinanz-
            berichten 298
         f) Erstellung und Bekanntmachung von Quartalsberichten/Zwischen-
            mitteilungen der Geschäftsführung 299
      7. Pflicht zur Abgabe einer Entsprechenserklärung 299
   II. Zusätzliche Zulassungsfolgepflichten des Emittenten im Prime Standard
       an der FWB 300
       1. Rechtsgrundlage 300
       2. Zulassungsfolgepflichten im Prime Standard 301
       3. Sanktionen bei Nichtbefolgung 301
   III. Einbeziehungsfolgepflichten im Entry Standard an der FWB 301
        1. Begriff der Einbeziehungsfolgepflichten 301
        2. Pflichten des antragstellenden Emittenten 302
        3. Pflichten des Mitantragstellers 302
        4. Sanktion bei Nichtbefolgung 303
   IV. Einbeziehungsfolgepflichten im Quotation Board an der FWB 303
   V. Zulassungsfolgepflichten für Unternehmensinsider (Directors' Dealings) ... 303
   VI. Zulassungsfolgepflichten für Aktionäre 306
       1. Meldepflicht bei Beteiligungsveränderungen 306
       2. Pflichtangebot 309

§ 16. Delisting 311
  I. Begriffsbestimmung/Arten des Delisting 311
     1. Reguläres Delisting 311
     2. Zwangsdelisting 311
     3. Vollständiges/partielles Delisting 312
     4. Kaltes Delisting 312
  II. Gründe für und gegen ein Delisting 312
  III. Gesellschaftsrechtliche Voraussetzungen des Delisting 313
     1. Reguläres Delisting 313
        a) Vollständiges Delisting 313
        b) Partielles Delisting 316
     2. Kaltes Delisting 316
     3. Proviziertes Zwangsdelisting 316
  IV. Kapitalmarktrechtliche Voraussetzungen des Delisting 317
     1. Reguläres Delisting 317
     2. Zwangsdelisting 318

§ 17. Übernahmerecht 319
  I. Einleitung 319
  II. Die Übernahmerichtlinie 320
  III. Aufbau des WpÜG 321
  IV. Das einfache Erwerbsangebot 321
     1. Entscheidung über die Abgabe des Angebotes 321
     2. Die Angebotsunterlage 322
     3. Wasserstandsmeldungen 323
     4. Richtigstellung und Änderung des Angebots 323
     5. Pflichten der Organe der Zielgesellschaft 324
  V. Das Übernahmeangebot 324
     1. Begriffsbestimmung 324
     2. Gegenleistung 325
     3. Pflichten der Organe der Zielgesellschaft 325
        a) Informationspflichten 325
        b) Das Verhinderungsverbot 325
        c) Europäisches Verhinderungsverbot/Europäische Durchgriffsregel .. 326
  VI. Das Pflichtangebot 327
     1. Voraussetzungen eines Pflichtangebotes 327
     2. Ausnahmen vom Pflichtangebot 329
     3. Die Angebotsunterlage 330
     4. Erzwingung des Angebotes 330
  VII. Squeeze-out 330
  VIII. Andienungsrechte (Sell-out) 331

Autorenverzeichnis 333
Stichwortverzeichnis 335

Abkürzungsverzeichnis

aA	anderer Ansicht
ABl.	Amtsblatt
Abs.	Absatz
ABS	Asset Backed Securities
ADRs	American Depositary Receipts
aE	am Ende
aF	alte Fassung
AG	Die Aktiengesellschaft; Aktiengesellschaft
AGB	Allgemeine Geschäftsbedingungen
AIF	Alternativer Investmentfonds
AIFM	Alternative Investment Funds Manager Directive
AktG	Aktiengesetz
AnSVG	Gesetz zur Verbesserung des Anlegerschutzes (Anlegerschutzverbesserungsgesetz)
arg. e	argumentum e
Art.	Artikel
Aufl.	Auflage
AWG	Außenwirtschaftsgesetz
AWV	Verordnung zur Durchführung des Außenwirtschaftsgesetzes
Az.	Aktenzeichen
BaFin	Bundesanstalt für Finanzdienstleistungsaufsicht
BayObLG	Bayerisches Oberstes Landesgericht
BB	Betriebs-Berater
Bd.	Band
Begr.	Begründung
Begr. RegE	Begründung des Regierungsentwurfes
BetrVG	Betriebsverfassungsgesetz
BGB	Bürgerliches Gesetzbuch
BGBl.	Bundesgesetzblatt
BGH	Bundesgerichtshof
BGHSt	Entscheidungen des Bundesgerichtshofs in Strafsachen
BGHZ	Entscheidungen des Bundesgerichtshofs in Zivilsachen
BKR	Zeitschrift für Bank- und Kapitalmarktrecht
BÖAG	Börsen AG
BörsG	Börsengesetz
BörsO	Börsenordnung
BörsO FWB	Börsenordnung für die Frankfurter Wertpapierbörse
BörsZulRiLi	Richtlinie 2001/34/EG des Europäischen Parlaments und des Rates vom 28. Mai 2001 über die Zulassung von Wertpapieren zur amtlichen Börsennotierung und über die hinsichtlich dieser Wertpapiere zu veröffentlichenden Informationen
BörsZulV	Verordnung über die Zulassung von Wertpapieren zum regulierten Markt an einer Wertpapierbörse (Börsenzulassungs-Verordnung)
BR-Drs.	Bundesratsdrucksache
BSchuWG	Gesetz zur Regelung des Schuldenwesens des Bundes (Bundesschuldenwesengesetz)
BT-Drs.	Bundestagsdrucksache
BuB	Bankrecht und Bankpraxis
B.V.	besloten vennootschap
BVerfG	Bundesverfassungsgericht
BWpVerwG	Gesetz zur Neuordnung des Schuldbuchrechts des Bundes und der Rechtsgrundlagen der Bundesschuldenverwaltung (Bundeswertpapierverwaltungsgesetz)
bzw.	beziehungsweise

CCZ	Corporate Compliance Zeitschrift
CDS	Credit Default Swap
CEBS	Committee of European Banking Supervisors
CESR	Committee of European Securities Regulators
CFD	Contract for Difference
CFL	Corporate Finance Law
c. i. c.	culpa in contrahendo
CP	Commercial Paper
DB	Der Betrieb
DBAG	Deutsche Börse AG
DepotG	Gesetz über die Verwahrung und Anschaffung von Wertpapieren (Depotgesetz)
ders.	derselbe
dh	das heißt
dies.	dieselbe(n)
Disk-E	Diskussionsentwurf
DNotZ	Deutsche Notar-Zeitschrift
DStR	Deutsches Steuerrecht
DTB	Deutsche Terminbörse
EBA	European Banking Authority
ECN	Electronic Communication Network
EG	Europäische Gemeinschaft
EGAktG	Einführungsgesetz zum Aktiengesetz
EGBGB	Einführungsgesetz zum Bürgerlichen Gesetzbuche
EHUG	Gesetz über elektronische Handelsregister und Genossenschaftsregister sowie das Unternehmensregister
Einf.	Einführung
EMIR	European Market Infrastructure Regulation
ESC	European Securities Committee
ESMA	European Securities and Markets Authority
etc	et cetera
EU	Europäische Union
Eurex	European Exchange
EURIBOR	European Interbank Offered Rate
e. V.	eingetragener Verein
EWG	Europäische Wirtschaftsgemeinschaft
EWiR	Entscheidungen zum Wirtschaftsrecht
EWR	Europäischer Wirtschaftsraum
f., ff.	folgende
FASB	Financial Accounting Standards Board
FAZ	Frankfurter Allgemeine Zeitung
FB	Finanz Betrieb
FinAnV	Verordnung über die Analyse von Finanzinstrumenten (Finanzanalyseverordnung)
FMFG	Finanzmarktförderungsgesetz
FMStBG	Finanzmarktstabilisierungsbeschleunigungsgesetz
FMStFG	Finanzmarktstabilisierungsfondsgesetz
Fn.	Fußnote
FRUG	Gesetz zur Umsetzung der Richtlinie über Märkte für Finanzinstrumente und der Durchführungsrichtlinie der Kommission (Finanzmarkt-Richtlinie-Umsetzungsgesetz)
FS	Festschrift
FSA	Financial Services Authority
FWB	Frankfurter Wertpapierbörse
GATS	General Agreement on Trade in Services
GbR	Gesellschaft bürgerlichen Rechts
GG	Grundgesetz

ggf.	gegebenenfalls
GmbH	Gesellschaft mit beschränkter Haftung
GmbHG	Gesetz betreffend die Gesellschaften mit beschränkter Haftung
grds.	grundsätzlich
GWB	Gesetz gegen Wettbewerbsbeschränkungen
GWR	Gesellschafts und Wirtschaftsrecht
HdB	Handbuch
HessVGH	Hessischer Verwaltungsgerichtshof
HGB	Handelsgesetzbuch
hM	herrschende Meinung
Hrsg.	Herausgeber
Hs.	Halbsatz
HypBankG	Hypothekenbankgesetz
IAS	International Accounting Standards
IASB	International Accounting Standards Board
ICMA	International Capital Market Association
idF	in der Fassung
idR	in der Regel
IDW	Institut der Wirtschaftsprüfer in Deutschland e. V.
IDW PS	IDW Prüfungsstandards
IFRS	International Financial Reporting Standards
ILF	Institute for Law and Finance
IMFA	International Monetary Fund Agreement
InsO	Insolvenzordnung
InvG	Investmentgesetz
IOSCO	International Organization of Securities Commissions
IP	Intellectual Property
IPMA	International Primary Market Association
IPO	Initial Public Offering (Börsengang)
ISA	International Standards on Auditing
iSd	im Sinne des
ISDA	International Swaps and Derivates Association, Inc.
ISIN	International Securities Identification Number
ISMA	International Securities Market Association
iSv	im Sinne von
iVm	in Verbindung mit
JZ	JuristenZeitung
KAGB	Kapitalanlagegesetzbuch
KapInHaG	Entwurf eines Gesetzes zur Verbesserung der Haftung für falsche Kapitalmarktinformationen (Kapitalmarktinformationshaftungsgesetz)
KapMuG	Gesetz über Musterverfahren in kapitalmarktrechtlichen Streitigkeiten (Kapitalanleger-Musterverfahrensgesetz)
Kennz.	Kennziffer
KfW	Kreditanstalt für Wiederaufbau
KG	Kammergericht oder Kommanditgesellschaft
KGaA	Kommanditgesellschaft auf Aktien
KOM	Europäische Kommission
KreditReorgG	Kreditinstitute-Reorganisationsgesetz
KWG	Gesetz über das Kreditwesen (Kreditwesengesetz)
LG	Landgericht
LIBOR	London Interbank Offered Rate
lit.	littera
LSE	London Stock Exchange

M&A	Mergers & Acquisitions
MaKonV	Verordnung zur Konkretisierung des Verbotes der Marktmanipulation (Marktmanipulations-Konkretisierungsverordnung)
m. Anm.	mit Anmerkungen
MD&A	Management's Discussion & Analysis of Financial Condition and Results of Operations
MiFID	Markets in Financial Instruments Directive; Richtlinie 2004/39/EG des Europäischen Parlaments und des Rates vom 21. April 2004 über Märkte für Finanzinstrumente, zur Änderung der Richtlinien 85/611/EWG und 93/6/EWG des Rates und der Richtlinie 2000/12/EG des Europäischen Parlaments und des Rates und zur Aufhebung der Richtlinie 93/22/EWG des Rates
MiFiDVO	Verordnung (EG) Nr. 1287/2006 der Kommission vom 10. August 2006 zur Durchführung der Richtlinie 2004/39/EG des Europäischen Parlaments und des Rates betreffend die Aufzeichnungspflichten für Wertpapierfirmen, die Meldung von Geschäften, die Markttransparenz, die Zulassung von Finanzinstrumenten zum Handel und bestimmte Begriffe im Sinne dieser Richtlinie
Mio.	Million(en)
MitbestG	Gesetz über die Mitbestimmung der Arbeitnehmer (Mitbestimmungsgesetz)
MTF	Multilateral Trading Facilities
MTN	Medium Term Note
mwN	mit weiteren Nachweisen
NJW	Neue Juristische Wochenschrift
NJW-RR	NJW Rechtsprechungsreport
nF	neue Fassung
No	Number
Nr.	Nummer
NZG	Neue Zeitschrift für Gesellschaftsrecht
NZI	Neue Zeitschrift für das Recht der Insolvenz und Sanierung
OGAW	Organismus für die gemeinsame Anlage in Wertpapieren
ÖPG	Gesetz über die Pfandbriefe und verwandten Schuldverschreibungen öffentlich-rechtlicher Kreditanstalten
OFR	Operating and Financial Review
OLG	Oberlandesgericht
OTC	Over-The-Counter
OTF	Organised Trading Facility
p. a.	per annum
PfandBG	Pfandbriefgesetz
PLC	Public Limited Company
ProspektVO	Verordnung (EG) Nr. 809/2004 der Kommission vom 29. April 2004 zur Umsetzung der Richtlinie 2003/71/EG des Europäischen Parlaments und des Rates betreffend die in Prospekten enthaltenen Informationen sowie das Format, die Aufnahme von Informationen mittels Verweis und die Veröffentlichung solcher Prospekte und die Verbreitung von Werbung (Prospektverordnung)
PTS	Proprietary Trading System
RdF	Recht der Finanzinstrumente: Kapitalanlage und Finanzierung
RegE	Regierungsentwurf
RStruktFG	Restrukturierungsfondsgesetz
RGZ	Entscheidungen des Reichsgerichts in Zivilsachen
RiLi	Richtlinie
RIW	Recht der Internationalen Wirtschaft
Rn.	Randnummer
Rz.	Randziffer

S.	Seite(n); siehe; Satz
S. A.	Société Anonyme
SAS	Statement of Auditing Standards
SchBkG	Gesetz über Schiffspfandbriefbanken (Schiffsbankgesetz)
SchVerschrG	Gesetz betreffend die gemeinsamen Rechte der Besitzer von Schuldverschreibungen
SchVG	Gesetz über Schuldverschreibungen aus Gesamtemissionen
SE	Societas Europaea (Europäische Gesellschaft)
SEC	Securities and Exchange Commission
s. o.	siehe oben
SoFFin	Sonderfonds Finanzmarktstabilisierung
sog	sogenannte
SpruchG	Gesetz über das gesellschaftsrechtliche Spruchverfahren (Spruchverfahrensgesetz)
SPO	Secondary Public Offering
SPV	Special Purpose Vehicle
StabilisierungsVO	Verordnung (EG) Nr. 2273/2003 der Kommission vom 22. Dezember 2003 zur Durchführung der Richtlinie 2003/6/EG des Europäischen Parlaments und des Rates — Ausnahmeregelungen für Rückkaufprogramme und Kursstabilisierungsmaßnahmen
StGB	Strafgesetzbuch
TransPuG	Gesetz zur weiteren Reform des Aktien- und Bilanzrechts, zu Transparenz und Publizität (Transparenz- und Publizitätsgesetz)
TUG	Gesetz zur Umsetzung der Richtlinie 2004/109/EG des Europäischen Parlaments und des Rates vom 15. Dezember 2004 zur Harmonisierung der Transparenzanforderungen in Bezug auf Informationen über Emittenten, deren Wertpapiere zum Handel auf einem geregelten Markt zugelassen sind, und zur Änderung der Richtlinie 2001/34/EG (Transparenzrichtlinie-Umsetzungsgesetz)
ua	unter anderem
uÄ	und ähnliches
UmwG	Umwandlungsgesetz
US(A)	United States (of America)
US-GAAP	United States Generally Accepted Accounting Principles
uU	unter Umständen
v.	vom
VerkProspG	Wertpapierverkaufsprospektgesetz (Verkaufsprospektgesetz)
VerkProspV	Verordnung über Wertpapier-Verkaufsprospekte (Verkaufsprospekt-Verordnung)
VermAnlG	Vermögensanlagengesetz
VersR	Versicherungsrecht
vgl.	vergleiche
VO	Verordnung
WKN	Wertpapierkennnummer
WM	Wertpapier-Mitteilungen
WpAIV	Verordnung zur Konkretisierung von Anzeige-, Mitteilungs- und Veröffentlichungspflichten sowie der Pflicht zur Führung von Insiderverzeichnissen nach dem Wertpapierhandelsgesetz (Wertpapierhandelsanzeige- und Insiderverzeichnisverordnung)
WPg	Die Wirtschaftsprüfung
WpHG	Gesetz über den Wertpapierhandel
WpPG	Gesetz über die Erstellung, Billigung und Veröffentlichung des Prospekts, der beim öffentlichen Angebot von Wertpapieren oder bei der Zulassung von Wertpapieren zum Handel an einem organisierten Markt zu veröffentlichen ist (Wertpapierprospektgesetz)
WpÜG	Wertpapiererwerbs- und Übernahmegesetz

WpÜGAngebV	Verordnung über den Inhalt der Angebotsunterlage, die Gegenleistung bei Übernahmeangeboten und Pflichtangeboten und die Befreiung von der Verpflichtung zur Veröffentlichung und zur Abgabe eines Angebots (WpÜG-Angebotsverordnung)
WTO	World Trading Organization
zB	zum Beispiel
ZBB	Zeitschrift für Bankrecht und Bankwirtschaft
ZGR	Zeitschrift für Unternehmens- und Gesellschaftsrecht
ZHR	Zeitschrift für das gesamte Handelsrecht und Wirtschaftsrecht
ZIP	Zeitschrift für Wirtschaftsrecht
ZPO	Zivilprozessordnung
zust.	zustimmend

Literaturverzeichnis

Achleitner	Achleitner, Handbuch Investment Banking, 3. Auflage (2002)
Adolff	Adolff, Die zivilrechtliche Verantwortlichkeit deutscher Anwälte bei der Abgabe von Third Party Legal Opinions (1997)
Assmann/Pötzsch/ Schneider	Assmann/Pötzsch/Uwe H. Schneider (Hrsg.), Wertpapiererwerbs- und Übernahmegesetz, 2. Auflage (2013)
Assmann/Schlitt/ v. Klopp-Colomb	Assmann/Schlitt/v. Klopp-Colomb (Hrsg.), WpPG, Kommentar, 2. Auflage (2010)
Assmann/Schneider	Assmann/Uwe H. Schneider (Hrsg.), Wertpapierhandelsgesetz, 5. Auflage (2009)
Assmann/Schütze	Assmann/Schütze (Hrsg.), Handbuch des Kapitalanlagerechts, 3. Auflage (2007)
Aubel	Aubel, Der vereinfachte Bezugsrechtsausschluß (1998)
Bamberger/Roth	Bamberger/Roth, BGB, Kommentar, 2. Auflage (2008)
Baumbach/Hopt	Baumbach/Hopt, Handelsgesetzbuch, 33. Auflage (2008)
Becker/Bracht	Becker/Bracht, Katastrophen- und Wetterderivate (1999)
Beck'scher Bilanz-Kommentar/*Bearbeiter*	Berger/Ellrott/Förschle/Hoyos (Hrsg.), Beck'scher Bilanz-Kommentar, 8. Auflage (2012)
Beck'sches IFRS-Handbuch	Bohl/Riese/Schlüter (Hrsg.), Beck'sches/FRS-Handbuch, 4. Auflage (2012)
Beck'sches Hdb-AG/*Bearbeiter*	Müller/Rödder (Hrsg.), Beck'sches Handbuch der AG, 2. Auflage (2009)
Beck'sches Hdb-Pers-Ges/*Bearbeiter*	Müller/Hoffmann, Beck'sches Handbuch der Personengesellschaften, 3. Auflage (2009)
Beike/Barckow	Beike/Barckow, Risiko-Management mit Finanzderviaten, 3. Auflage (2002)
Benzler	Benzler, Nettingvereinbarungen im außerbörslichen Derivatehandel (1999)
Berens/Brauner/ Strauch	Berens/Brauner/Strauch (Hrsg.), Due Diligence bei Unternehmensakquisitionen, 5. Auflage (2008)
Bosch	Bosch, in: Bankrecht und Bankpraxis, Loseblatt-Sammlung (Stand Dezember 2006)
Boos/Fischer/Schulte-Mattler	Boos/Fischer/Schulte-Mattler (Hrsg.), Kreditwesengesetz, 3. Auflage (2008)
BuB	Bankrecht und Bankpraxis, Loseblatt-Sammlung (Stand Dezember 2006)
Buck-Heeb	Buck-Heeb, Kapitalmarktrecht, 6. Auflage (2013)
Claussen	Claussen, Bank- und Börsenrecht, 4. Auflage (2008)
De Meo	De Meo, Bankenkonsortien (1994)
Derleder/Knops/ Bamberger	Derleder/Knops/Bamberger (Hrsg.), Handbuch zum deutschen und europäischen Bankrecht, 2. Auflage (2009)
Deutsch	Deutsch, Derivate und interne Modelle, 4. Auflage (2008)

Eggenberger	Eggenberger, Gesellschaftsrechtliche Voraussetzungen und Folgen einer Due Diligence-Prüfung (2001)
Ehricke/Ekkenga/ Oechsler	Ehricke/Ekkenga/Oechsler, Wertpapiererwerbs- und Übernahmegesetz (2003)
Einsele	Einsele, Bank- und Kapitalmarktrecht (2006)
Ellenberger	Ellenberger, Prospekthaftung im Wertpapierhandel (2001)
Eller/Heinrich/Perrot/ Reif	Eller/Heinrich/Perrot/Reif (Hrsg.), Handbuch Derivativer Instrumente, 3. Auflage (2005)
Festschrift für Ulmer	Festschrift für Peter Ulmer zum 70. Geburtstag am 2. Januar 2003 (2003)
Frankfurter Kommentar zum WpPG und zur EU-ProspektVO/ Bearbeiter	Barrer/Mayer/Müller/Schnorbus/Singhof/Wolf (Hrsg.), Frankfurter Kommentar zum WpPG und zur EU-ProspektVO (2011)
Groß	Groß, Kapitalmarktrecht, 5. Auflage (2012)
Großkomm-AktG	Hopt/Wiedemann (Hrsg.), AktG, Großkommentar, 4. Auflage (1992 ff.)
Habersack/Mülbert/ Schlitt	Habersack/Mülbert/Schlitt (Hrsg.), Unternehmensfinanzierung am Kapitalmarkt, 3. Auflage (2013)
Habersack/Mülbert/ Schlitt	Habersack/Mülbert/Schlitt (Hrsg.), Handbuch der Kapitalmarktinformation, 2. Auflage (2013)
Hartwig-Jacob	Hartwig-Jacob, Vertragsbeziehungen bei internationalen Anleiheemissionen (2001)
Heidel	Heidel, Aktienrecht und Kapitalmarktrecht, 3. Auflage (2011)
Heidelberger Kommentar zur Insolvenzordnung/Bearbeiter	Kreft (Hrsg.), Heidelberger Kommentar zur Insolvenzordnung, 6. Auflage (2011)
Heussinger/Klein/ Raum	Heussinger/Klein/Raum, Optionsscheine, Options und Futures (2000)
Holzborn	Holzborn, WpPG, Kommentar (2008)
Hopt	Hopt, Die Verantwortlichkeit der Banken bei Emissionen (1991)
Hüffer	Hüffer, Aktiengesetz, 10. Auflage (2012)
Hull	Hull, Optionen, Futures und andere Derivate, 8. Auflage (2012)
Just/Voß/Ritz/Zeising	Just/Voß/Ritz/Zeising, WpPG, Kommentar (2009)
Kniehase	Kniehase, Derivate auf eigene Aktien (2005)
KölnKomm-AktG	Zöllner/Noack (Hrsg.), Kölner Kommentar zum Aktiengesetz, 2. Auflage (1986 ff.); Band 6: 3. Auflage (2004); Band 7: 3. Auflage (2011)
KölnKomm-WpÜG/ *Bearbeiter*	Hirte/v. Bülow (Hrsg.), Kölner Kommentar zum WpÜG (2003)
Kümpel	Kümpel, Kapitalmarktrecht: Eine Einführung, 3. Auflage (2004)
Kümpel/Hammen	Kümpel/Hammen, Börsenrecht, 2. Auflage (2003)
Kümpel/Hammen/ Ekkenga	Kümpel/Hammen/Ekkenga (Hrsg.), Kapitalmarktrecht, Loseblatt-Handbuch (Stand 2009)
Kümpel/Wittig	Kümpel/Wittig (Hrsg.), Bank- und Kapitalmarktrecht, 4. Auflage (2011)

Lenenbach	Lenenbach, Kapitalmarkt- und Börsenrecht (2002)
Liber amicorum Wilhelm Happ	Liber amicorum Wilhelm Happ: Festschrift zum 70. Geburtstag am 30. April 2006 (2006)
Lutter/Hommelhoff/ Bearbeiter	Lutter/Hommelhoff (Hrsg.), SE-Kommentar (2008)
Lutter/Scheffler/ Schneider	Lutter/Scheffler/Schneider (Hrsg.), Handbuch der Konzernfinanzierung (1998)
Marsch-Barner/ Schäfer	Marsch-Barner/Schäfer (Hrsg.), Handbuch börsennotierte AG, 2. Auflage (2009)
Meyer	Meyer, Risikomanagement von Wettrisiken (2002)
MünchKomm-AktG/ Bearbeiter	Kropff/Semler (Hrsg.), Münchener Kommentar zum Aktiengesetz, 2. Auflage (2000 ff.); Bände 1 und 2: 3. Auflage (2008); Band 4: 3. Auflage (2011)
MünchKomm-BGB/ Bearbeiter	Rebmann/Säcker/Rixecker (Hrsg.), Münchener Kommentar zum Bürgerlichen Gesetzbuch, 6. Auflage (2012)
MünchKomm-HGB/ Bearbeiter	K. Schmidt (Hrsg.), Münchener Kommentar zum Handelsgesetzbuch, 3. Auflage (2013)
MünchHdb-GesR	Riegger, Münchener Handbuch des Gesellschaftsrechts, Band 1, 2. Auflage (2004); Band 4, 3. Auflage (2007)
Natter	Natter, Financial-times-Börsenpraxis Futures und Optionen (2001)
Palandt	Palandt, Bürgerliches Gesetzbuch, 72. Auflage (2013)
Paus	Paus, Börsentermingeschäfte (1995)
Rudolph/Schäfer	Rudolph/Schäfer, Derivative Finanzmarktinstrumente, 2. Auflage (2010)
Schäfer/Hamann	Schäfer/Hamann (Hrsg.), Kapitalmarktgesetze, Loseblatt (Stand 2008)
Schanz	Schanz, Börseneinführung, 4. Auflage (2012)
Schimansky/Bunte/ Lwowski	Schimansky/Bunte/Lwowski (Hrsg.) Bankrechts-Handbuch, 4. Auflage (2011)
Schmidt	Schmidt, Derivate Finanzinstrumente, 3. Auflage (2006)
Schwark/Zimmer	Schwark/Zimmer (Hrsg.), Kapitalmarktrechts-Kommentar, 4. Auflage (2010)
Schwintowski/Schäfer	Schwintowski/Schäfer, Bankrecht, 2. Auflage (2004)
Semler/Volhard	Semler/Volhard (Hrsg.), Arbeitshandbuch für Unternehmensübernahmen, Band 1 (2001)
Siebel	Siebel, Rechtsfragen internationaler Anleihen (1997)
Siller	Siller, Kapitalmarktrecht (2006)
Singhof	Singhof, Die Außenhaftung von Emissionskonsortien für Aktieneinlagen (1998)
Spindler/Stilz	Spindler/Stilz, AktG, Kommentar, 2. Auflage (2010)
Staudinger	Staudinger, Kommentar zum Bürgerlichen Gesetzbuch, 13. Bearbeitung (1993 ff.)
Strohmeier	Strohmeier, Special Purpose Acquisition Companies (2012)
Westphalen	Westphalen, Derivategeschäfte, Risikomanagement und Aufsichtrathaftung (2000)
Wehrhahn	Wehrhahn, Finanzierungsinstrumente mit Aktienerwerbsrechten (2004)
Zerey	Zerey, Handbuch Finanzderivate, 3. Auflage (2013)

§ 1. Grundlagen des Kapitalmarktrechts

Literatur: *Assmann/Schütze*, Handbuch des Kapitalanlagerechts, 3. Auflage (2007); *Arbeitskreis zum „Deutsche Telekom III-Urteil" des BGH*, CFL 2011, 377; *Arnold/Aubel*, ZGR 2012, 113; *Brandi/Gieseler*, DB 2013, 741; *Brandi/Richters*, DB 2012, 2917; *Emde/Dreibus*, BKR 2013, 89; *Fleischer*, ZIP 2007, 1969; *Fleischer/Thaten*, ZIP 2011, 1081; *Friedrichsen/Weisner*, ZIP 2012, 756; *Groß*, Kapitalmarktrecht, 5. Auflage (2012); Habersack/Mülbert/Schlitt/*Wolf*, Unternehmensfinanzierung am Kapitalmarkt, 3. Auflage (2013), § 8; Habersack/Mülbert/Schlitt/*Singhof/Weber*, Unternehmensfinanzierung am Kapitalmarkt, 3. Auflage (2013), § 4; Habersack/Mülbert/Schlitt/*Geiger*, Unternehmensfinanzierung am Kapitalmarkt, 3. Auflage (2013), § 22; Habersack/Mülbert/Schlitt/*Steup*, Handbuch der Kapitalmarktinformation, 2. Auflage (2013), § 29; Habersack/Mülbert/Schlitt/*Schmitz*, Handbuch der Kapitalmarktinformation, 2. Auflage (2013), § 32; *Höche*, WM 2011, 49; *Krämer/Gillessen/Kiefner*, CFL 2011, 328; Marsch-Barner/Schäfer/*Meyer*, Handbuch börsennotierte AG, 2. Auflage (2008), § 6 und § 7; Marsch-Barner/Schäfer/*Groß*, Handbuch börsennotierte AG, 2. Auflage (2008), § 8; *Müller-Eising/Brandi/Sinhart/Lorenz/Löw*, BB 2011, 66; *Nodoushani*, ZIP 2012, 97; *Obermüller*, NZI 2011, 81; *Podewils*, NZG 2011, 1531; *C. Schäfer*, ZIP 2010, 1877; *Schlitt*, CFL 2010, 304; *Schlitt/Löschner*, BKR 2002, 150; *Schlitt/Schäfer*, AG 2004, 346; *Schlitt/Schäfer*, AG 2005, 498; *Schlitt/Schäfer*, AG 2006, 147; *Schlitt/Schäfer*, AG 2007, 227; *Schlitt/Seiler*, WM 2003, 2175; *Schlitt/Seiler/Singhof*, AG 2003, 254; *Schlitt/Singhof/Schäfer*, BKR 2005, 251; *Schwark/Zimmer*, Kapitalmarktrechts-Kommentar, 4. Auflage (2010); *Schuster/Westpfahl*, DB 2011, 282; *Spindler*, NZG 2012, 575; *Stackmann*, NJW 2010, 3289; *Volhard/Jang*, DB 2013, 273; *Vorwerk*, WM 2011, 817; *Wackerbarth*, WM 2011, 183; *Wastl*, NZG 2000, 505; *Weiser/Hüwel*, BB 2013, 1091; *Wolfers/Voland*, WM 2011, 1159; *Zachert*, DB 1993, 1985; *Ziemons*, GWR 2011, 404; *Zingel/Varandinek*, BKR 2012, 177.

I. Begriff des Kapitalmarktrechts

1. Kapitalmarkt

Der Kapitalmarkt ist Teil des Finanzmarkts.[1] Der Finanzmarkt umfasst all diejenigen Märkte, an denen Angebot und Nachfrage nach Geld und geldwerten Titeln in Verbindung gebracht werden, um einen Handel unter den Marktteilnehmern zu ermöglichen.[2] Weitere Finanzmärkte neben dem Kapitalmarkt sind die sog Geld- und Devisenmärkte sowie der Terminmarkt.[3]

Eine oft vertretene, funktionelle Ansicht versteht unter dem Kapitalmarkt die Gesamtheit der Transaktionen, durch die längerfristige Finanzierungsmittel der Bildung von Sachkapital zugeführt werden.[4] Vereinfacht ausgedrückt handelt es sich beim Kapitalmarkt damit um den Markt, bei dem Geldvermögen in Investitionen für die Wirtschaft umgewandelt wird.[5] Wichtiger Teil des Kapitalmarkts ist der Börsenhandel. An der Börse werden insbesondere Aktien, verzinsliche Wertpapiere (Anleihen) und Mischformen dieser Kapitalmarktprodukte gehandelt. Daneben gibt es außer-

---

[1] Kümpel/Wittig/*Oulds*, Bank- und Kapitalmarktrecht, Rn. 14.26.
[2] *Lenenbach*, Rn. 1.12 f.; *Buck-Heeb*, Rn. 82.
[3] Kümpel/Wittig/*Oulds*, Bank- und Kapitalmarktrecht, Rn. 14.27. Unterschied zwischen Kapitalmarkt und Geldmarkt: Kurzfristigkeit der Anlage (12 bis 14 Monate).
[4] Nachweise bei *Lenenbach*, Rn. 1.12 f.
[5] *Lenenbach*, Rn. 1.12.

börsliche Märkte, wie etwa den Telefonhandel, computergestützte Handelssysteme[6] und den grauen Kapitalmarkt.

Die Abgrenzung des Kapitalmarkts vom Geldmarkt erfolgt nach verbreiteter Ansicht anhand der Anlagedauer (3, 6, 12 oder 24 Monate).[7] Neben dem Handel in Zentralbankguthaben erfolgt auf dem Geldmarkt der Handel in Geldmarkttiteln (zB Schatzanweisungen im Interbankenhandel). Ebenfalls zum Geldmarkt zählen die Commercial Papers (CPs), die von großen Unternehmen oder Kreditinstituten mit typischerweise hoher Stückelung begeben werden. Am Geldmarkt nehmen nur Banken und institutionelle Anleger, nicht aber Privatanleger teil. Vom Geldmarkt abzugrenzen ist der Devisenmarkt, auf dem auf ausländische Währungen lautende Fremdwährungsguthaben gehandelt werden.[8] Auf den Termin- und Derivatemärkten werden in der Zukunft zu erfüllende Geschäfte abgeschlossen; häufig beziehen sich die dort gehandelten Produkte auf Kapitalmarktprodukte.[9]

In rechtlicher Hinsicht fehlt es an einer ausdrücklichen Definition des Kapitalmarkts. Zum Teil wird der von der Bundesanstalt für Finanzdienstleistungsaufsicht zu überwachende Wertpapiermarkt als Kapitalmarkt im engeren Sinne angesehen.[10] In eine ähnliche Richtung zielt die zutreffend erscheinende Beschreibung, nach der es sich beim Kapitalmarkt um den Markt handelt, auf dem Finanzinstrumente iSv § 2 Abs. 2b WpHG und Termingeschäfte iSv § 2 Abs. 2 Nr. 1 WpHG gehandelt werden.[11] Der Begriff des Finanzinstruments umfasst Wertpapiere im Sinne von § 2 Abs. 1 WpHG (ua Aktien, mit Aktien vergleichbare Anlagewerte und Zertifikate, die Aktien vertreten, Schuldtitel, insbesondere Inhaberschuldverschreibungen und Orderschuldverschreibungen einschließlich Genussscheine, Optionsscheine und Zertifikate, die Schuldtitel vertreten), Geldmarktinstrumente iSv § 2 Abs. 1a WpHG, Derivate iSv § 2 Abs. 2 WpHG (als Festpreisgeschäfte oder Optionsgeschäfte ausgestaltete Termingeschäfte, deren Preis unmittelbar oder mittelbar vom Börsen- oder Marktpreis oder anderen kapitalmarktbezogenen Parametern abhängt) sowie Rechte auf Zeichnung von Wertpapieren (Bezugsrechte) und Vermögensanlagen im Sinne des § 1 Absatz 2 des Vermögensanlagengesetzes. Termingeschäfte sind Derivate iSv § 2 Abs. 2 WpHG.

2. Kapitalmarktrecht

Das Kapitalmarktrecht wurde in Deutschland lange nicht als eigenständiges Rechtsgebiet betrachtet. Die kapitalmarktbezogenen rechtlichen Fragestellungen wurden im Bank-, Börsen-, Gesellschaftsrecht, insbesondere im Aktienrecht, und – wie etwa der Anlegerschutz – im allgemeinen Zivilrecht behandelt. Richtigerweise kann bereits das 1896 in Kraft getretene BörsG als erstes kapitalmarktrechtliches Gesetz bezeichnet werden; allerdings stand damals die Reglementierung der Institution „Börse" und der dort getätigten Geschäfte im Vordergrund.

---

[6] Computergestützte Handelssysteme, die nicht von einer Börse betrieben werden (wie etwa XETRA), fallen je nach Ausgestaltung entweder in die Kategorie der multilateralen Handelssysteme nach § 2 Abs. 3 Nr. 8 WpHG oder unter den Begriff des systematischen Internalisierers iSv § 2 Abs. 10 WpHG.
[7] Kritisch dazu *Lenenbach*, Rn. 1.45; ebenso *Buck-Heeb*, Rn. 83 f.
[8] *Lenenbach*, Rn. 1.55; *Buck-Heeb*, Rn. 85.
[9] *Lenenbach*, Rn. 1.60 ff.; *Buck-Heeb*, Rn. 86.
[10] Kümpel/Wittig/*Oulds*, Bank- und Kapitalmarktrecht, Rn. 14.26.
[11] *Lenenbach*, Rn. 1.79; *Langenbucher*, § 1, Rn. 15b.

Regelungen über den Kapitalmarkt als solchen wurden erstmals in dem am 1.1.1995 in Kraft getretenen WpHG zusammengefasst. Dieses Gesetz beschäftigt sich insbesondere mit dem Verbot von Insidergeschäften, der sog Ad-hoc-Publizität, Mitteilungs- und Veröffentlichungspflichten bei Veränderungen von Stimmrechtsanteilen, dem Verbot der Marktmanipulation sowie Verhaltensregeln für Wertpapierdienstleistungsunternehmen und macht die Bedeutung und Eigenständigkeit kapitalmarktrechtlicher Regelungskomplexe deutlich. Es wird nicht zu Unrecht als „Grundgesetz" des Kapitalmarkrechts bezeichnet.[12] Doch bleibt es dabei, dass das Kapitalmarktrecht in Deutschland nicht kodifiziert, sondern auf verschiedene Gesetze verteilt ist (dazu auch unten I. 3).

Materiell stellt das Kapitalmarktrecht eine Mischung aus privatrechtlichen, öffentlich-rechtlichen und strafrechtlichen Bestimmungen dar. Welche Normen zum Kapitalmarktrecht zu zählen sind, lässt sich am besten beantworten, wenn man sich am Regelungsziel des Kapitalmarktrechts orientiert. Die überwiegende Meinung legt insoweit ein funktionsbezogenes Begriffsverständnis zugrunde und sieht das Ziel des Kapitalmarktrechts in der „Gewährleistung der Funktionsfähigkeit der Kapitalmärkte".[13] Aufgabe des Kapitalmarktrechts ist es danach, all die Fragestellungen zu lösen, die sich aus den Aktivitäten am Kapitalmarkt ergeben und, sofern erforderlich, bei zu besorgenden Missständen den Akteuren am Kapitalmarkt Beschränkungen aufzuerlegen. Wesentliches Element dessen ist die Schaffung eines ausreichenden Anlegerschutzes, der sowohl dem Individualschutz des einzelnen Investors dient als auch insgesamt das Vertrauen in die Funktionsfähigkeit des Kapitalmarkts stärkt. Zum Kapitalmarktrecht gehören danach also alle Regeln, die der Herstellung bzw. Verbesserung eines effizienten und funktionsfähigen Kapitalmarkts dienen.[14]

3. Wichtige Rechtsquellen

a) Internationales Recht

Kapitalmarktrechtliche Bestimmungen finden sich zum Teil auch in internationalen Regelwerken. Hierzu zählen etwa die Bestimmungen der *World Trade Organization* (WTO) sowie das *General Agreement on Trade in Services* (GATS). Besondere Bedeutung haben die von der *International Organization of Securities Commissions* (IOSCO), *European Banking Authoriy* (EBA) (früher: *Committee of European Banking Supervisors* (CEBS)), *European Securities Committee* (ESC)) und der *European Securities and Markets Authority* (ESMA) (früher: *Committee of European Securities Regulators* (CESR)) herausgearbeiteten Standards, da diese häufig Einfluss auf die Gesetzgebung nehmen.

b) Europäisches Recht

Das europäische Recht hat gerade in den letzten Jahrzehnten einen immer stärkeren Einfluss auf das Kapitalmarktrecht genommen. Ein Kernelement der europäischen Rechtssetzung ist der Aktionsplan für Finanzdienstleistungen *(Financial Services Action Plan)* der Europäischen Kommission aus dem Jahre 1999, der die Schaffung

---

[12] Kümpel/Wittig/*Oulds*, Bank- und Kapitalmarktrecht, Rn. 14.27 (Fn. 3); *Hopt*, ZHR 159 (1995), 135; *Buck-Heeb*, Rn. 23.
[13] Man unterscheidet zwischen der allokativen, operationalen und institutionellen Funktionsfähigkeit; dazu etwa Assmann/Schütze/*Assmann*, § 1 Rn. 23; *Lenenbach*, Rn. 1.67 ff.
[14] Assmann/Schütze/*Assmann*, § 1 Rn. 4, 22; *Lenenbach*, Rn. 1.86 ff.

eines integrierten europäischen Kapitalmarkts und eines erhöhten Anlegerschutzes zum Ziel hat. Auf Grundlage des sog Lamfalussy-Berichts ist im Jahre 2001 ein Vier-Stufen-Konzept für das Verfahren der Sekundärrechtsetzung[15] entwickelt worden. Danach werden auf der ersten Stufe die wesentlichen Grundsätze einer Regelung erarbeitet. Auf der zweiten Stufe folgt der Erlass von Richtlinien und Verordnungen in ihrer Konkretisierung. Die dritte Stufe besteht in der Zusammenarbeit der Aufsichtsbehörden mit dem Ziel, gemeinsame Standards zu entwickeln. Auf der vierten Stufe werden die so geschaffenen Regelungen umgesetzt.

Zur Anwendung dieses Konzepts sind insbesondere die Prospektrichtlinie[16] und die ProspektVO,[17] die Marktmissbrauchrichtlinie[18] samt ihren Durchführungsrichtlinien[19] nebst StabilisierungsVO,[20] die Finanzmarkt-Richtlinie *(Markets in Financial Instruments Directive – MiFID)*[21] und die MiFIDVO,[22] die Übernahmerichtlinie[23] sowie die Transparenzrichtlinie,[24] entstanden.

Neben dem Aktionsplan für Finanzdienstleistungen aus dem Jahr 1999 hat die Europäische Union seit dem Beginn der Finanzkrise im Jahr 2008 mit mehreren Maßnahmen zur Stabilisierung der Finanzmärkte beigetragen. So hat die EU europäische Aufsichtsbehörden, wie die ESMA, mit eigenen Befugnissen errichtet.[25] Ferner wurden zentrale Reformmaßnahmen zur Verringerung der Volatilität auf den Finanzmärkten beschlossen. Dies umfasst unter anderem die Regulierung von Hedgefonds *(Alternative Investment Funds Manager Directive – AIFM)*[26], Leerverkäufen[27], Ratingagenturen[28] und OTC-Derivaten[29].

c) Deutsches Recht

Das mittlerweile wohl wichtigste Kapitalmarktgesetz ist das Wertpapierhandelsgesetz (WpHG), das den Handel mit Wertpapieren regelt und ua durch die Verordnung über die Finanzanalyse (FinAnV), die Marktmanipulations-Konkretisierungsverordnung (MaKonV) sowie die Wertpapierhandelsanzeige- und Insiderverzeichnisverordnung

---

[15] Das Primärrecht bezeichnet den EG-Vertrag. Aus Kapitalmarktsicht sind die Kapitalverkehrsfreiheit, Art. 56 Abs. 1 sowie die Niederlassungs- und Dienstleistungsfreiheit, Art. 43, 49, 50 von Bedeutung.
[16] 2003/71/EG vom 4.11.2003; geändert durch 2010/73/EU vom 24.11.2010.
[17] VO (EG) 809/2004 vom 29.4.2004; geändert durch VO (EG) 486/2012 vom 30.3.2012 sowie VO (EG) 862/2012 vom 4.6.2012.
[18] 2003/6/EG vom 29.4.2004; die Marktmissbrauchrichtlinie wird derzeit überarbeitet; die Europäische Kommission hat einen Verordnungs- sowie Richtlinienvorschlag zur Änderung der Marktmissbrauchrichtlinie vorgelegt, siehe KOM (2011) 651 und 654 endg.; KOM (2012) 420 und 421 endg.
[19] 2003/124/EG, 2003/125/EG vom 22.12.2003.
[20] VO (EG) 2273/2003 vom 22.12.2003.
[21] 2004/39/EG vom 21.4.2004; die MiFID wird derzeit überarbeitet bzw. komplett ersetzt; die Europäische Kommission hat einen Verordnungs- sowie Richtlinienvorschlag zur Änderung/Ersetzung der MiFID vorgelegt, siehe KOM (2011) 652 und 656 endg.
[22] VO (EG) 1287/2006 vom 10.8.2006.
[23] 2004/25/EG vom 21.4.2004.
[24] 2004/109/EG vom 15.12.2004; geändert durch 2010/73/EU vom 24.11.2010; die Transparenzrichtlinie wird ferner auch mittels einer separaten Richtlinie überarbeitet, siehe hierzu den Vorschlag der Europäischen Kommission KOM (2011) 683 endg.
[25] Die Europäische Wertpapier- und Marktaufsichtsbehörde *(European Securities and Markets Authority,* ESMA) wurde durch die Verordnung VO (EG) 1095/2010 v. 24.11.2010 mit eigenen Befugnissen ausgestattet.
[26] 2011/61/EG v. 8.6.2011.
[27] VO (EG) 236/2012 v. 14.3.2012.
[28] VO (EG) 1060/2009 v. 16.9.2009.
[29] 648/2012 v. 4.7.2012.

(WpAIV) ergänzt wird. Wichtige kapitalmarktrechtliche Vorschriften finden sich zudem im Börsengesetz (BörsG), der Börsenzulassungsverordnung (BörsZulV) sowie den Börsenordnungen (BörsO) der jeweiligen Börsen. Prospektrechtliche Bestimmungen sind im Wertpapierprospektgesetz (WpPG) und im Vermögensanlagegesetz (VermAnlG) verankert. Zum Kapitalmarktrecht zählen des Weiteren ua das Kapitalanlagegesetzbuch (KAGB), das sich mit der Regulierung von offenen und geschlossenen Investmentvermögen befasst, das Depotgesetz (DepotG), das die Verwahrung von Wertpapieren in Depots der Banken regelt, sowie das Wertpapiererwerbs- und Übernahmegesetz (WpÜG), das Vorschriften über öffentliche Angebote zum Erwerb von börsennotierten Gesellschaften enthält. Auch die im Rahmen der Finanzkrise vom deutschen Gesetzgeber erlassenen Finanzmarktstabilisierungsgesetze haben teilweise kapitalmarktrechtlichen Charakter. Zu den Einzelheiten unten unter VI.

d) Sonstige Bestimmungen

Bedeutung für die Beziehungen unter den Teilnehmern am Kapitalmarkt haben darüber hinaus Vorschriften, die keine formelle Gesetzesqualität aufweisen, aber die Kapitalmarktpraxis maßgeblich prägen.[30] Hierzu gehören etwa die Zuteilungsgrundsätze der Börsensachverständigenkommission[31] sowie der Emittentenleitfaden der BaFin[32] sowie die Empfehlungen der ESMA zur ProspektVO.[33] Auch die privatrechtlichen Allgemeinen Geschäftsbedingungen der Börsen zählen hierzu.

II. Kapitalmärkte

1. Primär- und Sekundärmärkte

Kapitalmärkte sind durch die Differenzierung zwischen Primär- und Sekundärmärkten gekennzeichnet.[34] Unter einem Primärmarkt versteht man den Markt, auf dem ein Wertpapier erstmals platziert wird.[35] Erfolgt diese Platzierung im Rahmen eines öffentlichen Angebots, bedarf es der Veröffentlichung eines Wertpapierprospekts (§ 3 Abs. 1 WpPG). Auf diese Weise wird Transparenz über den Emittenten des Wertpapiers hergestellt. Demgegenüber spricht man von einem Sekundärmarkt, wenn bereits emittierte Wertpapiere vom Ersterwerber an einen Zweiterwerber und dann ggf. an weitere Erwerber veräußert werden.[36] Auf dem Sekundärmarkt finden also Wertpapiergeschäfte unter den Anlegern statt; hier haben die Investoren die Möglichkeit, ihre Anlageentscheidung zu revidieren und das Wertpapier wieder in Geld „umzuwandeln" oder weitere Wertpapiere hinzuzuerwerben. Der Sekundärmarkt unterteilt sich in einen börsenmäßig organisierten Markt und einen außerbörslichen Markt.[37] Je mehr Wertpapiere an einem Sekundärmarkt gehandelt werden, desto

---

[30] Zu weiteren Einzelheiten *Lenenbach*, Rn. 1.54.
[31] Grundsätze für die Zuteilung von Aktienemissionen an Privatanleger, herausgegeben von der Börsensachverständigenkommission beim Bundesministerium der Finanzen am 7.6.2000.
[32] Emittentenleitfaden der Bundesanstalt für Finanzdienstleistungsaufsicht vom 4.6.2009; der Leitfaden wird derzeit überarbeitet, eine Entwurfsversion hat die BaFin am 8.2.2013 veröffentlicht.
[33] ESMA/2013/319 v. 20.3.2013.
[34] *Buck-Heeb*, Rn. 70.
[35] *Lenenbach*, Rn. 1.20; Kümpel/Wittig/*Oulds*, Bank- und Kapitalmarktrecht, Rn. 14.63 ff.
[36] *Lenenbach*, Rn. 1.21; *Buck-Heeb*, Rn. 70.
[37] *Lenenbach*, Rn. 1.35 f.; Kümpel/Wittig/*Oulds*, Bank- und Kapitalmarktrecht, Rn. 14.69.

höher ist die sog Liquidität in dem betreffenden „Titel". Je höher die Liquidität des jeweiligen Wertpapiers ist, desto besser reflektiert der Preis tendenziell den wahren Wert des emittierenden Unternehmens. Ein liquider Sekundärmarkt ist für den Erfolg einer Emission daher von großer Bedeutung. In diesem Kontext ist etwa die Regelung des § 9 Abs. 1 BörsZulV zu sehen, die für eine Zulassung von Aktien zum regulierten Markt eine ausreichende Streuung vorsieht (idR 25 % des Gesamtnennbetrages).

Bei einem Börsengang[38] stellen die Investoren, die die emittierten Aktien erstmals erwerben, den Primärmarkt dar, während der Handel an der Börse, an der die Aktien zugelassen werden, den Sekundärmarkt bildet. Die Umplatzierung bereits börsennotierter Aktien im Wege eines öffentlichen Angebots oder eines Block Trades sind ebenfalls Transaktionen auf dem Sekundärmarkt (vgl. im Einzelnen § 4). Kein organisierter Sekundärmarkt besteht für die Produkte des sog grauen Kapitalmarkts.

2. Organisierte und nicht organisierte Märkte

Darüber hinaus lässt sich zwischen organisierten und nicht organisierten Märkten unterscheiden. Märkte mit einem hohen Organisationsgrad zeichnen sich insbesondere durch eine Standardisierung der Handelsobjekte, eine einfache Übertragung der dort gehandelten Titel, die Konzentration des Handels, die Zuverlässigkeit und Transparenz der Preisermittlung sowie die Verpflichtung der Emittenten zur Publizität aus.[39] Eine starke Organisation eines Kapitalmarktes dient mithin der Schnelligkeit und Sicherheit der dort vollzogenen Geschäfte, der Kosteneffizienz, der Liquidität des Handels und nicht zuletzt dem Anlegerschutz.

Für den Betrieb einer Börse ist eine schriftliche Erlaubnis der Börsenaufsichtsbehörde erforderlich (§ 4 BörsG); die Teilnehmer am Börsenhandel bedürfen der Zulassung (§ 27 BörsG), die gehandelten Wertpapiere müssen zugelassen oder formell in den Handel einbezogen werden (§§ 32 f. BörsG). Die Organisationsformen des börslichen Handels können sehr unterschiedlich ausgeprägt sein. So kann der Börsenhandel etwa physisch (zB beim Parkett- bzw. Präsenzhandel[40]) oder elektronisch (zB beim XETRA-System, der elektronischen Handelsplattform der Frankfurter Wertpapierbörse) erfolgen.

Demgegenüber werden über außerbörsliche Handelssysteme Geschäfte zwischen Banken untereinander oder mit Versicherungen, Investmentfonds oder anderen institutionellen Anlegern getätigt, wobei die Geschäfte entweder telefonisch oder computergestützt abgeschlossen werden. Auch wenn die dort gehandelten Papiere im Regelfall auch zum Börsenhandel zugelassen sind, war der Handel an den außerbörslichen Märkten bis zum Inkrafttreten des Finanzmarkt-Richtlinie-Umsetzungsgesetzes (FRUG) im November 2007 weitgehend intransparent. Dies hat sich seit dem 1. November 2007 dahingehend geändert, dass multilaterale Handelssysteme und systematische Internalisierer als Erscheinungsformen außerbörslicher Märkte einer umfassenden Vor- und Nachhandelstransparenz unterworfen sind. Auf solche elektronische Handelssysteme finden seit November 2007 die §§ 31f ff. WpHG Anwendung.[41]

---

[38] Siehe dazu ausführlich § 2.
[39] *Lenenbach*, Rn. 1.28 f.; s. auch *Buck-Heeb*, Rn. 75 ff.
[40] In Frankfurt wurde mit Wirkung zum 20. Mai 2011 der Parketthandel an der Frankfurter Wertpapierbörse eingestellt und die dort gehandelten Werte vollständig in das elektronische Handelssystem XETRA übertragen.
[41] Auch der Primärmarkt, an dem Wertpapiere erstmals platziert werden, stellt streng genommen einen außerbörslichen Markt dar; zutreffend *Lenenbach*, Rn. 1.38.

Da derjenige Teilmarkt des Kapitalmarktes, auf dem insbesondere Anteile an Publikumspersonengesellschaften[42] gehandelt werden, lange nicht organisiert war, bezeichnete man ihn als sogenannten „grauen Kapitalmarkt". Bei den dort gehandelten Anlagegegenständen von Publikumspersonengesellschaften handelt es sich vor allem um Grundstücks-, Schiffsbeteiligungen, Filmrechte oder sonstige Mobilien.[43] Die Anlagegegenstände des grauen Kapitalmarkts wurden zum 1. Juni 2012 dem neu geschaffenen Vermögensanlagegesetz und damit verschärften gesetzlichen Regelungen unterworfen.[44] So müssen die Anbieter nunmehr den Verkaufsprospekt von der BaFin auf Vollständigkeit, Kohärenz und Widerspruchsfreiheit prüfen lassen. Die BaFin billigt den Prospekt und gestattet nicht mehr wie früher lediglich die Veröffentlichung.[45] Inhaltlich sind unter anderem Informationen in den Prospekt aufzunehmen, die eine Beurteilung der Seriosität der Projektinitiatoren ermöglichen.[46] Ferner haben die Anbieter unter anderem ein Kurzinformationsblatt (sog „Beipackzettel") zu erstellen, das kompakt Chancen und Risiken einer Vermögensanlage erläutert. Eine ähnliche Regelung gab es zuvor bereits bei den regulierten offenen Investmentfonds.

Auch in rechtlicher Hinsicht gibt es einen organisierten Markt. Dieser wird in § 2 Abs. 5 WpHG, § 2 Nr. 16 WpPG als Markt definiert, der von staatlich anerkannten Stellen geregelt und überwacht wird, regelmäßig stattfindet und für das Publikum unmittelbar oder mittelbar zugänglich ist. Dies entspricht der Definition des geregelten Marktes im Sinne des europäischen Rechts.[47] Organisierte Märkte in Deutschland waren vor Inkrafttreten des Finanzmarkt-Richtlinie-Umsetzungsgesetzes (FRUG) insbesondere der amtliche Markt (§§ 30 ff. BörsG aF) und der geregelte Markt (§ 49 BörsG aF) der sieben Wertpapierbörsen (einschließlich der an der FWB gebildeten Teilbereiche „Prime Standard" und „General Standard"), die am 1. November 2007 zu einem einzigen Marktsegment, dem regulierten Markt, zusammengefasst wurden (§§ 32 ff. BörsG).

Um keinen organisierten Markt handelt es sich beim Freiverkehr (§ 48 BörsG) einschließlich der an der FWB gebildeten Teilbereiche „Prime[48] bzw. Entry Standard"[49] und „Quotation Board".[50] Der Freiverkehr ist privatrechtlich organisiert und läuft

---

[42] Diese sind zumeist in der Rechtsform der GmbH & Co. KG organisiert.
[43] Mangels Anwendbarkeit der börsengesetzlichen Prospekthaftung hat die Rechtsprechung zur Sicherstellung des Anlegerschutzes die allgemeine bürgerlich-rechtliche Prospekthaftung geschaffen; dazu § 12.
[44] Zuvor war der graue Kapitalmarkt vom Verkaufsprospektgesetz (VerkProspG) erfasst.
[45] *Zingel/Varandinek*, BKR 2012, 177; *Friedrichsen/Weisner*, ZIP 2012, 756.
[46] § 7 VermVerkProspkVO; BR-Drs. 209/11, 47, 52.
[47] Art. 4 Nr. 14 MiFID. Eine Übersicht über die geregelten Märkte der EU enthält die mit Anmerkungen versehene Übersicht über die geregelten Märkte und einzelstaatliche Rechtsvorschriften zur Umsetzung der entsprechenden Anforderungen der Richtlinie über Märkte für Finanzinstrumente (2004/34/EWG), ABl. C 348 vom 22.12.2010, S. 9 ff.
[48] Bei dem von der Frankfurter Wertpapierbörse gebildetem Segment Prime Standard des Freiverkehrs handelt es sich um ein eigenes Segment für die Notierung von Unternehmensanleihen. Die Teilnahme am Prime Standard für Unternehmensanleihen des Freiverkehrs setzt entweder die Teilnahme am Entry Standard oder die Einbeziehung in den regulierten Markt voraus, siehe hierzu die Seite der Deutschen Börse, Transparenzstandards. Nicht verwechselt werden darf der Prime Standard des Freiverkehrs für Unternehmensanleihen dagegen mit dem Prime Standard des regulierten Marktes für Aktien, der in §§ 48 ff. BörsO FWB geregelt ist.
[49] Zur rechtlichen Struktur des Freiverkehrs und des Entry Standards etwa *Schlitt/Schäfer*, AG 2006, 147; *Langenbucher*, § 13 Rn. 15.
[50] Der Freiverkehr trägt an der FWB die Bezeichnung Open Market und ist mit Wirkung zum 15.12.2012 dergestalt neustrukturiert worden, dass nun neben dem Entry Standard für Aktien nur noch das Quotation Board existiert. Eine Unterscheidung zwischen First und

nur faktisch an den Wertpapierbörsen ab. Keine organisierten Märkte stellen schließlich der Inter-Banken-Handel, der Telefonhandel sowie alternative Transaktionssysteme mit Hilfe elektronischer Kommunikationsnetzwerke dar.

III. Kapitalmarkt- und Finanzierungsprodukte

Die meisten am Kapitalmarkt getätigten Geschäfte beziehen sich auf Wertpapiere. Dabei ist der Kreis kapitalmarktfähiger Wertpapiere enger als der der Wertpapiere nach herkömmlichem zivilrechtlichem Verständnis, nach dem vom Begriff des Wertpapiers alle verbrieften Rechte umfasst sind, zu deren Geltendmachung die Innehabung der Urkunde erforderlich ist.[51] Charakteristikum eines Kapitalmarkttitels ist vielmehr seine Fungibilität und seine Zirkulationsfähigkeit.[52] Fungibel ist ein Wertpapier, wenn es sich um eine vertretbare Sache iSv § 91 BGB handelt, es also wegen seiner gleichartigen Ausgestaltung im Verkehr nur nach seiner Zahl bestimmt wird. An diesem Erfordernis mangelt es etwa dem Scheck oder Wechsel. Weiteres Erfordernis ist die Zirkulationsfähigkeit des Wertpapiers, die maßgeblich durch den Gutglaubensschutz begründet wird (vgl. für Inhaberpapiere § 935 Abs. 2 BGB). Dieser wird durch die Verbriefung des Wertpapiers bewirkt.[53] Die meisten kapitalmarktfähigen Wertpapiere sind heute nicht mehr in einzelnen Urkunden („effektive Stücke"), sondern „zusammengefasst" in sog Globalurkunden (vgl. § 9a Abs. 1 S. 1 DepotG) verbrieft, die bei einer Wertpapiersammelbank (in Deutschland: Clearstream Banking AG) hinterlegt werden. Die Inhaber der Wertpapiere haben dann Miteigentum an der Globalurkunde (§§ 9a Abs. 2, 6 Abs. 1 S. 1 DepotG). Die Übertragung dieser Wertpapiere vollzieht sich praktisch durch Einigung und Umbuchung auf den Depotkonten. Der Anspruch auf Lieferung von Einzelstücken ist regelmäßig ausgeschlossen (vgl. § 9a Abs. 3 S. 2 DepotG, § 10 Abs. 5 AktG).

1. Aktien

Investiert eine Person in Aktien der Gesellschaft, wird sie auf diese Weise zum Gesellschafter der emittierenden Gesellschaft. Da das vom Investor eingesetzte Kapital nicht rückzahlbar ist, handelt es sich bei der Aktie um ein Eigenkapitalprodukt *(equity)*. Aktienemissionen sind beim Börsengang (dazu § 2), bei Kapitalerhöhungen börsennotierter Gesellschaften (dazu § 3) und bei der Umplatzierung börsennotierter Aktien (dazu § 4) anzutreffen.

Second Quotation Board wird nicht mehr vorgenommen, Deutsche Börse, Open Market Rundschreiben 02/2012, 5.4.2012; dazu § 10.

[51] *Lenenbach*, Rn. 2.2. Zu den Inhaberpapieren gehören etwa die Schuldverschreibung auf den Inhaber nach den §§ 793 ff. BGB sowie die Namensaktie nach § 10 Abs. 1 AktG. Die Namensaktie zählt zu den Orderpapieren, die Namensschuldverschreibung zu den Rektapapieren.

[52] *Lenenbach* Rn. 2.8; s. auch Kümpel/Wittig/*Oulds*, Bank- und Kapitalmarktrecht, Rn. 14.30.

[53] Zu den Einzelheiten *Lenenbach*, Rn. 2.2.

2. Anleihen

Unter einer Anleihe versteht man ein in einem Wertpapier verkörpertes Darlehen, das der Emittent dem Investor in der Regel gegen Zinszahlung zur Verfügung stellt. Da die Anleihe vom Emittent am Laufzeitende zurückzuzahlen ist, spricht man von einem Fremdkapitalprodukt *(debt)*. Anleihen kommen in unterschiedlichen Erscheinungsformen vor, zB als gewöhnliche Anleihen *(straight bonds)*, hybride Anleihen *(hybrid bonds)* oder hoch verzinsliche Anleihen *(high yield bonds)*. Besondere Anleihen sind solche öffentlich-rechtlicher Emittenten, wie zB die von der Bundesrepublik Deutschland ausgegebenen Bundesschatzbriefe[54] oder Bundesobligationen. Zu den Einzelheiten § 5.

3. Aktienverwandte Produkte

Unter aktienverwandten Produkten *(equity-linked notes)* versteht man solche Wertpapiere, die ein Aktienelement in sich tragen. Es handelt sich um Mischformen *(hybride Instrumente)*, die sowohl Eigenschaften eines Eigenkapital- als auch eines Fremdkapitalprodukts aufweisen. Wichtige Anwendungsfälle in der Praxis sind die in § 221 AktG geregelten Wandel- und Optionsschuldverschreibungen und Genussscheine sowie Umtauschanleihen. Zu den Einzelheiten § 6.

4. Termingeschäfte, Derivate

Termingeschäfte bzw. Derivate sind Geschäfte, die erst zu einem in der Zukunft liegenden Zeitpunkt, nämlich nach der ansonsten üblichen zweitägigen Abwicklungsfrist[55] erfüllt werden müssen. Termingeschäfte lassen sich einteilen in Festpreisgeschäfte *(futures)* und Optionen. Bei einem Festpreisgeschäft wird ein Kaufvertrag über einen Finanztitel geschlossen, der zu einem späteren Zeitpunkt zu einem bereits bei Vertragsschluss vereinbarten Preis zu erfüllen ist. Der Sache nach handelt es sich um einen verbindlichen Kaufvertrag, bei dem lediglich der Erfüllungszeitpunkt in die Zukunft verschoben wird.[56] Demgegenüber gibt die Option einer Vertragspartei nur das Recht, zu einem zukünftigen Zeitpunkt einen Finanztitel zu einem bestimmten Preis zu erwerben (Kauf- bzw. Call-Option) oder zu verkaufen (Verkauf- bzw. Put-Option). Ob es zu einem Kaufvertrag kommt, ist dann noch unsicher. Der Optionsberechtigte wird sein Optionsrecht vernünftigerweise nur ausüben, wenn sich der Kurs aus seiner Sicht positiv entwickelt hat. Für die Übernahme des Kursrisikos zahlt der Optionsberechtigte an den Optionsverpflichteten (Stillhalter) einen Betrag, die Optionsprämie. Der Gegenstand, auf den sich das Festpreisgeschäft oder die Option beziehen, wird als Basiswert *(underlying)* bezeichnet. Es kann sich dabei etwa um Aktien, Anleihen oder Devisen handeln. Festpreisgeschäfte und Optionen sind ein wichtiges Instrument, um sich gegen Kursrisiken abzusichern (sog Hedging). Zu den Einzelheiten § 7.

---

[54] Aus Kostengründen hat das Bundesministerium der Finanzen beschlossen, die Neuausgabe von Bundesschatzbriefen und Finanzierungsschätzen zum 1. Januar 2013 einzustellen, siehe *Bundesrepublik Deutschland Finanzagentur GmbH*, Pressemitteilung Nr. 22/12, 22.11.2012.
[55] § 4 Abs. 1 der Bedingungen für Geschäfte an der Frankfurter Wertpapierbörse.
[56] *Lenenbach*, Rn. 1.61.

5. Anteile an Investmentfonds

Ein weiteres wichtiges Kapitalmarktprodukt stellen Anteile an Investmentvermögen dar, die nach dem Grundsatz der Risikomischung aus bestimmten Vermögensgegenständen (Wertpapiere, Geldmarktinstrumente, Derivate, Bankguthaben, Grundstücke etc) zusammengesetzt sind. Nach den Vorschriften des ehemaligen Investmentgesetzes galt ein formeller Investmentfondsbegriff. Danach wurden Investmentvermögen als Vermögen zur gemeinschaftlichen Kapitalanlage definiert, die nach dem Grundsatz der Risikomischung in Vermögensgegenständen im Sinne des § 2 Abs. 4 InvG aF angelegt waren (§ 1 S. 2 InvG aF). Der Gesetzgeber gab diesen formellen Investmentfondsbegriff mit der Schaffung des Kapitalanlagegesetzbuches[57] auf und führte an dessen Stelle den materiellen Investmentfondsbegriff ein:[58] Danach erfüllt ein Fonds entweder die Voraussetzungen eines Organismus für die gemeinsame Anlage in Wertpapieren (sog OGAW) oder aber eines alternativen Investmentfonds[59] (sog AIF). AIF sind beispielsweise Immobilienfonds, Hedgefonds und Private Equity-Fonds.[60] Andere Investmentformen als OGAW und AIF sind dagegen unzulässig und stellen somit unzulässiges Investmentgeschäft dar. Aus diesem Grund wurde das ehemalige Investmentgesetz, dass die Anlage in OGAW-Fonds regelte, in das KAGB überführt und um die deutschen Umsetzungsvorschriften der AIFM-Richtlinie[61] ergänzt.

6. Nicht-börsenfähige Finanzprodukte

Anteile an Publikumspersonengesellschaften (GmbH & Co. KG, GmbH & Still) sind ebenfalls ein wichtiges Produkt am Kapitalmarkt. Aufgrund der fehlenden Fungibilität können sie jedoch nicht an der Börse gehandelt werden. Vielmehr erfolgt ihre Übertragung auf dem sog grauen Kapitalmarkt nach allgemeinen gesellschaftsrechtlichen Bestimmungen.

Ein weiteres nicht-börsenfähiges Finanzprodukt sind Geldmarktinstrumente, dh alle Gattungen von Forderungen, die keine Wertpapiere sind, mit Ausnahme von Zahlungsinstrumenten.[62] Sie werden am Geldmarkt als einem weiteren Teilbereich des Kapitalmarkts gehandelt.

IV. Teilnehmer des Kapitalmarkts

Am Kapitalmarkt agiert eine Vielzahl von Personen und Institutionen. Wer im Einzelnen in eine Kapitalmarkttransaktion involviert ist, hängt von dem jeweiligen Kapitalmarktprodukt und der Transaktionsstruktur ab. Die wichtigsten Teilnehmer sollen nachfolgend kurz vorgestellt werden:

---

[57] *Weiser/Hüwel*, BB 2013, 1091; *Emde/Dreibus*, BKR 2013, 89; *Volhard/Jang*, DB 2013, 273.
[58] BT-Drs. 17/13395, 625.
[59] Das KAGB definiert AIF als Investmentvermögen, die keine OGAW sind. Dabei gilt als Investmentvermögen jeder Organismus für gemeinsame Anlagen, der (i) von einer Anzahl von Anlegern Kapital einsammelt, um es (ii) gemäß einer festgelegten Anlagestrategie zum Nutzen dieser Anleger zu investieren und (iii) der kein operativ tätiges Unternehmen außerhalb des Finanzsektors ist, siehe § 1 und 3 KAGB.
[60] BT-Drs. 17/13395, 624; zu den einzelnen Fondstypen siehe auch *Emde/Dreibus*, BKR 2013, 89 (93 ff.).
[61] 2011/61/EG v. 8.6.2011.
[62] § 2 Abs. 1a WpHG.

1. Emittent

Der Begriff des Emittenten bezeichnet diejenige Person, die die in Rede stehenden Wertpapiere (Aktien, Schuldverschreibungen etc) ausgibt. In vielen Fällen handelt es sich um eine Aktiengesellschaft, die unter Umständen sogar bereits börsennotiert ist. Wertpapiere können aber auch von anderen Kapitalgesellschaften, Personengesellschaften, Gebietskörperschaften oder gar Privatpersonen emittiert werden.

2. Konsortialbanken

Sofern nicht ausnahmsweise ein Fall der Selbstemission (unten VI. 1. b) vorliegt, sind ein oder mehrere Kreditinstitute in den Emissionsvorgang einbezogen. Diese beraten den Emittenten bei der Strukturierung der Transaktion und übernehmen den Vertrieb der Wertpapiere. Sie stehen praktisch zwischen dem Emittenten und den Investoren, füllen damit die Rolle eines Intermediärs aus.

3. Bundesanstalt für Finanzdienstleistungsaufsicht

Der im Jahre 2002[63] geschaffenen Bundesanstalt für Finanzdienstleistungsaufsicht (BaFin) obliegt die Aufsicht über das Banken-, Versicherungs- und Wertpapierwesen. Die Mitwirkung der BaFin ist auch für viele Formen der Wertpapieremission sowie die Erlangung der Börsenzulassung erforderlich: Sollen Wertpapiere öffentlich angeboten oder zum Börsenhandel an einem organisierten Markt zugelassen werden, muss zunächst ein Wertpapierprospekt veröffentlicht werden, § 3 Abs. 1 und 3 WpPG. Ein Prospekt darf nur veröffentlicht werden, wenn er zuvor von der BaFin geprüft und gebilligt wurde.

4. Börse und andere Handelssysteme

Sollen die emittierten Wertpapiere zum Börsenhandel zugelassen werden, bedarf es einer Zulassung durch die Geschäftsführung der zuständigen Börse sowie einer Entscheidung über die Aufnahme der Börsennotierung. Über die Definition der Börse bestand lange Zeit keine Einigkeit. Seit Inkrafttreten des Finanzmarkt-Richtlinie-Umsetzungsgesetzes (FRUG) am 1.11.2007 enthält das Börsengesetz eine gesetzliche Definition der Börse (dazu im Einzelnen § 10). Danach sind Börsen teilrechtsfähige Anstalten des öffentlichen Rechts, die nach Maßgabe des Börsengesetzes multilaterale Systeme regeln und überwachen, welche die Interessen einer Vielzahl von Personen am Kauf und Verkauf von dort zum Handel zugelassenen Wirtschaftsgütern und Rechten innerhalb des Systems nach festgelegten Bestimmungen in einer Weise zusammenbringen oder das Zusammenbringen fördern, die zu einem Vertrag über den Kauf dieser Handelsobjekte führt.[64] Daher ist nach geltendem Recht weiterhin zwischen der Börse als Veranstaltung (zB der Frankfurter Wertpapierbörse) und dem Träger der Börse (zB der Deutsche Börse AG) zu unterscheiden. Der Betrieb einer Börse ist erlaubnispflichtig, § 4 Abs. 1 BörsG. Die Abwicklung der an der Börse getätigten Geschäfte erfolgt in Deutschland über die Clearstream Banking AG, die

---

[63] Gesetz über die integrierte Finanzdienstleistungsaufsicht vom 22.4.2002, BGBl. I 2002, 1310.
[64] § 2 Abs. 1 BörsG.

auf elektronischem Weg die für den Eigentumsübergang vom Verkäufer auf den Käufer erforderlichen Umbuchungen auf den jeweiligen Wertpapierkonten vornimmt (sog Settlement).

Wertpapiere können aber nicht nur über die Börse gehandelt werden. Anlegern steht darüber hinaus der Zugang zu außerbörslichen Handelssystemen offen. Dabei handelt es sich um von Brokern, Investmentbanken oder Fonds betriebene Handelssysteme, die als multilaterale Handelssysteme bzw. systematische Internalisierer reguliert sind (§ 2 Abs. 3 Nr. 8, Abs. 10 WpHG). Sie wenden sich in erster Linie an institutionelle Anleger; zum Teil können an ihnen aber auch Privatanleger über Online-Broker teilnehmen.

5. Anleger

Der Begriff der Anleger bezeichnet den Personenkreis, der in die angebotenen Wertpapiere investiert. Man kann die Gruppe der Anleger grob in Privatanleger und institutionelle Anleger (Banken, Versicherungen, Fonds etc) unterteilen.[65]

Das Funktionieren des Kapitalmarkts hängt stark vom Vertrauen der Anleger ab. Um zu vermeiden, dass die Anleger durch unvollständige oder unrichtige Informationen übervorteilt werden, sieht das Gesetz an verschiedenen Stellen anlegerschützende Vorschriften vor. Wichtigste Ausprägung des Anlegerschutzes ist die Herstellung einer Transparenz durch Prospektveröffentlichung (§ 3 WpPG), Prospekthaftung bei unrichtigen und unvollständigen Prospekten (§§ 21 f. WpPG, §§ 20 ff. VermAnlG) sowie die Haftung für fehlerhafte Ad-hoc-Mitteilungen[66] (§§ 37b, 37c WpHG).

6. Sonstige

Darüber hinaus gibt es eine Reihe weiterer am Kapitalmarktgeschehen beteiligter Personen. Hierzu zählen etwa die Teilnehmer am Börsenhandel (§ 19 Abs. 2 BörsG), wie beispielsweise Börsenmakler, die den Kauf und Verkauf von Wertpapieren an der Börse vermitteln. Sie bedürfen einer Zulassung durch die jeweilige Börse.

Wertpapieranalysten nehmen im Vorfeld von Kapitalmarkttransaktionen oder während der Dauer der Börsennotierung Bewertungen von Wertpapieren (Kauf- und Verkaufsempfehlungen) vor. Wertpapieranalysten müssen unabhängig sein (siehe § 34b WpHG iVm FinAnV).

Rating-Agenturen haben eine ähnliche Funktion. Sie bewerten die Bonität von Emittenten oder Wertpapieren, insbesondere von Anleihen.

Bei Kapitalmarkttransaktionen wirken zudem verschiedene Berater mit. Zu ihnen gehören etwa Rechtsanwälte, Wirtschaftsprüfer, Finanzberater sowie Finanzkommunikationsberater.

---

[65] Diese Unterscheidung ist insbesondere relevant für die Frage, ob die Wertpapiere den Anlegern prospektfrei angeboten werden können, vgl. § 2 Nr. 6 WpPG.
[66] Siehe hierzu auch *BGH*, NZG 2012, 263 (IKB).

V. Teilbereiche des Kapitalmarktrechts

1. Wertpapierhandelsrecht

Das im WpHG geregelte Wertpapierhandelsrecht kann als Kernstück des Kapitalmarktrechts bezeichnet werden. Neben Fragen der Kapitalmarktaufsicht (§§ 4 ff. WpHG) enthält das WpHG insbesondere Bestimmungen über das Verbot von Insidergeschäften (§§ 12 ff. WpHG), die Ad-hoc-Publizität (§ 15 WpHG), die Verpflichtung zur Veröffentlichung von Directors' Dealings (§ 15a WpHG), die Führung von Insiderverzeichnissen (§ 15b WpHG), das Verbot der Kurs- und Marktpreismanipulation[67] (§ 20a WpHG), Mitteilungs- und Veröffentlichungspflichten bei der Veränderung von Stimmrechtsanteilen (§§ 21 ff. WpHG), sowie die Überwachung von Unternehmensabschlüssen und Veröffentlichung von Finanzberichten (§§ 37n ff. WpHG). Die wesentlichen Aspekte dieser Regelungen sind im Zusammenhang mit den Zulassungsfolgepflichten des Emittenten dargestellt (s. §§ 12, 13 und 14).

2. Börsenrecht

Das Börsenrecht ist im Börsengesetz, der Börsenzulassungsverordnung sowie den Börsenordnungen der jeweiligen Börsen geregelt. Börsen sind in Deutschland durch eine Trennung des Börsenträgers vom Veranstalter des Börsenhandels gekennzeichnet (siehe oben unter IV. 4.). Ihre Errichtung ist erlaubnispflichtig. Die wesentlichen Aspekte der Organisation der Börse, ihrer Errichtung und Rechtsnatur, ihrer Organe, der börsenzugelassenen Personen, der Organisation des Börsenhandels und der Marktsegmente sind im Kapitel Börsenrecht erläutert (s. § 10).

3. Wertpapierprospektrecht

Bei Kapitalmarkttransaktionen kommt dem Prospekt eine zentrale Bedeutung zu. Er ist Voraussetzung für das öffentliche Angebot von Wertpapieren und/oder ihre Zulassung zu einem organisierten Markt (§ 3 Abs. 1 und 3 WpPG). Sein Inhalt ist detailliert in den Anhängen der ProspektVO geregelt. Vor seiner Veröffentlichung ist er von der BaFin zu prüfen und zu billigen (§ 13 WpPG). Ist die Billigung erfolgt, kann aufgrund EU-weiter Harmonisierung des Wertpapierprospektrechts auf seiner Grundlage auch ein öffentliches Angebot und/oder eine Zulassung an einem ausländischen organisierten Markt erfolgen (sog Europäischer Pass). Das Wertpapierprospektrecht wird durch das WpPG sowie die ProspektVO geregelt. Die Einzelheiten sind in § 11 dargestellt.

4. Wertpapiererwerbs- und Übernahmerecht

Das Wertpapiererwerbs- und Übernahmegesetz (WpÜG), das durch das Übernahmerichtlinie-Umsetzungsgesetz am 14.7.2006[68] an die EU-weite Harmonisierung ange-

---

[67] Zum Schutzgesetzcharakter von § 20a WpHG siehe auch *BGH,* NZG 2012, 263 (IKB) mit Besprechung von *Spindler,* NZG 2012, 575 ff.
[68] Gesetz zur Umsetzung der Richtlinie 2004/25/EG vom 21.4.2004 betreffend Übernahmeangebote, BGBl. I 2006, 1426.

passt wurde, regelt öffentliche Angebote zum Erwerb von Wertpapieren (insbesondere Aktien), die zum Handel an einem organisierten Markt zugelassen sind. Dabei kann es sich sowohl um Kauf- als auch um Tauschangebote handeln. Das WpÜG schützt die Anleger durch die Postulierung allgemeiner Grundsätze, wozu etwa der Gleichbehandlungsgrundsatz, die Pflicht, den Angebotsempfängern ausreichend Zeit und Informationen für die Entscheidung über das Angebot zu gewähren, gehören. Das Gesetz unterscheidet zwischen freiwilligen und obligatorischen Angeboten (sog Pflichtangebote), wobei innerhalb der freiwilligen Angebote differenziert wird zwischen Angeboten, die auf die Erlangung der Kontrolle über die Zielgesellschaft gerichtet sind (sog Übernahmeangebote) und anderen Angeboten (sog einfachen Erwerbsangeboten). Die Einzelheiten der unterschiedlichen Angebotsformen sind in § 17 dargestellt.

5. Investmentrecht

Der Vertrieb von Anteilen an Investmentvermögen wird maßgeblich durch das Kapitalanlagegesetzbuch (KAGB) geregelt. Es definiert die Begriffe des alternativen Investmentfonds, der offenen Investmentvermögen der Investmentaktiengesellschaft und des Sondervermögens[69] (siehe oben III. 5).

6. Kapitalanleger-Musterverfahrensrecht

Das am 1.11.2005 in Kraft getretene Gesetz über Musterverfahren in kapitalmarktrechtlichen Streitigkeiten (KapMuG)[70] sollte den Anlegerschutz durch Einführung kollektiven Rechtsschutzes verbessern. Es etablierte ein neuartiges gerichtliches Verfahren, da dem deutschen Rechtssystem aufgrund des zivilprozessualen Grundsatzes, dass Urteile nur für und gegen die Parteien des Rechtsstreits wirken,[71] Sammelklagen oder Musterprozesse grundsätzlich fremd sind.[72] Es stellte einen ersten Schritt auf dem Weg zur Schaffung von *class actions* nach US-amerikanischem Vorbild dar. Es war zunächst bis zum 1.11.2010 beschränkt und wurde nach erfolgter Evaluation[73] um zwei Jahre verlängert. Schließlich hat der Gesetzgeber[74] am 28.6.2012 ein neues KapMuG verabschiedet, das zum 1.11.2012 in Kraft trat und wiederum für die Dauer von acht Jahren bis zum 31.10.2020 befristet ist (§ 28 KapMuG). Anwendung findet das KapMuG auf Rechtsstreitigkeiten, in denen (i) ein Schadensersatzanspruch geltend gemacht wird wegen falscher, irreführender oder unterlassener öffentlicher Kapitalmarktinformation, (ii) wegen Verwendung[75] einer falschen oder irreführenden öffentlichen Kapitalmarktinformation oder wegen Unterlassung der gebotenen Auf-

---

[69] Zu den Einzelheiten siehe BT-Drs. 17/13395; *Weiser/Hüwel*, BB 2013, 1091; *Emde/Dreibus*, BKR 2013, 89; *Volhard/Jang*, DB 2013, 273.
[70] BGBl. I 2005, 2437.
[71] § 325 Abs. 1 ZPO.
[72] So auch *Söhner*, ZIP 2013, 7.
[73] *Halfmeier/Rott/Fees*, Kollektiver Rechtsschutz im Kapitalmarktrecht, Evaluation des Kapitalanleger-Musterverfahrensgesetzes, 2010, Abschlussbericht v. 14.10.2009; *Stackmann*, NJW 2010, 3289; *Vorwerk*, WM 2011, 817.
[74] BT-Drs. 17/10160.
[75] Seit der Neufassung von § 1 Abs. 1 Nr. 2 KapMuG werden nunmehr auch Sachverhalte erfasst, in denen ein Schadensersatzanspruch lediglich mittelbar auf einer fehlerhaften Kapitalmarktinformation beruht. Somit können Ansprüche aus Prospekthaftung im weiteren Sinne zukünftig Feststellungsziel eines Musterverfahrens sein; hierzu auch *Bernuth/Kremer*, NZG 2012, 890 (892); Habersack/Mülbert/Schlitt/*Schmitz*, Handbuch der Kapitalmarktinformation, § 33 Rn. 74.

klärung darüber, dass eine öffentliche Kapitalmarktinformation falsch oder irreführend ist, oder (iii) ein Erfüllungsanspruch aus Vertrag, der auf einem Angebot nach dem Wertpapiererwerbs- und Übernahmegesetz beruht, geltend gemacht wird. Darunter fallen unter anderem Prospekte, Ad-hoc-Mitteilungen, im Rahmen der Hauptversammlung erteilte Auskünfte, auf Grund der verschiedenen Berichtspflichten zu erfolgende Mitteilungen sowie Angebotsunterlagen nach dem WpÜG. Durch das KapMuG wurde in § 32b ZPO ein ausschließlicher Gerichtsstand für alle Klagen im Anwendungsbereich des KapMuG geschaffen. Ausschließlich zuständig ist das Gericht am Sitz des verklagten Emittenten bzw. der verklagten Zielgesellschaft. Sowohl Kläger als auch Beklagter können unter bestimmten Voraussetzungen beim einschlägigen Landgericht als dem Prozessgericht einen Musterfeststellungsantrag einreichen. Er ist vom Prozessgericht im Klageregister des Bundesanzeigers bekannt zu machen. Ergeht am Ende des Verfahrens ein Musterentscheid, entfaltet dieser Bindungswirkung für alle Beteiligten des Musterverfahrens und umfasst neben dem Tenor auch die im Musterverfahren festgestellten Tatsachen.[76]

7. Das Recht der REIT-AG

Das REIT-Gesetz[77] hat als Sonderform der Aktiengesellschaft die REIT-AG, ein Instrument zur indirekten, steuerbegünstigten Immobilienanlage nach Maßgabe internationaler Standards, geschaffen. REITs zeichnen sich dadurch aus, dass Gewinne nicht auf Gesellschaftsebene, sondern als Gewinnausschüttung beim Anleger besteuert werden. Dieser Status setzt die Erfüllung besonderer gesellschafts-, steuer- und kapitalmarktrechtlicher Anforderungen voraus. So sind etwa Vorgaben zu Mindestausschüttungen, zur Zusammensetzung des Anlagevermögens und der Ertragserzielung, sowie Sonderregeln zur Höhe des Grundkapitals, zu Unternehmensgegenstand, Firma und Sitz des Unternehmens bzw. der Geschäftsleitung zu beachten (§§ 1 bis 9, 12 bis 15 REITG). Die Aktien einer REIT-AG müssen zum Handel an einem organisierten Markt zugelassen werden, wobei ua besondere Regeln für die Streuung der Aktien und eine maximale Beteiligungshöhe gelten (§§ 10, 11 REITG).

8. Finanzmarktstabilisierungsrecht

Zur Bekämpfung der Auswirkungen der internationalen Finanzkrise in Deutschland hat die Bundesregierung zahlreiche Maßnahmen ergriffen, die Finanzierungshilfen und Konjunkturpakete sowie die Gesetzgebung zur Stabilisierung des Finanzmarkts umfassen. Das Kernelement dieses Rechtspaketes stellt das Finanzmarktstabilisierungsgesetz (FMStG) vom 17.10.2008 dar,[78] das in Form eines Artikelgesetzes die Errichtung eines Finanzmarktstabilisierungsfonds (SoFFin) und dessen Ermächtigung zur Gewährung verschiedener Staatshilfen (zB Bürgschaften, Beteiligungserwerbe) regelt. Für die Aufgabenbewältigung des Fonds geschaffene Sondervorschriften betreffen etwa Kapitalmaßnahmen (zB gesetzlich genehmigtes Kapital und erleichterte Voraussetzungen für ordentliche Kapitalerhöhungen), das Wertpapierhandelsrecht (zB keine Mitteilungspflicht für wesentliche Beteiligungen) sowie das Übernahmerecht (zB kein Pflichtangebotserfordernis). Ferner wurden bestehende Gesetze teil-

---

[76] Zum KapMuG im Einzelnen vgl. statt vieler Habersack/Mülbert/Schlitt/*Schmitz*, Handbuch der Kapitalmarktinformation, § 32 mwN.
[77] BGBl. I 2007, 914; „REIT" steht dabei als Abkürzung für die internationale Bezeichnung der Immobilenanlagegesellschaft als Real Estate Investment Trust.
[78] BGBl. I 2008, 1982.

weise geändert (zB InsO – Änderung des Überschuldungsbegriffs[79]). Durch zahlreiche Änderungsgesetze[80] wurden in der Folge unter anderem Ermächtigungsgrundlagen des SoFFin erweitert und ein neues Rettungsübernahmegesetz geschaffen, das Enteignungen ua von Anteilen an Unternehmen des Finanzsektors zur Sicherung der Finanzmarktstabilität erlaubt. Darüber hinaus wurde mit dem Restrukturierungsfonds[81] auch ein langfristiges Instrument geschaffen,[82] das der Stabilisierung des Finanzmarktes durch Überwindung von Bestands- und Systemgefährdungen dient, § 3 RStruktFG. In ihn zahlen sämtliche Kreditinstitute im Sinne des Kreditwesengesetzes ein, so dass im Fall einer Bestands- oder Systemgefährdung Mittel des Fonds für eine Restrukturierungsmaßnahme verwendet werden können. Darüber hinaus wurden mit dem Kreditinstitute-Reorganisationsgesetz (KreditReorgG) besondere Verfahren zur Sanierung bzw. Abwicklung von systemrelevanten Kreditinstituten und Finanzgruppen geschaffen, wie beispielsweise der durch das Restrukturierungsgesetz geschaffenen Befugnis der BaFin, durch Anordnung die Vermögensgegenstände und Verbindlichkeiten eines bestandsgefährdeten Kreditinstituts auf einen anderen Rechtsträger zu übertragen (sog „Bad. Bank"), §§ 48a ff. KWG.[83]

VI. Kapitalmarkttransaktionen

1. Emission von Wertpapieren

a) Öffentliches Angebot/Privatplatzierung

Die Emission von Aktien kann entweder im Rahmen eines öffentlichen Angebots oder einer Privatplatzierung erfolgen.[84] Ein öffentliches Angebot *(public offering)* liegt in jeder Mitteilung an das Publikum in jedweder Form und auf jedwede Art und Weise, die ausreichende Informationen über die Angebotsbedingungen und die anzubietenden Wertpapiere enthält, um einen Anleger in die Lage zu versetzen, über den Kauf oder die Zeichnung dieser Wertpapiere zu entscheiden (§ 2 Nr. 4 WpPG).

---

[79] § 19 Abs. 2 S. 1 InsO; diese Änderung ist zeitlich befristet bis zum 1.1.2014. Der Überschuldungsbegriff nF knüpft an die Rechtsprechung des BGH vor Inkrafttreten der InsO an, siehe hierzu etwa BGHZ 119, 201.
[80] So wurden die beiden wesentlichen Finanzmarktstabilisierungsgesetze, das Finanzmarktstabilisierungsfondsgesetz (FMStFG) und das Finanzmarktstabilisierungsbeschleunigungsgesetz (FMStBG) unter anderem durch das Finanzmarktstabilisierungsergänzungsgesetz (BGBl. I 2009, 725), das Finanzmarktstabilisierungsfortentwicklungsgesetz (BGHBl. I 2009, 1980), das Restrukturierungsgesetz (BGBl. I 2010, 1900), das Anlegerschutz- und Funktionsverbesserungsgesetz (BGBl. I 2011, 538), das Zweite Finanzmarktstabilisierungsgesetz (BGBl. I 2012, 206) sowie das Dritte Finanzmarktstabilisierungsgesetz (BGBl. I 2012, 2777) geändert, siehe hierzu auch *Müller-Eising/Brandi/Sinhart/Lorenz/Löw*, BB 2011, 66 ff.; *Brandi/Richters*, DB 2012, 2917 ff.
[81] BGBl. I 2010, 1900 (1921).
[82] Zum Restrukturierungsfonds siehe *Obermüller*, NZI 2011, 81.
[83] Die unterschiedlichen Ermächtigungen der BaFin sowie die besonderen Sanierungs- und Abwicklungsverfahren wurden eingeführt durch das Gesetz zur Restrukturierung und geordneten Abwicklung von Kreditinstituten, zur Errichtung eines Restrukturierungsfonds für Kreditinstitute und zur Verlängerung der Verjährungsfrist der aktienrechtlichen Organhaftung (Banken-Restrukturierungsgesetz), BGBl. I 2010, 1900 sowie durch das Gesetz zur Abschirmung von Risiken und zur Planung der Sanierung und Abwicklung von Kreditinstituten und Finanzgruppen, BGBl. I. 2013, 3090; siehe hierzu *Höche*, WM 2011, 49 ff.; *Wolfers/Voland*, WM 2011, 1159 ff.; *Schuster/Westpfahl*, DB 2011, 282; *Brandi/Gieseler*, DB 2013, 741.
[84] Vgl. dazu auch *Groß*, Finanz Betrieb 1999, 32.

Im Falle eines öffentlichen Angebots bedarf es, unabhängig davon, ob eine Zulassung der Aktien an einem organisierten Markt beabsichtigt ist, der Veröffentlichung eines Prospekts (§ 3 Abs. 1 WpPG). Demgegenüber spricht man von einer Privatplatzierung *(private placement)*, wenn Wertpapiere nicht dem breiten Anlegerpublikum, sondern nur qualifizierten Anlegern iSv § 2 Nr. 6 WpPG (Kreditinstituten, privaten und öffentlichen Versicherungen, Kapitalanlagegesellschaften, Investmentfonds, nationalen und regionalen Regierungen, anderen Großanlegern etc) oder bis zu 150 nicht qualifizierten Anlegern angeboten werden. Der Gesetzgeber nimmt an, dass die Erwerber der Wertpapiere in diesen Fällen weniger schutzwürdig sind, so dass keine Pflicht zur Veröffentlichung eines Prospekts besteht (§§ 3 Abs. 2 Nr. 1, 2 WpPG). Im Rahmen eines Börsengangs werden die Aktien zumeist öffentlich angeboten; bei der Emission von Anleihen sind öffentliche Angebote seltener anzutreffen.

b) Selbst- und Fremdemission

Eine Emission von Aktien kann grundsätzlich auch ohne Einschaltung einer Bank durch unmittelbare Begebung der Aktien an die Anleger erfolgen. Dieser Vorgang wird als Selbstemission, Eigenemission oder Direktplatzierung *(direct public offering)* bezeichnet.[85] In diesem Fall werden die Anleger vom Emittenten etwa über das Telefon, Zeitungsinserate oder das Internet unmittelbar angesprochen. Während die Begebung von Wertpapieren durch Daueremittenten (zB die Ausgabe von Pfandbriefen durch Hypothekenbanken) regelmäßig im Wege der Selbstemission erfolgt, erweist sich diese Emissionsform für eine Aktienemission als unpraktikabel.[86] Dies gilt insbesondere dann, wenn eine Aktiengesellschaft neue Aktien emittiert. In diesem Fall müssten nämlich alle Anleger einen Zeichnungsschein (§ 185 AktG) ausstellen, was bei einer Vielzahl von Investoren praktisch kaum handhabbar ist. Aus diesem Grund schaltet der Emittent bei der Emission von Aktien in aller Regel zur Platzierung eine Emissionsbank oder ein Bankenkonsortium ein. Man spricht dann von einer Fremdemission.[87] Zudem verfügen auf Wertpapieremissionen spezialisierte Kreditinstitute im Vergleich zum Emittenten über ein Vertriebsnetz für die angebotenen Wertpapiere und die regelmäßig größere Erfahrung bei der Bemessung des Emissionsvolumens und der Festlegung des geeigneten Emissionszeitpunkts. Die Konsortialbanken handeln in diesem Fall als Intermediäre zwischen dem Emittenten und den Investoren. Die vertragliche Ausgestaltung des Verhältnisses zwischen dem Emittenten und den Konsortialbanken erfolgt im Übernahmevertrag (dazu im Einzelnen § 8).

2. Börsenzulassung und -notierung

Aus Sicht der Anleger ist es wichtig, dass für die Wertpapiere nach der Emission ein funktionierender Sekundärmarkt besteht, im Rahmen dessen Kurse festgestellt werden und auf dem die Anleger die erworbenen Wertpapiere wieder veräußern können. Aus diesem Grund geht die Emission von Wertpapieren häufig mit ihrer Zulassung zum Börsenhandel einher. Die Börsenzulassung ermöglicht den Investoren die Weiterveräußerung auf einem organisierten Sekundärmarkt und macht die Wertpapiere auf diese Weise fungibel. Börsenzulassung und Wertpapieremission sind jedoch nicht

---

[85] *Kümpel/Wittig/Oulds,* Bank- und Kapitalmarktrecht, Rn. 14.65.
[86] *Kümpel/Wittig/Oulds,* Bank- und Kapitalmarktrecht, Rn. 14.66; *Buck-Heeb,* Rn. 70 ff.
[87] *Kümpel/Wittig/Oulds,* Bank- und Kapitalmarktrecht, Rn. 14.66 ff.; *Buck-Heeb,* Rn. 72; *Einsele,* § 7 Rn. 4.

untrennbar miteinander verknüpft. So kann eine Emission von Wertpapieren auch erfolgen, ohne dass die emittierten Wertpapiere zum Börsenhandel zugelassen werden. In diesem Fall können die Aktien, sofern sie nicht vinkuliert sind, in den Freiverkehr (zB in den Entry Standard) einbezogen oder auf dem sog grauen Kapitalmarkt gehandelt werden. Der umgekehrte Fall einer Börseneinführung ohne Emission von Aktien kommt in der Praxis insbesondere bei der Zweitzulassung von Aktien ausländischer Emittenten an deutschen Börsen vor. Die Zulassung von Wertpapieren bedarf der Veröffentlichung eines Wertpapierprospekts (§ 3 Abs. 3 WpPG),[88] während eine Einbeziehung in den regulierten Markt auf Grundlage einer bereits erfolgten Zulassung an bereits einem weiteren organisierten Markt keines Prospektes bedarf (§ 33 BörsG). Nach den Freiverkehrsbedingungen der Börse ist grundsätzlich ein Prospekt für die Einbeziehung von Wertpapieren in den Freiverkehr erforderlich (§ 48 BörsG, an der FWB iVm §§ 10 ff. AGB Freiverkehr FWB).[89] Wertpapiere können auch an ausländischen Börsen zugelassen werden.[90] Erfolgt dies gleichzeitig mit der Zulassung an einer deutschen Börse, spricht man vom Dual oder Multiple Listing.

Von der Zulassung der Wertpapiere ist ihre Einführung in den Börsenhandel zu unterscheiden.[91] Während die Börsenzulassung die öffentlich-rechtliche Erlaubnis darstellt, für den Handel in den Aktien in dem jeweiligen Marktsegment die Börseneinrichtungen zu benutzen,[92] versteht man unter der Börseneinführung die tatsächliche Aufnahme der Notierung der Aktien (vgl. § 38 BörsG). Werden die Börsenzulassung und -notierung beendet, spricht man von einem Delisting (§ 39 BörsG).

3. Wichtige Anwendungsfälle in der Praxis

a) Börsengang

Beim Börsengang werden Aktien den Anlegern zumeist im Rahmen eines öffentlichen Angebots angeboten und zum Börsenhandel zugelassen.[93] Die angebotenen Aktien werden häufig im Rahmen einer Kapitalerhöhung geschaffen. In vielen Fällen verkaufen Altaktionäre einen Teil der von ihnen gehaltenen Aktien. Im Einzelnen dazu unten § 2.

b) Kapitalerhöhung

Verfügt eine börsennotierte Gesellschaft über weiteren Kapitalbedarf, kann sie eine Kapitalerhöhung durchführen. Durch die Ausgabe neuer Aktien werden dem Unternehmen zusätzliche Finanzmittel zugeführt. Bei der Ausgabe neuer Aktien steht den bisherigen Aktionären der Gesellschaft ein Bezugsrecht zu (§ 186 Abs. 1 AktG). Aus Praktikabilitätsgründen werden die neuen Aktien zumeist von einem oder mehreren Kreditinstituten übernommen, die diese dann den Altaktionären zum Bezug anbieten (§ 186 Abs. 5 AktG).[94] Das Bezugsrecht der Aktionäre kann zwar ausgeschlossen

---

[88] Erfolgt die Emission im Zuge eines öffentlichen Angebots, kann der Prospekt für das Angebot und die Zulassung verwendet werden.
[89] Lediglich für die Einbeziehung von Aktien in das Quotation Board ist kein gebilligter Wertpapierprospekt vorgeschrieben, § 12 AGB Freiverkehr der Deutschen Börse.
[90] Zur Zulassung von aktienvertretenden Zertifikaten, insbesondere ADRs, *Zachert*, DB 1993, 1985.
[91] *Langenbucher*, § 13 Rn. 13.
[92] Marsch-Barner/Schäfer/*Groß*, § 8 Rn. 3.
[93] *Schlitt/Singhof/Schäfer*, BKR 2005, 251; *Schlitt/Schäfer*, AG 2005, 498.
[94] Man spricht in diesem Fall vom mittelbaren Bezugsrecht, dazu etwa *Schlitt/Seiler*, WM 2003, 2175.

werden (§ 186 Abs. 3 AktG). Neben der Einhaltung formaler Voraussetzungen bedarf der Ausschluss nach der Rechtsprechung des Bundesgerichtshofs jedoch der sachlichen Rechtfertigung.[95] In der Praxis erfolgen daher Kapitalerhöhungen mit Bezugsrechtsausschluss zumeist nach Maßgabe von § 186 Abs. 3 Satz 4 AktG. Danach ist der Ausschluss des Bezugsrechts zulässig, wenn die Kapitalerhöhung 10 % des Grundkapitals nicht übersteigt und der Ausgabebetrag den Börsenpreis nicht wesentlich unterschreitet (sog erleichterter Bezugsrechtsausschluss), im Einzelnen dazu unter § 3.

c) Umplatzierung von Aktien

Von einer Umplatzierung von Aktien spricht man, wenn bereits börsennotierte Aktien an neue Investoren veräußert werden.[96] Die Umplatzierung kann auf Grundlage eines Prospektes im Wege eines öffentlichen Angebots erfolgen. Werden jedoch – wie in der Regel – die Aktien nur institutionellen Investoren angeboten, kann das Angebot prospektfrei innerhalb eines kurzen Zeitrahmens durchgeführt werden. Im Einzelnen dazu § 4.

d) Anleiheemission

Anleihen (auch Schuldverschreibungen, Renten, Obligationen oder Bonds genannt) sind als Wertpapier verbriefte Darlehen von Schuldnern, die durch ihre Emission Fremdkapital am Kapitalmarkt aufnehmen. Sie stellen die volumenmäßig bedeutsamsten Kapitalmarkttitel dar. Anleihen zeigen vielfältige Erscheinungsformen, zu denen ua Stand alone-Anleihen, Emissionsprogramme wie Medium Term Notes (MTN) und Commercial Paper (CP) gehören. Ihre Bedingungen sind sehr flexibel gestaltbar, so dass sich in der Praxis verschiedene Sonderformen wie Hybridanleihen, hochverzinsliche Anleihen, Mittelstandsanleihen, Katastrophen-Anleihen uÄ gebildet haben. Zu den Einzelheiten siehe § 5.

e) Emission aktienverwandter Produkte

Wandelanleihen im engeren Sinne räumen den Gläubigern das Recht ein, entweder den Rückzahlungsanspruch aus der Schuldverschreibung geltend zu machen oder – unter Aufgabe der Gläubigerposition – das Recht auf Wandlung der Schuldverschreibung in Aktien auszuüben (§ 221 AktG).[97] In den Anleihebedingungen wird ein (ggf. später anzupassender) Wandlungspreis festgelegt, so dass die Wandlung für den Anleihegläubiger wirtschaftlich nur dann sinnvoll ist, wenn der Kurs der Aktien im Wandlungszeitpunkt den Wandlungspreis überschritten hat. Optionsanleihen gewähren dem Inhaber ebenfalls das Recht, Aktien des emittierenden Unternehmens zu erwerben. Im Unterschied zur Wandelanleihe ist das Anleiheelement jedoch vom Optionsrecht unabhängig. In der Regel kann das Optionsrecht von der Anleihe getrennt und separat gehandelt werden.[98] Umtauschanleihen sind Wertpapiere, die neben dem in allen vorgenannten Anleiheformen regelmäßig vorgesehenen Anspruch auf Zinszahlung, den Anspruch auf Rückzahlung der Anleihe bzw. einen Anspruch auf Umtausch der Urkunde in Aktien einer Gesellschaft, die nicht mit dem Emittenten identisch ist (Zielgesellschaft), verbriefen. Wandel-, Options- und Umtauschanlei-

---

[95] BGHZ 71, 40 (46) (Kali + Salz); BGHZ 83, 319 (321) (Holzmann); BGHZ 125, 239 (Deutsche Bank).
[96] *Schlitt/Schäfer,* AG 2004, 346.
[97] *Schlitt/Seiler/Singhof,* AG 2003, 254 ff.; MünchKomm-AktG/*Habersack,* § 221 Rn. 1 ff.
[98] *Schlitt/Löschner,* BKR 2002, 150; MünchKomm-AktG/*Habersack,* § 221 Rn. 13, 32.

hen können entweder direkt durch die Aktiengesellschaft oder durch eine ausländische Finanzgesellschaft begeben werden; im Einzelnen § 6.

f) Derivate-Emissionen

Ein Großteil des Handels in Finanzprodukten findet in Derivaten statt. Dabei handelt es sich um Finanzinstrumente, deren Wert sich aus einem anderen Wert, dem sog Basiswert ableitet. Derivate sind in § 2 Abs. 2 WpHG legaldefiniert und werden in der Regel zur Risikoabsicherung (Hedging), insbesondere auch von Aktien- und Equity-Linked-Emissionen, eingesetzt. Zu den Einzelheiten siehe § 7.

g) Asset Backed Securities

Asset-Backed-Securities sind Wertpapiere, die durch Vermögenswerte *(assets)* gedeckt *(backed)* sind. Die Grundform einer solchen Verbriefungstransaktion ist eine Anleihe. Bei der Strukturierung von Asset-Backed-Transaktionen spielen insbesondere steuerliche Aspekte eine entscheidende Rolle.[99]

VII. Kapitalmarktaufsicht

Die Kapitalmarktaufsicht in Deutschland obliegt in erster Linie der BaFin, die ihrerseits dem Bundesministerium für Finanzen untersteht.[100] Die BaFin ist zuständig für die Bankenaufsicht, die Versicherungsaufsicht und die Wertpapieraufsicht. Bei letzterer wird die BaFin durch einen bei ihr gebildeten Wertpapierrat unterstützt (§ 5 WpHG). Die Aufgaben im Bereich der Wertpapieraufsicht umfassen die Überwachung von Meldepflichten bei Wertpapiertransaktionen (§ 9 WpHG), die Verfolgung von Insidergeschäften (§§ 12 ff. WpHG), die Verfolgung von Kurs- und Marktpreismanipulation (§ 20a WpHG), die Einhaltung der Mitteilungspflichten bei Veränderungen von Stimmrechtsanteilen (§§ 21 ff. WpHG) sowie die Überwachung der sog Verhaltenspflichten, Organisationspflichten und Transparenzpflichten (sog Compliance-Regeln) der Wertpapierdienstleistungsunternehmen (§§ 31 ff. WpHG). Sie ist ferner zuständig für die Überwachung öffentlicher Angebote zum Erwerb von Wertpapieren börsennotierter Unternehmen (§ 4 WpÜG) sowie die Prüfung und Billigung von Wertpapierprospekten nach dem WpPG (§ 13 WpPG iVm § 2 Nr. 17 WpPG).

Bei der Wahrnehmung ihrer Aufgaben arbeitet die BaFin mit Behörden im Inland und im Ausland, wie etwa der englischen *Financial Services Authority* (FSA) und der US-amerikanischen *Securities and Exchanges Commission* (SEC) und internationalen Stellen (EBA, IOSCO, ESMA) zusammen (§§ 6 ff. WpHG).

Daneben steht die Börsenaufsicht, die in erster Linie durch die Börsenorgane vorgenommen wird. Hierzu gehören die Handelsüberwachungsstelle (§ 7 BörsG), der Börsenrat (§ 12 BörsG) und der Sanktionsausschuss (§ 22 BörsG). Die Aufsicht über die Börsen obliegt der zuständigen obersten Landesbehörde (§ 3 BörsG).

---

[99] Zu weiteren Einzelheiten vergleiche statt vieler Habersack/Mülbert/Schlitt/*Geiger,* Unternehmensfinanzierung am Kapitalmarkt, § 22.
[100] *Siller,* § 1 IV.

§ 2. Börsengang

Literatur: *Groß*, Kapitalmarktrecht, 5. Auflage (2012); *Schlitt/Singhof/Schäfer*, BKR 2005, 251; Habersack/Mülbert/Schlitt/*Singhof/Weber*, Unternehmensfinanzierung am Kapitalmarkt, 3. Auflage (2013), § 4; Semler/Volhard/*Schlitt*, Arbeitshandbuch für Unternehmensübernahmen, Band 1 (2001), § 23; Marsch-Barner/Schäfer/*Meyer*, Handbuch börsennotierte AG, 2. Auflage (2009), § 7 und § 8; Habersack/Mülbert/Schlitt/*Rudolf*, Handbuch der Kapitalmarktinformation, 2. Auflage (2013), § 1; Habersack/Mülbert/Schlitt/*Singhof*, Handbuch der Kapitalmarktinformation, 2. Auflage (2013), § 22; *Schanz*, Börseneinführung, 4. Auflage (2012).

I. Einführung

Unter einem Börsengang *(initial public offering, IPO)* versteht man das erstmalige öffentliche Angebot von Aktien einer Aktiengesellschaft („AG"), einer Kommanditgesellschaft auf Aktien („KGaA") oder einer Europäischen Gesellschaft („SE") verbunden mit der erstmaligen Zulassung dieser Aktien zum Handel an einer Börse.[1]

Ein Börsengang dient meistens der Aufnahme zusätzlichen Kapitals.[2] Die Gesellschaft erhält Eigenkapital, weil im Rahmen eines Börsengangs in der Regel neben bereits „existierenden Aktien", die den verkaufenden Altaktionären gehören, „neue Aktien" veräußert werden, die aus einer im Zuge des Börsengangs durchgeführten Kapitalerhöhung stammen.[3] Daneben gibt es zahlreiche weitere Gründe, die für einen „Gang an die Börse" sprechen. So erhöht sich der Bekanntheitsgrad der Gesellschaft, wodurch sich die Stellung der Gesellschaft gegenüber ihren Kunden und Auftraggebern verbessern kann. Ferner erleichtert die Zulassung der Aktien zum Börsenhandel ihrem jeweiligen Inhaber eine Veräußerung, da er über die Börse leichter einen Käufer für seine Aktien finden kann.[4] Schließlich bietet ein Börsengang Altaktionären die Möglichkeit, einen Gewinn durch den Verkauf ihrer Aktien zu erzielen.[5]

Zu berücksichtigen ist bei der Entscheidung über den Börsengang, dass erhebliche Ressourcen im Bereich des oberen Managements und des Vorstands gebunden werden, da der Prozess in der Regel mindestens drei bis vier Monate dauert und die für seine Durchführung erforderlichen Schritte eine intensive Befassung erfordern.[6] Des Weiteren sind nach einem Börsengang die sogenannten „Zulassungsfolgepflichten" zu beachten (siehe im Einzelnen § 14 und § 15). So führt ein Börsengang zB dazu, dass der Emittent gemäß § 267 Abs. 3 S. 2 HGB iVm § 264d HGB bei der Auf-

---

[1] Habersack/Mülbert/Schlitt/*Singhof/Weber*, Unternehmensfinanzierung am Kapitalmarkt, § 4 Rn. 1; Marsch-Barner/Schäfer/*Meyer*, § 7 Rn. 1 und Rn. 78; Semler/Volhard/*Schlitt*, § 23 Rn. 1 ff.
[2] Marsch-Barner/Schäfer/*Meyer*, § 7 Rn. 5; Habersack/Mülbert/Schlitt/*Singhof/Weber*, Unternehmensfinanzierung am Kapitalmarkt, § 4 Rn. 1; siehe zu den Vor- und Nachteilen eines Börsengangs im Einzelnen Beck'sches Hdb-AG/*Harrer*, § 20 Rn. 12 ff.
[3] Habersack/Mülbert/Schlitt/*Singhof/Weber*, Unternehmensfinanzierung am Kapitalmarkt, § 4 Rn. 32; Marsch-Barner/Schäfer/*Meyer*, § 7 Rn. 4.
[4] Marsch-Barner/Schäfer/*Meyer*, § 7 Rn. 1 f. und Rn. 4 ff.
[5] Marsch-Barner/Schäfer/*Meyer*, § 7 Rn. 8.
[6] Zur Bindung von Ressourcen bei einer reinen Umplatzierung von Aktien Marsch-Barner/Schäfer/*Meyer*, § 7 Rn. 20.

stellung und Veröffentlichung des Jahresabschlusses die Vorschriften über große Kapitalgesellschaften zu beachten und Halbjahres- (§ 37w WpHG) sowie Quartalsfinanzberichte (§ 37x Abs. 3 WpHG) zu erstellen und zu veröffentlichen hat.[7] Ferner hat die Gesellschaft ua Ad-hoc-Mitteilungen zu veröffentlichen, eine Entsprechenserklärung nach § 161 AktG abzugeben und sie und ihre Aktionäre haben die Vorschriften der §§ 21 ff. WpHG zu beachten.[8] Neben der Belastung, die die Erstellung und Veröffentlichung mit sich bringen, setzt sich die emittierende Gesellschaft auch potenziellen Haftungsrisiken aus, die vor allem aus dem anlässlich des Börsengangs erstellten Wertpapierprospekt und der Abgabe fehlerhafter Ad-hoc-Mitteilungen resultieren können.[9] Zudem entstehen der emittierenden Gesellschaft durch einen Börsengang erhebliche Kosten, die im Wesentlichen die Provisionen der Konsortialbanken und Kosten für die Berater (Wirtschaftsprüfer, Anwälte, Investor Relations Berater und bisweilen auch Financial Adviser) sowie die Gebühren für die Börsenzulassung, Handelsregistergebühren, Druckkosten für den Wertpapierprospekt und Gebühren des Designated Sponsors[10] umfassen.[11]

II. Vorbereitung des Börsengangs

1. Rechtliche Voraussetzungen für die Börsenfähigkeit

Voraussetzung für einen Börsengang in den regulierten Markt ist, dass der Börsenkandidat die in § 32 Abs. 3 BörsG iVm § 34 BörsG und §§ 1 ff. BörsZulV genannten Zulassungsvoraussetzungen erfüllt.[12] Zunächst muss es sich bei der Gesellschaft um eine AG (einschließlich der REIT AG), eine KGaA oder um eine SE handeln, weil nur die Anteile an diesen Gesellschaften das Erfordernis der „freien Handelbarkeit" des § 34 Nr. 1b BörsG iVm § 5 Abs. 1 BörsZulV erfüllen.[13] Daneben kommen auch ausländische Rechtsformen in Betracht, die mit den vorgenannten deutschen Gesellschaften vergleichbar sind. Beispielhaft seien an dieser Stelle nur die englische PLC (Air Berlin PLC) oder die Luxemburger S. A. (GAGFAH S. A.) genannt. Des Weiteren muss der voraussichtliche Kurswert der zuzulassenden Aktien oder, falls eine Schätzung nicht möglich ist, das Eigenkapital der Gesellschaft im Sinne des § 266 Abs. 3 Buchstabe A HGB mindestens 1.250.000 EUR betragen (bei Stückaktien muss sich deren Anzahl auf mindestens 10.000 belaufen), der zukünftige Emittent muss mindestens drei Jahre als Unternehmen (nicht zwangsläufig als AG, KGaA, oder SE) bestanden und seine Jahresabschlüsse für die drei dem Zulassungs-

---

[7] Habersack/Mülbert/Schlitt/*Klawitter*, Unternehmensfinanzierung am Kapitalmarkt, § 32 Rn. 67 ff.
[8] Allgemein Marsch-Barner/Schäfer/*Schäfer*, § 12 Rn. 4.
[9] Marsch-Barner/Schäfer/*Meyer*, § 7 Rn. 82 f.
[10] Unter einem Designated Sponsor versteht man Banken oder sonstige Finanzdienstleister, die im elektronischen Handel verbindliche Preislimits für den An- und Verkauf von Aktien (Quotes) zur Verfügung stellen und damit temporäre Ungleichgewichte zwischen Angebot und Nachfrage in weniger liquiden Aktien überbrücken (diese Definition ist dem Börsenlexikon der Gruppe Deutsche Börse entnommen worden); siehe zum Designated Sponsor auch Marsch-Barner/Schäfer/*Meyer*, § 8 Rn. 11 f.
[11] Zu den Kosten bei einer reinen Umplatzierung von Aktien Marsch-Barner/Schäfer/*Meyer*, § 7 Rn. 20.
[12] *Schlitt/Singhof/Schäfer*, BKR 2005, 251 (255); Marsch-Barner/Schäfer/*Groß*, § 9 Rn. 11 ff.; Semler/Volhard/*Schlitt*, § 23 Rn. 17 ff.
[13] Habersack/Mülbert/Schlitt/*Singhof/Weber*, Unternehmensfinanzierung am Kapitalmarkt, § 4 Rn. 4; *Schanz*, § 3 Rn. 1.

antrag vorangegangenen Geschäftsjahre entsprechend den hierfür geltenden Vorschriften offengelegt haben[14] und schließlich müssen die zuzulassenden Aktien ausreichend gestreut sein. Die zuzulassenden Aktien gelten als ausreichend gestreut, wenn mindestens fünfundzwanzig vom Hundert des Gesamtnennbetrags, bei nennwertlosen Aktien der Stückzahl, der zuzulassenden Aktien vom Publikum erworben worden sind *(free float).*

2. Vorbereitung der Gesellschaft

a) Umstrukturierung der Gesellschaft

Sofern die Gesellschaft, die einen Börsengang anstrebt, noch nicht in der Rechtsform einer AG oder KGaA organisiert ist,[15] muss sie zunächst in eine dieser Gesellschaftsformen durch einen Formwechsel nach §§ 190 ff. UmwG umgewandelt werden.[16] In manchen Fällen sind im Vorfeld eines Börsengangs aber auch Vermögensübertragungen notwendig, da die Struktur der Unternehmensgruppe verändert und Betriebsanteile auf den Emittenten übertragen werden sollen. Denkbar sind dabei die Übertragungen der den Betrieb ausmachenden Vermögensteile auf den Emittenten im Wege der Einzelrechtsnachfolge nach bürgerlichem Recht oder im Wege der Gesamtrechtsnachfolge nach dem UmwG, wobei der zuletzt genannten Möglichkeit in der Regel – meist aus steuerlichen Gründen – der Vorzug gegeben wird.[17]

b) Beendigung von Unternehmensverträgen

Vorbereitende Maßnahmen sind ebenfalls erforderlich, wenn die den Börsengang anstrebende Gesellschaft als Untergesellschaft an einem Unternehmensvertrag im Sinne der §§ 291 f. AktG beteiligt ist. Solche Verträge mit börsennotierten Gesellschaften, zu denen auch stille Gesellschaftsverträge zählen, werden vom Kapitalmarkt kritisch betrachtet, so dass die den Börsengang begleitenden Konsortialbanken idR darauf drängen, dass der Emittent einen Unternehmensvertrag vor dem Börsengang beendet.[18] Als Weg für die Beendigung wird häufig auf die Aufhebung oder Kündigung zurückgegriffen. Diese beiden Maßnahmen bedürfen jedoch einer vorausschauenden Planung, da eine Aufhebung weder rückwirkend noch grds. unterjährig möglich ist (§ 296 Abs. 1 AktG) und ggf. sogar eine Zustimmung der außenstehenden Aktionäre durch Sonderbeschluss erforderlich sein kann (§ 296 Abs. 2 AktG) und bei einer ordentlichen Kündigung – eine außerordentliche Kündigung wird meist nicht möglich sein – die vertraglich vereinbarte Kündigungsfrist und der vertraglich vereinbarte Kündigungstermin sowie ggf. ebenfalls das Erfordernis eines Sonderbeschlusses der außenstehenden Aktionäre (§ 297 Abs. 2 AktG) zu beachten sind.[19]

---

[14] Ausnahmen von der Voraussetzung des dreijährigen Bestehens und entsprechender Offenlegung der Jahresabschlüsse können gemäß § 3 Abs. 2 BörsZulV erteilt werden.
[15] Die Gründung einer SE im Wege des Formwechsels steht gemäß Art. 2 Abs. 4 SE-VO und Art. 37 SE-VO nur AGs und REIT-AGs offen (vgl. dazu Lutter/Hommelhoff/*Seibt*, SE Kommentar, Art. 37 SE-VO Rn. 8).
[16] Beck'sches Hdb-AG/*Göckeler*, § 21 Rn. 82.
[17] Habersack/Mülbert/Schlitt/*Singhof/Weber*, Unternehmensfinanzierung am Kapitalmarkt, § 4 Rn. 7.
[18] *Schlitt/Beck,* NZG 2001, 688 (693).
[19] *Schlitt/Beck,* NZG 2001, 688 (694).

c) Anpassung der Satzung

Im Vorfeld beinahe jedes Börsengangs ist eine Anpassung der Satzung der Gesellschaft erforderlich. So entspricht häufig der Unternehmensgegenstand nicht den Anforderungen des Kapitalmarkts, da er zu eng gefasst ist und mithin den Tätigkeitsbereich der Gesellschaft unangemessen beschränkt. Daher wird der Unternehmensgegenstand häufig insoweit geändert, als nur der Kernbereich der Tätigkeit der Gesellschaft definiert wird und darüber hinaus lediglich eine beispielhafte Aufführung der Tätigkeitsaufgaben erfolgt.[20] Sollte das Handeln durch Beteiligungsunternehmen und der ausschließliche Betrieb einer kapitalistischen Beteiligungsverwaltung noch nicht aufgenommen worden sein, wird grds. eine derartige Erweiterung vorgenommen.[21] Ferner wird in aller Regel von der Möglichkeit Gebrauch gemacht, den Anspruch der Aktionäre auf Verbriefung ihrer Anteile auszuschließen (§ 10 Abs. 5 AktG), da dieser Ausschluss die Girosammelverwahrung des gesamten Kapitals in Form einer oder mehrerer Globalurkunden ermöglicht.[22] Des Weiteren ist eine von § 60 Abs. 2 S. 3 AktG abweichende Regelung der Gewinnberechtigung die Regel. Verbreitet sind ferner Regelungen, die die Durchführung von Aufsichtsratssitzungen im Wege von Video- und Telefonkonferenzen auch bei Widerspruch eines oder mehrerer ihrer Mitglieder gegen ein solches Verfahren gestatten (§ 108 Abs. 4 AktG),[23] die für bestimmte Fälle die Teilnahme von Aufsichtsratsmitgliedern an der Hauptversammlung im Wege der Bild- und Tonübertragung (§ 118 Abs. 3 S. 2 AktG) gestatten, die die Übertragung einer Hauptversammlung in Ton und Bild zulassen (§ 118 Abs. 4 AktG),[24] und die – um einen geordneten Ablauf der künftigen Publikumshauptversammlungen zu gewährleisten – den Versammlungsleiter ermächtigen, das Frage- und Rederecht der Aktionäre zeitlich angemessen zu beschränken (§ 131 Abs. 2 S. 2 AktG). Darüber hinaus ist es auch möglich, Regelungen in die Satzung aufzunehmen, die es den Aktionären ermöglichen, ihre Rechte ohne Anwesenheit am Ort der Hauptversammlung im Wege elektronischer Kommunikation auszuüben (§ 118 Abs. 1 S. 2 AktG) oder an den Abstimmungen durch eine Briefwahl (§ 118 Abs. 2 AktG) teilzunehmen.[25] Schließlich werden häufig Anpassungen der Satzung bzw. der Geschäftsordnungen von Vorstand und Aufsichtsrat vorgenommen, um den Empfehlungen des Deutschen Corporate Governance Kodex zu entsprechen. Diese Anpassungen erfolgen, da eine börsennotierte Gesellschaft nach § 161 AktG jährlich mitteilen muss, welchen Empfehlungen des Deutschen Corporate Governance Kodex sie entsprach und entsprechen wird und welche Empfehlungen nicht angewendet wurden bzw. werden. Die Abweichungen von den Empfehlungen sind zu begründen. Sollte eine börsennotierte Gesellschaft zahlreichen oder wichtigen Empfehlungen dieses Kodex nicht folgen, kann dies negative Auswirkungen auf das Investitionsverhalten der Anleger haben.

d) Anpassung der inneren Organisation

Zunächst ist – sofern noch nicht vorhanden – ein den aktuellen Standards entsprechendes Risikomanagement und -überwachungssystem nach § 91 Abs. 2 AktG

---

[20] Habersack/Mülbert/Schlitt/*Singhof/Weber*, Unternehmensfinanzierung am Kapitalmarkt, § 4 Rn. 10; siehe dazu auch Beck'sches Hdb-AG/*Göckeler*, § 21.
[21] Habersack/Mülbert/Schlitt/*Singhof/Weber*, Unternehmensfinanzierung am Kapitalmarkt, § 4 Rn. 10.
[22] Beck'sches Hdb-AG/*Göckeler*, § 21 Rn. 228; *Schanz*, § 3 Rn. 7.
[23] Beck'sches Hdb-AG/*Göckeler*, § 19 Rn. 231.
[24] Habersack/Mülbert/Schlitt/*Singhof/Weber*, Unternehmensfinanzierung am Kapitalmarkt, § 4 Rn. 11; *Schanz*, § 3 Rn. 112.
[25] Habersack/Mülbert/Schlitt/*Singhof/Weber*, Unternehmensfinanzierung am Kapitalmarkt, § 3 Rn. 11.

einzurichten, das die frühzeitige Erkennung bestandsgefährdender Risiken ermöglicht.[26]
Auch der Bereich Rechnungswesen und Controlling muss häufig ausgebaut werden, da der Emittent im Vorfeld des Börsengangs die Bilanzierung auf die internationalen Rechnungslegungsstandards IFRS für den Konzernabschluss umzustellen (§ 315a Abs. 1 HGB) und nach dem Börsengang wesentlich häufiger und in detaillierter Form Finanzberichte[27] zu erstellen hat.[28]

3. Auswahl der Konsortialbanken

Die Gesellschaft wählt in aller Regel im Vorfeld eines Börsengangs eine oder mehrere Banken aus, die sie bei der Durchführung des Börsengangs berät und später die gezielte Investorenansprache und Aktienplatzierung für sie übernimmt.[29] Eine Börseneinführung in den regulierten Markt ist nur unter Einschaltung einer Bank möglich, da § 32 Abs. 2 BörsG vorschreibt, dass die Zulassung vom Emittenten der Wertpapiere zusammen mit einem Kreditinstitut, Finanzdienstleistungsinstitut oder einem nach § 53 Abs. 1 S. 1 oder § 53b Abs. 1 S. 1 KWG tätigen Unternehmen zu beantragen ist.[30] Zudem übernimmt die Bank die wichtige Funktion als Zeichnerin der neuen Aktien, da eine Zeichnung durch eine Vielzahl von Anlegern praktisch unmöglich ist.

Der Auswahl der emissionsbegleitenden (konsortialführenden) Bank geht grds. ein so genannter „Beauty Contest" voraus. Im Rahmen dieses Auswahlverfahrens lädt die Gesellschaft einige Banken ein, damit diese ihre ersten Aussagen über die Börsenreife der Gesellschaft treffen, den Ablauf des geplanten Börsengangs vorstellen, Ausführungen über ihre Erfahrungen auf dem Gebiet von IPOs und ihre jeweilige Platzierungskraft machen und die geplante Kapitalmarktbetreuung im Anschluss an den geplanten Börsengang darlegen.[31] Häufig werden neben den Konsortialführern, die regelmäßig eine Platzierungsquote von 60 bis 80 % des Gesamtvolumens übernehmen, weitere Banken vom Emittenten und der Konsortialführerin benannt, die lediglich eine geringere Quote übernehmen und eine untergeordnete Rolle in der Planung und Durchführung des Börsengangs übernehmen.[32]

4. Due Diligence

Im Vorfeld eines Börsengangs wird des Weiteren eine sog Due Diligence durchgeführt.[33] Im Rahmen der Due Diligence wird von den emissionsbegleitenden Banken,

---

[26] Habersack/Mülbert/Schlitt/*Singhof/Weber*, Unternehmensfinanzierung am Kapitalmarkt, § 4 Rn. 9.
[27] Der Emittent unterliegt nach dem Börsengang den §§ 37v ff. WpHG.
[28] Habersack/Mülbert/Schlitt/*Singhof/Weber*, Unternehmensfinanzierung am Kapitalmarkt, § 4 Rn. 24.
[29] Marsch-Barner/Schäfer/*Meyer*, § 8 Rn. 17.
[30] Habersack/Mülbert/Schlitt/*Singhof/Weber*, Unternehmensfinanzierung am Kapitalmarkt, § 4 Rn. 24; *Schanz*, § 9 Rn. 2.
[31] Marsch-Barner/Schäfer/*Meyer*, § 8 Rn. 17; Habersack/Mülbert/Schlitt/*Singhof/Weber*, Unternehmensfinanzierung am Kapitalmarkt, § 4 Rn. 26.
[32] Habersack/Mülbert/Schlitt/*Singhof/Weber*, Unternehmensfinanzierung am Kapitalmarkt, § 4 Rn. 27.
[33] Marsch-Barner/Schäfer/*Meyer*, § 8 Rn. 21; Habersack/Mülbert/Schlitt/*Singhof/Weber*, Unternehmensfinanzierung am Kapitalmarkt, § 4 Rn. 52; siehe zur Due Diligence ausführlich § 12 III. und Beck'sches Hdb-AG/*Göckeler*, § 24 Rn. 130 ff.

ihren Rechtsberatern und den Rechtsberatern des Emittenten zum einen geprüft, ob der Emittent die erforderliche Kapitalmarktreife aufweist.[34] Durch diese Prüfung soll der Eintritt von Reputationsschäden vermieden werden, die entstehen würden, wenn die Banken ungeeignete Gesellschaften an die Börse führten. Zum anderen hilft den Konsortialbanken die Durchführung einer Due Diligence, im Rahmen von möglichen späteren Prospekthaftungsklagen den Nachweis zu erbringen, dass sie nicht grob fahrlässig gehandelt haben (sog *due diligence defense*), um somit der Prospekthaftung zu entgehen (vgl. § 23 Abs. 1 WpPG). Gegenstand der Due Diligence sind insbesondere die gesellschaftsrechtliche Historie, etwaige zwischen den Aktionären bestehende Stimmbindungsverträge, etwaige Vereinbarungen über Belastungen oder Verfügungsbeschränkungen der Aktien, die Protokolle der Vorstands- und Aufsichtsratssitzungen, die wichtigsten Verträge mit seinen Banken, seinen Zulieferern und seinen Kunden, seine öffentlich-rechtlichen Genehmigungen und gewerblichen Schutzrechte, die Dienstverträge der Vorstandsmitglieder, Informationen über die wichtigsten Rechtsstreitigkeiten des Emittenten und seine Subventionen, die Jahres- und ggf. Konzernabschlüsse der Gesellschaft mit den dazugehörigen Prüfungsberichten der Wirtschaftsprüfer, die Finanzplanung der Gesellschaft für die nächsten Jahre sowie weitere Dokumente, die Aufschluss über ihre finanzielle Situation geben. Daneben erstreckt sich die Due Diligence auch auf die entsprechenden Dokumente der (wesentlichen) Tochtergesellschaften des Emittenten. Die Aufgabe der Rechtsberater der Banken und des Emittenten besteht darin, die Dokumente aus rechtlicher Sicht zu prüfen, während die Vertreter der Banken ihr Augenmerk hauptsächlich auf die Unterlagen mit finanziellem Hintergrund richten. Häufig werden bei dieser Prüfung Mängel festgestellt, die im Anschluss in aller Regel durch Heilungsmaßnahmen beseitigt werden können. In seltenen Ausnahmefällen erweisen sich die festgestellten Mängel als so gravierend, dass der geplante Börsengang verschoben oder abgesagt werden muss.

5. Emissionskonzept

a) Gattung und Ausgestaltung der Platzierungsaktien

Der Emittent muss entscheiden, ob er Stamm- oder Vorzugsaktien ausgeben möchte. In der Praxis ist die Ausgabe von Stammaktien heute absolut vorherrschend.[35] Der Hauptgrund hierfür liegt darin, dass Vorzugsaktien bei ausländischen institutionellen Investoren unbekannt und ihre Akzeptanz bei diesen gering ist.[36] Bei der Frage, ob sie Inhaber- oder Namensaktien ausgeben sollen, entscheiden sich zunehmend mehr Emittenten für Namensaktien, da die Namensaktie international weiter verbreitet ist und bei dieser Aktienform die Kontaktaufnahme mit den Aktionären aufgrund des Aktienregisters, das die Gesellschaft führen muss und aus dem sich ua Name und Adresse der Aktionäre ergeben,[37] einfacher ist. Des Weiteren haben sich seit der Einführung der Stückaktie wohl alle Börsenkandidaten für diese Aktienform entschieden.[38] Der Grund hierfür liegt darin, dass die Stückaktie im Vergleich zur Nennbetragsaktie zwei große Vorteile bietet. Zum einen muss der auf eine Stückaktie

---

[34] Beck'sches Hdb-AG/*Göckeler,* § 24 Rn. 132.
[35] Beck'sches Hdb-AG/*Göckeler,* § 22 Rn. 226; *Schanz,* § 3 Rn. 144.
[36] Habersack/Mülbert/Schlitt/*Singhof/Weber,* Unternehmensfinanzierung am Kapitalmarkt, § 4 Rn. 15; Semler/Volhard/*Schlitt,* § 23 Rn. 19.
[37] Habersack/Mülbert/Schlitt/*Singhof/Weber,* Unternehmensfinanzierung am Kapitalmarkt, § 4 Rn. 14; Beck'sches Hdb-AG/*Göckeler,* § 21 Rn. 220; Semler/Volhard/*Schlitt,* § 23 Rn. 20.
[38] Habersack/Mülbert/Schlitt/*Singhof/Weber,* Unternehmensfinanzierung am Kapitalmarkt, § 4 Rn. 13; siehe dazu auch Beck'sches Hdb-AG/*Göckeler,* § 21 Rn. 219.

entfallende Anteil des Grundkapitals anders als ein Nennbetrag (§ 8 Abs. 2 S. 4 AktG) nicht auf volle Euro lauten. Zum anderen muss der auf eine Stückaktie entfallende Anteil des Grundkapitals in der jeweiligen Aktienurkunde anders als der Nennbetrag bei einer Nennbetragsaktie nicht angegeben werden, sondern kann durch Division der Grundkapitalziffer durch die Anzahl der ausgegebenen Aktien, die auch in der Satzung anzugeben sind, ermittelt werden. Im Fall von Stückaktien können daher gemäß § 207 Abs. 2 S. 2 Hs. 1 AktG Kapitalerhöhungen aus Gesellschaftsmitteln auch ohne Ausgabe neuer Aktien durchgeführt werden. Darüber hinaus kann gemäß § 222 Abs. 4 AktG auch eine ordentliche Kapitalherabsetzung durchgeführt werden, ohne dass die Aktienurkunden zu ändern wären.[39]

b) Börsenzulassung

Eine wichtige Überlegung im Zusammenhang mit dem Emissionskonzept ist, an welchen Börsenplätzen und in welchem Teilsegment die Zulassung der Aktien erfolgen soll.[40] In Deutschland stehen den Emittenten insgesamt sieben[41] Wertpapierbörsen zur Verfügung, wobei der Frankfurter Wertpapierbörse die mit weitem Abstand größte Bedeutung zukommt.[42] Eine ergänzende Zulassung an einer der übrigen sechs Regionalbörsen wird in der Praxis meist nur aus regionalen Gründen beantragt.[43] Bei einer Zulassung zum einheitlichen Marktsegment „Regulierter Markt" an der Frankfurter Wertpapierbörse besteht die Wahl zwischen zwei Teilsegmenten, dem General Standard und dem Prime Standard. General Standard und Prime Standard unterscheiden sich hinsichtlich der Zulassungsfolgepflichten. Wegen der geringeren Zulassungsfolgepflichten und den mithin geringeren Kosten der Aufrechterhaltung der Zulassung ist der General Standard grundsätzlich auf kleinere und mittlere Unternehmen ausgerichtet, die hauptsächlich nationale Investoren ansprechen möchten, während für größere Unternehmen der Prime Standard in Betracht kommt, der hinsichtlich der Transparenzpflichten den Anforderungen der internationalen Kapitalmärkte und damit den Anforderungen internationaler Investoren entspricht.[44]

Im regulierten Markt muss die Zulassung grds. für alle Aktien derselben Gattung beantragt werden (§ 7 Abs. 1 BörsZulV). Dies werden in aller Regel sämtliche Aktien des Emittenten sein, weil die wenigsten Gesellschaften, die den Gang an die Börse anstreben, über Stamm- und Vorzugsaktien (§ 11 AktG) verfügen.

Die zusätzliche Zulassung der Aktien des Emittenten an einer oder mehreren ausländischen Börse(n) war früher verbreitet. Insbesondere die zusätzliche Zulassung an der New York Stock Exchange[45] war bei den Emittenten teilweise beliebt,[46] da sie

---

[39] Vgl. zu alledem Habersack/Mülbert/Schlitt/*Singhof/Weber*, Unternehmensfinanzierung am Kapitalmarkt, § 4 Rn. 13; Beck'sches Hdb-AG/*Göckeler*, § 21 Rn. 219.
[40] Siehe zur Auswahl des Börsenplatzes im Einzelnen Beck'sches Hdb-AG/*Harrer*, § 21 Rn. 1 ff.
[41] Die sieben Wertpapierbörsen sind die Wertpapierbörsen von Frankfurt, Stuttgart, Düsseldorf, Berlin, München, Hamburg und Hannover.
[42] Marsch-Barner/Schäfer/*Meyer*, § 7 Rn. 41; Habersack/Mülbert/Schlitt/*Singhof/Weber*, Unternehmensfinanzierung am Kapitalmarkt, § 4 Rn. 28.
[43] Marsch-Barner/Schäfer/*Meyer*, § 7 Rn. 42 weist darauf hin, dass für mittelständische Emittenten eine Notierung an einer Regionalbörse den Vorteil größerer Visibilität bei Anlegern aus der Region biete.
[44] Marsch-Barner/Schäfer/*Meyer*, § 7 Rn. 49 ff.; Habersack/Mülbert/Schlitt/*Singhof/Weber*, Unternehmensfinanzierung am Kapitalmarkt, § 4 Rn. 28; *Schanz*, § 14 Rn. 1.
[45] Vgl. zu den Voraussetzungen der Zulassung von Aktien einer deutschen Aktiengesellschaft an einer US-amerikanischen Börse, Beck'sches Hdb-AG/*Harrer*, § 22 Rn. 53 ff.; Semler/Volhard/*Hutter*, § 23 Rn. 144 ff.
[46] *Technau*, AG 1998, 445 (445).

sich davon den Zugang zu amerikanischen Investoren versprachen. Gegenwärtig streben nur noch sehr wenige Emittenten auch an eine ausländische Börse, da zumeist das Handelsvolumen an den ausländischen Börsen weit hinter den Erwartungen zurück bleibt. Ferner sind die Kosten für die Aufrechterhaltung der Börsenzulassung, insbesondere an der New York Stock Exchange, beträchtlich. Der Gang auch an eine ausländische Börse wird daher lediglich dann für den Emittenten in Betracht kommen, wenn davon auszugehen ist, dass zumindest ein großer Teil der Investoren tatsächlich in diesem Land ansässig ist und damit die zusätzlichen Kosten gerechtfertigt sind.[47]

c) Öffentliches Angebot von Aktien

Ein Börsengang geht in der Regel mit einem öffentlichen Angebot von Aktien in Deutschland einher. In der Praxis gehen viele Emittenten dazu über, das öffentliche Angebot auch auf einen weiteren EWR-Staat zu erstrecken. Dies hat ua den Vorteil, dass der Wertpapierprospekt ausschließlich in englischer Sprache (mit deutscher Zusammenfassung) erstellt werden kann (§ 19 Abs. 3 WpPG). Bei der Ausarbeitung des Emissionskonzepts muss überlegt werden, welche Aktien im Rahmen des Börsengangs angeboten werden sollen. Möglich sind insoweit drei Varianten. Es können ausschließlich bereits existierende Aktien, ausschließlich noch zu schaffende (neue) Aktien oder sowohl existierende als auch neue Aktien im Rahmen des Börsengangs öffentlich angeboten werden.[48] In der Praxis wird meist (außer bei Privatisierungen und Börsengängen, die von Private Equity Investoren initiiert werden) die letzte Variante gewählt.[49] Das ausschließliche Anbieten von bereits existierenden Aktien wird nämlich häufig von Investoren nicht akzeptiert. Denn den Investoren müssen im Rahmen des Börsengangs Gründe dafür genannt werden (sog „Equity Story"), warum sie gerade in Aktien des Emittenten investieren sollen.[50] Dies fällt schwer, wenn ausschließlich bereits existierende Aktien öffentlich zum Erwerb angeboten werden, da zum einen der Eindruck entsteht, als glaubten die bisherigen Aktionäre selbst nicht an den künftigen geschäftlichen Erfolg des Emittenten.[51] Zum anderen kommen die gesamten Erlöse ausschließlich den bisherigen Aktionären zugute, während dem Börsenkandidaten keine Finanzmittel zufließen.[52] Der denkbare Weg, ausschließlich neue Aktien öffentlich anzubieten, gewährleistet zwar, dass dem Emittenten zusätzliche finanzielle Mittel zufließen, jedoch entspricht dieses Emissionskonzept nicht immer den Vorstellungen der bisherigen Aktionäre. Denn sie möchten in aller Regel die Möglichkeit erhalten, sich zumindest von einem Teil ihrer Aktien zu trennen. Ein Emissionskonzept, das den bisherigen Gesellschaftern die Möglichkeit zum jedenfalls teilweisen „Ausstieg" bietet, wird von Investoren zumindest dann akzeptiert, wenn im Rahmen des öffentlichen Angebots die Zahl der neuen Aktien die der bereits existierenden angebotenen Aktien nicht wesentlich unterschreitet. Für die Schaffung der neuen Aktien stehen dem Emittenten entweder eine ordentliche Kapitalerhöhung nach den §§ 182 ff. AktG oder eine Kapitalerhöhung aus genehmigtem Kapital nach §§ 202 ff. AktG zur Verfügung.

---

[47] Vgl. zu alledem Habersack/Mülbert/Schlitt/*Singhof/Weber*, Unternehmensfinanzierung am Kapitalmarkt, § 4 Rn. 29.
[48] Beck'sches Hdb-AG/*Göckeler*, § 21 Rn. 192.
[49] Habersack/Mülbert/Schlitt/*Singhof/Weber*, Unternehmensfinanzierung am Kapitalmarkt, § 4 Rn. 32; Semler/Volhard/*Schlitt*, § 23 Rn. 21; vgl. auch Marsch-Barner/Schäfer/*Meyer*, § 7 Rn. 4 ff.; *Arnold/Aubel*, ZGR 2012, 113 (128), 143.
[50] Habersack/Mülbert/Schlitt/*Rudolf*, Handbuch der Kapitalmarktinformation, § 1 Rn. 13.
[51] Marsch-Barner/Schäfer/*Meyer*, § 7 Rn. 11 f.
[52] Semler/Volhard/*Schlitt*, § 23 Rn. 21; *Arnold/Aubel*, ZGR 2012, 113 (128).

Beide Möglichkeiten stehen gleichwertig nebeneinander.[53] Lediglich bei großem Kapitalbedarf kann dem Emittenten der Weg über eine Kapitalerhöhung aus genehmigtem Kapital wegen § 202 Abs. 3 S. 1 AktG verschlossen sein. Die Vorschrift des § 202 Abs. 3 S. 1 AktG bestimmt nämlich, dass der Nennbetrag des genehmigten Kapitals die Hälfte des Grundkapitals, das zur Zeit der Ermächtigung vorhanden ist, nicht übersteigen darf. Unabhängig davon ist in der jüngeren Vergangenheit ein Trend zur Verwendung der ordentlichen Kapitalerhöhung zu erkennen. Dies hat den Vorteil, dass das genehmigte Kapital nicht schon (teilweise) für die IPO-Kapitalerhöhung verbraucht wird.[54] Bei beiden Wegen muss das den bisherigen Aktionären von Gesetzes wegen (§ 186 AktG bzw. § 203 Abs. 1 S. 1 AktG iVm § 186 AktG) zustehende Bezugsrecht ausgeschlossen werden; alternativ können die bisherigen Aktionäre auf ihr Bezugsrecht verzichten. Anderenfalls bestünde keine Möglichkeit, die neu geschaffenen Aktien bisher nicht an der Gesellschaft beteiligten Investoren zuzuteilen. Ein für einen Ausschluss des Bezugsrechts erforderlicher sachlicher Grund kann nach verbreiteter Meinung in der Börseneinführung der Aktien des Emittenten liegen.[55] Sollten sich alle bisherigen Aktionäre zu einem Verzicht auf ihr Bezugsrecht bereit erklärt haben, ist eine sachliche Rechtfertigung des Bezugsrechtsausschlusses ohnehin entbehrlich.[56]

d) Emissionsvolumen

Bei der Frage, wie viele Aktien im Rahmen des öffentlichen Angebots platziert werden sollen, ist zu beachten, dass nach Durchführung des Börsengangs grundsätzlich mindestens 25 % der Aktien vom Publikum gehalten werden müssen (Streubesitz; Free Float), § 9 BörsZulV. Des Weiteren sind bei dieser Frage auch die Finanzierungserfordernisse des Emittenten zu beachten. Je höher diese sind, desto mehr neue Aktien müssen im Rahmen des Börsengangs angeboten werden. Schließlich ist erheblich, welchen Einfluss die bisherigen Aktionäre nach dem Börsengang noch auf den Emittenten haben sollen, da dieser bei einem höheren Free Float sinkt.

6. Gremienbeschlüsse

Zur Umsetzung eines Börsengangs sind von den Organen des Emittenten (Hauptversammlung, Vorstand und Aufsichtsrat) Beschlüsse zu fassen.

a) Hauptversammlung

Da ein Börsengang grds. so strukturiert wird, dass in seinem Verlauf sowohl bereits existierende Aktien als auch noch zu schaffende Aktien platziert werden, muss zunächst die Hauptversammlung gemäß §§ 182 ff. AktG einen Beschluss über eine ordentliche Kapitalerhöhung unter Ausschluss des Bezugsrechts[57] oder über die Schaffung eines genehmigten Kapitals gemäß §§ 202 ff. AktG unter Ausschluss des Bezugsrechts fassen. Darüber hinaus ist nach überwiegender Ansicht[58] ein ausdrück-

---

[53] Semler/Volhard/*Schlitt*, § 2 Rn. 128.
[54] Habersack/Mülbert/Schlitt/*Singhof/Weber*, Unternehmensfinanzierung am Kapitalmarkt, § 4 Rn. 60.
[55] *Hüffer*, AktG, § 186 Rn. 31; Beck'sches Hdb-AG/*Göckeler*, § 21 Rn. 194; MünchKomm-AktG/*Pfeifer*, § 186 Rn. 96; MünchHdb-AG/*Kraft/Krieger*, § 56 Rn. 81.
[56] *Hüffer*, AktG, § 186 Rn. 25.
[57] Dies ist freilich dann nicht erforderlich, wenn sämtliche Aktionäre auf ihr Bezugsrecht verzichtet haben.
[58] Habersack/Mülbert/Schlitt/*Singhof/Weber*, Unternehmensfinanzierung am Kapitalmarkt, § 4 Rn. 56 ff. mwN auch zur Gegenansicht; aA beispielsweise Lutter/Scheffler/Schneider/*Baums/Vogel*, § 9 Rn. 9.55 f.

licher[59] Hauptversammlungsbeschluss hinsichtlich der generellen Durchführung eines Börsengangs nicht erforderlich.[60] Der Grund hierfür liegt darin, dass die sich durch den Börsengang für den Emittenten ergebenden Veränderungen, die hauptsächlich in der börsen- und wertpapierhandelsrechtlichen Publizität zu sehen sind, nicht als Strukturänderungen angesehen werden können, die nach den sogenannten Holzmüller-Gelatine-Grundsätzen einen Zustimmungsvorbehalt der Hauptversammlung begründen könnten. Außerdem werden die sich durch diese Publizität ergebenden Nachteile dadurch kompensiert, dass sich durch die Börsenzulassung der Aktien deren Verkehrsfähigkeit und damit deren Attraktivität für Investoren verbessert.

b) Vorstand

Da der Hauptversammlungsbeschluss in aller Regel den Vorstand ermächtigt, die Einzelheiten der Kapitalerhöhung mit Zustimmung des Aufsichtsrats festzulegen, sind neben dem Hauptversammlungsbeschluss im Rahmen eines Börsengangs auch Vorstandsbeschlüsse zu fassen. Der Vorstand fasst deshalb zunächst einen Beschluss darüber, welche Banken er zur Zeichnung der noch zu schaffenden Aktien zulässt, die die gezeichneten Aktien und die bereits existierenden Aktien dann im weiteren Verlauf des Börsengangs bei interessierten Investoren platzieren. Außerdem muss der Vorstand Beschlüsse über die Preisspanne für das so genannte Bookbuilding-Verfahren[61] und den Umfang der Kapitalerhöhung fassen, da weder die Ermächtigung noch ein Kapitalerhöhungsbeschluss der Hauptversammlung den Erhöhungsbetrag in aller Regel genau festlegen, sondern lediglich bestimmen, dass die Kapitalerhöhung bis zu einem bestimmten Maximalbetrag durchgeführt werden kann. Schließlich ist nach Abschluss des Bookbuilding-Verfahrens noch ein Beschluss des Vorstands erforderlich, durch den der endgültige Emissionspreis, also der Preis, zu dem die Investoren die Aktien erwerben können, festgelegt wird.

c) Aufsichtsrat

Da der Vorstand die Einzelheiten der Kapitalerhöhung gemäß der Ermächtigung oder gemäß dem Hauptversammlungsbeschluss regelmäßig lediglich mit Zustimmung des Aufsichtsrats festlegen darf, muss der Aufsichtsrat einen Zustimmungsbeschluss zu den Beschlüssen des Vorstands über die Festlegung der Preisspanne, über die Zulassung zur Zeichnung, über das Kapitalerhöhungsvolumen und über die Festlegung des Emissionspreises fassen.

7. Börsengang von Tochtergesellschaften

Einem Börsengang kann auch innerhalb eines Konzerns eine wichtige Bedeutung zukommen. Der Börsengang einer Tochtergesellschaft bietet nämlich der Muttergesellschaft die Möglichkeit, die Unternehmensgruppe umzugestalten und Finanzmittel zu erhalten.[62] Neben den bei jedem Börsengang zu beachtenden gesell-

---

[59] *Singhof/Weber* weisen zutreffend darauf hin, dass in den Beschlüssen der Hauptversammlung nach §§ 182 ff. AktG oder §§ 202 ff. AktG eine implizite Zustimmung zum Börsengang zu sehen ist (vgl. Habersack/Mülbert/Schlitt/*Singhof/Weber*, Unternehmensfinanzierung am Kapitalmarkt, § 4 Rn. 56).
[60] AA DJT 2008, der in seinem Beschluss II.21b) (Abteilung Wirtschaftsrecht) einen ausdrücklichen Hauptversammlungsbeschluss empfiehlt.
[61] Siehe zu dem Bookbuilding-Verfahren § 2 III 3.
[62] Habersack/Mülbert/Schlitt/*Singhof/Weber*, Unternehmensfinanzierung am Kapitalmarkt, § 4 Rn. 67; Semler/Volhard/*Schlitt*, § 23 Rn. 137.

II. Vorbereitung des Börsengangs

schaftsrechtlichen Fragestellungen sind bei einem Börsengang der Tochtergesellschaft auf der Ebene der Muttergesellschaft zwei Besonderheiten zu beachten. Es stellt sich die Frage, ob der Börsengang der Tochtergesellschaft der Zustimmung der Hauptversammlung der Muttergesellschaft bedarf und ob den Aktionären der Muttergesellschaft ein mittelbares Bezugsrecht bzw. ein Vorerwerbsrecht zuzusprechen ist.

Beispiel 1: Die A-AG möchte die Aktien ihrer 100-prozentigen Tochtergesellschaft B-AG zum Börsenhandel zulassen und im Rahmen eines öffentlichen Angebots 90 % ihrer Anteile verkaufen. Daneben soll bei der B-AG zusätzlich eine Kapitalerhöhung durchgeführt werden. Die B-AG trägt 30 % zum Ergebnis vor Steuern der A-AG bei. Aktionär C der A-AG hält einen Beschluss der Hauptversammlung der A-AG über die Durchführung des Börsengangs der B-AG für erforderlich. Außerdem meint er, er habe ein Recht, vorrangig Aktien der B-AG zu erwerben und ihm stünde zusätzlich ein mittelbares Bezugsrecht auf die noch zu schaffenden Aktien der B-AG zu. Hat er Recht?

Der Börsengang einer Tochtergesellschaft bedarf grundsätzlich keines zustimmenden Hauptversammlungsbeschlusses nach den Holzmüller-Gelatine-Grundsätzen, weil schon die qualitativen Voraussetzungen auf der Ebene der Muttergesellschaft nicht erfüllt sind.[63] Dies gilt unabhängig davon, ob der Börsengang aus einer alleinigen Veräußerung von bereits bestehenden Aktien durch die Muttergesellschaft oder – wie regelmäßig – aus einer Veräußerung von bereits bestehenden und neuen Aktien besteht.[64] Für den Fall der ausschließlichen Veräußerung von bereits bestehenden Aktien – unabhängig davon, ob es sich um eine Teilveräußerung[65] oder eine vollständige Abgabe handelt – ergibt sich dies daraus, dass durch die Veräußerung kein Mediatisierungseffekt („Mittelbarmachung") herbeigeführt wird.[66] Vielmehr erschöpft sich diese Maßnahme, wie jede andere Veräußerung auch, in einer Veränderung des Bestandes des Gesellschaftsvermögens.[67]

Des Weiteren folgt dieses Ergebnis aus der Wertung des § 179a AktG.[68] Dieser schreibt vor, dass im Falle einer Veräußerung von Vermögensgegenständen nur dann eine Zustimmung der Hauptversammlung erforderlich ist, wenn die AG ihr gesamtes bzw. nahezu gesamtes[69] Vermögen veräußert. Dies zeigt, dass Veräußerungsfälle – solange sie die Grenzen des § 179a AktG nicht erreichen – von der Geschäftsleitungskompetenz des Vorstands gedeckt sind und grds. keines zustimmenden Hauptversammlungsbeschlusses bedürfen.[70]

Nichts anderes kann gelten, wenn im Rahmen des Börsengangs bei der Tochtergesellschaft eine Kapitalerhöhung unter Ausschluss des Bezugsrechts durchgeführt wird, also neben den alten auch neue Aktien veräußert werden.

Denn zum einen kommt es bei einer Kapitalerhöhung unter Bezugsrechtsausschluss gerade nicht zu einer Verlagerung weiterer Vermögenswerte von der Mutter- auf die

---

[63] Habersack/Mülbert/Schlitt/*Singhof/Weber*, Unternehmensfinanzierung am Kapitalmarkt, § 4 Rn. 68.
[64] Habersack/Mülbert/Schlitt/*Singhof/Weber*, Unternehmensfinanzierung am Kapitalmarkt, § 4 Rn. 68.
[65] Es macht keinen Unterschied, ob aufgrund der Teilveräußerung die Beteiligung der Muttergesellschaft unter eine aktienrechtlich relevante Beteiligungsgrenze sinkt oder nicht.
[66] *BGH*, AG 2007, 203; im Ergebnis auch *OLG Stuttgart*, AG 2005, 693 (695 f.); Habersack/Mülbert/Schlitt/*Singhof/Weber*, Unternehmensfinanzierung am Kapitalmarkt, § 4 Rn. 68; *Habersack*, AG 2005, 137 (145); aA *Hüffer*, AktG, § 119 AktG Rn. 18a mwN.
[67] *Habersack*, AG 2005, 137 (145).
[68] *Habersack*, AG 2005, 137 (146).
[69] Siehe dazu *Hüffer*, AktG, § 179a Rn. 5.
[70] *Habersack*, AG 2005, 137 (146).

Tochtergesellschaft,[71] weil der Kapitalerhöhungsbetrag ausschließlich von den neuen Investoren aufgebracht wird, zum anderen sind die Auswirkungen eines Bezugsrechtsausschlusses mit denen einer Anteilsveräußerung nahezu identisch, da in beiden Fällen neue Investoren in die Tochtergesellschaft aufgenommen werden.[72] Selbst wenn man aber die qualitativen Voraussetzungen bei einem Börsengang der Tochtergesellschaft als gegeben ansehen würde, würde ein Zustimmungserfordernis der Hauptversammlung der Muttergesellschaft in aller Regel jedenfalls an den quantitativen Voraussetzungen der Holzmüller-Gelatine Grundsätze scheitern. Bei Anwendung dieser Grundsätze auf den Börsengang einer Tochtergesellschaft wären diese nur dann erfüllt, wenn zum einen die Tochtergesellschaft aus Sicht der Muttergesellschaft „wesentlich" ist, also zumindest 80 % zu einer der anerkannten Kennzahlen wie Bilanzsumme, Eigenkapital, Ergebnis vor Steuern, Unternehmenswert etc der Muttergesellschaft beiträgt, und zum anderen das Emissionsvolumen ebenfalls wesentlich ist,[73] was in der Praxis nur sehr selten der Fall sein dürfte.

Nach zutreffender herrschender Meinung[74] steht den Aktionären der Muttergesellschaft im Falle eines Börsengangs einer Tochtergesellschaft weder ein mittelbares Bezugsrecht analog § 186 AktG hinsichtlich der bei der Tochtergesellschaft noch zu schaffenden Aktien noch ein Vorerwerbsrecht betreffend die bestehenden Aktien zu. Ein solches mittelbares Bezugsrecht bzw. ein aus der Treuepflicht der Aktiengesellschaft gegenüber ihren Aktionären resultierendes Vorerwerbsrecht kann dogmatisch nicht begründet werden. Denn zum einen soll das Bezugsrecht den Aktionären lediglich die Möglichkeit einräumen, ihren Anteil an Stimmmacht und Vermögenssubstanz zu erhalten, und ihnen nicht die Chance geben, die Veräußerung bestimmter Aktiva zu verhindern.[75] Zum anderen resultiert aus der Treuepflicht der Aktiengesellschaft gegenüber ihren Aktionären lediglich die Pflicht, die Aktionäre zu schützen, nicht aber die Verpflichtung, ihnen zusätzliche Teilhaberrechte einzuräumen.[76]

III. Durchführung des Börsengangs

1. Prospekt

Im Zuge des Börsengangs erstellt der Emittent mit Unterstützung der Konsortialbanken einen Wertpapierprospekt, der nach Fertigstellung von der BaFin zu billigen und zu veröffentlichen ist.[77] Die Federführung liegt dabei grds. beim Anwalt des Emittenten *(issuer's counsel)*.

---

[71] Eine solche Vermögensverlagerung hat der BGH als Grund für die Auslösung des Zustimmungserfordernisses der Hauptversammlung der Muttergesellschaft angesehen (vgl. BGHZ 83, 122 (143)).
[72] MünchKomm-AktG/*Kubis*, § 119 Rn. 78.
[73] Habersack/Mülbert/Schlitt/*Singhof/Weber*, Unternehmensfinanzierung am Kapitalmarkt, § 4 Rn. 68 f. mit Fn. 6; MünchKomm-AktG/*Kubis*, § 119 Rn. 81.
[74] *LG München I*, ZIP 2006, 2036 (2040); Habersack/Mülbert/Schlitt/*Singhof/Weber*, Unternehmensfinanzierung am Kapitalmarkt, § 4 Rn. 72; Marsch-Barner/Schäfer/*Meyer*, § 8 Rn. 46 ff.; *Busch/Groß*, AG 2000, 503 (505 ff.); aA insbesondere *Lutter*, AG 2000, 342 (343 ff.); *Lutter*, AG 2001, 349 (350 ff.).
[75] Habersack/Mülbert/Schlitt/*Singhof/Weber*, Unternehmensfinanzierung am Kapitalmarkt, § 4 Rn. 72.
[76] *Hüffer*, AktG, § 186 Rn. 5a; Habersack/Mülbert/Schlitt/*Singhof/Weber*, Unternehmensfinanzierung am Kapitalmarkt, § 4 Rn. 72.
[77] Siehe zum Prospekt im Einzelnen § 11.

a) Prospekterfordernis

Ein Wertpapierprospekt ist gemäß § 3 Abs. 1 WpPG zu erstellen, wenn Wertpapiere – worunter gemäß § 2 Nr. 1a WpPG ua Aktien zählen – im Inland öffentlich angeboten werden. Nach der gesetzlichen Legaldefinition des § 2 Nr. 4 WpPG ist unter einem öffentlichen Angebot von Wertpapieren eine Mitteilung an das Publikum in jedweder Form und auf jedwede Art und Weise zu verstehen, die ausreichende Informationen über die Angebotsbedingungen und die anzubietenden Wertpapiere enthält, um einen Anleger in die Lage zu versetzen, über den Kauf oder die Zeichnung dieser Wertpapiere zu entscheiden. Die Pflicht zur Erstellung eines Wertpapierprospekts ergibt sich im Rahmen eines Börsengangs in aller Regel zusätzlich auch aus dem Umstand, dass ein Wertpapierprospekt zu erstellen und zu veröffentlichen ist, wenn Wertpapiere im Inland zum Handel an einem organisierten Markt zugelassen werden sollen (§ 3 Abs. 4 WpPG).

b) Prospektinhalt

Ein Wertpapierprospekt muss zunächst gemäß § 5 Abs. 2 WpPG eine Zusammenfassung enthalten, die nach einem einheitlichen Format zu erstellen ist (§ 5 Abs. 2 S. 4 WpPG) und die Schlüsselinformationen nach § 5 Abs. 2a WpPG und die Warnhinweise nach § 5 Abs. 2b WpPG beinhalten muss. Im Übrigen normiert § 5 Abs. 1 WpPG den allgemeinen Grundsatz, dass der Wertpapierprospekt in leicht analysierbarer und verständlicher Form sämtliche Angaben enthalten muss, die im Hinblick auf den Emittenten und die öffentlich angebotenen oder zum Handel an einem organisierten Markt zugelassenen Wertpapiere notwendig sind, um dem Publikum ein zutreffendes Urteil über die Vermögenswerte und Verbindlichkeiten, die Finanzlage, die Gewinne und Verluste, die Zukunftsaussichten des Emittenten sowie über die mit diesen Wertpapieren verbundenen Rechte zu ermöglichen. Dieser Grundsatz wird durch § 7 WpPG iVm der Prospektverordnung (ProspektVO)[78] im Einzelnen ausgefüllt. Ein Wertpapierprospekt hat für einen Börsengang nach § 7 WpPG iVm Artikel 4 und Artikel 6 ProspektVO iVm Anhang I und Anhang III ProspektVO zahlreiche Angaben zu enthalten.[79] So müssen in den Wertpapierprospekt beispielsweise Risikofaktoren, eine Beschreibung des Angebots der Aktien und seiner Gründe, eine Darstellung der geplanten Verwendung des Emissionserlöses, eine Darstellung und Analyse der Vermögens-, Finanz- und Ertragslage des Emittenten, der Geschäftstätigkeit, allgemeine Informationen über die Gesellschaft (zB Firma, Sitz, Gegenstand des Unternehmens, Konzernstruktur und Beteiligungen, Geschäftsjahr und Dauer der Gesellschaft), detaillierte Angaben über das Grundkapital, Angaben über die Organe, die Aktionärsstruktur, Geschäfte mit nahe stehenden Personen, die Besteuerung in der Bundesrepublik Deutschland, die Übernahme der Aktien durch die Konsortialbanken und der jüngste Geschäftsgang des Emittenten aufgenommen werden. In der Regel müssen zudem die Jahres- oder Konzernabschlüsse für die vergangenen drei Jahre dem Wertpapierprospekt beigefügt werden.

---

[78] Verordnung (EG) Nr. 809/2004 der Kommission vom 29.4.2004 zur Umsetzung der Richtlinie 2003/71/EG des Europäischen Parlaments und des Rates betreffend die in Prospekten enthaltenen Angaben sowie die Aufmachung, die Aufnahme von Angaben in Form eines Verweises und die Veröffentlichung solcher Prospekte sowie die Verbreitung von Werbung, Amtsblatt der EU, 18.7.2005, L 186/3 ff. in der jeweils gültigen Fassung.

[79] Siehe zum Inhalt eines Wertpapierprospekts im Einzelnen § 11 IV 2. und *Schlitt/Singhof/Schäfer*, BKR 2005, 251 (252 ff.).

c) Prospekthaftung

Um eine Prospekthaftung zu vermeiden, ist bei der Erstellung des Wertpapierprospekts darauf zu achten, dass sämtliche Angaben richtig und vollständig sind. Sollte eine wesentliche Angabe unrichtig oder unvollständig sein, müssen der Emittent und die den Börsengang begleitenden Banken als Gesamtschuldner unter bestimmten Voraussetzungen[80] den Erwerbern der Aktien gemäß § 21 Abs. 1 S. 1 Nr. 1 WpPG den Erwerbspreis gegen Übernahme der Aktien erstatten. Eine Privilegierung besteht hinsichtlich der Zusammenfassung des Wertpapierprospekts, wonach eine Haftung nur dann zum Tragen kommt, wenn die Zusammenfassung irreführend, unrichtig oder widersprüchlich ist, wenn sie zusammen mit den anderen Teilen des Wertpapierprospekts gelesen wird oder sie, wenn sie zusammen mit den anderen Teilen des Wertpapierprospekts gelesen wird, nicht alle erforderlichen Schlüsselinformationen vermittelt (§ 5 Abs. 2b Nr. 4 WpPG).

d) Billigung

Ein Wertpapierprospekt muss von der „BaFin" gebilligt[81] werden (§ 13 Abs. 1 WpPG). Die BaFin muss die Billigung erteilen, wenn sie im Rahmen ihrer Prüfung keine Anhaltspunkte dafür gefunden hat, dass der Wertpapierprospekt nicht alle vom Gesetz (WpPG und ProspektVO nebst Anhängen) geforderten Angaben enthält und die vorgelegten Informationen kohärent und verständlich sind. Die BaFin prüft allerdings nicht, ob die in dem Wertpapierprospekt enthaltenen Angaben inhaltlich zutreffend sind. Der BaFin stehen für die Prüfung bei einem Börsengang grundsätzlich 20 Werktage zur Verfügung (§ 13 Abs. 2 S. 2 WpPG). Diese Frist beginnt jedoch erst zu laufen, wenn der Wertpapierprospekt vollständig ist und die BaFin über sämtliche Informationen verfügt, die sie für ihre Prüfung benötigt (§ 13 Abs. 3 S. 1 WpPG). Vor diesem gesetzlichen Hintergrund hat sich in der Praxis folgender Ablauf des Prüfungsverfahrens etabliert: Nach Ablauf von 13 Werktagen seit der ersten Einreichung stellt die BaFin ihre ersten Kommentare zum Wertpapierprospekt dem Emittenten oder den Konsortialbanken zur Verfügung. Im Anschluss daran werden innerhalb weniger Tage diese Anmerkungen umgesetzt und der Wertpapierprospekt erneut bei der BaFin eingereicht. Innerhalb von neun bis zehn Werktagen nach dieser zweiten Einreichung stellt die BaFin ihre Kommentare zu dieser zweiten Einreichungsfassung des Wertpapierprospekts zur Verfügung. Diese Kommentare werden dann erneut innerhalb weniger Tage eingearbeitet und der Wertpapierprospekt im Anschluss daran das dritte und letzte Mal eingereicht. Innerhalb von zwei bis fünf Werktagen nach dieser letzten Einreichung billigt die BaFin dann in der Regel den Wertpapierprospekt. Insgesamt erstreckt sich das Prüfungsverfahren daher auf bis zu eineinhalb Monate, da bei den Prüfungsfristen der BaFin Samstage, Sonn- und Feiertage nicht mitgezählt werden.

e) Veröffentlichung

Nach der Billigung des Wertpapierprospekts durch die BaFin muss dieser bei ihr hinterlegt und unverzüglich, spätestens einen Werktag vor Beginn des öffentlichen Angebots, veröffentlicht werden (§ 14 Abs. 1 WpPG). In der Praxis erfolgt die Veröffentlichung stets durch Einstellung des Wertpapierprospekts auf der Internetseite des Emittenten (§ 14 Abs. 2 Nr. 3 WpPG). Zusätzlich wird der Wertpapierprospekt

---

[80] Siehe zur Prospekthaftung im Einzelnen § 12.
[81] Siehe zur Billigung und zum Börsenzulassungsverfahren auch *Schlitt/Singhof/Schäfer*, BKR 2005, 251 (255 f.) und im Einzelnen *Groß*, § 13 WpPG Rn. 1 ff.; *Schanz*, § 13 Rn. 58 ff.

in gedruckter Form zur kostenlosen Ausgabe bereit gehalten (§ 14 Abs. 2 Nr. 2 WpPG). Eine ausschließliche „Internetveröffentlichung" ist derzeit (noch) nicht möglich (vgl. § 14 Abs. 5 WpPG).

f) Nachtragspflicht

Stellt sich im Zeitraum zwischen der Billigung des Wertpapierprospekts und vor dem endgültigen Schluss des öffentlichen Angebots bzw. der Einführung in den Handel heraus, dass der Wertpapierprospekt in einem wesentlichen Punkt unrichtig ist oder sich ein wichtiger neuer Umstand ergeben hat, der die Beurteilung der Wertpapiere beeinflussen könnte, ist ein Nachtrag[82] zu erstellen, der diesen Punkt oder neuen Umstand benennt (§ 16 Abs. 1 S. 1 WpPG). Jeder Nachtrag ist bei der BaFin einzureichen und ist von dieser innerhalb von höchstens sieben Werktagen nach Eingang zu billigen (§ 16 Abs. 1 S. 2, 3 WpPG). Nach der Billigung des Nachtrags muss dieser in derselben Art und Weise wie der ursprüngliche Wertpapierprospekt veröffentlicht werden (§ 16 Abs. 1 S. 5 WpPG). Die Investoren, die vor der Veröffentlichung des Nachtrags eine auf den Erwerb oder die Zeichnung der Wertpapiere gerichtete Willenserklärung abgegeben haben, können diese innerhalb einer Frist von zwei Werktagen nach Veröffentlichung des Nachtrags widerrufen, sofern der neue Umstand oder die Unrichtigkeit gemäß § 16 Abs. 1 WpPG vor dem endgültigen Schluss des öffentlichen Angebots und vor der Lieferung der Wertpapiere eingetreten ist (§ 16 Abs. 3 S. 1 WpPG). Die Lieferung erfolgt bei einem Börsengang im Rahmen des so genannten Settlement, das grds. zwei Tage nach Zuteilung[83] der neuen Aktien durchgeführt wird. Dabei erhalten die Investoren die von ihnen erworbenen Aktien gegen Zahlung des Emissionspreises buchmäßig geliefert.

g) Europäischer Pass

Sind der Wertpapierprospekt und die ggf. erstellten Nachträge von der BaFin gebilligt worden, so können diese Dokumente für ein (weiteres) öffentliches Angebot oder für die (zusätzliche) Zulassung zum Handel in einem oder mehreren Staaten des Europäischen Wirtschaftsraums ohne zusätzliches Billigungsverfahren verwendet werden,[84] wenn der oder die anderen Staaten eine dem § 17 Abs. 3 WpPG entsprechende Vorschrift erlassen haben.[85] Voraussetzung dafür ist, dass das sogenannte Notifizierungsverfahren nach § 18 WpPG ordnungsgemäß durchgeführt wird (§ 17 Abs. 1 WpPG). Dieses Notifizierungsverfahren wird vom Emittenten bzw. von den Banken durch einen Antrag, der an die BaFin zu richten ist, initiiert. Auf diesen Antrag hin übermittelt die BaFin den zuständigen Behörden der Aufnahmestaaten innerhalb von drei Werktagen eine Bescheinigung über die Billigung des Wertpapierprospekts, aus der hervorgeht, dass der Wertpapierprospekt gemäß dem WpPG erstellt wurde, sowie eine Kopie des Wertpapierprospekts. Wird der Antrag auf Durchführung des Notifizierungsverfahrens zusammen mit dem Billigungsantrag gestellt, verkürzt sich die Notifizierungsfrist auf einen Werktag nach Billigung des Wertpapierprospekts (§ 18

---

[82] Siehe zum Nachtrag auch § 11 V 5. und *Groß*, § 16 WpPG Rn. 1 ff.; *Schlitt/Singhof/Schäfer*, BKR 2005, 251 (256 f.); *Schanz*, § 13 Rn. 59 ff.

[83] Die Zuteilung findet regelmäßig im unmittelbaren Anschluss an das Ende des öffentlichen Angebots statt.

[84] § 17 Abs. 1 WpPG, der rein deklaratorisch ist; siehe auch *Groß*, § 17 WpPG Rn. 3, der dies zutreffend damit begründet, dass das deutsche Wertpapierprospektgesetz nicht anderen Rechtsordnungen vorschreiben könne, dass diese tatsächlich die von der BaFin gebilligten Prospekte und Nachträge anerkennen.

[85] *Groß*, § 17 WpPG Rn. 3; siehe zum grenzüberschreitenden Börsengang auch *Schlitt/Singhof/Schäfer*, BKR 2005, 251 (257).

Abs. 1 S. 2 WpPG). Sollte nach dem Recht des jeweiligen Aufnahmestaats – neben der regelmäßig erforderlichen Übersetzung des in deutscher Sprache erstellten Wertpapierprospekts in die englische Sprache – eine Übersetzung der Zusammenfassung des Wertpapierprospekts in die jeweilige Landessprache erforderlich sein, ist dem Antrag diese Übersetzung beizufügen. Sie wird in einem solchen Fall von der BaFin mit der Bescheinigung und dem Wertpapierprospekt in englischer Sprache der zuständigen Behörde des Aufnahmestaats übermittelt.

2. Übernahmevertrag

Im Rahmen eines Börsengangs wird zwischen dem Emittenten, den Konsortialbanken und den Aktionären, die Aktien des Emittenten veräußern wollen, kurz vor Veröffentlichung des Wertpapierprospektes ein so genannter Übernahmevertrag abgeschlossen. Im Übernahmevertrag verpflichten sich die Konsortialbanken zum einen zum Kauf von bestehenden Aktien der veräußernden Aktionäre, soweit diese im Zuge des Börsengangs weiterplatziert werden können. Zum anderen wird festgelegt, dass die Konsortialbanken die neuen Aktien, die im Wege der Kapitalerhöhung geschaffen werden, unter bestimmten Voraussetzungen zeichnen und gemeinsam mit den bestehenden Aktien bei interessierten Investoren platzieren werden. Ein wesentlicher Bestandteil eines jeden Übernahmevertrags sind daneben die Gewährleistungen, durch die sich die Vertragspartner das Vorhandensein oder Nichtvorhandensein bestimmter Umstände oder Rechtspositionen gegenseitig zusichern.[86] Abgegeben werden die idR als selbständige, verschuldensunabhängige Garantien ausgestalteten Zusicherungen hauptsächlich vom Emittenten, daneben in wesentlich geringerem Umfang aber auch von den veräußernden Aktionären und den Konsortialbanken. Des Weiteren stellt der Emittent die Konsortialbanken im Innenverhältnis von jeglichen Verlusten, Ansprüchen, Schäden oder Haftungsmöglichkeiten, die sich aus einem unrichtigen Wertpapierprospekt und aus der Verletzung von Garantien, die der Emittent übernommen hat, ergeben, frei. Zunehmend wird, insbesondere bei einer Platzierung der Aktien in den Vereinigten Staaten, zusätzlich zur Freistellung ein sog Contribution Agreement abgeschlossen. Dieses Contribution Agreement ist als Auffanglösung für den Fall gedacht, dass die Freistellungsklausel wegen Verstoßes gegen US-Recht unwirksam ist und soll sicherstellen, dass sich die Vertragsparteien unter wirtschaftlichen Gesichtspunkten möglichst so stellen, wie sie bei Wirksamkeit der Freistellungsklausel gestanden hätten.[87] Ferner verpflichten sich der Emittent und die veräußernden Aktionäre in einer Marktschutzklausel *(lock-up)*, während eines bestimmten Zeitraums nach dem Börsengang, üblich sind sechs bis 24 Monate, kursbeeinträchtigende Maßnahmen, wie zB Kapitalerhöhungen aus genehmigtem Kapital oder Veräußerungen von weiteren Aktien, ohne Zustimmung der Konsortialbanken zu unterlassen. In Reaktion auf das sog „DT-3-Urteil" des BGH[88] vereinbaren die Beteiligten zudem, dass die Kosten der Transaktion und die Risiken (also insbesondere das Prospekthaftungsrisiko) quotal entsprechend dem prozentualen Anteil am Emissionserlös zwischen dem Emittenten und den veräußernden Aktionären aufgeteilt werden[89].

---

[86] Habersack/Mülbert/Schlitt/*Haag*, Unternehmensfinanzierung am Kapitalmarkt, § 29 Rn. 32.
[87] Vgl. zu alledem Habersack/Mülbert/Schlitt/*Singhof/Weber*, Unternehmensfinanzierung am Kapitalmarkt, § 4 Rn. 99.
[88] *BGH*, NZG 2011, 829 ff.
[89] Vgl. dazu Habersack/Mülbert/Schlitt/*Singhof/Weber*, Unternehmensfinanzierung am Kapitalmarkt, § 4 Rn. 101.

3. Angebot

Einen Tag nach der Veröffentlichung des Wertpapierprospekts kann mit der Durchführung des öffentlichen Angebots begonnen werden. Das öffentliche Angebot erfolgt in der Praxis durch Anzeigen in der Tages- und Wirtschaftspresse, durch die potenzielle Investoren aufgefordert werden, auf Grundlage des Wertpapierprospekts bis zu einem bestimmten Zeitpunkt Angebote zum Erwerb von Aktien des Emittenten bei den Banken abzugeben.[90] Daneben werden institutionelle Investoren durch gezielte Verkaufsbemühungen der Banken direkt angesprochen. In aller Regel stehen zu diesem Zeitpunkt der Emissionspreis und die Gesamtzahl der öffentlich angebotenen Aktien noch nicht endgültig fest. Dies ist rechtlich möglich, da gemäß § 8 Abs. 1 S. 1 WpPG der Wertpapierprospekt diese Angaben nicht zwingend enthalten muss, wenn sie im Veröffentlichungszeitpunkt noch nicht genannt werden können. Jedoch muss der Wertpapierprospekt in diesem Fall die Kriterien oder Bedingungen angeben, anhand deren die Werte ermittelt werden. Abweichend davon kann nach § 8 Abs. 1 S. 2 WpPG bezüglich des Emissionspreises im Wertpapierprospekt auch ein Höchstpreis angegeben werden. Deshalb werden in einem Wertpapierprospekt üblicherweise die Preisspanne (und damit auch der Höchstpreis) und die maximale Anzahl der öffentlich angebotenen Aktien angegeben und darauf hingewiesen, dass der Preis je Aktie und die exakte Anzahl der öffentlich angebotenen Aktien im Rahmen des sogenannten Bookbuildings ermittelt werden. Die anzugebende Preisspanne wird von den den Börsengang begleitenden Banken aufgrund einer vorher durchgeführten Bewertung des Emittenten und aufgrund der Auswertung der Preisindikationen von einzelnen, ausgewählten institutionellen Investoren, die die Banken gezielt im Vorfeld der Durchführung des Angebots auf der Grundlage von Unternehmensstudien *(research reports)* auf die Aktien der Gesellschaft angesprochen haben, ermittelt und von Vorstand und Aufsichtsrat des Emittenten beschlossen.[91] Zivilrechtlich ist das Verkaufsangebot kein bindendes Angebot, sondern lediglich eine Invitatio ad Offerendum.

a) Bookbuilding

In Reaktion auf die in der Tages- und Wirtschaftspresse enthaltene Aufforderung und die gezielte Ansprache durch die Banken geben interessierte Investoren Angebote zum Erwerb von Aktien des Emittenten bei den den Börsengang begleitenden Banken ab, wobei sie angeben, zu welchem Preis innerhalb der Preisspanne sie bereit sind, eine bestimmte Anzahl von Aktien des Emittenten zu erwerben *(limits)*. Diese Angebote werden von den den Börsengang begleitenden Banken an die Konsortialbank weitergeleitet, die das sogenannte Orderbuch führt *(bookrunner)*, und in diesem elektronisch vermerkt.[92] Nach Ablauf der Angebotsfrist wird das Orderbuch von der Konsortialführerin ausgewertet und der Emissionspreis und die Anzahl der öffentlich angebotenen Aktien von der Gesellschaft in Abstimmung mit den Konsortialbanken und den veräußernden Aktionären festgelegt. Bei der Festlegung des Emissionspreises wird nicht zwangsläufig der maximal mögliche Emissionspreis bestimmt, sondern auch der Investorentyp und seine Anlageorientierung

---

[90] Habersack/Mülbert/Schlitt/*Singhof/Weber*, Unternehmensfinanzierung am Kapitalmarkt, § 4 Rn. 76; Marsch-Barner/Schäfer/*Meyer*, § 8 Rn. 30 f.
[91] Marsch-Barner/Schäfer/*Meyer*, § 8 Rn. 30; ähnlich Habersack/Mülbert/Schlitt/*Singhof/Weber*, Unternehmensfinanzierung am Kapitalmarkt, § 4 Rn. 76 mit § 4 Rn. 42.
[92] Marsch-Barner/Schäfer/*Meyer*, § 8 Rn. 30; Habersack/Mülbert/Schlitt/*Singhof/Weber*, Unternehmensfinanzierung am Kapitalmarkt, § 4 Rn. 76; *Schanz*, § 10 Rn. 82 ff.

berücksichtigt.[93] Den Beteiligten ist nämlich nicht nur daran gelegen, einen möglichst hohen Emissionserlös zu erzielen, sondern auch daran, dass sich der Börsenkurs der Aktie nach der Einführung möglichst stabil über dem Ausgabekurs hält. Dies kann grds. nur dann gewährleistet werden, wenn bei der Zuteilung der Aktien auch Investoren berücksichtigt werden, die eine längerfristige Investitionsmöglichkeit suchen und von denen anzunehmen ist, dass sie die Aktien über einen längeren Zeitraum halten werden.[94] Emissionspreis und -volumen werden nach ihrer Festlegung unverzüglich im Wege einer Ad-hoc-Mitteilung veröffentlicht und anschließend gemäß § 8 Abs. 1 S. 6 WpPG im Wege einer (nicht billigungspflichtigen) Preisbekanntmachung bekannt gegeben.

b) Decoupled Bookbuilding

In der Praxis hat sich als Modifikation des Bookbuildings das sogenannte Decoupled Bookbuilding etabliert. Bei diesem Verfahren wird im Wertpapierprospekt die Preisspanne, innerhalb derer Aktien erworben werden können, und (häufig auch) der Angebotszeitraum offen gelassen.[95] Vielmehr sprechen die Banken auf der Grundlage des gebilligten Wertpapierprospekts zunächst eine möglichst große Zahl von institutionellen Investoren an, um weitere, noch verlässlichere Preisindikationen zu erhalten. Auf dieser Grundlage legen sie die Preisspanne und den Zeitraum fest, in dem Angebote zum Erwerb von Aktien bei ihnen abgegeben werden können.[96] Das Decoupled Bookbuilding wird in der Praxis häufig verwendet, wenn die Banken nach den bis zu diesem Zeitpunkt gesammelten Erkenntnissen die geeignete Preisspanne noch nicht abschließend einschätzen können. In einer Anzeige in der Tages- und Wirtschaftspresse werden Investoren sodann zur Abgabe von Angeboten zum Kauf der Aktien des Emittenten aufgefordert. Die Angebotsfrist, die beim regulären Bookbuilding grds. sieben bis zehn Tage umfasst, beträgt beim Decoupled Bookbuilding meist lediglich zwei bis drei Tage.[97] Dem steht auch die Regelung des § 14 Abs. 1 S. 4 WpPG nicht entgegen.[98] Zwar ist nach der Gesetzesbegründung[99] das öffentliche Angebot im Rahmen eines Börsengangs mindestens sechs Werktage lang aufrechtzuerhalten, jedoch folgen die BaFin und die Praxis dieser Ansicht zu Recht nicht. Dem Wortlaut des Gesetzes kann ein solches Erfordernis nicht entnommen werden. Dort ist lediglich festgelegt, dass zwischen dem Zeitpunkt der Veröffentlichung des Wertpapierprospekts und dem Abschluss des Angebots eine Frist von mindestens sechs Werktagen liegen muss (§ 14 Abs. 1 S. 4 WpPG), aber nicht, dass das öffentliche Angebot einen Werktag nach Veröffentlichung des Wertpapierprospekts beginnen muss.

Die Anwendung des Decoupled Bookbuildings hat zur Konsequenz, dass nach Festlegung der Preisspanne ein Nachtrag erstellt und veröffentlicht werden muss, der die Preisspanne, die Angebotsfrist und damit in Zusammenhang stehende Angaben enthält.[100] Die Veröffentlichung eines Nachtrags hat grundsätzlich zur Folge, dass den Investoren ein Widerrufsrecht zusteht (§ 16 Abs. 3 S. 1 WpPG). Dieses Widerrufs-

---

[93] Habersack/Mülbert/Schlitt/*Singhof/Weber*, Unternehmensfinanzierung am Kapitalmarkt, § 4 Rn. 76.
[94] Marsch-Barner/Schäfer/*Meyer*, § 8 Rn. 32.
[95] *Apfelbacher/Metzner*, BKR 2006, 81 (86); *Schlitt/Singhof/Schäfer*, BKR 2005, 251 (261).
[96] *Apfelbacher/Metzner*, BKR 2006, 81 (86); *Schlitt/Singhof/Schäfer*, BKR 2005, 251 (261).
[97] *Schlitt/Singhof/Schäfer*, BKR 2005, 251 (261) sprechen von einer „relativ kurzen Zeit".
[98] *Schlitt/Singhof/Schäfer*, BKR 2005, 251 (261); wohl auch *Apfelbacher/Metzner*, BKR 2006, 81 (86); wohl aA *Groß*, § 14 WpPG Rn. 3.
[99] BR-Drs. 85/05, 76.
[100] *Schlitt/Singhof/Schäfer*, BKR 2006, 251 (261).

recht läuft beim Decoupled Bookbuilding in der Praxis jedoch leer, da die Banken vor Bekanntgabe der Preisspanne das Orderbuch nicht öffnen, mithin keine Angebote auf den Erwerb der Aktien abgegeben werden können, die widerrufen werden könnten. Der Emissionspreis und das Emissionsvolumen werden wie im Falle des Bookbuildingverfahrens unverzüglich nach ihrer Festlegung Ad-hoc veröffentlicht und anschließend gemäß § 8 Abs. 1 S. 6 WpPG im Wege einer nicht billigungspflichtigen Preisbekanntmachung bekannt gemacht.

4. Börsenzulassung und Einführung

Ein wichtiger Bestandteil des Börsengangs stellt die Zulassung[101] der Aktien zum Börsenhandel dar. Der für die Einleitung des Zulassungsverfahrens erforderliche Zulassungsantrag ist schriftlich bei der Geschäftsführung der jeweiligen Börse, also grds. bei der Geschäftsführung der Frankfurter Wertpapierbörse, vom Emittenten zusammen mit den Konsortialbanken (§ 32 Abs. 2 BörsG, § 45 Abs. 1 BörsO FWB) zu beantragen und muss Firma, Sitz der Antragsteller sowie Art und Betrag der zuzulassenden Aktien angeben (§ 48 BörsZulV). Dem Zulassungsantrag für eine Zulassung zum regulierten Markt ist der gebilligte Wertpapierprospekt beizufügen (§ 48 Abs. 2 BörsZulV), ggf. ergänzend weitere Dokumente wie Nachweise über die ordnungsgemäße Veröffentlichung der Jahresabschlüsse der letzten drei Jahre, ein beglaubigter Handelsregisterauszug des Emittenten neuesten Datums, eine Satzung des Emittenten neuesten Datums und die geprüften Jahresabschlüsse sowie die Lageberichte des Emittenten für die drei letzten Geschäftsjahre. In aller Regel werden diese Dokumente unaufgefordert unmittelbar mit dem Zulassungsantrag eingereicht[102]. Die Geschäftsführung hat grundsätzlich ohne weitere Prüfung des Wertpapierprospekts die Zulassung zu erteilen, wenn die Zulassungsvoraussetzungen erfüllt sind und ein nach den Vorschriften des WpPG gebilligter Wertpapierprospekt veröffentlicht wurde (§ 32 Abs. 3 BörsG).[103] Zeitliche Vorgaben enthält die BörsZulV für den Zeitpunkt der Zulassung. Diese darf nach § 50 BörsZulV frühestens am ersten Handelstag nach der Einreichung des Zulassungsantrags erfolgen. In der Praxis benötigt die Geschäftsführung in der Regel bis zu zehn Werktage zur Bearbeitung des Zulassungsantrags.[104]

5. Marketing

Der Vermarktung der Aktien des Emittenten kommt im Rahmen der Durchführung eines Börsengangs eine entscheidende Bedeutung zu.[105] Zu unterscheiden ist diesbe-

---

[101] Siehe zum Zulassungsverfahren im Einzelnen Marsch-Barner/Schäfer/*Groß*, § 9 Rn. 11 ff.
[102] Habersack/Mülbert/Schlitt/*Singhof/Weber*, Unternehmensfinanzierung am Kapitalmarkt, § 4 Rn. 91 mit Fn. 275.
[103] *Schlitt/Singhof/Schäfer*, BKR 2005, 251 (255).
[104] Zeitliche Vorgaben finden sich ebenfalls für die von der Zulassung zu unterscheidende Einführung der Aktien, also die Aufnahme der Notierung im regulierten Markt (§ 52 BörsZulV). Diese darf erst an dem auf die Veröffentlichung des Wertpapierprospekts folgenden Werktag erfolgen, was in der Praxis keinerlei Probleme bereitet, da die Einführung der Aktien grds. am auf die Zulassung folgenden Werktag und mithin viele Tage nach der Veröffentlichung des Wertpapierprospekts vorgenommen wird.
[105] Siehe zur Vermarktung *Schlitt/Singhof/Schäfer*, BKR 2005, 251 (257 f.); Habersack/Mülbert/Schlitt/*Schäcker/Kunze/Wohlgefahrt*, Unternehmensfinanzierung am Kapitalmarkt, § 3 Rn. 38 ff. und Habersack/Mülbert/Schlitt/*Singhof/Weber*, Unternehmensfinanzierung am Kapitalmarkt, § 4 Rn. 40 ff.; *Schanz*, § 10 Rn. 35; Habersack/Mülbert/Schlitt/*Rudolf*, Handbuch der Kapitalmarktinformation, § 1 Rn. 7.

züglich zwischen dem Zeitraum vor Billigung und Veröffentlichung des Wertpapierprospekts und dem Zeitraum nach Billigung und Veröffentlichung. Im Zeitraum vor der Billigung und Veröffentlichung des Wertpapierprospekts erfolgt die Vermarktung in sehr begrenzter Weise, nämlich vor allem durch das sog Pilot Fishing, also der Vorstellung des Börsenkandidaten bei einer kleinen Zahl von potentiellen Investoren[106] und durch Finanzanalysen der den Börsengang begleitenden Banken.[107] Nach der Billigung und Veröffentlichung des Wertpapierprospekts tritt die Vermarktung dann in die „heiße Phase" ein. Im Rahmen der sog Road Show besuchen in aller Regel die Vorstände des Emittenten eine Vielzahl besonders wichtiger institutioneller Investoren in ganz Europa und, sofern auch institutionelle Investoren in den Vereinigten Staaten von Amerika angesprochen werden, auch dort. Bei dieser Reise, die häufig zwischen zehn und vierzehn Tage in Anspruch nimmt, werden sie von Mitarbeitern der Konsortialbanken begleitet, die sie währenddessen beraten.[108] Die einzelnen Termine bei den besonders wichtigen institutionellen Investoren bestehen aus einer Mischung zwischen Präsentationen der Mitglieder des Vorstands und Fragen an diese durch die Investoren. Bestandteil der Road Show sind auch sogenannte One-on-Ones. Dabei handelt es sich um Einzelgespräche zwischen den Mitgliedern des Vorstands des Emittenten und besonders wichtigen institutionellen Investoren.[109] Neben der Road Show werden in diesem Zeitraum in Deutschland teilweise auch Werbeanzeigen in der Tages- und Wirtschaftspresse geschaltet, die auf das öffentliche Angebot aufmerksam machen wollen.

Bei der Vermarktung ist die Vorschrift des § 15 WpPG zu beachten. Danach muss die Werbung klar als solche zu erkennen sein (§ 15 Abs. 3 WpPG). Darüber hinaus ist in jeder Werbeanzeige auf den bereits veröffentlichten Wertpapierprospekt hinzuweisen und darzulegen, wo Anleger diesen erhalten können (§ 15 Abs. 2 WpPG). Außerdem dürfen die Inhalte weder unrichtig noch irreführend sein (§ 15 Abs. 3 WpPG). Schließlich müssen alle Informationen, die über den Börsengang verbreitet werden, mit den Aussagen im Wertpapierprospekt übereinstimmen (sog Konsistenzgebot, § 15 Abs. 4 WpPG). Daher dürfen keine Aussagen getätigt werden, die sich so nicht im Wertpapierprospekt wiederfinden. Besonders vorsichtig wird mit zukunftsgerichteten Aussagen umgegangen.[110] Hierzu gehören beispielsweise Prognosen über die Entwicklung des Gewinns oder des Umsatzes des Emittenten in den nächsten Geschäftsjahren.[111] Sollten solche Aussagen getätigt werden, müssten sie unter Umständen in den Wertpapierprospekt aufgenommen werden,[112] was zur Folge hätte, dass der Emittent und die Banken für diese Aussagen die Haftung gemäß § 21 Abs. 1 WpPG übernehmen müssen.[113] Da sich solche Prognosen erfahrungsgemäß als fehler-

---

[106] Vgl. zu den Einzelheiten des Pilot Fishing Habersack/Mülbert/Schlitt/*Singhof/Weber*, Unternehmensfinanzierung am Kapitalmarkt, § 4 Rn. 41.
[107] Habersack/Mülbert/Schlitt/*Singhof/Weber*, Unternehmensfinanzierung am Kapitalmarkt, Rn. 40 f.
[108] Habersack/Mülbert/Schlitt/*Singhof/Weber*, Unternehmensfinanzierung am Kapitalmarkt, § 4 Rn. 43; *Schanz*, § 10 Rn. 39.
[109] Habersack/Mülbert/Schlitt/*Schäcker/Kunze/Wohlgefahrt*, Unternehmensfinanzierung am Kapitalmarkt, § 3 Rn. 42.
[110] *Schlitt/Singhof/Schäfer*, BKR 2005, 251 (258).
[111] *Schlitt/Singhof/Schäfer*, BKR 2005, 251 (258).
[112] Im Übrigen wären dann auch die Anforderungen der Ziffer 13 des Anhangs I zur ProspektVO zu beachten, insbesondere wäre ein Bericht eines unabhängigen Abschlussprüfers in den Wertpapierprospekt aufzunehmen, der die Ordnungsmäßigkeit und Konsistenz der Prognose bestätigt.
[113] *BGH* „BuM" WM 1982, 862 („... Das heißt zwar nicht, dass eine Emissionsbank für die Richtigkeit einer Voraussage in dem Prospekt Gewähr leisten müsse. Sie ist aber dafür verantwortlich, dass Voraussagen oder Werturteile ausreichend durch Tatsachen gestützt und kauf-

III. Durchführung des Börsengangs

trächtig erwiesen haben, ist das Haftungsrisiko tendenziell besonders hoch, weshalb Prognosen generell vermieden werden.

6. Stabilisierung

Da kurz nach der Börseneinführung der Aktien des Emittenten einige Investoren die von ihnen erworbenen Aktien häufig wieder verkaufen, kann es in diesem Zeitraum zu einem Verkaufsdruck auf den Börsenkurs der Aktien des Emittenten kommen.[114] Diese Kursschwankungen haben ihre Ursache nicht in der wirtschaftlichen Situation des Emittenten, sondern im Anlageverhalten der Investoren.[115] Daher besteht ein Interesse der Beteiligten daran, diese Kursschwankungen durch Stabilisierungsmaßnahmen zu begrenzen.[116] Diese Stabilisierungsmaßnahmen dürfen jedoch nicht gegen das Verbot der Marktmanipulation des § 20a Abs. 1 S. 1 WpHG verstoßen. Ein solcher Verstoß gegen § 20a Abs. 1 S. 1 WpHG ist gemäß § 20a Abs. 3 WpHG keinesfalls gegeben (sog „Safe Harbour"[117]), wenn die Stabilisierungsmaßnahme nach Maßgabe der Verordnung (EG) Nr. 2273/2003 der Kommission vom 22.12.2003 („StabilisierungsVO"[118]) erfolgt (vgl. auch § 5 MaKonV). Die StabilisierungsVO enthält in den Art. 7 ff. detaillierte Voraussetzungen, die bei der Durchführung von Stabilisierungsmaßnahmen zu beachten sind, damit der „Safe Harbour" zur Verfügung steht. So müssen Stabilisierungsmaßnahmen etwa zeitlich befristet sein. Bei einem Börsengang beginnt die Stabilisierungsfrist mit dem Tag der Handelsaufnahme und endet spätestens nach 30 Kalendertagen (Art. 8 Abs. 2 StabilisierungsVO).[119] Des Weiteren bestehen Publizitätspflichten sowohl für die Zeit vor Durchführung der Stabilisierungsmaßnahme (Art. 9 Abs. 1 StabilisierungsVO) als auch nach ihrer Durchführung (Art. 9 Abs. 2 und 3 StabilisierungsVO). Sie werden durch die teilweise weitergehenden Publizitätspflichten[120] des Anhangs III Ziffer 5.2.5. und Ziffer 6.5. ProspektVO verdrängt, wonach im Wertpapierprospekt Angaben über den Stabilisierungszeitraum enthalten sein müssen, sowie ein Hinweis, dass die Stabilisierungsmaßnahmen zu einem Marktpreis führen können, der über dem liegt, der sich sonst ergäbe. Spätestens am Ende des siebten Handelstages nach der Durchführung etwaiger Stabilisierungsmaßnahmen muss die stabilisierende Bank der BaFin die Einzelheiten der Stabilisierungsmaßnahmen mitteilen und innerhalb einer Woche nach Ablauf des Stabilisierungszeitraums durch eine Bekanntmachung in der Tages- oder Wirtschaftspresse bekannt geben, ob Stabilisierungsmaßnahmen durchgeführt wurden, zu wel-

---

männisch vertretbar sind. Allgemein ist bei solchen Äußerungen Zurückhaltung geboten."); *Schlitt/Singhof/Schäfer*, BKR 2005, 251 (258) mit Fn. 96.

[114] Assmann/Schneider/*Vogel*, § 20a WpHG Rn. 267; Habersack/Mülbert/Schlitt/*Singhof/Weber*, Unternehmensfinanzierung am Kapitalmarkt, § 4 Rn. 84.

[115] Habersack/Mülbert/Schlitt/*Singhof/Weber*, Unternehmensfinanzierung am Kapitalmarkt, § 4 Rn. 84.

[116] Siehe zu den Voraussetzungen einer zulässigen Kursstabilisierung im Einzelnen Habersack/Mülbert/Schlitt/*Feuring/Berrar*, Unternehmensfinanzierung am Kapitalmarkt, § 39 Rn. 5 ff.; Habersack/Mülbert/Schlitt/*Singhof/Weber*, Unternehmensfinanzierung am Kapitalmarkt § 4 Rn. 84 ff.; *Schanz*, § 10 Rn. 134, Habersack/Mülbert/Schlitt/*Singhof*, Handbuch der Kapitalmarktinformation, § 22 Rn. 1.

[117] Siehe zum Safe Harbour im Einzelnen Habersack/Mülbert/Schlitt/*Singhof*, Handbuch der Kapitalmarktinformation, § 22 Rn. 8.

[118] Verordnung (EG) Nr. 2273/2003 der Kommission vom 22.12.2003 zur Durchführung der Richtlinie 2003/6/EG des Europäischen Parlaments und des Rates – Ausnahmeregelung für Rückkaufprogramme und Kursstabilisierungsmaßnahmen, ABl. EU Nr. L 336, 33.

[119] Bei Wandel-, Options- und sonstigen Anleihen bemisst sich der Zeitraum nach Art. 8 IV und V StabilisierungsVO u. U bis zu 60 Tage.

[120] Assmann/Schneider/*Vogel*, § 20a WpHG, Rn. 283.

chem Termin mit ihnen begonnen wurde, wann die letzte Stabilisierungsmaßnahme erfolgte und innerhalb welcher Kursspanne sie vorgenommen wurden (Art. 9 Abs. 2, 3 StabilisierungsVO). Die Kursstabilisierung darf nicht zu einem höheren Kurs als dem Emissionskurs erfolgen (Art. 10 Abs. 1 StabilisierungsVO). Für sogenannte „ergänzende Kursstabilisierungsmaßnahmen", worunter gemäß Art. 2 Nr. 12 Stabilisierungs VO eine „Überzeichnung" (richtig: Mehrzuteilung) und die Greenshoe-Option zu verstehen sind, sind neben den vorstehenden Voraussetzungen noch die weitergehenden Bestimmungen des Art. 11 StabilisierungsVO zu beachten.

Beispiel 2 (angelehnt an KG, AG 2002, 243 ff.): Die A-AG hat anlässlich ihres Börsengangs eine Kapitalerhöhung aus genehmigtem Kapital in zwei Tranchen durchgeführt. Die erste Tranche wurde vor der Börsenzulassung ihres Grundkapitals von der B-Bank gezeichnet und anschließend zum Preis von 10 EUR bei Investoren platziert. Die zweite Tranche zeichnete die B-Bank erst 12 Tage nach der Börsenzulassung in Ausübung der ihr von der Gesellschaft eingeräumten Greenshoe-Option zum Ausgabepreis von ebenfalls 10 EUR. Der Börsenpreis der Aktie belief sich zu diesem Zeitpunkt auf 50 EUR. Aktionär C hat in der Hauptversammlung der A-AG gegen den Ermächtigungsbeschluss (genehmigtes Kapital) gestimmt, Widerspruch zu Protokoll erhoben und anschließend unter Berufung auf § 255 Abs. 2 AktG fristgerecht Anfechtungsklage erhoben.

Unter Mehrzuteilung ist gemäß Art. 2 Nr. 13 StabilisierungsVO eine Klausel im Übernahmevertrag zu verstehen, die den Konsortialbanken die Möglichkeit einräumt, mehr Aktien an Investoren zu verkaufen, als ursprünglich geplant.[121] Diese Aktien werden den Konsortialbanken von Altaktionären im Wege eines Wertpapierdarlehens gemäß § 607 Abs. 1 BGB zur Verfügung gestellt.[122] Jedoch ist eine solche Mehrzuteilung nach Art. 11 lit. a StabilisierungsVO nur zulässig, wenn sie innerhalb der Zeichnungsfrist und zum Emissionspreis erfolgt. Darüber hinaus fällt eine solche Klausel auch nur dann in den Anwendungsbereich des „Safe Harbours", wenn sie bis auf maximal 5% des ursprünglichen Angebotsvolumens durch eine so genannte Greenshoe-Option gedeckt ist (Art. 11 lit. b StabilisierungsVO).

Eine Greenshoe-Option ist gemäß Art. 2 Nr. 14 StabilisierungsVO die den Konsortialbanken eingeräumte Möglichkeit, nach dem Börsengang eine bestimmte Menge der Aktien zum Emissionspreis zu erwerben. Durch diese Kaufoption können die Konsortialbanken ihren Verpflichtungen gegenüber den Altaktionären zur Rückführung der Wertpapierdarlehen gerecht werden. Entwickelt sich der Börsenkurs der Aktien des Emittenten nach dem Börsengang positiv, werden die Konsortialbanken wegen Art. 10 Abs. 1 StabilisierungsVO die mehrzugeteilten Aktien nicht aus dem Markt zurückerwerben, sondern dort belassen. Dies bedeutet, dass sie die Wertpapierdarlehen nicht in Aktien zurückführen können, sondern vielmehr von der Greenshoe-Option Gebrauch machen. Fungieren Altaktionäre als „Stillhalter", können die Konsortialbanken das Wertpapierdarlehen durch Barleistung zurückführen.[123]

Alternativ kann den Konsortialbanken die Greenshoe-Option – wie im Beispiel 2 – nach heute wohl allgemeiner Meinung[124] auch von dem Emittenten eingeräumt werden. In diesem Fall sind die Banken berechtigt, weitere Aktien aus genehmigtem

---

[121] *Schäfer*, ZGR 2008, 455 (487).
[122] Habersack/Mülbert/Schlitt/*Singhof/Weber*, Unternehmensfinanzierung am Kapitalmarkt, § 4 Rn. 85; *Schäfer*, ZGR 2008, 455 (487).
[123] Marsch-Barner/Schäfer/*Meyer*, § 8 Rn. 69; *Schäfer*, ZGR 2008, 455 (488). Die Altaktionäre akzeptieren also die Geldzahlung an Erfüllungs statt (*Schäfer*, ZGR 2008, 455 (488)).
[124] *BGH*, AG 2009, 446 ff.; *KG*, NZG 2008, 29 ff.; *Schäfer*, ZGR 2008, 455 (488 f.); Habersack/Mülbert/Schlitt/*Singhof/Weber*, Unternehmensfinanzierung am Kapitalmarkt, § 4 Rn. 85; Marsch-Barner/Schäfer/*Meyer*, § 8 Rn. 69 f.; *Busch*, AG 2002, 230 (231 ff.); *Cahn/Ostler*, AG 2008, 221 (223); aA noch *KG*, AG 2002, 243 f., das seine Auffassung aber in seiner Entscheidung *KG*, NZG 2008, 29 ff. aufgegeben hat.

Kapital zum Emissionspreis zu zeichnen, um damit den Anspruch der Altaktionäre aus den Wertpapierdarlehen auf Übereignung von Aktien gleicher Art, Güte und Menge erfüllen zu können (Zwei-Tranchen-Modell).[125] Einem solchen Vorgehen steht selbst dann nicht die Vorschrift des § 255 Abs. 2 AktG entgegen, wenn die Konsortialbanken diese weiteren Aktien aus dem genehmigten Kapital zu einem Ausgabebetrag zeichnen, der deutlich unter dem zu diesem Zeitpunkt aktuellen Börsenkurs liegt.[126] Denn die Rechte der Aktionäre werden auch in diesem Fall nicht beeinträchtigt, weil das zusätzliche Kapitalerhöhungsvolumen von Anfang an hätte ausgeschöpft und die Aktien anschließend zum Emissionspreis platziert werden können.[127] Dann stünden die Altaktionäre mitunter sogar schlechter, weil dann kein Stabilisierungsinstrument zur Verfügung stünde.[128] Die Verwässerung tritt mit der Festlegung des Emissionspreises und der Vereinbarung der Greenshoe-Option ein und nicht erst mit deren Ausübung.[129] Sinkt dagegen der Börsenkurs der Aktie des Emittenten kurz nach dem Börsengang unter den Emissionspreis ab, kauft die Konsortialführerin die notwendige Anzahl Aktien aus dem Markt zurück und übereignet dieses anschließend an die Altaktionäre, um so die Wertpapierdarlehen zurückzuführen. Für den Kauf der Aktien aus dem Markt[130] verwenden die Konsortialbanken die Mittel, die sie durch die zusätzliche Zuteilung erlangt haben.[131] Während die Ausübung der Greenshoe-Option für die Konsortialbanken eine finanziell neutrale Transaktion ist, können sie bei einem Kauf der Aktien aus dem Markt einen Stabilisierungsgewinn erzielen, da sie von den Investoren bei der Platzierung den höheren Emissionspreis erhalten haben, nun aber nur den geringeren Börsenkurs zahlen müssen.[132]

Eine Greenshoe-Option kann nicht in beliebigem Umfang vereinbart werden, wenn sie noch von dem „Safe Harbour" gedeckt sein soll, sondern lediglich bis zu einem Maximalbetrag von 15 % des ursprünglichen Angebotsvolumens (Art. 11 lit. d StabilisierungsVO). Der für die Ausübung der Greenshoe-Option vorgesehene Zeitraum muss sich mit der Stabilisierungsfrist decken (Art. 11 lit. e StabilisierungsVO). Die Öffentlichkeit ist unverzüglich und in allen angemessenen Einzelheiten über die Ausübung der Greenshoe-Option zu unterrichten, insbesondere über den Zeitpunkt der Ausübung und die Zahl und Art der Aktien (Art. 11 lit. f StabilisierungsVO).

IV. Folgepflichten

Nach der Durchführung des Börsengangs und der damit verbundenen erstmaligen Zulassung der Aktien des Emittenten zum Börsenhandel sind zahlreiche Zulassungsfolgepflichten zu beachten, die hauptsächlich im WpHG, teilweise aber auch im

---

[125] Marsch-Barner/Schäfer/*Meyer*, § 8 Rn. 69; Habersack/Mülbert/Schlitt/*Singhof/Weber*, Unternehmensfinanzierung am Kapitalmarkt, § 4 Rn. 85; *Schäfer*, ZGR 2008, 455 (488).
[126] *BGH*, AG 2009, 446 ff.; *KG*, NZG 2008, 29 ff.; Habersack/Mülbert/Schlitt/*Singhof/Weber*, Unternehmensfinanzierung am Kapitalmarkt § 4 Rn. 85; Marsch-Barner/Schäfer/*Meyer*, § 8 Rn. 69 f.; *Busch*, AG 2002, 230 (231 ff.); aA noch *KG*, AG 2002, 243 f., das seine Auffassung aber in *KG*, NZG 2008, 29 ff. aufgegeben hat; *Schäfer*, ZGR 2008, 455 (488).
[127] Marsch-Barner/Schäfer/*Meyer*, § 8 Rn. 70; *Busch*, AG 2002, 230 (233).
[128] *Busch*, AG 2002, 230 (233).
[129] *Busch*, AG 2002, 230 (233).
[130] Gleiches gilt selbstverständlich für den Fall, dass die Konsortialbanken die Greenshoe-Option ausüben.
[131] *Busch*, AG 2002, 230 (231).
[132] *Busch*, AG 2002, 230 (233) mit Fn. 27.

AktG, im HGB und in den Börsenordnungen der verschiedenen Börsen geregelt sind. Wegen der diesbezüglichen Einzelheiten sei auf die Ausführungen in den §§ 13, 14 und 15 dieses Buches verwiesen.

V. Zeitlicher Ablauf

Die einzelnen Schritte der Durchführung eines Börsengangs lassen sich grob wie folgt zusammenfassen:

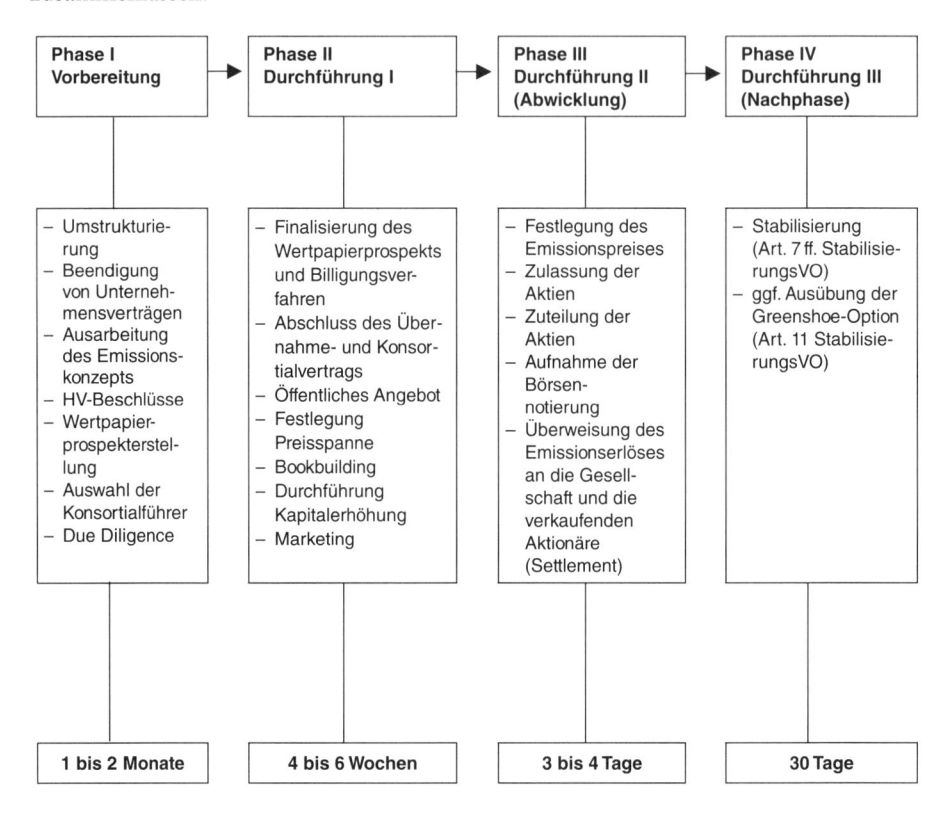

Phase I Vorbereitung	Phase II Durchführung I	Phase III Durchführung II (Abwicklung)	Phase IV Durchführung III (Nachphase)
– Umstrukturierung – Beendigung von Unternehmensverträgen – Ausarbeitung des Emissionskonzepts – HV-Beschlüsse – Wertpapierprospekterstellung – Auswahl der Konsortialführer – Due Diligence	– Finalisierung des Wertpapierprospekts und Billigungsverfahren – Abschluss des Übernahme- und Konsortialvertrags – Öffentliches Angebot – Festlegung Preisspanne – Bookbuilding – Durchführung Kapitalerhöhung – Marketing	– Festlegung des Emissionspreises – Zulassung der Aktien – Zuteilung der Aktien – Aufnahme der Börsennotierung – Überweisung des Emissionserlöses an die Gesellschaft und die verkaufenden Aktionäre (Settlement)	– Stabilisierung (Art. 7 ff. StabilisierungsVO) – ggf. Ausübung der Greenshoe-Option (Art. 11 StabilisierungsVO)
1 bis 2 Monate	4 bis 6 Wochen	3 bis 4 Tage	30 Tage

§ 3. Kapitalerhöhungen

Literatur: *Ihrig,* in: Liber amicorum Wilhelm Happ (2006), S. 109; Habersack/Mülbert/Schlitt/*Herfs,* Unternehmensfinanzierung am Kapitalmarkt, 3. Auflage (2013), § 6; *Seibt,* CFL 2011, 74; Habersack/Mülbert/Schlitt/*Krause,* Unternehmensfinanzierung am Kapitalmarkt, 3. Auflage (2013), § 5; *Schlitt/Schäfer,* AG 2005, 67; *Schlitt/Seiler,* WM 2003, 2175; *Ihrig/Wagner,* NZG 2002, 657; *Trapp,* AG 1997, 115; *Marsch-Barner,* AG 1994, 532.

I. Bezugsrechtsemissionen

1. Wesen

Grundsätzlich lassen sich zwei Arten der Kapitalaufnahme unterscheiden: Fremdkapital und Eigenkapital. Während bei der Aufnahme von Fremdkapital, etwa in Form von Krediten oder Anleihen, der Kapitalgeber in der Regel einen Rückzahlungsanspruch zu einem bestimmten Termin hat und für die Zeit der Zurverfügungstellung des Kapitals Zinsen erhält, erhalten Eigenkapitalgeber eine mitgliedschaftliche Stellung an der Gesellschaft und partizipieren über Dividendenzahlungen am wirtschaftlichen Erfolg des Unternehmens. Benötigt eine Aktiengesellschaft neues Eigenkapital, führt sie eine Kapitalerhöhung gegen Bareinlagen durch. Im Zuge der Kapitalerhöhung werden neue Aktien ausgegeben. Das deutsche Aktienrecht bestimmt zum Schutz der bestehenden Aktionäre vor Verwässerung ihrer Beteiligungs- und Stimmrechtsquoten sowie des wirtschaftlichen Werts ihrer Beteiligung, dass neue Aktien grundsätzlich[1] zunächst anteilig den bestehenden Aktionären angeboten werden müssen (§ 186 Abs. 1 AktG). Den bestehenden Aktionären stehen also von Gesetzes wegen so genannte Bezugsrechte zu, die sie durch eine einseitige, empfangsbedürftige, grundsätzlich formlose Bezugserklärung ausüben können.[2] Das Bezugsrecht, das mit dem Wirksamwerden des Kapitalerhöhungsbeschlusses konkret entsteht und zur Zeichnung und zum Erhalt der neuen Aktien berechtigt, ist ein Mitgliedschaftsrecht der Aktionäre, das frei übertragbar ist und seinerseits an der Börse gehandelt werden kann. Es besteht daher auch die Möglichkeit, das Bezugsrecht nicht auszuüben und neue Aktien zu erwerben, sondern das Bezugsrecht stattdessen zu veräußern und damit dessen Wert zu realisieren.

2. Gründe

Bezugsrechtsemissionen börsennotierter Aktiengesellschaften geben dem Emittenten die Möglichkeit, sich Finanzmittel insbesondere über das für Kapitalerhöhungen mit erleichtertem Bezugsrechtsausschluss nach § 186 Abs. 3 S. 4 AktG zulässige Volumen von bis zu 10 % des Grundkapitals zu beschaffen. Kapitalerhöhungen können etwa der Schuldentilgung, der Finanzierung einer Akquisition, also des Kaufs von Anteilen einer anderen Gesellschaft, oder zur Finanzierung des internen Wachstums dienen.

---

[1] Zur Ausnahme des § 186 Abs. 3 S. 4 AktG siehe unter II.
[2] *Schlitt/Seiler,* WM 2003, 2175 (2177) mit Fn. 11 mwN.

Die Anforderungen, die das deutsche Aktienrecht an einen Ausschluss des gesetzlichen Bezugsrechts der Altaktionäre über die 10%-Grenze hinaus stellt, sind indessen hoch. Der Bezugsrechtsausschluss bedarf der sachlichen Rechtfertigung, deren Vorliegen gerichtlich überprüft werden kann.[3] Das Risiko des Nichtvorliegens dieser Voraussetzungen wird bei einer Bezugsrechtsemission weitgehend vermieden. Hinzu kommt, dass in Zeiten tendenziell sinkender Kurse Bezugsrechtsemissionen im Gegensatz zu Kapitalerhöhungen nach § 186 Abs. 3 S. 4 AktG[4] mit einem nicht unerheblichen Abschlag *(discount)* zum aktuellen Börsenkurs angeboten werden können, so dass auch dann ein Anreiz zum Erwerb der Aktien vermittelt wird, wenn der Aktienkurs nach Ankündigung der Emission unter Druck gerät.[5]

3. Strukturierung

a) Grundsatz

Die Kapitalerhöhung, mit der die im Wege der Bezugsrechtsemission angebotenen neuen Aktien geschaffen werden, kann als so genannte ordentliche Kapitalerhöhung gemäß §§ 182 ff. AktG von der Hauptversammlung beschlossen werden. Sofern die Kapitalerhöhung nicht 50 % des Grundkapitals übersteigt und die Hauptversammlung ein genehmigtes Kapital nach §§ 202 ff. AktG geschaffen hat, kann der Vorstand mit Zustimmung des Aufsichtsrats alternativ das genehmigte Kapital ausnutzen. Sind mehrere Aktiengattungen ausgegeben, besteht in beiden Fällen sowohl für Stamm- als auch für Vorzugsaktionäre ein Bezugsrecht. Da es häufig nicht im Interesse der Vorzugsaktionäre liegt, Stammaktien zu erhalten und umgekehrt, wird in diesen Fällen von der Hauptversammlung das Bezugsrecht der Aktionäre jeder Gattung auf Aktien derselben Gattung beschränkt (sog gekreuzter Bezugsrechtsausschluss).[6]

Um das Bezugsverhältnis, also die Zahl der Aktien, die für je eine alte Aktie bezogen werden können, zu ermitteln, ist die Zahl der neuen Aktien durch die Zahl der alten Aktien zu dividieren. Dabei müssen eigene Aktien, die vom Emittenten gehalten werden, bei der Berechnung derart berücksichtigt werden, dass die darauf entfallenden Bezugsrechte den übrigen Aktionären anwachsen[7]. Entsteht ein ungerades Bezugsverhältnis, sind die Aktionäre grundsätzlich zum Bezug von Bruchteilen berechtigt. In der Praxis wird versucht, ungerade Bezugsverhältnisse zu vermeiden. Bisweilen geschieht dies durch die Bildung so genannter freier Spitzen, dh für den ein gerades Bezugsverhältnis übersteigenden Anteil der Kapitalerhöhung wird das Bezugsrecht ausgeschlossen und diese Aktien meist bei institutionellen Investoren platziert. Ein Bezugsrechtsausschluss für freie Spitzen ist grundsätzlich zulässig.[8]

Insbesondere in Fällen, in denen das Bezugsrecht ausgeschlossen wird, stellt sich in der Praxis die Frage, ob die neuen Aktien mit Dividendenberechtigung für ein bereits abgelaufenes Geschäftsjahr ausgegeben werden dürfen. Dies ist streitig, nach der

---

[3] Vgl. auch Habersack/Mülbert/Schlitt/*Herfs,* Unternehmensfinanzierung am Kapitalmarkt, § 6 Rn. 3.
[4] Bei Kapitalerhöhungen mit erleichtertem Bezugsrechtsausschluss ist zur Erfüllung der Voraussetzungen des § 186 Abs. 3 S. 4 AktG eine Platzierung nahe am Börsenkurs erforderlich. Im Übrigen gilt § 255 Abs. 2 AktG.
[5] Siehe zu den Vorteilen einer Bezugsrechtsemission *Schlitt/Seiler,* WM 2003, 2175 (2176).
[6] Siehe Habersack/Mülbert/Schlitt/*Herfs,* Unternehmensfinanzierung am Kapitalmarkt, § 6 Rn. 39 f. mwN.
[7] Marsch-Barner/Schäfer/*Busch,* Handbuch börsennotierte AG, § 42 Rn. 43.
[8] Siehe Habersack/Mülbert/Schlitt/*Herfs,* Unternehmensfinanzierung am Kapitalmarkt, § 6 Rn. 48 und 66 mwN.

herrschenden Meinung im Schrifttum aber zulässig, solange die Hauptversammlung noch nicht über die Gewinnverwendung beschlossen hat.[9]

b) Mittelbares Bezugsrecht

Da die praktische Abwicklung der Zeichnung der neuen Aktien und die Einzahlung des Ausgabebetrages durch eine Vielzahl von Zeichnern enormen logistischen und organisatorischen Aufwand bedeuten würde und eine nicht vollständige Einzahlung des geringsten Ausgabebetrags auf nur eine neue Aktie die gesamte Kapitalerhöhung gefährden könnte, werden in aller Regel Investmentbanken als Dienstleister zwischengeschaltet,[10] die alle neuen Aktien zeichnen und im Anschluss den Altaktionären zum Kauf anbieten (sog mittelbare Bezugsrechtsemission).[11] § 186 Abs. 5 AktG privilegiert die Zeichnung durch eine oder mehrere Banken, indem dieses Vorgehen nicht als Ausschluss des Bezugsrechts gewertet wird.[12] Die Gewährung eines mittelbaren Bezugsrechts wird dabei idR bereits im Kapitalerhöhungsbeschluss der Hauptversammlung bzw. bei Ausnutzung eines genehmigten Kapitals im Beschluss von Vorstand und Aufsichtsrat festgesetzt.[13] Dabei ist darauf zu achten, dass die eingeschalteten Institute den Anforderungen des § 186 Abs. 5 AktG entsprechen. Bisweilen wird eine mittelbare Bezugsrechtsemission mit einer unmittelbaren Bezugsrechtsemission dergestalt kombiniert, dass ein oder mehrere (Groß-)Aktionäre die von ihnen bezogenen Aktien unmittelbar zeichnen, während der verbleibende Teil der Kapitalerhöhung von einer Emissionsbank übernommen und den übrigen Aktionären angeboten wird.

c) Kombination mit bezugsrechtsfreier Tranche

Bezugsrechtsemissionen werden mitunter mit der Emission einer bezugsrechtsfreien Tranche kombiniert. Dann wird eine weitere Kapitalerhöhung unter Ausschluss des Bezugsrechts, im Regelfall nach § 186 Abs. 3 S. 4 AktG, durchgeführt.[14] Die Aktien dieser bezugsrechtsfreien Tranche werden in der Regel an institutionelle Investoren zu einem näher am aktuellen Börsenkurs liegenden Preis *(close to market)* veräußert. Der Verkauf erfolgt dann zusammen mit Aktien der Bezugsrechtsemission, die von den Altaktionären nicht bezogen wurden *(rump)*.[15]

d) Gemischte Bar-/Sachkapitalerhöhung

Bezugsrechtsemissionen gegen Bareinlagen werden bisweilen mit einer Sachkapitalerhöhung verbunden, etwa in Fällen, in denen der Hauptaktionär ein Unternehmen gegen Gewährung neuer Aktien einbringen möchte.[16] Im Falle einer reinen Sachkapitalerhöhung wäre ein Bezugsrechtsausschluss der übrigen Aktionäre erforderlich, der idR nur bei einem dringenden, nur durch die Sacheinlage zu befriedigenden Interesse der Gesellschaft sachlich gerechtfertigt wäre.[17] Häufig wird daher statt dessen eine

---

[9] Marsch-Barner/Schäfer/*Busch*, Handbuch börsennotierte AG, § 43 Rn. 31.
[10] *Schlitt/Seiler*, WM 2003, 2175 (2178).
[11] Zur Rolle der Emissionsbanken und dem zwischen ihnen und dem Emittenten hierzu abzuschließenden Übernahmevertrag siehe § 8.
[12] Zur Treuhänderstellung der Konsortialbanken siehe § 8 IV. 2. e.
[13] *Schlitt/Seiler*, WM 2003, 2175 (2178) mwN.
[14] Siehe dazu unten unter II.
[15] Zu den Gestaltungsalternativen bei der Kombination mit einem bezugsrechtsfreien Angebot siehe *Schlitt/Seiler*, WM 2003, 2175 (2178 f.).
[16] Praktische Beispiele aus der Vergangenheit sind die gemischten Bar-/Sachkapitalerhöhungen der Carl Zeiss Meditec AG und der centrotherm photovoltaics AG.

gemischte Bar-/Sachkapitalerhöhung durchgeführt, in der entweder zwei Kapitalerhöhungsbeschlüsse mit gekreuztem Bezugsrechtsausschluss oder ein gemischter Beschluss, nach herrschender Meinung ohne Erfordernis eines Bezugsrechtsausschlusses, gefasst werden.[18] Im Falle eines gemischten Beschlusses können alle Aktionäre an der Kapitalerhöhung partizipieren und sind damit vor Verwässerung geschützt, was im Falle eines Kapitalerhöhungsbeschlusses durch die Hauptversammlung das Anfechtungsrisiko reduziert.[19] Eine flexible Preisfestsetzung[20] ist in diesen Fällen bezüglich der Barkomponente möglich, während der Sachinferent bei Festsetzung eines niedrigeren Bezugspreises für die Bareinleger möglicherweise benachteiligt wird.

4. Verträge mit Altaktionären

Es sind grundsätzlich zwei Konstellationen denkbar, in denen Altaktionäre bzw. die Gesellschaft ein Interesse am Abschluss einer Vereinbarung im Hinblick auf die Ausübung von Bezugsrechten haben. Entweder hat die Bank Bedenken, alle Aktien bei den Altaktionären oder, soweit nicht bezogen, am Markt platzieren zu können. In diesem Fall ist für die Bank eine Vereinbarung über die garantierte Ausübung eines Bezugsrechts oder eines Teils davon sowie möglicherweise ergänzend über die Abnahme nicht bezogener Aktien von Interesse. Hierbei ist zu beachten, dass bei Erreichung von mindestens 30 % der Stimmrechte ein Kontrollwechsel nach dem WpÜG vorliegt, der die Pflicht zur Abgabe eines Angebots an alle Aktionäre zum Kauf ihrer Aktien auslöst. Ausnahmen können im Einzelfall nach §§ 36, 37 WpÜG bestehen.

Eine gegenläufige Interessenlage ist gegeben, wenn die Gesellschaft davon ausgeht, ihre Aktien sehr gut auch bei Nichtaktionären am Markt platzieren zu können und daher ein Interesse daran hat, dass möglichst viele Aktien nicht bezogen werden und somit im Anschluss zu einem höheren Preis verkauft werden können. In diesem Fall bietet sich aus Sicht des Emittenten der Abschluss einer Verzichtserklärung mit (Groß-)Aktionären an, in denen diese ihre Bezugsrechte bereits im Vorfeld der Emission auf die Bank übertragen.

5. Platzierungsverfahren

a) Inhalt des Bezugsangebots

Das Bezugsangebot stellt ein Vertragsangebot im Sinne des § 145 BGB dar und muss die essentialia negotii enthalten. Es beinhaltet daher zumindest Informationen über die Kapitalerhöhung, das Bezugsverhältnis, den Bezugspreis (oder die Grundlagen seiner Festsetzung), die Bezugsfrist, die etwaige Einrichtung eines (börslichen) Bezugsrechtshandels, bei einer mittelbaren Bezugsrechtsemission die Namen der Zeichner und einen Hinweis auf Kündigungsrechte der Zeichner im Übernahmevertrag. Mit Abgabe einer Bezugserklärung kommt der Kaufvertrag zustande.[21]

---

[17] BGHZ 71, 40 (46) (Kali + Salz), BGHZ 136, 133 (Siemens Nold); vgl. auch Habersack/Mülbert/Schlitt/*Krause*, Unternehmensfinanzierung am Kapitalmarkt, § 7 Rn. 27, 49 ff.
[18] Habersack/Mülbert/Schlitt/*Herfs*, Unternehmensfinanzierung am Kapitalmarkt, § 6 Rn. 54; Habersack/Mülbert/Schlitt/*Krause*, Unternehmensfinanzierung am Kapitalmarkt, § 7 Rn. 26.
[19] Ein solcher Fall lag auch dem Beschluss des *OLG Jena*, WM 2006, 2258 zu Grunde.
[20] Siehe dazu unten I. 5. c.
[21] Habersack/Mülbert/Schlitt/*Herfs*, Unternehmensfinanzierung am Kapitalmarkt, § 6 Rn. 96 mwN; *Schlitt/Seiler*, WM 2003, 2175 (2179).

b) Veröffentlichung des Bezugsangebots

Das Bezugsangebot ist vor Beginn der Bezugsfrist in den Gesellschaftsblättern des Emittenten zu veröffentlichen.[22] Veröffentlichungspflichten im Ausland hat der deutsche Gesetzgeber nicht vorgesehen. Ausländische Aktionäre werden regelmäßig von den Depotbanken über eine Bezugsrechtsemission informiert und haben in der Regel die Möglichkeit, ihre Bezugsrechte auszuüben. Da bei zusätzlichen Publikationen im Ausland die dort geltenden kapitalmarktrechtlichen Bestimmungen, insbesondere etwaige Prospektpflichten zu berücksichtigen wären, verlässt sich die Praxis in der Regel schon aus Praktikabilitätsgründen auf eine Information über die Depotbanken,[23] die nach Auffassung der European Securities and Markets Authority (ESMA) zumindest in den Mitgliedstaaten der EU und des EWR keine Prospektpflicht am Sitz der so informierten Aktionäre auslöst.[24]

c) Festsetzung des Ausgabepreises

aa) Abschlagslösung

Bis zur Änderung des Aktiengesetzes durch das Transparenz- und Publizitätsgesetz (TransPuG) im Jahr 2002 musste der Bezugspreis vor Beginn des Angebots feststehen (§ 186 Abs. 2 S. 2 AktG aF). Aufgrund der vorgeschriebenen Dauer der Bezugsfrist von mindestens zwei Wochen war die Gesellschaft damit bis zur Zuteilung und Einbuchung der Aktien bei den Aktionären einem ca. dreiwöchigen[25] Marktrisiko ausgesetzt, da der Börsenkurs in dieser Zeit unter den Bezugspreis fallen konnte. Dementsprechend sah der zwischen Gesellschaft und Emissionsbank vereinbarte Bezugspreis regelmäßig einen sehr hohen Abschlag *(discount)* auf den bei der Preisfestsetzung aktuellen Börsenkurs vor, damit der Bezug der Aktien durch ein mögliches Absinken des Börsenkurses bis zum Ende des Angebots nicht wirtschaftlich uninteressant wurde.[26] Teilweise wurde versucht, die Grenzen der noch zulässigen Auslegung des Gesetzeswortlauts durch die Festlegung eines maximalen Bezugspreises, von dem je nach Verlauf des Börsenkurses während des Angebots Anpassungen nach unten vorgesehen werden konnten, auszuschöpfen (Maximalpreisverfahren). Die Zulässigkeit solcher Gestaltungen war jedoch nicht gesichert.[27]

bb) Flexible Preisfestsetzung

Das TransPuG hatte unter anderem das Ziel, eine flexiblere Preisfeststellung zu ermöglichen. Hierzu wurde § 186 Abs. 2 AktG dergestalt geändert, dass vor Beginn der Bezugsfrist lediglich die Grundlagen zur Festlegung des Ausgabebetrags, also

---

[22] *Schlitt/Seiler*, WM 2003, 2175 (2179). Zudem ist eine Mitteilung über die Kapitalerhöhung nach § 30b Abs. 1 WpHG im elektronischen Bundesanzeiger zu veröffentlichen.
[23] Zur Handhabung im Depot gehaltener Aktien generell Habersack/Mülbert/Schlitt/*Herfs*, Unternehmensfinanzierung am Kapitalmarkt, § 6 Rn. 44.
[24] ESMA, Questions and Answers Prospectuses Nr. 42, 19th Updated Version, ESMA/2013/594, May 2013.
[25] Die Frist von fast drei Wochen ergibt sich aus der mindestens zwei Wochen betragenden Bezugsfrist sowie dem Vorlauf für die Veröffentlichung des Bezugsangebots im Bundesanzeiger (§ 25 S. 1 AktG) und dem Nachlauf (Abschluss der Platzierung).
[26] Ein Abfallen des aktuellen Börsenkurses unter den Bezugspreis würde das Bezugsrecht aushöhlen und ist daher grundsätzlich für die Altaktionäre ebenso wie für die Gesellschaft nicht wünschenswert; siehe auch Habersack/Mülbert/Schlitt/*Herfs*, Unternehmensfinanzierung am Kapitalmarkt, § 6 Rn. 2 ff.; *Schlitt/Seiler*, WM 2003, 2175 (2178).
[27] Siehe dazu Habersack/Mülbert/Schlitt/*Herfs*, Unternehmensfinanzierung am Kapitalmarkt, § 6 Rn. 15; *Schlitt/Seiler*, WM 2003, 2175 (2180); *Busch*, AG 2002, 230 (234).

etwa die Schilderung, welches Verfahren zur Anwendung kommt und welcher Ablauf hierzu vorgesehen ist, bekannt gegeben werden müssen. Der endgültige Bezugspreis ist hingegen erst drei Tage vor Ablauf der Bezugsfrist bekannt zu machen.[28] Dies ermöglicht die Anwendung flexibler Preisfestsetzungsverfahren, zB des bei Börsengängen regelmäßig angewandten Bookbuilding-Verfahrens[29] und verkürzt die Frist, während derer die die neuen Aktien zunächst übernehmende Emissionsbank dem Risiko eines Kursverfalls des Emittenten ausgesetzt ist.

cc) Insbesondere: Bookbuilding- und andere Preisfestsetzungsverfahren, Vorabplatzierungen

Als Preisfestsetzungsverfahren kommen verschiedene Methoden in Betracht. Das Maximalpreisverfahren ist ebenso wie das Bookbuilding-Verfahren[30] zulässig. Auch eine Abschlagslösung, dh die Festsetzung eines Bezugspreises in Höhe des zum Zeitpunkt der endgültigen Preisfestsetzung geltenden Börsenkurses unter Vornahme eines prozentualen Abschlags, ist zulässig.[31]

In der Praxis wurde nach Inkrafttreten des TransPuG 2002 trotz des damit verbundenen Kursrisikos und Preisabschlags weiterhin zumeist das Festpreisverfahren angewendet.[32] Der Grund hierfür lag zum einen darin, dass die Bekanntgabe eines Festpreises vor Beginn der Bezugsfrist als Signal der Stärke gewertet wird. Darüber hinaus muss bei Anwendung eines flexiblen Preisfestsetzungsverfahrens eine Zuteilung an interessierte Nichtaktionäre bis zur Abwicklung des Bezugsangebots unter dem Vorbehalt von Rücktrittsrechten der Emissionsbank stehen, da diese vorrangig den beziehenden Altaktionären Aktien liefern muss. Daher bleibt bis zum Ende der Bezugsfrist unklar, wie viele Aktien für neue Investoren zur Verfügung stehen. Um diese Schwierigkeiten zu vermeiden, dennoch aber ein Element an Flexibilität in die Preisgestaltung zu integrieren, wird bisweilen ein „vorläufiger" Bezugspreis ein bis zwei Wochen vor Beginn der Bezugsfrist bekannt gegeben. Während der Zeit bis zum Beginn der Bezugsfrist wird das Investoreninteresse durch Marketing-Veranstaltungen weiter evaluiert. Auf Grundlage der so gewonnenen Erkenntnisse über die Nachfrage am Markt kann dann, je nach Ausgang der Marketing-Bemühungen, der „endgültige" Bezugspreis als Festpreis kurz vor Beginn der Bezugsfrist höher als der „vorläufige" Bezugspreis festgesetzt werden (sog Step-up-Verfahren).

Seit einigen Jahren hat das Maximalpreisverfahren an Bedeutung gewonnen.[33] In diesen Fällen wird lediglich ein maximaler Bezugspreis bekannt gemacht, verbunden mit dem Hinweis, dass der endgültige Bezugspreis unter Berücksichtigung des volumengewichteten Durchschnittskurses der Aktie des Emittenten im Zeitraum vom Beginn der Bezugsfrist bis einschließlich des letzten Börsenhandelstags vor der Festlegung des Bezugspreises abzüglich eines marktüblichen Abschlags festgelegt wird. Die Festlegung des endgültigen Bezugspreises erfolgte dann mindestens drei Tage vor dem Ende der Bezugsfrist.

---

[28] Siehe hierzu *Schlitt/Seiler,* WM 2003, 2175 (2181).
[29] Siehe hierzu § 2 III. 3a).
[30] Siehe hierzu ausführlich § 2 III. 3a).
[31] Siehe hierzu ausführlich *Seibt,* CFL 2011, 74 (79 f.).
[32] Siehe auch Habersack/Mülbert/Schlitt/*Herfs,* Unternehmensfinanzierung am Kapitalmarkt, § 6 Rn. 17.
[33] So wurden beispielsweise die Bezugsrechtsemissionen der Roth & Rau AG (2008), der Manz Automation AG (2008), der Solar Millenium AG (2008) und die Bezugsrechtsemissionen der Deutsche Wohnen AG (2011 und 2012) unter Verwendung dieses Verfahrens durchgeführt.

Eine große Bedeutung kommt zudem einer Abwandlung des Bookbuilding-Verfahrens, nämlich der sog Vorabplatzierung, zu. Sie wurde in jüngerer Vergangenheit häufig eingesetzt.[34] Bei einer Vorabplatzierung wird ein Bookbuilding vor Beginn der eigentlichen Bezugsfrist durchgeführt und das so ermittelte Ergebnis bei der Festlegung des Bezugspreises berücksichtigt.

6. Übernahme und Zeichnung der neuen Aktien

Der Übernahmevertrag zwischen dem Emittenten und der Emissionsbank ist ein echter Vertrag zu Gunsten der Aktionäre als Dritte im Sinne von § 328 BGB. In ihm verpflichtet sich die Emissionsbank, die Aktien zu zeichnen, den Aktionären zum Bezug anzubieten und, sofern keine ausreichende Nachfrage besteht, regelmäßig auch, den bekannt gemachten Bezugspreis für alle übernommenen Aktien zu zahlen.[35] Der Übernahmevertrag ist spätestens vor der Zeichnung abzuschließen.[36] Im Einklang mit der ganz herrschenden Meinung im Schrifttum wird bei der Zeichnung der Aktien regelmäßig das so genannte zweistufige Verfahren verfolgt. Dabei zeichnet die Emissionsbank zunächst die Aktien unter Einzahlung des geringsten Ausgabebetrags. Erst nach Abschluss der Platzierung und Erhalt des Platzierungspreises von den Investoren überweist die Emissionsbank sodann den bei der Platzierung erzielten Mehrerlös.[37]

7. Prospekt

a) Prospekterfordernis

Im Rahmen einer Bezugsrechtsemission ist wegen des in diesem Zusammenhang ausgelösten öffentlichen Angebots vom Emittenten, üblicherweise unter der Federführung seiner anwaltlichen Berater, ein Prospekt zu erstellen, der von der BaFin gebilligt und im Anschluss vor Beginn des Angebots veröffentlicht werden muss.[38] Das Prospekterfordernis entfällt seit dem 1. Juli 2012 auch nicht mehr, wenn sich die Bezugsrechtsemission ausschließlich an Altaktionäre richtet. Bis zu diesem Zeitpunkt hatte die BaFin eine solche Emission – im Gegensatz zu allen anderen Mitgliedstaaten der EU mit Ausnahme von Österreich – nicht als öffentliches Angebot und mithin nicht als prospektpflichtig angesehen.[39] Nach Wegfall dieser Ausnahme hat der Emittent bei einer solchen Transaktionsstruktur jedoch die Möglichkeit, einen „verkürzten Prospekt" zu erstellen (vgl. Anhänge XXIII und XXIV der Verordnung EG Nr. 809/2004 in ihrer jeweils gültigen Fassung – „ProspektVO"). Diese Möglichkeit besteht auch, wenn ein öffentlicher Bezugsrechtshandel eingerichtet wird.[40] Ein voller Pro-

---

[34] Eine Vorabplatzierung wurde beispielsweise bei den Bezugsrechtsemissionen von VW (2010), von Drägerwerk (2010) und von HeidelbergCement (2009) durchgeführt.
[35] Zu den Einzelheiten und den rechtlichen Problemen, die sich im Zusammenhang mit dem Übernahmevertrag stellen, siehe § 8 IV. 2.
[36] Habersack/Mülbert/Schlitt/*Herfs*, Unternehmensfinanzierung am Kapitalmarkt, § 6 Rn. 20.
[37] Zum zweistufigen Verfahren und der abweichenden Auffassung des *BayObLG* zu dessen Zulässigkeit siehe *Schlitt/Seiler*, WM 2003, 2175 (2183).
[38] Siehe ausführlich zur Prospektpflicht § 11 II. und III.
[39] Vgl. BaFinJournal 09/12, 7; Habersack/Mülbert/Schlitt/Herfs, Unternehmensfinanzierung am Kapitalmarkt, § 6 Rn. 119; für die Zulassung der neuen Aktien war ebenfalls kein Prospekt erforderlich, weil die BaFin und die Geschäftsführungen der Börsen bei dieser Emissionsstruktur eine Anwendung des § 4 Abs. 2 Nr. 7 WpPG befürworteten.
[40] BaFinJournal 09/12, 7.

spekt ist aber erforderlich, wenn nicht bezogene Aktien, Nichtaktionären öffentlich angeboten werden (also nicht im Rahmen einer Privatplatzierung oder einer sonstigen Ausnahme des § 3 Abs. 2 WpPG)[41]. Es bleibt aber abzuwarten, ob der „verkürzte Prospekt" in der Praxis in einer großen Zahl von Fällen Verwendung finden wird.[42]

b) Prospektinhalt

Prospektformat und Prospektinhalt eines „vollen Prospekts" ähneln dem beim Börsengang.[43] Grundsätzlich sind sämtliche Angaben aufzunehmen, die im Hinblick auf den Emittenten und die Aktien notwendig sind, um dem Publikum ein zutreffendes Urteil über die Vermögenswerte und Verbindlichkeiten, die Finanzlage, die Gewinne und Verluste und die Zukunftsaussichten des Emittenten sowie über die mit den Aktien verbundenen Rechte in leicht analysierbarer und verständlicher Form zu vermitteln. Ein detaillierter Katalog der für einen „vollen" Prospekt erforderlichen Angaben ist in Anhang I und III der ProspektVO enthalten. Dieser beinhaltet ua die Aufnahme detaillierter Risikofaktoren, die Darstellung und Analyse der Vermögens-, Finanz- und Ertragslage des Emittenten, eine Erklärung über das Ausreichen des vorhandenen Geschäftskapitals für die nächsten zwölf Monate sowie die Offenlegung etwaiger Geschäfte mit nahe stehenden Personen.

Bei einem Bezugsangebot, das sich ausschließlich an Altaktionäre richtet, kann unter den oben dargelegten Voraussetzungen ein „verkürzter Prospekt" erstellt werden, dessen Inhalt sich nach den Anhängen XXIII und XXIV der ProspektVO richtet.

c) Prospekthaftung

Der Emittent und die Emissionsbank haften nach §§ 21 ff. WpPG für die Richtigkeit und Vollständigkeit des Prospekts.[44] Im Gegensatz zum Prospektinhalt ist die Haftung für den Prospekt nicht auf europäischer Ebene harmonisiert; sie richtet sich vielmehr nach nationalem Recht. Wird der Prospekt auch einem öffentlichen Angebot in einem anderen Mitgliedstaat der EU zu Grunde gelegt, ist im Regelfall eine Übersetzung der Zusammenfassung in die jeweilige Landessprache in den Prospekt aufzunehmen. Für diese haften Emittent und Emissionsbank jedoch nur dann, wenn sie auch zusammen mit den übrigen Teilen des Prospekts gelesen irreführend, unrichtig oder widersprüchlich ist oder sie, wenn sie zusammen mit den anderen Teilen des Prospekts gelesen wird, nicht alle erforderlichen Schlüsselinformationen vermittelt (§ 5 Abs. 2b Nr. 4 WpPG).

d) Billigung

Der Prospekt ist von der BaFin innerhalb von zehn Werktagen, also innerhalb einer kürzeren Frist als beim erstmaligen öffentlichen Angebot von Wertpapieren, zu billigen (§ 13 Abs. 2 S. 1 WpPG). Sofern die BaFin – wie in der Praxis stets – nach Einreichung des Prospekts weitere Informationen oder Ergänzungen oder Richtigstellungen fordert, beginnt die Frist erneut zu laufen, was bei der zeitlichen Planung einer solchen Transaktion zu berücksichtigen ist. Eine frühzeitige zeitliche Abstimmung mit der BaFin ist daher ratsam.

---

[41] Habersack/Mülbert/Schlitt/*Herfs,* Unternehmensfinanzierung am Kapitalmarkt, § 6 Rn. 119.
[42] Habersack/Mülbert/Schlitt/*Herfs,* Unternehmensfinanzierung am Kapitalmarkt, § 6 Rn. 119.
[43] Siehe zu den erforderlichen Inhalten im Einzelnen § 11 IV.
[44] Siehe zu den Einzelheiten der Prospekthaftung § 12.

e) Veröffentlichung

Der Prospekt ist mindestens einen Werktag vor Beginn des öffentlichen Angebots zu veröffentlichen (§ 14 Abs. 1 S. 1 WpPG).

f) Nachtragspflicht

Stellt sich bis zum Ende des Angebots bzw. bis zur Notierungsaufnahme der neuen Aktien heraus, dass der Prospekt unrichtig oder unvollständig war oder tritt eine nennenswerte neue Entwicklung ein, ist ein Nachtrag zu erstellen, der von der BaFin innerhalb von sieben Werktagen zu billigen und im Anschluss vom Emittenten zu veröffentlichen ist, § 16 Abs. 1 WpPG. In diesem Fall steht den Anlegern, die bereits Bezugserklärungen abgegeben haben, ein zweitägiges Widerrufsrecht zu (§ 16 Abs. 3 WpPG).

g) Europäischer Pass

Ein von der BaFin gebilligter Prospekt kann aufgrund der europaweiten Harmonisierung der inhaltlichen Vorgaben für Prospekte auch in anderen EU-Staaten für Zwecke eines öffentlichen Angebots oder einer Börsenzulassung verwendet werden. Voraussetzung ist, dass die ausländische Behörde von der BaFin über die Billigung informiert wird (sog Notifizierung, § 18 Abs. 1 WpPG). Je nach den Bestimmungen der ausländischen Rechtsordnung kann eine Pflicht zur Übersetzung der Zusammenfassung bestehen. Ist die Nutzung des sogenannten Europäischen Passes beabsichtigt, ist dies bei der zeitlichen Planung zu berücksichtigen. In diesem Fall ist ein Antrag auf Notifizierung zu stellen, dem drei Werktage nach Antragstellung stattgegeben wird. Diese Frist lässt sich auf einen Werktag nach der Billigung verkürzen, wenn der Antrag auf Notifizierung zeitgleich mit dem Antrag auf Billigung gestellt wird.[45]

8. Zulassung

Für die Zulassung der neuen Aktien zum Handel ist die Geschäftsführung der Börse zuständig. Bei ihr ist ein (vom an die BaFin gerichteten Antrag auf Prospektbilligung zu unterscheidender) Antrag auf Zulassung und Notierungsaufnahme zu stellen. Eine feste Zulassungsfrist ist gesetzlich nicht vorgesehen, jedoch ist regelmäßig von einer Frist von ca. zehn Werktagen auszugehen. Sind die bestehenden Aktien des Emittenten am regulierten Markt zugelassen, ist bei der Antragstellung die Erfüllung der Voraussetzungen der BörsZulV ua durch Einreichung eines Handelsregisterauszugs, der Satzung, der Abschlüsse der letzten drei Jahre und der Nachweise über die ordnungsgemäße Veröffentlichung der Jahresabschlüsse der letzten drei Jahre zu dokumentieren. Der Verfahrensablauf entspricht dem beim Börsengang.[46]

---

[45] Siehe zum Europäischen Pass auch § 11 VI.
[46] Siehe zum Börsengang § 2 III. 4.

9. Sonderfall: Aktiendividende

a) Struktur

Die Struktur einer Bezugsrechtsemission kann auch gewählt werden, um eine Aktiendividenden-Transaktion umzusetzen. Bei einer Aktiendividende wird dem Aktionär das Wahlrecht eingeräumt, die Dividende entweder in bar ausgezahlt zu bekommen oder alternativ Aktien der Gesellschaft (ggf. zu einem Abschlag) zu beziehen. Konstruktiv handelt es sich dabei um eine Bezugsrechtsemission gegen Sacheinlagen (in Gestalt der Dividendenansprüche). Da vor Durchführung der Aktiendividende nicht klar ist, wie viele Aktionäre ihre Dividende in Form neuer Aktien beziehen wollen, ist die Kapitalerhöhung als sog „Bis zu"-Kapitalerhöhung zu strukturieren. Zudem muss das genehmigte Kapital die Möglichkeit einer Sacheinlage vorsehen, was regelmäßig der Fall ist. Um die Abwicklung der Aktiendividende zu erleichtern, werden der vom Emittenten eingeschalteten Investmentbank diejenigen Dividendenansprüche übertragen, die in neue Aktien „eingetauscht" werden sollen. Im Anschluss legt die Investmentbank alle ihr übertragenen Dividendenansprüche durch den Abschluss eines Einbringungsvertrags gebündelt im Zuge der Sachkapitalerhöhung in den Emittenten ein. Die Kapitalerhöhung wird (nur) in dem Umfang durchgeführt, wie sich Aktionäre zum Bezug von Aktien entschieden haben.

b) Dokumentation

Auch wenn es sich bei der Transaktion um eine Bezugsrechtsemission handelt, muss kein vollständiger Wertpapierprospekt erstellt werden (vgl. § 4 Abs. 1 Nr. 4, Abs. 2 Nr. 5 WpPG).[47] Der Emittent hat lediglich ein prospektersetzendes Dokument zu veröffentlichen, „das Informationen über die Anzahl und die Art der Aktien enthält und in dem die Gründe und Einzelheiten zu dem Angebot dargelegt werden". Außerdem müssen die in gesellschaftsrechtlicher Hinsicht erforderlichen Dokumente erstellt werden, die für eine Ausgabe von neuen Aktien aus genehmigtem Kapital erforderlich sind (insbesondere Ausnutzungsbeschlüsse des Vorstands und des Aufsichtsrats des Emittenten, Gutachten über die Werthaltigkeit der Dividendenansprüche, Einbringungsvertrag). Zur angemessenen Verteilung der Risiken zwischen dem Emittenten und der Investmentbank und um Klarheit über die jeweiligen Rechte und Pflichten zu gewinnen, wird zwischen dem Emittenten und der Investmentbank eine Vereinbarung über die Abwicklung der Aktiendividende getroffen.

c) Festlegung des Ausgabepreises für die neuen Aktien

Da sämtliche Aktionäre ein Bezugsrecht auf die neuen Aktien haben, ist es grundsätzlich zulässig, den Aktionären die neuen Aktien zu einem Abschlag auf den Börsenkurs anzubieten. Da die Transaktion als Bezugsrechtsemission strukturiert ist, ist der Emittent bei der Bemessung der Höhe des Abschlags nicht an die starren Vorgaben einer so genannten 10%-Kapitalerhöhung nach § 186 Abs. 3 Satz 4 AktG gebunden. Der Abschlag könnte sich daher auch auf mehr als 5% belaufen. Indessen werden die Organe des Emittenten den Verwässerungseffekt für die die Bardividende erhaltenden Aktionäre berücksichtigen müssen.

---

[47] Damit kann der Emittent auch vor Ablauf eines Jahres noch eine 10%-Kapitalerhöhung durchführen. Aktiendividende geschlossen.

II. Bezugsrechtsfreie Kapitalerhöhungen

1. Einleitung

Statt mit Bezugsrecht kann eine Kapitalerhöhung auch unter Ausschluss des Bezugsrechts der Altaktionäre durchgeführt werden (§ 186 Abs. 3 S. 1 AktG). Ein solcher Ausschluss des Bezugsrechts ist nach ständiger Rechtsprechung des BGH auch ohne spezielle gesetzliche Anordnung jedoch lediglich dann rechtmäßig, wenn er sachlich gerechtfertigt ist.[48] Da die Darlegung der sachlichen Rechtfertigung den Emittenten wegen der immer noch fehlenden Konturierung des ungeschriebenen Tatbestandsmerkmals in der Praxis große Schwierigkeiten bereitet und bei Direktbeschlüssen der Hauptversammlung mithin ein nicht unerhebliches Anfechtungsrisiko besteht, haben großvolumige Kapitalerhöhungen gegen Bareinlagen unter Ausschluss des Bezugsrechts in der Praxis keine große Bedeutung.[49] Anders ist die Situation bei kleinvolumigen Kapitalerhöhungen bis zu 10 % des Grundkapitals, da solche aufgrund der Privilegierung des § 186 Abs. 3 S. 4 AktG unter Ausschluss des Bezugsrechts der Altaktionäre durchgeführt werden können. Die große praktische Bedeutung[50] dieser Vorschrift beruht darauf, dass bei Erfüllung ihrer tatbestandlichen Voraussetzungen nach zutreffender herrschender Meinung das Vorliegen einer sachlichen Rechtfertigung unwiderleglich vermutet wird und deshalb das Transaktionsrisiko gering ist (*safe harbour*).[51]

2. Voraussetzungen des § 186 Abs. 3 S. 4 AktG

Die unwiderlegliche Vermutung greift nach § 186 Abs. 3 S. 4 AktG ein, „wenn die Kapitalerhöhung gegen Bareinlagen zehn vom Hundert des Grundkapitals nicht übersteigt und der Ausgabebetrag den Börsenpreis nicht wesentlich unterschreitet". Aus dem Wortlaut der Vorschrift („gegen Bareinlagen") ergibt sich zunächst, dass die Privilegierung nur dann fruchtbar gemacht werden kann, wenn die Kapitalerhöhung gegen Bareinlagen erfolgt. Auf Sachkapitalerhöhungen ist sie dagegen nicht anwendbar.[52] Ob es sich um eine ordentliche Kapitalerhöhung oder eine Kapitalerhöhung aus genehmigtem Kapital – was dem Regelfall entspricht – handelt, spielt hingegen keine Rolle, da § 186 Abs. 3 S. 4 AktG auch im Rahmen eines genehmigten Kapitals anwendbar ist.[53]

Außerdem können sich lediglich Emittenten, deren Aktien an einer Börse gehandelt werden, auf diese Vorschrift berufen, weil für nicht börsennotierte Emittenten keine

---

[48] BGHZ 71, 40 (46) (Kali + Salz), BGHZ 83, 319 (321) (Holzmann), BGHZ 125, 239 (241) (Deutsche Bank).
[49] *Schlitt/Schäfer*, AG 2005, 67.
[50] Siehe zur praktischen Bedeutung *Ihrig*, in: Liber amicorum Wilhelm Happ, 2006, 109 (110).
[51] *Ihrig*, in: Liber amicorum Wilhelm Happ, 2006, 109 ff., 114 f.; *Ihrig/Wagner*, NZG 2002, 657 (659); *Marsch-Barner*, AG 1994, 532 (532 f.); zustimmend auch *Goette*, ZGR 2012, 505 (516 f.), der jedoch für den Fall, dass sich der Bezugsrechtsausschluss nur für einen Teil der bisherigen Aktionäre auswirkt, das Vorliegen einer sachlichen Rechtfertigung verlangt, um dem Grundsatz der Gleichbehandlung der Aktionäre (vgl. § 53a AktG) gerecht zu werden; aA Köln-Komm-AktG/*Lutter*, 2. Aufl. 1994, Nachtrag zu § 186 Rn. 4.
[52] *Hüffer*, AktG, § 186 Rn. 39c; *Ihrig*, in: Liber amicorum Wilhelm Happ, 2006, 109 ff., 111; *Marsch-Barner*, AG 1994, 532 (534).
[53] Vgl. statt aller *Hüffer*, AktG, § 203 Rn. 10a; *Schlitt/Schäfer*, AG 2005, 67 (67); *Ihrig/Wagner*, NZG 2002, 657 (659); MünchHdb-GesR/*Krieger*, Bd. 4, § 58 Rn. 19.

Bemessungsgrundlage für den Vergleich zwischen Ausgabebetrag und Börsenpreis ermittelt werden kann.[54] Erforderlich ist folglich ein bestehender Handel von Aktien derselben Gattung, wie sie im Rahmen der Kapitalerhöhung emittiert werden sollen,[55] am regulierten Markt. Ausreichend ist nach richtiger Ansicht auch eine Notierung im Freiverkehr (zB Entry Standard), da es sich nach der gesetzlichen Legaldefinition des § 24 Abs. 1 S. 2 BörsG bei Kursen, die im Freiverkehr ermittelt werden, ebenfalls um Börsenpreise handelt.[56] Aus der Wertung des § 6 WpÜG-Angebotsverordnung folgt, dass eine ausschließliche Zulassung der Aktien des Emittenten zu einem ausländischen geregelten Markt in einem anderen Staat des Europäischen Wirtschaftsraums der Anwendung des § 186 Abs. 3 S. 4 AktG jedenfalls dann nicht entgegensteht, wenn es sich bei dem ausländischen geregelten Markt um einen geregelten Markt im Sinne des Artikels 4 Abs. 1 Nr. 14 der Richtlinie 2004/39/EG des Europäischen Parlaments und des Rates vom 21. April 2004 handelt.[57]

Auf die Privilegierung des § 186 Abs. 3 S. 4 AktG kann sich der Emittent nur dann berufen, wenn die Kapitalerhöhung maximal ein Volumen von 10 % des Grundkapitals erreicht, wobei für die Berechnung des maximalen Erhöhungsbetrags auf die Grundkapitalziffer in der Satzung – sollten Bezugsaktien ausgegeben worden sein, die insoweit erhöhte Grundkapitalziffer (§ 200 AktG) – des Emittenten maßgebend ist.[58] Fraglich ist, auf welchen Zeitpunkt bei der Berechnung der 10 %-Grenze abzustellen ist. Erfolgt die Kapitalerhöhung gemäß §§ 182 ff. AktG, ist der Zeitpunkt des Kapitalerhöhungsbeschlusses entscheidend.[59] Schwierigkeiten bereitet die Bestimmung des maßgeblichen Zeitpunkts, wenn die Kapitalerhöhung – wie im Regelfall[60] – durch die Ausnutzung eines genehmigten Kapitals vorgenommen wird. Hier kommen zwei Zeitpunkte in Betracht, nämlich der Tag der Eintragung des genehmigten Kapitals in das Handelsregister oder der Zeitpunkt der Ausnutzung des genehmigten Kapitals durch den Vorstand des Emittenten. Der Zeitpunkt der Beschlussfassung der Hauptversammlung über das genehmigte Kapital kommt demgegenüber nicht als maßgeblicher Zeitpunkt in Betracht, da gemäß § 203 Abs. 1 S. 2 AktG an die Stelle des Beschlusses über die Erhöhung des Grundkapitals die Ermächtigung tritt. Die Ermächtigung wird jedoch als Satzungsänderung erst gemäß § 181 Abs. 3 AktG mit dem Zeitpunkt ihrer Eintragung im Handelsregister wirksam. Nach einer verbreiteten Ansicht[61] – an der sich die Praxis orientiert[62] – muss die 10 %-Grenze sowohl im Zeitpunkt der Eintragung des genehmigten Kapitals in das Handelsregister als auch im Zeitpunkt der Ausnutzung des genehmigten Kapitals gewahrt sein. Dies hat zur Folge, dass die Grundkapitalziffer im Zeitpunkt der Eintragung des genehmigten Kapitals in das Handelsregister die Obergrenze für das Volumen der Kapitalerhöhung bezeichnet. Daher sind nach dieser Ansicht Verringerungen der Grundkapitalziffer bis zur Ausnutzung des genehmigten Kapitals zu berücksichtigen, nicht aber Erhö-

---

[54] *Ihrig*, in: Liber amicorum Wilhelm Happ, 2006, 109 (109); *Schlitt/Schäfer*, AG 2005, 67 (68); *Marsch-Barner*, AG 1994, 532 (533).
[55] *Hüffer*, AktG, § 186 Rn. 39c; *Ihrig*, in: Liber amicorum Wilhelm Happ, 2006, 109 (117).
[56] *Schlitt/Schäfer*, AG 2005, 67 (68) mwN.
[57] Habersack/Mülbert/*Schlitt*/*Krause*, Unternehmensfinanzierung am Kapitalmarkt, § 7 Rn. 33; ihm folgend *Ihrig*, in: Liber amicorum Wilhelm Happ, 2006, 109 (117); *Schlitt/Schäfer*, AG 2005, 67 (68); *Hüffer*, AktG, § 186 Rn. 39c.
[58] *Hüffer*, AktG, § 186 Rn. 39c.
[59] *Hüffer*, AktG, § 186 Rn. 39c; *Ihrig/Wagner*, NZG 2002, 657 (660).
[60] *Ihrig*, in: Liber amicorum Wilhelm Happ, 2006, 109 ff. (110).
[61] *Hüffer*, AktG, § 203 Rn. 10 a.; Habersack/Mülbert/*Schlitt*/*Krause*, Unternehmensfinanzierung am Kapitalmarkt, § 5 Rn. 53; *Ihrig/Wagner*, NZG 2002, 657 (660).
[62] Habersack/Mülbert/*Schlitt*/*Krause*, Unternehmensfinanzierung am Kapitalmarkt, § 7 Rn. 56; *Schlitt/Schäfer*, AG 2005, 67 (69).

hungen derselben. Begründet wird dies damit, dass dadurch ein Gleichlauf mit der Berechnung der 50 %-Grenze nach § 202 Abs. 3 S. 1 AktG eintrete. Ferner spreche für diese Ansicht, dass der Vorstand bei der Ausnutzung des genehmigten Kapitals ebenfalls prüfen müsse, ob in diesem Zeitpunkt die Voraussetzungen des § 186 Abs. 3 S. 4 AktG erfüllt seien. Entgegen der soeben geschilderten Ansicht muss ein alleiniges Abstellen auf den Zeitpunkt der Ausnutzung des genehmigten Kapitals jedenfalls dann möglich sein, wenn dies in dem Ermächtigungsbeschluss der Hauptversammlung ausdrücklich vorgesehen ist.[63] Schutzwürdige Interessen der Altaktionäre sind in einem solchen Fall nicht ersichtlich.

Schließlich kann auf die Vorschrift des § 186 Abs. 3 S. 4 AktG nur dann zurückgegriffen werden, wenn der Ausgabebetrag der jungen Aktien den Börsenpreis nicht wesentlich unterschreitet.[64]

3. Mehrfaches Ausnutzen, Stufenermächtigung und Anrechnung

Bei der Anwendung des § 186 Abs. 3 S. 4 AktG ist fraglich, ob eine Kapitalerhöhung gemäß § 186 Abs. 3 S. 4 AktG auch mehrfach[65] innerhalb eines Jahres beschlossen werden kann. Während einige Stimmen in der Literatur eine solche Möglichkeit verneinen,[66] wird sie von anderen bejaht, solange die Ausnutzung nicht rechtsmissbräuchlich ist.[67] Der zuletzt genannten Ansicht ist zu folgen,[68] da dem Gesetzeswortlaut eine Beschränkung auf eine einmalige Vornahme pro Jahr nicht zu entnehmen ist.[69] Jedenfalls kann eine weitere 10 %-Kapitalerhöhung vor Ablauf eines Jahres durchgeführt werden, wenn die Hauptversammlung zuvor die Ermächtigung erneuert hat.

Nach einer verbreiteten Auffassung in der Literatur[70] kann die Hauptversammlung ein genehmigtes Kapital in Höhe von bis zu 50 % des Grundkapitals schaffen und den Vorstand ermächtigen, mehrfach das Bezugsrecht der Altaktionäre nach § 186 Abs. 3 S. 4 AktG auszuschließen, also das Kapital in mehreren Tranchen ohne Bezugsrecht um jeweils bis zu 10 % zu erhöhen (sog „Stufenermächtigung"). Diese Auffassung wird von der instanzgerichtlichen Rechtsprechung[71] und von Stimmen in der Literatur[72] nicht geteilt. Vielmehr sei die 10 %-Grenze auf die Ermächtigung selbst zu beziehen, so dass eine Ermächtigung zum Ausschluss des Bezugsrechts nach § 186 Abs. 3 S. 4 AktG von vornherein nur für maximal 10 % des Grundkapitals

---

[63] So auch *Schlitt/Schäfer*, AG 2005, 67 (69).
[64] Siehe dazu im Einzelnen § 3 II. 5.
[65] Einigkeit besteht insoweit als jedenfalls einmal pro Jahr das Bezugsrecht der Aktionäre unter Berufung auf § 186 Abs. 3 S. 4 AktG in Höhe von 10 % ausgeschlossen werden kann (vgl. dazu GroßKomm-AktG/*Hirte*, § 203 Rn. 116; *Trapp*, AG 1997, 115 (117); *Groß*, DB 1994, 2431 (2439).
[66] GroßKomm-AktG/*Hirte*, § 203 Rn. 116 mwN.
[67] *Schlitt/Schäfer*, AG 2005, 67 (69); *Trapp*, AG 1997, 115 (117); *Schwark*, in: Festschrift Claussen, 1997, 357 (376); *Groß*, DB 1994, 2431 (2439).
[68] In der Praxis hat diese Frage jedoch lediglich geringe Bedeutung, da gemäß § 4 Abs. 2 Nr. 1 WpPG innerhalb von zwölf Monaten maximal eine Anzahl von Aktien prospektfrei zum Handel an einer Börse zugelassen werden darf, die 9,99 % der bereits zugelassenen Aktien entspricht.
[69] *Trapp*, AG 1997, 115 (117); *Groß*, DB 1994, 2431 (2439).
[70] *Schlitt/Schäfer*, AG 2005, 67 (69); GroßKomm-AktG/*Hirte*, § 203 Rn. 115; MünchHdB-GesR/*Krieger*, Bd. 4, § 58 Rn. 20.
[71] OLG München, AG 1996, 518 (518); Vorinstanz LG München I, AG 1996, 138 (139 f.).
[72] *Hüffer*, AktG, § 186 Rn. 39c; MünchKomm-AktG/*Bayer*, § 203 Rn. 167 f.; *Ihrig/Wagner*, NZG 2002, 657 (661).

erteilt werden könne. Diese Auffassung vermag nicht zu überzeugen, da § 186 Abs. 3 S. 4 AktG nach seinem Wortlaut („die Kapitalerhöhung") lediglich Bezug auf die konkrete Kapitalerhöhung nimmt, die im Falle eines genehmigten Kapitals durch die Ausnutzungsentscheidung von Vorstand und Aufsichtsrat effektiviert wird, und nicht die Ermächtigungskompetenz der Hauptversammlung beschränken soll.

Im Anwendungsbereich des § 186 Abs. 3 S. 4 AktG ist weiterhin umstritten, in welchem Umfang ein genehmigtes Kapital mit vereinfachtem Bezugsrechtsausschluss neben einer Ermächtigung zur Veräußerung eigener Aktien oder zur Ausgabe von Wandelschuldverschreibungen unter vereinfachtem Bezugsrechtsausschluss verwendet werden darf. Diese Frage stellt sich, da sowohl bei der Ermächtigung zur Veräußerung eigener Aktien (§ 71 Abs. 1 Nr. 8 S. 5 Hs. 2 AktG) als auch – zumindest nach der ganz herrschenden Meinung[73] – bei der Ermächtigung zur Ausgabe von Wandelschuldverschreibungen die Vorschrift des § 186 Abs. 3 S. 4 AktG entsprechend anwendbar ist. Einigkeit besteht insoweit, als ein Nebeneinander dieser Ermächtigungen, die jeweils auf bis zu 10% des Grundkapitals lauten können, jedenfalls dann zulässig ist, wenn durch wechselseitige Anrechnungsklauseln in den jeweiligen Ermächtigungen sichergestellt ist, dass während der Laufzeit sämtlicher Ermächtigungen die 10%-Grenze insgesamt nicht überschritten wird.[74] Da der Gesetzeswortlaut eine solche Anrechung nicht vorsieht, erscheint es vorzugswürdig, ein Nebeneinander dieser Ermächtigungen auch ohne eine solche als zulässig anzusehen, zumal einem möglichen Missbrauch durch eine Missbrauchskontrolle im Einzelfall Einhalt gewährt werden kann.[75]

4. Gremienbeschlüsse

Zur Umsetzung einer bezugsrechtsfreien Kapitalerhöhung sind von den Organen des Emittenten (Hauptversammlung, Vorstand und Aufsichtsrat) Beschlüsse zu fassen.

a) Hauptversammlung

Erforderlich ist zunächst ein Beschluss der Hauptversammlung über die Schaffung eines genehmigten Kapitals; der auch mögliche Direktbeschluss über eine ordentliche Kapitalerhöhung mit erleichtertem Bezugsrechtsausschluss hat in der Praxis keine große Bedeutung.[76]

b) Vorstand

Des Weiteren beschließt der Vorstand des Emittenten idR in einem ersten Beschluss die Barkapitalerhöhung, bei der meistens lediglich der Maximalbetrag („Bis zu" -Kapitalerhöhung) festgelegt wird. In diesem Beschluss lässt der Vorstand die Konsortialbanken zur Zeichnung der neuen Aktien zum Nennbetrag bzw. bei Stückaktien zum rechnerischen Nennbetrag zu, beschließt die Unterzeichnung des Übernahmevertrags[77] und bestimmt die weiteren Einzelheiten der Platzierung, insbesondere die

---

[73] So insbesondere *BGH*, AG 2007, 863 ff.; siehe zum Streitstand MünchKomm-AktG/*Habersack*, § 221 Rn. 190.
[74] *Schlitt/Schäfer*, AG 2005, 67 (69 f.); *Ihrig/Wagner*, NZG 2002, 657 (662); *Reichert/Harbarth*, ZIP 2001, 1441 (1443 f.).
[75] Habersack/Mülbert/Schlitt/*Krause*, Unternehmensfinanzierung am Kapitalmarkt, § 7 Rn. 31 und 57/58; *Schlitt/Schäfer*, AG 2005, 67 (70); aA *Ihrig/Wagner*, NZG 2002, 657 (662).
[76] *Ihrig*, in: Liber amicorum Wilhelm Happ, 2006, 109 (110); *Schlitt/Schäfer*, AG 2005, 67 (67).
[77] Zum Übernahmevertrag vgl. § 8 V. 1.

Grundlagen für die Festsetzung des Platzierungspreises.[78] In einem zweiten Beschluss, der nach Abschluss des sogenannten Bookbuilding-Verfahrens gefasst wird, legt der Vorstand die genaue Anzahl der zu emittierenden Aktien und den endgültigen Bezugspreis fest.[79]

c) Aufsichtsrat

Der Aufsichtsrat muss im Rahmen einer bezugsrechtsfreien Kapitalerhöhung im Grundsatz[80] ebenfalls zwei Beschlüsse fassen. Zum einen muss er die Zustimmung zu dem Beschluss des Vorstands erteilen, mit dem der Vorstand über die Barkapitalerhöhung entschieden und die Konsortialbanken zur Zeichnung der neuen Aktien zugelassen hat. Außerdem muss er einen Beschluss bezüglich der Zustimmung zur Festlegung des Umfangs der Kapitalerhöhung und des endgültigen Bezugspreises fassen. In diesem Beschluss passt er üblicherweise des Weiteren die Satzung an das durch die Kapitalerhöhung erhöhte Grundkapital an, wenn die Hauptversammlung den Aufsichtsrat gemäß § 179 Abs. 1 S. 2 AktG zur Durchführung von Fassungsänderungen ermächtigt hat.

5. Ausgabebetrag der neuen Aktien

a) Ausgabebetrag

§ 186 Abs. 3 S. 4 AktG bestimmt, dass der vereinfachte Bezugsrechtsausschluss nur dann möglich ist, wenn der Ausgabebetrag den Börsenpreis nicht wesentlich unterschreitet. Der Begriff Ausgabebetrag ist so zu verstehen wie in § 186 Abs. 5 S. 2 AktG, meint also das „für die Aktien zu leistende Entgelt".[81]

b) Kein wesentliches Unterschreiten

§ 186 Abs. 3 S. 4 AktG enthält selbst keine Anhaltspunkte dafür, ab welchen Abschlägen von einem wesentlichen Unterschreiten des Börsenkurses gesprochen werden kann. Die herrschende Meinung im Schrifttum geht in Anlehnung an die Gesetzesbegründung davon aus, dass von einem wesentlichen Abweichen noch nicht gesprochen werden kann, wenn ein Abschlag von maximal 5 % auf den Börsenkurs vereinbart wird, jedoch sollte der Abschlag in der Regel bei 3 % liegen.[82] Diese Grenzwerte sind nicht als starre Grenzen, sondern als Faustregel zu verstehen.[83] Dies bedeutet, dass im Einzelfall sowohl größere Abschläge vorgenommen werden dürfen[84], etwa wenn die neuen Aktien mit einer anderen Dividendenberechtigung ausgestattet sind als die Altaktien,[85] als auch, dass in bestimmten Situationen, etwa im

---

[78] *Schlitt/Schäfer*, AG 2005, 67 (73).
[79] *Schlitt/Schäfer*, AG 2005, 67 (73).
[80] Siehe zu den Konstellationen, in denen ein zweiter Aufsichtsratsbeschluss ggf. entbehrlich ist *Schlitt/Schäfer*, AG 2005, 67 (73 f.).
[81] *Groß*, DB 1994, 2431 (2433); so auch Habersack/Mülbert/Schlitt/*Krause*, Unternehmensfinanzierung am Kapitalmarkt, § 7 Rn. 32.
[82] *Hüffer*, AktG, § 186 Rn. 39d; MünchHdb-GesR/*Krieger*, Bd. 4, § 56 Rn. 77; so auch der Bericht des Rechtsausschusses, BT-Drs. 12/7848, 9; strenger KölnKomm-AktG/*Lutter*, Nachtrag zu § 186 Rn. 15, der 3 % als maximalen Abschlag ansieht.
[83] *Hüffer*, AktG, § 186 Rn. 39d.
[84] *Schiessl*, AG 2009, 385 (388).
[85] Habersack/Mülbert/Schlitt/*Krause*, Unternehmensfinanzierung am Kapitalmarkt, § 5 Rn. 32; *Seibt*, CFL 2011, 74 (80).

Falle einer sehr großen Nachfrage nach den neuen Aktien, der Spielraum nicht komplett ausgenutzt werden darf.[86]

c) Relevante Börse und relevanter Kurs

Der Regelung des § 186 Abs. 3 S. 4 AktG lässt sich nicht entnehmen, auf welche Börse abzustellen ist. Die Frage nach der relevanten Börse kann Bedeutung erlangen, wenn die bestehenden Aktien des Emittenten an mehreren Börsen notiert sind. Die in einem solchen Fall denkbare Variante, auf den Durchschnittskurs aller Börsenplätze abzustellen,[87] an denen die Aktien des Emittenten notiert sind, ist wenig praktikabel.[88] Vielmehr ist in einem solchen Fall auf den Börsenplatz abzustellen, der die meisten Umsätze in Aktien des Emittenten aufweist, da es sich bei dem an diesem Börsenplatz ermittelten, liquidesten Kurs am ehesten um einen marktgerechten Kurs handelt.[89] Gleichfalls lässt das Gesetz offen, welcher Kurs (zB Eröffnungs- oder Schlusskurs) heranzuziehen ist. Insoweit spricht vieles dafür, auf den Schlusskurs oder alternativ auf einen gewichteten Durchschnittskurs des Börsentages abzustellen.[90]

d) Erfordernis einer Referenzperiode

§ 186 Abs. 3 S. 4 AktG enthält auch keinen Anhaltspunkt dafür, ob zur Bemessung des Börsenpreises auf den Kurs eines einzigen Börsentages oder vielmehr auf einen Durchschnittspreis, der aus den Kursen einer Referenzperiode ermittelt wird, abzustellen ist. Rechtsprechung hierzu ist nicht ersichtlich. In der Literatur ist diese Frage umstritten. Während einige Stimmen in der Literatur auf eine Referenzperiode abstellen möchten,[91] deren Dauer mit „nicht zu lange",[92] „in der Regel fünf Börsentage"[93] und „drei Börsentage"[94] bemessen wird, sind andere Autoren der Ansicht, dass maßgeblich alleine der Kurs eines einzigen Börsentages sei.[95] Die wohl herrschende Meinung in der Literatur gewährt dem Emittenten demgegenüber ein Wahlrecht, entweder auf den Kurs eines einzigen Börsentages oder auf eine Referenzperiode abzustellen.[96] Für ein Abstellen auf eine Referenzperiode spricht zwar, dass durch dieses Verfahren eine stärkere Objektivierung des Börsenpreises erreicht werden kann[97] und gezielte Manipulationen des Preises wegen des längeren Ermittlungszeitraums zumindest erschwert werden.[98] Jedoch birgt dieses Verfahren die Gefahr, dass bei während der Referenzperiode fallenden Kursen der Emissionspreis den bei

---

[86] *Seibt*, CFL 2011, 74 (80); *Schlitt/Schäfer*, AG 2005, 67 (70).
[87] So wohl *Hüffer*, AktG, § 186 Rn. 39d; *Groß*, ZHR 162 (1998), 318 (338).
[88] *Schlitt/Schäfer*, AG 2005, 67 (70 f.).
[89] *Ihrig*, in: Liber amicorum Wilhelm Happ, 2006, 109 (121); *Seibt*, CFL 2011, 74 (80); *Schlitt/Schäfer*, AG 2005, 67 (71); *Marsch-Barner*, AG 1994, 532 (536).
[90] *Seibt*, CFL 2011, 74 (80); *Schlitt/Schäfer*, AG 2005, 67 (71).
[91] *Hüffer*, AktG, § 186 Rn. 39d; Habersack/Mülbert/Schlitt/*Krause*, Unternehmensfinanzierung am Kapitalmarkt, § 7 Rn. 32; MünchKomm-AktG/*Pfeifer*, § 186 Rn. 87; GroßKomm-AktG/*Wiedemann*, § 186 Rn. 153.
[92] GroßKomm-AktG/*Wiedemann*, § 186 Rn. 153.
[93] *Hüffer*, AktG, § 186 Rn. 39d; Habersack/Mülbert/Schlitt/*Krause*, Unternehmensfinanzierung am Kapitalmarkt, § 7 Rn. 32, *Schiessl*, AG 2009, 385 (388).
[94] MünchKomm-AktG/*Pfeifer*, § 186 Rn. 87.
[95] *Seibt*, CFL 2011, 74 (80); *Trapp*, AG 1997, 115 (120); wohl auch *Marsch-Barner*, AG 1994, 532 (537).
[96] Heidel/*Rebmann*, AktG, § 186 Rn. 62; MünchHdb-GesR/*Krieger*, Bd. 4, § 56 Rn. 77; *Aubel*, Der vereinfachte Bezugsrechtsausschluß, 1998, 75 f.
[97] *Groß*, ZHR 162 (1998), 318, 337; *Aubel*, Der vereinfachte Bezugsrechtsausschluß, 1998, 74.
[98] *Aubel*, Der vereinfachte Bezugsrechtsausschluß, 1998, 74.

Preisfestsetzung aktuellen Börsenpreis überschreitet, was zum wirtschaftlichen Scheitern der Emission führen würde, denn kein potenzieller Interessent würde sich an der Emission beteiligen, wenn er gattungsgleiche Aktien des Emittenten über die Börse billiger erwerben könnte.[99] Dies erhellt, warum die Meinung, die ein Abstellen auf eine Referenzperiode zwingend vorschreibt, nicht überzeugt.[100] Vielmehr ist dem Emittenten mit der wohl herrschenden Meinung ein Wahlrecht einzuräumen, das ihm ermöglicht, entweder auf eine Referenzperiode oder den Kurs (Schlusskurs oder gewichteter Durchschnittskurs) eines einzigen Börsentages abzustellen. Dabei wird ein Abstellen auf den Kurs eines einzigen Börsentages insbesondere dann in Betracht kommen, wenn sich die Aktien des Emittenten in der Vergangenheit als nicht ungewöhnlich volatil erwiesen haben.[101] Wird auf nur einen Börsentag abgestellt, ist mit der wohl herrschenden Auffassung in der Literatur als maßgeblicher Börsentag derjenige Tag anzusehen, an dem der Ausgabebetrag festgelegt wird.[102] Wenn – wie häufig – der Ausgabebetrag während des laufenden Börsenhandels festgelegt wird, ist es auch zulässig, auf den Kurs im Zeitpunkt der Festlegung des Ausgabebetrags oder den gewichteten Durchschnittskurs dieses Börsenhandelstages bis zur Festlegung des Ausgabebetrags abzustellen[103].

6. Zulassung

Im Anschluss an die Platzierung werden die neuen Aktien in den allermeisten Fällen zum Handel an einer oder mehreren Börsen zugelassen.[104] Sind die Aktien der Gesellschaft zum Handel im regulierten Markt zugelassen, ist der Emittent nach § 40 Abs. 1 BörsG zur Zulassung der neuen Aktien verpflichtet. Die Zulassung der neuen Aktien, die durch eine Kapitalerhöhung mit vereinfachtem Bezugsrechtsausschluss geschaffen wurden, erfordert in aller Regel – entgegen dem gesetzlichen Regelfall des § 3 Abs. 4 WpPG – nicht die Veröffentlichung eines Prospekts. Dabei kann sich der Emittent auf § 4 Abs. 2 Nr. 1 WpPG berufen, der den Emittenten von der Pflicht zur Veröffentlichung eines Prospekts befreit, wenn er die Zulassung von Aktien begehrt, die über einen Zeitraum von zwölf Monaten weniger als 10 % der Zahl der Aktien derselben, bereits zum Handel zugelassenen Gattung ausmachen. Dabei ist zu berücksichtigen, dass die Regelung des § 4 Abs. 2 Nr. 1 WpPG im Gegensatz zu § 186 Abs. 3 S. 4 AktG nicht von *10 % des gesamten Grundkapitals*, sondern von *weniger als 10 %* der Anzahl der bereits zugelassenen Aktien gleicher Gattung spricht. Dies bedeutet, dass Kapitalerhöhungen, die die 10 %-Grenze vollständig ausschöpfen, nicht vollständig prospektfrei zugelassen werden können. Gleiches gilt auch in dem Fall, in dem ein Emittent Aktien verschiedener Gattung, also Stamm- und Vorzugsaktien, ausgegeben und nur Aktien einer Gattung zum Handel an einer Börse zugelassen hat.[105]

---

[99] So insbesondere *Trapp*, AG 1997, 115 (118) und (120); so auch *Ihrig*, in: Liber amicorum Wilhelm Happ, 2006, 109 (121); *Schlitt/Schäfer*, AG 2005, 67 (71); *Groß*, ZHR 162 (1998), 318, 337 f.
[100] So auch *Ihrig*, in: Liber amicorum Wilhelm Happ, 2006, 109 (121).
[101] *Heidel/Rebmann*, AktG, § 186 Rn. 62.
[102] *Habersack/Mülbert/Schlitt/Krause*, Unternehmensfinanzierung am Kapitalmarkt, § 7 Rn. 32; *Schlitt/Schäfer*, AG 2005, 67 (71); MünchHdb-GesR/*Krieger*, Bd. 4, § 56 Rn. 77; *Marsch-Barner*, AG 1994, 532 (537).
[103] Seibt, CFL 2011, 74 (80).
[104] *Schlitt/Schäfer*, AG 2005, 67 (72).
[105] *Schlitt/Schäfer*, AG 2005, 67 (73) mit Fn. 87.

7. Haftung

Die Frage einer möglichen spezialgesetzlichen Prospekthaftung gemäß §§ 21 ff. WpPG wird bei einer bezugsrechtsfreien Kapitalerhöhung gemäß § 186 Abs. 3 S. 4 AktG in den allermeisten Fällen nicht virulent, da im Regelfall kein öffentliches Angebot erfolgt und sich der Emittent im Hinblick auf die Zulassung der neuen Aktien auf die Ausnahme des § 4 Abs. 2 Nr. 1 WpPG beruft und mithin keinen Prospekt erstellt. In der Praxis werden bei einer solchen Kapitalerhöhung idR auch keine Informationsbroschüren über den Emittenten und die neuen Aktien verteilt. Andernfalls bestünde das Risiko, dass der Emittent und die Emissionsbank nach den Regeln der allgemeinen bürgerlich-rechtlichen Prospekthaftung, die insbesondere wegen der Haftung auch für einfache Fahrlässigkeit sogar strenger ist als die spezialgesetzliche Prospekthaftung, wegen unrichtiger oder unvollständiger Informationen in dieser Broschüre in Anspruch genommen werden könnten. Da folglich bei einer bezugsrechtsfreien Kapitalerhöhung nach § 186 Abs. 3 S. 4 AktG in den allermeisten Fällen keine Prospekthaftungsansprüche der Investoren zu besorgen sind, führen die Konsortialbanken bei solchen Transaktionen nur eine im Vergleich zu „voll dokumentierten" Transaktionen eingeschränkte Due-Diligence-Prüfung des Emittenten durch. Unternimmt das Management des Emittenten eine Roadshow oder Investorengespräche zur Vermarktung der neuen Aktien, ist allerdings die auch ohne einen Prospekt mögliche Haftung nach den Grundsätzen des Verschuldens bei Vertragsschluss (c. i. c., § 311 Abs. 2 Nr. 2, Abs. 3 BGB) zu beachten.[106]

---

[106] *BGH*, ZIP 2008, 1526.

§ 4. Umplatzierung von Aktien

Literatur: *Assmann/Schlitt/von Kopp-Colomb*, Wertpapierprospektgesetz, Kommentar, 2. Auflage (2010); *Arbeitskreis zum „Deutsche Telekom III-Urteil" des BGH*, CFL 2011, 377; *Arnold/Aubel*, ZGR 2012, 113; *Fleischer*, ZIP 2007, 1969; *Fleischer/Thaten*, ZIP 2011, 1081; *Groß*, Kapitalmarktrecht, 5. Auflage (2012); *Habersack/Mülbert/Schlitt/Wolf*, Unternehmensfinanzierung am Kapitalmarkt, 3. Auflage (2013), § 8; *Krämer/Gillessen/Kiefner*, CFL 2011, 328; *Marsch-Barner/Schäfer/Meyer*, Handbuch börsennotierte AG, 2. Auflage (2008), § 6 und § 7; *Marsch-Barner/Schäfer/Groß*, Handbuch börsennotierte AG, 2. Auflage (2008), § 8; *Nodoushani*, ZIP 2012, 97; *Podewils*, NZG 2011, 1531; *C. Schäfer*, ZIP 2010, 1877; *Schlitt*, CFL 2010, 304; *Schlitt/Schäfer*, AG 2004, 346; *Schwark/Zimmer*, Kapitalmarktrechts-Kommentar, 4. Auflage (2010); *Wackerbarth*, WM 2011, 183; *Wastl*, NZG 2000, 505; *Ziemons*, GWR 2011, 404.

I. Arten der Umplatzierung

Bereits bestehende, an einer Börse zugelassene Aktien einer Aktiengesellschaft können entweder im Wege einer öffentlichen Umplatzierung *(secondary public offering)* oder im Wege eines sogenannten Block Trades umplatziert werden.

1. Öffentliche Umplatzierung

Unter einer öffentlichen Umplatzierung versteht man den Verkauf eines Pakets börsennotierter Aktien durch Altaktionäre im Rahmen eines öffentlichen Angebots an eine Vielzahl von Privatanlegern und institutionellen Investoren unter Einschaltung einer die Transaktion strukturierenden Bank bzw. eines Bankenkonsortiums.[1] Eine öffentliche Umplatzierung erfordert eine umfangreiche Vorbereitung, da aufgrund der Durchführung eines öffentlichen Angebots nach § 3 Abs. 1 WpPG die Veröffentlichung eines Prospekts erforderlich ist. Außerdem werden im Rahmen einer öffentlichen Umplatzierung idR umfangreiche Marketingmaßnahmen *(fully marketed)* durchgeführt,[2] die im Wesentlichen denen entsprechen, die bei einem Börsengang vorgenommen werden.[3] So führt etwa der Vorstand der Aktiengesellschaft, deren Aktien veräußert werden sollen („Zielgesellschaft"), in der Regel eine Road Show durch, um das Interesse der Investoren an den zu veräußernden Aktien zu erhöhen.[4]

2. Block Trade

Im Rahmen eines Block Trades wird ebenfalls unter Einschaltung einer Bank bzw. eines Bankenkonsortiums ein Paket bereits börsennotierter Aktien durch Altaktionäre veräußert. Im Gegensatz zu einer öffentlichen Umplatzierung wird der Verkauf bei

---

[1] Ähnlich *Schlitt/Schäfer*, AG 2004, 346 (346).
[2] *Habersack/Mülbert/Schlitt/Wolf*, § 8 Rn. 3; *Schlitt/Schäfer*, AG 2004, 346 (346).
[3] Siehe hierzu § 2 III. 5.
[4] *Habersack/Mülbert/Schlitt/Wolf*, § 8 Rn. 3.

einem Block Trade aber im Wege einer Privatplatzierung an diverse institutionelle Investoren im Wege eines abgekürzten Bookbuilding-Verfahrens *(accelerated bookbuilding)* abgewickelt, so dass die Veröffentlichung eines Prospekts gemäß § 3 Abs. 2 Nr. 1 WpPG nicht erforderlich ist. Typischerweise wird die Veräußerung im Zuge eines Block Trades dann gewählt, wenn das Aktienpaket eine kleine bzw. mittlere Beteiligung zwischen 2 % und 10 % an der Zielgesellschaft darstellt. Soll dagegen ein größeres Aktienpaket veräußert werden, wird eher eine öffentliche Umplatzierung in Erwägung gezogen.[5]

3. Pakethandel

Zu unterscheiden sind die öffentliche Umplatzierung und der Block Trade vom sogenannten Pakethandel. Bei der Abgrenzung kommt es maßgeblich auf den Kreis der Erwerber an, da bei einer öffentlichen Umplatzierung und einem Block Trade die Aktien an eine Vielzahl von Investoren veräußert werden, während bei einem Pakethandel das gesamte Aktienpaket an einen oder einzelne Erwerber verkauft wird[6] und es sich mithin eher um eine M&A- als um eine Kapitalmarkttransaktion handelt.[7] Charakteristisch für den Pakethandel ist, dass der Kaufpreis, der vom Erwerber für das Aktienpaket zu zahlen ist, über der Summe der Einzelwerte der das Paket bildenden Aktien liegt und die erworbene Beteiligung in der Regel zumindest einen faktischen Einfluss auf die Zielgesellschaft vermittelt.[8] Der Erwerb eines Aktienpakets ist somit hauptsächlich für Investoren von Interesse, die mit ihrem Investment strategische Ziele bei der Zielgesellschaft verfolgen.[9]

II. Öffentliche Umplatzierung

1. Gründe

Eine öffentliche Umplatzierung wird von Altaktionären der Zielgesellschaft initiiert, wenn sie sich von ihren Beteiligungen an der Zielgesellschaft zumindest teilweise trennen möchten und ihnen aufgrund des erheblichen Volumens ein Verkauf der Aktien im Wege eines Block Trades nicht als der geeignete Weg erscheint (zB weil auch Privatanleger adressiert werden sollen). Eine solche Transaktion kann durchaus auch im Interesse der Zielgesellschaft liegen.[10] Durch eine öffentliche Umplatzierung erhöht sich nämlich die Streuung ihrer Aktien beim Publikum *(free float)*, was eine Reihe von Vorteilen mit sich bringen kann. So kann die Zielgesellschaft dadurch eine größere Eigenständigkeit gegenüber ihren bisherigen Großaktionären erlangen.[11] Des Weiteren kann sich durch die breitere Streuung der Aktien die Bekanntheit der Zielgesellschaft vergrößern und ihre öffentliche Wahrnehmung verbessern.[12] Außer-

---

[5] Vgl. zu alledem Habersack/Mülbert/Schlitt/*Wolf,* § 8 Rn. 6 ff.; *Schlitt/Schäfer,* AG 2004, 346 (346).
[6] Habersack/Mülbert/Schlitt/*Wolf,* § 8 Rn. 4; *Schlitt/Schäfer,* AG 2004, 346 (347).
[7] Habersack/Mülbert/Schlitt/*Wolf,* § 8 Rn. 4.
[8] Habersack/Mülbert/Schlitt/*Wolf,* § 8 Rn. 4; *Schlitt/Schäfer,* AG 2004, 346 (347); *Wastl,* NZG 2000, 505 (506).
[9] *Schlitt/Schäfer,* AG 2004, 346 (347).
[10] Marsch-Barner/Schäfer/*Meyer,* § 7 Rn. 20 f. und § 8 Rn. 151 ff.
[11] Marsch-Barner/Schäfer/*Meyer,* § 7 Rn. 20 und § 8 Rn. 151.
[12] Marsch-Barner/Schäfer/*Meyer,* § 7 Rn. 20 und § 8 Rn. 151.

dem erhöht sich bei einer breiteren Streuung der Aktien häufig die Anzahl der von Banken durchgeführten Finanzanalysen, wodurch die Zielgesellschaft für potenzielle Investoren attraktiver wird.

2. Prospekt

a) Prospekterfordernis und Prospektinhalt

Im Rahmen einer öffentlichen Umplatzierung ist aufgrund des öffentlichen Angebots der umzuplatzierenden Aktien der Zielgesellschaft gemäß § 3 Abs. 1 WpPG ein Prospekt zu veröffentlichen, sofern kein (gültiger) Prospekt nach dem WpPG mehr vorliegt. Der Inhalt dieses Prospekts richtet sich – wie im Fall des IPO und der Kapitalerhöhung mit Bezugsrecht[13] – nach § 7 WpPG iVm Art. 4 und Art. 6 Prospektverordnung iVm Anhang I und Anhang III Prospektverordnung. Er muss folglich ua Risikofaktoren, eine Darstellung der Vermögens-, Finanz- und Ertragslage der Zielgesellschaft, eine Erklärung zum Geschäftskapital und Angaben zu Geschäften mit nahe stehenden Personen enthalten, wobei innerhalb dieses Abschnitts die Verbindung zwischen der Zielgesellschaft und ihren Großaktionären darzulegen ist.

b) Verantwortungsübernahme

Für die inhaltliche Richtigkeit des Prospekts übernimmt in aller Regel die Zielgesellschaft gemäß § 5 Abs. 4 WpPG die Verantwortung. Die gesellschaftsrechtliche Zulässigkeit einer solchen Verantwortungsübernahme ist im Hinblick auf eine mögliche Qualifizierung als (verbotene) Einlagenrückgewähr gegenüber den veräußernden Altaktionären umstritten.[14] Der BGH hat im Mai 2011 in seiner Entscheidung „KfW/Deutsche Telekom" entschieden, dass die Verantwortungsübernahme für den Prospekt durch die Gesellschaft bei öffentlichen Sekundärplatzierungen, also beim öffentlichen Angebot existierender Aktien, die von Altaktionären verkauft werden, grundsätzlich nur zulässig sei, wenn die verkaufenden Aktionäre die Gesellschaft im Innenverhältnis von etwaigen Schäden freistellen. Anderenfalls liege eine sog verbotene Einlagenrückgewähr vor.[15] Obwohl oftmals das eigene Interesse[16] der Zielge-

---

[13] Siehe hierzu § 2 III. 1. b) und § 3 I. 7. b) und ausführlich § 11 IV.
[14] Für die Möglichkeit einer unzulässigen Einlagenrückgewähr BGH v. 31.5.2011 – II ZR 151/09 – „DT 3-Urteil", NJW 2011, 2719 = AG 2011, 548, ebenso die Ausgangsinstanz *LG Bonn*, Der Konzern 2007, 532 (534 ff.); ebenso *Bayer*, in: MünchKomm/AktG, § 57 Rn. 91; *Podewils*, NZG 2011, 1531; *Ziemons*, GWR 2011, 404; kritisch hinsichtlich der bilanziellen Betrachtungsweise des BGH *Fleischer/Thaten*, ZIP 2011, 1081 (1082 f.); kritisch bzgl. des Vorliegens einer verbotenen Einlagenrückgewähr aufgrund eines Eigeninteresses der Gesellschaft als Kompensat *Schlitt*, CFL 2010, 304; ebenso auch *Krämer/Gillessen/Kiefner*, CFL 2011, 328 (330); *Cahn/v. Spangenberg*, in: Spindler/Stilz, AktG, 2. Aufl. (2010), § 57 Rn. 40; Marsch-Barner/Schäfer-*Meyer*, § 7 Rn. 21; ähnlich *Arnold/Aubel*, ZGR 2012, 113 (131 f.); Schwark/Zimmer/*Schwark*, §§ 44, 45 BörsG Rn. 13; differenzierend *Carsten Schäfer*, ZIP 2010, 1877 (Eigeninteresse der Gesellschaft ablehnend; zur Konstellation einer gemischten Umplatzierung im Rahmen eines Börsengangs siehe auch *Arbeitskreis zum „Deutsche Telekom III-Urteil" des BGH*, CFL 2011, 377, insbesondere 379 (Ziff. 7: Pflicht zur Freistellung der Gesellschaft durch den abgebenden Aktionär bei reiner Umplatzierung); ebenso *Nodoushani*, ZIP 2012, 97 (105); Habersack/Mülbert/Schlitt/*Wolf*, § 8 Rn. 28; *Groß*, § 21 WpPG, Rn. 22 ff.
[15] BGH v. 31.5.2011 – II ZR 151/09 – „DT 3-Urteil", NJW 2011, 2719 = AG 2011, 548; kritisch dazu Habersack/Mülbert/Schlitt/*Singhof/Weber*, Rn. 101; *Arnold/Aubel*, ZGR 2012, 113; *Fleischer/Thaten*, ZIP 2011, 1081 (1082); *Krämer/Gillessen/Kiefner*, CFL 2011, 328 (330); *Nodoushani*, ZIP 2012, 97 (105); zuvor bereits *Schlitt*, CFL 2010, 304.
[16] Vorteile der Gesellschaft können zum Beispiel sein die Erlangung der Unabhängigkeit vom beherrschenden Aktionär, die Verbreiterung der Aktionärsbasis, die Stärkung des Streubesitzes, die Erhöhung der Liquidität der Aktien, die Verbesserung der Investor Relations und die

sellschaft an der öffentlichen Umplatzierung ausschlaggebend für dessen Durchführung sein kann, so dass ein ausreichendes Kompensat zur Vermeidung einer verbotenen Einlagenrückgewähr vorliegen würde, übernehmen aus Vorsichtsgründen bei reinen Umplatzierungen aufgrund der Rechtsprechung des BGH die Altaktionäre im Innenverhältnis die Haftung. Darüber hinaus übernehmen auch die Konsortialbanken nach § 5 Abs. 4 WpPG die Verantwortung für den Prospektinhalt, da sie zusammen mit der Zielgesellschaft im Rahmen des öffentlichen Angebots die Aktien anbieten. Im Gegensatz dazu übernehmen die veräußernden Altaktionäre in aller Regel keine Verantwortung für die inhaltliche Richtigkeit des Prospekts nach § 5 Abs. 4 WpPG, da sie lediglich die Aktien an die Investoren verkaufen, die Aktien aber nicht gemeinsam mit der Zielgesellschaft und den Konsortialbanken öffentlich anbieten. Somit entspricht die Verantwortungsübernahme bei einer öffentlichen Umplatzierung im Wesentlichen der bei einem IPO, bei dem die Altaktionäre in der Regel ebenfalls Aktien an die Investoren veräußern, für die inhaltliche Richtigkeit des Prospekts aber gleichfalls keine Verantwortung übernehmen.

c) Billigung

Der Prospekt muss – wie im Falle eines IPO oder einer Kapitalerhöhung mit Bezugsrecht[17] – gemäß § 13 Abs. 1 WpPG von der BaFin gebilligt werden. Die BaFin muss die Billigung erteilen, wenn sie im Rahmen ihrer Prüfung keine Anhaltspunkte dafür gefunden hat, dass der Prospekt nicht alle vom Gesetz (WpPG und Prospektverordnung nebst Anhängen) geforderten Angaben enthält und sie keine Anhaltspunkte dafür hat, dass die vorgelegten Informationen nicht kohärent und verständlich sind. Die BaFin prüft nicht, ob die in dem Prospekt enthaltenen Angaben inhaltlich zutreffend sind. Für die Prüfung des Prospekts stehen der BaFin nach § 13 Abs. 2 S. 1 WpPG bei einer öffentlichen Umplatzierung – anders als bei einem IPO – lediglich zehn Werktage (unter Einschluss der Samstage) – zur Verfügung, da die Aktien der Zielgesellschaft bereits börsennotiert sind. In der Praxis verlängert sich das Prüfungsverfahren in Abstimmung mit der BaFin.[18]

d) Prospekthaftung

Zur Vermeidung einer Prospekthaftung ist bei der Erstellung des Prospekts im Rahmen einer öffentlichen Umplatzierung darauf zu achten, dass sämtliche Angaben richtig und vollständig sind. Sollte eine wesentliche Angabe unrichtig oder unvollständig sein, müssen nämlich die Zielgesellschaft und die Konsortialbanken als Gesamtschuldner unter bestimmten Voraussetzungen den Erwerbern der Aktien den Erwerbspreis gegen Übernahme der Aktien erstatten.[19] Diese Haftung folgt nach den Änderungen durch den Gesetzgeber[20] nunmehr aus § 21 Abs. 1 S. 1 Nr. 1 WpPG in Verbindung mit § 22 WpPG.[21] Neben der Zielgesellschaft und den Konsortialbanken

---

Erlangung eines größeren Bekanntheitsgrades, siehe hierzu *Groß*, § 21 WpPG, Rn. 22a; *Fleischer*, ZIP 2007, 1969 (1974).
[17] Siehe hierzu auch § 2 III. 1. d) und § 3 I. 7. d).
[18] Siehe dazu § 11 V. 2.
[19] Siehe zur Prospekthaftung § 12.
[20] Änderungen aufgrund des Gesetzes zur Novellierung des Finanzanlagenvermittler- und Vermögensanlagenrechts, BGBl. I 2011, 2481.
[21] Nach dem gesetzgeberischen Willen soll die Prospekthaftung gemäß § 22 WpPG für „sämtliche Prospekte im Sinne des Wertpapierprospektgesetzes, die keine Börsenzulassungsprospekte sind, gelten, unabhängig davon, ob die Wertpapiere, auf die sich der Prospekt bezieht, zu einem früheren Zeitpunkt (auf der Grundlage eines anderen Prospektes) zum Handel an einer inländischen Börse zugelassen wurden", siehe RegBegr BR-Drs. 209/11, 76; Habersack/Mül-

haften auch die veräußernden Großaktionäre als Gesamtschuldner gemäß § 21 Abs. 1 S. 1 Nr. 2 in Verbindung mit § 22 BörsG, richtigerweise allerdings nur dann, wenn sie ein eigenes wirtschaftliches Interesse an der öffentlichen Umplatzierung haben und auch an der Prospekterstellung mitwirkten.[22]

3. Mitwirkung der Zielgesellschaft

a) Vertraulichkeit und Due Diligence

Im Rahmen einer öffentlichen Umplatzierung haben die Konsortialbanken im Hinblick auf das Prospekthaftungsrisiko ein starkes Interesse daran, dass – wie bei einem IPO und einer Kapitalerhöhung mit Bezugsrecht[23] – eine umfassende Due-Diligence-Prüfung hinsichtlich der Verhältnisse der Zielgesellschaft durchgeführt werden kann. Fraglich ist, ob der Vornahme einer Due Diligence gesetzliche Vorschriften entgegenstehen, wenn die Umplatzierung der Aktien von den veräußernden Großaktionären initiiert wurde.[24] Zum einen steht die Vorschrift des § 93 Abs. 1 S. 3 AktG nicht entgegen, der Vorstandsmitglieder zum Stillschweigen hinsichtlich vertraulicher Angaben und Geheimnisse verpflichtet. Denn diese Verschwiegenheitsverpflichtung besteht nur, wenn sie das Interesse der Zielgesellschaft an der Durchführung der Umplatzierung überlagert.[25] Daher steht § 93 Abs. 1 S. 3 AktG der Durchführung einer Due Diligence und der damit verbundenen Informationsweitergabe grundsätzlich nicht entgegen, wenn die Zielgesellschaft ein eigenes Interesse an der Umplatzierung der Aktien hat, die Informationsweitergabe auf die Personen beschränkt wird, die die Information für die Durchführung der Transaktion unbedingt benötigen, und diese Personen eine Vertraulichkeitsvereinbarung unterschrieben haben.[26]

Zum anderen könnte § 14 Abs. 1 Nr. 2 WpHG der Durchführung einer Due Diligence entgegenstehen, wenn den Banken auch etwaige Insiderinformationen zugänglich gemacht werden. In diesem Fall stellt sich die Frage, ob eine im Rahmen der Due Diligence (im Hinblick auf § 15 WpHG nur ausnahmsweise in Betracht kommende) erfolgende Weitergabe von Insiderinformationen als unbefugt im Sinne des § 14 Abs. 1 Nr. 2 WpHG anzusehen ist. In der Literatur ist anerkannt, dass die Weitergabe von Insiderinformationen im Vorfeld der Veräußerung von Aktien einer börsennotierten Zielgesellschaft zulässig ist, wenn der Erwerb einer bedeutenden Beteiligung oder ein Paketerwerb intendiert ist.[27] Selbst wenn die Konsortialbanken auf-

---

bert/Schlitt/*Mülbert/Steup*, § 41 Rn. 23; zur analogen Anwendung vor der Gesetzesänderung *Schwark/Zimmer/Heidelbach*, § 13 VerkProspG, Rn. 8.
[22] So auch Habersack/Mülbert/Schlitt/*Mülbert/Steup*, § 41 Rn. 75; Habersack/Mülbert/Schlitt/Habersack, Handbuch der Kapitalmarktinformation, § 29 Rn. 29; Assmann/Schlitt/v. Kopp-Colomb/*Assmann*, § 13 VerkProspG, Rn. 74; *Schlitt*, CFL 2010, 304 (306); *Krämer/Gillessen/Kiefner*, CFL 2011, 328 (339); *Carsten Schäfer*, ZIP 2010, 1877 (1879) (zweifelnd hinsichtlich das maßgeblichen Einflusses); *Ziemons*, GWR 2011, 404 (die nur auf das wirtschaftliche Interesse abstellt und die Mitwirkung nicht für relevant hält); *Wackerbarth*, WM 2011, 183 (195) (der bereits beherrschenden Einfluss für ausreichend hält).
[23] Siehe hierzu § 2 II. 4.
[24] Marsch-Barner/Schäfer/*Meyer*, § 7 Rn. 23.
[25] *Hüffer*, AktG, § 93 Rn. 8; Marsch-Barner/Schäfer/*Meyer*, § 7 Rn. 21; *Schwark/Zimmer*, § 14 WpHG, Rn. 41.
[26] So auch Marsch-Barner/Schäfer/*Meyer*, § 7 Rn. 23; für den Beteiligungserwerb ähnlich *Hüffer*, AktG, § 93 Rn. 8, der neben dem Abschluss einer Vertraulichkeitsvereinbarung auch die Unumgänglichkeit der Informationsweitergabe für das Zustandekommen der Transaktion fordert; ähnlich GroßKomm-AktG/*Hopt*, § 93 Rn. 213.
[27] Assmann/Schneider/*Assmann*, § 14 WpHG, Rn. 164 ff.; Schwark/Zimmer/*Schwark/Kruse*, § 14 WpHG, Rn. 40 f.; wohl auch Schäfer/Hamann/*Schäfer*, § 14 WpHG, Rn. 74 ff.; die BaFin

grund der vertraglichen Gestaltung im Einzelfall vorübergehend Inhaber eines Aktienpakets oder einer bedeutenden Beteiligung werden sollten, würde eine Berufung auf diese Ausnahme ausscheiden, da die Konsortialbanken allenfalls für einen kurzen Zeitraum und nicht auf Dauer, sondern lediglich zum Zwecke der Umplatzierung Inhaber der Aktien werden.[28] Dennoch ist die Durchführung einer Due Diligence im Rahmen einer öffentlichen Umplatzierung in aller Regel zulässig, da die Zielgesellschaft ein eigenes Interesse an der Umplatzierung der Aktien hat und die Aktien zusammen mit den Konsortialbanken öffentlich zum Erwerb anbietet.[29] In diesem Fall ist die Weitergabe von Insiderinformationen nicht unbefugt im Sinne des § 14 Abs. 1 Nr. 2 WpHG, da die Konsortialbanken ua mit der Platzierung und der Findung eines angemessenen Platzierungspreises beauftragt sind und dies den Banken nur auf Grundlage einer umfangreichen Kenntnis aller preisrelevanten Faktoren angemessen ermöglicht wird.[30]

b) Garantien; Freistellung

In dem Übernahmevertrag, der im Rahmen einer öffentlichen Umplatzierung zwischen den veräußernden Altaktionären und den Konsortialbanken abgeschlossen wird, gibt die Zielgesellschaft zugunsten der Konsortialbanken Garantien im Hinblick auf die Richtigkeit der wesentlichen in dem Prospekt enthaltenen Angaben zu der Zielgesellschaft ab und stellt die Konsortialbanken im Innenverhältnis von der Prospekthaftung frei. Nach der Rechtsprechung des Bundesgerichtshofes in der sog „DT III"-Entscheidung[31] kann bei einer Umplatzierung von Aktien der Altaktionäre die Verantwortungsübernahme im Verhältnis zwischen Zielgesellschaft und veräußernden Altaktionären einen Verstoß gegen § 57 AktG darstellen.[32] Auch wenn die Zielgesellschaft wahrscheinlich zumeist ein eigenes Interesse an der öffentlichen Umplatzierung haben dürfte, das nach einer Literaturansicht[33] als ein ausreichendes Kompensat zur Vermeidung einer verbotenen Einlagenrückgewähr dienen müsste, wird in der Praxis aufgrund der Rechtsprechung des BGH aus Vorsichtsgründen bei reinen Umplatzierungen eine Haftungsfreistellung zugunsten der Gesellschaft durch die Altaktionäre vereinbart.[34]

4. Gremienbeschlüsse

a) Altaktionäre

Welche Gremien über die Veräußerung von Aktien an der Zielgesellschaft entscheiden müssen, hängt zum einen von der Rechtsform der Altaktionäre, zum anderen vom Volumen der umzuplatzierenden Aktien ab. Sind die Altaktionäre – wie häufig – in

---

geht davon aus, dass die Due Diligence zulässig ist, wenn sie zur Absicherung einer konkreten Erwerbsabsicht bei einem Paket- oder Kontrollerwerb erforderlich ist (*BaFin*, Emittentenleitfaden 2009, 41 III.2.2.2.1.).
[28] Marsch-Barner/Schäfer/*Meyer*, § 8 Rn. 151.
[29] Marsch-Barner/Schäfer/*Meyer*, § 7 Rn. 23.
[30] Marsch-Barner/Schäfer/*Meyer*, § 7 Rn. 24; zum Tatbestandsmerkmal „unbefugt" im Einzelnen Schwark/Zimmer/*Schwark/Kruse*, § 14 WpHG, Rn. 30 ff.
[31] BGH NJW 2011, 2719 = AG 2011, 548.
[32] Siehe hierzu die Nachweise bei Fn. 14.
[33] *Schlitt*, CFL 2010, 304; *Krämer/Gillessen/Kiefner*, CFL 2011, 328 (330); *Cahn/v. Spangenberg*, in: Spindler/Stilz, AktG, 2. Aufl. (2010), § 57 Rn. 40; Marsch-Barner/Schäfer-*Meyer*, § 7 Rn. 21; ähnlich *Arnold/Aubel*, ZGR 2012, 113 (131 f.); Schwark/Zimmer/*Schwark*, Kapitalmarktrechts-Kommentar, 4. Aufl. (2010), §§ 44, 45 BörsG, Rn. 13.
[34] *Arbeitskreis zum „Deutsche Telekom III-Urteil" des BGH*, CFL 2011, 377, insbesondere 379; *Nodoushani*, ZIP 2012, 97 (105); Habersack/Mülbert/Schlitt/*Wolf*, § 8 Rn. 28.

der Rechtsform der Aktiengesellschaft organisiert, muss, jedenfalls bei einem Verkauf erheblicher Vermögenswerte, zunächst der Vorstand über den Abschluss des Übernahmevertrags mit den Konsortialführern entscheiden.[35] Ob daneben noch ein weiterer Vorstandsbeschluss erforderlich ist, hängt maßgeblich von der Strukturierung der öffentlichen Umplatzierung ab. Ein weiterer Vorstandsbeschluss ist jedenfalls erforderlich, wenn nach Abschluss des Bookbuilding-Verfahrens, das regelmäßig erst nach Abschluss des Übernahmevertrags durch- bzw. zu Ende geführt wird, noch eine Entscheidung über den Platzierungspreis für die umzuplatzierenden Aktien und deren Anzahl zu treffen ist.[36] Ob der Aufsichtsrat dem Beschluss oder den Beschlüssen des Vorstands zustimmen muss, hängt gemäß § 111 Abs. 4 S. 2 AktG davon ab, ob die Satzung oder der Aufsichtsrat selbst die Veräußerung von Beteiligungen von seiner Zustimmung abhängig gemacht haben. Da eine öffentliche Umplatzierung in der Regel nur für großvolumige Transaktionen gewählt wird, ist bei solchen meist eine Zustimmung des Aufsichtsrats erforderlich. Im Gegensatz dazu bedarf die Durchführung einer öffentlichen Umplatzierung in aller Regel nicht der Zustimmung der Hauptversammlung der Altaktionäre, da selbst eine Überschreitung der Schwellenwerte der Holzmüller-/Gelatine-Entscheidungen[37] – welche nur in Ausnahmekonstellationen erreicht werden – nach der Rechtsprechung des BGH[38] keine ungeschriebene Hauptversammlungszuständigkeit zu begründen vermag.

b) Zielgesellschaft

Bei der Zielgesellschaft selbst muss jedenfalls der Vorstand einen Beschluss über die Durchführung der öffentlichen Umplatzierung und die Veröffentlichung des Prospekts und die damit einhergehenden Übernahme der Prospektverantwortung fassen. Ob daneben die Zustimmung des Aufsichtsrats erforderlich ist, richtet sich wiederum danach, ob die Satzung oder der Aufsichtsrat selbst diese Maßnahmen von seiner Zustimmung abhängig machen. Ein Beschluss der Hauptversammlung der Zielgesellschaft ist nicht erforderlich.

III. Block Trades

1. Gründe

Ein Block Trade wird – wie eine öffentliche Umplatzierung – von Altaktionären initiiert, die sich von ihren Beteiligungen an der Zielgesellschaft zumindest teilweise trennen möchten. Der Vorteil eines Block Trades gegenüber einer Veräußerung der Beteiligung im Wege von Einzeltransaktionen über die Börse liegt zum einen in dem geringeren Risiko einer nachteiligen Beeinflussung des Aktienkurses, zum anderen ist der Block Trade wesentlich praktikabler, da lediglich eine und nicht unzählige Einzeltransaktionen durchzuführen sind.[39] Im Vergleich zu einer öffentlichen Umplatzierung eröffnet der Block Trade eine wesentlich schnellere und billigere Möglichkeit

---

[35] Für einen Block Trade Habersack/Mülbert/Schlitt/*Wolf*, § 8 Rn. 17; *Schlitt/Schäfer*, AG 2004, 346 (349).
[36] Für einen Block Trade Habersack/Mülbert/Schlitt/*Wolf*, § 8 Rn. 17; *Schlitt/Schäfer*, AG 2004, 346 (349).
[37] BGHZ 83, 122 (Holzmüller); BGHZ 159, 30 und *BGH*, NZG 2004, 575 (Gelatine I und II).
[38] *BGH*, ZIP 2007, 24.
[39] Habersack/Mülbert/Schlitt/*Wolf*, § 8 Rn. 7; *Schlitt/Schäfer*, AG 2004, 346 (347).

für die Veräußerung einer Beteiligung an einer börsennotierten Aktiengesellschaft, da für einen Block Trade die Erstellung eines Prospekts nicht erforderlich ist *(undocumented deal)*. Jedoch kann durch einen Block Trade keine breite Platzierung der Beteiligung erfolgen, so dass diese Transaktionsform für sehr große Aktienpakete möglicherweise nicht geeignet ist.[40] Da für einen Block Trade kein Prospekt erstellt werden muss und mithin keine Ansprüche aus §§ 21 ff. WpPG geltend gemacht werden können, ist das Haftungsrisiko der Konsortialbanken (und der im Regelfall beim Block Trade nicht involvierten) Zielgesellschaft bei einer solchen Transaktion zudem wesentlich geringer als bei einer öffentlichen Umplatzierung.

2. Struktur

Block Trades können unterschiedlich strukturiert werden. In der Praxis wird in der Regel eine der nachfolgend beschriebenen Strukturierungsvarianten verwendet, die sich hauptsächlich durch die unterschiedliche Verteilung des Markt- und Platzierungsrisikos zwischen Altaktionären und Konsortialbanken unterscheiden.[41]

a) Best-Efforts-Underwriting

Kein Markt- und Platzierungsrisiko trifft die Konsortialbanken, wenn der Block Trade im Wege des Best-Efforts-Underwritings durchgeführt wird. Bei dieser Transaktionsstruktur übernehmen die Konsortialbanken die umzuplatzierenden Aktien nicht fest, sondern versuchen vielmehr, die umzuplatzierenden Aktien nach besten Kräften als Verkaufskommissionäre an interessierte Investoren zu vermitteln.[42] Im Übernahmevertrag zwischen den Altaktionären und den Konsortialbanken wird bei dieser Transaktionsstruktur vereinbart, dass bis zu einem festgelegten Zeitpunkt eine bestimmte maximale Anzahl von Aktien der Zielgesellschaft zu einem im Wege des beschleunigten[43] Bookbuilding-Verfahrens *(accelerated bookbuilding)* noch festzusetzenden Preis an Investoren veräußert werden soll. Die Festlegung der genauen Anzahl der umzuplatzierenden Aktien und deren Preis erfolgen erst zu einem späteren Zeitpunkt nach Abschluss des Bookbuildings durch einen sogenannten Preisfestsetzungsvertrag. Eine Verpflichtung zum Abschluss dieses Preisfestsetzungsvertrags besteht weder für die verkaufenden Altaktionäre noch für die Konsortialbanken. Er wird deshalb nur dann geschlossen und die Transaktion damit durchgeführt, wenn ausreichend Nachfrage nach den umzuplatzierenden Aktien besteht und der im Wege des Bookbuildings ermittelte Preis den Vorstellungen der Altaktionäre entspricht. Sollte der Preisfestsetzungsvertrag bis zu einem bestimmten Tag nicht geschlossen worden sein, erlischt die Übernahmeverpflichtung der Konsortialbanken. Für ihre Dienstleistung erhalten die Konsortialbanken als Gebühr einen Prozentsatz des Transaktionsvolumens.[44]

---

[40] Habersack/Mülbert/Schlitt/*Wolf*, § 8 Rn. 8.
[41] Marsch-Barner/Schäfer/*Meyer*, § 8 Rn. 187; *Schlitt/Schäfer*, AG 2004, 346 (347 f.).
[42] Marsch-Barner/Schäfer/*Meyer*, § 8 Rn. 189; Habersack/Mülbert/Schlitt/*Wolf*, § 8 Rn. 13; *Schlitt/Schäfer*, AG 2004, 346 (348).
[43] Bei einem beschleunigten Bookbuilding-Verfahren werden die Aktien regelmäßig innerhalb weniger Stunden platziert.
[44] Vgl. zu alledem Habersack/Mülbert/Schlitt/*Wolf*, § 8 Rn. 13, siehe auch Marsch-Barner/Schäfer/*Meyer*, § 8 Rn. 190.

b) Back-Stop-Transaktionen

Oftmals haben die Altaktionäre ein großes Interesse daran, dass sie nicht – wie im Fall des Best-Efforts-Underwritings – das volle Markt- und Platzierungsrisiko einer Block Trade Transaktion tragen müssen. Sie möchten vielmehr sicherstellen, dass sie die umzuplatzierenden Aktien oder jedenfalls Teile dieser Aktien zu einem bestimmten Preis veräußern können. Deshalb legen die Altaktionäre je nach der Volatilität des Marktes Wert darauf, dass sich die Konsortialbanken im Übernahmevertrag verpflichten, zumindest einen Teil der umzuplatzierenden Aktien zu einem Mindestpreis *(back stop price)*, der stets unter dem Börsenkurs vor Ankündigung der Maßnahme liegt, von den Altaktionären zu erwerben, wenn sie für die Aktien keine Käufer finden sollten.[45] Dieser Mindestpreis wird streng vertraulich behandelt, da bei einem Bekanntwerden dieses Preises ein höherer Preis für die Aktien im Markt nicht mehr erreicht werden kann. Sollte es den Konsortialbanken gelingen, die Aktien zu einem über dem Mindestpreis liegenden Betrag an Investoren zu veräußern, wird die Differenz nach dem Übernahmevertrag häufig hälftig zwischen den verkaufenden Altaktionären und den Konsortialbanken verteilt. Sollte dies nicht gelingen, müssen die Konsortialbanken die Aktien zu dem im Übernahmevertrag vereinbarten Mindestpreis erwerben. Sie können dann versuchen, die Aktien zu einem späteren Zeitpunkt an Investoren zu veräußern. Ein aus einer solchen Veräußerung etwa entstehender Gewinn steht den Konsortialbanken grundsätzlich alleine zu. Sie müssen die verkaufenden Altaktionäre an diesem nicht beteiligen.[46] Jedoch trifft sie gleichermaßen ein möglicher Verlust. Zur Kompensation der Risikoübernahme erhalten die Konsortialbanken üblicherweise eine im Vergleich zum Best-Efforts-Underwriting höhere Provision.

c) Bought-Deal-Transaktionen

Das volle Markt- und Platzierungsrisiko tragen die Konsortialbanken dann, wenn sie den Block Trade im Wege eines sogenannten Bought-Deals durchführen. Bei dieser Transaktionsstruktur kaufen die Konsortialbanken die Aktien von den Altaktionären und versuchen, diese Aktien kurzfristig an interessierte Investoren weiterzuverkaufen.[47] Es werden praktisch zwei Kaufverträge hintereinander geschaltet. Im organisatorischen Ablauf weicht dieses Transaktionsstruktur insofern von den beiden anderen ab, als bei einer Bought-Deal Transaktion die Altaktionäre in den Prozess des weiteren Verkaufs an die Investoren nicht mehr involviert werden, selbst wenn die Konsortialbanken die Aktien im Wege des Bookbuildings weiterveräußern.[48]

3. Gremienbeschlüsse

Hinsichtlich der für einen Block Trade erforderlichen Gremienbeschlüsse gelten die unter II. 4. gemachten Ausführungen mit nachfolgenden Abweichungen entsprechend:

---

[45] Habersack/Mülbert/Schlitt/*Wolf*, § 8 Rn. 14, *Schlitt/Schäfer*, AG 2004, 346 (348).
[46] Vgl. zu alledem Habersack/Mülbert/Schlitt/*Wolf*, § 8 Rn. 14 und *Schlitt/Schäfer*, AG 2004, 346 (348); siehe auch Marsch-Barner/Schäfer/*Meyer*, § 8 Rn. 191 f.
[47] Marsch-Barner/Schäfer/*Meyer*, § 8 Rn. 187.
[48] Vgl. zu alledem Habersack/Mülbert/Schlitt/*Wolf*, § 8 Rn. 15 und *Schlitt/Schäfer*, AG 2004, 346 (348).

a) Altaktionäre

Ob der Aufsichtsrat dem Beschluss des Vorstands über den Verkauf der Aktien und ggf. dem über die Preisfestsetzung und die genaue Festlegung der zu verkaufenden Aktien zuzustimmen hat, hängt von der Ausgestaltung der Geschäftsordnung für den Vorstand ab.

b) Zielgesellschaft

Die Gremien der Zielgesellschaft fassen im Rahmen eines Block Trades in aller Regel keine Beschlüsse, da die Zielgesellschaft grundsätzlich keine Kenntnis von dem bevorstehenden Block Trade hat. Die Vertraulichkeit und Nichtweitergabe der Information über einen geplanten Block Trade ist insbesondere vor dem Hintergrund essentiell, dass die Zielgesellschaft sonst in der Regel zur Ad-hoc-Veröffentlichung der geplanten Transaktion verpflichtet wäre, was in aller Regel zu einem Kursverfall im Vorfeld führen und den Block Trade damit wirtschaftlich uninteressant machen könnte.

4. Stabilisierung

Stabilisierungsmaßnahmen im Zuge eines Block Trades verstoßen nicht gegen das Verbot der Marktmanipulation des § 20a WpHG, wenn die Voraussetzungen der Safe Harbour-Regelung der Art. 7 ff. der VO (EG) Nr. 2273/2003 eingehalten werden.[49] Dies setzt insbesondere voraus, dass der Block Trade öffentlich angekündigt wird (was häufig durch Ad-hoc-Mitteilungen bzw. Pressemitteilungen der Altaktionäre erfolgt), die Stabilisierungsfrist ab dem Tag der Veröffentlichung des Platzierungspreises bis 30 Kalendertage nach der Zuteilung eingehalten und nach Ablauf der Stabilisierungsfrist eine Bekanntmachung veröffentlicht wird, ob Stabilisierungsmaßnahmen durchgeführt wurden. Die öffentliche Ankündigung möglicher Stabilisierungsmaßnahmen erfolgt idR in der Ad-hoc- bzw. Pressemitteilung des verkaufenden Altaktionärs, die nach § 3a WpAIV über ein Medienbündel im Europäischen Wirtschaftsraum veröffentlicht wird.

5. Nachhandelspublizität

§ 31h Abs. 1 WpHG enthält die Verpflichtung aller Wertpapierdienstleistungsunternehmen, außerhalb der Börse oder multilateralen Handelssystemen getätigte Geschäfte in bereits an einem organisierten Markt zugelassenen Aktien oder diesen vertretenden Zertifikaten zu veröffentlichen. Block Trades sind nach Äußerungen der BaFin unabhängig davon, ob es sich um ein Best-Efforts-Underwriting, ein Back-Stop-Underwriting oder einen Bought Deal handelt, erfasst.[50] Demgemäß besteht grundsätzlich die Verpflichtung der Konsortialbanken das Volumen, den Preis und den Zeitpunkt des Block Trades, soweit möglich in Echtzeit, beim Geschäftsabschluss über eigene Systeme, solche der Börse oder (zahlungspflichtiger) Dienstleister wie Reuters oder Bloomberg zu veröffentlichen. Der Zeitpunkt des Geschäftsabschlusses entspricht dabei der Zuteilung. Sowohl beim Best Efforts-Underwriting als auch beim Back-Stop-Underwriting ist unter dem Preis der letztlich von der Bank an den

---

[49] Vgl. zur Stabilisierung insgesamt Marsch-Barner/Schäfer/*Meyer*, § 8 Rn. 63 ff.
[50] Zur Nachhandelstransparenz bei Block Trades vgl. auch Habersack/Mülbert/Schlitt/*Wolf*, § 8 Rn. 68; *Schlitt/Schäfer*, AG 2007, 227 (232).

Emittenten gezahlte Preis zu verstehen. Beim Bought Deal handelt es sich um zwei hintereinander geschaltete Geschäfte, so dass grundsätzlich sowohl der Kauf der Aktien durch die Konsortialbanken als auch der darauf folgende Verkauf durch die Konsortialbanken zu melden sind.

Insbesondere im Falle eines Bought Deals liegt es jedoch nicht im Interesse der Konsortialbanken, den gezahlten Preis unmittelbar zu veröffentlichen, da dies den bei der Weiterplatzierung der erworbenen Aktien zu erzielenden Preis beeinflussen und die Möglichkeit zur Gewinnerzielung reduzieren würde. In solchen Fällen besteht die Berechtigung zur verzögerten Veröffentlichung des Kaufs durch die Konsortialbanken nach § 31h Abs. 2 WpHG iVm Art. 28 VO (EG) Nr. 1287/2006. Voraussetzung ist, dass der Block Trade eine gewisse Mindestgröße erreicht, die vom durchschnittlichen Tagesumsatz abhängt (Anhang II Tabelle 4 der VO (EG) Nr. 1287/2006). Größenabhängig beträgt nach derzeitiger Rechtslage[51] die maximal zulässige Verzögerung der Veröffentlichung drei Handelstage. Die nach der Verordnung erforderliche Genehmigung der BaFin hat diese für solche Fälle in Form einer Allgemeinverfügung erteilt und verweist hinsichtlich der Errechnung der Mindestgröße auf die in einer von der ESMA *(European Securities and Markets Authority)* bereitgehaltenen Datenbank hinterlegten durchschnittlichen Tagesumsätze.

---

[51] Die maximal zulässige zeitliche Verzögerung der Bekanntgabe wird derzeit überarbeitet. Nach einem Vorschlag von CESR (heute ESMA) aus dem April 2010 sollte die Grenze auf einen Handelstag abgesenkt werden, nach dem Vorschlag der Europäischen Kommission zur Überarbeitung der MiIFD soll die Kompetenz der Festlegung der exakten zeitlichen Grenzen den Mitgliedstaaten übertragen werden, siehe *Europäische Kommission,* Vorschlag für eine Verordnung des Europäischen Parlaments und des Rates über Märkte für Finanzinstrumente und zur Änderung der Verordnung über OTC-Derivate, zentrale Gegenparteien und Transaktionsregister, 02011/0296, Art. 6 Abs. 1, S. 34; *CESR,* April 2010, CESR/10/394, S. 18, Ziff. 74.

§ 5. Anleihen

Literatur (Auswahl): *Assmann*, Anleihebedingungen und AGB-Recht, WM 2005, 1053; *Baums*, Die Fremdkapitalfinanzierung der Aktiengesellschaft durch das Publikum, ILF Working Paper Series No. 48, 05/2006; *Bezzenberger*, Das Verbot des Zinseszinses, WM 2002, 1617; *Diekmann*, Übernahmevertrag bei Anleiheemissionen, in: Habersack/Mülbert/Schlitt, Unternehmensfinanzierung am Kapitalmarkt, 3. Auflage (2013), § 31; *Gleske*, Hybridanleihen, in: Habersack/Mülbert/Schlitt, Unternehmensfinanzierung am Kapitalmarkt, 3. Auflage (2013), § 19; *Grüning/Hirschberg*, Anleiheemission aus Sicht der Investmentbank, in: Habersack/Mülbert/Schlitt, Unternehmensfinanzierung am Kapitalmarkt, 3. Auflage (2013), § 16; *Hutter*, High Yield Anleihen, in: Habersack/Mülbert/Schlitt, Unternehmensfinanzierung am Kapitalmarkt, 3. Auflage (2013), § 18; *Kaulamo*, Anleihen, in: Habersack/Mülbert/Schlitt, Unternehmensfinanzierung am Kapitalmarkt, 3. Auflage (2013), § 17; *Kusserow/Dittrich*, Die Begebung von High Yield-Anleihen unter deutschem Recht, WM 2000, 745; *Müller-Eising/Bode*, Zivilrechtliche Probleme bei der Emission „ewiger Anleihen", BKR 2006, 480; *Plepelits*, The High Yield Bond Covenant Package – Introduction and Overview of Market Trends, CFL 2010, 119; *Schlitt/Brandi/Schröder/Gemmel/Ernst*, Aktuelle Entwicklungen bei Hybridanleihen, CFL 2011, 105; *Schlitt/Hekmat/Kasten*, Aktuelle Entwicklungen bei High-Yield Bonds, AG 2011, 429; *Schlitt/Kasten*, Börsennotierte Anleihen mittelständischer Unternehmen – ein Überblick über die neuen Anleihesegmente, CFL 2011, 97; *Schlitt/Schäfer*, Die Restrukturierung von Anleihen nach dem neuen Schuldverschreibungsgesetz, AG 2009, 477; *Seitz*, Das neue Wertpapierprospektrecht – Auswirkungen auf die Emission von Schuldverschreibungen, AG 2005, 678; *Siebel*, Rechtsfragen internationaler Anleihen, 1997.

I. Einführung

Anleihen (auch Schuldverschreibungen, Renten, Obligationen oder Bonds genannt) sind als Wertpapier verbriefte Darlehen von Schuldnern, die durch ihre Emission Fremdkapital am Kapitalmarkt aufnehmen.[1] Sie stellen die volumenmäßig bedeutsamsten Kapitalmarkttitel dar.[2] Im Unterschied zu einem von einer oder mehreren Banken eingeräumten (Konsortial-)Kredit tritt der Emittent einer Anleihe in Rechtsbeziehung mit einer Vielzahl von Gläubigern.[3] Deren einzelne Forderungsrechte auf Verzinsung und Rückzahlung des Kapitals sind, soweit nicht das Gesetz oder Regelungen in den Anleihebedingungen abweichende Regelungen treffen, grundsätzlich in ihrem Bestand und ihrer Ausübung voneinander unabhängig.[4] Durch die

---

[1] Keine Verbriefung erfahren allerdings die Schuldbuchforderungen der öffentlichen Hand, siehe dazu unten, IV. 6.
[2] Innerhalb der Emittenten von Anleihen kommt der öffentlichen Hand regelmäßig die größte Bedeutung zu, *Achleitner*, S. 504; Habersack/Mülbert/Schlitt/*Grüning/Hirschberg*, Unternehmensfinanzierung am Kapitalmarkt, § 16 Rn. 29. Allein der Umlauf an festverzinslichen Wertpapieren inländischer Emittenten in Deutschland betrug im November 2012 rund 3,325 Bio. EUR, während im November 2012 Aktien inländischer Emittenten im Wert von rund 1,125 Bio. EUR umliefen (Monatsberichte der Deutschen Bundesbank, Statistisches Beiheft 2, Kapitalmarktstatistik Januar 2012, 26 (46)). Zum Anleihemarkt als erheblicher Wirtschaftsfaktor und Gesamtwerten der im Jahr 2011 bis Juni 2012 begebenen Anleihen auch Habersack/Mülbert/Schlitt/*Grüning/Hirschberg*, Unternehmensfinanzierung am Kapitalmarkt, § 16 Rn. 1.
[3] Vgl. *Achleitner*, S. 513. Allerdings können auch Kredite in Teilforderungen aufgeteilt werden, vgl. dazu weitergehend *Kümpel/Wittig*, Bank- und Kapitalmarktrecht, Rn. 11.197 ff.
[4] Habersack/Mülbert/Schlitt/*Kaulamo*, Unternehmensfinanzierung am Kapitalmarkt, § 17 Rn. 2. Zur kollektivistischen Wahrnehmung von Gläubigerrechten siehe unten, VII. Zum Anleihebegriff vgl. auch *Kümpel/Wittig*, Bank- und Kapitalmarktrecht, Rn. 15.261.

Einführung des EUR und der damit bewirkten Integration zuvor vorrangig nationaler Anleihemärkte, haben Anleihen als Instrument der Unternehmensfinanzierung in ganz Europa an Bedeutung gewonnen.[5] Zudem hat die im Zusammenhang mit der Finanzkrise stehende abnehmende Bereitschaft der Banken, Unternehmen neue Kredite zu attraktiven Konditionen einzuräumen, zu einem weiteren Anstieg der Bedeutung der Fremdfinanzierung über den Kapitalmarkt geführt.[6] Der Anstieg der Emissionsvolumina von Unternehmensschuldverschreibungen deutscher Emittenten in den Jahren der Finanzkrise trifft auf eine hohe Nachfrage seitens in- und ausländischer institutioneller und privater Anleger.[7] Auch mittelständische Unternehmen sehen zunehmend in Unternehmensanleihen die Möglichkeit, ihre Abhängigkeit von der Finanzierung über Bankenkredite zu reduzieren und ihren finanziellen Handlungsspielraum zu erweitern.[8] Mit der Einführung spezieller Mittelstandssegmente an der Frankfurter Wertpapierbörse und an den meisten Regionalbörsen wurden zudem zwischenzeitlich auch Handelsplattformen für Mittelstandsanleihen geschaffen, die die Emission und den Handel kleinvolumiger Anleihen ermöglichen und den speziellen Bedürfnissen mittelständischer Unternehmen Rechnung tragen.[9]

II. Erscheinungsformen von Anleihen

Es gibt eine breite Palette von Erscheinungsformen von Anleihen. Grob kategorisieren lassen sich Anleihen unter anderem nach der Art ihrer Emission, nach der Art ihrer wertpapierrechtlichen Ausgestaltung sowie nach Art und Weise etwaiger internationaler Bezüge.

1. Stand alone-Anleihen

Den klassischen Fall bildet die Emission einer einzelnen Anleihe *(stand alone bond)*. Einzelne Anleihe meint dabei nicht ein einzelnes Wertpapier, sondern die Aufnahme eines bestimmten Volumens an Fremdkapital zu einem fixen Zeitpunkt.[10]

---

[5] Habersack/Mülbert/Schlitt/*Rudolf*, Unternehmensfinanzierung am Kapitalmarkt, 2. Aufl. (2008), § 1 Rn. 34. Den Bedeutungsanstieg von Anleihen privater Emittenten ermöglichte jedoch erst die Aufhebung der §§ 795, 808a BGB durch das Gesetz zur Vereinfachung der Ausgabe von Schuldverschreibungen vom 17.12.1990 (BGBl. I 71, 2839), die zuvor eine Genehmigungspflicht für die Ausgabe von Inhaber- und Orderschuldverschreibungen vorsahen, vgl. hierzu auch *Lenenbach*, Rn. 2.143; *Bosch*, Rn. 10/14.

[6] Habersack/Mülbert/Schlitt/*Rudolf*, Unternehmensfinanzierung am Kapitalmarkt, § 1 Rn. 118, 37. Habersack/Mülbert/Schlitt/*Kaulamo*, Unternehmensfinanzierung am Kapitalmarkt, § 17 Rn. 1, 37.

[7] Habersack/Mülbert/Schlitt/*Rudolf*, Unternehmensfinanzierung am Kapitalmarkt, § 1 Rn. 118.

[8] Habersack/Mülbert/Schlitt/*Rudolf*, Unternehmensfinanzierung am Kapitalmarkt, § 1 Rn. 119.

[9] Zu Mittelstandsanleihen und den besonderen Börsensegmenten für Mittelstandsanleihen *Schlitt/Kasten*, CFL 2011, 97 ff.; sowie zu den Börsensegmenten § 10 VI. 4.

[10] Der Emittent behält sich jedoch regelmäßig in den Anleihebedingungen vor, die Gesamtsumme der begebenen Anleihe zu erhöhen (Aufstockung oder sogenannter Tap) und weitere Schuldverschreibungen derselben Ausstattung auszugeben, vgl. *Lenenbach*, Rn. 2.144; *Hartwig-Jacob*, S. 511.

Beispiel 1: Die X-AG emittiert eine Anleihe über 350 Mio. EUR mit einem Zinscoupon von 5 % p. a. und einer Laufzeit von 3 Jahren.

Die so emittierte Anleihe wird üblicherweise in mehreren separaten Teilschuldverschreibungen verbrieft, die hinsichtlich Bestand, Handel- und Übertragbarkeit selbständig sind.[11]

Beispiel 2: Die Anleihe der X-AG aus Beispiel 1 ist zerlegt in 7.000 Teilschuldverschreibungen zu je 50.000 EUR.

Bei bestimmten Anleihetypen (zB Equity-linked Instrumenten wie Wandelanleihen und High-Yield-Anleihen) sind Stand alone-Bonds die Regel.[12] Aber auch andere Unternehmensanleihen können einzeln, dh nicht im Rahmen eines Programmes begeben werden. Eine Einzelemission erfolgt in der Regel dann, wenn Emittenten keine regelmäßigen Emittenten *(repeat issuer)* sind und nicht wiederkehrend große Anleihevolumina benötigen.[13]

2. Emissions- und Angebotsprogramme

Für großvolumigere und über einen längeren Zeitraum erstreckte Fremdkapitalaufnahmen bietet sich die Auflegung eines Emissionsprogramms an. Emissionsprogramme werden, idR maßgeschneidert auf den jeweiligen Emittenten, vorab als Rahmenvertragswerk für eine größere Anzahl einzelner Emissionen aufgelegt und bedürfen anschließend nur noch der jährlichen Aktualisierung.[14] Sie eignen sich daher für sich häufig am Kapitalmarkt (re-)finanzierende Emittenten und ermöglichen diesen eine kurzfristige, flexible und kostengünstige Inanspruchnahme des Fremdkapitalmarkts.[15] Durch solche Programme wird eine dauernde oder wiederholte Begebung von Anleihen bis zu einem festgelegten Höchstbetrag während eines bestimmten Emissionszeitraums autorisiert.[16] Eine Verpflichtung zur Emission sieht das Rahmenprogramm regelmäßig nicht vor.[17] Je nach Laufzeit der im Rahmen eines Emissionsprogramms emittierten Anleihen werden Medium Term Note- und Commercial Paper-Programme unterschieden. Der Begriff des Angebotsprogramm (§ 2 Nr. 5 WpPG) erfasst sowohl typische Anleihen als auch derivative Wertpapiere jeglicher Art, dh auch Zertifikate und sonstige strukturierte Produkte.[18]

---

[11] In einigen Fällen können die Gläubigerrechte jedoch nur kollektiv ausgeübt werden, siehe dazu unten VII.
[12] Habersack/Mülbert/Schlitt/*Kaulamo*, Unternehmensfinanzierung am Kapitalmarkt, § 17 Rn. 22.
[13] Habersack/Mülbert/Schlitt/*Kaulamo*, Unternehmensfinanzierung am Kapitalmarkt, § 17 Rn. 22.
[14] *Bosch*, Rn. 10/224; Habersack/Mülbert/Schlitt/*Kaulamo*, Unternehmensfinanzierung am Kapitalmarkt, § 17 Rn. 19 f. Die Rahmenvereinbarung beinhaltet insbesondere die Gattung der zu emittierenden Wertpapiere, eine summenmäßige Obergrenze und die Dauer des Emissionsprogramms, *Achleitner*, S. 517.
[15] Als Äquivalent im Rahmen der Eigenkapitalaufnahme kommen für börsennotierte Gesellschaften Equity-Line-Finanzierungen in Betracht, vgl. dazu *Schlitt/Ponick/Gottmann*, FB 2005, 635.
[16] Habersack/Mülbert/Schlitt/*Kaulamo*, Unternehmensfinanzierung am Kapitalmarkt, § 17 Rn. 19 f.
[17] *Bosch*, Rn. 10/227.
[18] Habersack/Mülbert/Schlitt/*Kaulamo*, Unternehmensfinanzierung am Kapitalmarkt, § 17 Rn. 20.

a) Medium-Term-Note-(MTN-)Programme

Emissionsprogramme für Schuldverschreibungen mittlerer bis längerer Laufzeit werden als Medium-Term-Note-(MTN-)Programme bezeichnet.[19] Sie eignen sich regelmäßig für Emittenten mit einem hohen Finanzierungsbedarf.[20] Werden Anleihen aus MTN-Programmen, wie häufig, im Rahmen von Privatplatzierungen platziert, hält ein Investor die Schuldverschreibungen oftmals bis zum Ende der Laufzeit in seinem Portfolio, weshalb eine Börsenzulassung in diesen Fällen meist nicht erwartet wird.[21]

b) Commercial Paper (CP) Programme

Als Commercial Paper (CP)-Programme werden kurzfristige Emissionen mit einer Laufzeit von bis zu einem Jahr bezeichnet.[22] Wirtschaftlich sind CP-Programme ab einem Programmvolumen von etwa 50 Mio. EUR sinnvoll.[23] Die Platzierung erfolgt üblicherweise bei institutionellen Anlegern mit Stückelungen im Bereich von 100.000 bis 500.000 EUR.[24]

3. Internationale Anleihen

Anleihen inländischer Emittenten können auch im Ausland und solche ausländischer Emittenten im Inland emittiert werden sowie auch auf Fremdwährungen lauten. Verbreitet sind etwa Euro-Anleihen *(EUR bonds* oder *Eurobonds),* dh Inhaberschuldverschreibungen, die auf eine andere Währung lauten als die Landeswährung des Staates, in dem sie emittiert werden.[25] Der Begriff der Auslandsanleihe *(foreign bond)* bezeichnet Anleihen, die von einem Emittenten in einem für ihn fremden Staat in dessen Währung emittiert werden.[26] Es existieren zahlreiche Variationen, wie etwa Doppelwährungsanleihen, bei denen Erwerb und Tilgung in verschiedenen Währungen erfolgen. Auf dem Konzept einer weltweiten Platzierung beruht der Begriff der Globalanleihe *(global bond).*[27] Unter dieser erstmals für den Markt internationaler US-Dollar-Anleihen entwickelten Gestaltungsform werden Anleihen erstklassiger Emittenten verstanden, die sowohl im Land der Anleihewährung als auch international und idR rund um die Uhr gehandelt wer-

---

[19] Habersack/Mülbert/Schlitt/*Kaulamo,* Unternehmensfinanzierung am Kapitalmarkt, § 17 Rn. 19; vgl. auch *Hartwig-Jacob,* S. 290.
[20] Emissionsvolumina unter 1 Mrd. EUR lohnen sich idR aus Kostengründen nicht, Habersack/Mülbert/Schlitt/*Rühlmann,* Unternehmensfinanzierung am Kapitalmarkt, 2. Aufl. (2008), § 14 Rn. 40.
[21] Habersack/Mülbert/Schlitt/*Rühlmann,* Unternehmensfinanzierung am Kapitalmarkt, 2. Aufl. (2008), § 14 Rn. 40.
[22] Habersack/Mülbert/Schlitt/*Kaulamo,* Unternehmensfinanzierung am Kapitalmarkt, § 17 Rn. 19; *Bosch,* Rn. 10/177.
[23] *Achleitner,* S. 518.
[24] *Bosch,* Rn. 10/177.
[25] Ein zwingender Bezug zu den Mitgliedsstaaten der EU oder des EWR oder auch zur Gemeinschaftswährung Euro besteht indes nicht, der Begriff ist vom historischen Kontext geprägt, da solche Anleihen zuerst im Raum der Europäischen Gemeinschaft aufkamen. Es existieren auch Euro-Dollar oder auch Euro-Yen-Anleihen, vgl. *Lenenbach,* Rn. 2.144; *Bosch,* Rn. 10/95; zum Marktumfeld *Achleitner,* S. 546 ff.; Habersack/Mülbert/Schlitt/*Kaulamo,* Unternehmensfinanzierung am Kapitalmarkt, § 17 Rn. 8.
[26] *Bosch,* Rn. 10/93; *Lenenbach,* Rn. 2.32.; zu Auslandsanleihen vgl. auch Habersack/Mülbert/Schlitt/*Kaulamo,* Unternehmensfinanzierung am Kapitalmarkt, § 17 Rn. 7.
[27] *Bosch,* Rn. 10/96; Habersack/Mülbert/Schlitt/*Kaulamo,* Unternehmensfinanzierung am Kapitalmarkt, § 17 Rn. 9.

den.²⁸ Die begrifflichen Unterscheidungen haben weniger rechtlichen Charakter, sondern haben sich im Rahmen der (historischen) Marktpraxis etabliert. Anleihen mit Auslandsbezug weisen jedoch insoweit rechtliche Besonderheiten auf, als einer Rechtswahl- und Gerichtsstandsvereinbarung in den Anleihebedingungen besondere Bedeutung zukommt.²⁹ Weiterhin sind bei grenzüberschreitenden Emissionen außenwirtschafts- und devisenrechtliche Vorschriften zu beachten.³⁰

4. Emission über eine Zweckgesellschaft

Die Emission einer Anleihe kann ggf. aus steuerlicher Sicht für die Investoren attraktiver sein, wenn die Begebung nicht durch die im Inland ansässige Muttergesellschaft, sondern über eine im Ausland ansässige Tochter- oder Zweckgesellschaft (*special purpose vehicle – SPV*) erfolgt.³¹ Mit jeweils spezifischen Vor- und Nachteilen sind insbesondere Emissionen über Zweckgesellschaften in den Niederlanden, in Luxemburg, in Irland, auf Jersey oder den Cayman Islands anzutreffen.³² Da Zweckgesellschaften oftmals nur mit dem nach der jeweiligen Rechtsordnung erforderlichen Mindestkapital ausgestattet sind, verlangen Investoren regelmäßig eine Garantie der deutschen Muttergesellschaft für die Verpflichtungen aus der Anleihe als Sicherheit.³³

5. Wertpapierrechtliche Verbriefung

Anleihen können grundsätzlich als Inhaber-, Namens- oder Orderschuldverschreibungen verbrieft werden.³⁴ Die Verbriefung als Inhaberschuldverschreibung bildet

---

²⁸ Aus diesem Grund werden Globalanleihen von institutionellen Investoren besonders geschätzt, Habersack/Mülbert/Schlitt/*Kaulamo*, Unternehmensfinanzierung am Kapitalmarkt, § 17 Rn. 9.
²⁹ Siehe dazu unten VI. 1. d). Weiterhin kommt bei international platzierten Anleihen Steuerausgleichsklauseln, mit denen sich der Emittent verpflichtet, Zins- und Tilgungszahlungen im wirtschaftlichen Ergebnis ohne Abzug von etwaig anfallenden Quellensteuern zu leisten (Tax Gross-up-Klauseln), besondere Bedeutung zu, *Bosch*, Rn. 10/189 f.
³⁰ Beispielhaft zu nennen sind etwa die Meldepflichten für statistische Zwecke nach § 26 AWG iVm §§ 59 ff. AWV. Der Verstoß gegen devisenrechtliche Vorschriften eines Mitglieds des Internationalen Währungsfonds kann Forderungen aus einer internationalen Anleihe nach Art. VIII sec. 2 (b) des Abkommens über den Internationalen Währungsfonds (International Monetary Fund Agreement, IMFA) undurchsetzbar machen, siehe dazu auch *Hartwig-Jacob*, S. 337 ff.
³¹ Vor der Aufhebung der §§ 795, 808a BGB durch Gesetz vom 17.12.1990 (BGBl. I, 2839), die die Ausgabe von Inhaber- und Orderschuldverschreibungen unter den Vorbehalt staatlicher Genehmigung stellten, konnten auch rein rechtliche Gründe für die Emission über eine ausländische Zweckgesellschaft sprechen. Bei der Emission einzelner kleinervolumiger Anleihen, zB einer Mittelstandsanleihe, wird sich die Errichtung eines Emissionsvehikels in der Regel aus Kostengründen nicht lohnen.
³² Eingehend Habersack/Mülbert/Schlitt/*Rühlmann*, Unternehmensfinanzierung am Kapitalmarkt, 2. Aufl. (2008), § 14 Rn. 13 bis 35 mit Darstellung der spezifischen Charakteristika und Verfahrensmodalitäten.
³³ Zu Personalsicherheiten bei einer Emission über Finanztochtergesellschaften/Emissionsvehikel Habersack/Mülbert/Schlitt/*Kaulamo*, Unternehmensfinanzierung am Kapitalmarkt, § 17 Rn. 64. Siehe dazu auch unten, III. 4. a).
³⁴ Regelungen für Inhaberschuldverschreibungen finden sich in den §§ 793 ff. BGB, für Orderschuldverschreibungen in den §§ 363 ff. HGB. Diese sind jedoch nicht abschließend, insbesondere richten sich die dinglichen Rechtsverhältnisse nach sachenrechtlichen Vorschriften, vgl. *Bosch*, Rn. 10/23. Zur Unterscheidung von Inhaber-, Namens- und Orderpapieren auch Palandt/*Sprau*, Einf. v. § 793 BGB, Rn. 2 ff.

den Regelfall.³⁵ Während als Anleihe regelmäßig die Gesamtemission bezeichnet wird,³⁶ erfolgt die Verbriefung regelmäßig unterteilt in einzelne Teilschuldverschreibungen mit je nach anvisiertem Investorenpublikum unterschiedlicher Höhe (sog Stückelung).³⁷ Typischerweise werden Anleihen in Globalurkunden verbrieft, und bei einer Wertpapiersammelbank wie der Clearstream Banking AG hinterlegt.³⁸ Hierbei hat jeder Anleger gemäß §§ 9a Abs. 2 DepotG iVm 6 Abs. 1 DepotG einen der Höhe der von ihm gehaltenen Teilschuldverschreibungen entsprechenden Miteigentumsanteil an dem Sammelbestand. Während früher noch eine gesonderte Verbriefung der Zinszahlungsansprüche in einem eigenen Wertpapier (Coupon) praktiziert wurde, ist heute auch deren einheitliche Verbriefung in einer Globalurkunde üblich.³⁹

III. Ausgestaltung der Anleihebedingungen

Die wesentlichen Charakteristika einer Anleihe werden durch die Anleihebedingungen bestimmt.⁴⁰ Da es sich dabei um ein vertragliches Rechtsverhältnis handelt, besteht aufgrund der Vertragsfreiheit ein weitreichender Gestaltungsspielraum, der sich in den zahlreichen am Kapitalmarkt zu beobachtenden Varianten von Anleihen niederschlägt.⁴¹ Für die Einordnung und Beurteilung einer Anleihe von Bedeutung sind insbesondere deren Verzinsung, Laufzeit und Tilgungsmodalitäten, das Rangverhältnis der Anleiheforderungen gegenüber anderen Verbindlichkeiten des Emittenten sowie etwaige Besicherungen der Gläubigerrechte. Der Erfolg einer Anleihe-

---

³⁵ Der Ausgabe von Namensschuldverschreibungen durch Unternehmen nach deutschem Recht steht grundsätzlich entgegen, dass dies als Einlagengeschäft im Sinne des § 1 Abs. 1 Nr. 1 KWG angesehen werden kann, dessen gewerbsmäßiges Betreiben nach § 32 KWG einer Erlaubnis durch die Bundesanstalt für Finanzdienstleistungsaufsicht (BaFin) bedarf, vgl. *BGH*, ZIP 2001, 1503 (1504); Boos/Fischer/Schulte-Mattler/*Fülbier*, § 1 Rn. 43. Eine Begebung von Namensschuldverschreibungen durch ein Unternehmen ohne entsprechende Banklizenz kommt allerdings dann in Betracht, wenn die Platzierung der Namensschuldverschreibung nur an institutionelle Anleger, namentlich Bankinstitute und Versicherungen erfolgt, da es dann an einer Annahme von Geldern des Publikums fehlt. Bei Bezug zum US-amerikanischen Recht können die dortigen steuerrechtlichen Erfordernisse eine Verbriefung als Namensschuldverschreibung erforderlich machen, Habersack/Mülbert/Schlitt/*Kaulamo*, Unternehmensfinanzierung am Kapitalmarkt, § 17 Rn. 2.
³⁶ *Bosch*, Rn. 10/155.
³⁷ *Lenenbach*, Rn. 2.63.
³⁸ Habersack/Mülbert/Schlitt/*Diekmann*, Unternehmensfinanzierung am Kapitalmarkt, § 31 Rn. 63; *Lenenbach*, Rn. 2.63; *Bosch*, Rn. 10/173.
³⁹ Habersack/Mülbert/Schlitt/*Diekmann*, Unternehmensfinanzierung am Kapitalmarkt, § 31 Rn. 62; *Lenenbach*, Rn. 2.64. Einen gewollten Sonderfall bilden die Stripped Bonds, siehe dazu unten, III. 2. d).
⁴⁰ Nach §§ 793 Abs. 1 S. 1, 796 BGB müssen sich die geschuldeten Leistungen und die möglichen Einwendungen des Emittenten aus der Urkunde ergeben, vgl. *Bosch*, Rn. 10/169. Ausdrückliche Verweisungen auf andere Dokumente (*incorporation by reference*) sind jedoch richtigerweise möglich, *Hartwig-Jacob*, S. 198 f.
⁴¹ Vgl. *Baums*, ILF Working Paper No. 48, S. 5. In der Praxis haben sich für die meisten Klauseln Standardformulierungen etabliert, bei dieser Standardisierung hat auch die International Capital Market Association (ICMA), vor der Fusion zum 1. Juli 2005 noch bestehend als International Primary Market Association, IPMA, und International Securities Market Association, ISMA) eine wichtige Rolle gespielt, *Hartwig-Jacob*, S. 203. Eine Grenze des Gestaltungsspielraums bildet die Inhaltskontrolle von Anleihebedingungen, siehe dazu unten VI. 1. a) und b).

emission hängt wesentlich von der marktgerechten Ausgestaltung der Anleihebedingungen, insbesondere Zinscoupon und Ausgabepreis, ab.[42]

1. Verzinsung

Im Unterschied zur Eigenkapitalfinanzierung ist die Aufnahme von Fremdkapital zu verzinsen.[43] Der Zinssatz entspricht dem Preis, den der Emittent für die Kapitalaufnahme zu zahlen hat.[44] Er bildet spiegelbildlich das wesentliche Renditemerkmal für den Anleger. Die Verzinsung kann entweder in Form von während der Laufzeit erfolgenden Zinszahlungen oder in Form einer Differenz zwischen Ausgabe- und Rückzahlungsbetrag der Anleihe ausgestaltet werden. In letzterem Fall kann die Anleihe entweder unter ihrem Nennbetrag emittiert und zu diesem zurückgezahlt (Abzinsungsvariante, Ausgabe mit Disagio) oder zum Nennbetrag emittiert und über diesem zurückgezahlt werden (Aufzinsungsvariante, Rückzahlung mit Agio).[45] Der Vorteil für den Emittenten besteht darin, dass er während der Laufzeit der Anleihe keine Mittel für laufende Zinszahlungen aufwenden muss. Die Vertragsfreiheit ermöglicht auch Kombinationen der verschiedenen Ausgestaltungsformen der Verzinsung.

a) Festverzinsliche Anleihen

Bei festverzinslichen Anleihen (*fixed rate* oder *fixed coupon bonds*) ist die Höhe der periodisch (in der Regel jährlich) erfolgenden Zinszahlungen von vornherein festgelegt. Sie orientiert sich grundsätzlich an den im Zeitpunkt der Emission geltenden Referenzzinssätzen am Kapitalmarkt. Auch variiert die Höhe der Zinssätze idR mit ihrer Terminstruktur.[46] In den Anleihebedingungen kann auch vorgesehen werden, dass der Zinssatz mit fortschreitender Laufzeit steigt (Stufenzins- oder Step-up-Anleihe).[47]

Beispiel 3: Die X-AG emittiert am 24. April 2013 eine Anleihe über 75 Mio. EUR und einer Laufzeit von sieben Jahren. Während der ersten vier Jahre beträgt der Zinssatz 5,75 % p. a., ab dem vierten Jahr 5,9 % p. a.

Einer Festschreibung des Zinssatzes ist immanent, dass festverzinsliche Anleihen einem Zinsänderungsrisiko unterliegen.[48] Nach der Emission steigende Kapitalmarktzinsen führen zu sinkenden Kursen der Anleihe und umgekehrt.[49] Der an die zum

---

[42] *Kümpel/Wittig*, Bank- und Kapitalmarktrecht Rn. 15.284, 15.332; *Achleitner*, S. 549 ff. mit eingehender Darstellung des Pricing-Prozesses.
[43] An die Aktionäre einer AG darf vor der Auflösung der Gesellschaft nur der Bilanzgewinn in Form von Dividenden ausgeschüttet werden, § 57 Abs. 2 und 3 AktG; siehe zu Vorzugsaktien §§ 139 Abs. 1, 141 AktG; vgl. auch *Baums*, ILF Working Paper No. 48, S. 3.
[44] *Lenenbach*, Rn. 2.100.
[45] Vgl. *Achleitner*, S. 514; Habersack/Mülbert/Schlitt/*Kaulamo*, Unternehmensfinanzierung am Kapitalmarkt, § 17 Rn. 44.
[46] In einer degressiven Zinsstrukturkurve müssen für eine längerfristige Kapitalbereitstellung höhere Zinsen bezahlt werden als für Anleihen mit kurzer Laufzeit. Dieses Verhältnis kann sich jedoch auch umkehren (inverse Zinsstruktur). In Hochzinsphasen sind Kreditnehmer häufig nicht bereit, zu hohen Marktzinsen langfristig Kapital aufzunehmen und bevorzugen eine revolvierende kurzfristige Verschuldung, um erst bei fallenden Zinsen zu einer langfristigen Fremdkapitalaufnahme überzugehen. Sind keine nennenswerten Unterschiede zwischen kurz- und langfristigen Zinssätzen zu beobachten, spricht man von einer flachen Zinsstruktur.
[47] *Achleitner*, S. 515; *Lenenbach*, Rn. 2.106.
[48] Habersack/Mülbert/Schlitt/*Kaulamo*, Unternehmensfinanzierung am Kapitalmarkt, § 17 Rn. 40. Eingehend auch zu weiteren aus Investorensicht zu berücksichtigenden Risiken *Achleitner*, S. 627 ff.
[49] Habersack/Mülbert/Schlitt/*Kaulamo*, Unternehmensfinanzierung am Kapitalmarkt, § 17 Rn. 40.

Zeitpunkt der Emission festgelegte Verzinsung gebundene Emittent hat je nach Entwicklung der Kapitalmarktzinsen unter oder über dem gegenwärtigen Marktniveau liegende Fremdkapitalkosten zu tragen. Eine Handlungsoption kann in letzterem Fall der Rückkauf der emittierten Anleihe in Verbindung mit der Emission einer neuen, an die niedrigeren Kapitalmarktzinsen angepassten Anleihe sein.[50] Auch kommt zur Absicherung von Marktveränderungsrisiken der Einsatz von Zinsderivaten in Betracht.[51]

b) Variabel verzinsliche Anleihen

Bei variabel verzinslichen Anleihen (*floating rate bonds* oder *floater*) ist die Höhe der Verzinsung dynamisch geregelt und typischerweise an einen Referenzzinssatz wie den EURIBOR (European Interbank Offered Rate) oder den LIBOR (London Interbank Offered Rate) gekoppelt.[52]

Beispiel 4: Die X-AG emittiert eine Anleihe über 350 Mio. EUR mit einer Laufzeit von 7 Jahren und einem Zinscoupon von 365 Basispunkten über dem 3-Monats-EURIBOR.

Veränderungen des Referenzzinssatzes wirken sich unmittelbar auf die im Rahmen der Anleihe zu zahlenden Zinsen aus. Die Abhängigkeit der Verzinsung von dem gewählten Referenzzinssatz kann flexibel ausgestaltet und auch mit Festzinselementen kombiniert werden. So kann zusätzlich ein fester Mindestzinssatz (*floor-floater*) oder Höchstzinssatz (*cap-floater*) oder auch ein durch Mindest- und Höchstzinssatz gebildeter Zinskorridor (*mini-max-* oder auch *collared floater*) vorgesehen werden.[53]

Beispiel 5 (für einen Floor-Floater): Die Anleihe der X-AG aus Beispiel 4 wird zu 365 Basispunkten über dem 3-Monats-EURIBOR, mindestens jedoch zu 4,3 % p. a. verzinst.

Weiterhin ist ein Wechsel von festen zu variablen Zinszahlungen möglich (Zinsphasen-Anleihe).[54]

Beispiel 6: Die Anleihe der X-AG aus Beispiel 4 wird während der ersten drei Jahre zu 4,75 % p. a. und ab dem vierten Jahr mit 365 Basispunkten über dem 3-Monats-EURIBOR verzinst.

Bei einem Reversed Floater ermittelt sich die Verzinsung aus der Differenz zwischen einem Festzinssatz und einem Referenzzinssatz.[55] Steigende Referenzzinssätze führen bei dieser Ausgestaltung folglich zu sinkenden Zinszahlungen auf die Anleihe und umgekehrt, was sich aus Anlegersicht zur Spekulation auf fallende Kapitalmarktzinsen eignet.[56] Aus Emittentensicht eignen sich variabel verzinsliche Anleihen gegenüber festverzinslichen insbesondere zur Kapitalaufnahme in Hochzinsphasen.[57] Die Verknüpfung mit den Referenzzinssätzen am Kapitalmarkt führt auch dazu, dass das Marktwertrisiko (typischer) variabel verzinslicher Anleihen geringer ist.[58] Dem steht jedoch gegenüber, dass sich die absolute Rendite für den Anleger bzw. Zinslast

---

[50] Siehe zu Kündigungs- und Rückkaufsrechten unten, III. 2. e).
[51] Dazu *Achleitner*, S. 535 ff.; siehe zu Derivaten § 7.
[52] *Bosch*, Rn. 10/179 f.; Habersack/Mülbert/Schlitt/*Kaulamo*, Unternehmensfinanzierung am Kapitalmarkt, § 17 Rn. 41. Weiterhin kommt in Betracht, die Verzinsung einer Anleihe an die Inflationsentwicklung zu knüpfen.
[53] *Lenenbach*, Rn. 2.106. Zu den Zinsausgestaltungsmöglichkeiten auch Habersack/Mülbert/Schlitt/*Kaulamo*, Unternehmensfinanzierung am Kapitalmarkt, § 17 Rn. 41.
[54] *Lenenbach*, Rn. 2.106.
[55] *Bosch*, Rn. 10/182.
[56] *Lenenbach*, Rn. 2.106.
[57] Habersack/Mülbert/Schlitt/*Kaulamo*, Unternehmensfinanzierung am Kapitalmarkt, § 17 Rn. 41.
[58] Habersack/Mülbert/Schlitt/*Kaulamo*, Unternehmensfinanzierung am Kapitalmarkt, § 17 Rn. 41.

des Emittenten nicht im Voraus bestimmen lässt. Wie auch im Rahmen festverzinslicher Anleihen kann etwa mit Hilfe von Zinsderivaten eine Absicherung erreicht werden.[59]

c) Nullkuponanleihen

Bei Nullkuponanleihen *(zero bonds)* erfolgt die Verzinsung ausschließlich in Form einer Rückzahlung zu einem höheren Betrag als dem Ausgabebetrag, während zur Laufzeit der Anleihe keine Zinszahlungen erfolgen.[60] Die Emission eines Zero-Bond bietet sich an, wenn das Unternehmen während der Laufzeit der Anleihe keine Liquidität für Zinszahlungen aufwenden will. Jedoch erwarten Investoren oftmals, dass das bei Zero Bonds erhöhte Marktwertrisiko durch höhere Prämienzahlungen abgesichert wird.[61] Die kumulierte Zinszahlung am Ende der Laufzeit bringt mit sich, dass die Nullkuponanleihe eine im Voraus getroffene Zinseszinsvereinbarung beinhaltet. Das in § 248 Abs. 1 BGB normierte Zinseszinsverbot steht einer solchen Ausgestaltung richtigerweise aber nicht entgegen, weil der vorrangige Schutzzweck der Vorschrift, den Schuldner vor unkalkulierbaren oder schwer überschaubaren Belastungen zu schützen,[62] aufgrund der summenmäßigen Bestimmung des Rückzahlungsbetrags nicht verletzt ist.[63]

d) Bedeutung des Ratings für die Verzinsung

Neben den allgemeinen Kapitalmarktzinssätzen ist auch das jeder Anleihe innewohnende individuelle Rückzahlungsrisiko, oder anders gewendet, das Ausfallrisiko von Bedeutung für deren Verzinsung. Unterschieden nach dem Ausfallrisko gibt es eine Spannbreite verschiedener Anleihen, die von Anleihen mit besonders hoher Bonität, bis zu besonders risikohaften bzw. ausfallgefährdeten Anleihen reicht.[64] Je höher die Bonität ist, dh die Fähigkeit und Bereitschaft eines Anleiheemittenten, seinen Verbindlichkeiten sowohl der Höhe nach als auch termingerecht nachzukommen, desto geringer ist die Risikoprämie in Form eines Aufschlags auf den geltenden Marktzins, den der Emittent am Kapitalmarkt für die Aufnahme von Fremdkapital bezahlen muss, und desto geringer sind die Anforderungen der Investoren hinsichtlich der Besicherung der Anleihe.[65] Für die Beurteilung dieser Bonität kommt den von unabhängigen Agenturen erstellten Bewertungen *(ratings)* eine stetig wachsende Bedeutung zu.[66] Dabei ist zwischen dem Rating einer Anleihe selbst *(issue credit rating)* und

---

[59] Siehe oben a) sowie näher § 7.
[60] Habersack/Mülbert/Schlitt/*Kaulamo*, Unternehmensfinanzierung am Kapitalmarkt, § 17 Rn. 44. Siehe zu Varianten und wirtschaftlichen Hintergründen bereits oben, III. 1.
[61] Habersack/Mülbert/Schlitt/*Rühlmann*, Unternehmensfinanzierung am Kapitalmarkt, 2. Aufl. (2008), § 14 Rn. 8; zum Marktwertrisiko vgl. bereits oben, a).
[62] Vgl. Bamberger/Roth/*Grothe*, § 248 BGB, Rn. 1; siehe aber auch Palandt/*Grüneberg*, § 248 BGB, Rn. 1 f.
[63] Staudinger/K. *Schmidt*, § 248 BGB (1997), Rn. 24; *Ulmer/Ihrig*, ZIP 1985, 1169 (1173); vgl. auch OLG *Köln*, NJW-RR 1992, 682 f.; aA *Bezzenberger*, WM 2002, 1617 (1622).
[64] Habersack/Mülbert/Schlitt/*Kaulamo*, Unternehmensfinanzierung am Kapitalmarkt, § 17 Rn. 10.
[65] Habersack/Mülbert/Schlitt/*Kaulamo*, Unternehmensfinanzierung am Kapitalmarkt, § 17 Rn. 62; *Lenenbach*, Rn. 2.100 ff. Zur Besicherung siehe unten, III. 4. Im Rahmen der Produktstrukturierung ist es grundsätzlich auch möglich und zulässig, das Bonitätsrisiko einer Anleihe mit fremden (fiktiven) Referenzwerten zu verknüpfen, OLG *Frankfurt*, BKR 2002, 403 (405 ff.).
[66] Vgl. *Baums*, ILF Working Paper No. 48, S. 16. International renommierte Rating-Agenturen sind etwa Standard and Poor's, Moody's oder Fitch, die jeweils eigene Skalen für die unterschiedlichen Bonitätsstufen verwenden. Eingehend zu Ratings *Achleitner/Everling*, Handbuch Ratingpraxis, 2004, aus rechtlicher Sicht auch *Vetter*, WM 2004, 1701.

dem Rating des Emittenten *(issuer credit rating)* zu unterscheiden[67], die sich je nach Ausgestaltung der Anleihe auch unterscheiden können. Erstrangigen Emittenten mit einem positiven Rating stehen günstigere Finanzierungskonditionen offen als solchen schlechterer Bonität. Auch gestaltet sich die Platzierung von nicht gerateten Anleihen bei Investoren als zunehmend schwieriger.[68]

aa) Investment Grade

Anleihen mit einem Rating bezüglich der langfristigen Fremdfinanzierung von nicht schlechter als BBB- (Standard & Poor's, Fitch) bzw. Baa3 (Moody's) werden als Investment Grade bezeichnet.[69] Sie gelten als Anleihen mit grundsätzlich guter Bonität.[70] Hervorragende Ratings erhalten idR die Anleihen der Bundesrepublik Deutschland, ihrer Gebietskörperschaften oder ihrer Sondervermögen sowie diejenigen sonstiger öffentlich-rechtlicher Emittenten, bei denen der Emittent oder dessen Gewährträger neben seinem Vermögen auch mit dem Steueraufkommen haftet.[71] Gesellschaften, die eine Herabstufung ihres Ratings befürchten müssen, können für diesen Fall in den Anleihebedingungen eine automatische Erhöhung des Zinssatzes vorsehen, um die Investorennachfrage aufrecht zu erhalten.[72]

Beispiel 7: Die X-AG verfügt über ein Rating von A- (Standard & Poor's) mit einem negativen Ausblick. Sie emittiert eine Anleihe über 350 Mio. EUR und einer Laufzeit von sieben Jahren. Der Zinscoupon beträgt 5,25 % p. a., erhöht sich jedoch auf 5,75 % p. a., wenn das Rating der X-AG während der Laufzeit der Anleihe um mehr als eine Stufe, (dh unter BBB+) fallen sollte.

bb) High-Yield-Anleihen

Als High-Yield-Anleihen (Hochzinsanleihen) werden Anleihen von Emittenten mit geringerer Bonität (unter Investment Grade bzw. Non-Investment-Grade) und erhöhtem Ausfallrisiko bezeichnet.[73] High-Yield-Anleihen stammen ursprünglich aus den USA, wurden Ende der neunziger Jahre zunehmend auch an europäischen Kapitalmärkten emittiert und gelten mittlerweile in Europa als gängige Unternehmensfinanzierung über den Kapitalmarkt.[74] Zur Sicherung der Attraktivität für Investoren weisen sie daher eine entsprechend höhere Verzinsung in Form höherer Coupons oder Agios bzw. Disagios auf.[75]

---

[67] Habersack/Mülbert/Schlitt/*Kaulamo,* Unternehmensfinanzierung am Kapitalmarkt, § 17 Rn. 12 Rn. 1.
[68] Habersack/Mülbert/Schlitt/*Rudolf,* Unternehmensfinanzierung am Kapitalmarkt, § 1 Rn. 122.
[69] Vgl. *Harrer/Fisher,* FB 2003, 781; Habersack/Mülbert/Schlitt/*Kaulamo,* Unternehmensfinanzierung am Kapitalmarkt, § 17 Rn. 12.
[70] Habersack/Mülbert/Schlitt/*Kaulamo,* Unternehmensfinanzierung am Kapitalmarkt, § 17 Rn. 10.
[71] Habersack/Mülbert/Schlitt/*Rühlmann,* Unternehmensfinanzierung am Kapitalmarkt, 2. Aufl. (2008), § 14 Rn. 5.
[72] Siehe zu ratingabhängigen Zinsklauseln auch *Luttermann/Wicher,* ZIP 2005, 1529 (1532).
[73] *Achleitner,* S. 531 f.; Habersack/Mülbert/Schlitt/*Kaulamo,* Unternehmensfinanzierung am Kapitalmarkt, § 17 Rn. 10.
[74] Habersack/Mülbert/Schlitt/*Kaulamo,* Unternehmensfinanzierung am Kapitalmarkt, § 17 Rn. 10.
[75] Habersack/Mülbert/Schlitt/*Kaulamo,* Unternehmensfinanzierung am Kapitalmarkt, § 17 Rn. 10. Eingehend zur Begebung von High-Yield-Anleihen Habersack/Mülbert/Schlitt/*Hutter,* Unternehmensfinanzierung am Kapitalmarkt, § 18; *Harrer/Fisher,* FB 2003, 781 ff.; *Hoffmann/Baron,* ZBB 2005, 317; *Kusserow/Dittrich,* WM 2000, 745 ff., *Plepelits,* CFL 2010, 119 ff.

2. Laufzeit und Tilgung

Ein wesentliches Merkmal einer Anleihe bildet außerdem die Ausgestaltung der Laufzeit und der Tilgungsmodalitäten.

a) Anleihen mit fester Endfälligkeit

Die klassische Form der Anleihe weist einen von vornherein bestimmten Endfälligkeitstermin auf, zu dem sie zurückgezahlt wird *(straight bond)*. Die Laufzeiten solcher Anleihen liegen idR zwischen wenigen Tagen bis zu 30 Jahren.[76] Im Grundsatz gilt, dass eine späte Rückzahlung das Bonitätsrisiko für die Investoren erhöht und idR die Fremdkapitalaufnahme für den Emittenten verteuert.

b) Annuitäten-Anleihen

Auf Annuitäten-Anleihen wird vom Emittenten in gleich bleibenden Jahresraten geleistet.[77] Dabei steigt der Anteil der Tilgung an dem konstanten Jahresbetrag mit fortschreitender Laufzeit an.[78] Es kann vereinbart werden, dass die Tilgung erst nach einer rückzahlungsfreien Periode von beispielsweise drei bis fünf Jahren beginnt.[79]

Ewige Anleihen *(perpetual bonds)* weisen keine feste Endfälligkeit aus.[80] Das Fremdkapital wird somit für eine unbestimmte Dauer aufgenommen. Der Gläubiger hat Anspruch auf Zinszahlungen, kann jedoch nicht die Rückzahlung der Anleihe vom Emittenten verlangen.[81] Regelmäßig hat der Emittent jedoch nach den Anleihebedingungen das Recht, die Anleihe zu kündigen, um sich bei einer für ihn günstigeren Zinssituation für eine anderweitige Fremdkapitalaufnahme entscheiden zu können.[82]

Die Zulässigkeit einer ewigen Anleihe nach deutschem Recht ist nicht unumstritten, richtigerweise aber zu bejahen. Die für Inhaberschuldverschreibungen geltenden §§ 793 bis 808 BGB sehen ein bestimmtes Fälligkeitsdatum nicht als Wirksamkeitsvoraussetzung für die Begebung vor. Gegen eine Anwendung von § 801 BGB[83] spricht, dass diese Vorschrift nur Vorlegungs- und Verjährungsfristen erfasst. Auch kann der Anknüpfung von § 314 Abs. 1 S. 2 BGB an eine vereinbarte Beendigung nicht entnommen werden, dass ein Beendigungszeitpunkt zwingend vereinbart wer-

---

[76] *Lenenbach*, Rn. 2.107. Zu Laufzeiten bei verschiedenen Anleihetypen siehe auch Habersack/Mülbert/Schlitt/*Kaulamo*, Unternehmensfinanzierung am Kapitalmarkt, § 17 Rn. 47.
[77] *Bosch*, Rn. 10/178.
[78] *Achleitner*, S. 515.
[79] *Lenenbach*, Rn. 2.108; zu weiteren Ausgestaltungsmöglichkeiten einer Tilgung vor Laufzeitende siehe *Hartwig-Jacob*, S. 304 ff.
[80] Anzutreffen sind auch Vereinbarungen von sehr langen Endfälligkeiten nach 100 oder 1.000 Jahren, vgl. Hampl/Sarges/Niethammer, Die Bank 2006, 16 (17); *Hartwig-Jacob*, S. 45.
[81] *Hartwig-Jacob*, S. 45.
[82] Habersack/Mülbert/Schlitt/*Rühlmann*, Unternehmensfinanzierung am Kapitalmarkt, 2. Aufl. (2008), § 14 Rn. 42. Zur Kündigung seitens des Emittenten bei Hybridanleihen, Habersack/Mülbert/Schlitt/*Gleske*, Unternehmensfinanzierung am Kapitalmarkt, § 19 Rn. 23. Alternativ oder bei Fehlen eines Kündigungsrechts des Emittenten steht diesem als (weitere) Tilgungsmöglichkeit der Rückkauf der ausstehenden Anleihe zur Verfügung, *Hartwig-Jacob*, S. 45. Eingehend zur Ausgestaltung ewiger Anleihen *Vater*, FB 2006, 44 ff.
[83] § 801 BGB sieht vor, dass der Anspruch aus einer Inhaberschuldverschreibung mit dem Ablauf von 30 Jahren nach dem Eintritt der für die Leistung bestimmten Zeit erlischt, wenn nicht die Urkunde vor dem Ablauf der 30 Jahre dem Aussteller zur Einlösung vorgelegt wird. Erfolgt die Vorlegung, so verjährt der Anspruch in zwei Jahren von dem Ende der Vorlegungsfrist an.

den muss.[84] Weiterhin stehen nach zutreffender Betrachtung Gesichtspunkte des Verbraucherschutzes nicht entgegen. Denn auch wenn den Anleihegläubigern im Unterschied zum Emittenten kein ordentliches Kündigungsrecht zusteht, unterliegen diese keiner Knebelung, da ihnen stets ein außerordentliches Kündigungsrecht aus wichtigem Grund verbleibt.[85] Auch das Bundesverfassungsgericht ging in anderem Zusammenhang von der Zulässigkeit einer ewigen Anleihe aus.[86]

d) Stripped Bonds

Bei Stripped Bonds (Strip = Separate Trading of Registered Interest and Principal of Securities) werden die Zins- und Tilgungszahlungen voneinander entkoppelt und einzeln in Zero Bonds verbrieft und gehandelt.[87] Dies ermöglicht die Ansprache auch solcher Investoren, die Risiken der Wiederanlage für bestimmte Laufzeiten ausschließen wollen.[88]

e) Kündigungs- und Rückkaufsrechte

Da es sich bei Anleihen um vertragliche Dauerschuldverhältnisse handelt, kommt zur vorzeitigen Beendigung vorrangig das Instrument der Kündigung in Betracht.[89] Ordentliche, ohne das Vorliegen eines besonderen Grundes ausübbare Kündigungsrechte, bestehen jedoch nur insoweit, als sie in den Anleihebedingungen ausdrücklich vorgesehen sind.[90] Dagegen besteht das Recht zur außerordentlichen Kündigung aus wichtigem Grund stets auch ohne ausdrückliche Regelung und ist, selbst bei ewigen Anleihen, einer Abbedingung nicht zugänglich.[91]

aa) Des Emittenten

Dem Emittenten ermöglicht die Einräumung von ordentlichen Kündigungsrechten *(call option)* eine Feinjustierung der Laufzeit der Anleihe. So kann etwa bei gesunkenen Kapitalmarktzinsen eine ausstehende Anleihe, die fest zu einem höheren Satz zu verzinsen ist, gekündigt und neues Fremdkapital zu günstigeren Bedingungen aufgenommen werden.[92] Die Praxis sieht bei Einräumung ordentlicher Kündigungsrechte des Emittenten häufig eine gewisse Mindestlaufzeit *(non-call period)* vor, um Investoren eine gewisse Sicherheit für die Kalkulation ihres Investments zu bieten.[93] Bei High-Yield-Anleihen stellen zu festen Terminen bestehende ordentliche Kündigungsrechte *(optional redemption)* nach drei bis fünf Jahren Laufzeit den Regelfall

---

[84] *Schäfer,* in: FS Kümpel 2003, 453 (457).
[85] *Bosch,* Rn. 10/186b; Habersack/Mülbert/Schlitt/*Gleske,* Unternehmensfinanzierung am Kapitalmarkt, § 19 Rn. 22.
[86] BVerfG, NJW 2002, 3009 (3012).
[87] *Lenenbach,* Rn. 2.105. Seit 1997 besteht die Möglichkeit eines getrennten Handels von Kapital- und Zinsansprüchen auch für Bundesanleihen, *Achleitner,* S. 505 f.
[88] Habersack/Mülbert/Schlitt/*Kaulamo,* Unternehmensfinanzierung am Kapitalmarkt, § 17 Rn. 48.
[89] Daneben besteht die Möglichkeit eines Rückkaufs der Anleihe durch den Emittenten, *Hartwig-Jacob,* S. 311. Ein Rückkauf erweist sich für den Emittenten immer dann als vorteilhaft, wenn der Kurs einer Anleihe unter ihrem Nominalwert notiert, *Achleitner,* S. 515.
[90] *Lenenbach,* Rn. 2.111; Habersack/Mülbert/Schlitt/*Kaulamo,* Unternehmensfinanzierung am Kapitalmarkt, § 17 Rn. 48.
[91] § 314 BGB, siehe dazu Palandt/*Grüneberg,* § 314 BGB Rn. 3; Habersack/Mülbert/Schlitt/*Gleske,* Unternehmensfinanzierung am Kapitalmarkt, § 19 Rn. 22.
[92] Habersack/Mülbert/Schlitt/*Kaulamo,* Unternehmensfinanzierung am Kapitalmarkt, § 17 Rn. 48.
[93] *Achleitner,* S. 516; *Hartwig-Jacob,* S. 292; Habersack/Mülbert/Schlitt/*Kaulamo,* Unternehmensfinanzierung am Kapitalmarkt, § 17 Rn. 48.

dar.⁹⁴ Außerordentliche Kündigungsrechte des Emittenten sind oftmals an steuerliche Tatbestände geknüpft (sog *tax call*).⁹⁵ Vom Emittenten einer Inhaberschuldverschreibung ausgesprochene Kündigungen sind nicht als empfangsbedürftige Willenserklärung zu betrachten, weil die Anleihegläubiger dem Emittenten nicht individuell bekannt sind.⁹⁶ Der Emittent kann eine Kündigung daher wirksam auch durch allgemein zugängliche Veröffentlichung erklären.⁹⁷

bb) Der Anleger

Außerordentliche Kündigungsrechte der Anleger sind üblich bei beispielsweise Zahlungsverzug⁹⁸ oder anderweitigen wesentlichen Pflichtverletzungen des Emittenten, wenn diese nach Ablauf einer bestimmten Frist und/oder einer Mahnung noch fortbestehen.⁹⁹ Kündigungsrechte aus Anlass einer bloßen Herabstufung des Ratings sind dagegen selten.¹⁰⁰ Ein weiteres wichtiges Kündigungsrecht der Anleger stellt die Drittverzugsklausel dar.¹⁰¹

3. Rangverhältnis

Von Bedeutung ist weiterhin das Rangverhältnis der Forderungen aus einer Anleihe zu sonstigen Gläubigerforderungen gegenüber dem Emittenten, das im Fall der Insolvenz die Stellung der Anleihegläubiger bestimmt. Ohne Vorliegen einer gesonderten Regelung weisen Verbindlichkeiten aus einer Anleihe keinen Rangunterschied zu sonstigen unbesicherten Forderungen der sonstigen Gläubiger des Emittenten auf (pari passu).¹⁰² Differenzierte Rangverhältnisse lassen sich jedoch sowohl durch Vereinbarung in den Anleihebedingungen als auch im Wege der Gestaltung der Emissionsstruktur regeln.

a) Vertraglicher Nachrang

Im Fall eines vertraglichen Nachrangs wird in den Anleihebedingungen ausdrücklich das Zurücktreten der Forderungen der Anleihegläubiger hinter sonstige Gläubigerforderungen gegenüber dem Emittenten bestimmt. In diesem Fall spricht man von Subordinated Bonds.¹⁰³

---

⁹⁴ Habersack/Mülbert/Schlitt/*Kaulamo*, Unternehmensfinanzierung am Kapitalmarkt, § 17 Rn. 49.
⁹⁵ *Lenenbach*, Rn. 2.109; *Bosch*, Rn. 10/184, 10/189 ff.
⁹⁶ *Bosch*, Rn. 10/192; *Hartwig-Jacob*, S. 295.
⁹⁷ Im Ergebnis so auch *OLG Frankfurt*, ZIP 1994, 26 (27). Die Anleihebedingungen sehen regelmäßig eine nähere Konkretisierung der Art und Weise von Bekanntmachungen vor, etwa im (elektronischen) Bundesanzeiger oder auf einer bestimmten Bildschirmseite (zB in elektronischen Informationssystemen wie Reuters oder Bloomberg).
⁹⁸ Habersack/Mülbert/Schlitt/*Kaulamo*, Unternehmensfinanzierung am Kapitalmarkt, § 17 Rn. 73.
⁹⁹ *Hartwig-Jacob*, S. 302; *Lenenbach*, Rn. 2.109.
¹⁰⁰ *Bosch*, Rn. 10/186a. Siehe hierzu auch oben, III. 1. d).
¹⁰¹ Dazu siehe unten III. 4. d). Besondere Kündigungsrechte sind häufig bei High-Yield-Anleihen anzutreffen, wie etwa für den Fall einer wirtschaftlich relevanten Veränderung der Eigentümerstruktur oder dem Verstoß gegen besondere Covenants, *Achleitner*, S. 516, Habersack/Mülbert/Schlitt/*Kaulamo*, Unternehmensfinanzierung am Kapitalmarkt, § 17 Rn. 51.
¹⁰² Entsprechende ausdrückliche Pari-Passu-Klauseln in den Anleihebedingungen haben rein deklaratorischen Charakter, so zutreffend *Lenenbach*, Rn. 2.120. Ihnen kommt gleichwohl (insbesondere im Zusammenwirken mit der Negativverpflichtung, dazu unten 4. c) praktischer Wert zu, sofern an einen Verstoß der Negativverpflichtung ein Kündigungsrecht der Anleihegläubiger geknüpft ist, vgl. *Hartwig-Jacob*, S. 515 f.
¹⁰³ *Achleitner*, S. 516.

b) Struktureller Nachrang

Ein struktureller Nachrang liegt vor, wenn der Emittent selbst über keinen nennenswerten eigenen Geschäftsbetrieb oder keine Vermögenswerte verfügt[104], sondern sich auf (Zwischen-)Holding- oder Finanzierungsfunktionen beschränkt. Er ist dann zur Erfüllung seiner Verpflichtungen aus der Anleihe auf Zahlungen (insbesondere Dividenden) von verbundenen Unternehmen angewiesen, die das operative Geschäft betreiben. Die Anleihegläubiger befinden sich gegenüber einer Direktemission einer operativ tätigen Gesellschaft in einer schlechteren Position, weil sie nur mittelbar und in Konkurrenz zu den übrigen Gläubigern der verbundenen Unternehmen auf deren Vermögenswerte zugreifen können. Zur Überwindung eines strukturellen Nachrangs wird daher nicht selten von Investoren erwartet, dass die operativ tätigen Gesellschaften zur Besicherung der Anleihe Garantien gewähren, wodurch die Anleihegläubiger mit den sonstigen Gläubigern der operativen Gesellschaften gleichgestellt werden.[105]

4. Sicherung der Gläubigerrechte

Wie Darlehensforderungen können auch die Forderungen der Anleihegläubiger besichert werden *(secured debt)*. Insbesondere bei niedriger Bonität oder Kapitalausstattung des Emittenten kann eine Besicherung erforderlich sein, um die für eine erfolgreiche Platzierung der Anleihe notwendige Investorennachfrage generieren zu können.[106] Besicherungen können jedoch auch dazu dienen, einzelnen Anleihen einen besonderen Status oder ein besseres Issue Credit Rating zu verschaffen.[107] Sicherheitenbezogene Regelungen in den Anleihebedingungen wirken meist nicht konstitutiv, sondern vereinbaren lediglich die Zurverfügungstellung von Sicherheiten, die mittels separater Urkunden bestellt werden.[108]

a) Personalsicherheiten

Als Personalsicherheit kommt im Rahmen von Anleiheemissionen insbesondere die Garantieerklärung in Betracht.[109] Sie kommt typischerweise bei Emissionen über eine ausländische Zweckgesellschaft zur Anwendung.[110] Da die ausländische Zweckgesellschaft oftmals nur über eine geringe Kapitalausstattung und über keinen eigenen wirtschaftlich bedeutsamen Geschäftsbetrieb verfügt, garantiert die Konzernmutter die Rückzahlung und die Leistung der Zinszahlungen auf die Anleihe.[111] Aus wirtschaftlicher Sicht kann die Anleihe daher als von der Muttergesellschaft selbst ausgegeben betrachtet werden und somit auch dasselbe Rating erhalten. In der seitens

---

[104] Habersack/Mülbert/Schlitt/*Kaulamo*, Unternehmensfinanzierung am Kapitalmarkt, § 17 Rn. 57.
[105] Garantien von Kapitalgesellschaften an ihre Gesellschafter (Upstream-Garantien) können jedoch im Konflikt mit den Vorschriften über die Kapitalerhaltung stehen, vgl. §§ 30 Abs. 1 GmbHG, 57 AktG. Eingehend zu Garantien Habersack/Mülbert/Schlitt/*Kaulamo*, Unternehmensfinanzierung am Kapitalmarkt, § 17 Rn. 64 ff.
[106] Sicherungsklauseln in Anleihen stellen quasi einen Ausgleich für fehlende mitgliedschaftliche Verwaltungsrechte der Anleihegläubiger dar, dazu eingehend *Baums*, ILF Working Paper No. 48, S. 6, 22 ff.
[107] Zur Bedeutung des Ratings siehe oben III. 1. d).
[108] *Bosch*, Rn. 10/187.
[109] *Schlitt/Schäfer*, AG 2009, 477 (480).
[110] *Achleitner*, S. 515; Habersack/Mülbert/Schlitt/*Kaulamo*, Unternehmensfinanzierung am Kapitalmarkt, § 17 Rn. 64, vgl. auch *Hartwig-Jacob*, S. 368.
[111] Siehe bereits oben II. 4.

der Muttergesellschaft gegenüber der Tochter bzw. der Zweckgesellschaft abgegebenen Garantieerklärung liegt entsprechend dem regelmäßig ausdrücklich erklärten Parteiwillen ein Vertrag zugunsten der Anleihegläubiger, aus dem diese bei Zahlungsverzug der Tochtergesellschaft eigene Ansprüche herleiten können.[112] Ähnlich kommt bei der Emission einer Anleihe durch eine Konzern-Holdinggesellschaft, die kein operatives eigenes Geschäft verfügt, die Absicherung durch Garantien von operativen Tochtergesellschaften (sog Upstream-Garantien) in Betracht.[113] Durch solche Garantien der operativen Tochtergesellschaften werden die Anleihegläubiger auf gleichen Rang mit den direkten Gläubigern dieser Tochtergesellschaft gestellt und haben auf deren Vermögen direkten Zugriff.[114]

b) Realsicherheiten

Neben Personalsicherheiten können auch die klassischen Realsicherheiten wie Pfandrechte, Grundschulden und Hypotheken zur Besicherung einer Anleihe herangezogen werden.[115] In der Praxis stellt dies – außer zum Teil im High-Yield-Markt[116] und vereinzelt bei Mittelstandsanleihen[117] – jedoch den Ausnahmefall dar.[118] Einen Sonderfall bilden Asset-Backed-Securities sowie Pfandbriefe und Kommunalobligationen, bei denen die Art der Besicherung prägend für den jeweiligen Anleihetyp ist.[119]

c) Negativerklärung

Die Negativerklärung *(negative pledge)* ist neben der Garantie die wichtigste Form der Anleihebesicherung und dient dem Zweck, das Vermögen des Emittenten (bzw. des Garanten) während der Laufzeit der Anleihe frei von zusätzlichen Lasten zu halten.[120] Dazu verpflichtet sich der Emittent bzw. der Garant, während der Laufzeit der Anleihe für andere gleich- oder nachrangige Verbindlichkeiten[121] keine Sicherheiten zu bestellen, sofern nicht die Forderungen der Anleihegläubiger in gleicher Weise besichert werden. Die Vertragsfreiheit ermöglicht, je nach Interessenlage der Parteien flexible Ausnahmen vorzusehen.[122]

---

[112] § 328 Abs. 1 BGB, vgl. auch *Bosch*, Rn. 10/198.
[113] Habersack/Mülbert/Schlitt/*Kaulamo*, Unternehmensfinanzierung am Kapitalmarkt, § 17 Rn. 64.
[114] Die Gleichrangigkeit gilt allerdings nur insoweit, als die operativen Tochtergesellschaften direkten Gläubigern keine Realsicherheiten bestellt haben; zu Garantien von operativen Tochtergesellschaften auch Habersack/Mülbert/Schlitt/*Kaulamo*, Unternehmensfinanzierung am Kapitalmarkt, § 17 Rn. 64.
[115] §§ 1113 ff., 1191 ff., 1204 ff. BGB.
[116] Zur Bedeutung von Realsicherheiten bei High Yield-Anleihen, Habersack/Mülbert/Schlitt/*Kaulamo*, Unternehmensfinanzierung am Kapitalmarkt, § 17 Rn. 70.
[117] Im Bereich der Mittelstandsanleihen wurden zum Beispiel „Immobilienanleihen", dh Anleihen von Immobiliengesellschaften oder Objektgesellschaften besichert. Teilweise erfolgte auch bei Anleihen im Bereich der Erneuerbaren Energien eine Besicherung (zB mit Verpfändung der Anteile an der Projektgesellschaften).
[118] *Lenenbach*, Rn. 2.121; *Hartwig-Jacob*, S. 435; Habersack/Mülbert/Schlitt/*Kaulamo*, Unternehmensfinanzierung am Kapitalmarkt, § 17 Rn. 69.
[119] Siehe dazu unten IV. 2. und 3.
[120] *Bosch*, Rn. 10/184; Habersack/Mülbert/Schlitt/*Kaulamo*, Unternehmensfinanzierung am Kapitalmarkt, § 17 Rn. 58.
[121] Üblicherweise erfolgt eine Beschränkung auf in den Anleihebedingungen näher definierte Kapitalmarktverbindlichkeiten.
[122] Der Emittent hat typischerweise ein Interesse an einer möglichst eng gefassten Negativerklärung, um sich in seiner unternehmerischen Entscheidungsfreiheit so wenig wie möglich zu beschränken, vgl. Habersack/Mülbert/Schlitt/*Kaulamo*, Unternehmensfinanzierung am Kapitalmarkt, § 17 Rn. 58. Eingehend zur rechtlichen Würdigung der Negativklausel *Hartwig-Jacob*, S. 477 ff.

d) Drittverzugsklausel

Die Drittverzugsklausel *(cross default clause)* räumt den Anlegern ein Kündigungsrecht ein, wenn der Emittent Zahlungs- oder andere wesentliche Pflichten aus Finanzierungsverträgen gegenüber Dritten verletzt. Alternativ berechtigt sie den Anleger zur Kündigung, wenn dieser zur außerordentlichen Kündigung einer anderen Verbindlichkeit desselben Emittenten berechtigt ist.[123] Die engere Fassung *(cross acceleration clause)* erfordert für eine Kündigung, dass eine Verbindlichkeit bereits von einem Dritten gekündigt wurde; bei der weiteren Variante genügt allein der Umstand, dass der Dritte die Verbindlichkeit kündigen kann, ohne dass er bereits eine Kündigung erklärt hat.[124] Üblicherweise enthält die Drittverzugsklausel eine Untergrenze (Wesentlichkeitsschwelle) in Bezug auf die fällige Forderung.[125]

e) Besonderheiten bei High-Yield-Anleihen

Aufgrund der schlechteren Bonität der Emittenten von High-Yield-Anleihen besteht bei diesen Schuldtiteln meist ein gesteigertes Bedürfnis der Investoren nach einer Besicherung. Zusätzlich zu den vorgenannten Sicherungsinstrumenten sind daher weitergehende Abreden verbreitet, wie etwa Zusicherungen zur Einhaltung einer bestimmten Kapitalstruktur und Finanzierungskennziffern *(financial covenants)*, Beschränkungsabreden hinsichtlich der Mittelverwendung, insbesondere Ausschüttungen *(limitation on restricted payments)*, und hinsichtlich des Verkaufs von Vermögensgegenständen *(limitation on sales of assets)*, sowie Kündigungsrechte oder Rückkaufsverpflichtungen des Emittenten bei einem Gesellschafterwechsel *(change of control)*.[126]

IV. Sonderformen

Die folgenden Anleihegattungen haben besondere Bedeutung am Kapitalmarkt erlangt:

1. Hybridanleihen

Hybridanleihen stellen eine Zwischenform von Eigen- und Fremdkapital dar. Bei ihnen handelt es sich im Ausgangspunkt um Fremdkapital, das jedoch eigenkapitalähnlich ausgestaltet ist. Ihr wichtigster Vorteil besteht darin, dass sie bei entsprechender Ausgestaltung aus rating-, bilanz- und/oder aufsichtsrechtlichen Gesichtspunkten wie Eigenkapital behandelt werden können,[127] ohne dass damit die vergleichsweise hohen Kosten für eine Eigenkapitalaufnahme verbunden sind. Um die Stellung der Anleihegläubiger der von Gesellschaftern möglichst anzunähern, sind Hybridanlei-

---

[123] *Bosch*, Rn. 10/185; *Lenenbach*, Rn. 2.109.
[124] Habersack/Mülbert/Schlitt/*Kaulamo*, Unternehmensfinanzierung am Kapitalmarkt, § 17 Rn. 75.
[125] Habersack/Mülbert/Schlitt/*Kaulamo*, Unternehmensfinanzierung am Kapitalmarkt, § 17 Rn. 77.
[126] Vgl. ausführlich *Baums*, ILF Working Paper No. 48, S. 22 ff.; zu finanziellen Zusicherungen Habersack/Mülbert/Schlitt/*Kaulamo*, Unternehmensfinanzierung am Kapitalmarkt, § 17 Rn. 59 ff. jeweils mit weiteren Beispielen, sowie auch *Siebel*, S. 481 ff.; ausführlich zu Zusicherungen bei High-Yield-Anleihen Habersack/Mülbert/Schlitt/*Hutter*, Unternehmensfinanzierung am Kapitalmarkt, § 18 Rn. 67 ff.
[127] Vergleiche dazu auch *Schlitt/Brandi/Schröder/Gemmel/Ernst*, CFL 2011, 105 ff.

hen typischerweise als ewige Anleihen ausgestaltet und darüber hinaus mit einer Nachrangabrede versehen. Der Anleger kann daher eine Rückzahlung vor der Liquidation der Gesellschaft nicht verlangen und wird in diesem Fall erst nach allen übrigen Gläubigern, an letzter Stelle vor den Gesellschaftern befriedigt. Dagegen steht dem Emittenten nach Ablauf einer bestimmten Zeitspanne ein Kündigungs- oder Rückkaufsrecht zu.[128]

2. Asset-Backed-Securities

Asset-Backed-Securities (ABS) sind besicherte Anleihen, die mit einem bestimmten Pool von Forderungen unterlegt sind.[129] Zins- und Tilgungsleistungen erfolgen nur aus den laufenden Zahlungseingängen auf diesen Forderungspool, weshalb sich das Rating von Asset-Backed-Securities nahezu ausschließlich nach der Werthaltigkeit des zugrunde liegenden Forderungspools bestimmt.[130] Zur Beschränkung des Gläubigerzugriffs auf den Forderungspool erfolgt die Übertragung der Forderungen auf eine Zweckgesellschaft, die dann die Anleihen emittiert.[131] Die Verbriefung von Forderungen trägt durch die erhöhte Fungibilität und die größere Anzahl an Marktteilnehmern auch zur Bildung eines objektivierten Marktpreises und damit zu erhöhter Transparenz und Effizienz bei.[132]

3. Pfandbriefe, Kommunalobligationen

Pfandbriefe und Kommunalobligationen sind gemäß § 1 Abs. 1 PfandBG gedeckte Schuldverschreibungen, die mit Hypotheken oder mit Forderungen gegen die öffentliche Hand besichert sind.[133] Sie dienen der Refinanzierung des Hypotheken- und Kommunalkreditgeschäfts, weshalb ihnen hohe praktische Bedeutung zukommt.[134] Rechtsgrundlage für ihre Begebung ist das Pfandbriefgesetz (PfandBG).[135] Je nach Art

---

[128] Weitergehend zu Hybridanleihen *Hampl/Sarges/Niethammer*, Die Bank 2006, 16 ff.; *John/Brunner*, Going Public 2006, 52 f.; Habersack/Mülbert/Schlitt/*Gleske*, Unternehmensfinanzierung am Kapitalmarkt, § 19; *Schlitt/Brandi/Schröder/Gemmel/Ernst*, CFL 2011, 105 ff.

[129] Oft handelt es sich dabei um Kundenkredit-, Leasing- oder Mietforderungen. Auch Hypothekenforderungen sind zur Unterlegung gebräuchlich, in diesem Fall spricht man von Mortgage-Backed-Securities. Ein im deutschen Markt sich erst entwickelnder, im anglo-amerikanischen Raum jedoch bereits verbreiteter Typ sind zudem mit Lizenzforderungen aus gewerblichen Schutzrechten unterlegte Wertpapiere, sog IP (Intellectual Property)-Backed Securities, vgl. dazu *Sopp*, FAZ v. 10.5.2006, S. 27. Einführend zu ABS *Hartwig-Jacob*, S. 440 ff. sowie ausführlich Habersack/Mülbert/Schlitt/*Geiger*, Unternehmensfinanzierung am Kapitalmarkt, § 22, aus ökonomischer Sicht *Achleitner*, S. 419 ff.

[130] Voraussetzung ist eine entsprechende „Reservierung" der Forderungen auch für den Insolvenzfall des verbriefenden Unternehmens, vgl. dazu Habersack/Mülbert/Schlitt/*Geiger*, Unternehmensfinanzierung am Kapitalmarkt, § 22 Rn. 12.

[131] *Achleitner*, S. 424. Zur Transaktionsstruktur auch Habersack/Mülbert/Schlitt/*Geiger*, Unternehmensfinanzierung am Kapitalmarkt, § 22 Rn. 2 ff.

[132] Habersack/Mülbert/Schlitt/*Rühlmann*, Unternehmensfinanzierung am Kapitalmarkt, 2. Aufl. (2008), § 14 Rn. 6.

[133] Pfandbriefe grenzen sich von Asset-Backed-Securities ua dadurch ab, dass anstelle eines mittels einer Zweckgesellschaft gebildeten Sondervermögens die zur Sicherung herangezogenen Forderungen weiterhin zum Gesamtvermögen der emittierenden Pfandbriefbank gehören, so dass sich die Bonität unterschiedlicher Pfandbriefe desselben Instituts in der Regel gleicht, *Achleitner*, S. 509.

[134] *Lenenbach*, Rn. 2.133.

[135] Art. 1 des Gesetzes zur Neuordnung des Pfandbriefrechts vom 22.5.2005, BGBl. I, 1373, das die zuvor geltenden Vorschriften des HypBankG, des ÖPG und des SchBkG ablöst. Siehe zum neuen Pfandbriefrecht *Frank/Glatzl*, WM 2005, 1681 ff.

der Sicherung werden gemäß § 1 Abs. 1 PfandBG Hypothekenpfandbriefe, öffentliche Pfandbriefe (auch Kommunalobligationen genannt) und Schiffspfandbriefe unterschieden.[136] Die Ausgabe von Pfandbriefen ist gemäß § 2 PfandBG nur durch Kreditinstitute im Sinne des Kreditwesengesetzes (KWG) zulässig und bedarf der schriftlichen Erlaubnis der Bundesanstalt für Finanzdienstleistungsaufsicht (BaFin).[137] In die Emission ist gemäß §§ 7 bis 11 PfandBG ein Treuhänder einzuschalten, der die zur Deckung verwendeten Werte verwaltet. In Zwangsvollstreckung und Insolvenz genießen die zur Deckung der Pfandbriefe verwendeten Sicherheiten gemäß §§ 29 ff. PfandBG einen privilegierten Schutz. Zur Sicherstellung der Refinanzierungsfunktion darf den Pfandbriefgläubigern gemäß § 6 Abs. 2 PfandBG kein Kündigungsrecht eingeräumt werden. Zur Steigerung der Liquidität im Sekundärmarkt und zur weiteren Senkung der Refinanzierungskosten wurde seit 1995 dazu übergegangen, sog Jumbopfandbriefe mit einem Emissionsvolumen von 500 Mio. EUR und mehr zu emittieren.[138]

4. Katastrophen-Anleihen

Katastrophen-Anleihen (*CAT-bonds* bzw. *insurance linked securities*) wurden als alternative Form des Risikotransfers für Versicherungs- und Rückversicherungsunternehmen entwickelt. Dabei wird die Kapitalbeschaffung der (Rück-)Versicherer mit den von diesen versicherten Risiken verknüpft und damit das versicherte Risiko auf eine Vielzahl von Investoren verteilt. Zu diesem Zweck sind bei Katastrophenanleihen die Zins- und/oder Rückzahlungsansprüche der Gläubiger ganz oder teilweise an den Nichteintritt bestimmter (Groß-)Schadensereignisse geknüpft.[139]

Beispiel 8: Die X Versicherungs-AG begibt einen CAT-Bond über 750 Mio. EUR mit einer Laufzeit von vier Jahren. Die Rückzahlung erfolgt nur dann zum vollen Nennbetrag, wenn es während der Laufzeit der Anleihe in Nordamerika zu keinem Erdbeben mit einer Stärke von mehr als 6,0 auf der Richter-Skala kommt, bei Eintritt eines solchen Erdbebens erfolgt eine Rückzahlung zu 65 %, bei zwei solchen Ereignissen zu 30 %, während bei drei und mehr Erdbeben der Rückzahlungsanspruch ganz entfällt. Die Verzinsung der Anleihe beträgt 5,25 %, plus einen Zuschlag von 0,75 %, wenn es zu keinem Erdbeben kommt.

5. Teileingezahlte Anleihen

Neben dem üblichen Fall der Anleiheemission zum Nennbetrag (ggf. abzüglich eines etwaigen Disagios) können auch teileingezahlte Anleihen begeben werden, auf die der Erwerber zunächst nur einen Teil des Ausgabepreises leistet (Partly-Paid-Anleihen).[140] Die Sicherstellung der Leistung auch des Restbetrags erfolgt jedoch typischerweise nicht in Form einer individuellen Verpflichtung der Anleihegläubiger (Restbetragsschuldner), da dies kaum praktikabel wäre.[141] Teileingezahlte Anleihen werden

---

[136] Schiffspfandbriefen liegen Schiffshypotheken zugrunde. Daneben kommen in begrenztem Umfang auch weitere Deckungswerte in Betracht, vgl. §§ 19 Abs. 1, 20 Abs. 2, 26 Abs. 1 PfandBG.
[137] Weitere Anforderungen für das Betreiben des Pfandbriefgeschäfts finden sich in den §§ 27 f. PfandBG. Um Irreführungen des Rechtsverkehrs zu vermeiden, dürfen Schuldverschreibungen nach § 41 PfandBG zudem nur dann als Pfandbriefe bezeichnet werden, wenn sie gemäß dem PfandBG oder aufgrund vergleichbarer europäischer Vorschriften begeben werden.
[138] *Achleitner*, S. 509 f. Weiterführende Marktstudien bietet der Verband deutscher Pfandbriefbanken unter www.pfandbrief.de.
[139] Ausführlich zu Katastrophenanleihen *König*, VersR 1997, 1042.
[140] Dieser Anleihetyp ist im Markt jedoch vergleichsweise selten anzutreffen, *Siebel*, S. 78.
[141] Eine in diesem Fall erforderliche Begebung der Anleihe als Namensschuldverschreibung würde deren Handelbarkeit beschränken, *Bosch*, Rn. 10/205 (zu bankaufsichtsrechtlichen As-

stattdessen häufig als frei handelbares Inhaberpapier emittiert, das lediglich das Recht verbrieft, gegen Leistung des Restausgabebetrags eine voll eingezahlte Schuldverschreibung zu erhalten.[142]

6. Schuldbuchforderungen der öffentlichen Hand

Anleiheemissionen des Bundes und seiner Sondervermögen werden im Regelfall nicht wertpapiermäßig verbrieft, sondern in das Bundesschuldbuch eingetragen (sog Wertrechte).[143] Dieses wird von der Bundesrepublik Deutschland Finanzagentur GmbH geführt. Das Nähere regelt das Bundesschuldenwesengesetz (BSchuWG).[144] Unterschieden wird zwischen Einzel- und Sammelschuldbuchforderungen, die jeweils gemäß § 5 Abs. 3 BuSchuWG durch Eintragung in die jeweilige Abteilung des Bundesschuldbuchs begründet werden. Einzelschuldbuchforderungen werden durch Abtretung nach den §§ 398 ff. BGB übertragen, wobei jedoch die Abtretungsanzeige gemäß § 8 Abs. 1 BSchuWG als lex specialis zu § 409 BGB durch die Eintragung in das Bundesschuldbuch ersetzt wird.[145] Da dem Bundesschuldbuch öffentlicher Glaube zukommt, ist abweichend von den Vorschriften des bürgerlichen Rechts gemäß § 8 Abs. 2 BuSchuWG auch ein gutgläubiger Erwerb eingetragener Forderungen möglich. Sammelschuldbuchforderungen gelten dagegen gemäß § 6 Abs. 2 BuSchuWG als Wertpapiersammelbestand, die Gläubiger als Miteigentümer nach Bruchteilen. Ihre Übertragung richtet sich daher nach den sachenrechtlichen Vorschriften der §§ 929 ff. BGB und 6 bis 9 DepotG.[146]

V. Emissions- und Platzierungsverfahren

Anleihen sind, anders als Aktien und Wandelschuldverschreibungen, frei von Bezugsrechten der Gesellschafter des Emittenten und können frei platziert werden. Bei der Emissionsform lassen sich zwei Gestaltungen unterscheiden.[147] Im Rahmen einer Selbstemission (auch Direktplatzierung genannt) wird die Schuldverschreibung vom Emittenten/Garanten unmittelbar an die Anleger emittiert, die Teilschuldverschreibungen werden von diesen originär erworben und in diesem Verhältnis erstmals verbrieft.[148] Erfolgt dagegen eine Fremdemission, wird die Anleihe zunächst an eine oder mehrere Banken emittiert, die diese dann bei den Anlegern weiterplatziert

---

pekten der Emission von Namensschuldverschreibungen siehe auch oben Fn. 36). Weiterhin hätte der Emittent das Bonitätsrisiko der Anleger zu tragen.
[142] *Bosch*, Rn. 10/205.
[143] Sie unterfallen gleichwohl dem Wertpapierbegriff des § 2 Abs. 1 WpHG, der eine Verbriefung nicht voraussetzt.
[144] Gesetz zur Modernisierung des Schuldenwesens des Bundes vom 12.7.2006, BGBl. I, 1466, das zum 1.8.2006 an die Stelle des zuvor geltenden Bundeswertpapierverwaltungsgesetzes vom 11.12.2001 (BWpVerwG – BGBl. I 2001, 3519) getreten ist und durch das die Bundesrepublik Deutschland Finanzagentur GmbH mit der Bundeswertpapierverwaltung unter dem Dach der Finanzagentur zusammengeführt wurde.
[145] Vgl. *Lenenbach*, Rn. 2.49 (zum insoweit gleichen früheren Recht).
[146] Vgl. dazu BuB/*Kümpel*, Rn. 8/115a; *OLG München*, WM 1962, 588 f.; *LG Konstanz*, ZIP 1988, 904; Begr. RegE BWpVerwG, BR-Drs. 700/01, 38.
[147] Vgl. *Bosch*, Rn. 10/73 ff.; Habersack/Mülbert/Schlitt/*Grüning/Hirschberg*, Unternehmensfinanzierung am Kapitalmarkt, § 16 Rn. 2.
[148] Zur Begebung aus wertpapierrechtlicher Sicht siehe sogleich unten 3.

(mittelbare Platzierung).[149] Der Erwerb durch die Anleger ist derivativ, diese schließen mit den Emissionsbanken einen Kaufvertrag über das bereits verbriefte Recht.[150] Die Fremdemission stellt den praktischen Regelfall dar.[151] Die Direkt- oder Eigenemission ist dagegen grundsätzlich eher der Ausnahmefall[152], auch wenn dies insbesondere bei der Begebung von Mittelstandsanleihen[153] keine gänzlich unübliche Praxis ist. Im Unterschied zu Anleihen privater Emittenten werden die Wertpapiere des Bundes, soweit sie nicht freihändig verkauft werden, über ein Tenderverfahren platziert.[154]

1. Gremienbeschlüsse

Die Entscheidung über die Emission einer Anleihe stellt in der Aktiengesellschaft grundsätzlich eine Geschäftsführungsmaßnahme im Sinne des § 76 AktG dar, die der Vorstand in eigener Verantwortung zu treffen hat. Satzung, Geschäftsordnung oder der Aufsichtsrat selbst können allerdings gemäß § 111 Abs. 4 S. 2 AktG ein Zustimmungserfordernis des Aufsichtsrats begründen. Bei der GmbH kann sich eine Zuständigkeit der Gesellschafterversammlung auch bei Schweigen des Gesellschaftsvertrags hierzu dann aus § 37 Abs. 1 GmbHG ergeben, wenn die Anleiheemission ein für das jeweilige Unternehmen ungewöhnliches Geschäft darstellt oder die Einholung der Zustimmung durch Gesellschafterbeschluss ad hoc verlangt wird.

2. Platzierung

Anleihen mit hoher Stückelung werden häufig privat bei institutionellen Investoren platziert, öffentliche Angebote mit kleiner Stückelung waren bisher weniger verbreitet.[155] Sofern die Anleihen zum Börsenhandel zugelassen werden, besteht auch bei Privatplatzierungen die Möglichkeit des derivativen Erwerbs für Privatanleger. Einzelne, in kleinvolumigere Teilschuldverschreibungen gestückelte Anleihen, insbesondere auch der öffentlichen Hand, werden jedoch auch gezielt an Privatanleger ver-

---

[149] Die Mitwirkung an einer Emission ist ein Bankgeschäft im Sinne des § 1 Abs. 1 S. 2 KWG bzw. eine Finanzdienstleistung im Sinne des § 1 Abs. 1a S. 2 KWG sowie eine Wertpapierdienstleistung im Sinne des § 2 Abs. 3 WpHG (der jeweils einschlägige Absatz und die Ziffer bestimmen sich nach dem Auftreten der Bank im eigenen Namen oder im Namen des Emittenten und nach der Verteilung des Platzierungsrisikos im Übernahmevertrag).
[150] Zur Begrifflichkeit vgl. auch *Bosch*, Rn. 10/73 ff.
[151] *Kümpel/Wittig*, Bank- und Kapitalmarktrecht, Rn. 15.81; Habersack/Mülbert/Schlitt/*Grüning/Hirschberg*, Unternehmensfinanzierung am Kapitalmarkt, § 16 Rn. 2. Zu den Funktionen, die eine Bank im Rahmen der Anleiheemission übernimmt vgl. weitergehend Habersack/Mülbert/Schlitt/*Grüning/Hirschberg*, Unternehmensfinanzierung am Kapitalmarkt, § 16 Rn. 4 ff.
[152] Habersack/Mülbert/Schlitt/*Grüning/Hirschberg*, Unternehmensfinanzierung am Kapitalmarkt, § 16 Rn. 2.
[153] Häufig wird aber im Fall einer Eigenemission der Mittelstandsanleihe zumindest eine Bank als sogenannter Selling Agent hinzugezogen, um ua von der Strukturierungserfahrung und den Investorenkontakten der Bank profitieren zu können, vgl. dazu Schlitt/Kasten, CFL 2011, 97 (101 f.).
[154] Dazu *Achleitner*, S. 506 f.
[155] Vgl. *Achleitner*, S. 491 f. Mittelstandsanleihen, die üblicherweise eine privatinvestorenfreundliche Stückelung von 1.000 EUR vorsehen, werden dagegen regelmäßig im Rahmen eines öffentlichen Angebots platziert. Die besonderen Zeichnungsfunktionen der speziellen Mittelstandssegmente unterstützen ein solches öffentliches Angebot an Retailinvestoren technisch, dazu *Schlitt/Kasten*, CFL 2011, 97 (98).

marktet.[156] Insoweit bietet die Bundesrepublik Deutschland Finanzagentur GmbH auch die Möglichkeit einer kostenfreien Verwahrung an.[157]

3. Wertpapierrechtliche Begebung

Nach der ganz herrschenden Vertragstheorie entsteht eine Schuldverschreibung als Wertpapier noch nicht mit der bloßen Ausstellung der Urkunde (Skripturakt). Hinzukommen muss ein Begebungsvertrag zwischen dem Emittenten und dem Ersterwerber der Anleihe.[158] Der Begebungsvertrag besteht aus der sachenrechtlichen Übertragung des Eigentums an der Urkunde bei gleichzeitiger schuldrechtlicher Einigung über die Begebung der Anleihe.[159] Da auf den Begebungsvertrag die allgemeinen bürgerlich-rechtlichen Vorschriften über das Zustandekommen von Rechtsgeschäften Anwendung finden,[160] schränkt die herrschende Auffassung die Vertragstheorie aus Verkehrsschutzgesichtspunkten ein. Danach hat ein unwirksamer Begebungsvertrag keine Auswirkungen auf das wirksame Entstehen der Schuldverschreibung in der Person eines Zweiterwerbers, wenn nur der Rechtsschein eines wirksamen Begebungsvertrags gesetzt wurde.[161]

4. Angebotsdokumentation

Wenn eine Anleihe im Wege der Privatplatzierung bei institutionellen Investoren platziert wird,[162] ist für die Emission selbst gemäß § 3 Abs. 2 WpPG kein Prospekt erforderlich.[163] In diesem Fall erfolgt die Vermarktung häufig über ein Informationsmemorandum, das die wichtigsten Informationen über den Emittenten, die Finanzzahlen der vergangenen zwei Jahre, eine aktuelle Kapitalisierungstabelle sowie die Anleihebedingungen und ggf. weitere kapitalmarktrelevante Informationen wie etwa Verkaufsbeschränkungen enthält.[164] An Privatanleger gerichtete Emissionen in Form eines öffentlichen Angebots sind für nichtstaatliche Emittenten gemäß § 3 Abs. 1 WpPG prospektpflichtig.[165]

5. Börsenzulassung

Um einen liquiden Sekundärmarkt zu gewährleisten, können Anleihen zum Börsenhandel zugelassen werden. Nicht börsennotierte Anleihen können über den OTC

---

[156] Gezielt an natürliche Personen richten sich etwa Bundesschatzbriefe.
[157] Näheres unter www.deutsche-finanzagentur.de; siehe auch oben IV. 6.
[158] *Kümpel/Wittig*, Bank- und Kapitalmarktrecht, Rn. 15.62.
[159] Palandt/*Sprau*, § 793 BGB, Rn. 8.
[160] Etwa die Vorschriften über die Geschäftsfähigkeit und über Willens- und Vertretungsmängel, §§ 104 ff., 116 ff., 164 ff. BGB.
[161] Sog. Rechtsscheintheorie, vgl. Palandt/*Sprau*, § 793 BGB, Rn. 8; *Kümpel/Wittig*, Bank- und Kapitalmarktrecht, Rn. 15.63.
[162] Was bisher den praktischen Regelfall jedenfalls bei großvolumigen Anleihen bildet, siehe oben V. 2.
[163] Vorrangig kommen insoweit die Ausnahmen von der Prospektpflicht für eine Platzierung bei qualifizierten Investoren (Nr. 1) und für Wertpapiere mit großer Stückelung (Nr. 3 und 4) in Betracht. Auf Anleihen staatlicher Emittenten des Europäischen Wirtschaftsraums (EWR) ist das WpPG gemäß § 1 Abs. 2 Nr. 2 nicht anwendbar. Vgl. auch Habersack/Mülbert/Schlitt/ *Rühlmann*, Unternehmensfinanzierung am Kapitalmarkt, 2. Aufl. (2008), § 14 Rn. 38.
[164] *Schlitt/Schäfer*, AG 2004, 346.
[165] Zum Prospekt siehe eingehend § 11 sowie speziell zu Schuldverschreibungen *Seitz*, AG 2005, 678 ff.

(over the counter) -Handel gehandelt werden, der jedoch die Liquidität und Transparenz eines börslichen Handels nicht erreicht.[166] Unabhängig von der Art der ursprünglichen Platzierung ist für die Börsenzulassung von Anleihen privater Emittenten unter Umständen abhängig vom Segment, in dem die Anleihe gelistet werden soll, gemäß § 3 Abs. 4 WpPG ein Prospekt erforderlich.[167] Anleihen staatlicher Emittenten des Europäischen Wirtschaftsraums sind dagegen bereits aufgrund § 37 BörsG zum regulierten Markt an jeder inländischen Börse zugelassen.

VI. Rechtsbeziehungen der Beteiligten

An einer Anleiheemission sind stets der Emittent, ggf. gemeinsam mit einer Zweckgesellschaft, und die Anleger, im Regelfall eine oder mehrere Banken sowie ggf. weitere Personen beteiligt, die jeweils untereinander in vielfältigen Rechtsbeziehungen stehen.[168] Die jeweiligen Rechtsverhältnisse sind größtenteils vertraglicher Natur und daher grundsätzlich der freien Parteivereinbarung zugänglich. Gleichwohl haben sich auch außerhalb zwingender rechtlicher Normen gewisse Standards etabliert.[169]

1. Emittent/Garant – Anleger

Die Rechtsbeziehung zwischen Emittent/Garant und Anleger wird hauptsächlich durch die Anleihebedingungen determiniert, aus denen sich die Rechte und Pflichten der Beteiligten ergeben. Wird die Anleihe im Wege der Selbstemission ausgegeben, kommt zwischen dem Emittenten und den Primärinvestoren ferner noch der Begebungsvertrag zustande.[170]

a) Anwendbarkeit des AGB-Rechts

Da Anleihebedingungen für eine Vielzahl von Verträgen vorformuliert sind, kommt grundsätzlich eine Anwendbarkeit der AGB-rechtlichen Vorschriften der §§ 305 ff. BGB in Betracht,[171] was zu einer Beschränkung der aufgezeigten Gestaltungsmög-

---

[166] Der außerbörsliche Handel von Schuldverschreibungen spielt gleichwohl eine bedeutsame Rolle, *Baums*, ILF Working Paper No. 48, S. 21. Entscheiden sich Fremdkapitalgeber und -nehmer für gar keine Form des Handels und damit für eine bewusste Illiquidität der aufgenommenen Titel, spricht man von Private Debt. Diese im deutschsprachigen Raum relativ junge Finanzierungsform ist jedoch nicht auf Anleihen beschränkt, sondern umfasst vielfältige Ausgestaltungen auf kontraktueller Basis, vgl. dazu *Achleitner/von Einem/von Schröder*, Private Debt – alternative Finanzierung für den Mittelstand, 2004. Siehe zu nicht kapitalmarktfähigen Finanzprodukten § 1 I. bis III. 6.
[167] Ausnahmen finden sich in § 4 Abs. 2 WpPG. In der Regel erfolgt die Börsenzulassung am Euro MTN Market in Luxemburg oder im Freiverkehr, so dass kein Prospekt iSd WpPG erforderlich ist. Für Anleihen, die in den speziellen Mittelstandsegmenten des Freiverkehrs gelistet werden sollen, ist aufgrund der privatrechtlichen AGB-Regelung der jeweiligen Börse regelmäßig ein Prospekt erforderlich.
[168] Bei der Emission über eine Zweckgesellschaft bedarf es zudem einer rechtlichen Ausgestaltung des Innenverhältnisses zwischen der Mutter- und ihrer Zweckgesellschaft, siehe dazu § 6 VI. 2. bb.
[169] Vgl. *Kümpel/Wittig*, Bank- und Kapitalmarktrecht, Rn. 15.267 f.
[170] Dazu siehe oben V. 3.
[171] Zur Anwendbarkeit der §§ 305 ff. BGB siehe BGHZ 119, 305 (Klöckner); *BGH*, ZIP 2005, 1410 (1411).

lichkeiten führen kann.¹⁷² Anders als im Fall der Selbstemission, bei denen die Anleihebedingungen Bestandteil des unmittelbar zwischen Emittent und Anleger zustande kommenden Begebungsvertrags werden, ist die Anwendbarkeit der AGB-rechtlichen Vorschriften im Verhältnis zwischen Emittent und Anleger im Fall der Fremdemission nicht frei von dogmatischen Bedenken.¹⁷³ Es fehlt nämlich in diesem Fall an einer unmittelbaren vertraglichen Beziehung zwischen Emittent und Anleger, weil der Anleger das bereits verbriefte Recht lediglich im Rahmen eines Kaufvertrags mit der Emissionsbank erwirbt.¹⁷⁴ Darüber hinaus werden bei Einschaltung einer Emissionsbank die Anleihebedingungen oftmals zwischen dieser und dem Emittenten ausgehandelt, um eine möglichst optimale Annäherung an die Investorennachfrage zu erreichen.¹⁷⁵ Insoweit ließe sich mit guten Gründen das Vorliegen einer Individualvereinbarung statt vorformulierter Geschäftsbedingungen vertreten.¹⁷⁶ Ein weiteres Argument gegen die Qualifikation von Anleihebedingungen als allgemeine Geschäftsbedingungen ist, dass die Anleihebedingungen das verbriefte Leistungsversprechen definieren und in ihrer Gesamtheit den Charakter der Anleihe ausmachen. Eine richterliche Einzelbeurteilung ihrer Bestandteile würde zu einer nachträglichen Umverteilung der in der Anleihe angelegten Chancen und Risiken führen.¹⁷⁷ Gleichwohl wird der AGB-Charakter von Anleihebedingungen und die Anwendung der entsprechenden Vorschriften im Verhältnis zum Anleger von der wohl herrschenden Auffassung auch für den Fall der Fremdemission bejaht.¹⁷⁸ Als Begründung werden die Schutzbedürftigkeit der Anleger, die weitgehende Interessenübereinstimmung zwischen Emittent und Emissionsbanken, das Umgehungsverbot (§ 306a BGB) oder eine analoge Anwendung der AGB-rechtlichen Vorschriften herangezogen.¹⁷⁹ Die höchstrichterliche Rechtsprechung hält jedenfalls de lege lata an der Qualifikation von Anleihebedingungen als AGB fest.¹⁸⁰

Geht man von einer grundsätzlichen Qualifikation von Anleihebedingungen als allgemeine Geschäftsbedingungen aus, stellt sich die Folgefrage, wie das Erfordernis ihrer Einbeziehung in das Rechtsverhältnis zwischen Emittent und Anleger gewährleistet werden kann.

Beispiel 9 (nach BGH, ZIP 2005, 1410): Die X-AG emittiert eine Anleihe im Wege der Selbstemission, unter anderem an Privatanleger A. Die Anleihe wurde in einer Globalurkunde ver-

---

[172] Von Bedeutung ist insoweit insbesondere das Transparenzgebot des § 307 Abs. 1 BGB, siehe BGHZ 106, 42 (49); BGHZ 112, 115 (117 ff.) mit der wichtigen Betonung, dass das Transparenzgebot nicht zu einer Überforderung des Verwenders führen darf. Dagegen kommt den speziellen Klauselverboten der §§ 308 und 309 BGB idR kaum Relevanz zu, vgl. *Lenenbach*, Rn. 2.25. Kritisch zur AGB-rechtlichen Kontrolle generell *Assmann*, WM 2005, 1053 (1058 f.) mit dem Hinweis auf die Kontrollfreiheit der Leistungsabrede, § 307 Abs. 3 BGB. Zur Unsicherheit bezüglich der Anwendbarkeit der §§ 305 ff. BGB auf Schuldverschreibungen siehe auch BegrRefE SchVG 2008, 20 f. sowie die hierzu veröffentlichten Stellungnahmen.
[173] Zutreffend *Hartwig-Jacob*, S. 209.
[174] Auch findet im Verhältnis der Anleger zu den Emissionsbanken keine AGB-Kontrolle statt, weil die Emissionsbank dem Anleger nicht die Bedingungen der Anleihe stellt, *Lenenbach*, Rn. 2.167, 8.114; *von Randow*, ZBB 1994, 23 (25).
[175] Habersack/Mülbert/Schlitt/*Kaulamo*, Unternehmensfinanzierung am Kapitalmarkt, § 17 Rn. 107.
[176] *Lenenbach*, Rn. 2.167 ff.; Habersack/Mülbert/Schlitt/*Kaulamo*, Unternehmensfinanzierung am Kapitalmarkt, § 17 Rn. 107.
[177] So auch *Brandt*, BKR 2005, 328 (330).
[178] Zustimmend *Lenenbach*, Rn. 2.167, 8.114; BGHZ 119, 305 (312) *Klöckner* (zu Genussscheinbedingungen); *BGH*, ZIP 2005, 1410 (1411).
[179] Vgl. etwa *Kümpel/Wittig*, Bank- und Kapitalmarktrecht, Rn. 15.337; *Bosch*, Rn. 10/160 ff.; *Hartwig-Jacob*, S. 228 ff. sowie auch die Nachweise bei *Lenenbach*, Rn. 2.168.
[180] *BGH*, ZIP 2005, 1410 (1411).

brieft und der Anspruch auf individuelle Verbriefung von Teilschuldverschreibungen ausgeschlossen. Die Anleihebedingungen waren lediglich auf der Globalurkunde abgedruckt und wurden A nicht ausgehändigt. Sind die Anleihebedingungen wirksam in das Vertragsverhältnis zwischen A und der X-AG einbezogen worden?

Nach der Grundregel des § 305 Abs. 2 BGB ist für eine wirksame Einbeziehung von AGB gegenüber einem Verbraucher erforderlich, dass der Verwender seinen Vertragspartner vor Vertragsschluss auf die Bedingungen ausdrücklich hinweist und ihm die Möglichkeit zur Kenntnisnahme in zumutbarer Weise verschafft wird. Dagegen beurteilt sich die Frage der Einbeziehung von Anleihebedingungen in das Vertragsverhältnis zwischen Emittent und Anleger unbeschadet ihrer grundsätzlichen Qualifikation als allgemeine Geschäftsbedingungen stets nach den allgemeinen Regelungen der §§ 145 ff. BGB, und zwar auch dann, wenn es sich (wie im Beispiel 9) um eine Selbstemission handelt. Denn eine individuelle Aushändigung wäre im Rahmen des heute vorherrschenden stückelosen und massenweise abgewickelten Effektenverkehrs nicht praktikabel. Insbesondere wäre die Frage nach der Erfüllung der Einbeziehungsvoraussetzungen nach § 305 Abs. 2 BGB für Zweiterwerber der Anleihe nicht erkennbar, so dass ohne äußeren Unterschied Anleihen mit und ohne Vertragsbestandteil gewordenen Bedingungen kursieren könnten. Der Schutz des § 305 Abs. 2 BGB wäre zudem nur partiell, er käme gegenüber nicht als Verbrauchern zu qualifizierenden Anlegern und bei Fremdemissionen generell nicht zur Anwendung, was diese Rechtsunsicherheit noch verstärken würde. Ohne Sicherheit über die inhaltliche Austauschbarkeit sämtlicher Wertpapiere derselben Emission würde aber die Fungibilität von Anleihen und die Funktionsfähigkeit des Wertpapierhandels insgesamt gefährdet. Daher ist § 305 Abs. 2 BGB insoweit mit Rücksicht auf den Willen des Gesetzgebers, den Rechtsverkehr nicht unnötig zu behindern, teleologisch zu reduzieren. Aufgrund der Besonderheit der Wertpapiere verzichtet die in der Literatur geltende herrschende Meinung auf eine Einbeziehung nach § 305 Abs. 2 BGB und stellt lediglich auf das Verhältnis im Rahmen der Erstbegebung ab.[181] Damit übereinstimmend hat der BGH unter Begründung einer funktionalen Reduktion im Hinblick auf den Willen des Gesetzgebers[182] und die Fungibilität des Wertpapierhandels entschieden, dass Anleihen nicht unter den Anwendungsbereich des § 305 Abs. 2 BGB fallen.[183]

b) Transparenzgebot und Inhaltskontrolle nach SchVG

§ 3 des Gesetzes über Schuldverschreibungen aus Gesamtemissionen (SchVG) statuiert hinsichtlich des in den Anleihebedingungen enthaltenen Leistungsversprechens ein Transparenzgebot und gilt diesbezüglich als lex specialis zu § 307 Abs. 1 BGB.[184] Nach § 3 SchVG müssen die Anleihebedingungen so formuliert sein, dass der Anleger zweifelsfrei ermitteln kann, welche Leistungen dem Emittenten obliegen. Dabei ist auf einen hinsichtlich der jeweiligen Art der Schuldverschreibung sachkundigen Anleger abzustellen. Es kommt also maßgebend darauf an, an welchen Anlegerkreis die Anleihe gerichtet ist.[185] Die Auslegung der Anleihebedingungen erfolgt grund-

---

[181] *Lenenbach*, Rn. 2.170, weitere Nachweise bei Habersack/Mülbert/Schlitt/*Kaulamo*, § 17 Rn. 109, Fn. 4.
[182] Dazu Begr. RegE ABGBG BT-Drs. 7/3919 S. 13.
[183] BGH, ZIP 2005, 1410 (1411), ebenso *LG Frankfurt a. M.*, WM 2005, 1078 ff.; dazu auch *Gottschalk*, ZIP 2006, 1121 ff.
[184] Habersack/Mülbert/Schlitt/*Kaulamo*, Unternehmensfinanzierung am Kapitalmarkt, § 17 Rn. 111; *Lenenbach*, Rn. 2.173.
[185] Habersack/Mülbert/Schlitt/*Kaulamo*, § 17 Rn. 111; *Lenenbach*, Rn. 2.189; *Bredow/Vogel*, ZBB 2009, 153 (155); *Schlitt/Schäfer* AG 2009, 477 (486).

sätzlich für alle Teilschuldverschreibungen einheitlich und unabhängig von den jeweiligen Besonderheiten einzelner Anleihegläubiger.[186] Rechtsfolge eines Verstoßes gegen das Transparenzgebots des § 3 SchVG ist die Unwirksamkeit der jeweiligen Klausel.[187] Eine darauf folgende mögliche Unwirksamkeit des gesamten Anleiheverhältnisses hängt davon ab, inwieweit die betreffende Klausel eine Haupt- oder Nebenabrede enthält.

c) Inhaltskontrolle nach § 242 BGB

Unabhängig von einer möglichen AGB-rechtlichen Inhaltskontrolle unterliegen Anleihebedingungen stets auch einer Inhaltskontrolle nach § 242 BGB. Anleihebedingungen können danach ganz oder teilweise unwirksam sein, wenn sie den Anleger wider Treu und Glauben unangemessen benachteiligen.[188]

d) Rechtswahl und Gerichtsstand

Eine in Deutschland begebene Anleihe eines deutschen Emittenten unterliegt ohne Weiteres deutschem Recht. Insbesondere bei internationalen Anleihen mit grenzüberschreitendem Bezug kann jedoch das Bedürfnis für eine Rechtswahlvereinbarung in den Anleihebedingungen bestehen, falls die ansonsten eingreifenden Normen des internationalen Privatrechts den Beteiligten nicht als angemessen erscheinen, insbesondere etwa ein Bedürfnis nach Ausschluss einer möglichen AGB-rechtlichen Inhaltskontrolle besteht.[189] Da jedoch insbesondere hinsichtlich des Verbraucherschutzes die Normen des internationalen Privatrechts nur teilweise dispositiv sind, kann es insoweit erforderlich sein, auch die wertpapierrechtliche Begebung selbst außer Landes vorzunehmen und darauf zu achten, dass keine Emission an inländische Verbraucher erfolgt.[190] Auch bei rein inländischen Anleihen ist zudem eine Gerichtsstandsvereinbarung gemäß § 38 ZPO empfehlenswert, um prozessuale Risiken zu kanalisieren.[191] In der Praxis wird regelmäßig eine Gerichtsstandsvereinbarung für alle aus oder im Zusammenhang mit der Anleihe stehenden Rechtsstreitigkeiten in die Anleihebedingungen aufgenommen.[192]

---

[186] Habersack/Mülbert/Schlitt/*Kaulamo*, Unternehmensfinanzierung am Kapitalmarkt, § 17 Rn. 111.
[187] Habersack/Mülbert/Schlitt/*Kaulamo*, Unternehmensfinanzierung am Kapitalmarkt, § 17 Rn. 112; *Horn* BKR 2009, 446 (453).
[188] Vgl. insoweit auch BGHZ 106, 42 (49), 52.
[189] Nach Art. 27 Abs. 1 EGBGB besteht für vertragliche Schuldverhältnisse grundsätzlich die Möglichkeit der freien Rechtswahl. Art. 37 Abs. 1 Nr. 1 EGBGB greift hinsichtlich der inhaltlichen Ausgestaltung von Anleihebedingungen letztlich nach Sinn und Zweck der Vorschrift nicht durch, vgl. BGHZ 99, 207 (209 f.); Staudinger/*Magnus*, 2002, Art. 37 EGBGB, Rn. 7, 49; aA *Gruson/Harrer*, ZBB 1996, 37 (39). Vgl. zur Rechtswahl auch *Bosch*, Rn. 10/157 f., 10/168.
[190] Einschränkungen der Rechtswahlfreiheit können sich ansonsten aus Art. 27 Abs. 3, 29a, 34 und ggf. auch Art. 6 EGBGB ergeben.
[191] Der ausschließliche Gerichtsstand für auf Informationsmängel gestützte Schadensersatzklagen gegen inländische Emittenten (§ 32b Abs. 1 Nr. 1 ZPO) bleibt unberührt und steht einer Gerichtsstandsvereinbarung in den Anleihebedingungen auch nicht nach § 40 Abs. 2 ZPO entgegen, weil diese nur Streitigkeiten aus dem Anleiheschuldverhältnis selbst betrifft. Eingehend auch zu den internationalen Aspekten *Hartwig-Jacob*, S. 266 ff.
[192] Habersack/Mülbert/Schlitt/*Kaulamo*, Unternehmensfinanzierung am Kapitalmarkt, § 17 Rn. 114.

2. Emittent/Garant – Konsortialbanken

Werden im Rahmen einer Fremdemission Konsortialbanken zur Platzierung der Anleihe eingeschaltet, bestimmen sich die wesentlichen Rechtsbeziehungen zwischen diesen und dem Emittenten/Garanten nach dem Übernahmevertrag.[193] Soweit die Konsortialbanken auch beratend hinsichtlich der Strukturierung der Anleihe tätig werden, sind diesbezügliche Pflichten regelmäßig bereits Gegenstand des zuvor abgeschlossenen Mandatsvertrags *(engagement letter)*. Bei Auflegung eines Emissionsprogramms[194] erfolgt die vertragliche Vereinbarung der Leistungsbeziehungen zwischen Emittent und den begleitenden Banken im Rahmen eines sog Dealer Agreement.[195] Danach hat der Emittent vor jeder im Rahmen des Programms erfolgenden Emission den Banken idR die Einhaltung mehrerer Bedingungen *(conditions precedent)* nachzuweisen:

– die Fassung der erforderlichen Gremienbeschlüsse für die Auflegung des Programms[196]
– eine Legal Opinion[197] der Rechtsanwälte des Emittenten hinsichtlich der ordnungsgemäßen Gründung des Emittenten bzw. der Zweckgesellschaft
– eine Legal Opinion der Rechtsanwälte der Banken im Hinblick auf die ordnungsgemäße Auflegung des Programms sowie
– einen Comfort Letter[198] der Wirtschaftsprüfer des Emittenten hinsichtlich der Richtigkeit der im Informationsmemorandum oder Prospekt verwendeten Finanzzahlen.

3. Konsortialbanken – Anleger

Die Beziehung zwischen einer die Anleihe veräußernden Konsortialbank und den erwerbenden Anlegern ist in der Regel kauf- oder kommissionsvertraglicher Natur (§§ 453, 433 ff. BGB bzw. §§ 383 ff. HGB).[199] Wird eine Anleihe jedoch öffentlich unter Verwendung eines Prospekts angeboten, unterliegen die beteiligten Banken als (Mit-)Prospektverantwortliche auch der Prospekthaftung gegenüber den Anlegern.[200]

4. Rolle der Zahlstelle

Zur Abwicklung der sich aus einer Anleihe ergebenden Zahlungspflichten (insbesondere Zins- und Tilgungsleistungen) werden vom Emittenten eine oder mehrere Zahl-

---

[193] Siehe zur Ausgestaltung des Übernahmevertrags bei Anleihen § 8 VI. Im Einzelfall, etwa bei der Verbindung mit Treuhandabreden, kann dem Übernahmevertrag auch Wirkung oder Schutzwirkung zugunsten der Anleger zukommen, dazu *Kümpel/Wittig,* Bank- und Kapitalmarktrecht, Rn. 15.128. Regelmäßig entfaltet der Übernahmevertrag jedoch keine Drittwirkung, *Hartwig-Jacob,* S. 191 f. Zur Rolle eines Treuhänders siehe sogleich unten 5.
[194] Siehe oben II. 2.
[195] *Bosch,* Rn. 10/226; Habersack/Mülbert/Schlitt/*Kaulamo,* Unternehmensfinanzierung am Kapitalmarkt, § 17 Rn. 27.
[196] Siehe oben V. 1.
[197] Zu Legal Opinions siehe § 12 I V.
[198] Zu Comfort Letters siehe § 12 V.
[199] Vgl. *Hartwig-Jacob,* S. 189 f.; Habersack/Mülbert/Schlitt/*Kaulamo,* Unternehmensfinanzierung am Kapitalmarkt, § 16 Rn. 36.
[200] Bei Nichtbestehen einer gesetzlichen Prospektpflicht kann auch für verwendete Termsheets oder Informationsmemoranden die allgemeine zivilrechtliche Prospekthaftung eingreifen, siehe eingehend zur Prospekthaftung § 12.

stellen beauftragt.²⁰¹ Hierzu schließt der Emittent mit der Zahlstelle eine Zahlstellenvereinbarung *(paying agency agreement)*, die die Rechte und Pflichten der Vertragsparteien regelt. Die Zahlstellenvereinbarung entfaltet im Regelfall keine Rechtswirkungen im Verhältnis zu den Anlegern.²⁰²

5. Rolle eines Treuhänders oder gemeinsamen Vertreters

Zur Kompensation der fehlenden Möglichkeit einzelner Anleihegläubiger, die Einhaltung der vom Emittenten in den Anleihebedingungen übernommenen Verpflichtungen zu kontrollieren und insbesondere die Erhaltung gewährter Sicherheiten zu überwachen, kann ein Anleihetreuhänder bestellt werden. Insbesondere bei internationalen Anleihen, die US-amerikanischem oder englischem Recht unterliegen, ist die Bestellung eines Treuhänders (Trustee) schon lange üblich.²⁰³ Bei deutschen Anleihen (insbesondere Mittelstandsanleihen) wurde ein Treuhänder dann bestellt, wenn die Ansprüche der Anleiheinhaber besichert wurden, da die Verwaltung der Sicherheiten durch einen Treuhänder praktikabler ist. Rechtsgrundlage für sein Tätigwerden ist ein mit dem Emittenten geschlossener Treuhandvertrag, der regelmäßig auch als echter Vertrag zugunsten Dritter zugunsten der Anleihegläubiger wirkt.²⁰⁴

Gemäß § 5 Abs. 1 SchVG kann ein gemeinsamer Vertreter der Anleihegläubiger bestellt werden. Die Bestellung eines solchen gemeinsamen Vertreters kann die Kommunikation zwischen dem Emittenten und den Anleihegläubigern vereinfachen und verbessern.²⁰⁵ So kann insbesondere in Krisensituationen oder bei Restrukturierungsfällen ein gemeinsamer Vertreter zur Verhandlungsführung sinnvoll sein.²⁰⁶ Die Bestellung erfolgt entweder durch den Emittenten im Rahmen der Begebung der Anleihe oder später durch Beschluss der Anleihegläubiger, sofern die Anleihebedingungen eine Bestellung durch die Anleihegläubiger vorsehen. Neben den kraft Gesetzes verliehenen Befugnissen (zB Informationsrechte)²⁰⁷ können dem gemeinsamen Vertreter auch zusätzliche Kompetenzen bzw. Informationsrechte durch Beschluss der Anleihegläubiger oder durch Regelung in den Anleihebedingungen zugewiesen werden.

---

²⁰¹ Häufig wird die Rolle der Hauptzahlstelle von der konsortialführenden Bank oder einer ihrer Tochtergesellschaften übernommen, vgl. Habersack/Mülbert/Schlitt/*Kaulamo*, § 17 Rn. 33, Habersack/Mülbert/Schlitt/*Diekmann*, Unternehmensfinanzierung am Kapitalmarkt, § 31 Rn. 96; ausführlich zum Zahlstellenabkommen *Hartwig-Jacob*, S. 121 ff.
²⁰² Habersack/Mülbert/Schlitt/*Kaulamo*, Unternehmensfinanzierung am Kapitalmarkt, § 17 Rn. 33.
²⁰³ Eine Treuhänderbestellung ist insbesondere bei besicherten und bei internationalen Anleihen anzutreffen, *Bosch*, Rn. 10/194; zur Bedeutung bei internationalen Anleihen Habersack/Mülbert/Schlitt/*Kaulamo*, § 17 Rn. 84. Bei Pfandbriefemissionen ist die Bestellung eines Treuhänders verpflichtend, siehe oben IV. 3.
²⁰⁴ Siehe zur Rolle des Treuhänders *Bosch*, Rn. 10/194 ff., *Siebel*, S. 516 ff., rechtsvergleichend auch *Horn*, Recht der internationalen Anleihen (1972), S. 337 ff.
²⁰⁵ Habersack/Mülbert/Schlitt/*Kaulamo*, Unternehmensfinanzierung am Kapitalmarkt, § 17 Rn. 84.
²⁰⁶ Habersack/Mülbert/Schlitt/*Kaulamo*, Unternehmensfinanzierung am Kapitalmarkt, § 17 Rn. 84.
²⁰⁷ Siehe zu den gesetzlichen Rechten des gemeinsamen Vertreters auch Habersack/Mülbert/Schlitt/*Kaulamo*, Unternehmensfinanzierung am Kapitalmarkt, § 17 Rn. 86.

VII. Änderung der Anleihebedingungen und Restrukturierung

Eine Liquiditätskrise des Emittenten kann dazu führen, dass sich die Ansprüche von Anleihegläubigern als nicht erfüllbar erweisen können. Ist die Krise vorübergehender Natur, wäre eine Durchsetzung der Forderungen mit der möglichen Folge der Einleitung eines Insolvenzverfahrens wegen Zahlungsunfähigkeit wirtschaftlich auch aus Sicht der Anleger nicht sinnvoll, da die im Rahmen eines Insolvenzverfahrens zu erwartende Befriedigung typischerweise deutlich geringer ist als eine möglicherweise lediglich zeitlich verzögerte Rückzahlung in der Nähe des vollen Nennwerts. In diesen Fällen kann es sinnvoll sein, eine bereits emittierte Anleihe zu restrukturieren bzw. die Anleihekonditionen anzupassen, insbesondere den Verzicht oder die Stundung von Zins- und Tilgungsleistungen zu vereinbaren. Auch außerhalb von Sanierungsszenarien kann es im Einzelfall das Bedürfnis geben, bestimmte Anleihekonditionen zu ändern und damit beispielsweise geänderten rechtlichen Verhältnissen Rechnung zu tragen.[208]

1. Schuldverschreibungsgesetz

Das Schuldverschreibungsgesetz ermöglicht es, deutschem Recht unterliegende Anleihen flexibler als in der Vergangenheit an geänderte Umstände anzupassen und Anleihegläubiger im Rahmen einer Umstrukturierung oder Sanierung zu beteiligen.[209] Es werden alle dem deutschen Recht unterliegenden Anleihen vom Schuldverschreibungsgesetz erfasst, unabhängig davon, ob sie im In- oder Ausland begeben werden. Erfasst sind damit auch Emissionen über eine im Ausland sitzende Zweckgesellschaft.[210] Außerdem müssen im Vergleich zum alten Schuldverschreibungsgesetz keine besonderen Umstände für die Änderung der Anleihebedingungen vorliegen. Eine Notlage des Emittenten ist somit nicht erforderlich, wonach Bemühungen zur Sanierung des Emittenten früh ansetzen können. Auch die Befugnisse der Gläubiger wurden erweitert. Insbesondere ist künftig ein teilweiser Verzicht auf die Hauptforderung möglich. Mit Blick auf den begrenzten Anwendungsbereich und die teilweise als unpraktikabel empfundenen Mehrheitserfordernisse sowie das stark formalistisch geprägte Verfahren des Schuldverschreibungsgesetzes von 1899 stellte sich bislang die Frage nach der Zulässigkeit einer vertraglichen Vereinbarung über Restrukturierungen in den Anleihebedingungen. Die Frage galt als nicht abschließend geklärt und damit für die Praxis von Rechtsunsicherheit geprägt.[211] Mit dem neuen SchVG, das den Anwendungsbereich des Schuldverschreibungsgesetzes erweitert und einen gesetzlichen Rahmen zulässiger Anleihebedingungen schafft,[212] hat diese Frage nun an Relevanz verloren.

Nach dem neuen SchVG kann eine Mehrheit von Anleihegläubigern für alle Anleihegläubiger verbindlich Beschränkungen und die Aufgabe von Gläubigerrechten beschließen, sofern dies in den Anleihebedingungen ausdrücklich vorgesehen ist. Damit

---

[208] Habersack/Mülbert/Schlitt/*Kaulamo*, Unternehmensfinanzierung am Kapitalmarkt, § 17 Rn. 91.
[209] Habersack/Mülbert/Schlitt/*Kaulamo*, Unternehmensfinanzierung am Kapitalmarkt, § 17 Rn. 94.
[210] *Schlitt/Schäfer*, AG 2009, 479.
[211] Vgl. *Kümpel/Wittig*, Bank- und Kapitalmarktrecht, Rn. 9.226; *Klerx/Penzlin*, BB 2004, 791 (792); *Bosch*, Rn. 10/234 f.
[212] Siehe oben VI. 1. a).

ist es nach dem neuen Recht den Anleihebedingungen überlassen, ob und inwiefern verbindliche Beschlüsse der Mehrheit der Gläubiger möglich sind. Der Emittent kann entscheiden, ob das SchVG Anwendung finden soll.[213] Soweit der Emittent für das SchVG optiert, kann er bestimmte gesetzlich vorgesehene Befugnisse der Gläubiger nicht beschränken. Die Anleihebedingungen können umfangreiche Änderungsmöglichkeiten vorsehen und Änderungen zum Gegenstand eines Mehrheitsbeschlusses machen. Das SchVG lässt dem Emittenten im Hinblick auf mögliche zu regelnde Beschlussgegenstände Flexibilität.[214] Die erforderlichen Mehrheiten sind von der grundsätzlichen Bedeutung der Änderung für die Anleihegläubiger abhängig. Eine qualifizierte Mehrheit von mindestens 75 % der abgegebenen Stimmen ist dann erforderlich, wenn der wesentliche Inhalt der Anleihebedingungen geändert werden soll (§ 5 Abs. 4 S. 2 SchVG).[215] Eine Beschlussfassung der Anleihegläubiger über die Änderung der Anleihebedingungen kann entweder in einer Gläubigerversammlung oder im Wege des Beschlusses ohne Versammlung erfolgen.[216]

2. Änderung von Anleihebedingungen von Altanleihen

Das neue SchVG findet nur auf Schuldverschreibungen Anwendung, die am oder nach dem 5. August 2009 begeben wurden. Anleihegläubiger von Schuldverschreibungen, die vorher begeben wurden, können mit Zustimmung des Emittenten für die Geltung des neuen SchVG optieren (§ 24 Abs. 2 SchVG) und zwar im Wege der Änderung der Anleihebedingungen[217] oder des Austauschs der Anleihe gegen eine neue mit geänderten Bedingungen.[218] Streitig ist, ob das Opt-in auch für Altanleihen nach deutschem Recht gilt, die von ausländischen Emittenten begeben wurden. Teilweise wird vertreten, dass auch bei deutschen Altanleihen ausländischer Emittenten die Opt-in Möglichkeit besteht.[219] Dagegen hat das OLG Frankfurt die Anwendung auf Altanleihen ausländischer Emittenten abgelehnt, da die Möglichkeit der Änderung in den Anleihebedingungen bereits angelegt sein müsse, was bei Anleihen ausländischer Emittenten aufgrund der Nichtanwendbarkeit des alten SchVG nicht der Fall sei.[220]

---

[213] Der Emittent „optiert" dann für das SchVG, sogenanntes Opt-in, § 5 Abs. 1 Satz 1 SchVG, dazu auch *Schlitt/Schäfer*, AG 2009, 479.
[214] Habersack/Mülbert/Schlitt/*Kaulamo*, Unternehmensfinanzierung am Kapitalmarkt, § 17 Rn. 96 mit Aufzählung sogenannter Katalogmaßnahmen, *Schlitt/Schäfer*, AG 2009, 479.
[215] Dazu ausführlich Habersack/Mülbert/Schlitt/*Kaulamo*, Unternehmensfinanzierung am Kapitalmarkt, § 17 Rn. 98. Zum Ausschluss einer Inhaltskontrolle gemäß §§ 307 ff. BGB für die im SchVG ausdrücklich genannten Änderungen, *Baums*, ZBB 2009, 1 f.
[216] Dazu im Detail Habersack/Mülbert/Schlitt/*Kaulamo*, Unternehmensfinanzierung am Kapitalmarkt, § 17 Rn. 100 ff., *Schlitt/Schäfer*, AG 2009, 481 f.
[217] *Schlitt/Schäfer*, AG 2009, 477 (480); Habersack/Mülbert/Schlitt/*Kaulamo*, Unternehmensfinanzierung am Kapitalmarkt, § 17 Rn. 99.
[218] Habersack/Mülbert/Schlitt/*Kaulamo*, Unternehmensfinanzierung am Kapitalmarkt, § 17 Rn. 99.
[219] Dazu *Baums/Schmidtbleicher*, ZIP 2012, 204 ff.; *Paulus*, WM 2012, 1109 (1110 f.), *Keller*, BKR 2012, 15 (16 f.).
[220] *OLG Frankfurt a. M.* (Pfleiderer), BB 2012, 1305 ff.

§ 6. Aktienverwandte Produkte

Literatur (Auswahl): *Angerer/Pläster,* Steine statt Brot für Wandel- und Optionsanleihe-Emittenten – Zur angeblichen Unzulässigkeit eines bloßen Mindestausgabebetrags bei der bedingten Kapitalerhöhung, NZG 2008, 326; *Busch,* Bezugsrecht und Bezugsrechtsausschluss bei Wandel- und Optionsanleihen, AG 1999, 58; *Groß,* in: Marsch-Barner/Schäfer, Handbuch börsennotierte AG, 2. Auflage (2009), § 51; *Habersack,* in: Münchener Kommentar zum Aktiengesetz, 3. Auflage (2011), § 221; *Holland/Gosslar,* Die Bedienung von Wandelanleihen aus genehmigtem Kapital, NZG 2006, 892; *Hüffer,* Kommentar zum Aktiengesetz, 10. Auflage (2012), § 221; *Klawitter,* Zum vereinfachten Bezugsrechtsausschluss gem. § 186 III S. 4 AktG bei der Ausgabe von Wandel- oder Optionsschuldverschreibungen, AG 2005, 792; *Kniehase,* Der vereinfachte Bezugsrechtsausschluss bei der Ausgabe von Wandel- und Optionsanleihen, AG 2006, 180; *Krieger,* in: Münchener Handbuch des Gesellschaftsrechts, Band 4, Aktiengesellschaft, 3. Auflage (2007), § 63; *Lutter,* in: Kölner Kommentar zum Aktiengesetz, 2. Auflage (1995), § 221; *Madljessi/Leopold,* in: Habersack/Mülbert/Schlitt, Unternehmensfinanzierung am Kapitalmarkt, 3. Auflage (2013), § 11; *Schanz,* Wandel- und Optionsanleihen – Flexible Finanzierungsinstrumente im Lichte gestiegenen Interesses, BKR 2011, 410; *Schlitt/Hemeling,* in: Habersack/Mülbert/Schlitt, Unternehmensfinanzierung am Kapitalmarkt, 3. Auflage (2013), § 12; *Schlitt/Kammerlohr,* in: Habersack/Mülbert/Schlitt, Unternehmensfinanzierung am Kapitalmarkt, 3. Auflage (2013), § 13; *Schlitt/Löschner,* Abgetrennte Optionsrechte und Naked Warrants, BKR 2002, 150; *Schlitt/Seiler/Singhof,* Aktuelle Rechtsfragen und Gestaltungsmöglichkeiten im Zusammenhang mit Wandelschuldverschreibungen, AG 2003, 254; *Schnorbus/Trapp,* Die Ermächtigung des Vorstands zur Ausgabe von Wandelschuldverschreibungen gegen Sacheinlage, ZGR 2010, 1023; *Schumann,* Optionsanleihen, 1990; *Seiler,* in: Spindler/Stilz, Kommentar zum Aktiengesetz, 2. Auflage (2010), § 221; *Singhof,* Der „erleichterte" Bezugsrechtsausschluss im Rahmen von § 221 AktG, ZHR 170 (2006), 673; *Werhahn,* Finanzierungsinstrumente mit Aktienerwerbsrechten, 2004; *Zahn/Lemke,* Anleihen als Instrument der Finanzierung und Risikosteuerung, BKR 2002, 527.

I. Einführung

1. Begriffliche Klärung

Aktienverwandte Produkte *(equity linked instruments)* sind Finanzierungsinstrumente, die Elemente der Eigenkapitalfinanzierung mit solchen der Fremdkapitalaufnahme verknüpfen. Sie werden deshalb auch als hybride Zwischenform beider Kategorien bezeichnet.[1] Konzeptionell handelt es sich um die Ausgabe eines Fremdkapitalinstruments in Form einer Schuldverschreibung (Anleihe)[2], das anstelle oder neben der Tilgung in Geld die Lieferung einer bestimmten Anzahl von Aktien vorsieht.[3]

Je nach Herkunft der zugrundeliegenden Aktien erfolgt eine begriffliche Unterscheidung zwischen drei Grundformen aktienverwandter Produkte.[4] Handelt es sich bei den zu liefernden Aktien um neue Aktien des Emittenten (oder eines mit diesem verbundenen Unternehmens) spricht man von Wandelschuldverschreibungen *(convertible bonds* oder Wandelanleihen). Gegenstand von Umtauschschuldverschreibun-

---

[1] Habersack/Mülbert/Schlitt/*Madljessi/Leopold,* § 11 Rn. 1.
[2] Dazu § 5.
[3] Habersack/Mülbert/Schlitt/*Madljessi/Leopold,* § 11 Rn. 3.
[4] Habersack/Mülbert/Schlitt/*Madljessi/Leopold,* § 11 Rn. 4 f.

gen (*exchangeable bonds* oder Umtauschanleihen) sind demgegenüber bereits existierende Aktien eines anderen Unternehmens. Die dritte Grundform bilden Optionsschuldverschreibungen (*bonds with warrants* oder Optionsanleihen). Diese Instrumente weichen allerdings insoweit von den anderen beiden Formen aktienverwandter Produkte ab, als die Ausübung der Option typischerweise keinen Einfluss auf den Rückzahlungsanspruch des Anlegers aus der Anleihe hat. In der Regel kann das Optionsrecht zudem von der Anleihe abgetrennt und separat gehandelt werden.[5]

Aktiengesetzlicher Anknüpfungspunkt für aktienverwandte Produkte ist § 221 AktG. Nach der Legaldefinition des § 221 Abs. 1 S. 1 AktG sind Wandelschuldverschreibungen Schuldverschreibungen, bei denen den Gläubigern entweder ein Umtauschrecht oder ein Bezugsrecht auf Aktien eingeräumt wird. Die Definition erfasst sowohl Wandelanleihen (Umtauschrecht) als auch Optionsanleihen (Bezugsrecht).[6] Umtauschanleihen unterfallen demgegenüber nicht dieser Legaldefinition, da § 221 Abs. 1 AktG nur die Lieferung von Aktien des Anleiheemittenten selbst erfasst.[7]

Gegenstand der folgenden Darstellung sind schwerpunktmäßig Wandelanleihen im Sinne des § 221 Abs. 1 S. 1 AktG. Dabei wird der Begriff der Wandelanleihe grundsätzlich als Oberbegriff für Wandel- und Optionsanleihen verwendet. Auf etwaige Besonderheiten im Zusammenhang mit Umtauschanleihen wird an den relevanten Stellen ausdrücklich eingegangen.

2. Rechtsnatur

Rechtlich handelt es sich bei aktienverwandten Produkten um die Kombination einer Inhaberschuldverschreibung im Sinne der §§ 793 ff. BGB mit einem Recht auf Bezug von Aktien und damit um eine „*Schuldverschreibung mit Zusatzrechten*".[8] Bis zum Eintausch in Aktien der Gesellschaft sind die Investoren ausschließlich schuldrechtliche Gläubiger und haben – genau wie ein „typischer" Kreditgeber – Ansprüche auf Verzinsung des eingesetzten Kapitals sowie auf dessen Rückzahlung am Laufzeitende.[9] Eine mitgliedschaftliche Stellung erwächst ihnen lediglich *ex nunc* ab Aufgabe ihrer Gläubigerstellung und mit Lieferung der Aktien.[10]

Das neben den typischen Gläubigerrechten bestehende Recht auf den Bezug von Aktien ist ebenfalls rein schuldrechtlicher Natur. Inhaltlich handelt es sich nach heute wohl gefestigter Meinung um die Befugnis zur Umgestaltung des Anleihe-Schuldverhältnisses (*facultas alternativa*).[11] Diese Gestaltungsbefugnis wird durch Abgabe einer einseitigen empfangsbedürftigen Willenserklärung (§ 130 Abs. 1 S. 1 BGB – Wandlungserklärung) ausgeübt.[12] Mit Abgabe der Wandlungserklärung wird das bisherige Schuldverhältnis durch ein neues auf die Verschaffung der Mitgliedschaft in der Gesellschaft gerichtetes Schuldverhältnis ersetzt. Gegenstand dieses neuen Schuldverhältnisses ist ein gegen den Anleihe-Emittenten gerichteter Anspruch des

---

[5] Habersack/Mülbert/Schlitt/*Schlitt/Hemeling*, § 12 Rn. 3; *Schanz*, BKR 2011, 410 (410).
[6] Habersack/Mülbert/Schlitt/*Schlitt/Hemeling*, § 12 Rn. 1; MünchKomm-AktG/*Habersack*, § 221 Rn. 24;
[7] MünchKomm-AktG/*Habersack*, § 221 Rn. 25.
[8] MünchKomm-BGB/*Habersack*, § 793 Rn. 15.
[9] MünchKomm-BGB/*Habersack*, § 793 Rn. 15; Marsch-Barner/Schäfer/*Groß*, § 51 Rn. 26.
[10] Habersack/Mülbert/Schlitt/*Schlitt/Kammerlohr*, § 13 Rn. 2.
[11] MünchKomm-BGB/*Habersack*, § 793 Rn. 17 auch zu weiteren dogmatischen Konstruktionen (Tauschvertrag oder Aufrechnung der Anleiheforderung gegen die Einlageschuld); ferner Marsch-Barner/Schäfer/*Groß*, § 51 Rn. 27; *Hüffer*, AktG § 221 Rn. 4; KölnKomm-AktG/ *Lutter*, § 221 Rn. 94.
[12] *Hüffer*, AktG, § 221 Rn. 4.

I. Einführung

vormaligen Anleihegläubigers auf Abschluss eines Aktien-Zeichnungsvertrags. Teilweise wird vertreten, auch dieser Anspruch müsse nochmals durch die Abgabe einer Willenserklärung (Umtauscherklärung) ausgeübt werden.[13] Diese Erklärung ist dann aber jedenfalls bereits in der Wandlungserklärung enthalten.[14] Aufgrund entsprechender Gestaltungen in den Anleihebedingungen führt die Abgabe der Wandlungs- bzw. Umtauscherklärung zudem regelmäßig direkt zum Zustandekommen des Zeichnungsvertrags über die neuen Aktien.[15] Für Zwecke der Kapitalaufbringung wird das ursprünglich auf die Anleihe geleistete Kapital in eine Aktionärseinlage umgewidmet, wobei es sich kraft gesetzlicher Anordnung nicht um eine Sacheinlage handelt (§ 194 Abs. 1 S. 2 AktG).[16]

Im Falle der Umtauschanleihe wandelt sich das Anleiheschuldverhältnis durch die Gestaltungserklärung des Anleihegläubigers in ein auf den Erwerb bereits bestehender Aktien gerichtetes Schuldverhältnis.[17] Dieses Schuldverhältnis ist folglich auf den Abschluss eines Kaufvertrags und nicht auf den Abschluss eines aktienrechtlichen Zeichnungsvertrags gerichtet. Entsprechendes gilt für die Umwidmung der ursprünglich auf die Anleihe geleisteten Zahlung in eine Kaufpreiszahlung.[18]

Optionsanleihen unterliegen, da der Bestand des Optionsrechts grundsätzlich nicht von dem Bestand der Anleihe abhängig ist, im Ausgangspunkt einer von Wandlungs- und Umtauschanleihen abweichenden Konstruktion. Der gegen die Gesellschaft gerichtete Anspruch auf Abschluss eines Zeichnungsvertrags muss nicht erst durch eine Gestaltungserklärung geschaffen werden. Er ist vielmehr bereits in dem Optionsrecht enthalten und muss durch die Abgabe einer Bezugserklärung geltend gemacht werden, die zugleich die auf Abschluss des Zeichnungsvertrags gerichtete Willenserklärung enthält.[19] Die Einlageverpflichtung besteht dann nach allgemeinen Grundsätzen typischerweise in der Verpflichtung zur Leistung einer Bareinlage.[20]

3. Schutzzweckerwägungen

Vor dem Hintergrund der so beschriebenen Rechtsnatur sollen an dieser Stelle zunächst einige für den Umgang mit aktienverwandten Produkten erforderliche konzeptionelle Grundlagen erläutert werden.

Im Hinblick auf die aktienrechtliche Kompetenzordnung sind hybride Finanzierungsformen zwischen der grundsätzlich allein in den Verantwortungsbereich der Verwaltung fallenden Fremdkapitalfinanzierung[21] und der Eigenkapitalfinanzierung einzuordnen, die immer nur auf Grundlage einer Legitimation durch die Hauptver-

---

[13] So offenbar KölnKomm-AktG/*Lutter*, § 221 Rn. 137.
[14] Marsch-Barner/Schäfer/*Groß*, § 51 Rn. 27; *Hüffer*, AktG, § 221 Rn. 5; MünchKomm-AktG/*Habersack*, § 221 Rn. 225.
[15] Marsch-Barner/Schäfer/*Groß*, § 51 Rn. 27; *Hüffer*, AktG, § 221 Rn. 5.
[16] Siehe dazu ausführlich MünchKomm-AktG/*Habersack*, § 221 Rn. 230 ff.
[17] MünchKomm-BGB/*Habersack*, § 793 Rn. 17.
[18] So die zutreffende Differenzierung bei MünchKomm-BGB/*Habersack*, § 793 Rn. 17.
[19] Bei entsprechender Ausgestaltung der Anleihebedingungen handelt es sich bei der Willenserklärung bereits um die Annahme eines Angebots auf Abschluss des Zeichnungsvertrages seitens der Gesellschaft. Andernfalls stellt die Willenserklärung das entsprechende Angebot seitens des aus der Option Berechtigten dar und bedarf noch der Annahme durch die Gesellschaft, die dazu allerdings nach Maßgabe der Anleihebedingungen verpflichtet ist, vgl. MünchKomm-AktG/*Habersack*, § 221 Rn. 223; Marsch-Barner/Schäfer/*Groß*, § 51 Rn. 28; *Hüffer*, AktG, § 221 Rn. 7; *Schumann*, S. 21 f.
[20] Marsch-Barner/Schäfer/*Groß*, § 51 Rn. 61.
[21] MünchKomm-AktG/*Habersack*, § 221 Rn. 20; KölnKomm-AktG/*Lutter*, § 221 Rn. 5; *Hüffer*, AktG, § 221 Rn. 3.

sammlung durchgeführt werden darf. Die Einordnung der Fremdkapitalfinanzierung als Geschäftsführungsaufgabe ist gerechtfertigt, weil sie im Grundsatz keine Auswirkungen auf die mitgliedschaftlichen Verwaltungs- und Vermögensrechte der Aktionäre hat. Sofern aktienverwandte Produkte die Möglichkeit eines zukünftigen Aktienerwerbs durch die Anleihegläubiger vorsehen und es sich bei diesen Aktien um junge Aktien der Gesellschaft handelt, besteht aber aus Sicht der Altaktionäre – wie bei der Kapitalerhöhung – eine Verwässerungsgefahr im Hinblick auf ihre mitgliedschaftliche Rechtsstellung.[22] Das Gesetz räumt den insoweit wie bei der Eigenkapitalfinanzierung beeinträchtigten Aktionären Mitspracherechte ein. Grundsätzlich bedarf deshalb auch die Ausgabe neuer Wandelanleihen einer Legitimation durch die Hauptversammlung (§ 221 Abs. 1, 2 S. 1 AktG).[23] Darüber hinaus erhalten die Aktionäre ein Bezugsrecht (§ 221 Abs. 4 S. 1 AktG).[24]

Da Umtauschanleihen, die nicht den Bezug junger Aktien der Gesellschaft, sondern vielmehr den Erwerb bereits bestehender Aktien eines Dritten zum Gegenstand haben, schon konzeptionell keine Gefährdung der mitgliedschaftlichen Stellung der Altaktionäre hervorrufen, sind die Vorschriften über Wandelanleihen insoweit auch nicht anwendbar.[25]

4. Wirtschaftliche Hintergründe

Als hybride Zwischenform der Unternehmensfinanzierung werden die verschiedenen Arten aktienverwandter Produkte heute als eigenständige Anlageklasse angesehen.[26]

Die Anzahl der Aktien, die ein Anleger anstelle oder neben der Rückzahlung der Anleihe erhalten kann, richtet sich nach dem in den Anleihebedingungen festgelegten Wandlungspreis *(conversion price)*. Da dieser regelmäßig über dem zum Zeitpunkt der Begebung der Anleihe bestehenden Aktienkurs liegt, ist ein Aktienerwerb für den Anleger wirtschaftlich nur sinnvoll, wenn der Kurs im Zeitpunkt des Erwerbs über dem Wandlungspreis liegt.[27] Wegen dieses der Umtauschmöglichkeit innewohnenden spekulativen Elements sind Investoren typischerweise bereit, aktienverwandte Produkte zu einem im Vergleich zu einer „gewöhnlichen" Anleihe desselben Emittenten geringeren Zinssatz zu zeichnen.[28] So erhalten vor allem Unternehmen, deren Aktienkurs – etwa aufgrund branchenimmanenter Geschäftsrisiken – besonders volatil ist und die nur begrenzten Zugang zu herkömmlichen Mitteln der Fremdfinanzierung haben, mit Hilfe aktienverwandter Produkte die Möglichkeit, Kapital zu besonders günstigen Konditionen aufzunehmen.[29] Den opportunistischen Charakter der Instru-

---

[22] MünchKomm-AktG/*Habersack*, § 221 Rn. 20; KölnKomm-AktG/*Lutter*, § 221 Rn. 3; *Hüffer*, AktG, § 221 Rn. 1.
[23] Siehe dazu noch unter III. 1. a) aa).
[24] Siehe dazu noch unter III. 1. b).
[25] Siehe dazu Habersack/Mülbert/Schlitt/*Kammerlohr*, § 13 Rn. 17 ff. und unter III. 2.
[26] Habersack/Mülbert/Schlitt/*Madjlessi/Leopold*, § 11 Rn. 2.
[27] Habersack/Mülbert/Schlitt/*Madjlessi/Leopold*, § 11 Rn. 1; die Differenz zwischen dem Aktienkurs und dem Wandlungspreis im Zeitpunkt der Anleiheplatzierung wird als Prämie *(premium)* bezeichnet, so etwa Habersack/Mülbert/Schlitt/*Schlitt/Hemeling*, § 12 Rn. 2, Fn. 2.
[28] Marsch-Barner/Schäfer/*Groß*, § 51 Rn. 24; Habersack/Mülbert/Schlitt/*Schlitt/Hemeling*, § 12 Rn. 5; *Schanz*, BKR 2011, 410 (410).
[29] Habersack/Mülbert/Schlitt/*Schlitt/Hemeling*, § 12 Rn. 5 und für Umtauschanleihen, Habersack/Mülbert/Schlitt/*Schlitt/Kammerlohr*, § 13 Rn. 3; außerdem generell, Habersack/Mülbert/Schlitt/*Madjlessi/Leopold*, § 11 Rn. 14 f., die auch darauf hinweisen, dass aktienverwandte Instrumente in den USA traditionell von Unternehmen eingesetzt wurden, denen aufgrund vergleichsweise geringer Bonität der Zugang zu den Anleihemärkten weitgehend verwehrt war.

mente dokumentiert der regelmäßige Anstieg des Emissionsvolumens in Zeiten volatiler Aktienmärkte.[30]

Neben der vergünstigten Fremdfinanzierung eröffnet die Begebung einer Umtauschanleihe dem Emittenten zusätzlich auch die Möglichkeit, eine bestehende Aktienbeteiligung über einen längeren Zeitraum gestreckt und marktschonend zu veräußern.[31] Dies kann gegenüber einer direkten Beteiligungsveräußerung vorteilhaft sein, wenn entweder derzeit kein angemessener Preis erzielt oder kein Käufer für die gesamte Beteiligung gefunden werden kann.[32]

Das Zusammenspiel zwischen Verzinsung der Anleihe, Wandlungspreis und Aktienkurs spricht unterschiedliche Investorengruppen an.[33] Unter den insoweit spezialisierten Investoren befinden sich einerseits solche, die auf steigende Aktienkurse bei gleichbleibender Bonität des Emittenten spekulieren; gegen eine negative Kursentwicklung sehen diese Investoren sich durch den Rückzahlungsanspruch aus der Anleihe (den *bond floor*) hinreichend gesichert (*downward protection*).[34] Auf der anderen Seite stehen Hedge Fonds, die sich die Mechanismen aktienverwandter Produkte zu Nutzen machen, um durch Spekulations- und Arbitragegeschäfte Gewinne zu erzielen.[35] Dabei werden parallel zur Zeichnung der Anleihe typischerweise Leerverkäufe in den zugrundeliegenden Aktien getätigt und Kreditrisiken aus der Anleihe durch Kreditderivate abgesichert.[36] Zudem können zum Beispiel einkommensorientierte Aktienfonds durch die Zeichnung aktienverwandter Produkte über die Verzinsung der Anleihe indirekt an Unternehmen partizipieren, die auf ihre Aktien typischerweise keine Dividende zahlen.[37] Entsprechendes gilt für institutionelle Investoren, die aufgrund ihrer Anlagerichtlinien nicht in Aktien investieren dürfen.[38]

5. Abgrenzung zu verwandten Finanzierungsformen

Aktienverwandte Produkte sind zunächst von den ebenfalls in § 221 Abs. 1 AktG geregelten Gewinnschuldverschreibungen abzugrenzen. Bei Gewinnschuldverschreibungen handelt es sich im Ausgangspunkt auch um Schuldverschreibungen (§§ 793 ff. BGB), die aber eine besondere an den „Gewinnanteilen von Aktionären" orientierte Verzinsung gewähren.[39] Gewinnschuldverschreibungen sind damit zugleich eine besondere Erscheinungsform der in § 221 Abs. 3 AktG angesprochenen Genussrechte.[40] Bei diesen handelt es sich um in ihrer Ausgestaltung gesetzlich nicht näher geregelte Finanzierungsinstrumente, die auf vertraglicher Basis – als Dauerschuldverhältnisse eigener Art[41] – aktionärstypische vermögensrechtliche Ansprüche gegen die Gesellschaft nachbilden.[42] Anders als bei aktienverwandten Produkten besteht die

---

[30] Habersack/Mülbert/Schlitt/*Madjlessi/Leopold*, § 11 Rn. 20.
[31] *Schlitt/Seiler/Singhof*, AG 2003, 254 (255).
[32] Habersack/Mülbert/Schlitt/*Schlitt/Kammerlohr*, § 13 Rn. 3.
[33] Siehe dazu auch den Überblick bei *Schanz*, BKR 2011, 410 (411).
[34] Habersack/Mülbert/Schlitt/*Madjlessi/Leopold*, § 11 Rn. 28; Habersack/Mülbert/Schlitt/ *Schlitt/Hemeling*, § 12 Rn. 6; zur weiteren Unterscheidung zwischen sog Equity Investoren und Credit Investoren, siehe *Schanz*, BKR 2011, 410 (411).
[35] *Schanz*, BKR 2011, 410 (411).
[36] Habersack/Mülbert/Schlitt/*Madjlessi/Leopold*, § 11 Rn. 29; *Schanz*, BKR 2011, 410 (411).
[37] Habersack/Mülbert/Schlitt/*Madjlessi/Leopold*, § 11 Rn. 31.
[38] *Schanz*, BKR 2011, 410 (411).
[39] MünchKomm-AktG/*Habersack*, § 221 Rn. 54; *Wehrhahn*, S. 123.
[40] MünchKomm-AktG/*Habersack*, § 221 Rn. 53.
[41] BGHZ 156, 38 (42 ff.).
[42] Marsch-Barner/Schäfer/*Groß*, § 51 Rn. 72; MünchKomm-AktG/*Habersack*, § 221 Rn. 65; KölnKomm-AktG/Lutter, § 221 Rn. 25.

Zusatzkomponente bei Genussrechten im Allgemeinen und bei Gewinnschuldverschreibungen im Besonderen aber nicht in einem Recht auf Lieferung von Aktien, sondern vielmehr in der Gewährung zusätzlicher Vermögensvorteile, die typischerweise mit dem Dividendenrecht der Aktionäre konkurrieren.[43]

Keine Umtauschanleihe im herkömmlichen Verständnis, sondern eine Aktienanleihe liegt vor, wenn nicht der Anleihegläubiger das Umtauschrecht ausüben kann, sondern vielmehr der Emittent am Ende der Laufzeit der Anleihe berechtigt ist, anstelle der Rückzahlung Aktien einer dritten Gesellschaft zu liefern.[44]

Nicht unter den Begriff der Optionsanleihe fallen selbständige Optionsscheine, die – losgelöst von einer Anleihe – Bezugsrechte auf Aktien des Emittenten verbriefen. Sofern sich das verbriefte Recht auf den Bezug junger Aktien des Emittenten bezieht *(naked warrants)*,[45] besteht, trotz einiger Anwendungsfälle in der Vergangenheit,[46] nach wie vor große Zurückhaltung bei ihrer Verwendung zur Kapitalbeschaffung.[47] Dies dürfte auf den Umstand zurückzuführen sein, dass die aktienrechtliche Zulässigkeit solcher Optionsscheine bis heute nicht gesichert ist.[48] Sofern Optionsscheine ein Recht auf den Bezug bereits existierender Aktien des Emittenten verbriefen *(covered warrants)*, bestehen hingegen insoweit grundsätzlich keine Bedenken.[49]

Schließlich unterfallen auch von Dritten eingeräumte Optionsrechte, hinsichtlich deren Erfüllung die Gesellschaft, deren Aktien dem Optionsrecht zugrunde liegen, nicht involviert ist (etwa von Banken begebene, mitunter auch als *covered warrants* bezeichnete,[50] derivative Produkte) nicht dem Begriff der Optionsanleihe.[51]

---

[43] MünchKomm-AktG/*Habersack*, § 221 Rn. 54.
[44] Habersack/Mülbert/Schlitt/*Schlitt/Kammerlohr*, § 13 Rn. 6; Marsch-Barner/Schäfer/*Groß*, § 51 Rn. 20.
[45] *Schlitt/Löschner*, BKR 2002, 150 (150); Habersack/Mülbert/Schlitt/*Schlitt/Hemeling*, § 12 Rn. 13; Hüffer, AktG, § 221 Rn. 75.
[46] Siehe die Nachweise bei *Fuchs*, AG 1995, 433 (433 f.) und *Strohmeier*, Special Purpose Acquisition Companies, 2012, 119, Fn. 520.
[47] Habersack/Mülbert/Schlitt/*Schlitt/Hemeling*, § 12 Rn. 13.
[48] Verwiesen wird insoweit einerseits auf die Unvereinbarkeit mit § 187 Abs. 1 AktG, wonach Rechte auf den Bezug neuer Aktien nur unter Vorbehalt des Bezugsrechts der Aktionäre zugesichert werden können, vgl. etwa KölnKomm-AktG/*Lutter*, § 221 Rn. 185. Zum anderen bestehen Bedenken im Hinblick auf die Bedienung der Bezugsrechte aus bedingtem Kapital, da der abschließende Katalog des § 192 Abs. 2 AktG in Nr. 3 lediglich die Ausgabe von Mitarbeiteroptionen zulasse, vgl. dazu etwa *Lutter*, ZIP 1997, 1 (7). Das OLG Stuttgart hat in einem Beschluss vom 16.1.2002 zuletzt zwar die grundsätzliche aktienrechtliche Zulässigkeit selbständiger Optionsrechte offen gelassen, die Möglichkeit, zu ihrer Bedienung ein bedingtes Kapital zu schaffen, aber jedenfalls verneint, vgl. *OLG Stuttgart*, ZIP 2002, 1807 (1808 f.) Ausdrücklich gegen die Zulässigkeit etwa *Hüffer*, AktG, § 221 Rn. 75; KölnKomm-AktG/*Lutter*, § 221 Rn. 185; Großkomm-AktG/*Frey*, § 192 Rn. 65 ff.; für die Zulässigkeit *Schlitt/Löschner*, BKR 2002, 150 (153 f.); *Wehrhahn*, BKR 2003, 124 (125); Habersack/Mülbert/Schlitt/*Schlitt/Hemeling*, § 12 Rn. 13; MünchKomm-AktG/*Habersack*, § 221 Rn. 37; MünchHdb-AG/*Krieger*, § 63 Rn. 24; Marsch-Barner/Schäfer/*Gätsch*, § 5 Rn. 27; *Strohmeier*, Special Purpose Acquisition Companies, 2012, 121 ff.
[49] Dies gilt jedenfalls, wenn die Aktien durch einen Dritten zur Verfügung gestellt werden, vgl. MünchHdb-AG/*Krieger*, § 63 Rn. 27. Sofern die Bezugsrechte mit eigenen Aktien aus dem Bestand des Emittenten bedient werden sollen, sind allerdings zumindest die Vorgaben der §§ 71 ff. AktG zu beachten, MünchHdb-AG/*Krieger*, § 63 Rn. 27; MünchKomm-AktG/*Habersack*, § 221 Rn. 24 spricht sich zudem wegen der mit einer Kapitalerhöhung vergleichbaren Effekte der Ausgabe eigener Aktien für eine entsprechende Anwendung des § 221 AktG aus.
[50] Habersack/Mülbert/Schlitt/*Schlitt/Hemeling*, § 12 Rn. 14; *Schlitt/Löschner*, BKR 2002, 150 (150), Fn. 2.
[51] KölnKomm-AktG/*Lutter*, § 221 Rn. 153 ff.

II. Gestaltungsformen

1. Direkte oder indirekte Emission

Für die Begebung aktienverwandter Produkte stehen grundsätzlich zwei Wege zur Verfügung. Entweder kann die Gesellschaft, deren Aktien Gegenstand der Wandlungskomponente sein sollen, das Instrument selbst begeben *(direkte Emission)*. Alternativ kann die Ausgabe des Instruments – vornehmlich aus steuerlichen Gründen[52] – einer ausländischen Zweckgesellschaft – typischerweise eine 100 %-ige Finanzierungstochter der Gesellschaft – übertragen werden *(indirekte Emission)*.[53] Zur Regelung des in diesem Fall bestehenden Verhältnisses zwischen den Anleihegläubigern, der Zweckgesellschaft – als Emittentin des Instruments – und der Muttergesellschaft, deren Aktien Gegenstand der Wandlungskomponente sind, bedarf es verschiedener vertraglicher Absprachen.[54] Angesichts dieser mit indirekten Emissionen verbundenen Komplexität verlieren etwaige Steuervorteile mitunter an Gewicht. Gerade für kleinere Emittenten können deshalb direkte Emissionen vorzugswürdig sein.[55]

2. Ausgabe gegen Sacheinlage

Wandelschuldverschreibungen werden regelmäßig gegen Bareinlage ausgegeben. Sofern der zugrundeliegende Hauptversammlungsbeschluss keine entsprechende Beschränkung vorsieht, ist aber auch eine Ausgabe gegen Sacheinlage möglich.[56] Die bereits angesprochene Vorschrift des § 194 Abs. 1 S. 2 AktG, wonach bei der späteren Wandlung der Anleihe in Aktien der Gesellschaft keine Sacheinlageprüfung zu erfolgen hat, geht allerdings konzeptionell von einer ursprünglichen Ausgabe der Wandelanleihe gegen Barleistung aus.[57] Bei der Ausgabe gegen Sacheinlagen, etwa in Gestalt von Forderungen gegen die Gesellschaft, greift die Privilegierung im Zeitpunkt der späteren Umwandlung in Aktien also grundsätzlich nicht ein, mit der Folge, dass es nach Maßgabe des § 194 Abs. 4 AktG einer Sacheinlageprüfung

---

[52] Siehe zu den steuerlichen Hintergründen, Habersack/Mülbert/Schlitt/*Mihm*, § 15 Rn. 37 und *Schanz*, BKR 2011, 410 (413).

[53] Habersack/Mülbert/Schlitt/*Schlitt/Hemeling*, § 12 Rn. 7. Wegen der räumlichen Nähe und der insoweit etablierten Praxis bevorzugen deutsche Emittenten häufig Emissionen von Finanzierungs-Töchtern mit Sitz in Luxemburg oder den Niederlanden, *Schanz*, BKR 2011, 410 (413).

[54] Zum einen gibt die Muttergesellschaft gegenüber der als Wandlungsstelle fungierenden Prozessbank eine zu Gunsten der Anleihegläubiger wirkende Erklärung ab, in der sie sich verpflichtet, im Wandlungsfall eine entsprechende Anzahl Aktien zu liefern. Zudem garantiert sie ebenfalls mit Wirkung zu Gunsten der Anleihegläubiger die von der Emittentin auf die Anleihe zu zahlenden Beträge. Zum anderen bedarf es einer vertraglichen Regelung im Hinblick auf die aus der Anleiheemissionen erzielten Beträge, siehe zur Vertiefung, Habersack/Mülbert/Schlitt/*Schlitt/Hemeling*, § 12 Rn. 7, 51 f.

[55] Siehe dazu mit Beispielen aus der Praxis, *Schlitt/Schäfer*, CFL 2010, 252 (254); *Schanz*, BKR 2011, 410 (413).

[56] Habersack/Mülbert/Schlitt/*Schlitt/Hemeling*, § 12 Rn. 8; *Drinhausen/Keinath*, BB 2011, 1736 (1736) und Fn. 2 zu verschiedenen Beispielen aus der Praxis.

[57] *Schumann*, S. 66; Marsch-Barner/Schäfer/*Busch*, § 44 Rn. 40; MünchHdb-AG/*Krieger*, § 57 Rn. 24; KölnKomm-AktG/*Lutter*, § 221 Rn. 140; *Drinhausen/Keinath*, BB 2011, 1736 (1736).

bedarf.⁵⁸ Dass die Einreichung des erforderlichen Prüfungsberichts aber schon bei Anmeldung des Beschlusses über die bedingte Kapitalerhöhung zur Eintragung in das Handelsregister vorliegen muss (§ 195 Abs. 2 Nr. 1 AktG), zeigt auch, dass die Sacheinlageprüfung nach der gesetzlichen Konzeption schon vor Eintragung des Kapitalerhöhungsbeschlusses erfolgt sein muss.⁵⁹ Diese Anforderung kann freilich praktisch nicht erfüllt werden, wenn die Wandelanleihe, wie üblich, auf Grundlage einer Ermächtigung (§ 221 Abs. 2 AktG) erst zu einem späteren Zeitpunkt ausgegeben werden soll.⁶⁰ Vor diesem Hintergrund könnte bedingtes Kapital regelmäßig nicht zur Absicherung der Lieferverpflichtungen aus Wandelanleihen eingesetzt werden, die auf Grundlage einer Hauptversammlungsermächtigung gegen Sacheinlagen begeben werden. Da dieser Befund wohl dem Willen des Gesetzgebers zuwider läuft, sprechen sich jüngere Stimmen im Schrifttum für eine analoge Anwendung der Regelungen über das genehmigte Kapital aus.⁶¹ Entsprechend der Rechtslage bei der Ausnutzung einer Ermächtigung zur Durchführung einer Kapitalerhöhung aus genehmigtem Kapital (§ 205 Abs. 2 und Abs. 5 AktG) sollen die in § 194 Abs. 1 Satz 1 AktG vorgesehenen Festsetzungen und die in § 194 Abs. 4 AktG vorgeschriebene Sacheinlageprüfung erst zum Zeitpunkt der tatsächlichen Ausgabe der Wandelschuldverschreibung vorgenommen werden müssen und der Prüfungsbericht entweder zu diesem Zeitpunkt oder bei Anmeldung der Ausgabe der neuen Aktien (§ 201 AktG) beim Registergericht einzureichen sein.⁶²

III. Gesellschaftsrechtlicher Rahmen

1. Wandel- und Optionsanleihen

a) Gremienbeschlüsse

aa) Hauptversammlungsbeschluss

(1) Beschlusserfordernis

Voraussetzung für die Ausgabe von Wandelanleihen ist zunächst ein Beschluss der Hauptversammlung, der, sofern nicht die Satzung eine andere Kapitalmehrheit oder weitere Erfordernisse bestimmt,⁶³ einer Mehrheit von drei Vierteln des bei der Beschlussfassung vertretenen Grundkapitals bedarf (§ 221 Abs. 1 AktG). Statt einen solchen Direktbeschluss zu fassen,⁶⁴ kann die Hauptversammlung dem Vorstand auch eine auf bis zu fünf Jahre befristete Ermächtigung zur Ausgabe von Wandelanleihen erteilen (§ 221 Abs. 2 S. 1 AktG). Letzteres ist, in Anlehnung an die Erwägungen beim genehmigten Kapital, im Hinblick auf die damit einhergehende Flexibilität

---

⁵⁸ *Drinhausen/Keinath*, BB 2011, 1736 (1737).
⁵⁹ *Drinhausen/Keinath*, BB 2011, 1736 (1738).
⁶⁰ *Drinhausen/Keinath*, BB 2011, 1736 (1738).
⁶¹ *Schnorbus/Trapp*, ZGR 2010, 1023 (1035) und *Drinhausen/Keinath*, BB 2011, 1736 (1741).
⁶² *Schnorbus/Trapp*, ZGR 2010, 1023 (1040 ff.) und *Drinhausen/Keinath*, BB 2011, 1736 (1741); im Anschluss an diese Autoren nun auch *OLG München*, AG 2013, 811 (812).
⁶³ Da die Hauptversammlung regelmäßig auch über einen Bezugsrechtsausschluss bzw. die Ermächtigung zum Bezugsrechtsausschluss beschließt, kann eine geringere Kapitalmehrheit wegen des insoweit zwingenden Mehrheitserfordernisses der §§ 221 Abs. 4 Satz 2, 186 Abs. 3 Satz 2 AktG nicht zur Geltung kommen, vgl. Marsch-Barner/Schäfer/*Groß*, § 51 Rn. 40 und im Anschluss Spindler/Stilz/*Seiler*, § 221 Rn. 54.
⁶⁴ Genauer gesagt handelt es sich um einen zustimmenden Beschluss zu einem konkreten Emissionsvorhaben des Vorstands, vgl. MünchHdb-AG/*Krieger*, § 63 Rn. 9.

oftmals zweckmäßig, in der Praxis die Regel[65] und soll deshalb im Fortlauf der Darstellung als Regelfall zugrunde gelegt werden.

Soll die Wandelanleihe indirekt – durch eine Zweckgesellschaft – begeben werden, bedarf es gleichwohl eines Hauptversammlungsbeschlusses auf Ebene der Muttergesellschaft. Das Beschlusserfordernis des § 221 Abs. 1 S. 1 AktG bezweckt den Schutz der Aktionäre vor einer gegen ihren Willen eintretenden Beteiligungsverwässerung.[66] Dieser Schutzzweck ist bei der indirekten Emission gleichermaßen berührt, da Gegenstand des Wandlungsrechts der Anleihegläubiger junge Aktien der Muttergesellschaft sind.[67]

Folgerichtig ist der Schutzweck des § 221 Abs. 1 S. 1 AktG – unabhängig von der Gestaltungsform der Emission – nicht berührt, wenn Gegenstand des Wandlungsrechts bereits existierende Aktien der Gesellschaft sein sollen. In diesem Fall tritt keine Verwässerung, sondern lediglich eine vom Schutzweck der Norm nicht erfasste Umschichtung der Beteiligungsstruktur ein.[68] Dies gilt jedenfalls, wenn die Aktien von einem Dritten bereitgestellt werden.[69] Sollen die Aktien durch die Gesellschaft selbst zur Verfügung gestellt werden, bedarf es aber einer Ermächtigung nach § 71 Abs. 1 Nr. 8 S. 5 AktG.[70]

(2) Beschlussinhalt

Der Mindestbeschlussinhalt umfasst die Art des zu begebenden Instruments sowie die Festsetzung des Gesamtnennbetrags oder jedenfalls eines Höchstbetrags.[71] Nur, sofern es sich um einen Direktbeschluss handelt, muss eine Aussage dazu getroffen werden, ob der Vorstand zur Durchführung verpflichtet oder lediglich ermächtigt ist.[72] Im Falle einer Ermächtigung bedarf es einer Befristung nach Maßgabe des § 221 Abs. 2 S. 1 AktG.

Neben diesen Mindestangaben können auch bereits weitere konkrete Vorgaben für die Ausgestaltung des Instruments in den Ermächtigungsbeschluss der Hauptversammlung aufgenommen werden.[73] Theoretisch denkbar ist sogar die Angabe des genauen Inhalts der Anleihebedingungen. Im Hinblick auf die typischerweise angestrebte Möglichkeit des Vorstandes, flexibel auf sich verändernde Marktverhältnisse reagieren zu können, dürfte letzteres in der Regel aber nicht zweckmäßig sein.[74] Die Einzelheiten der Ausgabe werden deshalb regelmäßig in das Gestaltungsermessen des Vorstands gestellt.[75] Soll dieser ermächtigt sein, das Bezugsrecht der Aktionäre (§ 221 Abs. 4 S. 1 AktG) auszuschließen, muss die entsprechende Ermächtigung – in Anlehnung an die Vorgaben zum genehmigten Kapital (§ 203 Abs. 2 S. 1 AktG) – ebenfalls

---

[65] Habersack/Mülbert/Schlitt/*Schlitt/Hemeling*, § 12 Rn. 25; Marsch-Barner/Schäfer/*Groß*, § 51 Rn. 31.
[66] MünchKomm-AktG/*Habersack*, § 221 Rn. 130.
[67] Habersack/Mülbert/Schlitt/*Schlitt/Hemeling*, § 12 Rn. 26; Spindler/Stilz/*Seiler*, § 221 Rn. 57.
[68] Habersack/Mülbert/Schlitt/*Schlitt/Hemeling*, § 12 Rn. 27.
[69] *Busch*, AG 1999, 58 (64 f.).
[70] Habersack/Mülbert/Schlitt/*Schlitt/Hemeling*, § 12 Rn. 27.
[71] Marsch-Barner/Schäfer/*Groß*, § 51 Rn. 34; *Hüffer*, AktG, § 221 Rn. 10; *Seibt*, CFL 2010, 165 (167); *Schanz*, BKR 2011, 410 (412).
[72] Marsch-Barner/Schäfer/*Groß*, § 51 Rn. 34.
[73] Zu den Angaben, die im Rahmen des üblicherweise gleichzeitig zur Absicherung der Bezugsrechte aus der Wandelanleihe beschlossenen bedingten Kapitals (§ 193 Abs. 2 Nr. 1 AktG) erforderlich sind, siehe unten unter III. 1. c) bb) (3).
[74] *Schanz*, BKR 2011, 410 (412).
[75] Habersack/Mülbert/Schlitt/*Schlitt/Hemeling*, § 12 Rn. 29; *Schlitt/Schäfer*, CFL 2010, 252 (253).

Gegenstand des Hauptversammlungsbeschlusses sein (siehe zu den Einzelheiten sogleich unter III. 1. b)).[76]

bb) Ausnutzungsbeschluss der Verwaltung

Will der Vorstand von einer ihm nach § 221 Abs. 2 AktG erteilten Ermächtigung zur Ausgabe der Wandelanleihe Gebrauch machen, bedarf er dazu nach der gesetzlichen Konzeption – anders als bei der Ausnutzung eines genehmigten Kapitals (§ 204 Abs. 1 S. 2 Hs. 1 AktG) – nicht der Zustimmung des Aufsichtsrats.[77] Gleichwohl ergibt sich ein Zustimmungserfordernis in der Praxis regelmäßig entweder schon aus dem Ermächtigungsbeschluss, der Geschäftsordnung oder aber jedenfalls, wenn der Vorstand, was regelmäßig der Fall ist,[78] das Bezugsrecht der Aktionäre ausschließen will. In diesem Fall folgt das Zustimmungserfordernis aus einer entsprechenden Anwendung des § 204 Abs. 1 S. 2 Hs. 2 AktG.[79]

b) Bezugsrecht

Auf Wandelanleihen haben die Aktionäre, genau wie bei der Ausgabe junger Aktien, ein Bezugsrecht (§ 221 Abs. 4 S. 1 AktG).[80] Hintergrund ist auch insoweit der bereits angesprochene Verwässerungsschutz.[81] Denn durch die spätere Ausübung des Wandlungsrechts entstehen neue Mitgliedschaftsrechte. Das Bezugsrecht wird deshalb bereits auf die Wandelanleihe selbst eingeräumt.[82]

aa) Bezugsrechtsausschluss

Da Wandelanleihen in der Regel bei institutionellen Investoren platziert werden,[83] bedarf es eines Bezugsrechtsausschlusses. Dies kann entweder bereits ausdrücklich im Ermächtigungsbeschluss der Hauptversammlung geschehen oder aber Gegenstand der abstrakten Ermächtigung und damit in das Ermessen der Verwaltung gestellt sein.[84] Da die Ermächtigung zum Bezugsrechtsausschluss bei Wandelanleihen den gleichen Zwecken wie die entsprechende Ermächtigung im Rahmen eines genehmigten Kapitals (§ 203 Abs. 2 S. 1 AktG) dient, sind die insoweit aufgestellten Rechtsprechungsgrundsätze[85] in gleicher Weise zu beachten.[86]

---

[76] Hüffer, AktG, § 221 Rn. 39; siehe dazu zuletzt BGH, NJW-RR 2009, 1196 (2000) mit weiteren Nachweisen.
[77] Habersack/Mülbert/Schlitt/*Schlitt/Hemeling*, § 12 Rn. 30.
[78] Habersack/Mülbert/Schlitt/*Schlitt/Hemeling*, § 12 Rn. 16, 47; Spindler/Stilz/*Seiler*, § 221 Rn. 85; siehe zum Platzierungsverfahren noch unten unter IV.
[79] MünchKomm-AktG/*Habersack*, § 221 Rn. 173; Marsch-Barner/Schäfer/*Groß*, § 51 Rn. 49.
[80] Bezugsberechtigt sind nur die Aktionäre und nicht etwa Inhaber bereits zuvor ausgegebener Wandelanleihen, vgl. *Hüffer*, AktG, § 221 Rn. 38.
[81] KölnKomm-AktG/*Lutter*, § 221 Rn. 44; *Hüffer*, AktG, § 221 Rn. 38.
[82] Marsch-Barner/Schäfer/*Groß*, § 51 Rn. 47.
[83] Siehe zu den Investorengruppen oben unter I. 4. und zum Platzierungsverfahren noch unten unter IV.
[84] BGH, NJW-RR 2006, 471 (471 f.).
[85] Siehe dazu vor allem BGHZ 136, 133 (138 ff.) (*Siemens/Nold*) = NJW 1997, 2815 und BGHZ 164, 241 (*Mangusta/Commerzbank I*) = NJW 2006, 371 sowie § 3 II.
[86] BGH, NJW-RR 2006, 471 (472); Hofmeister, NZG 2000, 713 (719); MünchKomm-AktG/ *Habersack*, § 221 Rn. 185, 188 f.; Habersack/Mülbert/Schlitt/*Schlitt/Hemeling*, § 12 Rn. 48; *Hüffer*, AktG, § 221 Rn. 39.

(1) Formelle Voraussetzungen

In formeller Hinsicht muss der Bezugsrechtsausschluss oder die entsprechende Vorstandsermächtigung zunächst Bestandteil des Hauptversammlungsbeschlusses und als solcher ordnungsgemäß bekannt gemacht worden sein (§§ 221 Abs. 1 S. 1, Abs. 4 S. 2, 186 Abs. 4 S. 1 bzw. §§ 221 Abs. 2, Abs. 4, 203 Abs. 2, 186 Abs. 4 S. 1, jeweils in Verbindung mit § 124 AktG).[87] Zur Gewährleistung einer sachgerecht vorbereiteten Entscheidung der Hauptversammlung hat der Vorstand einen schriftlichen Bericht vorzulegen,[88] in dem er über die Gründe für den Bezugsrechtsausschluss berichtet und, beim Ermächtigungsbeschluss allerdings nur, wenn insoweit bereits einzelne Angaben enthalten sind,[89] die wesentlichen Konditionen des zu begebenden Instruments erläutert (§§ 221 Abs. 4 S. 2, 186 Abs. 4 S. 2 AktG).[90] In Anlehnung an die Rechtsprechungsgrundsätze zum genehmigten Kapital genügt im Falle einer Ermächtigung zum Bezugsrechtsausschluss eine generell abstrakte Umschreibung des Vorhabens, die darlegt, dass und weshalb die dem Vorstand eröffnete Möglichkeit des Bezugsrechtsausschlusses im Gesellschaftsinteresse liegt.[91] Der Bezugsrechtsausschluss kann nur mit einer Mehrheit, die mindestens drei Viertel des bei der Beschlussfassung vertretenen Grundkapitals umfasst, beschlossen werden (§ 221 Abs. 4 S. 2, 186 Abs. 3 S. 2 und 3 AktG).

(2) Materielle Voraussetzungen

In materieller Hinsicht unterliegt jeder Bezugsrechtsausschluss im Grundsatz dem Erfordernis sachlicher Rechtfertigung. Die Rechtsprechung stellt an die insoweit vorzunehmende Inhaltskontrolle bei der regulären Kapitalerhöhung hohe Anforderungen: Der Bezugsrechtsausschluss muss im Gesellschaftsinteresse liegen und zur Erreichung des angestrebten Zwecks geeignet, erforderlich und verhältnismäßig sein.[92] Diese Vorgaben wurden in der *Holzmann*-Entscheidung zunächst auch auf den Bezugsrechtsauschluss beim genehmigten Kapital übertragen.[93] Seit der *Siemens/Nold*-Entscheidung finden sie für Ermächtigungsbeschlüsse sowohl im Rahmen des genehmigten Kapitals als auch bei der Ausgabe von Wandelanleihen[94] indessen nur noch in abgeschwächter Form Anwendung, da die entsprechenden Instrumente andernfalls für die Praxis nicht oder kaum nutzbar wären.[95] Im Zeitpunkt des Hauptversammlungsbeschlusses muss der Bezugsrechtsausschluss danach lediglich bei ge-

---

[87] Richtige Differenzierung insoweit bei MünchKomm-AktG/*Habersack*, § 221 Rn. 171; ferner Habersack/Mülbert/Schlitt/*Schlitt/Hemeling*, § 12 Rn. 48; *Hüffer*, AktG, § 221 Rn. 40.

[88] Zu den Einzelheiten der Bekanntgabe des Vorstandsberichts sowie zu dessen Auslage in und vor der Hauptversammlung, vgl. MünchHdb-AG/*Krieger/Kraft*, § 56 Rn. 94 ff.

[89] *Hüffer*, AktG, § 221 Rn. 41; die Notwendigkeit eines Vorstandsberichts auch im Vorfeld der Ermächtigung zum Bezugsrechtsausschluss folgt aus einer entsprechenden Anwendung der §§ 203 Abs. 2 Satz 2, 186 Abs. 4 Satz 2 AktG, vgl. MünchKomm-AktG/*Habersack*, § 221 Rn. 180.

[90] Habersack/Mülbert/Schlitt/*Schlitt/Hemeling*, § 12 Rn. 48.

[91] BGHZ 136, 133 (139 f.) (*Siemens/Nold*) = NJW 1997, 2815; MünchKomm-AktG/*Habersack*, § 221 Rn. 180; Habersack/Mülbert/Schlitt/*Schlitt/Hemeling*, § 12 Rn. 48; Marsch-Barner/Schäfer/*Groß*, § 51 Rn. 50.

[92] BGHZ 71, 40 (43) (*Kali + Salz*) = NJW 1978, 1316; KölnKomm-AktG/*Lutter*, § 221 Rn. 56; Marsch-Barner/Schäfer/*Groß*, § 51 Rn. 52; MünchHdb-AG/*Krieger/Kraft*, § 56 Rn. 75 ff.

[93] BGHZ 83, 319 (320) (*Holzmann*) = NJW 1982, 2444.

[94] Dies folgt höchstrichterlich jedenfalls aus der ausdrücklichen Bezugnahme auf die *Siemens/Nold* Grundsätze in späteren Entscheidungen des BGH, die Wandelanleiheermächtigungen zum Gegenstand hatten, vgl. *BGH*, NJW-RR 2006, 471; *BGH*, NJW-RR 2008, 289 (290) (*EM.TV*); so auch Marsch-Barner/Schäfer/*Groß*, § 51 Rn. 52.

[95] BGHZ 136, 133 (138 ff.) (*Siemens/Nold*) = NJW 1997, 2815 unter ausdrücklicher Aufgabe der *Holzmann*-Rechtsprechung; für Nachweise zu den kritischen Literaturstimmen vor der Siemens/Nold Entscheidung, siehe MünchHdb-AG/*Krieger*, § 58 Rn. 17.

nerell abstrakter Betrachtung im wohlverstandenen Interesse der Gesellschaft liegen. Ein bereits konkretisiertes Vorhaben ist nicht erforderlich.[96] Wird der Ermächtigungsbeschluss – wie in der Praxis häufig[97] – in generell abstrakter Weise damit begründet, dass die Gesellschaft durch die Möglichkeit des Bezugsrechtsausschlusses die Flexibilität zur kurzfristigen Wahrnehmung günstiger Kapitalmarktsituationen erhält und durch diese Maßnahme auch ein Kursänderungsrisiko für den Zeitraum einer (andernfalls erforderlichen) Bezugsfrist vermieden werden kann, ist eine ausreichende Grundlage für die Ermächtigung zum Bezugsrechtsausschluss gegeben.[98]

Will der Vorstand von der Ermächtigung zur Ausgabe des Instruments unter Bezugsrechtsausschluss Gebrauch machen, ist er verpflichtet, im Rahmen seines unternehmerischen Ermessens zu prüfen, ob der Bezugsrechtsausschluss zu diesem Zeitpunkt, also im konkreten Fall und unter Berücksichtigung aller Umstände, sachlich gerechtfertigt ist.[99] Ein weiterer (Vorab-)Bericht an die Aktionäre ist zu diesem Zeitpunkt nicht erforderlich.[100] Vielmehr ist der Vorstand gehalten, nach Inanspruchnahme der Ermächtigung über die Einzelheiten seines Vorgehens auf der nächsten ordentlichen Hauptversammlung zu berichten.[101]

bb) Vereinfachter Bezugsrechtsausschluss

Ob für die Ausgabe einer Wandelanleihe unter Ausschluss des Bezugsrechts auf die Regelung des § 186 Abs. 3 S. 4 AktG zurückgegriffen werden kann, wird – obwohl in der Praxis mittlerweile üblich[102] – kontrovers diskutiert.[103] Ein Ausschluss des Bezugsrechts ist nach dieser Regelung insbesondere dann zulässig, wenn die Kapitalerhöhung gegen Bareinlagen zehn Prozent des Grundkapitals nicht übersteigt und der Ausgabebetrag den Börsenpreis nicht wesentlich unterschreitet. Eine gesonderte Inhaltskontrolle der sachlichen Rechtfertigung ist nach ganz herrschender Meinung nicht erforderlich.[104]

Zwar verweist § 221 Abs. 4 S. 2 AktG vollumfänglich auf § 186 AktG und damit auch auf dessen Abs. 3 S. 4. Problematisch erscheint aber, dass der erleichterte Bezugsrechtsausschluss konzeptionell von der Existenz eines Börsenkurses für das auszugebende Instrument ausgeht. Denn nur, wenn dies der Fall ist, kann der Ausgabebetrag mit dem Börsenkurs verglichen und beurteilt werden, ob den Aktionären zur Wahrung ihrer Beteiligungsquote ein Zukauf über die Börse zugemutet werden kann. Da ein solcher Börsenkurs für eine inhaltsgleiche Wandelanleihe aber nicht existiert, wird die Anwendbarkeit des § 186 Abs. 3 S. 4 AktG teilweise verneint.[105] Nach

---

[96] BGH, NJW-RR 2006, 471 (471).
[97] Habersack/Mülbert/Schlitt/*Schlitt/Hemeling*, § 12 Rn. 48.
[98] *BGH*, NJW-RR 2008, 289 (290) (*EM.TV*); Habersack/Mülbert/Schlitt/*Schlitt/Hemeling*, § 12 Rn. 48 mit weiteren Nachweisen auch zu abweichenden Stimmen aus dem Schrifttum.
[99] BGHZ 136, 133 (139 ff.) (*Siemens/Nold*) = NJW 1997, 2815; MünchKomm-AktG/*Habersack*, § 221 Rn. 184; Habersack/Mülbert/Schlitt/*Schlitt/Hemeling*, § 12 Rn. 48.
[100] BGHZ 164, 241 (245 ff.) (*Mangusta/Commerzbank I*) = NJW 2006, 374.
[101] BGHZ 164, 241 (245 ff.) (*Mangusta/Commerzbank I*) = NJW 2006, 374 und für die entsprechende Anwendbarkeit im Rahmen des § 221 Abs. 2 Satz 1 AktG, MünchKomm-AktG/ *Habersack*, § 221 Rn. 180.
[102] Marsch-Barner/Schäfer/*Groß*, § 51 Rn. 54; *Schanz*, BKR 2011, 410 (412); *Seibt*, CFL 2010, 165 (168).
[103] Der BGH hat die Frage in seiner EM.TV-Entscheidung ausdrücklich offengelassen, vgl. *BGH*, NJW-RR 2008, 289 (290) (*EM.TV*); für umfangreiche Nachweise zum Meinungsstand im Schrifttum, siehe Habersack/Mülbert/Schlitt/*Schlitt/Hemeling*, § 12 Rn. 49.
[104] Vgl. § 3 II. 2. und die umfangreichen Nachweise bei Habersack/Mülbert/Schlitt/*Schlitt/ Hemeling*, § 12 Rn. 49, Fn. 7.
[105] *Lutter*, AG 1994, 429 (445); *Heckschen*, DNotZ 1995, 275 (286 f.); *Hüffer*, AktG, § 221 Rn. 43a; *Klawitter*, AG 2005, 792 (794 ff.).

anderer Ansicht ist als „Ausgabebetrag" im Sinne des § 186 Abs. 3 S. 4 AktG nicht der Ausgabebetrag der Wandelanleihe anzusehen. Vielmehr komme es auf den vorgesehenen Wandlungspreis an, der in Verhältnis zu dem zum Zeitpunkt der Ausgabe der Wandelanleihe vorherrschenden Börsenkurs der Aktien der Gesellschaft zu setzen sei.[106] Da der Wandlungspreis aber regelmäßig deutlich über dem vorherrschenden Börsenkurs festgesetzt wird, wäre der Bezugsrechtsausschluss insoweit immer gerechtfertigt Dies wäre mit der wirtschaftlichen Konzeption von aktienverwandten Produkten nicht vereinbar.[107]

Die mittlerweile herrschende Meinung im Schrifttum stellt zwar auf den tatsächlichen Ausgabebetrag der Anleihe ab, setzt diesen aber in Verhältnis zu dem – auf Grundlage einer Gesamtbetrachtung der Anleihebedingungen zu ermittelnden – fiktiven Marktpreis der Wandelanleihe.[108] Der Bezugsrechtsausschluss ist demnach gemäß § 186 Abs. 3 S. 4 AktG zulässig, wenn der Ausgabebetrag diesen fiktiven Marktpreis nicht wesentlich unterschreitet, der (rechnerische) Nominalbetrag der vom Wandlungsrecht erfassten Aktien zehn Prozent des im Zeitpunkt der Begebung vorhandenen Grundkapitals nicht übersteigt und die Aktionäre ihre Beteiligungsquote durch den Zukauf von Aktien oder Wandelanleihen aufrechterhalten können.[109]

c) Lieferverpflichtungen

aa) Pflicht zur Absicherung der Lieferverpflichtung aus der Wandelanleihe?

Bei Ausübung des Wandlungsrechts durch die Gläubiger der Anleihe muss die Gesellschaft in der Lage sein, für Zwecke einer ordnungsgemäßen Wandlung Aktien zu liefern. Die Bereitstellung dieser Aktien kann grundsätzlich auf unterschiedlichen Wegen erfolgen. Neben den verschiedenen Formen der Kapitalerhöhung (§§ 182 ff., 192 ff., 202 ff. AktG) ist auch eine Lieferung eigener Aktien oder eine Bereitstellung durch Dritte theoretisch denkbar (dazu im Einzelnen sogleich unter bb)). Da es einer Aktiengesellschaft von Gesetzes wegen nicht möglich ist, vor einem Kapitalerhöhungsbeschluss Rechte auf den Bezug junger Aktien zuzusichern (§ 187 Abs. 2 AktG), ließe sich argumentieren, die Ausgabe einer Wandelanleihe ohne ein parallel beschlossenes bedingtes Kapital sei aktienrechtlich unzulässig.[110] Dem wird von der herrschenden Meinung aber zu Recht entgegengehalten, dass der Gesellschaft auf Grund der Regelung des § 187 Abs. 2 AktG (relative Unwirksamkeit) gerade keine

---

[106] Diese Ansicht wurde im Zusammenhang mit der Einführung des § 186 Abs. 3 S. 4 AktG durch das Gesetz für die kleine Aktiengesellschaft und zur Deregulierung des Aktienrechts vom 2.8.1994, BGBl. 1994 I, 1961, vereinzelt vertreten, vgl. *Groß*, DB 1994, 2431 (2438) und im Anschluss *OLG Braunschweig*, Urteil vom 29.7.1998 – 3 U 75/98, Rn. 45 (juris) = ZIP 1998, 1585, mittlerweile aber jedenfalls teilweise wieder aufgegeben, siehe Marsch-Barner/Schäfer/ *Groß*, § 51 Rn. 54 ff.
[107] Siehe dazu die Erwägungen des OLG München als Vorinstanz in Sachen EM.TV, *OLG München*, NJW-RR 2006, 1473 (1475); ferner Spindler/Stilz/*Seiler*, § 221 Rn. 96 mit weiteren Nachweisen.
[108] So *OLG München*, NJW-RR 2006, 1473 (1475 f.); siehe für umfangreiche Nachweise aus dem Schrifttum Habersack/Mülbert/Schlitt/*Schlitt/Hemeling*, § 12 Rn. 49, Fn. 2.
[109] Siehe aus dem jüngeren Schrifttum etwa *Singhof*, ZHR 170 (2006), 673, 684 ff.; *Kniehase*, AG 2006, 180 (187); *Schanz*, BKR 2011, 410 (412); MünchKomm-AktG/*Habersack*, § 221 Rn. 191; Habersack/Mülbert/Schlitt/*Schlitt/Hemeling*, § 12 Rn. 49; Spindler/Stilz/*Seiler*, § 221 Rn. 97; Marsch-Barner/Schäfer/*Groß*, § 51 Rn. 56. Zur Bestätigung der zutreffenden Berechnung des fiktiven Marktpreises auf Grundlage finanzmathematischer Methoden (insbesondere nach Black/Scholes) durch Einholung einer Fairness Opinion, siehe *Schlitt/Schäfer*, CFL 2010, 252 (253) und *Seibt*, CFL 2010, 165 (172).
[110] So wohl Großkomm-AktG/*Wiedemann*, § 187 Rn. 8 f.

Verpflichtung zur Lieferung neuer Aktien erwächst.[111] Vor diesem Hintergrund scheiden regelmäßig auch vertragliche Schadensersatzansprüche der Anleihegläubiger gegen die Gesellschaft und folglich – da der Gesellschaft insoweit kein Schaden entsteht – Organhaftungsansprüche (§§ 93, 116 AktG) aus.[112]

Eine Wandelanleihe könnte demnach grundsätzlich ohne gleichzeitige Absicherung durch ein bedingtes Kapital beschlossen und (im Falle einer Ermächtigung) auch begeben werden.[113] Da die Erfüllbarkeit der Wandlungsrechte dann aber von einem noch zu fassenden Hauptversammlungsbeschluss abhinge, die Rechtposition der Investoren insoweit also nicht gesichert wäre, wird die Vermarktbarkeit eines solchen Instruments allgemein als zweifelhaft angesehen.[114]

bb) Möglichkeiten zur Absicherung
(1) Ordentliche Kapitalerhöhung

Die Bereitstellung der zu liefernden Aktien aus einer ordentlichen Kapitalerhöhung (§§ 182 ff. AktG) ist zwar theoretisch denkbar. Die Gesellschaft könnte in unmittelbarem zeitlichen Zusammenhang mit der Wandlung eine Kapitalerhöhung zum Zwecke der Bedienung der Wandlungsrechte beschließen.[115] Ein solches Vorgehen ist aber unter verschiedenen Gesichtspunkten problematisch und deshalb in der Praxis nicht anzutreffen. Zum einen kann die Hauptversammlung zu einem solchen Beschluss, der in der Regel einer Mehrheit von drei Vierteln des bei der Beschlussfassung vertretenen Grundkapitals bedarf (§ 182 Abs. 1 S. 1 AktG), nicht gezwungen werden. Zum anderen müsste entweder zum Zwecke der Bedienung von Wandlungsrechten das Bezugsrecht der Aktionäre ausgeschlossen (§ 186 Abs. 3 AktG) oder seitens der Aktionäre in ausreichender Zahl auf die Ausübung der Bezugsrechte verzichtet werden.[116] Angesichts dieser Unwägbarkeiten ließe sich ein solchermaßen konzipiertes Instrument wohl kaum bei Investoren platzieren.[117]

(2) Genehmigtes Kapital

Die Bereitstellung der neuen Aktien aus einem genehmigten Kapital (§§ 202 ff. AktG) begegnet zwar im Ansatz weniger Bedenken, insbesondere, wenn das genehmigte Kapital eine Ermächtigung zum Bezugsrechtsausschluss enthält.[118] Auch ist die Beachtung der Einberufungsvorschriften für eine ordentliche Hauptversammlung (§§ 121 ff. AktG) nicht erforderlich. Gleichwohl wird es nur als Notbehelf für die Bedienung der Wandlungsrechte aus einer Wandelanleihe angesehen.[119] Die Ermäch-

---

[111] *Schlitt/Löschner*, BKR 2002, 150 (152); *Busch*, AG 1999, 58 (63); Spindler/Stilz/*Seiler*, § 221 Rn. 84; KölnKomm-AktG/*Lutter*, § 187 Rn. 16 ff.

[112] *Schlitt/Löschner*, BKR 2002, 150 (152 f.); Habersack/Mülbert/Schlitt/*Schlitt/Hemeling*, § 12 Rn. 46, Fn. 5; *Hüffer*, AktG, § 187 Rn. 5; MünchKomm-AktG/*Peifer*, § 187 Rn. 18, der aber zu Recht auf die Möglichkeit eine Schadensersatzhaftung der handelnden Vorstandsmitglieder gegenüber gutgläubigen Adressaten einer wirksamen Zusicherung nach §§ 280 Abs. 1, 241 Abs. 2, 311 Abs. 3 BGB hinweist.

[113] *Schlitt/Seiler/Singhof*, AG 2003, 254 (257); *Fuchs*, DB 1993, 661 (665).

[114] Habersack/Mülbert/Schlitt/*Schlitt/Hemeling*, § 12 Rn. 46; Spindler/Stilz/*Seiler*, § 221 Rn. 84; wohl auch MünchKomm-AktG/*Habersack*, § 221 Rn. 214.

[115] Für Zwecke der Abwicklung müssten die Aktien in diesem Fall wohl zunächst durch einen für die Anleihegläubiger handelnden Treuhänder übernommen werden, vgl. Marsch-Barner/Schäfer/*Groß*, § 51 Rn. 60.

[116] MünchKomm-AktG/*Habersack*, § 221 Rn. 214.

[117] MünchKomm-AktG/*Habersack*, § 221 Rn. 214.

[118] Marsch-Barner/Schäfer/*Groß*, § 51 Rn. 60; umfassend zur Bedienung von Wandelanleihen aus genehmigtem Kapital, *Holland/Goslar*, NZG 2006, 892.

[119] Habersack/Mülbert/Schlitt/*Schlitt/Hemeling*, § 12 Rn. 38 und zu Anwendungsfällen in der Praxis *Schlitt/Seiler/Singhof*, AG 2003, 254 (256).

tigung zur Erhöhung des Grundkapitals darf nur für maximal fünf Jahre erteilt werden (§ 202 Abs. 1 AktG), was je nach Laufzeit der Wandelanleihe zu Unsicherheiten führen kann.[120] Entsprechendes gilt, wenn die Hauptversammlung das genehmigte Kapital nach der Begebung der Wandelanleihe wieder aufhebt, da es insoweit an einer gesetzlichen Restriktion (entsprechend § 192 Abs. 4 AktG) fehlt.[121] Im Hinblick auf die Abwicklung der Kapitalerhöhung bedarf zunächst die Ausübung jeder Tranche des genehmigten Kapitals einer Beschlussfassung durch Vorstand und Aufsichtsrat (§§ 203, 204 AktG).[122] Außerdem erlangt die Kapitalerhöhung – wie im Fall der ordentlichen Kapitalerhöhung – erst mit Eintragung in das Handelsregister Wirksamkeit (§§ 203 Abs. 1, 189 AktG). Für die Bedienung der Wandlungsrechte aus Wandelanleihen wird das genehmigte Kapital vor diesem Hintergrund ebenfalls als zu schwerfällig angesehen.[123]

(3) Bedingtes Kapital

Wie bereits angedeutet erfolgt die Absicherung der Lieferverpflichtung aus Wandelanleihen regelmäßig durch die zeitgleiche Schaffung eines bedingten Kapitals (§§ 192 ff. AktG).[124] Die Gewährung von Umtausch- oder Bezugsrechten an Gläubiger von Wandelanleihen ist gesetzlich ausdrücklich als Zweck der Schaffung eines bedingten Kapitals vorgesehen (§ 192 Abs. 2 Nr. 1 AktG).[125] Die Hauptversammlung muss neben dem Beschluss nach § 221 Abs. 1 bzw. Abs. 2 S. 1 AktG einen weiteren Beschluss fassen, der für die künftige Bedienung der Wandlungsrechte eine bedingte Kapitalerhöhung vorsieht[126] und dessen inhaltliche Anforderungen sich insoweit nach § 193 AktG richten (dazu sogleich).

Die oben unter (1) und (2) angesprochenen Schwierigkeiten, können durch die Schaffung eines bedingten Kapitals vermieden werden. Gleichzeitig erhalten die Anleihegläubiger den größtmöglichen Schutz im Hinblick auf die Erfüllbarkeit ihrer Wandlungsrechte.[127] Der satzungsändernde Beschluss über die bedingte Kapitalerhöhung ist mit Eintragung in das Handelsregister (§ 195 AktG) vollzogen und das gesetzliche Bezugsrecht der Aktionäre insoweit bereits ausgeschlossen.[128] Die neuen Aktien kann der Vorstand bei Eintritt der Bedingung, in Form der tatsächlichen Ausübung der Wandlungsrechte, dem Zweck des bedingten Kapitals entsprechend (§ 199 AktG) wirksam ausgeben (§ 200 AktG), da die anschließende Eintragung in

---

[120] MünchKomm-AktG/*Habersack*, § 221 Rn. 219; Habersack/Mülbert/Schlitt/*Schlitt/Hemeling*, § 12 Rn. 38.
[121] *Schumann*, S. 28; MünchKomm-AktG/*Habersack*, § 221 Rn. 219; Habersack/Mülbert/Schlitt/*Schlitt/Hemeling*, § 12 Rn. 38; *Holland/Goslar*, NZG 2006, 892 (895).
[122] *Holland/Goslar*, NZG 2006, 892 (894).
[123] MünchKomm-AktG/*Habersack*, § 221 Rn. 219; Habersack/Mülbert/Schlitt/*Schlitt/Hemeling*, § 12 Rn. 38; Marsch-Barner/Schäfer/*Groß*, § 51 Rn. 60; *Holland/Goslar*, NZG 2006, 892 (895 f.).
[124] Habersack/Mülbert/Schlitt/*Schlitt/Hemeling*, § 12 Rn. 33; Marsch-Barner/Schäfer/*Groß*, § 51 Rn. 59; *Schanz*, BKR 2011, 410 (412).
[125] Bei Emissionen der Anleihe über eine Zweckgesellschaft ist die Nutzung bedingten Kapitals zur Bedienung der Wandlungsrechte jedenfalls dann zulässig, wenn zwischen der Mutter- und der Tochtergesellschaft ein Konzernverhältnis besteht, Habersack/Mülbert/Schlitt/*Schlitt/Hemeling*, § 12 Rn. 37.
[126] MünchKomm-AktG/*Habersack*, § 221 Rn. 217.
[127] MünchKomm-AktG/*Habersack*, § 221 Rn. 216; Habersack/Mülbert/Schlitt/*Schlitt/Hemeling*, § 12 Rn. 33; Marsch-Barner/Schäfer/*Groß*, § 51 Rn. 59 f.
[128] MünchKomm-AktG/*Habersack*, § 221 Rn. 217; MünchKomm-AktG/*Fuchs*, § 192 Rn. 19, der darauf hinweist, dass der Schutz der Aktionäre beim bedingten Kapital systematisch auf anderen Wegen gewährleistet ist, namentlich durch das Bezugsrecht der Aktionäre auf die in § 192 Abs. 2 Nr. 1 AktG genannten Titel; was seinen gesetzlichen Niederschlag in § 221 Abs. 4 S. 1 AktG findet.

das Handelsregister (§ 201 AktG) nur noch deklaratorischer Natur ist.[129] Vor diesem Hintergrund ist das bedingte Kapital konzeptionell für die reibungslose Abwicklung der Umwandlung einer Anleihe in neue Aktien der Gesellschaft am besten geeignet. Begünstigt wird dies auch durch die bereits angesprochene Regelung des § 194 Abs. 1 Satz 2 AktG, wonach bei der Hingabe von Anleihen gegen Bezugsaktien die Sacheinlagevorschriften nicht beachtet werden müssen. Zwar ließe sich über die entsprechende Anwendung der Norm auch auf das genehmigte Kapital unter teleologischen Gesichtspunkten nachdenken,[130] rechtlich gesichert ist dies allerdings nicht.[131] Eine besondere Sicherung ihrer Rechte erfahren die Anleihegläubiger schließlich durch § 192 Abs. 4 AktG, wonach ein Beschluss der Hauptversammlung, der dem Beschluss über die bedingte Kapitalerhöhung entgegensteht, also insbesondere dessen Aufhebung zum Gegenstand hat, nichtig ist.[132]

Nicht zuletzt wegen der Verknüpfung von bedingtem Kapital und Wandelanleihe muss der Beschluss über die Schaffung des bedingten Kapitals besonderen inhaltlichen Anforderungen genügen. Der notwendige Beschlussinhalt ergibt sich aus § 193 Abs. 2 AktG. Danach bedarf es neben Zweckbestimmung, Angabe des Erhöhungsbetrags (Nennbetrag des bedingten Kapitals)[133] und Festlegung von Art und Nennbetrag der auszugebenden Aktien bzw. – bei Stückaktien – ihrer Zahl, der Benennung des Kreises der Bezugsberechtigten (Nr. 2) und des Ausgabebetrags für die neuen Aktien oder der Grundlagen seiner Errechnung (Nr. 3). Im Hinblick auf die Benennung des Kreises der Bezugsberechtigten genügt eine hinreichend konkrete Umschreibung in der Weise, dass sich die Berechtigung auf die Inhaber der aus einer bestimmten Emission stammenden Wandelanleihen erstreckt.[134] Insbesondere bedarf es keiner namentlichen Benennung der Bezugsberechtigten.[135]

Größere Schwierigkeiten bereitete in der Vergangenheit die Festlegung des Ausgabebetrags bzw. der Grundlagen seiner Errechnung (§ 193 Abs. 2 Nr. 3 AktG). Der Ausgabebetrag im Sinne dieser Vorschrift bezeichnet den Betrag, der im Gegenzug für die Ausgabe einer Aktie an die Gesellschaft zu leisten ist. Bei Wandelanleihen ist dies der Wandlungs- bzw. Optionspreis, gegen den bei einer Wandelanleihe der Nennbetrag der Anleihe zu verrechnen, bzw. der bei einer Optionsanleihe in bar zu entrichten ist.[136] Müsste die Hauptversammlung bereits im Zeitpunkt der Erteilung einer Wandelanleiheermächtigung (§ 221 Abs. 2 AktG) einen Ausgabebetrag für die Aktien aus dem bedingten Kapital festlegen, wäre es für den Vorstand praktisch unmöglich über einen Zeitraum von bis zu fünf Jahren (§ 221 Abs. 2 S. 1 AktG) hinweg flexibel auf aktuelle Marktverhältnisse reagieren zu können.[137] Der mit der

---

[129] MünchKomm-AktG/*Habersack*, § 221 Rn. 217.
[130] Spindler/Stilz/*Seiler*, § 221 Rn. 77; Marsch-Barner/Schäfer/*Groß*, § 51 Rn. 60; *Schumann*, S. 79 ff.; *Holland/Goslar*, NZG 2006, 892 (895).
[131] Dagegen sprechen sich etwa *Maier-Raimer*, in: GS Bosch, 2006, 85, Fn. 2 und MünchKomm-AktG/*Habersack*, § 221 Rn. 230 aus; zwar ohne Bezug zum genehmigten Kapital, aber generell gegen eine entsprechende Anwendbarkeit des § 194 Abs. 1 S. 2 AktG bereits *Groh*, BB 1997, 2523 (2528).
[132] *Holland/Goslar*, NZG 2006, 892 (895).
[133] Der Nennbetrag des bedingten Kapitals darf die Hälfte des Grundkapitals, das zur Zeit der Beschlussfassung über die bedingte Kapitalerhöhung vorhanden ist, nicht übersteigen (§ 192 Abs. 3 S. 1 AktG).
[134] *Hüffer*, AktG, § 193 Rn. 5; Marsch-Barner/Schäfer/*Busch*, § 44 Rn. 23.
[135] *Hüffer*, AktG, § 193 Rn. 5; Marsch-Barner/Schäfer/*Groß*, § 51 Rn. 35.
[136] Marsch-Barner/Schäfer/*Busch*, § 44 Rn. 24.
[137] Handelsrechtsausschuss des DAV, NZG 2007, 857 (858); *Angerer/Pläster*, NZG 2008, 326 (329).

Ermächtigung nach § 221 Abs. 2 AktG bezweckte Spielraum des Vorstands würde so in einem zentralen Punkt zweckwidrig eingeengt.[138] In der Praxis behalf man sich deshalb mit der Festlegung eines Mindestwandlungspreises in der Wandelanleihermächtigung (zB 80 % des aktuellen Börsenkurses der Aktien bei der Ausgabe der Schuldverschreibungen) und verwies für Zwecke der Festlegung des Ausgabebetrags im Rahmen des gleichzeitig beschlossenen bedingten Kapitals auf die Wandelanleihermächtigung.[139] Da in dieser Gestaltungstechnik offensichtlich weder eine dem Wortlaut des § 193 Abs. 2 Nr. 3 AktG genügende Feststellung des Ausgabebetrags, noch die Erläuterung der Grundlagen seiner Errechnung lag,[140] verweigerten zahlreiche Instanzgerichte entsprechenden Beschlüssen die Anerkennung.[141] Diese Entwicklung war Anlass für eine Entscheidung des BGH, in der das Gericht den Umstand, dass § 221 Abs. 2 AktG zeitlich nach § 193 Abs. 2 Nr. 3 AktG in das Gesetz eingefügt wurde, zum Anlass nahm, die Vorschrift im Wege der teleologischen Reduktion dahingehend auszulegen, dass im Fall einer bedingten Kapitalerhöhung nach § 192 Abs. 2 Nr. 1 AktG in Verbindung mit einem Ermächtigungsbeschluss nach § 221 Abs. 2 AktG die Angabe eines Mindestausgabebetrags genügt.[142] Nachdem der Gesetzgeber zwischenzeitlich in § 193 Abs. 2 Nr. 3 Hs. 2 AktG eine entsprechende Klarstellung vorgenommen hat,[143] unterliegt die eingangs beschriebene Praxis heute keinen Bedenken mehr.[144]

(4) Eigene Aktien

Eigene Aktien aus dem Bestand der Gesellschaft, die diese (in der Regel) auf der Grundlage einer Ermächtigung nach § 71 Abs. 1 Nr. 8 AktG erworben hat, können ebenfalls zur Bedienung von Wandlungsrechten herangezogen werden.[145] Dabei sind allerdings die Restriktionen des § 71 Abs. 1 Nr. 8 AktG zu beachten.[146] Die Aktienzahl ist insbesondere volumenmäßig auf einen Betrag in Höhe von zehn Prozent des Grundkapitals beschränkt (§ 71 Abs. 1 Nr. 8 S. 1, Abs. 2 S. 1 AktG) und bei der Nutzung zur Bedienung der Wandlungsrechte muss das Bezugsrecht der Aktionäre ausgeschlossen werden (diese Möglichkeit muss schon in dem Ermächtigungsbeschluss zum Rückerwerb eigener Aktien vorgesehen werden).[147] Die Kenntnis des Marktes von der Notwendigkeit des Rückkaufs für Zwecke der Bedienung von Wandlungsrechten dürfte den Rückkauf zudem aus Sicht der Gesellschaft finanziell erschweren.[148]

---

[138] Siehe ausführlich dazu *Angerer/Pläster*, NZG 2008, 326 (328 f.).
[139] *Angerer/Pläster*, NZG 2008, 326 (326 f.); Marsch-Barner/Schäfer/*Busch*, § 44 Rn. 24; Habersack/Mülbert/Schlitt/*Schlitt/Hemeling*, § 12 Rn. 35; Spindler/Stilz/*Seiler*, § 221 Rn. 69.
[140] *Angerer/Pläster*, NZG 2008, 326 (328).
[141] Siehe die Nachweise bei Habersack/Mülbert/Schlitt/*Schlitt/Hemeling*, § 12 Rn. 34, Fn. 4.
[142] *BGH*, NJW-RR 2009, 1196 (1198) mit umfangreichen Nachweisen zum Streitstand in der Literatur.
[143] Art. 1 Nr. 29 des Gesetzes zur Umsetzung der Aktionärsrechterichtlinie (ARUG), BGBl. 2009 I, 2479.
[144] Habersack/Mülbert/Schlitt/*Schlitt/Hemeling*, § 12 Rn. 35.
[145] *Schlitt/Seiler/Singhof*, AG 2003, 254 (256 f.); *Wiechers*, DB 2003, 595 (597 ff.); Habersack/Mülbert/Schlitt/*Schlitt/Hemeling*, § 12 Rn. 39; Spindler/Stilz/*Seiler*, § 221 Rn. 79; MünchHdb-AG/*Krieger*, § 63 Rn. 21; *Schäfer*, ZGR 2000, Sonderheft Nr. 16, 62, 71; ausführlich zu Fragen der Hauptversammlungskompetenzen in diesem Zusammenhang, *Broichhausen*, NZG 2012, 86.
[146] Siehe dazu *Broichhausen*, NZG 2012, 86 (87 f.).
[147] Habersack/Mülbert/Schlitt/*Schlitt/Hemeling*, § 12 Rn. 41; *Schäfer*, ZGR 2000, Sonderheft Nr. 16, 62, 71; *Reichert/Harbarth*, ZIP 2001, 1441 (1448).
[148] So MünchKomm-AktG/*Habersack*, § 221 Rn. 222.

(5) Vereinbarung mit einem Dritten

Erfolgt die Absicherung der Lieferverpflichtung durch eine Vereinbarung der Gesellschaft mit einem Dritten, der sich im Besitz einer entsprechenden Anzahl Aktien befindet, handelt es sich nicht um eine dem Schutzzweck des § 221 AktG unterfallende Konzeption.[149] Solche, als synthetische Wandelanleihe bezeichneten Instrumente sind unter verschiedenen Aspekten der Kapitalerhaltung problematisch (insbesondere §§ 57, 71, 71a, 71d AktG).[150] Unter Einschaltung eines Treuhänders, der das Recht der Gesellschaft auf den Erwerb der Aktien des Dritten im Namen und für Rechnung der Anleihegläubiger marktgerecht ausübt und abwickelt, wird ihre Ausgabe gleichwohl als zulässig angesehen.[151]

2. Umtauschanleihen

Umtauschanleihen unterliegen, da sie nicht auf die zukünftige Ausgabe neuer Aktien des Emittenten gerichtet sind und damit nicht in den Anwendungsbereich des § 221 AktG fallen, in gesellschaftsrechtlicher Hinsicht wesentlich geringeren Anforderungen als Wandelanleihen.[152] Ihre Ausgabe ist, wie die Ausgabe eines reinen Fremdfinanzierungsinstruments, Geschäftsführungsmaßnahme (§ 76 Abs. 1 AktG), die bei entsprechender Regelung in der Satzung oder der Geschäftsordnung des Vorstands der Zustimmung des Aufsichtsrats (§ 111 Abs. 4 S. 2 AktG) unterliegen kann.[153] Letzteres wird freilich bei größeren Emissionen meistens der Fall sein, zumal der Aufsichtsrat die Begebung der Umtauschanleihe nach herrschender Meinung auch ad hoc von seiner Zustimmung abhängig machen kann.[154] Ebenso wenig wie die Hauptversammlung über die Begebung von Umtauschanleihen entscheiden muss,[155] steht den Aktionären ein Bezugsrecht zu.[156]

IV. Überblick über das Platzierungsverfahren

Die Ausgestaltung des Platzierungsverfahrens zum Zwecke der Ausgabe einer Wandelanleihe hängt zunächst davon ab, ob den Aktionären ein Bezugsrecht auf die Anleihen gewährt wird.

---

[149] Habersack/Mülbert/Schlitt/*Schlitt/Hemeling*, § 12 Rn. 42; Spindler/Stilz/*Seiler*, § 221 Rn. 82; Marsch-Barner/Schäfer/*Groß*, § 51 Rn. 16; für den Fall der bedingten Pflichtumtauschanleihe der Commerzbank AG für Zwecke des Umtauschs in durch den SoFFin zu liefernde Commerzbank Aktien, siehe *OLG Frankfurt a.M.*, Urteil vom 6.11.2012 – 5 U 154/11, Rn. 135 (juris) = AG 2013, 132.
[150] Siehe im Einzelnen etwa Habersack/Mülbert/Schlitt/*Schlitt/Hemeling*, § 12 Rn. 42 ff.
[151] *Busch*, AG 1999, 58 (65 f.); *Schlitt/Seiler/Singhof*, AG 2003, 254 (257 f.); Habersack/Mülbert/Schlitt/*Schlitt/Hemeling*, § 12 Rn. 43 f.; Spindler/Stilz/*Seiler*, § 221 Rn. 83.
[152] Habersack/Mülbert/Schlitt/*Schlitt/Kammerlohr*, § 13 Rn. 5; Marsch-Barner/Schäfer/*Groß*, § 51 Rn. 18; MünchHdb-AG/*Krieger*, § 63 Rn. 28; Busch, AG 1999, 58; KölnKomm-AktG/*Lutter*, § 221 Rn. 100.
[153] Habersack/Mülbert/Schlitt/*Schlitt/Kammerlohr*, § 13 Rn. 15 f.
[154] Siehe nur Habersack/Mülbert/Schlitt/*Schlitt/Kammerlohr*, § 13 Rn. 16 mit weiteren Nachweisen.
[155] Siehe aber zur zumindest theoretisch denkbaren Anwendung der Holzmüller/Gelantine-Grundsätze auf die Ausgabe von Umtauschanleihen, die zum Abbau einer besonders umfangreichen Beteiligung eingesetzt werden sollen, *Schlitt/Seiler/Singhof*, AG 2003, 254 (255) und Marsch-Barner/Schäfer/*Groß*, § 51 Rn. 19.
[156] *Schlitt/Seiler/Singhof*, AG 2003, 254 (255).

1. Bezugsrechtsemission

Im Fall der Bezugsrechtsemission werden die Wandelanleihen für Zwecke der erleichterten Abwicklung der Platzierung von einem Kreditinstitut übernommen, das sich dazu verpflichtet, die Anleihen den Aktionären zum Bezug anzubieten.[157] Diese sog. mittelbare Gewährung des Bezugsrechts stellt keinen Bezugsrechtsausschluss dar (§§ 221 Abs. 4 S. 2, 186 Abs. 5 S. 1 AktG).[158]

Genau wie bei einer Bezugsrechtsemission von Aktien sind auch bei der Ausgabe von Wandelanleihen die Vorgaben des § 186 AktG, auf den § 221 Abs. 4 S. 2 vollumfänglich verweist, zu beachten. Insbesondere muss den Aktionären also eine zweiwöchige Bezugsfrist eingeräumt werden (§ 186 Abs. 1 S. 2 AktG). Im Hinblick auf den Ausgabebetrag kann der Vorstand vor Beginn der Bezugsfrist die Grundlagen der Festlegung angeben und den endgültigen Ausgabebetrag (spätestens) drei Tage vor Ablauf der Bezugsfrist nach Maßgabe des § 186 Abs. 2 S. 2 AktG bekannt machen.[159] Auch insoweit gilt nichts anderes als bei Aktienemissionen.[160]

Zwar bringt die Regelung des § 186 Abs. 2 S. 2 AktG eine gewisse Flexibilität für die Preisfestsetzung. Gleichwohl ist eine Bezugsrechtsemission von Wandelanleihen mit wirtschaftlichen Risiken behaftet, da auch in den drei Tagen nach der Festsetzung des Ausgabebetrags noch Kursschwankungen möglich sind und Bezugsrechte ausgeübt werden können.[161] Dieser Umstand führt zum einen dazu, dass bei der Festlegung der Anleihekonditionen Sicherheitsabschläge gewährt werden müssen.[162] Aus Sicht der begleitenden Banken bleibt zum anderen bis zuletzt unklar, wie viele Bezugsrechte ausgeübt werden und – in Abhängigkeit davon – wie viele Wandelanleihen institutionellen Investoren zugeteilt werden können. Auch wenn die Strukturierung als „Bis-zu"-Emission diesem Gesichtspunkt graduell Rechnung tragen kann, wird die erfolgreiche Platzierung bei institutionellen Investoren erschwert.[163] Vor diesem Hintergrund sind Bezugsrechtsemissionen von Wandelanleihen bislang die Ausnahme geblieben.[164]

---

[157] Habersack/Mülbert/Schlitt/*Schlitt*/*Hemeling*, § 12 Rn. 17; Spindler/Stilz/*Seiler*, § 221 Rn. 45.
[158] *Schlitt/Seiler/Singhof*, AG 2003, 254 (260); *Hüffer*, AktG § 221 Rn. 45; MünchKomm-AktG/*Habersack*, § 221 Rn. 198. Im Regelfall der Ermächtigung zur Ausgabe von Wandelanleihen nach § 221 Abs. 2 AktG wird zwar mittlerweile einhellig davon ausgegangen, dass die Festlegung des mittelbaren Bezugsrechts erst im Ausnutzungsbeschluss des Vorstands zulässig ist, gleichwohl empfiehlt es sich aus Gründen der Rechtssicherheit und Rechtsklarheit bereits in dem Ermächtigungsbeschluss der Hauptversammlung die Möglichkeit einer mittelbaren Bezugsrechtsgewährung vorzusehen, siehe zur Vertiefung mit weiteren Nachweisen Habersack/Mülbert/Schlitt/*Schlitt*/*Hemeling*, § 12 Rn. 17; Spindler/Stilz/*Seiler*, § 221 Rn. 45.
[159] Die Grundlagen der Festsetzung müssen nicht in Gestaltung einer mathematischen Formel festgelegt werden. Insbesondere der Verweis auf das Bookbuilding Verfahren oder den dann geltenden Aktienkurs ist ausreichend, Habersack/Mülbert/Schlitt/*Schlitt*/*Hemeling*, § 12 Rn. 18; Spindler/Stilz/*Seiler*, § 221 Rn. 46.
[160] Siehe aber zum Verständnis des Begriffs „Ausgabebetrag" als Gesamtheit der Anleihekonditionen *Schlitt/Seiler/Singhof*, AG 2003, 254 (261).
[161] Habersack/Mülbert/Schlitt/*Schlitt*/*Hemeling*, § 12 Rn. 20; Spindler/Stilz/*Seiler*, § 221 Rn. 48.
[162] Spindler/Stilz/*Seiler*, § 221 Rn. 48.
[163] Habersack/Mülbert/Schlitt/*Schlitt*/*Hemeling*, § 12 Rn. 20; Spindler/Stilz/*Seiler*, § 221 Rn. 48.
[164] Spindler/Stilz/*Seiler*, § 221 Rn. 48.

Hinzu kommt, dass Bezugsrechtsemissionen jedenfalls seit Inkrafttreten der geänderten Prospektverordnung[165] am 1.7.2012 als öffentliches Angebot im Sinne des § 2 Nr. 4 WpPG anzusehen sind.[166] Im Falle einer Wandelanleiheemission mit Bezugsrecht war deshalb bislang nach Auffassung der BaFin ein Prospekt zu erstellen, der inhaltlich dem für einen Börsengang entsprach.[167] Dies hat sich mit der Einführung eines verhältnismäßigen Prospektregimes für die Bezugsrechtsemission von Wandelanleihen geändert.[168]

2. Beschleunigtes Verfahren

Im Regelfall werden Wandelanleihen aber unter Ausschluss des Bezugsrechts im Rahmen einer Privatplatzierung ausschließlich bei institutionellen Investoren platziert.[169] Die Platzierung kann in diesem Fall regelmäßig prospektfrei (§ 3 Abs. 2 Nr. 1 WpPG) und auf Grundlage eines abgekürzten Verfahrens *(accelerated placement)* erfolgen.[170] Auch die Dokumentation in Form eines (bloßen) Termsheets ist weniger umfangreich als bei einer Bezugsrechtsemission.[171]

3. Umtauschanleihen

Der Platzierungsprozess bei Umtauschanleihen weist insoweit Besonderheiten auf, als Bezugsrechtsemissionen mangels Bezugsrecht der Aktionäre von vornherein nicht in Betracht kommen. Im Übrigen gilt das zu Wandelanleihen soeben Gesagte.[172] Da Umtauschanleihen insbesondere dem „gestreckten" Beteiligungsabbau dienen, kann sich unter Umständen die Kombination mit einem Blocktrade anbieten.[173] Neben die Platzierung der Umtauschanleihe tritt dann die direkte Veräußerung eines Teils der Beteiligung. Auf diesem Weg können sowohl Equity-linked als auch reine Equity Investoren und damit ein größeres Investorenpublikum angesprochen werden.[174]

---

[165] Verordnung (EG) Nr. 809/2004, zuletzt geändert durch die delegierte Verordnung (EU) Nr. 862/2012.
[166] Habersack/Mülbert/Schlitt/*Schlitt/Hemeling*, § 12 Rn. 21.
[167] Habersack/Mülbert/Schlitt/*Schlitt/Hemeling*, § 12 Rn. 21 und Rn. 84 zum Prospektinhalt.
[168] Delegierte Verordnung (EU) Nr. 759/2013 der Kommission vom 30.4.2013 zur Änderung der Verordnung (EG) Nr. 809/2004 in Bezug auf die Angabepflichten bei wandelbaren und umtauschbaren Schuldtiteln.
[169] Habersack/Mülbert/Schlitt/*Schlitt/Hemeling*, § 12 Rn. 22 und Rn. 24 zur Möglichkeit der Einräumung einer Mehrzuteilungsoption.
[170] *Schlitt/Seiler/Singhof*, AG 2003, 254 (265) und ausführlich zum Ablauf der beschleunigten Platzierung auch Spindler/Stilz/*Seiler*, § 221 Rn. 50.
[171] Siehe im Einzelnen Habersack/Mülbert/Schlitt/*Schlitt/Hemeling*, § 12 Rn. 23 und generell zum Übernahmevertrag bei aktienverwandten Produkten Habersack/Mülbert/Schlitt/*Schlitt/Schäfer*, § 30.
[172] Siehe auch den Überblick bei Spindler/Stilz/*Seiler*, § 221 Rn. 189 f.; zu synthetischen Umtauschanleihe-Strukturen, siehe Habersack/Mülbert/Schlitt/*Schlitt/Kammerlohr*, § 13 Rn. 12.
[173] Habersack/Mülbert/Schlitt/*Schlitt/Kammerlohr*, § 13 Rn. 11.
[174] *Schlitt/Schäfer*, AG 2004, 346 (347); Habersack/Mülbert/Schlitt/*Schlitt/Kammerlohr*, § 13 Rn. 11.

V. Ausgestaltung der Anleihebedingungen

Im folgenden Teil der Darstellung sollen überblicksartig wesentliche Klauseln der Anleihebedingungen aktienverwandter Instrumente dargestellt werden.[175]

1. Wandlungsfrist

Die Anleihebedingungen enthalten zunächst zeitliche Angaben, die die Ausübung des Wandlungsrechts durch die Anleihegläubiger betreffen. Dazu zählt regelmäßig die Festlegung des Zeitraums, in dem eine Wandlung überhaupt möglich ist *(conversion period)*.[176] Nicht unüblich ist daneben auch die Festlegung weiterer Zeiträume, in denen eine Wandlung jedenfalls ausgeschlossen sein soll *(excluded period)*.[177] Zu denken ist insoweit insbesondere an die einer möglichen Anmeldung zur Hauptversammlung vorausgehenden Tage oder den Zeitraum einer Bezugsfrist.[178]

Da die (Mindest-)Laufzeit einer Wandelanleihe keinen gesetzlichen Vorgaben unterliegt, wird die Frage aufgeworfen, ob Wandelanleihen mit einer sehr kurzen Laufzeit (von nur wenigen Tagen) eine Umgehung der Vorschriften über das genehmigte Kapital darstellen.[179] Eine solche Wandelanleihe, die schon nach wenigen Tagen in Aktien des Emittenten gewandelt werden kann, würde nämlich der Verwaltung eine kurzfristige Eigenkapitalaufnahme ermöglichen, ohne dabei der volumenmäßigen Begrenzung des § 203 Abs. 3 S. 1 AktG zu unterfallen.[180] Die herrschende Meinung sieht gleichwohl angesichts der klaren Gesetzeslage keinen Anlass für die Annahme einer zwingenden Mindestlaufzeit für Wandelanleihen.[181] Dafür spricht auch, dass eine Mindestlaufzeit (von vier Jahren) für das bedingte Kapital gesetzlich nur vorgesehen ist, wenn es der Gewährung von Bezugsrechten an Führungskräfte dienen soll (§ 193 Abs. 2 Nr. 4 AktG).[182] Mindestlaufzeiten werden vor diesem Hintergrund in Anleihebedingungen regelmäßig nicht aufgenommen.

2. Wandlungs- bzw. Bezugsverhältnis

Um eine Annäherung an die Entwicklung des Aktienkurses der Gesellschaft zu erreichen, können die Anleihebedingungen das Wandlungs- bzw. Bezugsverhältnis flexibel ausgestalten. Zu diesem Zweck werden insbesondere sog Maximum-, Medium- und Minimum-Conversation Ratios festgelegt.[183]

---

[175] Siehe für einen ausführlichen Überblick auch Habersack/Mülbert/Schlitt/*Schlitt/Hemeling*, § 12 Rn. 54 ff. und Habersack/Mülbert/Schlitt/*Schlitt/Kammerlohr*, § 13 Rn. 20 ff.
[176] Habersack/Mülbert/Schlitt/*Schlitt/Hemeling*, § 12 Rn. 54; Spindler/Stilz/*Seiler*, § 221 Rn. 143.
[177] Habersack/Mülbert/Schlitt/*Schlitt/Hemeling*, § 12 Rn. 54; Spindler/Stilz/*Seiler*, § 221 Rn. 143.
[178] Habersack/Mülbert/Schlitt/*Schlitt/Hemeling*, § 12 Rn. 54, Fn. 4; Spindler/Stilz/*Seiler*, § 221 Rn. 143.
[179] *Schanz*, BKR 2011, 410 (416); Habersack/Mülbert/Schlitt/*Schlitt/Hemeling*, § 12 Rn. 55.
[180] *Schanz*, BKR 2011, 410 (416); Habersack/Mülbert/Schlitt/*Schlitt/Hemeling*, § 12 Rn. 55.
[181] *Schanz*, BKR 2011, 410 (416); Habersack/Mülbert/Schlitt/*Schlitt/Hemeling*, § 12 Rn. 55.
[182] Habersack/Mülbert/Schlitt/*Schlitt/Hemeling*, § 12 Rn. 55, Fn. 6.
[183] Habersack/Mülbert/Schlitt/*Schlitt/Hemeling*, § 12 Rn. 56; Spindler/Stilz/*Seiler*, § 221 Rn. 144.

3. Verzinsung

Weiterer zentraler Bestandteil der Anleihebedingungen sind Regelungen zur Verzinsung des Instruments. Insoweit sind unterschiedliche Ansätze denkbar und zulässig.[184] Neben einer festen Verzinsung, die den Regelfall darstellt,[185] kommen variable Gestaltungen wie etwa eine Orientierung an der den Aktionären zu zahlenden Dividende in Betracht.[186] Theoretisch denkbar ist sogar die zinslose Ausgestaltung des Instruments (Nullkupon-Anleihe).[187]

4. Vorzeitige Rückzahlung

Für Zwecke der Flexibilisierung können Anleihebedingungen Regelungen zur vorzeitigen Rückzahlung des Instruments durch den Emittenten (*early redemption* oder *issuer's call*) vorsehen. Solche Regelungen werden eingesetzt, um dem Emittenten eine sachgerechte Reaktion auf die Aktienkursentwicklung zu ermöglichen.[188] Während uneingeschränkte Rückzahlungsrechte *(hard call)* keinen bestimmten Bedingungen unterliegen, treten bedingte Rückzahlungsrechte *(soft call)* vor allem in zwei Konstellationen auf.[189] Zum einen wird dem Emittenten ein Rückzahlungsrecht eingeräumt, von dem er nach Benachrichtigung der Investoren innerhalb einer bestimmten Frist Gebrauch machen kann, wenn nach einer bestimmten Mindestlaufzeit (von in der Regel zwei Jahren – *call protection*) der Aktienkurs der Gesellschaft für einen bestimmten Zeitraum den zu diesem Zeitpunkt geltenden Wandlungspreis für die Anleihe überschreitet.[190] Zum anderen werden Rückzahlungsrechte für den Fall eingeräumt, dass nur noch ein geringer Restbetrag der Anleihe (etwa 10 oder 15 Prozent) aussteht *(clean up call).*[191]

5. Barzahlung statt Lieferung von Aktien

Die Möglichkeit, im Wandlungsfall statt der Lieferung von Aktien eine Barzahlung vornehmen zu können *(cash settlement),* dient der Absicherung des Emittenten für den Fall, dass das zugrunde liegende bedingte Kapital rechtlich angegriffen wird.[192] In den Anleihebedingungen einer Umtauschanleihe ermöglicht ein solches Recht zudem die frühzeitige Veräußerung der zugrunde liegenden Aktien an einen inte-

---

[184] Siehe etwa den Überblick bei Habersack/Mülbert/Schlitt/*Schlitt/Hemeling*, § 12 Rn. 57 f., die auch die Möglichkeit der Erfüllung der Zinsforderung durch die Ausgabe neuer Aktien erörtern.
[185] Spindler/Stilz/*Seiler*, § 221 Rn. 145.
[186] Bei einer solchen Ausgestaltung kann im Einzelfall auch ein Genussrecht oder eine Gewinnschuldverschreibung vorliegen und ein entsprechender Hauptversammlungsbeschluss erforderlich sein (§ 221 Abs. 1 Satz 1, Abs. 3 AktG), vgl. Habersack/Mülbert/Schlitt/*Schlitt/Hemeling*, § 12 Rn. 57, Fn. 4.
[187] Siehe dazu mit weiteren Nachweisen Habersack/Mülbert/Schlitt/*Schlitt/Hemeling*, § 12 Rn. 57; Spindler/Stilz/*Seiler*, § 221 Rn. 145.
[188] Spindler/Stilz/*Seiler*, § 221 Rn. 147.
[189] Habersack/Mülbert/Schlitt/*Schlitt/Kammerlohr*, § 13 Rn. 21; Spindler/Stilz/*Seiler*, § 221 Rn. 147.
[190] Habersack/Mülbert/Schlitt/*Schlitt/Kammerlohr*, § 13 Rn. 21; Spindler/Stilz/*Seiler*, § 221 Rn. 147.
[191] Habersack/Mülbert/Schlitt/*Schlitt/Kammerlohr*, § 13 Rn. 21; Spindler/Stilz/*Seiler*, § 221 Rn. 147.
[192] Habersack/Mülbert/Schlitt/*Schlitt/Hemeling*, § 12 Rn. 60 mit weiteren Einzelheiten.

ressierten Investor.¹⁹³ Aus Sicht der Anleger entstehen durch die Barzahlung keine nennenswerten wirtschaftlichen Nachteile. Sie können eine der Ausübung ihres Wandlungs- oder Umtauschrechts entsprechende Zahl Aktien über die Börse erwerben.¹⁹⁴

6. Bedingungen

Nach wohl einhelliger Meinung kann die Ausübung des Wandlungsrechts an den Eintritt einer Bedingung (§ 158 BGB) geknüpft werden *(contingent conversion)*.¹⁹⁵ Hauptanwendungsfall ist die sog Going-Public-Anleihe, bei der den Investoren ein Wandlungsrecht nur für den Fall eingeräumt wird, dass sie Gesellschaft einen in den Anleihebedingungen genauer beschriebenen Börsengang vollzieht.¹⁹⁶ Für den Fall, dass dieser nicht innerhalb der dafür vorgesehenen Frist stattfindet, kann auch eine Rückzahlung der Anleihe (gegebenenfalls zuzüglich einer Rückzahlungsprämie) vorgesehen werden.¹⁹⁷

Beispiel 1: Die nicht börsennotierte Y-AG begibt eine Going-Public-Optionsanleihe über 250 Mio. EUR, einem Zinscoupon von 5,5 % und einer Laufzeit von zwei Jahren. Für den Fall, dass die Y-AG während der Laufzeit der Anleihe einen Börsengang durchführt, gewährt jede Teilschuldverschreibung à 10.000 EUR zusätzlich zur Rückzahlung ein Optionsrecht zum Bezug von 100 neuen Aktien der Y-AG zu einem 15 % unter dem im Rahmen des Börsengangs festzusetzenden Emissionspreises liegenden Ausgabebetrag. Für diesen Fall ermäßigt sich der Coupon auf 3,5 %.

7. Wandlungspflicht

Das Wandelelement kann abweichend von der gesetzlichen Grundkonzeption eines im Belieben des Investors stehenden Wandlungsrechts (vgl. § 221 Abs. 1 S. 1 AktG) auch als Wandlungspflicht vorgesehen werden.¹⁹⁸ Die Wandlung¹⁹⁹ wird dann entweder – in Form eines Tilgungswahlrechts – in das Belieben des Emittenten gestellt *(soft*

---

¹⁹³ Habersack/Mülbert/Schlitt/*Schlitt/Kammerlohr*, § 13 Rn. 23.
¹⁹⁴ Spindler/Stilz/*Seiler*, § 221 Rn. 148; Habersack/Mülbert/Schlitt/*Schlitt/Kammerlohr*, § 13 Rn. 23.
¹⁹⁵ MünchKomm-AktG/*Habersack* § 221 Rn. 33; Habersack/Mülbert/Schlitt/*Schlitt/Hemeling*, § 12 Rn. 62; Marsch-Barner/Schäfer/*Groß*, § 51 Rn. 10; Spindler/Stilz/*Seiler*, § 221 Rn. 149 mit Verweis auf die Going-Public-Wandelanleihe der Biofrontera AG aus dem Jahre 2005.
¹⁹⁶ KölnKomm-AktG/*Lutter*, § 221 Rn. 188 ff.; *Wiese/Dammer*, DStR 1999, 867 (868); MünchKomm-AktG/*Habersack* § 221 Rn. 33; Habersack/Mülbert/Schlitt/*Schlitt/Hemeling*, § 12 Rn. 62; Marsch-Barner/Schäfer/*Groß*, § 51 Rn. 10; Spindler/Stilz/*Seiler*, § 221 Rn. 149; Beck'sches Hdb-AG/*Göckeler*, § 21 Rn. 182.
¹⁹⁷ So KölnKomm-AktG/*Lutter*, § 221 Rn. 189; *Jäger*, NZG 1998, 718 (718) und Beck'sches Hdb-AG/*Göckeler*, § 21 Rn. 182.
¹⁹⁸ Entsprechende Angaben sind regelmäßig bereits in den Ermächtigungsbeschlüssen (§ 221 Abs. 2 AktG) enthalten. Auch wenn die Ermächtigung die Ausgabe von Pflichtwandelanleihen nicht ausdrücklich ermöglicht, geht die herrschende Meinung aber davon aus, dass der Vorstand dazu im Rahmen der näheren Festlegung der Einzelheiten der Emission berechtigt ist, siehe etwa *Schäfer*, ZGR 2000, Sonderheft Nr. 16, 62, 68 f.; Habersack/Mülbert/Schlitt/*Schlitt/Hemeling*, § 12 Rn. 66; Spindler/Stilz/*Seiler*, § 221 Rn. 152.
¹⁹⁹ Die Ausführungen zur Wandlungspflicht gelten für Umtauschanleihen entsprechend. Entweder besteht am Laufzeit eine Umtauschpflicht der Investoren *(mandatory exchangeable)*, oder der Umtausch wird auf eine entsprechende Mitteilung hin in das Belieben des Emittenten gestellt *(soft mandatory exchangeable)*, siehe dazu Habersack/Mülbert/Schlitt/*Schlitt/Kammerlohr*, § 13 Rn. 24 f.

*mandatory convertbile).*²⁰⁰ Teilweise ist in diesem Zusammenhang auch von einer umgekehrten Wandelanleihe *(reverse convertible bond)* die Rede.²⁰¹

Beispiel 2 *(soft mandatory convertible):* Die Y-AG emittiert eine Pflichtumtauschanleihe in Aktien der X-AG über 300 Mio. EUR, einem Zinscoupon von 3,5 % und einer Laufzeit von fünf Jahren. Zum Ausgabezeitpunkt beträgt der Kurs einer Aktie der X-AG 40 EUR. Nach dem Umtauschverhältnis ist der Inhaber jeder Teilschuldverschreibung á 10.000 EUR berechtigt, nach Ablauf von 2 Jahren von der Y-AG anstelle der Rückzahlung die Lieferung von 200 Aktien der X-AG zu einem Umtauschpreis von 50 EUR pro Aktie zu verlangen. Wird das Umtauschrecht nicht durch den Gläubiger ausgeübt, ist die Y-AG am Ende der Laufzeit zur Ausübung des Umtauschrechts berechtigt.

Möglich ist aber auch eine Pflichtwandlung seitens des Investors am Ende der Laufzeit *(mandatory convertible)* vorzusehen.²⁰² In der rechtlichen Konzeption unterscheidet sich die Pflichtwandelanleihe dann von einer „gewöhnlichen" Wandelanleihe darin, dass bereits bei Zeichnung der Anleihe eine (vertragliche) Verpflichtung zur Ausübung des Wandlungsrechts am Laufzeitende begründet wird. Trotz vereinzelter Gegenstimmen,²⁰³ geht die weit überwiegende Meinung von ihrer Zulässigkeit aus.²⁰⁴

Die Ausgestaltung als Pflichtwandelanleihe gibt dem Emittenten nicht nur erhöhte Planungssicherheit (da er die Anleihe nicht in bar zurückzahlen muss),²⁰⁵ sondern kann sowohl bilanziell als auch unter Ratingsgesichtspunkten Bedeutung erlangen.²⁰⁶ Jedenfalls nach IFRS-Bilanzrecht werden Pflichtwandelanleihen als Eigenkapital qualifiziert.²⁰⁷ Entsprechendes gilt grundsätzlich für den sog Equity Credit im Rahmen eines Ratings.²⁰⁸ Investoren verlieren bei der Ausgestaltung als Pflichtwandelanleihe zwar ihren Bond Floor. Im Gegenzug erhalten sie aber eine im Vergleich zu gewöhnlichen Wandelanleihen höhere Verzinsung.²⁰⁹

---

²⁰⁰ MünchKomm-AktG/*Habersack* § 221 Rn. 52; Marsch-Barner/Schäfer/*Groß*, § 51 Rn. 9; MünchHdb-AG/*Krieger*, § 63 Rn. 25.
²⁰¹ Eine solche Gestaltung ist zwar schon *de lege lata* nach allgemeiner Meinung zulässig, vgl. dazu nur die Stellungnahme des Handelsrechtsausschuss des DAV zum Referentenentwurf einer Aktienrechtsnovelle 2011, NZG 2011, 217 (220). Die der parlamentarischen Diskontinuität zum Opfer gefallene Aktienrechtsreform sollte insoweit die §§ 221 Abs. 1 Satz 1, § 192 Abs. 2 Nr. 1 AktG zur Klarstellung um die ausdrückliche Möglichkeit einer Umtauschberechtigung der Gesellschaft erweitern, siehe dazu *Drinhausen/Keinath*, BB 2012, 395 (395 f.); zum Regierungsentwurf vom 20.12.2011, BR-Drs. 852/11 und allgemein zu dem Entwurf *Seibert/Böttcher*, ZIP 2012, 12. Zu den in diesem Zusammenhang vielfach diskutierten bedingten Pflichtwandelanleihen *(contingent convertible bonds* oder CoCo-Bonds), siehe Habersack/Mülbert/Schlitt/*Schlitt/Hemeling*, § 12 Rn. 9 ff. mit weiteren Nachweisen.
²⁰² Habersack/Mülbert/Schlitt/*Schlitt/Hemeling*, § 12 Rn. 64; Spindler/Stilz/*Seiler*, § 221 Rn. 149.
²⁰³ Wohl so zu verstehen, *Martens*, AG 1989, 69 (72); kritisch auch *Maier-Raimer*, in: GS Bosch, 2006, S. 85.
²⁰⁴ Siehe etwa jeweils mit weiteren Nachweisen, Marsch-Barner/Schäfer/*Groß*, § 51 Rn. 7; *Rozijn*, ZBB 1998, 77 (88 ff.); *Schlitt/Seiler/Singhof*, AG 2003, 254 (266 f.); Habersack/Mülbert/Schlitt/*Schlitt/Hemeling*, § 12 Rn. 65; Spindler/Stilz/*Seiler*, § 221 Rn. 151.
²⁰⁵ *Schanz*, BKR 2011, 410 (414); Habersack/Mülbert/Schlitt/*Schlitt/Hemeling*, § 12 Rn. 63.
²⁰⁶ *Kleidt/Schiereck*, BKR 2004, 18 (19); Habersack/Mülbert/Schlitt/*Schlitt/Hemeling*, § 12 Rn. 63.
²⁰⁷ Habersack/Mülbert/Schlitt/*Schlitt/Hemeling*, § 12 Rn. 63, Fn. 4; Habersack/Mülbert/Schlitt/*Madjlessi/Leopold*, § 11 Rn. 35; MünchKomm-AktG/*Habersack*, § 221 Rn. 11.
²⁰⁸ Habersack/Mülbert/Schlitt/*Madjlessi/Leopold*, § 11 Rn. 35; *Kleidt/Schiereck*, BKR 2004, 18 (19); *Schanz*, BKR 2011, 410 (414).
²⁰⁹ *Kleidt/Schiereck*, BKR 2004, 18 (19); *Schanz*, BKR 2011, 410 (414).

8. Investorenschutz

Der Umstand, dass aktienverwandte Produkte mit einem Recht auf den Erwerb von Aktien verknüpft sind, wirft die Frage auf, wie sich strukturelle Veränderungen auf Ebene der Gesellschaft, deren Aktien Gegenstand des Erwerbsrechts sind (Zielgesellschaft), auf die wirtschaftliche Stellung der Investoren auswirken.[210] Zu unterscheiden ist dabei zwischen Veränderungen, die das Grundkapital der Zielgesellschaft betreffen, und sonstigen Strukturmaßnahmen. Die Anleihebedingungen aktienverwandter Produkte enthalten insoweit üblicherweise detaillierte Vorgaben. Die wesentlichen Klauseln werden im Folgenden überblickartig dargestellt.[211]

a) Kapitalmaßnahmen

Kapitalerhöhungen auf Ebene der Zielgesellschaft führen zu einer Verwässerung der zukünftigen Beteiligung der Anleiheinvestoren. Der Anleihegläubiger erhielte beispielsweise nach einer Kapitalerhöhung bei Ausübung seines Wandlungsrechts die gleiche Anzahl von Aktien, auf die er bereits bei Ausgabe der Anleihe vor der Kapitalerhöhung einen Anspruch hat.[212] Infolge einer Kapitalerhöhung verringert sich also sein hypothetischer Anteil am Grundkapital der Gesellschaft und damit der wirtschaftliche Wert des Wandlungs- bzw. Umtauschrechts. Um dieser Verwässerungsgefahr Rechnung zu tragen, enthalten die Anleihebedingungen aktienverwandter Produkte regelmäßig sog Verwässerungsschutzklauseln *(anti-dilution protection)*, die Anpassungsmechanismen hinsichtlich des Wandlungsverhältnisses bzw. -preises vorsehen, wenn näher bezeichnete Ereignisse[213] vor dem letzten Tag des Wandlungszeitraums oder einem früheren für die Rückzahlung festgesetzten Tag eintreten.[214]

Für den Fall einer Kapitalerhöhung der Zielgesellschaft mit Bezugsrecht der Altaktionäre wird eine wirtschaftliche Gleichstellung der Anleihegläubiger vor allem durch eine Anpassung des Wandlungsverhältnisses unter Berücksichtigung des Verhältnisses der ausstehenden Aktien vor der Kapitalerhöhung zu den ausstehenden Aktien nach der Kapitalerhöhung und des Dividendennachteils der neuen Aktien erreicht.[215] Denkbar ist alternativ auch die Zahlung eines Barausgleichs.[216] Entsprechende Mechanismen werden regelmäßig auch für die vergleichbaren Fälle der Ge-

---

[210] Siehe zum Schutz der Investoren in ihrer Rolle als Fremdkapitalgeber, Habersack/Mülbert/Schlitt/*Schlitt/Hemeling*, § 12 Rn. 72 f.
[211] Detaillierte Darstellungen finden sich bei Habersack/Mülbert/Schlitt/*Schlitt/Hemeling*, § 12 Rn. 67 ff. (für Wandel- und Optionsanleihen); Habersack/Mülbert/Schlitt/*Schlitt/Kammerlohr*, § 13 Rn. 26 ff. (für Umtauschanleihen); Spindler/Stilz/*Seiler*, § 221 Rn. 153 ff., 198 ff.; überblicksartig aber auch *Zahn/Lemke*, BKR 2002, 527 (532).
[212] *Zahn/Lemke*, BKR 2002, 527 (532).
[213] Neben den hier genannten Fällen der Kapitalerhöhung mit Bezugsrechten und der Kapitalerhöhung aus Gesellschaftsmitteln können Anpassungsmechanismen auch zahlreiche weitere vermögensrelevante Maßnahmen erfassen. Zu denken ist etwa an das Aktiensplitting, Kapitalherabsetzungen, außerordentliche Dividendenzahlungen oder die Ausschüttung von Sachdividenden, siehe dazu *Zahn/Lemke*, BKR 2002, 527 (532) und Habersack/Mülbert/Schlitt/*Schlitt/Kammerlohr*, § 13 Rn. 33 f.
[214] Habersack/Mülbert/Schlitt/*Schlitt/Hemeling,* § 12 Rn. 67; Habersack/Mülbert/Schlitt/ *Schlitt/Kammerlohr,* § 13 Rn. 26; Spindler/Stilz/*Seiler,* § 221 Rn. 153, 198.
[215] Habersack/Mülbert/Schlitt/*Schlitt/Hemeling,* § 12 Rn. 68; Habersack/Mülbert/Schlitt/ *Schlitt/Kammerlohr,* § 13 Rn. 31. Zu der Frage, ob zumindest Wandelanleihegläubigern ebenfalls verhältniswahrend Bezugsrechte auf neue Aktien eingeräumt werden können, siehe ausführlich MünchKomm-AktG/*Habersack,* § 221 Rn. 294 ff.
[216] Habersack/Mülbert/Schlitt/*Schlitt/Hemeling,* § 12 Rn. 68; MünchKomm-AktG/*Habersack,* § 221 Rn. 299.

währung von Bezugsrechten auf eigene Aktien (§ 71 Abs. 1 Nr. 8 AktG) und die Ausgabe weiterer Wandelanleihen vorgesehen.[217]

Bei der Kapitalerhöhung aus Gesellschaftsmitteln (§§ 207 ff. AktG) besteht im Ausgangspunkt die gleiche Interessenlage. Anders als bei der Kapitalerhöhung mit Bezugsrechten ist ein Schutz der Inhaber von Wandelanleihen aber schon gesetzlich ausdrücklich vorgesehen (§§ 216 Abs. 3, 218 AktG).[218] Während insoweit Anpassungsklauseln also nur klarstellender Natur sind, bedarf es zum Schutz der Inhaber von Umtauschanleihen, für die §§ 216 Abs. 3, 218 AktG nicht gelten, zwingend einer ausdrücklicher Regelungen in den Anleihebedingungen.[219]

Beispiel 3: Die X-AG verfügt über ein in 10 Mio. Stückaktien zerlegtes Grundkapital von 10 Mio. EUR. Eine von der Y-AG emittierte Umtauschanleihe berechtigt nach dem Umtauschverhältnis zum Umtausch jeder Teilschuldverschreibung in 1.000 Aktien der X-AG. Während der Laufzeit der Anleihe führt die X-AG eine Kapitalerhöhung aus Gesellschaftsmitteln auf 15 Mio. EUR durch und teilt ihren Aktionären entsprechend deren bisheriger Beteiligung am Grundkapital (§ 212 AktG) 5 Mio. neue Aktien zu. Die Anleihebedingungen sehen vor, dass das Umtauschverhältnis in diesem Fall nach der Formel

$$\text{Neues Umtauschverhältnis} = \text{Altes Umtauschverhältnis} \times \frac{\text{Aktienzahl nach der Kapitalerhöhung}}{\text{Aktienzahl vor der Kapitalerhöhung}}$$

angepasst wird. Nach Durchführung der Kapitalerhöhung aus Gesellschaftsmitteln verbrieft daher jede Teilschuldverschreibung ein Umtauschrecht in 1.500 Aktien der X-AG.

b) Sonstige Strukturmaßnahmen

Neben den dargestellten Kapitalmaßnahmen sind weitere Vorgänge auf der Ebene der Zielgesellschaft denkbar, die sich auf die zukünftige Mitgliedschaft der Investoren auswirken können. Hierzu zählen insbesondere umwandlungsrechtliche Maßnahmen und die Übernahme der Zielgesellschaft durch einen Dritten.[220]

Charakteristisch für umwandlungsrechtliche Maßnahmen ist die Vereinigung des Vermögens der Zielgesellschaft mit einem anderen Unternehmensvermögen (so bei der Verschmelzung nach §§ 2 ff. UmwG) oder dessen Aufteilung durch Spaltung (§§ 123 ff. UmwG).[221] Diese Maßnahmen haben nicht nur erhebliche Konsequenzen für die Rechtsstellung der Aktionäre der Zielgesellschaft. Auch für die Inhaber aktienverwandter Produkte treten gegenüber der Situation zum Zeitpunkt des Erwerbs der Anleihe Veränderungen ein. Ähnlich wie im Fall der Kapitalerhöhung aus Gesellschaftsmitteln (§ 216 Abs. 3 AktG) enthält das UmwG Schutzvorschriften (lediglich) zugunsten der Inhaber von Wandel- und Optionsanleihen (§§ 23, 26, 125 UmwG).[222] Für Inhaber von Umtauschanleihen gilt dieser Schutz nicht.[223] Insoweit bedarf es also der Aufnahme entsprechender Schutzvorschriften in die Anleihebedingungen, die den Inhabern ein Recht auf Umtausch in Aktien des übernehmenden oder neu entstehenden Rechtsträgers einräumen und eine Anpassung des Umtauschverhältnisses unter Berücksichtigung des Erwerbsrechts der Aktionäre der Zielgesellschaft (also des Anleiheemittenten) an Aktien des übernehmenden Rechtsträgers vorsehen.[224]

---

[217] KölnKomm-AktG/*Lutter*, § 221 Rn. 129 ff.; *Zahn/Lemke*, BKR 2002, 527 (532).
[218] *Hüffer*, AktG, § 216 Rn. 14.
[219] Habersack/Mülbert/Schlitt/*Schlitt/Kammerlohr*, § 13 Rn. 27.
[220] Siehe zu Squeeze-Out (§§ 327a ff. AktG, §§ 39a ff. WpÜG) und Delisting, Habersack/Mülbert/Schlitt/*Hemeling*, § 12 Rn. 75 ff.; zur Konzernierung, MünchKomm-AktG/*Habersack*, § 221 Rn. 317 ff.
[221] Habersack/Mülbert/Schlitt/*Schlitt/Kammerlohr*, § 13 Rn. 35.
[222] Habersack/Mülbert/Schlitt/*Schlitt/Kammerlohr*, § 13 Rn. 35.
[223] Semler/Stengel/*Kalss*, UmwG, § 23 Rn. 5.
[224] Habersack/Mülbert/Schlitt/*Schlitt/Kammerlohr*, § 13 Rn. 35.

Ein Übernahme- oder Pflichtangebot nach §§ 29 ff., 35 Abs. 2 S. 1 WpÜG löst, solange nicht ein Beherrschungs- oder Gewinnabführungsvertrag geschlossen wird, keine besonderen Schutzmechanismen zugunsten der Inhaber aktienverwandter Produkte aus.[225] Gleichwohl führt der Umstand, dass sich der infolge eines Übernahme- oder Pflichtangebots möglicherweise eintretende Kontrollwechsel *(change of control)* negativ auf die Kreditwürdigkeit der Zielgesellschaft auswirken oder eine Änderung der Strategie herbeiführen kann, regelmäßig zur Aufnahme von Schutzvorschriften in die Anleihebedingungen.[226] Üblich sind insoweit Klauseln, die den Investoren im Falle des Kontrollwechsels ein Kündigungsrecht einräumen.[227]

9. Inhaltskontrolle

Anleihebedingungen werden von der höchstrichterlichen Rechtsprechung als allgemeine Geschäftsbedingungen qualifiziert und unterliegen folglich der richterlichen Inhaltskontrolle.[228] In der Literatur wird dieser Befund zwar kritisiert,[229] angesichts der eindeutigen Rechtsprechung für die Praxis aber von der Anwendbarkeit der §§ 307 ff. BGB ausgegangen.[230]

VI. Börsenzulassung und Transparenzpflichten

Um für den Handel in aktienverwandten Produkten einen liquiden Sekundärmarkt zu eröffnen, werden die Instrumente regelmäßig nach ihrer Platzierung prospektfrei in den Freiverkehr der Frankfurter Wertpapierbörse einbezogen.[231]

Im Hinblick auf wertpapierhandelsrechtliche Meldepflichten kommt vor allem den §§ 25, 25a WpHG Bedeutung zu. Inhaber von Wandelanleihen müssen nach Auffassung der BaFin eine Meldung nach § 25a WpHG abgeben, wenn der Emittent zur Lieferung eigener Aktien im Fall der Wandlung berechtigt ist – was die Wandelanleihebedingungen regelmäßig vorsehen. Die Inhaber von Umtauschanleihen können ebenfalls in den Anwendungsbereich des § 25 Abs. 1 WpHG fallen, wenn ihr Umtauschrecht weder von äußeren Umständen (wie dem Erreichen eines bestimmten Kursniveaus) abhängt, noch dem Emittenten ein Recht zur Leistung eines Barausgleichs anstelle der Lieferung von Aktien zusteht.[232] Auch wenn § 25 Abs. 1 WpHG im Einzelfall keine Meldepflicht begründet, besteht eine solche für die Inhaber von

---

[225] MünchKomm-AktG/*Habersack*, § 221 Rn. 324.
[226] Habersack/Mülbert/Schlitt/*Schlitt/Hemeling*, § 12 Rn. 74.
[227] Schlitt/Seiler/Singhof AG 2003, 254 (267); zur Differenzierung zwischen Change of Control Put und Merger Put, siehe Habersack/Mülbert/Schlitt/*Schlitt/Hemeling*, § 12 Rn. 74 mit weiteren Nachweisen.
[228] Siehe für Inhaberschuldverschreibungen BGHZ 163, 311 (314 ff.) = NJW 2005, 2917 und für Genussrechte bereits BGHZ 119, 305 (312) = NJW 1993, 57.
[229] Siehe etwa MünchKomm-AktG/*Habersack*, § 221 Rn. 255 ff. und Habersack/Mülbert/Schlitt/*Schlitt/Kammerlohr*, § 13 Rn. 43 ff., jeweils mit umfangreichen Nachweisen zum Meinungsstand.
[230] Einigkeit besteht jedenfalls insoweit, als aktienverwandte Produkte bis zum Aktienerwerb keine mitgliedschaftliche Stellung gewähren und eine AGB-Kontrolle deshalb nicht bereits gemäß § 310 Abs. 4 BGB ausgeschlossen ist, siehe etwa Spindler/Stilz/*Seiler*, § 221 Rn. 168; § 5 VI 1a). Zu den Einzelheiten der Inhaltskontrolle, siehe ausführlich Habersack/Mülbert/Schlitt/*Schlitt/Kammerlohr*, § 13 Rn. 47 ff.
[231] Schlitt/*Schäfer*, CFL 2010, 252 (256); *Seibt*, CFL 165, 168.
[232] Schlitt/*Schäfer*, AG 2007, 227 (233 f.).

Umtauschanleihen, die zum Erwerb einer Beteiligung von fünf oder mehr Prozent der stimmberechtigten Aktien eines börsennotierten Emittenten berechtigen, auf Grundlage des neuen § 25a Abs. 1 S. 2 Nr. 2 WpHG, da insoweit schon das Recht zum Erwerb die Meldepflicht begründen kann.[233]

VII. Umstrukturierung

Dem Emittenten stehen verschiedene Instrumente zur Umstrukturierung aktienverwandter Produkte zur Verfügung. Hervorzuheben ist die Möglichkeit eines Rückkaufs des Instruments.[234] Ein solcher kommt aus Gründen der Liquiditätsschonung insbesondere in Betracht, wenn der Marktwert einer Anleihe deutlich unter ihrem Nennbetrag liegt.[235] Die Abwicklung kann entweder im Wege eines öffentlichen Rückkaufangebots, bei Börsennotierung der Anleihe auch über die Börse, oder auf individualvertraglicher Grundlage *(negotiated repurchase)* erfolgen.[236]

Die Umstrukturierung aktienverwandter Produkte nach dem SchVG folgt weitgehend der von „gewöhnlichen" Anleihen.[237]

---

[233] Habersack/Mülbert/Schlitt/*Schlitt/Kammerlohr*, § 13 Rn. 63.
[234] Siehe zum Rückerwerb von Wandelschuldverschreibungen durch die emittierende Gesellschaft *Wieneke*, WM 2013, 1540.
[235] Habersack/Mülbert/Schlitt/*Schlitt/Hemeling*, § 12 Rn. 89; *Wieneke*, WM 2013, 1540 (1540).
[236] Habersack/Mülbert/Schlitt/*Schlitt/Hemeling*, § 12 Rn. 89.
[237] Siehe § 5 VII. und ausführlich auch Habersack/Mülbert/Schlitt/*Schlitt/Kammerlohr*, § 13 Rn. 64 ff.

§ 7. Derivate

Literatur (Auswahl): *Becker/Bracht*, Katastrophen- und Wetterderivate (1999); *Benzler*, Nettingvereinbarungen im außerbörslichen Derivatehandel (1999); *Deutsch*, Derivate und interne Modelle, 4. Auflage (2008); *Ehricke*, Finanztermingeschäfte im Insolvenzverfahren, ZIP 2003, 273 bis 283; *Eller/Heinrich/Perrot/Reif* (Hrsg.), Handbuch Derivativer Instrumente, 3. Auflage (2005); *Heussinger/Klein/Raum*, Optionsscheine, Optionen und Futures (2000); *Hull*, Optionen, Futures und andere Derivate, 8. Auflage (2012); *Kniehase,* Derivate auf eigene Aktien (2005); *Rudolph/Schäfer*, Derivative Finanzmarktinstrumente, 2. Auflage (2010); *Schmid/Mühlhäuser*, Rechtsfragen des Einsatzes von Aktienderivaten beim Aktienrückkauf, AG 2001, 493 bis 503; *von Westphalen*, Derivatgeschäfte, Risikomanagement und Aufsichtsratshaftung (2000); *Zerey,* Finanzderivate, 3. Auflage (2013).

I. Einführung

Derivative Finanzinstrumente bilden einen großen Anteil des Handelsvolumens an den internationalen Finanzmärkten. Dieses wird weniger durch Privatanleger aufgebracht; vielmehr nutzen institutionelle Investoren die unterschiedlichen Typen vor dem Hintergrund ihrer jeweiligen Anlagestrategie.

Aufgrund der sich stetig verändernden Anforderungen der Märkte und ihrer Teilnehmer unterliegen derivative Finanzinstrumente dabei einem fortwährenden Innovationsprozess.

Durch die große Vielfalt ihrer Einsatzmöglichkeiten, aber auch wegen der durch ihre Komplexität und Intransparenz bestehenden Risiken, stehen derivative Finanzinstrumente – nicht zuletzt durch ihre Rolle bei dem Ausbruch der globalen Finanzmarktkrise im Jahre 2008 und der sich anschließenden Staatsschuldenkrise – im besonderen Fokus der Öffentlichkeit.

1. Begriff des Derivats

Derivate (von lateinisch *derivare* = ableiten) sind Finanzinstrumente, deren Wert sich aus einem anderen Wert, dem sog Basiswert[1] (entsprechend dem englischen Sprachgebrauch häufig als *underlying* bezeichnet) ableitet.

Derivate sehen zu einem bestimmten Zeitpunkt und zu vorher festgelegten Konditionen das Recht bzw. die Pflicht zum Kauf bzw. Verkauf des auf den Basiswert bezogenen Handelsguts vor. Man bezeichnet sie daher auch als Termingeschäfte, deren wichtigste Ausprägung das Festgeschäft und die Option sind. Die Abhängigkeitsbeziehung zwischen dem derivativen Finanzinstrument und dem Basiswert ist vielfach sehr komplex, so dass sich Wertveränderungen nicht stets parallel nachvollziehen, sondern je nach der individuellen Ausgestaltung sogar entgegengesetzt verlaufen können.[2] Derivate können ihrerseits börsennotiert sein.

---

[1] Dazu I. 1. b).
[2] *Kümpel/Wittig*, Bank- und Kapitalmarktrecht, Rn. 19.54.

§ 2 Abs. 2 Nr. 1 WpHG definiert Derivate[3] als Festgeschäft oder Optionsgeschäft ausgestaltete Termingeschäfte, deren Wert sich unmittelbar oder mittelbar vom Preis oder Maß von Basiswerten wie Wertpapieren, Geldmarktinstrumenten, Devisen, Rechnungseinheiten, Zinssätzen oder anderen Erträgen, Indizes der vorgenannten Basiswerte oder anderen Finanzindizes, Finanzmessgrößen oder anderen Derivaten ableitet.[4] Nach § 2 Abs. 2 Nr. 2 WpHG sind Derivate auch Termingeschäfte[5] mit Bezug auf Waren, Frachtsätze, Emissionsberechtigungen, Klima- oder andere physikalischen Variablen, Inflationsraten oder andere volkswirtschaftliche Variablen oder sonstige Vermögenswerte, Indizes oder Messwerte als Basiswerte, sofern sie gewissen Bedingungen entsprechen (zB Erfüllung durch Barausgleich,[6] Handel auf einem organisierten Markt oder einem multilateralem Handelssystem). Derivate umfassen zudem finanzielle Differenzgeschäfte, Kreditderivate[7] und Termingeschäfte mit Bezug auf die in Artikel 39 der Verordnung (EG) Nr. 1287/2006 genannten Basiswerte (§ 2 Abs. 2 Nr. 3 bis 5 WpHG).

a) Termingeschäft

Im Gegensatz zum gewöhnlichen Wertpapierhandel im Bereich des Kassamarkts, wo Handelsgeschäfte innerhalb von 2 bis 3 Werktagen abgewickelt werden, sind derivative Finanzinstrumente sog (Finanz-)Termingeschäfte. Als Finanztermingeschäfte gelten nach § 37e S. 2 WpHG nämlich Derivate im Sinne des § 2 Abs. 2 WpHG und Optionsscheine.

Termingeschäfte teilen sich in Festgeschäfte und Optionsgeschäfte auf.[8] Festgeschäfte beinhalten eine Abnahme- bzw. Lieferverpflichtung hinsichtlich des Basiswertes.[9] Die Parteien gehen deshalb die Verpflichtung eines Kaufvertrages ein, bei dem lediglich der Erfüllungszeitpunkt hinausgeschoben ist.[10] Im Zusammenhang mit bedingten Geschäften (Optionen) hat der Optionsinhaber ein Wahlrecht hinsichtlich der tatsächlichen Erfüllung durch Lieferung des entsprechenden Basiswertes.[11] Es handelt sich dabei um ein Gestaltungsrecht, welches durch seine Ausübung den Abschluss eines Kaufvertrages herbeiführt.[12] Besonderheiten ergeben sich dann, wenn der Basiswert nicht geliefert werden kann, weil er zB eine Rechnungsgröße (Index oÄ) beschreibt. In diesem Zusammenhang wird vom Abschluss eines Kaufvertrages, teilweise aber auch von einem Vertrag sui generis ausgegangen.[13]

---

[3] Mit Inkrafttreten des Finanzmarkt-Richtlinie-Umsetzungsgesetz vom 16.7.2007 (FRUG – BGBl. I 2007, 1330 vom 19.7.2007) wurde die Definition der Derivate erweitert und insbesondere um einige weitere mögliche Basiswerte wie Indizes, Rechnungseinheiten oder Derivate selbst ergänzt.

[4] Dem Derivatebegriff des Gesetzes über das Kreditwesen (KWG) liegt in § 1 Abs. 11 S. 4 eine identische Definition zugrunde.

[5] Durch das FRUG wurde eine Legaldefinition des Termingeschäfts eingeführt. Siehe zu dieser nachfolgend I. 1.

[6] Vgl. unten IV. 3. zu den verschiedenen Erfüllungsmöglichkeiten *(settlement)* bei Derivaten, insbesondere durch Barausgleich *(cash settlement)* oder durch effektive Lieferung *(physisches Settlement)*.

[7] Vgl. II. 5. b).

[8] § 2 Abs. 2 Nr. 1 WpHG; vgl. *Fleckner,* Finanztermingeschäfte in Devisen, ZBB 2005, 96 (100); siehe dazu II.

[9] Näher hierzu II. 1.

[10] *Lenenbach,* Rn. 1.61.

[11] Siehe hierzu II. 2.

[12] Palandt/*Heinrichs,* Vor § 145 BGB, Rn. 23; MünchKomm-BGB/*Kramer,* Vor § 145, Rn. 57 ff.

[13] Dazu näher *Alsheimer,* Die Rechtsnatur derivativer Finanzinstrumente und ihre Darstellung im Jahresabschluss, 2000, S. 54 und 79 f. mwN.

b) Basiswert *(underlying)*

Als Basiswerte, dem einem Derivat zugrunde liegenden Handelsobjekt, kommen eine Vielzahl von tatsächlich gehandelten Bezugswerten in Betracht, wie etwa Aktien, Währungen und Waren (auch Energie), aber auch bloße Rechnungsgrößen und Indikatoren wie Zinssätze und Indizes, sowie spezielle Parameter wie etwa Kredit- und sonstige Risiken.[14]

2. Einsatzmöglichkeiten von Derivaten

Derivate können zur Verfolgung verschiedener wirtschaftlicher Zwecke verwandt werden. Sie werden in der Regel zur Risikoabsicherung, Arbitrage und/oder Spekulation eingesetzt. Allen Formen ist gemein, dass sie von nicht unerheblichen Risiken geprägt sind, welche dazu führen können, dass durch ihren Einsatz zum Teil erhebliche finanzielle Verluste auftreten.

a) Risikomanagement *(hedging)*

Eine Einsatzmöglichkeit derivativer Finanzinstrumente besteht in der Absicherung *(hedging)* und flexiblen Steuerung bestehender oder antizipierter Risikopositionen.[15] Zu diesem Zweck wird mit den eingesetzten Derivaten eine Gegenposition (Sicherungsgeschäft) aufgebaut, die die bei Eintritt der abgesicherten Marktpreisrisiken in der Grundposition entstehenden Verluste ganz oder teilweise kompensiert.[16] Die Absicherung kann sich auf ein einzelnes Geschäft *(micro-hedge)*, auf eine Gesamtheit von Risikopositionen *(macro-hedge)* oder auf eine zusammengefasste Gruppe von Geschäften beziehen *(portfolio-hedge)*.[17]

Beispiel 1: Der X Fund hält 100.000 Aktien der Y-AG, deren Kurs derzeit 100 EUR beträgt. Der Fund Manager ist nach seiner Anlagestrategie bereit, maximal einen Kursverlust von 5 % zu tragen. Zur Absicherung gegen einen darüber hinausgehenden Kursrückgang kauft der Fund Manager eine Put-Option über die gehaltenen Aktien mit Differenzausgleich und einem Ausübungspreis von 95 EUR. Steht der Kurs der Y Aktien im Verkaufszeitpunkt beispielsweise auf 90 EUR, übt der Fund Manager die Option aus und erhält vom Stillhalter der Option einen Barausgleich in der Höhe, als hätte er die Aktien zu 95 EUR verkauft. Der X Fund hat somit anstelle des tatsächlich eingetretenen Kursverlusts von 10 % nur einen von der Anlagestrategie tolerierten Verlust von 5 % (zuzüglich des gezahlten Optionspreises) realisiert.

Beispiel 2: Die in Deutschland produzierende X-AG verkauft Waren in die USA. Sie strebt eine Gewinnmarge von 20 % an und will daher bei Produktionskosten von 1.000 EUR t/Stück einen Stückpreis von 1.200 EUR erzielen. Bei einem Euro/Dollar-Kurs von 1,25 bietet sie die Waren dementsprechend in den USA zu einem Stückpreis von 1.500 US-Dollar an. Würde der Euro im Wert auf einen EUR/Dollar-Kurs von beispielsweise 1,30 fallen, die X-AG die Waren aber wegen sonst drohender Absatzrückgänge nicht zu einem höheren Preis anbieten können, würde sie nur einen Stückpreis von umgerechnet etwa 1.154 EUR erzielen und somit bei gleich bleibenden Produktionskosten die angestrebte Gewinnmarge verfehlen. Sie erwirbt daher zur Absicherung entweder eine Call-Option auf den Euro oder eine Put-Option auf den Dollar jeweils mit einem der kalkulierten Gewinnmarge entsprechenden Ausübungskurs von EUR/Dollar 1,25 bzw. von Dollar/0,80 EUR. Sofern die Optionen in einem den Umsätzen der X-AG entsprechendem Volumen im Markt verfügbar sind, kann die X-AG somit ihre erstrebte Marge (abzüglich der Kosten für die Optionen) auch bei sinkendem Dollarkurs erreichen.

---

[14] Vgl. § 2 Abs. 2 WpHG; *Kümpel/Wittig*, Bank- und Kapitalmarktrecht Rn. 19.12, 19.23.
[15] *Kümpel/Wittig*, Bank- und Kapitalmarktrecht, Rn. 19.34 ff.; *Lenenbach*, Rn. 1.65 und 9.107.
[16] *Kümpel/Wittig*, Bank- und Kapitalmarktrecht, Rn. 19.38.
[17] Näher dazu *Kümpel/Wittig*, Bank- und Kapitalmarktrecht, Rn. 19.38 ff.

b) Arbitrage und Spreading

Unter Arbitrage versteht man einen durch Markteffizienzen (dh eine vorübergehende, wesentlich voneinander abweichende Angebots- und Nachfragelage) entstehenden Kursunterschied zwischen verschiedenen, aber im Zusammenhang stehenden Märkten.[18] Ein Arbitrageur versucht unter anderem durch den Einsatz von Termingeschäften Differenzen zwischen Termin- und Kassamarkt Gewinn bringend zu nutzen.[19] Die Bewertungsunterschiede zwischen den beiden Märkten müssen dabei durch möglichst gleichzeitige und regelmäßig gegenläufige Aktivitäten im Termin- und Kassamarkt ausgenutzt werden. Ist zB ein Future (ein standardisierter börsengehandelter Terminkontrakt; s. II. 1. a) überbewertet, kann dieser auf dem Terminmarkt verkauft werden und gleichzeitig der Basiswert am Kassamarkt gekauft werden. Umgekehrt kann ein Kauf eines unterbewerteten Futures unter gleichzeitigem Verkauf des Basiswertes am Kassamarkt erfolgen (*cash and carry arbitrage* bzw. *reverse cash and carry arbitrage*).[20] Die unterschiedlichen Börsenentwicklungen an Kassa- und Terminmarkt können somit – ähnlich der örtlichen Arbitrage – zu einer zeitlichen Arbitrage führen, welche gewinnbringend ausgenutzt werden kann.[21] Die Ausnutzung von Marktpreisunterschieden durch Arbitragegeschäfte führt dazu, dass die Preise der verschiedenen Marktsegmente kongruent verlaufen und nur bis maximal zur Höhe der Transaktionskosten des Arbitrageurs differerieren.[22] Arbitragegeschäfte werden überwiegend als volkswirtschaftlich nützlich angesehen (insbesondere ihre kursstabilisierende Wirkung).[23]

Der spekulative Einsatz von Derivaten bildet das Gegenstück zu ihrer risikoabsichernden Nutzung. Zum Zweck der Gewinnerzielung aus der Einschätzung der Entwicklung eines Basiswertes wird eine derivative Position eingegangen, der keine Grundposition in dem Basiswert zugrunde liegt. Da sich die derivative Position regelmäßig mit wesentlich geringerem Mitteleinsatz aufbauen lässt als eine entsprechende Position in dem Basiswert selbst, wird die Wertentwicklung des Basiswertes bezogen auf das investierte Kapital durch die sog Hebelwirkung *(leverage effect)* überproportional abgebildet.[24] Hierbei gilt es zu beachten, dass der Hebeleffekt sowohl zu überproportionalen Wertsteigerungen als auch zu überproportionalen Wertrückgängen des Derivats und damit leichter zum Totalverlust des eingesetzten Kapitals führen kann.

Beispiel 3:[25] Der Aktienkurs der X-AG beträgt 100 EUR. Investor A erwirbt eine Call-Option auf eine X-Aktie mit einem Ausübungspreis von 105 EUR und einer Restlaufzeit von 120 Tagen zu einem Optionspreis von etwa 0,95 EUR. Steht der Kurs der X-Aktie nach 30 Tagen bei 110 EUR, ist die Option etwa 6,16 EUR wert und A kann durch Verkauf der Option (ohne Berücksichtigung von Transaktionskosten) gegenüber einem Kursgewinn des Basiswerts von 10 % einen Gewinn von etwa 548 % erzielen.

---

[18] *Kümpel*, Einführung Kapitalmarktrecht, Rn. 115; *Lenenbach,* Rn. 9.107.
[19] *Kümpel/Wittig*, Bank- und Kapitalmarktrecht, Rn. 14.85.
[20] Vgl. dazu *Achleitner*, S. 618; *Storck*, in: Zerey, Handbuch Finanzderivate, S. 313, Rn. 9.
[21] *Beike/Barckow*, S. 12; *von Westphalen*, S. 60.
[22] Vgl. *Paus*, S. 51.
[23] *Lenenbach*, Rn. 9.107.
[24] *Kümpel/Wittig*, Bank- und Kapitalmarktrecht, Rn. 19.51.
[25] Das Beispiel wurde nach dem finanzmathematischen Modell zur Bewertung von Finanzoptionen der Wirtschaftswissenschaftler Black/Scholes berechnet und dabei zu Anschauungszwecken konstant eine Volatilität der X Aktie von 10 % und ein Kapitalmarktzins von 3 % p. a. zugrunde gelegt.

I. Einführung

d) Synthetische Positionen

Die Verwendung von Derivaten erlaubt es, nahezu jede Wertpapier- oder Risikoposition im gewünschten Umfang zu modifizieren oder sogar völlig zu verändern. Eine solche Möglichkeit ergibt sich aus den besonderen Beziehungen der derivativen Instrumente und dem zugrunde liegenden Basiswert. Danach entsteht eine synthetische Position, wenn das aus der Kombination existierender Finanztitel entstehende Gewinn-/Verlustprofil dem eines anderen Finanztitels entspricht.

Beispiel 4: Die X-AG emittiert eine Umtauschanleihe. Sie strebt eine Umtauschprämie von 60 % an, kann aber im Rahmen der bestehenden Investorennachfrage nur eine Prämie von 30 % erreichen. Die X-AG greift daher zusätzlich auf einen sog Call-Spread zurück, dh sie kauft eine Call-Option auf die der Umtauschanleihe zugrunde liegenden Aktien mit identischer Laufzeit und Prämie von 30 % und verkauft gleichzeitig eine Call-Option mit derselben Laufzeit und einer Prämie in Höhe der erstrebten 60 %. Nach Abschluss beider Transaktionen stellt sich die Position der X-AG wirtschaftlich so dar, als hätte sie die Umtauschanleihe mit einer Umtauschprämie von 60 % emittiert. Die Kosten des Call-Spreads kann die X-AG aus einem Teil der Erlöse aus der Anleiheemission finanzieren.

e) Vorbereiten einer Unternehmensbeteiligung

Unter bestimmten Umständen können Derivate zur Vorbereitung einer Unternehmensbeteiligung eingesetzt werden. Die Praxis verwendete vor dem Inkrafttreten des § 25a WpHG am 1.2.2012 vor allem solche derivativen Konstruktionen, die einen „stillen" Zugriff auf Anteile des Zielunternehmens ohne Auslösung kapitalmarktrechtlicher Meldepflichten gestatteten.

Beispiel 5:[26] Beim Abschluss eines sogenannten Cash Settled Equity Swaps[27] verpflichtet sich die Bank, Kurssteigerungen über einen vereinbarten Referenzpreis des zugrunde gelegten Basiswerts hinaus (hier Aktien des Zielunternehmens) an den Swap-Partner auszukehren. Dieser zahlt hierfür eine Gebühr und verpflichtet sich seinerseits zur Zahlung eines Differenzbetrags bei Kursverlusten. Da der erworbene Swap einen Barausgleich (Cash Settlement)[28] vorsieht, ist die physische Lieferung des Basiswertes ausgeschlossen – es kommen lediglich Differenzbeträge von Aktienkursschwankungen zur Abrechnung. Meldepflichten für Anteils- oder Stimmrechtsbesitz bestanden deshalb grundsätzlich nicht, denn diese wurden in der Regel erst beim Erwerb von Aktien oder beim Vertragsschluss über eine gesicherte Erwerbsposition sowie in vergleichbaren Situationen ausgelöst.[29] Der Käufer eines entsprechenden Swaps nutzte nun eine – zuvor wohlkalkulierte – rein faktische Möglichkeit des Erwerbs des Basiswertes: Bei Abschluss eines Swap-Vertrags minimieren Banken ihr Risiko oft durch Hedging, etwa durch Erwerb des Basiswertes (Aktien des Zielunternehmens) selbst.[30] Bei Kündigung des Swaps löst die Bank diese Position auf, da sie sich nun nicht mehr mit den Chancen und Risiken aus dem Swap egalisiert. Alternativ zu einer kursschonenden und damit kostenaufwendigen Veräußerung der Aktien können die Aktien dem Swappartner angedient werden. Dieser nimmt die Aktien womöglich an Erfüllungs statt der endfälligen Zahlung der Bank aus dem Swap-Vertrag an. Diese Abgabe an

---

[26] Das Beispiel ist an die Vorgänge bei der Übernahme der Continental AG durch die Schaeffler KG angelehnt; vgl. hierzu *Fleischer/Schmolke*, Kapitalmarktrechtliche Beteiligungstransparenz nach §§ 21 ff. WpHG und „Hidden Ownership", ZIP 2008, 1501 ff.
[27] Die Bezeichnung „Equity"-Swap ergibt sich daraus, dass Basiswert des Derivats eine Aktie (Eigenkapital – Equity) ist. Näher zu Swaps unten unter II. 3.
[28] Näheres zu den verschiedenen Möglichkeiten der Erfüllung („Settlement") unten, IV. 3.
[29] Vgl. hierzu §§ 21 ff. WpHG. Diskutiert wurde seinerzeit die Anwendbarkeit des § 22 Abs. 1 Nr. 5 WpHG der nach hM bei der hier beschriebenen Konstruktionen allerdings nicht eingriff. Siehe dazu mwN *Fleischer/Schmolke*, Kapitalmarktrechtliche Beteiligungstransparenz nach §§ 21 ff. WpHG und „Hidden Ownership", ZIP 2008, 1501 ff.
[30] Steigt dann der Kurs der Aktien, muss die Bank eine entsprechende Zahlung an den Swap-Partner leisten, partizipiert dann aber von der Wertsteigerung der Aktie im eigenen Bestand in gleicher Höhe. Kursverluste der Aktie werden durch die Zahlungen des Kunden ausgeglichen. Näher zum Hedging, oben I. 2. a).

den Vertragspartner stellt für die Banken in der Regel die wirtschaftlich lohnendste Variante der Auflösung des Hedges dar.[31]

Um diesem, damalige Stimmrechtsmeldepflichten unterlaufenden, „Anschleichen" bei Unternehmensübernahmen zu begegnen, wurde im Zuge des Anlegerschutz- und Funktionsverbesserungsgesetzes[32] § 25a WpHG eingeführt. Nach dem Willen des Gesetzgebers bestehen hiernach Meldepflichten für sämtliche Finanzinstrumente „bei welchen ein Stimmrechtserwerb auf Grund der diesen zu Grunde liegenden wirtschaftlichen Logik zumindest möglich ist"[33]. Hierdurch wird die beschriebene Vorgehensweise daher kaum mehr möglich sein[34].

II. Erscheinungsformen

Die verschiedenen Erscheinungsformen derivativer Finanzinstrumente lassen sich anhand der Kriterien Basiswert, Art der Handelbarkeit und Risikoprofil systematisieren.[35] Grundsätzlich werden bedingte und unbedingte Termingeschäfte unterschieden. Der Unterschied liegt in der Ausgestaltung der Ausübungsmodalität des Terminkontrakts. So spricht man von einem bedingten Termingeschäft *(Optionsgeschäft)*, wenn nur ein Vertragspartner eine Verpflichtung eingeht, im Gegensatz zu den unbedingten Termingeschäften *(Festgeschäfte)*, bei welchen beide Vertragspartner Verpflichtungen eingehen.[36]

1. Unbedingte Geschäfte (Festgeschäfte)

Beim Festgeschäft werden die zum Zeitpunkt des Abschlusses feststehenden Leistungspflichten beider Vertragspartner erst zu dem bestimmten Endzeitpunkt fällig.[37]

Festgeschäfte weisen ein symmetrisches Risikoprofil auf, dh Gewinn- und das Verlustrisiko fallen gleich hoch aus. Die Vereinbarung über die Lieferung eines Basiswertes (bzw. im Falle eines Barausgleichs eine Differenzzahlung) zu einem fest bestimmten Zeitpunkt bewirkt, dass der Gewinn des einen Vertragspartners spiegelbildlich dem Verlust des anderen Vertragspartners entspricht.[38]

---

[31] Teilweise ist daher von ökonomischem oder faktischem Zwang zu diesem Vorgehen durch die Bank die Rede, *Weber/Meckbach*, Finanzielle Differenzgeschäfte – Ein legaler Weg zum „Anschleichen" an die Zielgesellschaft bei Übernahmen?, BB 2008, 2022 (2023 f.).
[32] Gesetz zur Stärkung des Anlegerschutzes und Verbesserung der Funktionsfähigkeit des Kapitalmarkts (Anlegerschutz- und Funktionsverbesserungsgesetz – AnsFuG) vom 5.4.2011, BGBl. I 2011, 538.
[33] Begründung RegE, BT-Drs. 17/3628, 17. Der generalklauselartige Tatbestand des § 25a WpHG wird durch § 17a der anlässlich des Inkrafttretens der Norm ergänzten Wertpapierhandelsanzeige- und Insiderverzeichnisverordnung ergänzt und durch ein FAQ der BaFin zu § 25a WpHG, das auf ihrer Homepage abrufbar ist, konkretisiert.
[34] Vgl. weiterführend zu dem Thema etwa *Merkner/Sustmann*, Erste „Guidance" der BaFin zu den neuen Meldepflichten nach §§ 25, 25a WpHG, NZG 2012, 241 ff. und den überarbeiteten Emittentenleitfaden der BaFin (derzeit über die Homepage abrufbare Konsultationsfassung) S. 67 ff., der voraussichtlich im Laufe des Jahres 2013 in finaler Form veröffentlicht wird.
[35] *Kümpel/Wittig*, Bank- und Kapitalmarktrecht, Rn. 19.22.
[36] *Deutsch*, S. 51.
[37] *Fleckner*, Finanztermingeschäfte in Devisen, ZBB 2005, 96 (100); *Kümpel/Wittig*, Bank- und Kapitalmarktrecht, Rn. 19.17.
[38] *Kümpel/Wittig*, Bank- und Kapitalmarktrecht, Rn. 19.30.

a) Futures

Ein Future beinhaltet die Abrede über den Kauf oder den Verkauf eines Finanztitels oder einer Ware, deren Preis bei Abschluss des Kontraktes vereinbart wird. Es handelt sich bei einem Future um einen in Quantität und Qualität (Menge, Preis und Laufzeiten) standardisierten, börsengehandelten Finanzterminkontrakt, durch den sich Käufer und Verkäufer beiderseits zur Erfüllung des getätigten Termingeschäfts verpflichten.[39]

Als grundlegende Positionen stehen sich Long (für den Kauf) und Short (für den Verkauf) gegenüber.[40] Der Käufer eines Futures verpflichtet sich, zu einem in der Zukunft festgelegten Zeitpunkt (Verfallstag), den Basiswert zu einem vorab vereinbarten Preis zu kaufen *(long-future)*. Der Verkäufer eines Futures verpflichtet sich, den Basiswert zu den vereinbarten Konditionen zu verkaufen *(short-future)*. Je nach Basiswert unterscheidet man Financial-Futures (für den Bezug von Finanztiteln) und Commodity-Futures (für den Bezug von Waren). Dabei erfordert der Handel mit Futures die Einbringung einer bestimmten Sicherheitsleistung *(margin)*.[41]

Der große wirtschaftliche Vorteil im börslichen Handel mit Futureskontrakten ist, dass das Kreditrisiko nahe Null liegt, da Käufer und Verkäufer keinen direkten Kontakt haben und die Clearingstelle als zentraler Kontrahent die Erfüllung für beide Seiten der Transaktion garantiert.

b) Forwards

Als Forward werden die dem Future entsprechenden außerbörslichen unbedingten Termingeschäfte bezeichnet. Im Gegensatz zu den Futures werden die Kontraktcharakteristika eines Forward individuell zwischen den Parteien vereinbart.[42]

2. Bedingte Geschäfte (Optionen)

Ein Optionsgeschäft beinhaltet das Recht, ein bestimmtes Gut (Basiswert) in einer bestimmten Menge[43] zu einem im Voraus vereinbarten Preis (Basispreis) am Ende oder während einer festgelegten Laufzeit zu kaufen oder zu verkaufen.

Durch die Vereinbarung wird eine der Vertragsparteien berechtigt, aber nicht verpflichtet, die zum Zeitpunkt des Abschlusses des Geschäfts festgelegten Leistungspflichten von der anderen Seite, dem Stillhalter, zu verlangen.[44]

Ist der Inhaber einer Option berechtigt, diese innerhalb eines vorbestimmten Zeitraums auszuüben, so spricht man von einer Option „amerikanischen Typs". Liegt ein fest vereinbarter Zeitpunkt für die Ausübung der Option vor, so handelt es sich um eine Option „europäischen Typs".[45]

Die für den Erwerb der Option zu zahlende Optionsprämie ist stets bereits bei Abschluss des Optionsvertrags zu leisten. Dagegen wird die Leistungspflicht des Stillhalters erst mit Ausübung der Option durch den Käufer fällig.[46]

---

[39] *Heussinger/Klein/Raum*, S. 111 f.
[40] *Natter*, S. 79.
[41] Siehe dazu IV. 4.
[42] *Schmidt*, S. 3; *Heussinger/Klein/Raum*, S. 112.
[43] Beim Erwerb einer „Option" entscheiden deren standardisierte Merkmale (die Bedingungen des „Kontrakts") über die Menge des Basiswertes auf den sich die Option bezieht (sog Kontraktgröße).
[44] *Lenenbach*, Rn. 9.127 ff.; *Fleckner*, Finanztermingeschäfte in Devisen, ZBB 2005, 96 (100).
[45] *Kümpel/Wittig*, Bank- und Kapitalmarktrecht, Rn. 19.31.
[46] *Kümpel/Wittig*, Bank- und Kapitalmarktrecht, Rn. 19.31.

Im Unterschied zu Festgeschäften weisen Optionen ein asymmetrisches Risikoprofil auf. Der über die Ausübung der Option entscheidende Käufer trägt lediglich das Risiko, im Fall der Nichtausübung die gezahlte Optionsprämie zu verlieren, kann aber theoretisch unbegrenzt gewinnen (aus der Differenz zwischen dem Basispreis und dem Kurs abzüglich der bezahlten Prämie). Dagegen trifft den im Fall der Ausübung zur Lieferung (bzw. zum Differenzausgleich) verpflichteten Verkäufer (Stillhalter) einer Option ein theoretisch unbegrenztes Verlustrisiko (Differenz zwischen dem Basispreis und dem Kurs abzüglich der erhaltenen Optionsprämie), während sein Gewinnpotenzial auf die Optionsprämie beschränkt ist.[47]

a) Call

Unter einem Call versteht man eine Kaufoption. Diese kann sowohl gekauft als auch verkauft werden. Man spricht dann entsprechend von einem Long Call (Kauf) bzw. einem Short Call (Verkauf).[48] Durch Zahlung der Optionsprämie erwirbt der Käufer des Calls das Recht (nicht aber die Pflicht), innerhalb eines bestimmten Zeitraums den Basiswert zu einem im Voraus festgesetzten Basispreis zu erwerben. Den Verkäufer trifft bei fristgemäßer Ausübung die Verpflichtung den Basiswert zu dem im Voraus festgelegten Basispreis zu verkaufen.[49]

Der Käufer eines Calls setzt auf steigende Kurse des zugrunde liegenden Basiswertes. Er hofft, dass der Wert des Basiswertes im Zeitpunkt der Ausübung der Option über dem zuvor vereinbarten Basispreis liegt. Seine Gewinnerwartungen bestehen in der Differenz zwischen dem Marktwert des Basiswertes und dem Basispreis. Umgekehrt setzt somit der Verkäufer des Calls auf fallende Kurse des Basiswertes. Als Ausgleich für seine einseitig übernommene Verpflichtung, im Falle der Ausübung den Basiswert zu liefern, erhält er eine vom Käufer der Option zu zahlende Prämie.

b) Put

Ein Put ist eine Verkaufsoption. Auch diese kann wiederum als Long Put, für den Kauf der Verkaufsoption, oder als Short Put, für den Verkauf der Verkaufsposition, ausgestaltet sein.[50] Der Käufer eines Puts erwirbt das Recht (nicht aber die Pflicht), den Basiswert während der Laufzeit der Option zu dem im Voraus festgelegten Basispreis zu verkaufen. Den Verkäufer des Puts trifft für den Fall der fristgerechten Ausübung die Verpflichtung, den Basiswert zu dem im Voraus festgelegten Basispreis zu kaufen.[51]

Der Käufer eines Puts setzt auf fallende Kurse des zugrunde liegenden Basiswertes. Der Verkäufer eines Puts verpflichtet sich, den zugrunde liegende Basiswert zu den vereinbarten Bedingungen zu kaufen. Er setzt also auf steigende Kurse des Basiswerts und erhält als Ausgleich für seine einseitig übernommene Verpflichtung eine vom Käufer der Option zu zahlende Prämie.

c) Selbständige und unselbständige Optionsscheine

Als selbständige Optionsscheine *(naked warrants)* bezeichnet man Optionsscheine, die ein Bezugsrecht auf neue oder existierende Aktien der Gesellschaft verbriefen und die ohne Bezug zu einer Wandel- oder einer Optionsanleihe oder einem Genussrecht

---

[47] *Kümpel/Wittig*, Bank- und Kapitalmarktrecht, Rn. 19.30.
[48] *Natter*, S. 79.
[49] *Heussinger/Klein/Raum*, S. 57.
[50] *Natter*, S. 79.
[51] *Heussinger/Klein/Raum*, S. 58.

emittiert werden.⁵² Bei einem selbständigen Optionsschein handelt es sich um ein Finanztermingeschäft, das sich im Wesentlichen nur durch die wertpapierrechtliche Verbriefung von einem unverbrieften Finanztermingeschäft unterscheidet.⁵³ In Deutschland ist die Ausgabe von *naked warrants* bisher selten geblieben, da ihre aktienrechtliche Zulässigkeit immer noch umstritten ist.⁵⁴

Als unselbständige Optionsscheine bezeichnet man Optionsscheine, die ein Bezugsrecht auf neue oder existierende Aktien der Gesellschaft verbriefen und die als Bestandteil von Kapitalbeschaffungsmaßnahmen zu Zinssätzen deutlich unter dem Marktzins (zB Emission von Optionsanleihen im Rahmen des § 221 AktG) emittiert und üblicherweise nach der Trennung von dem Hauptinstrument der Finanzierungsmaßnahme (zB der Anleihestücke einer Optionsanleihe) am Markt gehandelt werden (Handel in getrennten Optionsscheinen). Der im Gegensatz zum eigenständigen Optionsschein vorhandene wirtschaftliche Zweck eines unselbständigen Optionsscheins hat zur Folge, dass es sich bei ihm nicht um ein Finanztermingeschäft sondern um ein Kassageschäft handelt.⁵⁵

3. Austauschverträge *(swaps)*

Bei Swaps handelt es sich um vertragliche Vereinbarungen über einen in der Regel stattfindenden wiederkehrenden Austausch von Zahlungsströmen *(cashflows)* auf Basis jeweils zugrunde liegender Nominalbeträge.⁵⁶ Swaps lassen sich nach ihrem Gegenstand in fünf Gruppen gliedern: Zinsswaps, Währungsswaps Wertpapierswaps, Warenpreisswaps und sonstige Swaps.⁵⁷ Ein Zinsswap etwa beinhaltet einen Austausch von Zinszahlungsverpflichtungen auf dieselbe Währung für eine bestimmte Laufzeit. Die auf den gleichen Ausgangsbetrag zu leistenden Zinsen unterliegen unterschiedlichen Zinsberechnungen. So werden in der Regel variable Zinsverpflichtungen gegen feste Zinsverpflichtungen getauscht. Sinn eines solchen Tausches ist es, den Bonitätsvorteil, den jeweils eine Partei gegenüber der anderen besitzt, auszunutzen.

Beim Wertpapierswap *(equity linked swap)* können die ausgetauschten Cashflows aus gegenseitigen Differenzzahlungen von Kursbewegungen eines Wertpapierinstruments (zB Aktien oder Indizes) gegenüber einem festgelegten Referenzpreis bestehen. Möglich sind zB auch einseitige Differenzzahlungen gegen eine fixe (Gebühren-)Zahlung. Aufgrund dieser Struktur wird der Equity Swap auch „Contract for Difference" (CFD) genannt.⁵⁸

Swaps stellen ein wichtiges Instrument im Rahmen des Risikomanagements von Unternehmen dar. Sie erlauben die effektive Kontrolle von Änderungsrisiken, die sich

---

⁵² Habersack/Mülbert/Schlitt/*Schlitt/Hemeling*, Unternehmensfinanzierung am Kapitalmarkt, § 12 Rn. 10 mwN; *Fuchs*, Selbständige Optionsscheine als Finanzierungsinstrument der Aktiengesellschaft, AG 1995, 433 (433); vgl. auch unten IV. 1. a.
⁵³ *Claussen*, § 6, Rn. 175.
⁵⁴ Vgl. zum Streitstand mwN *Schlitt/Löschner*, Abgetrennte Optionsrechte und Naked Warrants, BKR 2002, 150 (153 ff.).
⁵⁵ *Kümpel/Wittig*, Bank- und Kapitalmarktrecht, Rn. 14.38 mwN und 19.97.
⁵⁶ *Fleckner*, Finanztermingeschäfte in Devisen, ZBB 2005, 96 (101); *Kümpel/Wittig*, Bank- und Kapitalmarktrecht, Rn. 19.123.
⁵⁷ Schimansky/Bunte/Lwowski/*Jahn*, § 114 Rn. 2 ff., vgl. auch *Kümpel/Wittig*, Bank- und Kapitalmarktrecht, Rn. 19.130 ff.
⁵⁸ Näher zum Equity Swap: *Fleischer/Schmolke*, Kapitalmarktrechtliche Beteiligungstransparenz nach §§ 21 ff. WpHG und „Hidden Ownership", ZIP 2008, 1503; vgl. hierzu auch oben das Beispiel 5 unter I. 2. e).

aus schwankenden Preisen des zugrunde liegenden Basiswertes ergeben, indem etwa risikoträchtig fluktuierende Zahlungsströme gegen eine Gebühr durch konstante Zahlungsströme ersetzt werden. Die den Swaps zugrunde liegenden Cashflows lassen sich, je nach Bedürfnis der Parteien, durch beliebig komplexe Formeln gestalten und mit Multiplikatoren, Zinssätzen, Wechselkursen und anderen Berechnungseinheiten kombinieren. Da es sich bei Swaps um Festgeschäfte handelt, weisen sie ein symmetrisches Risikoprofil auf.[59]

4. Begrenzungsverträge

Aufgrund ihres Optionscharakters verfügen Begrenzungsverträge über ein asymmetrisches Risikoprofil.[60] Unter Begrenzungsverträgen werden die im Folgenden genannten Finanzinstrumente verstanden.

a) Cap

Bei Caps handelt es sich um Finanzinstrumente, die eingesetzt werden, um sich vor starken Schwankungen eines Basiswertes zu schützen oder sich daraus ergebende Verdienstmöglichkeiten auszunutzen. Ein Cap ist eine Vereinbarung über die Leistung von Ausgleichszahlungen, wenn eine als Referenzwert festgelegte Größe (zB Aktienkurs oder Marktzinssatz) über eine vereinbarte Obergrenze steigt. Die Höhe der Ausgleichszahlung besteht in dem Differenzbetrag bezogen auf einen vereinbarten Nennwert.[61]

b) Floor

Ein Floor bildet das Gegenstück zu einem Cap, indem er eine Wertuntergrenze garantiert.[62] Fällt die festgelegte Größe unter die vereinbarte Untergrenze, hat der Verkäufer dem Käufer den Differenzbetrag bezogen auf einen Nominalbetrag zu erstatten.[63]

c) Collar

Der Collar ist die Kombination eines Cap mit einem Floor.[64] Im Rahmen eines Collar werden sowohl eine Obergrenze als auch eine Untergrenze und ein Referenzwert festgelegt. Dabei erhält der Käufer des Collar eine Ausgleichszahlung bei Überschreitung der Obergrenze, muss allerdings seinerseits eine solche leisten, falls der Referenzwert die vereinbarte Untergrenze unterschreitet.[65]

5. Sonderformen

Aufgrund der gestiegenen Nachfrage nach Produkten, die zu unterschiedlichsten Zwecken eingesetzt werden können, hat der Markt eine Vielzahl von Mischformen derivativer Produkte hervorgebracht.

---

[59] *Kümpel/Wittig,* Bank- und Kapitalmarktrecht, Rn. 19.30.
[60] Vgl. *Kümpel/Wittig,* Bank- und Kapitalmarktrecht, Rn. 19.30.
[61] *Deutsch,* S. 55.
[62] *Kümpel/Wittig,* Bank- und Kapitalmarktrecht, Rn. 19.183.
[63] *Deutsch,* S. 55.
[64] *Deutsch,* S. 55.
[65] *Lenenbach,* Rn. 9.147 f.; *Kümpel/Wittig,* Bank- und Kapitalmarktrecht, Rn. 19.185.

a) Exotische Optionen

Bei exotischen Optionen handelt es sich um besonders ausgestaltete Optionen. Die einzelnen Produkte lassen sich schwer kategorisieren, da sie für spezielle Marktgegebenheiten und Anlegerwünsche konstruiert werden. Sie unterscheiden sich vom Optionsschein herkömmlicher Art, dem sog Plainvanilla-Optionsschein, durch die Art des Optionsrechts und/oder die Verknüpfung mit zusätzlichen, den Inhalt des Optionsrechts verändernden Bedingungen.[66] Das Preisverhalten exotischer Optionen weist keine lineare Beziehung zu dem jeweiligen Basiswert auf. Aufgrund der produktspezifischen Besonderheiten exotischer Optionen, sind die Verlustrisiken größer als die anderer derivativer Finanzinstrumente.

b) Kreditderivate

Kreditderivate sind nach § 2 Abs. 2 Nr. 4 WpHG solche Derivate, die als Kauf, Tausch oder anderweitig ausgestaltete Festgeschäfte oder Optionsgeschäfte, zeitlich verzögert zu erfüllen sind und dem Transfer von Kreditrisiken dienen. Diesen Derivaten liegen vornehmlich Bonitätsrisiken aus anderen Geschäften, etwa Zahlungsausfall- und -verzugsrisiken zugrunde. Durch Kreditderivate werden diese gesondert erfasst und können losgelöst von dem Grundgeschäft auf andere Marktteilnehmer übertragen werden. Die ursprüngliche Vertragsbeziehung zwischen Kreditnehmer und -geber bleibt unverändert, so dass die oben dargestellten Einsatzmöglichkeiten auch in Bezug auf Kreditrisiken eröffnet werden. Auf diese Weise wird die Effizienz und die Liquidität der Kreditmärkte erhöht.[67] Verbreitete Produkte sind der Credit Default Swap (CDS)[68], Credit Spread Swaps und -Optionen, der Total Return Swap und Credit Linked Notes.[69]

c) Katastrophen-, Wetter- und Makroderivate

Zur Vermeidung durch Naturkatastrophen oder Schwankungen klimatischer Verhältnisse bedingter finanzieller Verluste können durch Finanzinnovationen wie Katastrophen- und Wetterderivate alternative Risikomanagementstrategien verfolgt werden.[70] In ihrer Struktur unterscheiden sie sich dabei nicht von anderen derivativen Finanzinstrumenten.

Bei einem Wetterderivat wird ein meteorologischer Wert bzw. eine Wetterkondition (Temperatur, Niederschlags- oder Schneemenge) als Basiswert herangezogen. Die Absicherung wetterabhängiger Unternehmensrisiken wird ermöglicht, indem eine Partei durch Zahlung einer Prämie das finanzielle Risiko eines bestimmten klimatischen Zustands auf die andere Partei überträgt.[71]

---

[66] *Kümpel/Wittig*, Bank- und Kapitalmarktrecht, Rn. 19.199; Die verschiedenen Gruppen unterteilen sich in Optionen mit unstetiger Auszahlungsfunktion, pfadabhängige Optionen, Bandbreiten-Optionen, Optionen auf mehrere Basiswerte, Compound-Optionen, Chooser-Optionen und Power-Optionen, wobei sich immer neue Varianten ergeben, vgl. auch *Kümpel/Wittig*, Bank- und Kapitalmarktrecht, Rn. 19.203.
[67] *Kümpel/Wittig*, Bank- und Kapitalmarktrecht, Rn. 19.225.
[68] Im Rahmen der sich an die Finanzmarktkrise von 2008 anschließenden Staatsschuldenkrise haben vor allem Credit Default Swaps (CDS) besondere Aufmerksamkeit erlangt. Insbesondere durch Leerverkäufe der CDS wurden Positionen aufgebaut, die auf eine fallende Bonität europäischer Staaten setzten. Hierdurch gerieten die Renditen der Staatsanleihen der betroffenen Staaten unter Druck, was den Gesetzgeber zu dem Erlass von Leerverkaufsverboten veranlasste. Vgl. hierzu etwa Schimansky/Bunte/Lwowski/*Kolassa*, § 137 Rn. 109.
[69] Dazu näher *Kümpel/Wittig*, Bank- und Kapitalmarktrecht, Rn. 19.228.
[70] *Becker/Bracht*, S. 1; *Rudolph/Schäfer*, S. 200 ff.
[71] *Meyer*, S. 59; *Rudolph/Schäfer*, S. 200 f.

Katastrophenderivate haben hingegen keine Wetterereignisse mit hoher Eintrittswahrscheinlichkeit und geringem Schadensrisiko zum Gegenstand, sondern dienen im Bereich des Erst- und Rückversicherungsmarktes als Absicherungsinstrumente gegenüber selten auftretenden Naturereignissen (bspw. Überflutungen, Erdbeben) mit relativ großen Schadenssummen.[72]

Unter Makroderivaten versteht man Derivate, denen makroökonomische Größen als Basiswert zugrunde liegen (zB Arbeitslosenquote, Geschäftsklimaindex oder andere wirtschaftsstatistische Kennzahlen).[73]

d) Mehrfach derivative Produkte

Derivate können sich auch auf Basiswerte beziehen, die ihrerseits ein derivatives Finanzinstrument sind, etwa in der Form eines Financial Futures oder einer Option.[74]

e) Strukturierte Produkte

Bei strukturierten Optionen handelt es sich um aus Derivaten zusammengesetzte Kontrakte, die nach dem Baukastenprinzip aus der Kombination von Standardoptionen und exotischen Optionen, verschiedenen exotischen Optionen oder aus der Kombination eines sonstigen Termingeschäfts mit einer oder mehreren exotischen Optionen entstehen können.[75] Sie bieten eine besondere Flexibilität zur Anpassung an die jeweiligen Interessen einzelner Kunden. Für eine Einordnung als Termingeschäft müssen die zusammengesetzten Produkte bei differenzierter Einzelbetrachtung die für ein Termingeschäft typischen Merkmale aufweisen.[76] Im Privatkundengeschäft von Banken und sonstigen Finanzdienstleistungsinstituten sind darüber hinaus sogenannte „Zertifikate" weit verbreitet. Bei diesen strukturierten Produkten handelt es sich in der Regel um Inhaberschuldverschreibungen im Sinne von § 793 BGB, deren Verzinsung üblicherweise an eine oder mehrere derivative Positionen (wie etwa die Wertentwicklung eines Index oder einer Aktie) geknüpft ist[77].

III. Rechtliche Grundlagen

1. Vertragliche Dokumentation

Wurden in der Vergangenheit noch individuelle Vereinbarungen zwischen den Vertragsparteien getroffen, so hat das in den vergangenen Jahrzehnten stark angestiegene Volumen und die damit einhergehende Bedeutung von Finanztermingeschäften dazu geführt, dass die Beteiligten des institutionellen bzw. außerbörslichen Derivatemarktes ganz überwiegend zum Abschluss von Rahmenverträgen übergegangen

---

[72] *Rudolph/Schäfer*, S. 202.
[73] Vgl. *Rudolph/Schäfer*, S. 204 f.
[74] § 2 Abs. 2 Nr. 1e WpHG; vgl. *Kümpel/Wittig*, Bank- und Kapitalmarktrecht, Rn. 19.201.
[75] Basisinformationen über Finanzderivate, 2008, S. 107; *Kümpel/Wittig*, Bank- und Kapitalmarktrecht, Rn. 19.201.
[76] *Kümpel/Wittig*, Bank- und Kapitalmarktrecht, Rn. 19.11 ff., 19.16 und 19.31.
[77] Im Rahmen der Finanzmarktkrise des Jahres 2008 haben vor allem die von der in Insolvenz gefallenen Investmentbank Lehman Brothers emittierten Zertifikate zu großen Verlusten bei den Anlegern geführt. Vgl. weiterführend zum Thema Zertifikate etwa *Salewski*, Zertifikate – reguläre Finanzinstrumente oder unerlaubtes Glücksspiel?, BKR 2012, 100 ff.

sind.[78] Die Rahmenverträge für Finanztermingeschäfte entsprechen standardisierten Musterverträgen über Futures oder Optionen.[79]

a) Rahmenvertrag für Finanztermingeschäfte

Für die bedeutendsten Finanzgeschäfte wurden vom Zentralen Kreditausschuss, der Interessenvertretung der kreditwirtschaftlichen Spitzenverbände, Rahmenverträge für ihre Mitglieder entwickelt. Abhängig von den jeweiligen Finanzgeschäften werden folgende maßgeblichen Verträge eingesetzt: Der Rahmenvertrag für außerbörsliche Finanztermingeschäfte, der für Wertpapierpensionsgeschäfte oder der für Wertpapierdarlehensgeschäfte.

Die Rahmenverträge beinhalten insbesondere eine so genannte Nettingklausel.[80] Sie begründet ein vertragliches Aufrechnungsrecht bestimmter gleichartiger Forderungen zu einem bestimmten Zeitpunkt oder beim Eintritt eines bestimmten Ereignisses. Die Forderungen werden saldiert und erlöschen.[81] Finanzinstitute können auf diese Weise ihre Kreditrisiken erheblich reduzieren.

Darüber hinaus hat die Europäische Bankenvereinigung einen Rahmenvertrag entwickelt (European Master Agreement), der ebenfalls für Inlandsgeschäfte verwendet werden kann.

b) ISDA Master Agreement

Das ISDA Master Agreement ist einer der maßgeblichen internationalen Rahmenverträge für den Abschluss von Finanzgeschäften. Das Regelwerk wurde von der International Swaps and Derivatives Association (ISDA) im Jahre 1992 veröffentlicht und seitdem kontinuierlich weiterentwickelt. Es beinhaltet insbesondere Normen zur Erkennung und Reduktion von Risiken im Zusammenhang mit Geschäften über derivative Finanzprodukte und setzt hiermit den Maßstab für die Dokumentation außerbörslich gehandelter Derivate.

2. Behandlung im Kundengeschäft der Banken

a) Rechtsverbindlichkeit

Im Zuge des vierten Finanzmarktförderungsgesetzes wurde das frühere sog „Informationsmodell" abgeschafft. Danach sollte der Schutz unerfahrener Personen vor der besonderen Gefährlichkeit von Termingeschäften dadurch bewirkt werden, dass abgeschlossene Termingeschäfte nur dann rechtlich verbindlich waren, wenn der unerfahrene Vertragspartner hinreichend über die mit dem Termingeschäfte verbundenen Risiken informiert wurden.

Mittlerweile wird nicht mehr zwischen der Geschäftsfähigkeit iSd § 104 BGB und der Termingeschäftsfähigkeit differenziert. Der gebotene Schutz unerfahrener Bankkunden wird dadurch erreicht, dass eine Verletzung der Informationspflichten über

---

[78] Für solche Produkte, die von Standardisierungen abweichen, können an die Rahmenverträge für Finanztermingeschäfte Zusatzverträge für besondere Arten von Termingeschäften angehängt werden, s. Schimansky/Bunte/Lwowski/*Jahn*, Anhänge 1 bis 3 zu § 114.
[79] *Lenenbach*, Rn. 9.312 ff.
[80] Siehe hierzu auch III. 3.
[81] Kreft/*Martotzke*, § 104 InsO, Rn. 6; *Kümpel/Wittig*, Bank- und Kapitalmarktrecht, Rn. 19.108.

die mit Termingeschäften verbundenen Risiken Schadensersatzansprüche begründen.[82]

b) Informationspflichten

Wertpapierdienstleistungsunternehmen sind grundsätzlich verpflichtet, Kunden rechtzeitig und in verständlicher Form allgemeine Informationen zur Verfügung zu stellen, die für das Verständnis und die Anlageentscheidung über angebotene oder nachgefragte Finanzinstrumente oder Wertpapierdienstleistungen nach vernünftigem Ermessen erforderlich sind (§ 31 Abs. 3 WpHG).[83] Zu informieren ist ua über das Wertpapierdienstleistungsunternehmen und seine Dienstleistungen, die Arten von Finanzinstrumenten und vorgeschlagene Anlagestrategien einschließlich damit verbundener Risiken, über Ausführungsplätze sowie über entstehende Kosten und Nebenkosten.[84]

Wertpapierdienstleistungsunternehmen haben darüber hinaus von ihren Kunden im Zusammenhang mit einer Anlageberatung, Finanzportfolioverwaltung oder anderen Wertpapierdienstleistungen zur Ausführung von Kundenaufträgen alle Informationen über Kenntnisse und Erfahrungen der Kunden in Bezug auf die jeweiligen Geschäfte einzuholen (§ 31 Abs. 4, 5 WpHG). Wer Anlageberatung oder Finanzportfolioverwaltung erbringt, darf seinen Kunden schließlich nur Finanzinstrumente und Wertpapierdienstleistungen empfehlen, die nach den eingeholten Informationen für den Kunden geeignet sind (§ 31 Abs. 4a WpHG)[85]. Die Bewertung der Kundenangaben wird ua davon abhängig gemacht, ob der Kunde als „professioneller Kunde" (§ 31a Abs. 2 WpHG) oder „Privatkunde" (§ 31a Abs. 3 WpHG) eingestuft wird. Für „professionelle Kunden" wird vermutet, dass sie über ausreichende Erfahrungen im Zusammenhang mit verschiedenen Wertpapierdienstleistungen und Finanzprodukten verfügen.[86]

Darüber hinaus haben Wertpapierdienstleistungsunternehmen, die Anlageberatung erbringen, rechtzeitig vor dem Abschluss eines Geschäfts ein kurzes und leicht verständliches Informationsblatt über jedes Finanzinstrument zur Verfügung zu stellen, auf das sich eine Kaufempfehlung bezieht (§ 31 Abs. 3a WpHG).

Der Verstoß gegen die vorgenannten Informationspflichten wird als Ordnungswidrigkeit geahndet (§ 39 Abs. 2 Nr. 15a–17 WpHG)[87].

---

[82] BT-Drs. 14/8017, 64; *Möller*, Das vierte Finanzmarktförderungsgesetz – Der Regierungsentwurf, WM 2001, 2405 (2409).
[83] Mit Inkrafttreten des FRUG im November 2007 wurde § 37d WpHG aufgehoben. Die Vorschrift normierte Informationspflichten speziell für Finanztermingeschäfte und die sich aus Verstößen ergebende Schadensersatzpflicht. Der Regelungsgehalt der Norm ist nunmehr in § 31 WpHG aufgegangen.
[84] Weitere Anforderungen an die auszugebenden Informationen normiert § 31 Abs. 2 WpHG. Hiernach müssen alle zugänglich gemachten Informationen redlich, eindeutig und nicht irreführend sein. Besondere Anforderungen werden darüber hinaus an Werbemitteilungen gestellt.
[85] Wird eine Anlageberatung gegenüber Privatkunden erbracht, ist das Beratungsgespräch zudem zu protokollieren, vgl. § 34 Abs. 2a WpHG.
[86] §§ 31a Abs. 2 S. 1; 31 Abs. 9 WpHG.
[87] Zwar bestehen unter bestimmten Umständen Ausnahmen für die Informationspflichten (etwa bei den sogenannten „Execution-only-Geschäften" nach § 31 Abs. 7 WpHG). Diese Ausnahmen gelten jedoch nicht für komplexe Finanzinstrumente, dh insbesondere nicht für solche, in denen ein Derivat eingebettet ist (§ 31 Abs. 7 Nr. 1 WpHG).

3. Behandlung im Insolvenzfall

Die meisten Derivatgeschäfte gelten als Finanzleistungen iSd § 104 Abs. 2 S. 2 Nr. 5 InsO. Im Falle der Insolvenz steht dem Insolvenzverwalter damit nicht das grundsätzliche Wahlrecht zwischen Erfüllung des Vertrages anstelle des Schuldners und Ablehnung der Erfüllung zu (§ 103 InsO). Eine Erfüllung kommt nämlich bei Finanzleistungen deren Erfüllungszeitpunkt nach der Eröffnung des Insolvenzverfahrens liegt nicht in Betracht (§ 104 Abs. 2 InsO). Dies hat zur Folge, dass der andere Teil nur einen Anspruch wegen Nichterfüllung der Forderung geltend machen kann. Durch diese gesetzliche Regelung werden die Finanzleistungsgeschäfte unabhängig von ihrem Erfüllungszeitpunkt fällig gestellt und beendet. Dadurch erlöschen die gegenseitigen Erfüllungsansprüche, auf der einen Seite auf Lieferung des Basiswertes, auf der anderen Seite der Zahlungsanspruch. Stattdessen erfolgt die Umwandlung in ein Differenzgeschäft.[88] Die Höhe des Differenzausgleichs beläuft sich auf den Unterschied zwischen dem von den Parteien vereinbarten Preis des Derivates und dem Preis, den dieses Derivat an einem bestimmten gesetzlich definierten Stichtag nach Eröffnung des Insolvenzverfahrens erreicht, dh auf den Wert eines hypothetischen Deckungsgeschäfts (§ 104 Abs. 3 S. 1, 2 InsO). Der Anspruch steht entweder der Insolvenzmasse oder der anderen Vertragspartei zu. Im letzteren Fall ist der Vertragspartner Insolvenzgläubiger (§ 104 Abs. 3 S. 3 InsO).[89]

Sind die Derivatgeschäfte von den Parteien unter einem Rahmenvertrag nach § 104 Abs. 2 S. 3 InsO zusammengefasst,[90] können sich die Ansprüche allerdings nicht auf einzelne der im Rahmenvertrag zusammengefassten Geschäfte beschränken sondern es erfolgt eine Gesamtsaldierung.[91] Im Zusammenhang mit diesen durch die Insolvenz bewirkten Folgen wird dann von einem gesetzlich angeordneten Netting auf Grundlage des Rahmenvertrags der Parteien gesprochen.

Unter Netting versteht man grundsätzlich eine Vereinbarung, wonach bei Eintritt eines bestimmten Ereignisses (typischerweise des Zahlungsausfalls einer Partei) alle geschäftlichen Beziehungen zwischen den Vertragsparteien, automatisch beendet oder kündbar werden und dann auf einer gesetzlichen oder einer vertraglichen Grundlage miteinander verrechnet werden.[92] Die Berechnung eines Saldos aus den aus den Einzelabschlüssen stammenden Schadensersatzansprüchen bezeichnet man auch als Liquidationsnetting.[93]

Beispiel 6:[94] Ein Finanzinstitut hat mit einem Geschäftspartner drei Kontrakte abgeschlossen. Zwei der Kontrakte sind mit 10 Mio. EUR bzw. 30 Mio. EUR im Plus, ein Kontrakt ist mit 25 Mio. EUR im Minus. Unter der Annahme, dass der Geschäftspartner zahlungsunfähig wird und somit für die ersten beiden Kontrakte ausfällt, würde sich ein Verlust von 40 Mio. EUR für das Finanzinstitut ergeben. Durch die Umwandlung in ein Differenzgeschäft würden alle drei Kontrakte gleichzeitig beendet, wodurch sich der Verlust auf 15 Mio. EUR reduzieren würde.

---

[88] *Ehricke*, Finanztermingeschäfte im Insolvenzverfahren, ZIP 2003, 273 (277).
[89] Kreft/*Marotzke*, § 104 InsO, Rn. 8 f.
[90] ZB bei der Verwendung des oben unter 1. a) angesprochenen Rahmenvertrags des Zentralen Kreditausschusses.
[91] Kreft/*Marotzke*, § 104 InsO, Rn. 7.
[92] *Hull*, Rn. 23.8.; *Ehricke*, Finanztermingeschäfte im Insolvenzverfahren, ZIP 2003, 273 (274).
[93] *Ehricke*, Finanztermingeschäfte im Insolvenzverfahren, ZIP 2003, 273 (280).
[94] Nach *Hull*, Rn. 23.8.

4. Weitere Aspekte

a) Bilanzierung

Bei der Bilanzierung derivativer Finanzinstrumente nach HGB erfolgen Ansatz und Bewertung je nach Typus des Instruments unterschiedlich. Nach den Grundsätzen ordnungsgemäßer Buchführung sind Derivate als schwebende Geschäfte zunächst nicht in der Bilanz anzusetzen.[95] In der Regel erfolgt eine erfolgswirksame Erfassung erst bei Erfüllung (Settlement) oder Beendigung der Position (zB Glattstellung oder Verfall).[96] Je nach Geschäftsvorfällen, die das jeweilige Derivat zwischenzeitlich erzeugt, ergeben sich hierzu jedoch Ausnahmen. So wird zB die bei Abschluss eines unbedingten Termingeschäfts (Future) gegenüber der Clearingstelle zu erbringende Sicherheitsleistung beim Sicherungsgeber unter „sonstige Vermögensgegenstände" ausgewiesen.[97] Der Käufer einer Kaufoption (Call) aktiviert das erworbene Optionsrecht unter „sonstige Vermögensgegenstände" im Umlaufvermögen zu Anschaffungskosten.[98] Werden Derivate zur Absicherung anderer Geschäfte eingesetzt, können Gewinne und Verluste aus beiden Positionen als Bewertungseinheit verrechnet werden (§ 254 HGB).

Neben der Einstellung in die entsprechenden Posten der Bilanz und der Gewinn- und Verlustrechnung sind Derivate zur näheren Erläuterung auch im Anhang auszuweisen. Nach § 285 S. 1 Nr. 19 HGB ist dort für jede Kategorie derivativer Finanzinstrumente insbesondere die Art und der Umfang der Finanzinstrumente und der beizulegende Zeitwert der betreffenden Finanzinstrumente anzugeben.[99]

Die Rechnungslegung von Derivaten erfolgt nach IFRS abweichend von den Vorschriften im HGB. Nach IAS 39 werden derivative Finanzinstrumente als finanzielle Vermögenswerte oder Verbindlichkeiten bilanziert. Voraussetzung des Ansatzes ist, dass der Bilanzierende Vertragspartei zu den vertraglichen Regelungen des Finanzinstruments geworden ist.[100] Die Bewertung eines Derivates erfolgt nach IAS 39.46 bzw. IAS 39.47 mit dem beizulegenden Zeitwert *(fair value)*.[101] Gewinne und Verluste aus der Bewertung sind grundsätzlich in die Gewinn- und Verlustrechnung einzustellen und fließen so in das Periodenergebnis ein.[102] IFRS 7 enthält weitgehende Offenlegungsanforderungen bezüglich derivativer Finanzinstrumente für Bilanz und/ oder Anhang bzw. Gewinn- und Verlustrechnung. Im Zuge und Nachgang der Finanzmarktkrise wurden zahlreiche Projekte zur Überarbeitung einiger Rechnungslegungsstandards ins Leben gerufen, deren Arbeit teilweise noch anhängig ist, teil-

---

[95] Beck'scher Bilanz-Kommentar/*Ellrott*, § 285 Rn. 323. Das Unternehmen ist jedoch verpflichtet, die Geschäfte in einer Nebenbuchhaltung zu dokumentieren. Für Kreditinstitute gelten Sonderregeln bei der Bilanzierung von Derivaten (vgl. etwa §§ 340 ff. HGB).
[96] Vgl. Stellungnahmen des IDW-Bankenfachausschusses IDW BFA 2/1993 D. und IDW BFA 2/1995 B.
[97] Beck'scher Bilanz-Kommentar/*Förschle/Usinger*, § 254 Rn. 101 – *Ellrott*, § 285 Rn. 323.
[98] Beck'scher Bilanz-Kommentar/*Ellrott/Roscher*, § 247 Rn. 124. Weitere Beispiele für zwischenzeitlich abbildbare Geschäftsvorfälle sind die Zahlung der Optionsprämie, vorzunehmende Verlustrückstellungen oder die Zahlung von Transaktionskosten.
[99] Der „beizulegende Zeitwert" entspricht dem Marktpreis (§ 255 Abs. 4 HGB), vgl. zur Ermittlung des Marktpreises MünchKomm-HGB/*Ballwieser*, 3. Auflage 2013, § 255 Rn. 96.
[100] *Auerbach/Klotzbach*, in: Zerey, Handbuch Finanzderivate, S. 670, Rn. 73.
[101] *Auerbach/Klotzbach*, in: Zerey, Handbuch Finanzderivate, S. 672, Rn. 81 f. IAS 39.9 definiert den Fair Value als den „Betrag, zu dem zwischen sachverständigen und vertragswilligen voneinander unabhängigen Geschäftspartnern ein Vermögenswert getauscht oder eine Schuld beglichen werden könnte".
[102] *Auerbach/Klotzbach*, in: Zerey, Handbuch Finanzderivate, S. 672 Rn. 81.

III. Rechtliche Grundlagen

weise aber bereits zur Anpassung einiger IAS-Standards, darunter auch diejenigen, die Derivate betreffen, geführt hat.[103]

b) Aufsichtsrecht

Im Zusammenhang mit Finanztermingeschäften sind bank- und wertpapieraufsichtsrechtliche Regelungen zu beachten.

Die wirksame Durchsetzung kapitalmarktrechtlicher Ge- und Verbote des börslichen und außerbörslichen Handels mit Kapitalmarktprodukten obliegt der Bundesanstalt für Finanzdienstleistungsaufsicht (BaFin): § 4 Abs. 1 S. 1 WpHG. Die BaFin hat Missständen entgegenzuwirken, die die ordnungsgemäße Durchführung des Handels mit Finanzinstrumenten oder von Wertpapierdienstleistungen oder Wertpapiernebendienstleistungen beeinträchtigen oder erhebliche Nachteile für den Finanzmarkt bewirken können (§ 4 Abs. 1 S. 2 WpHG). Sie kann in diesem Zusammenhang Anordnungen treffen, die geeignet und erforderlich sind, die Missstände zu beseitigen oder zu verhindern. Einzelne Maßnahmen, ua die Untersagung oder die Aussetzung des Handels einzelner Finanzinstrumente, Auskunftsansprüche oder die Möglichkeit von Veröffentlichungen bei Verstößen gegen Veröffentlichungs- und Meldepflichten sind in § 4 Abs. 2 bis 6 WpHG beschrieben. Zur Erfüllung ihrer Aufgaben kann die BaFin bei Ermittlungen und Überprüfungen auch Wirtschaftsprüfer und Sachverständige einsetzen (§ 4 Abs. 11 WpHG). Nicht zuletzt seit der Finanzmarktkrise stehen derivative Finanzinstrumente auch verstärkt im gesamteuropäischen Fokus: Im Zuge der Überarbeitung der Kapitalmarktrichtlinie (sogenannter „MiFID-Review") sollen die nationalen Aufsichtsbehörden und die europäische Wertpapieraufsichtsbehörde ESMA ein Recht zur Produktintervention erhalten, mit dem unter anderem der Vertrieb und der Einsatz besonders risikoreicher oder systemgefährdender Derivate untersagt werden kann[104].

Sofern im Hinblick auf (die als Finanzinstrumente geltenden) Derivate Bankgeschäfte nach § 1 Abs. 1 KWG oder Wertpapierdienstleistungen nach § 3 Abs. 3 WpHG erbracht werden, führt dies zu umfangreichen aufsichtsrechtlichen Anforderungen. Zu diesen zählen neben der Qualifikation als Wertpapierdienstleistungs- oder Kreditinstitut mit den damit einhergehenden Solvenz- und Organisationsanforderungen auch besondere Verhaltenspflichten[105].

Sollen Derivate in Sondervermögen nach dem Investmentgesetz eingesetzt werden, so richtet sich die Zulässigkeit dieser Geschäfte, die Anforderungen an die Risikomesssysteme sowie die Einzelheiten zur Festlegung des Marktrisikopotentials nach der Derivateverordnung.[106]

c) Sorgfaltspflichten der Organe

Sofern Unternehmen im Hinblick auf Geschäfte mit Derivaten den vorgenannten aufsichtsrechtlichen Anforderungen unterliegen, ergeben sich auch für ihre Organe

---

[103] Näher hierzu: *Auerbach/Klotzbach,* in: Zerey, Handbuch Finanzderivate, S. 649, Rn. 4.
[104] Vgl. Art. 31 ff. MiFIR-Entwurf abrufbar auf der Internetseite der EU-Kommission unter http://ec.europa.eu/internal_market/securities/isd/mifid_de.htm.
[105] Vgl. hierzu die Darstellung „Banken und Finanzdienstleister" der BaFin, abrufbar auf der Homepage unter http://www.bafin.de/DE/Aufsicht/BankenFinanzdienstleister/bankenfinanzdienstleister_node.html.
[106] Verordnung über Risikomanagement und Risikomessung beim Einsatz von Derivaten in Sondervermögen nach dem Investmentgesetz (Derivateverordnung) vom 6.2.2004 (BGBl. I, 153); näher hierzu Assmann/Schütze/*Baur,* Handbuch des Kapitalanlagerechts, 3. Auflage (2007), § 20 Rn. 243.

hieraus besondere Verhaltenspflichten, insbesondere die Pflicht zu einem soliden Risikomanagement (§ 25a KWG). Die gesetzlichen Anforderungen werden durch die BaFin konkretisiert[107]. Darüber hinaus veröffentlichen auch der Basler Ausschuss für Bankenaufsicht, die internationale Wertpapieraufsichtsbehörde IOSCO sowie die europäischen Bank- und Wertpapieraufsichtsbehörden EBA und ESMA entsprechende Richtlinien. Die Richtlinien sollen sicherstellen, dass die permanente und professionelle Aufsicht durch die Geschäftsleitung und die Aufsichtsgremien der Gesellschaften gegeben ist. Dabei ist insbesondere zu beachten, dass keine unangemessene Risikolage entsteht, jedenfalls keine reine Vermögensverschleuderung betrieben wird und keine Gefährdung des Unternehmensbestands bei Risikorealisierung eintritt. Eine Missachtung kann aufsichtsrechtliche Sanktionen und gegebenenfalls auch eine zivilrechtliche Haftung der Organmitglieder auslösen.

Darüber hinaus gelten auch auf gesellschaftsrechtlicher Ebene allgemeine Sorgfaltsanforderungen an die Organe der unternehmenstragenden (Kapital-)Gesellschaft, die aufgrund des Derivaten regelmäßig eigenen, erhöhten Risikogehaltes zum Tragen kommen können. So sind Vorstandsmitglieder, die ihre Pflichten verletzen, der Gesellschaft zum Ersatz des daraus entstehenden Schadens verpflichtet (§ 93 Abs. 2 S. 1 AktG). Zwar ist umstritten, wie weit die Pflicht zur Errichtung eines Risikomanagementsystems (unabhängig von etwaigen aufsichtsrechtlichen Anforderungen) geht[108]. Nach der geltenden „Business Judgement Rule" hat der Vorstand bei jeder unternehmerischen Entscheidung jedoch auf der Grundlage angemessener Informationen zum Wohle der Gesellschaft zu handeln[109]. Dies setzt eine sorgfältige Bewertung der mit Derivaten einhergehenden Risiken voraus und schließt ein Handeln lediglich zu Spekulationszwecken in der Regel aus. Eine Missachtung dieser Regeln kann daher eine Verletzung der Sorgfaltspflicht darstellen und zu einer Schadensersatzpflicht der Vorstandsmitglieder nach § 93 Abs. 2 AktG führen.[110]

IV. Handel derivativer Instrumente

Derivative Finanzinstrumente werden entweder an Terminbörsen und Wertpapierbörsen oder unmittelbar zwischen Banken und anderen Finanzinstituten gehandelt. Die den Derivaten zugrunde liegenden Basiswerte wie Aktien, Anleihen, Devisen oder Rohstoffe werden meist am Kassamarkt gehandelt.

1. Börslicher Handel

Der börsliche Handel derivativer Finanzinstrumente findet in Deutschland im Falle des Handels verbriefter Derivate an den Wertpapierbörsen, vornehmlich an der Börse Stuttgart im Handelssegment Euwax, und beim Handel unverbriefter Derivate an der Terminbörse, dann hauptsächlich an der Eurex, eine von der Deutschen Börse AG vollelektronisch betriebenen Handelsplattform, statt.

Börsengehandelte unverbriefte Derivate weisen eine starke Standardisierung auf, die sich auf Kriterien wie Kontraktgröße, Basiswert, Laufzeit und Basispreis be-

---

[107] Siehe hierzu insbesondere das Rundschreiben 10/2012 (BA) – MaRisk.
[108] Näher zum Streitstand: *Fleischer*, in Spindler/Stilz, AktG, § 91 Rn. 35.
[109] Näher zur „Business Judgement Rule": *Kocher*, Zur Reichweite der Business Judgement Rule, CCZ 2009, 215 ff.
[110] Münch-Komm-AktG/*Spindler*, 3. Auflage 2008, § 93 Rn. 58.

zieht.[111] Die Standardisierung der Laufzeiten bringt mit sich, dass zu bestimmten Terminen jeweils eine Vielzahl von Optionen und Futures am selben Tag verfällt (sog Hexensabbat),[112] was zu erhöhten Kursschwankungen auch in den Basiswerten führen kann.

2. OTC *(over the counter)* Handel

Der außerbörsliche (OTC – *over the counter*) Handel von Derivaten findet direkt zwischen Käufer und Verkäufer statt und weist ein bedeutend höheres Volumen auf als der börsliche Handel.[113] Er erfordert keine solch weitgehende Standardisierung wie der börsliche Handel, so dass außerbörslich auch speziell auf den Einzelfall zugeschnittene derivative Instrumente gehandelt werden können.[114] Die Flexibilität außerbörslicher Geschäfte beinhaltet Vorteile wie die Risikoabsicherung über einen längeren Zeitraum, den Abschluss des Geschäfts über andere als die marktgängigen Währungen und die Vermeidung von Transaktionskosten.[115] Nachteilig wirkt sich aus, dass die Käufer und Verkäufer dem Risiko ausgesetzt sind, dass eine der Parteien den Kontrakt möglicherweise nicht erfüllt.[116]

Ausschließlich außerbörslich gehandelt werden Swaps und Forwards.[117] Auch Kreditderivate werden hauptsächlich außerbörslich gehandelt. Im Gegensatz zu Futures können Optionen ebenfalls außerbörslich gehandelt werden.[118]

Die Finanzmarktkrise 2008 hat die systemischen Risiken veranschaulicht, die mit dem außerbörslichen Derivatehandel einhergehen können[119]. Um den OTC-Derviatehandel sicherer und transparenter zu machen, beschlossen die Staats- und Regierungschefs der führenden Industrienationen im Rahmen des G20-Gipfels im Jahre 2009 in Pittsburgh unter anderem, dass künftig standardisierte OTC-Derivate über zentrale Gegenparteien abgewickelt und an ein Transaktionsregister gemeldet werden müssen[120]. Die EU hat diesen Beschluss durch die in den Mitgliedsstaaten unmittelbar geltende Verordnung (EU) Nr. 648/2012 – „European Market Infrastructure Regulation, EMIR" umgesetzt. Die Ausführung der Vorgaben der Verordnung werden in Deutschland durch das sog „EMIR-Ausführungsgesetz" sichergestellt[121].

---

[111] *Kümpel/Wittig*, Bank- und Kapitalmarktrecht, Rn. 19.71.
[112] Für an der Eurex gehandelte Futures und Optionen auf den DAX und Optionen auf Aktien ist dies jeder dritte Freitag im letzten Monat eines Quartals.
[113] Eller/Heinrich/Perrot/Reif/*Gaebel*, S. 627 f.
[114] Vgl. *Kümpel/Wittig*, Bank- und Kapitalmarktrecht, Rn. 19.102.
[115] *Kümpel/Wittig*, Bank- und Kapitalmarktrecht, Rn. 19.102.
[116] Vgl. Basisinformationen über Finanzderivate, 2008, S. 128.
[117] Derleder/Knops/Bamberger/*Müller*, § 54 Rn. 23 und -*Klinger/Schmidt*, § 55 Rn. 4; *Kümpel/Wittig*, Bank- und Kapitalmarktrecht, Rn. 19.29.
[118] *Kümpel/Wittig*, Bank- und Kapitalmarktrecht, Rn. 19.29; die Definition des Futures wird gerade auch durch seine Eigenschaft als „Börsenvertrag" bestimmt.
[119] So etwa das sogenannte „Ansteckungsrisiko" durch die Insolvenz einer der Vertragsparteien eines Derivates.
[120] Die G20-Erklärung von Pittsburgh ist ua über die Homepage der Bundesregierung in deutscher Sprache abrufbar: http://www.bundesregierung.de/Content/DE/StatischeSeiten/Breg/G8G20/Anlagen/G20-erklaerung-pittsburgh-2009-de.html.
[121] Ausführungsgesetz zur Verordnung (EU) Nr. 648/2012 über OTC-Derivate, zentrale Gegenparteien und Transaktionsregister (BGBl. 2013, Teil 1 Nr. 6, S. 174). Die EMIR-Verordnung ist am 16. August 2012, das EMIR-Ausführungsgesetz am 16.2.2013 in Kraft getreten. Durchführungsdetails der EMIR-Verordnung werden zudem durch Technische Standards der EU-Kommission konkretisiert (ABl. L 52 vom 23.3.2013), die ihrerseits seit dem 15.3.2013 gelten.

3. Erfüllung *(settlement)*

Das Settlement bezeichnet den Vollzug und die Erfüllung des Termingeschäfts.

a) Effektiv (physisches Settlement)

Unter der effektiven Erfüllung eines Geschäfts versteht man die tatsächliche Lieferung des dem Derivat zugrunde liegenden Basiswertes zum Erfüllungszeitpunkt.

b) Barausgleich (Cash Settlement)

Die weitaus überwiegende Zahl der Finanztermingeschäfte wird jedoch nicht durch die effektive Lieferung des Basiswertes abgewickelt, sondern durch einen Barausgleich in Höhe der Kursdifferenz[122] zwischen dem vereinbartem Ausübungspreis und dem aktuellen Marktpreis des Basiswerts *(cash settlement)*.[123] Dies ist ua darin begründet, dass das Termingeschäft durch zumindest einen der Beteiligten nur abgeschlossen wurde, um sich gegen Marktrisiken aus dem Umfeld seiner Geschäftstätigkeit zu schützen oder aus einer rein spekulativen Motivation oder für den Fall, dass sich das Derivat auf einen Basiswert bezieht, der nicht geliefert werden kann (zB einen Index).[124]

c) Glattstellung

Unter der Glattstellung versteht man den Abschluss eines Gegengeschäfts zu einem bereits bestehenden Termingeschäft. Das Risiko des bestehenden Geschäfts wird begrenzt bzw. ein vorhandener Gewinn wird realisiert, indem im Falle eines Kaufs einer Kaufoption eine ebensolche verkauft wird und entsprechend umgekehrt im Falle des Kaufs einer Verkaufsoption eine solche verkauft wird.[125]

4. Sicherheitsleistung *(margin)*

Die Mitglieder der Clearingstelle[126] müssen für das Eingehen oder Halten einer Position eine Sicherheitsleistung erbringen *(margins)*. Die Hinterlegung der Sicherheitsleistung kann bei der Clearingstelle der jeweilgen Börse in Geld oder Wertpapieren erfolgen und richtet sich nach den unterschiedlichen Bedingungen der Clearingstellen der Börsen. Die Clearingstellen verlangen bei einem Optionsgeschäft vom Verkäufer und bei Futures-Geschäften von beiden Vertragspartnern eine Marge. Die dabei verlangte Höhe beträgt die maximal als möglich erscheinende Wertänderung, die der Kontrakt an einem Tag erfahren kann (sog Risk Based Margin-System).[127] Dabei werden die verschiedenen auf ein Konto laufenden Derivate zusammengefasst, so dass sich die Höhe auch durch eine Aufrechung der verschiedenen

---

[122] Der einem solchen Settlement möglicherweise entgegenstehende Differenzeinwand des § 764 BGB (aF) wurde durch das 4. Finanzmarktförderungsgesetz abgeschafft, vgl. BT-Drs. 14/8017, 64.
[123] *Lenenbach*, Rn. 9.102.
[124] *Kümpel/Wittig*, Bank- und Kapitalmarktrecht, Rn. 19.21.
[125] *Kümpel/Wittig*, Bank- und Kapitalmarktrecht, Rn. 19.52.
[126] Eine Clearingstelle führt die Abwicklung der Termingeschäfte an der Terminbörse durch. Sie agiert bei Zustandekommen eines Geschäfts als zentraler Kontrahent zwischen Käufer und Verkäufer. Die Mitglieder der Clearingstellen sind Finanzinstitute, die besonders hohen Bonitätsanforderungen genügen müssen.
[127] Vgl. *Rudolph/Schäfer*, S. 67 ff.; *Kümpel/Wittig*, Bank- und Kapitalmarktrecht, Rn. 19.26.

Risiken der einzelnen Positionen ergeben kann.[128] Ziel ist es dabei, zu schätzen, wie viel die Glattstellung eines Portfolios im ungünstigsten Fall kosten würde. Die Berechnung ergibt sich aus der historischen Volatilität und einer Ergänzung um bestimmte Risikofaktoren. In ungünstigen Fällen kann dies dazu führen, dass den Teilnehmer aufgrund einer Erhöhung der Risikoeinschätzung eine sog Nachschusspflicht *(additional margin)* trifft, die den Betrag der ursprünglich zu leistenden Sicherheit weiter erhöht.[129]

5. Abwicklung *(clearing)*

Im Rahmen der Abwicklung wird eine Auf- und Verrechnung von Forderungen und Verbindlichkeiten aus Wertpapier- und Termingeschäften vorgenommen. Dabei wird die bilaterale Netto-Schuld von Käufer und Verkäufer aus einer Börsentransaktion ermittelt. Diese Aufgabe übernimmt in der Regel eine zentrale Institution, die so genannte Clearingstelle. Nach Abschluss eines Handelstages teilt die Clearingstelle seinen Mitgliedern ihre Transaktionen sowie die daraus verbleibenden Forderungen und Verbindlichkeiten mit.

Als zentrale Abwicklungsstelle für Börsengeschäfte tritt die Clearingstelle als Gegenpartei (Kontrahent) ein und garantiert damit eine vertragsgemäße Erfüllung und die Verrechnung der Netto-Schuld.

V. Derivate auf eigene Aktien

Derivate auf eigene Aktien sind von einer Aktiengesellschaft abgeschlossene Finanzterminkontrakte, bei denen die eigenen Aktien der Gesellschaft dem Derivat als Basiswert zugrunde liegen. Die jeweilige Ausgestaltung ergibt sich daraus, ob die Derivate auf ein Aktienbezugsrecht, auf die Lieferung existierender eigener Aktien, auf den Erwerb eigener Aktien, auf die Veräußerung eigener Aktien oder auf einen Barausgleich gerichtet sind. Von Bedeutung ist in diesem Zusammenhang insbesondere die Begebung von Put Optionen, die auf den Rückerwerb von Aktien der Gesellschaft gerichtet sind. Hinsichtlich der Zulässigkeit solcher Maßnahmen gibt es keine speziellen aktiengesetzlichen Regelungen, so dass entsprechende Maßnahmen unter Berücksichtigung des Rechtscharakters von Optionsgeschäften und dem Schutzrahmen der allgemeinen Bestimmungen, insbesondere der aktienrechtlichen Kapitalerhaltungsregeln, zu beantworten sind.[130]

1. Grundlagen

Das Grundkapital stellt eine durch den Einsatz von Derivaten modifizierbare Vermögensposition dar. Sie eröffnen die Möglichkeit, als Instrument der Unternehmensfinanzierung eingesetzt zu werden.[131] Die Auswahl zwischen den verschiedenen

---

[128] *Rudolph/Schäfer*, S. 68.
[129] *Rudolph/Schäfer*, S. 68.
[130] *Schmid/Mühlhäuser*, Rechtsfragen des Einsatzes von Aktienderivaten beim Aktienrückkauf, AG 2001, 493 (494).
[131] *Paefgen*, Eigenkapitalderivate bei Aktienrückkäufen und Managementbeteiligungsmodellen, AG 1999, 67 (67 f.).

derivativen Finanzinstrumenten ist dabei abhängig von der jeweiligen Strategie der Gesellschaft. Möchte die Gesellschaft eigene Aktien erwerben, so bietet es sich an, Call-Optionen zu kaufen oder Put-Optionen zu verkaufen. Beabsichtigt sie, existierende eigene Aktien zu verkaufen, so empfiehlt sich der Verkauf von Call-Optionen oder der Kauf von Put-Optionen. Gleiches gilt entsprechend für den Abschluss von Festgeschäften. Vorwiegend werden Optionen eingesetzt; Forwards und Swaps spielen eine eher untergeordnete Rolle.[132]

a) Selbständige Optionsscheine *(naked warrants)*

Die Ausgabe von selbständigen Optionsrechten, dh Optionen, die Bezugsrechte auf Aktien gewähren und die von Anfang an nicht mit einer Anleihe verbunden sind,[133] ist umstritten. Ihre Zulässigkeit wird jedoch von der herrschenden Meinung, die *naked warrants* teilweise als Genussrechte qualifiziert, teilweise § 221 AktG analog heranzieht, richtigerweise anerkannt.[134]

Zur Begebung der Optionsrechte bedarf es eines Hauptversammlungsbeschlusses nach § 221 Abs. 1 AktG analog. Dem Schutz von Mitgliedschafts- und Vermögensrechten der Aktionäre wird dadurch genügt, dass Aktionären ein Bezugsrecht auf ausgegebene Optionen nach § 221 Abs. 4 AktG analog zusteht. Das Bezugsrecht kann allerdings nach § 221 Abs. 4 S. 2 iVm § 186 Abs. 3, 4 AktG ausgeschlossen werden.[135]

b) Optionen auf existierende eigene Aktien

Der Erwerb eigener Aktien ist nur im Rahmen der kapitalschützenden Vorschrift des § 71 AktG erlaubt. Die Zulässigkeit des Kaufs oder Verkaufs einer Option, die sich auf existierende Anteile der Gesellschaft als Basiswert bezieht, hängt damit auch entscheidend von der Ausgestaltung der jeweiligen Option ab.

Beim Erwerb und der Veräußerung von Optionen, die eine physische Lieferung der Aktien der Gesellschaft vorsehen, handelt es sich um ein Erwerbsgeschäft im Sinne des § 71 AktG. Der Eintritt der Verpflichtungswirkung hängt nämlich von Umständen ab, die die Gesellschaft selbst nicht kontrollieren kann (Kursentwicklung). Maßgeblich ist demnach der Abschluss des Optionsgeschäfts selbst, auch wenn noch kein Kaufvertrag abgeschlossen worden sein mag und erst recht noch keine Verfügung statt gefunden hat.[136] Verstöße gegen § 71 Abs. 1, 2 AktG haben zur Folge, dass das schuldrechtliche Geschäft über den Erwerb eigener Aktien nach § 71 Abs. 4 S. 2 AktG nichtig ist.

Der Anwendungsbereich des § 71 AktG ist nach überwiegender Ansicht hingegen dann nicht eröffnet, wenn die Derivate von Anfang an nicht auf die tatsächliche Erfüllung gerichtet sind *(cash settled instruments)*. Da es lediglich zu einem Wertausgleich zwischen dem Basis- und dem Marktpreis zum Ausübungszeitpunkt kommt, wird die mitgliedschaftliche Stellung der Aktionäre durch Barausgleichsderi-

---

[132] *Schmid/Mühlhäuser*, Rechtsfragen des Einsatzes von Aktienderivaten beim Aktienrückkauf, AG 2001, 493 (494).
[133] Zur Definition s. o. II. 2. c); zur Ausgabe unselbständiger Optionen (zB im Rahmen der Begebung einer Optionsanleihe), vgl. § 6.
[134] Vgl. zum Streitstand mwN *Schlitt/Löschner*, Abgetrennte Optionsrechte und Naked Warrants, BKR 2002, 150 (153 ff.).
[135] *Schlitt/Löschner*, Abgetrennte Optionsrechte und Naked Warrants, BKR 2002, 150 (153 ff.).
[136] MünchKomm-AktG/*Oechsler*, § 71 Rn. 81.

vate nicht betroffen. Die Kapitalverhältnisse und die Zahl der ausgegebenen Aktien bleiben bei einem Barausgleich also unverändert.[137] Finanziellen Belastungen und möglicherweise eintretende Verluste für die Gesellschaft sind zwar teilweise mit den Gefahren einer tatsächlichen Erfüllung vergleichbar, jedoch handelt es sich bei diesen um die typischen Gefahren die sich im Bereich des Terminhandels aus einer „Wette" über die Wertentwicklung einer Aktie ergeben, vor denen § 71 AktG nicht schützen soll.[138]

c) Erfüllung *(settlement)*

Die Erfüllungsform ergibt sich aus der Ausgestaltung des jeweiligen Derivats. Dabei ergeben sich grundsätzlich folgende Möglichkeiten: Die Geschäfte werden physisch erfüllt, die Erfüllung erfolgt durch einfache Glattstellung (beides Formen des *physical settlement*) oder es wird ein Barausgleich vorgenommen *(cash settlement)*.[139] Die Entscheidung, welche Form der Erfüllung gewährt wird, ist dabei maßgeblich von der Zielrichtung des Handelns der jeweiligen Gesellschaft geprägt. Hat sie sich zum Rückerwerb existierender Aktien durch den Einsatz von Derivaten entschlossen (zB durch Verkauf von Call-Optionen oder Kauf von Put-Optionen), wird regelmäßig eine physische Erfüllung angestrebt werden.[140]

Wurde ein Barausgleich vereinbart (zB im Rahmen eines Hedgings außerhalb eines Rückkaufprogramms), wird lediglich der Differenzbetrag zwischen dem Wert der Anteile im Ausübungszeitpunkt und dem vereinbarten Basispreis geleistet.

Von diesen Formen des *settlements* ist die Erfüllung von Optionen auf Aktienbezugsrechte (zB unselbständige oder selbständige Optionen) zu unterscheiden. Die bei Ausübung der Option entstehende Lieferverpflichtung der Gesellschaft wird typischerweise durch Schaffung eines bedingten Kapitals abgesichert. Denkbar ist allerdings auch die – in diesem Zusammenhang weniger verbreitete – Schaffung eines genehmigten Kapitals (§§ 202 ff. AktG) oder die Hingabe von im Rahmen eines Rückkaufprogramms erworbenen existierenden eigenen Aktien.[141]

2. Unternehmensgegenstand

Der Kauf oder Verkauf von Derivaten, zumal von solchen mit der eigenen Aktie als Basiswert, wird regelmäßig nicht zum satzungsgemäßen Unternehmensgegenstand deutscher Aktiengesellschaften gehören. Sie sind jedoch dann zulässig, wenn ihr Einsatz als Hilfsgeschäft der dem Vorstand aufgegebenen Geschäftstätigkeit zugeordnet werden kann, etwa bei ihrem Einsatz im Zuge eines Aktienrückkaufprogramms. Die Grenzen dessen werden überschritten, wenn isoliert ein Handel mit Gewinnerzielungsabsicht erfolgt.[142]

---

[137] Vgl. *Ihrig*, in: Festschrift Ulmer, S. 833 ff.
[138] MünchKomm-AktG/*Oechsler*, § 71 Rn. 84 f.
[139] Zum Settlement bei Derivaten generell siehe auch oben IV. 3.
[140] Vgl. *Mick*, Aktien- und bilanzsteuerliche Implikationen beim Einsatz von Eigenkapitalderivaten beim Aktienrückkauf, DB 1999, 1201 (1201).
[141] Vgl. *Schlitt/Löschner*, Abgetrennte Optionsrechte und Naked Warrants, BKR 2002, 150 (156); *Kniehase*, S. 144 ff., 316.
[142] *Ihrig*, in: FS Ulmer, S. 831.

3. Kapitalschutzbestimmungen

a) Einlagenrückgewähr

Der Schutzzweck des § 57 AktG erfordert, dass sich das Rückgewährverbot auf jede Zahlung aus dem Gesellschaftsvermögen bezieht, es also vor jeder wertmäßigen Beeinträchtigung zu schützen ist.[143] Nicht erfasst vom Rückgewährverbot sind nur sog drittgleiche Geschäfte, wonach die Gesellschaft solche Geschäfte mit ihren Aktionären abschließen darf, die sie zu diesen Konditionen auch mit Dritten geschlossen hätte.[144] Ein derartiges Drittgeschäft liegt vor, wenn die Leistungsgegenstände zu marktüblichen Konditionen ausgetauscht werden.[145] Für Options- und Festgeschäfte müssen daher angemessene Optionsprämien vereinbart werden. Für den Erwerb von Call-Optionen bedeutet dies grundsätzlich, dass die Gesellschaft nur eine Prämie bezahlen darf, die marktüblichen Konditionen entspricht und für den Verkauf von Puts eine marktübliche Optionsprämie vereinnahmt.[146]

Ebenso ist es der Gesellschaft aufgrund des Verbots der Einlagenrückgewähr nach § 57 AktG untersagt, einem Aktionär eine Garantie auf den Kurs der eigenen Aktie zu geben.[147]

b) Erwerb eigener Aktien

§ 71 Abs. 1 AktG stellt eine Ausnahme zum Fall der verbotenen Einlagenrückgewähr nach § 57 Abs. 1 S. 1 AktG dar. Denn die Zahlung des Erwerbspreises beim zulässigen Erwerb eigener Aktien gilt nicht als Rückgewähr von Einlagen (§ 57 Abs. 1 S. 2 AktG). Demnach darf die Preisgestaltung von Derivaten, welche dem Rückerwerb eigener Aktien der Gesellschaft dienen sollen, lediglich zu marktgerechten Konditionen iSd § 57 Abs. 1 S. 1 AktG erfolgen.[148]

Sind die Optionen auf einen Barausgleich gerichtet, so ist die Vorschrift des § 71 AktG nicht anzuwenden. Es besteht keine Verpflichtung zum Erwerb eigener Aktien, da keine mitgliedschaftlichen Rechte der Aktionäre durch die Erfüllung im Wege eines Barausgleichs betroffen sind. Eine entsprechende Anwendung der Vorschriften scheidet aus, da die Bestimmungen zum Aktienrückerwerb nicht auf den Erwerb von Optionen übertragbar sind und die Kapitalschutzinteressen der Gesellschaft nicht mit der des Aktienrückerwerbs in vergleichbarer Weise berührt sind.[149]

c) Handel in eigenen Aktien

Grundsätzlich sind der Erwerb und die Veräußerung von Optionen auf eigene Aktien durch den Emittenten zulässig. Das Verbot des Handels in eigenen Aktien nach § 71 Abs. 1 Nr. 8 S. 2 AktG steht dem nicht entgegen. Dies gilt jedoch dann nicht mehr, wenn wiederholt Optionsgeschäfte vorgenommen werden und eine Gewinnerzie-

---

[143] *Hüffer*, AktG, § 57 Rn. 2.
[144] *Schmid/Mühlhäuser*, Rechtsfragen des Einsatzes von Aktienderivaten beim Aktienrückkauf, AG 2001, 493 (496).
[145] *Hüffer*, AktG, § 57 Rn. 8 f.; *OLG Frankfurt a. M.*, WM 1992, 572 (575).
[146] Zu dem Fall, dass ein Dritter Adressat des Rückgewährverbotes ist, vgl. *Kniehase*, S. 254.
[147] Dazu *Ihrig*, in: FS Ulmer, S. 839 f.
[148] *Kniehase*, S. 250.
[149] *Ihrig*, in: FS Ulmer, S. 834 und 837 f.

lungsabsicht des Unternehmens zu vermuten ist.[150] Auf Barausgleichsderivate trifft dies mangels Anwendbarkeit der §§ 71 ff. AktG nicht zu.[151]

d) Aktienübernahme für Rechnung der Gesellschaft

Eine Gesellschaft kann oft dann ein Interesse daran haben, dass ein Bankinstitut Aktien bzw. vielmehr ein Aktienpaket an Aktien der Gesellschaft für Rechnung der Gesellschaft übernimmt, wenn ein Aktionär der Gesellschaft beabsichtigt, eine erhebliche Beteiligung zu veräußern. Um Kursverluste und den Erwerb des Aktienpakets durch einen anderen, nicht gewünschten Investor zu vermeiden, bietet es sich an die Umplatzierung des Aktienpakets unter Zuhilfenahme von Barausgleichsderivaten vorzunehmen. Eine dahingehende Vereinbarung mit einer Bank beinhaltet typischerweise die Verpflichtung der Bank, das Aktienpaket im Interesse der Gesellschaft zu übernehmen und die Zusicherung der Gesellschaft, die Bank von den finanziellen Folgen der Übernahme des Aktienpakets freizustellen.[152]

Unter Abgabe einer schuldrechtlichen Verfügungsbeschränkung übernimmt die Bank das Aktienpaket des veräußernden Investors und verpflichtet sich mit dem Aktienpaket im Sinne der Gesellschaft zu verfahren (zB durch eine kursschonende sukzessive Veräußerung am Kapitalmarkt). Da die Bank keine wirtschaftlichen Nachteile aus der Vereinbarung erfahren möchte, wird sie von der Gesellschaft in der Regel von den finanziellen Folgen der Aktienübernahme freigestellt. Dies kann etwa dadurch erfolgen, dass die Gesellschaft der Bank einen Put mit Barausgleich *(cash settlement)* im Volumen des in Rede stehenden Aktienpakets gewährt. Basispreis der Verkaufsoption ist der Aktienpreis den die Bank für den Erwerb zahlt zuzüglich ihrer Kosten und Gebühren. Sinkt der tatsächliche Aktienpreis unter den so vereinbarten Basispreis, übt die Bank die Option aus und erhält die Differenz zwischen dem bei der Umplatzierung realisierbaren Erlös und ihrem Einstandspreis nebst Kosten von der Gesellschaft erstattet.[153] Darüber hinaus sind auch andere Formen der Freistellung denkbar, zB durch Einsatz eines Equity Swaps, durch welchen das Risiko der Wertminderung der Aktie ebenfalls auf die Gesellschaft übertragen wird, diese aber gleichzeitig selbst von Kurssteigerungen der Aktie profitiert. In diesem Zusammenhang ist zu beachten, dass etwaige Maßnahmen nicht als verbotene Insidergeschäfte oder Marktmanipulation gewertet werden, was dann nicht der Fall ist, wenn sie im Einklang mit § 14 Abs. 2 WpHG in Verbindung mit der StabilisierungsVO stehen oder sich als zulässige Marktpraxis gemäß § 20a Abs. 2 WpHG bzw. § 20a Abs. 3 WpHG in Verbindung mit der StabilisierungsVO darstellen.[154]

4. Schutz der Aktionäre

a) Gleichbehandlung

Nach § 71 Abs. 1 Nr. 8 S. 3 AktG wird der Schutz der Aktionäre vor einer Verwässerung ihrer Vermögensposition durch die Ausgabe von Derivaten auf eigene Aktien gemäß § 53a AktG bewirkt. Das Gebot der Gleichbehandlung verbietet der

---

[150] *Hüffer*, AktG, § 71 Rn. 19i; *Schmid/Mühlhäuser*, Rechtsfragen des Einsatzes von Aktienderivaten beim Aktienrückkauf, AG 2001, 493 (499); BR-Drs. 872/97, 31.
[151] *Mick*, Aktien- und bilanzsteuerrechtliche Implikationen beim Einsatz von Eigenkapitalderivaten beim Aktienrückkauf, DB 1999, 1201 (1204).
[152] *Kniehase*, S. 187 ff.
[153] Vgl. *Kniehase*, S. 188 bis 190.
[154] Näher zur StabilisierungsVO in § 2 III. 6. und § 15 I. 5.

Gesellschaft, eine Rechtsposition einzugehen oder anderen eine Rechtsposition zum vergünstigten Erwerb oder Verkauf von Anteilen der Gesellschaft einzuräumen, soweit dadurch die Aktionäre der Gesellschaft benachteiligt werden würden. Entgegen der systematischen Stellung des § 71 AktG als reine Erwerbsbeschränkung ist das Gleichbehandlungsgebot ausdrücklich auch auf den Veräußerungsvorgang anzuwenden.[155]

Vertragliche Vereinbarungen mit Nichtaktionären, etwa mit Finanzdienstleistern, führen jedoch auch dann, wenn die Vereinbarung günstigere Konditionen beinhaltet als sie Aktionären der Gesellschaft eingeräumt sind, nicht zu einer Verletzung des Gleichbehandlungsgebots nach § 53 AktG. Denn durch die Ausübung der Option und eine damit verbundene Lieferung der Anteile findet keine Vorverlagerung der Aktionärseigenschaft statt. Somit werden in einem solchen Fall alle bestehenden Aktionäre gleichermaßen „ungleich" gegenüber dem neuen Anteilseigner behandelt.[156]

Gegen den Gleichbehandlungsgrundsatz wird ebenfalls dann nicht verstoßen, wenn die Gesellschaft entweder alle Aktionäre entsprechend ihrer Beteiligungsquote berücksichtigt, die Derivate gemäß § 71 Abs. 1 Nr. 8 S. 4 AktG über die Börse erworben oder veräußert werden, die Gesellschaft durch Hauptversammlungsbeschluss nach § 71 Abs. 1 Nr. 8 S. 5 AktG eine andere Form der Veräußerung beschließt oder die Optionsvereinbarung einen Barausgleich vorsieht.[157]

b) Bezugsrecht/Andienungsrecht

Der Handel mit Optionen, die eine tatsächliche Lieferung der Aktien der Gesellschaft vorsehen, könnte die mitgliedschaftliche Stellung der Aktionäre tangieren. Insoweit ergibt sich für die Aktionäre ein Bezugsrecht auf die Optionsrechte selbst bzw. ein „umgekehrtes" Bezugsrecht, dh ein Andienungsrecht bezogen auf die Anteile der Gesellschaft aus §§ 221 Abs. 4, 186 Abs. 1 AktG.[158] Das Bezugsrecht kann jedoch durch Hauptversammlungsbeschluss nach §§ 221 Abs. 4 S. 2, 186 Abs. 3, 4 AktG ausgeschlossen werden.

Im Zusammenhang mit Optionen, die einen Barausgleich vorsehen, können keine Bezugs- oder Andienungsrechte bestehen. Da durch den reinen Differenzausgleich in bar die Kapitalverhältnisse und die Zahl der ausgegebenen Aktien unverändert bleiben, wird die mitgliedschaftliche Stellung der Aktionäre in der Gesellschaft, insbesondere die Beteiligungsquote und der Dividendenanspruch, nicht gefährdet.[159]

---

[155] *Mick,* Aktien- und bilanzsteuerrechtliche Implikationen beim Einsatz von Eigenkapitalderivaten beim Aktienrückkauf, DB 1999, 1201 (1204 f.).
[156] *Mick,* Aktien- und bilanzsteuerrechtliche Implikationen beim Einsatz von Eigenkapitalderivaten beim Aktienrückkauf, DB 1999, 1201 (1205).
[157] *Schmid/Mühlhäuser,* Rechtsfragen des Einsatzes von Aktienderivaten beim Aktienrückkauf, AG 2001, 493 (500).
[158] *Fuchs,* Selbständige Optionsscheine als Finanzierungsinstrument der Aktiengesellschaft, AG 1995, 433 (443 ff.).
[159] *Mick,* Aktien- und Bilanzsteuerliche Implikationen beim Einsatz von Eigenkapitalderivaten beim Aktienrückkauf, DB 1999, 1201 (1204); *Ihrig,* in: FS Ulmer, S. 838, 843.

§ 8. Übernahmevertrag

Literatur: Habersack/Mülbert/Schlitt/*Diekmann*, Unternehmensfinanzierung am Kapitalmarkt, 3. Auflage (2013); BuB/*Groß*, Bd. 5 (2003), Rn. 10/307a ff.; Habersack/Mülbert/Schlitt/*Haag*, Unternehmensfinanzierung am Kapitalmarkt, 3. Auflage (2013); Marsch-Barner/Schäfer/*Meyer*, Handbuch börsennotierte AG, 2. Auflage (2009), § 8; *C. Schäfer*, ZGR 2008, 455; Habersack/Mülbert/Schlitt/*Schlitt/Wilczek*, Handbuch der Kapitalmarktinformation, 2. Auflage (2013); Habersack/Mülbert/Schlitt/*Schlitt/Schäfer*, Unternehmensfinanzierung am Kapitalmarkt, 3. Auflage (2013); *Technau*, AG 1998, 445.

I. Funktion

Der Übernahmevertrag ist das zentrale Vertragswerk jeder Kapitalmarkttransaktion[1] und ist ein komplexes Dokument mit häufig bis zu 100 Seiten. Kernbestimmung ist die Übernahmeverpflichtung der begleitenden Investmentbank(en).[2] Seine wesentliche Funktion ist die Risikoverteilung zwischen den Parteien. Dabei können grundsätzlich zwei Varianten der Übernahmeverpflichtung unterschieden werden: Beim so genannten Hard oder Firm Underwriting verpflichtet sich die Emissionsbank zur Übernahme der Wertpapiere unabhängig von der bestehenden Nachfrage zu einem festgelegten (Mindest-)Betrag.[3] Werden neue Wertpapiere begeben, richtet sich die Übernahmeverpflichtung auf deren Zeichnung, bei bestehenden Wertpapieren auf ihren Kauf. Hiervon zu unterscheiden ist das so genannte Soft oder Best-Efforts-Underwriting. Bei letzterem besteht eine Übernahmeverpflichtung nur insofern, als die angebotenen Wertpapiere nach Lage des Orderbuchs, in das eingehende Gebote von Investoren zum Kauf eingetragen werden, platzierbar sind.[4] Im Gegenzug zur Übernahmeverpflichtung wird im Übernahmevertrag ein Provisionsanspruch der Emissionsbank, idR prozentual zum Emissionsvolumen, vereinbart. Je nachdem, ob es sich um ein so genanntes Hard oder Firm Underwriting handelt oder ein Soft Underwriting vereinbart wurde, verschiebt sich das Risiko der Platzierbarkeit der angebotenen Wertpapiere auf die Emissionsbank. Sie sucht sich dementsprechend durch möglichst weitgehende Garantien des Verkäufers bzw. Emittenten der Wertpapiere, Vereinbarung verschiedener Bedingungen und möglichst weit reichender Kündigungsrechte abzusichern.

Neben der Übernahmeverpflichtung als Herzstück des Vertrags legt der Übernahmevertrag alle entscheidenden Merkmale der Transaktion fest. In ihm werden sowohl die Angebotsstruktur und die Veräußerer der Wertpapiere als auch der zeitliche Ablauf der Transaktion im Einzelnen geregelt.

---

[1] *C. Schäfer*, ZGR 2008, 455 (470); Zu den verschiedenen Transaktionsformen vgl. § 1 VI.
[2] Insbesondere bei großvolumigen Kapitalmarkttransaktionen werden wegen des hohen damit verbundenen Risikos häufig mehrere Emissionsbanken eingeschaltet, die als Emissionskonsortium bei der Übernahme und Platzierung unter Ausschluss einer gesamtschuldnerischen Haftung zusammenwirken (siehe hierzu auch § 9). Im Folgenden wird durchgehend von der „Emissionsbank" stellvertretend für eine Emissionsbank oder eine als so genanntes Konsortium zusammenwirkende Mehrzahl von Emissionsbanken (sog Konsortialbanken) gesprochen.
[3] *C. Schäfer*, ZGR 2008, 455 (471).
[4] *C. Schäfer*, ZGR 2008, 455 (471).

Insbesondere wenn ein Prospekt[5] zur breiten Vermarktung der Wertpapiere oder ihre Börsenzulassung veröffentlicht wird, ist eine weitere Funktion des Übernahmevertrags, einen Beitrag zur so genannten Due Diligence Defence der Emissionsbank nach § 45 Abs. 1 BörsG zu leisten und eine Anspruchsgrundlage für Rückgriffsansprüche der Emissionsbank gegen die Veräußerer der Wertpapiere im Falle einer Prospekthaftung zu schaffen.[6]

II. Arten

1. Best-Efforts-Underwriting

Beim Best-Efforts-Underwriting (auch Soft Underwriting genannt) wird ein Übernahmevertrag mit der Pflicht zur bestmöglichen Platzierung der Wertpapiere abgeschlossen. Das endgültig von der Emissionsbank übernommene Emissionsvolumen wird ebenso wie der endgültige Emissionspreis aufgrund von Preisindikationen aus dem Bookbuilding, dh auf Grundlage der eingehenden Gebote von Investoren, gemeinsam von den Verkäufern und der Emissionsbank in einem am Ende des Bookbuildings abgeschlossenen Preisfestsetzungsvertrag festgelegt. Da der Übernahmevertrag unter der Bedingung des Abschlusses eines Preisfestsetzungsvertrages steht, wird die Übernahmeverpflichtung erst mit seinem Abschluss bindend. Erst nach Abschluss des Preisfestsetzungsvertrags wird daher die festgelegte Anzahl von Wertpapieren am Ende der Transaktion gegen Überweisung des Emissionserlöses (abzüglich Provisionen und Kosten der Emissionsbank) entweder unmittelbar an die Investoren oder in einem ersten Schritt an die Emissionsbank übertragen, die diese an die Investoren weiterleitet. Best-Efforts-Underwritings finden sich häufig bei Börsengängen[7] und Emissionen aktienverwandter Produkte.[8]

2. Back-Stop-Transaktionen

Back-Stop-Transaktionen zeichnen sich durch die Verpflichtung der Emissionsbank aus, für ein bestimmtes (Mindest-)Emissionsvolumen einen Mindestpreis (sog Back-Stop-Preis) zu zahlen. Die Emissionsbank muss diesen Preis also auch dann bezahlen, wenn sich nicht ausreichend Investoren finden oder die Gebote der Investoren nicht das erhoffte Preisniveau erreichen (so genanntes Firm Underwriting).[9] Die Vereinbarung eines Mindestpreises an sich wird, ebenso wie dessen Höhe, zumeist streng

---

[5] Zum Erfordernis der Einreichung eines (üblicherweise vom Anwalt des Emittenten erstellten) Prospekts bei der Bundesanstalt für Finanzdienstleistungsaufsicht (BaFin), seiner Veröffentlichung und seinem Inhalt vgl. § 11 II., IV.; Habersack/Mülbert/Schlitt/*Meyer,* Unternehmensfinanzierung am Kapitalmarkt, § 36; Habersack/Mülbert/Schlitt/*Schlitt/Wilczek,* Handbuch der Kapitalmarktinformation, § 4.
[6] Schadensersatzansprüche wird die Emissionsbank insbesondere dann geltend machen, wenn sie von Anlegern aufgrund von Ansprüchen aus Prospekthaftung in Anspruch genommen wird, vgl. zur Prospekthaftung ausführlich § 12; Habersack/Mülbert/Schlitt/*Mülbert/Steup,* Unternehmensfinanzierung am Kapitalmarkt, § 41; Habersack/Mülbert/Schlitt/*Habersack,* Handbuch der Kapitalmarktinformation, § 30.
[7] Ausführlich zum Börsengang § 2; Habersack/Mülbert/Schlitt/*Singhof/Weber,* Unternehmensfinanzierung am Kapitalmarkt, § 4.
[8] Zur Emission aktienverwandter Produkte vgl. § 6; Habersack/Mülbert/Schlitt/*Schlitt/Hemeling,* § 12; Habersack/Mülbert/Schlitt/*Schlitt/Kammerlohr,* § 13.
[9] *C. Schäfer,* ZGR 2008, 455 (471).

vertraulich behandelt, um gegenüber den angesprochenen Investoren keine Zweifel am Erfolg der Transaktion aufkommen zu lassen und möglichen Spekulationsgeschäften gegen die Emissionsbank vorzubeugen. Häufig reicht das Bedürfnis nach Vertraulichkeit sogar so weit, dass bei Beteiligung mehrerer Emissionsbanken nur mit dem Konsortialführer, also der Bank, die den größten Teil der Wertpapiere übernimmt, eine Back-Stop-Vereinbarung geschlossen wird, ohne dass die übrigen Emissionsbanken davon Kenntnis erhalten. In diesem Fall kann der Back-Stop-Preis nicht im Übernahmevertrag genannt werden. Stattdessen wird in Ergänzung zum Übernahmevertrag ein so genannter Side Letter zwischen den Verkäufern und der betreffenden Emissionsbank abgeschlossen. Der endgültige Platzierungspreis wird dann, ebenso wie beim Best-Efforts-Underwriting, aufgrund von Preisindikationen aus dem Bookbuilding in einem Preisfestsetzungsvertrag vereinbart. Im Falle, dass ausreichend Investoren gefunden wurden und der beim Verkauf erzielte Platzierungspreis den Mindestpreis überschreitet, wird die Back-Stop-Vereinbarung entweder gegenstandslos oder der übersteigende Betrag zwischen den Verkäufern und der betreffenden Emissionsbank im vereinbarten Verhältnis aufgeteilt. Back-Stop-Vereinbarungen finden sich insbesondere bei Bezugsrechtsemissionen,[10] aber auch bei der Emission aktienverwandter Produkte.

3. Bought-Deal-Transaktionen

Vom Bought Deal spricht man, wenn die Emissionsbank eine bereits feststehende Anzahl von Wertpapieren zu einem festen Preis kauft, zumeist unter der Verpflichtung zur Weiterveräußerung an Investoren.[11] Bought Deals finden sich vor allem bei Block Trades.[12]

III. Rechtsnatur

1. Best-Efforts-Underwriting

Das Best-Efforts-Underwriting ist eine Kombination verschiedener Vertragstypen.[13] Vorwiegend liegen geschäftsbesorgungsvertragliche Elemente vor, da die Verpflichtung der Bank zur bestmöglichen Platzierung im Vordergrund steht.[14] Gelegentlich wird ergänzend vereinbart, dass die Bank lediglich Geschäfte zwischen Verkäufer und Investoren vermittelt, dh selbst zu keinem Zeitpunkt die verkauften Wertpapiere hält (sog Agency-Struktur). Diese Struktur, die letztlich ein Kommissionsgeschäft ohne Zwischenerwerb des Kommissionärs nach §§ 383 ff. HGB[15] darstellt, wird vor allem

---

[10] Zu Bezugsrechtsemissionen siehe ausführlich § 3 I.; Habersack/Mülbert/Schlitt/*Herfs*, Unternehmensfinanzierung am Kapitalmarkt, § 6.
[11] Zu Bought Deals vgl. Habersack/Mülbert/Schlitt/*Haag*, Unternehmensfinanzierung am Kapitalmarkt, § 29 Rn. 19/20.
[12] Zum Block Trade siehe § 4 III.; Habersack/Mülbert/Schlitt/*Wolf*, Unternehmensfinanzierung am Kapitalmarkt, § 8.
[13] Habersack/Mülbert/Schlitt/*Singhof/Weber*, Unternehmensfinanzierung am Kapitalmarkt, § 4 Rn. 99; *C. Schäfer*, ZGR 2008, 455 (472).
[14] Habersack/Mülbert/Schlitt/*Haag*, Unternehmensfinanzierung am Kapitalmarkt, § 29 Rn. 11.
[15] Siehe auch Habersack/Mülbert/Schlitt/*Diekmann*, § 31 Rn. 22 ff.; BuB/*Groß*, Bd. 5, 2003 Rn. 10/289; *C. Schäfer*, ZGR 2008, 455 (473).

dann gewählt, wenn mit dem Halten einer Beteiligung am Grundkapital des Emittenten in einer bestimmten Höhe regulatorische Melde- oder Genehmigungspflichten, zB des Bank- oder Versicherungsaufsichtsrechts, verbunden wären.

2. Back-Stop-/Bought-Deal-Transaktionen

Bei Back-Stop- und Bought-Deal-Transaktionen stehen die Risikoübernahme bzw. der Zwischenerwerb durch die Bank im Vordergrund. Handelt es sich um eine Umplatzierung bestehender Aktien, überwiegen die kaufvertraglichen Elemente.[16] Handelt es sich um eine Zeichnung neuer Aktien, weist die Risikoübernahme verstärkt auf eine entgeltliche Geschäftsbesorgung nach § 675 BGB hin.[17] Bei einem Bought-Deal werden hingegen zwei Kaufverträge hintereinander geschaltet.[18]

IV. Ausgestaltung bei prospektpflichtigen Aktienemissionen

1. IPOs

a) Vertragsschluss und Vertragsparteien

Übernahmeverträge anlässlich von Börsengängen beinhalten im Wesentlichen die Verpflichtung der Emissionsbank zur Übernahme und Zeichnung der durch eine Kapitalerhöhung im Zuge des Börsengangs neu geschaffenen Aktien,[19] die Übernahme der von Altaktionären beim Börsengang veräußerten bestehenden Aktien sowie die Verpflichtung zur Platzierung dieser Aktien im breiten Investorenpublikum. Sie werden in der Regel als Best-Efforts-Underwriting-Agreements ausgestaltet und idR vor Beginn des Angebots abgeschlossen, während die auf Grundlage der sich im Laufe des Angebots zeigenden Nachfrage ergebenden Parameter, insbesondere der Preis, nach Abschluss des Bookbuildings[20] in einem Preisfestsetzungsvertrag niedergelegt werden. Mit dem Abschluss des Übernahmevertrags vor Beginn des Angebots ist der Wunsch der Parteien nach vorheriger Festlegung der entscheidenden Merkmale der Transaktion verbunden. Aus Sicht der Emissionsbank spricht vor allem die Bindung der Gesellschaft an ihre Garantien und Freistellungsverpflichtungen[21] und damit die Absicherung ihres Reputationsrisikos, das mit der Veröffentlichung des Prospekts zu Beginn des Angebots erheblich steigt, für einen Vertragsschluss vor Angebotsbeginn. Teilweise wird der Übernahmevertrag unter dem Aspekt, eine Übernahmepflicht der Emissionsbank nur dann zu begründen, wenn ausreichendes Investoreninteresse gesichert erscheint, erst gegen Ende des Angebotszeitraums, dann meist unmittelbar vor der Zeichnung der Aktien, abge-

---

[16] Habersack/Mülbert/Schlitt/*Haag*, Unternehmensfinanzierung am Kapitalmarkt, § 29 Rn. 11; Habersack/Mülbert/Schlitt/*Wolf*, Unternehmensfinanzierung am Kapitalmarkt, § 8 Rn. 21; kritisch *C. Schäfer*, ZGR, 2008, 455 (473), der lediglich von einer Verpflichtung zum späteren Abschluss eines Kaufvertrags ausgeht.
[17] Marsch-Barner/Schäfer/*Meyer*, Unternehmensfinanzierung am Kapitalmarkt, § 8 Rn. 104; BuB/*Groß*, Bd. 5, 2003, Rn. 10/308 e.
[18] *Schlitt/Schäfer*, AG 2004, 346 (348).
[19] Zum Börsengang ausführlich § 2; Habersack/Mülbert/Schlitt/*Singhof/Weber*, Unternehmensfinanzierung am Kapitalmarkt, § 4.
[20] Zum Bookbuilding vgl. § 2 III. 3. a); Habersack/Mülbert/Schlitt/*Haag*, Unternehmensfinanzierung am Kapitalmarkt, § 29 Rn. 21/22.
[21] Siehe dazu sogleich unter IV. 1. e), f).

schlossen.[22] Ein Vorteil dieser Variante ist, dass die Transaktion unter Umständen bei mangelnder Nachfrage leichter abgebrochen werden kann.

Vertragsparteien sind der Emittent, die im Zuge des Börsengangs ihre Beteiligung (teilweise) veräußernden Altaktionäre und die Emissionsbank.[23]

b) Risikoverteilung

Während gegenüber den Anlegern der Emittent und die Emissionsbank in gleichem Maße gemäß § 21 WpPG für die Richtigkeit und Vollständigkeit des Prospekts haften,[24] übernimmt der Emittent gegenüber der Emissionsbank im Innenverhältnis die Verantwortung für den Prospekt und etwaige sonstige Angebotsmaterialien.[25] Dies ist auch sachgerecht, da der Emittent sein Unternehmen am besten kennt und die Darstellung im Prospekt besser überprüfen kann als die Emissionsbank. Darüber hinaus spielt eine Rolle, dass der Emittent den Börsengang anstrebt und damit die Prospektpflicht begründet, während die Emissionsbank ihn dabei lediglich begleitet und unterstützt.[26] Vor diesem Hintergrund wird vom Emittenten zudem erwartet, umfangreiche Gewährleistungen und Zusicherungen *(representations and warranties)* abzugeben, die als selbständige, verschuldensunabhängige Garantien (im Folgenden „Garantien") ausgestaltet sind.[27]

Neben dem Prospekthaftungsrisiko besteht bei der Übernahme neuer Aktien ab der Eintragung der Kapitalerhöhung ins Handelsregister für die Emissionsbank das Risiko, die angebotenen Aktien nicht mindestens zu dem von ihr gemäß § 9 Abs. 1 AktG an den Emittenten gezahlten geringsten Ausgabebetrag, dh dem Nennbetrag oder, da heute nennbetragslose Stückaktien überwiegen, dem anteiligen Betrag der Aktie am Grundkapital,[28] wieder veräußern zu können. In der Regel zeichnet[29] die Emissionsbank die Aktien daher zu einem möglichst späten Zeitpunkt, unmittelbar vor ihrer geplanten Zulassung, für die die wirksame Entstehung der Aktien Voraussetzung ist. Die Zahlung des Ausgabebetrags wird dabei regelmäßig auf den geringsten Ausgabebetrag, dh den anteiligen Betrag am Grundkapital, beschränkt. Liegt ausnahmsweise ein längerer Zeitraum zwischen Einzahlung und Handelsregistereintragung bzw. Zulassung, kann es sinnvoll sein, die Einzahlung zudem zunächst auf ein Viertel des Mindestausgabebetrags zu begrenzen (vgl. § 36a Abs. 1 AktG). Der Restbetrag ist, wenn es sich um Inhaberaktien handelt, in Hinblick auf § 10 Abs. 2 AktG spätestens vor Ausgabe der Aktien nach erfolgter Handelsregistereintragung, bzw., wenn es sich um Namensaktien handelt, im Hinblick auf §§ 4, 5 BörsZulV

---

[22] Siehe zum zeitlichen Ablauf auch Habersack/Mülbert/Schlitt/*Haag*, Unternehmensfinanzierung am Kapitalmarkt, § 29 Rn. 2.
[23] *C. Schäfer*, ZGR 2008, 455 (473).
[24] Siehe § 12 II. 4.; Habersack/Mülbert/Schlitt/*Habersack*, Handbuch der Kapitalmarktinformation, § 30; Habersack/Mülbert/Schlitt/*Mülbert/Steup*, Unternehmensfinanzierung am Kapitalmarkt, § 41.
[25] *C. Schäfer*, ZGR 2008, 455 (487).
[26] Siehe auch BuB/*Groß*, Bd. 5, 2003, Rn. 10/309.
[27] Siehe hierzu unten unter IV. 1. e) aa).
[28] Zum Unterschied zwischen Ausgabebetrag und Platzierungspreis siehe Habersack/Mülbert/Schlitt/*Haag*, Unternehmensfinanzierung am Kapitalmarkt, § 29 Rn. 15/16.
[29] Der Begriff „zeichnen" wird in Werbeanzeigen für IPOs uA häufig untechnisch auch für den Kauf der bereits von den Emissionsbanken gezeichneten Aktien durch Anleger gebraucht. Zeichnen im Sinne des Aktiengesetzes meint indes die Übergabe von Zeichnungsschein und Einzahlungsbestätigung für die neuen Aktien gemäß § 188 Abs. 2 S. 1 AktG iVm § 36a Abs. 1 AktG. Die Zeichnung wird in der Regel unmittelbar im Anschluss in das Handelsregister eingetragen. Mit der Eintragung entstehen die neuen Aktien „automatisch" in der Hand der Zeichner.

spätestens zur Zulassung einzuzahlen. Der den geringsten Ausgabebetrag übersteigende Emissionserlös (abzüglich Provisionen und je nach Vereinbarung auch Kosten) wird hingegen von der Emissionsbank erst nach erfolgreicher Platzierung der Aktien und Zuteilung an die Investoren überwiesen (sogenanntes zweistufiges Verfahren).[30]

c) Mehrzuteilungs- und Greenshoe-Option

Regelmäßig wird der Emissionsbank im Übernahmevertrag das Recht eingeräumt, nach Abschluss der Transaktion innerhalb des durch die Verordnung (EG) Nr. 2273/2003 gesetzten Rahmens kursstabilisierende Maßnahmen zu ergreifen.[31] Wichtigstes Instrument der Kursstabilisierung ist die Mehrzuteilung verbunden mit dem Recht zur Ausübung einer Greenshoe-Option. Diese Gestaltung beinhaltet zunächst das Recht der Zuteilung von Aktien an Investoren über das Volumen des Angebots hinaus (Mehrzuteilungsoption). Sollte der Kurs der Aktie sinken, kauft die Emissionsbank zur Stabilisierung eine entsprechende Anzahl von Aktien aus dem Markt zurück. Um ihr in einem ersten Schritt die Mehrzuteilung zu ermöglichen, stellen ein oder mehrere Altaktionäre der Emissionsbank Aktien in Form eines Wertpapierdarlehens zur Verfügung. Ergänzend vereinbart die Emissionsbank in der Regel mit diesen Altaktionären, seltener mit dem Emittenten,[32] dass sie die mehr zugeteilten Aktien, sollte eine Kursstabilisierung und damit ein Rückkauf aus dem Markt nicht erforderlich sein, zum Emissionspreis erwerben kann (Greenshoe-Option), wodurch die Rückgabe der geliehenen Aktien ersetzt wird.[33]

d) Lock-up-/Marktschutzvereinbarung

Um zu verhindern, dass kurz nach dem Börsengang weitere Aktien aus dem Besitz der Altaktionäre in den Markt gelangen und damit den Börsenpreis tendenziell drücken, verpflichten sich die Altaktionäre im Übernahmevertrag gegenüber der Emissionsbank, innerhalb eines bestimmten Zeitraums nach Börsenzulassung der Aktien,[34] üblicherweise zwischen drei und zwölf Monaten, ohne Zustimmung der Emissionsbank keine Aktien des Emittenten zu verkaufen und einer Ausgabe neuer Aktien oder in Aktien wandelbarer Wertpapiere durch den Emittenten nicht zuzustimmen (sogenannte Lock-up-Vereinbarung). Ebenso verpflichtet sich der Emittent in der Regel für zwölf Monate aus genehmigtem Kapital, ohne Zustimmung der Emissionsbank keine neuen Aktien oder in Aktien wandelbare Wertpapiere zu begeben und der Hauptversammlung keine Ausgabe von Aktien oder Wandelschuldverschreibungen vorzuschlagen (sogenannte Marktschutzvereinbarung).[35] Diese Verpflichtungen wer-

---

[30] Siehe auch *Technau*, AG 1998, 445 (447 ff.); Habersack/Mülbert/Schlitt/*Singhof/Weber*, Unternehmensfinanzierung am Kapitalmarkt, § 4 Rn. 80; *C. Schäfer*, ZGR 2008, 475 ff.
[31] Zur Kursstabilisierung siehe Habersack/Mülbert/Schlitt/*Feuring/Berrar*, Unternehmensfinanzierung am Kapitalmarkt, § 39; Habersack/Mülbert/Schlitt/*Singhof*, Handbuch der Kapitalmarktinformation, § 22.
[32] Die Zulässigkeit der Stellung der Greenshoe-Option durch den Emittenten und der dazu erforderlichen Kapitalerhöhung war im Sommer 2001 vom KG in Zweifel gezogen worden (*KG* – 23 U 6712/99 = ZIP 2001, 2178, Marsch-Barner/Schäfer/*Busch*, § 43 Rn. 53). Das KG ist in einer Entscheidung vom November 2006 hiervon abgerückt (*KG* – 23 U 55/03 „Senator Entertainment AG II", ZIP 2007, 1660).
[33] *C. Schäfer*, ZGR 2008, 455 (487).
[34] Vgl. zu Begriff und Rechtsnatur der Börse sowie den Zulassungsvoraussetzungen § 10 III., IV., VII. 3.
[35] Zu den aktienrechtlichen Grenzen des Lock-ups vgl. Habersack/Mülbert/Schlitt/*Haag*, Unternehmensfinanzierung am Kapitalmarkt, § 29 Rn. 51; zu Lock-up- und Marktschutzvereinbarungen allgemein *Fleischer*, WM 2002, 2305; *Höhn*, Ausgewählte Probleme bei Lock-up-

den im Prospekt dargestellt, auch um das Vertrauen der Anleger in eine von weiteren Verkäufen unbeeinflusste Entwicklung des Aktienkurses zu stärken.[36]

e) Garantien und Verpflichtungen

aa) Garantien und Verpflichtungen der Gesellschaft

Zusätzlich zu der im Innenverhältnis mit der Emissionsbank vereinbarten Haftungsübernahme für den Prospekt garantiert der Emittent, dass der Prospekt richtig und vollständig ist und alle Voraussetzungen für die Durchführung des Angebots, insbesondere die erforderlichen Gremienbeschlüsse, vorliegen. Zusätzlich gibt er für verschiedene Einzelaspekte des Geschäftsbetriebs, zB das Vorhandensein von Lizenzen, das Nichtvorliegen wesentlicher Rechtsstreitigkeiten uÄ Garantien ab, die im Einzelfall an die Ergebnisse der Prüfung des Unternehmens durch Anwälte und Banken im Vorfeld *(due diligence)*[37] angepasst werden. Dies gilt insbesondere für die in die Zukunft reichenden Verpflichtungen des Emittenten, etwa die Einhaltung bestimmter rechtlicher Vorgaben. Des Weiteren verpflichtet er sich im Hinblick auf §§ 21 Abs. 1, 23 Abs. 2 Nr. 4 WpPG zur Prospektberichtigung innerhalb der ersten sechs Monate nach dem Börsengang und zur Einhaltung aller Bestimmungen, die das Angebot in bestimmten Ländern als Privatplatzierung qualifizieren und damit dort eine Prospektpflicht vermeiden. So umfasst der Katalog der Garantien und Verpflichtungen insbesondere Bezugnahmen auf bestimmte, extra-territorial geltende Bestimmungen des U.S.-amerikanischen Wertpapierrechts, deren Einhaltung eine (sehr kosten- und zeitaufwändige sowie haftungsrelevante) Registrierungspflicht in den USA vermeidet.[38]

bb) Garantien und Verpflichtungen der veräußernden Aktionäre

Da die veräußernden Altaktionäre in der Regel weniger Einblick in die Geschäftstätigkeit des Emittenten haben, geben sie einen entsprechend reduzierten Katalog von Garantien ab. Die Verantwortungsübernahme der veräußernden Altaktionäre ist regelmäßig auf ihr Eigentum an den Altaktien, ihre Berechtigung zum Verkauf und die Wirksamkeit der von ihnen abgegebenen Willenserklärungen beschränkt. Garantien zum Geschäftsbetrieb werden, sofern überhaupt vereinbart, mit einem so genannten „Best Knowledge Qualifier" versehen, dh nur nach bestem Wissen der Altaktionäre abgegeben.[39] Nur, wenn der veräußernde Aktionär zugleich ein Vorstandsamt bekleidet, wird für ihn der Katalog der abzugebenden Garantien häufig enger an den des Emittenten angelehnt.

cc) Garantien und Verpflichtungen der Emissionsbank

Die Emissionsbank verpflichtet sich zur Einhaltung von Verkaufsbeschränkungen *(selling restrictions)*, die der Vermeidung eines öffentlichen, also idR prospektpflichtigen, Angebots in anderen Staaten dienen.

Agreements, 2004; *C. Schäfer*, ZGR 2008, 455 (462 ff.); *OLG München*, ZIP 2012, 2439; *Bungert/Wansleben*, ZIP 2013, 1841.
[36] Die Verpflichtung zur Aufnahme dieser Angaben ergibt sich bei einer Aktienemission aus Anhang III, Ziff. 7.3 der Verordnung (EG) Nr. 809/2004.
[37] Siehe zur Due Diligence § 12 III.; Habersack/Mülbert/Schlitt/*Nägele*, Unternehmensfinanzierung am Kapitalmarkt, § 33.
[38] Zum US-Kapitalmarktrecht siehe Habersack/Mülbert/Schlitt/*Werlen/Sulzer*, Unternehmensfinanzierung am Kapitalmarkt, § 45.
[39] *C. Schäfer*, ZGR 2008, 455 (483).

f) Haftungsfreistellung

Wie oben angesprochen[40] werden die Garantien des Emittenten und der veräußernden Altaktionäre ergänzt durch die Freistellungsverpflichtung gegenüber der Emissionsbank, in der diese für den Fall, dass der Prospekt unrichtig oder unvollständig ist oder eine von ihnen abgegebene Garantie unzutreffend war, von allen daraus entstehenden Schäden und Kosten befreit wird. Die Haftungsfreistellung *(indemnity)* entstammt, wie viele Regelungen in den gängigen Übernahmeverträgen, dem angloamerikanischen Rechtskreis. Auch ohne eine solche Freistellungsverpflichtung würde der Emittent in der Regel nach deutschem Vertragsrecht für eine Verletzung seiner Pflichten haften. Jedoch dient die Haftungsfreistellung zumindest der Erleichterung der Geltendmachung von Ansprüchen und schreibt häufig fest, dass bereits das bloße Geltendmachen eines Prospekthaftungsanspruchs durch einen Investor zum Ersatz der in diesem Zusammenhang entstandenen Kosten berechtigt.[41]

Beispiel 1: Die B-Bank hat im Rahmen des Börsengangs der A-AG neue Aktien übernommen und gezeichnet und sich im Übernahmevertrag vom Emittenten von allen Schäden aus Prospekthaftung freistellen lassen. Nach vier Monaten erweist sich die Darstellung von Vermögenswerten im Prospekt als zu hoch und der Börsenkurs der A-Aktien stürzt dramatisch ein. Die B-Bank muss geschädigten Anlegern Schadensersatz aus Prospekthaftung zahlen. Als die B-Bank von der A-AG die Leistung entsprechender Zahlungen fordert, erklärt diese mit Hinweis auf §§ 57, 71 AktG, weder an die Anleger, noch an die B-Bank zahlen zu können. Hat die A-AG Recht?

Das Verhältnis zwischen dem in §§ 57, 71 AktG enthaltenen Verbot der Einlagenrückgewähr und § 21 WpPG ist umstritten.[42] Im Hinblick auf die (vorübergehende) Aktionärsstellung der Banken stelle eine Freistellung von möglichen Prospekthaftungsansprüchen eine unzulässige Einlagengewähr dar. Dem ist mit der ganz herrschenden Meinung im Falle der ausschließlichen Platzierung neuer Aktien nicht zu folgen. Ein Verstoß gegen § 57 scheidet bereits deswegen aus, weil die §§ 21, 22 WpPG als jüngere und speziellere Vorschriften *lex specialis* sind und damit Vorrang gegenüber dem Verbot der Einlagenrückgewähr genießen.[43] Zudem sind mögliche Erstattungsleistungen der Gesellschaft für Prospekthaftungsansprüche als quasi bedingte Emissionskosten anzusehen.[44] Ferner gilt, dass auch nach der gesetzlichen Konzeption, wie sie in den §§ 21 f. BörsG zum Ausdruck kommt, die Gesellschaft die letzte Verantwortlichkeit für den Prospekt trägt.[45] Außerdem muss die Übernahme einer Freistellungsverpflichtung jedenfalls dann zulässig sein, wenn die Unrichtigkeit oder Unvollständigkeit des Prospekts auf einer Verletzung von vertraglichen (Neben-)Pflichten des Emittenten beruht.[46]

Werden ausschließlich bestehende Aktien im Zuge des Börsengangs (Sekundärplatzierung, SPO) angeboten, ist eine Freistellung der Emissionsbanken durch die Gesellschaft nach der Rechtsprechung jedoch nur zulässig, wenn die verkaufenden Aktionäre ihrerseits die Gesellschaft im Fall einer etwaigen Inanspruchnahme freistellen.[47]

---

[40] Siehe unter IV. 1. b).
[41] Zur Haftungsfreistellung vgl. auch Habersack/Mülbert/Schlitt/*Haag*, Unternehmensfinanzierung am Kapitalmarkt, § 29 Rn. 59 ff.
[42] Zum Meinungsstreit Marsch-Barner/Schäfer/*Meyer*, § 8 Rn. 151.
[43] *Groß*, Kapitalmarktrecht, 5. Auflage (2012), § 21 WpPG Rn. 14.
[44] Beck'sches Hdb-AG/*Harrer*, § 23 Rn. 103.
[45] Beck'sches Hdb-AG/*Harrer*, § 23 Rn. 103.
[46] *Technau*, AG 1998, 445 (456); Beck'sches Hdb-AG/*Harrer*, § 23 Rn. 103.
[47] BGH v. 31.5.2011 – II ZR 151/09 – „DT 3-Urteil", AG 2011, 548. Kritisch dazu *Singhof* in MünchKomm. HGB, Emissionsgeschäft, im Erscheinen, *Singhof/Weber* in: Habersack/Mülbert/Schlitt, Unternehmensfinanzierung am Kapitalmarkt, § 4 Rn. 101; Arbeitskreis zum Deutsche Telekom III-Urteil des BGH, CFL 2011, 377, *Arnold/Aubel*, ZGR 2012, 113 (131 ff.);

Werden teilweise neue Aktien und teilweise alte Aktien öffentlich angeboten, ist umstritten, ob es im Hinblick auf den Verkauf bestehender Aktien ebenfalls eine Freistellung durch den verkaufenden Aktionär erfolgen muss.[48] In der Praxis erfolgte meist eine quotale Aufteilung der Kosten und Risiken zwischen Gesellschaft und abgebenden Aktionären.[49]

Gelegentlich gibt auch die Emissionsbank gegenüber dem Emittenten eine Freistellungsverpflichtung ab, nach der sie diesen für alle Schäden aus der Nichteinhaltung der Verkaufsbeschränkungen freistellt.

g) Vertragsbeendigung

aa) Aufschiebende Bedingungen

Die Übernahme- und Zahlungsverpflichtung der Emissionsbank endet, wenn am Tag der Billigung des Prospekts durch die BaFin, am Tag der Zeichnung der Aktien oder am Tag der Überweisung des Emissionserlöses (abzüglich Provisionen) durch die Emissionsbank *(settlement)* bestimmte vertraglich vereinbarte Bedingungen nicht erfüllt sind. Hierzu gehört vor allem die Abgabe von so genannten Legal und Disclosure Opinions[50] der den Emittenten und die Emissionsbank beratenden Anwälte, in denen diese im Wesentlichen das Vorliegen der rechtlichen Voraussetzungen, insbesondere der notwendigen Gremienbeschlüsse für die Durchführung des Angebots, und das Nichtvorliegen von Informationen, nach denen der Prospekt unrichtig oder unvollständig wäre, bestätigen. Als weitere aufschiebende Bedingung wird die Ausstellung eines Comfort Letters[51] durch den Abschlussprüfer des Emittenten vereinbart, in dem dieser die Durchführung bestimmter Prüfungshandlungen, das Nichtvorliegen von Informationen, nach denen die Bestätigungsvermerke zu den im Prospekt abgedruckten Jahres- und Konzernabschlüssen nicht hätten erteilt werden können, und die Übereinstimmung der Zahlenangaben im Prospekt mit den Abschlüssen bzw. den internen Rechnungslegungsdokumenten des Emittenten bestätigt. Vorstandsmitglieder des Emittenten geben zu den genannten Zeitpunkten so genannte Officers' Certificates ab, in denen sie die Garantien des Emittenten bestätigen und die Erfüllung aller bisher zu erfüllenden Verpflichtungen sowie das Nichtvorliegen eines Rücktrittsgrundes bestätigen. Ist eine aufschiebende Bedingung nicht erfüllt, kann die Emissionsbank entweder darauf verzichten oder den Vertrag für beendet erklären.

bb) Rücktrittsgründe

Eine jederzeitige Kündigung durch die Emissionsbank ist darüber hinaus aus wichtigen Gründen, die teilweise im Vertrag ausdrücklich definiert werden, möglich. Dabei

---

Fleischer/Thaten, NZG 2011, 1081; *Krämer/Gillessen/Kiefner*, CFL 2011, 328; *Mülbert/Wilhelm* in: FS Hommelhoff, 2012, S. 747, 749 ff.; *Wink*, AG 2011, 569; *Nodoushani*, ZIP 2011, 97 (103 ff.), zuvor bereits *Schlitt*, CFL 2010, 304.

[48] Gegen eine Pflicht zur quotalen Aufteilung, zumindest, wenn der Anteil neuer Aktien am Angebotsvolumen überwiegt: Arbeitskreis zum Deutsche Telekom III-Urteil des *BGH*, CFL 2011, 377 (379); dafür: *Wink*, AG 2011, 569 (578); *Fleischer/Thaten*, NZG 2011, 1081 (1085); *Nodoushani*, ZIP 2011, 97 (101); *Arnold/Aubel*, ZGR 2012, 113 (145); *Ziemons*, GWR 2011, 404 ff.

[49] Habersack/Mülbert/Schlitt/*Singhof/Weber,* Unternehmensfinanzierung am Kapitalmarkt, § 4 Rn. 101.

[50] Zu Legal und Disclosure Opinions vgl. § 12 IV.; Habersack/Mülbert/Schlitt/*Seiler,* Unternehmensfinanzierung am Kapitalmarkt, § 35.

[51] Zu Comfort Letters siehe Habersack/Mülbert/Schlitt/*Kunold,* Unternehmensfinanzierung am Kapitalmarkt, § 34.

handelt es sich insbesondere um das Eintreten einer wesentlichen nachteiligen Änderung der Vermögens-, Finanz- oder Ertragslage des Emittenten *(material adverse change)* oder einer erheblichen negativen Veränderung in den nationalen oder internationalen wirtschaftlichen, politischen, industriellen, rechtlichen oder finanziellen Bedingungen oder Ausbruch oder Eskalation von Feindseligkeiten oder terroristischen Aktivitäten *(force majeure)*. Beim Best-Efforts-Underwriting besteht darüber hinaus keine Zeichnungs- bzw. Zahlungspflicht der Emissionsbank, wenn keine ausreichende Nachfrage für die Aktien vorliegt und eine Einigung über den Platzierungspreis zwischen dem Emittenten, den veräußernden Aktionären und der Emissionsbank nicht erreicht werden kann.

cc) Rückabwicklung

Wird der Vertrag vor Zeichnung der neuen Aktien beendet, erlöschen die Vertragspflichten und das Angebot wird nicht zu Ende geführt. Wird der Vertrag nach Zeichnung der neuen Aktien, Einzahlung des geringsten Ausgabebetrags und Handelsregistereintragung beendet, stellt sich für die Emissionsbank das Problem, dass sie die Aktien mindestens zum geringsten Ausgabebetrag zuzüglich der angefallenen Kosten veräußern muss, um keinen Verlust zu erleiden.[52] Üblicherweise wird für diesen Fall im Übernahmevertrag ein gestaffeltes Verfahren vereinbart, wonach die neuen Aktien zunächst den Altaktionären des Emittenten angeboten werden, soweit diese kein Interesse am Erwerb haben, die Gesellschaft einen Dritten als Käufer benennt oder, sofern auch dies fehlschlägt, die Emissionsbank die Aktien freihändig mindestens zum geringsten Ausgabebetrag zuzüglich der angefallenen Kosten veräußert *(fire sale)*.[53] Sofern hierbei ein den geringsten Ausgabebetrag zuzüglich Kosten übersteigender Preis erzielt werden kann, verpflichtet sich die Emissionsbank zur Abführung dieses Mehrerlöses, meist gegen eine der Höhe nach herabgesetzte Provisionszahlung.

2. Bezugsrechtsemissionen

a) Vertragsschluss und Vertragsparteien

Bei Bezugsrechtsemissionen, dh der Durchführung einer Kapitalerhöhung einer bereits börsennotierten Aktiengesellschaft mit vorrangigem Angebot der neuen Aktien an die bestehenden Aktionäre nach § 186 AktG,[54] ist die Übernahmeverpflichtung entweder als Firm Underwriting oder als Best Efforts Underwriting ausgestaltet.[55] Vertragsparteien sind der Emittent und die Emissionsbank. Da in der Praxis fast ausschließlich mittelbare Bezugsrechtsemissionen durchgeführt werden, bei denen die Emissionsbank als Intermediär den Zeichnungsprozess erleichtert, ist Voraussetzung nach § 186 Abs. 1, 5 AktG, dass die Emissionsbank[56] zunächst die Aktien

---

[52] Eine Rückgängigmachung der Kapitalerhöhung wäre nur durch eine ordentliche Kapitalherabsetzung (§§ 222 ff. AktG) oder durch eine Kapitalherabsetzung mittels Einziehung der Aktien (§§ 237 ff. AktG) möglich, was jedoch praktisch nicht umsetzbar ist; vgl. auch *Technau*, AG 1998, 447 (452 ff.).
[53] Zum Verfahren bei Rücktritt und Rückabwicklung auch *C. Schäfer*, ZGR 2008, 455 (485).
[54] Zu Bezugsrechtsemissionen vgl. ausführlich § 3 I.; Habersack/Mülbert/Schlitt/*Herfs*, Unternehmensfinanzierung am Kapitalmarkt, § 6.
[55] Eine Ausnahme zur Gestaltung als Fim Underwriting sind sog „Bis zu"-Kapitalerhöhungen, bei denen das endgültige Kapitalerhöhungsvolumen in Abhängigkeit von der Nachfrage der Aktionäre festgelegt wird. Siehe dazu auch Marsch-Barner/Schäfer/*Busch*, § 42 Rn. 11.
[56] Bei Bezugsrechtsemissionen ist darauf zu achten, dass die Emissionsbank die Voraussetzungen des § 186 Abs. 5 AktG erfüllt.

übernimmt und den Aktionären des Emittenten mindestens für zwei Wochen zum Bezug anbietet. Daher muss der Übernahmevertrag spätestens vor Beginn des Angebots der Aktien abgeschlossen werden.[57] Es handelt sich um einen echten Vertrag zugunsten Dritter nach § 328 BGB, dh die Altaktionäre können unmittelbar gegen die Emissionsbank einen Anspruch auf das Angebot der neuen Aktien zum Bezug geltend machen.

b) Risikoverteilung

Ebenso wie beim IPO übernimmt der Emittent im Verhältnis zur Emissionsbank die Verantwortung für den Prospekt und etwaige weitere Angebotsmaterialien. Neben dem Prospekthaftungsrisiko trifft die Emissionsbank im Fall eines Firm Underwritings zumindest ab dem Zeitpunkt der Zeichnung der Aktien ein im Vergleich zu einem IPO erhöhtes Risiko mangelnder Nachfrage nach den neuen Aktien. Denn eine Lösung der Emissionsbank vom Vertrag nach der Eintragung der Kapitalerhöhung ins Handelsregister ist kaum möglich. Ein so genannter Fire Sale, wie er beim IPO als letzte Möglichkeit zum Verkauf der Aktien vorgesehen ist, darf bei der Bezugsrechtsemission nicht durchgeführt werden, da dies mit dem Bezugsrecht der Altaktionäre kollidieren würde. Denn sonst würden Dritten die Aktien zu einem günstigeren Preis als den Aktionären des Emittenten während des vorangegangenen Bezugsangebots angeboten, was faktisch einen Bezugsrechtsausschluss darstellen würde. Aufgrund der strikten Vorgaben des deutschen Aktienrechts ist die Emissionsbank daher gezwungen, die Aktien zunächst zu einem, im schlimmsten Fall mehrfach, herabgesetzten Preis wieder den Aktionären des Emittenten anzubieten.[58] Um den Zeitraum, in dem die Emissionsbank diesem Risiko ausgesetzt wind, möglichst kurz zu halten, wird in der Regel eine möglichst späte Zeichnung der neuen Aktien und Eintragung der Durchführung der Kapitalerhöhung im Handelsregister vereinbart.

c) Vereinbarung über Stabilisierung und Hedging

Anders als beim IPO, bei dem die Kursentwicklung der Aktien mangels Historie besonders schwer abzuschätzen ist, besteht bei Bezugsrechtsemissionen seltener Bedarf für Stabilisierungsmaßnahmen, obgleich diese zulässig wären. Wichtig ist es hingegen für die Emissionsbank oft, ihre Risikoposition aus der Vereinbarung des Back-Stop-Preises während des zumindest zweiwöchigen Bezugsangebots durch gegenläufige Geschäfte am Kapitalmarkt abzusichern *(hedging)*. Solch gegenläufige Geschäfte, insbesondere Leerverkäufe von Aktien, können potentiell den Aktienkurs des Emittenten nach unten drücken. Daher ist es aus Sicht der Emissionsbank ratsam, vorsorglich eine Einverständniserklärung des Emittenten im Übernahmevertrag einzuholen.

d) Weitere Inhalte

Ähnlich wie beim IPO enthält der Übernahmevertrag typischerweise umfangreiche Garantien des Emittenten, eine Haftungsfreistellungserklärung, eine Marktschutzvereinbarung sowie die Verkaufsbeschränkungen, denen die Emissionsbank bei der Durchführung des Angebots unterliegt. Daneben steht der Vertrag – wie beim IPO – unter Bedingungen, insbesondere der Abgabe von Legal und Disclosure Opinions durch die anwaltlichen Berater und von Comfort Letter durch die Abschlussprüfer

---

[57] Zum Übernahmevertrag bei Bezugsrechtsemissionen siehe *Schlitt/Seiler*, WM 2003, 2175 ff.
[58] Vgl. auch Marsch-Barner/Schäfer/*Meyer*, § 8 Rn. 130.

des Emittenten, sowie Beendigungsgründe, zu denen insbesondere Material-Adverse-Change und Force-Majeure-Klauseln gehören.[59] Sind mehrere Emissionsbanken Vertragspartei, hat der Emittent ein Interesse daran, dass der Übernahmevertrag die regelmäßig einzelschuldnerisch vereinbarte Verpflichtung dieser Banken insofern durchbricht, als bei Ausfall einer Konsortialbank die übrigen Banken (bis zu einer bestimmten Grenze) zur Übernahme und Zeichnung der ursprünglich von der ausfallenden Bank zu übernehmenden Aktien verpflichtet werden (sogenannte Step-up-Klausel).[60] Danach sind beim Ausfall von Konsortien bis zu einem gewissen Prozentsatz der Emission die übrigen Konsortialmitglieder verpflichtet, ihre Übernahmequote anteilig zu erhöhen, so dass wieder die Übernahme der Gesamtemission sichergestellt ist. Wird dagegen der vereinbarte Prozentsatz überschritten, wird in der Regel ein besonderes Rücktrittsrecht vereinbart. Wie bei jedem Übernahmevertrag, unabhängig von der Transaktionsform, sind darüber hinaus eine Rechtswahl- und Gerichtsstandsklausel Vertragsbestandteil.

e) Problematik der verdeckten Sacheinlage

Beispiel 2: Die B-Bank hat im Rahmen einer Bezugsrechtsemission der A-AG die neuen Aktien übernommen, den Aktionären der A-AG für zwei Wochen zum Bezug angeboten und die Aktien zum geringsten Ausgabebetrag gezeichnet. Nach Abschluss des Bezugsangebots hat sie die erzielten Erlöse abzüglich Provisionen an die A-AG überwiesen. Die B-Bank hatte der A-AG als langjährige Hausbank in der Vergangenheit bereits mehrfach Darlehen gewährt, die nunmehr aus den Erlösen, die beim Verkauf der neuen Aktien erzielt wurden, teilweise zurückgezahlt werden sollen. A. D. Vocat, dem Anwalt der B-Bank, kommen angesichts des geplanten Vorgehens Zweifel, ob nicht korrekterweise der Darlehensrückzahlungsanspruch der B-Bank als Einlage auf die neuen Aktien hätte angesehen und die strengeren Vorschriften der Kapitalerhöhung gegen Sacheinlage eingehalten werden müssen. Hat er Recht?

Erhält die Emissionsbank in nahem zeitlichem und sachlichem Zusammenhang mit der Bezugsrechtsemission Gelder vom Emittenten, zB durch Rückzahlung von Krediten oder die Zahlung von Honoraren für die Erbringung anderer Dienstleistungen, stellt sich die Frage nach einer verdeckten Sacheinlage in Gestalt des „Hin- und Herzahlens".[61] Anknüpfungspunkt ist, dass die Emissionsbank – wenn auch nur vorübergehend – Aktionär des Emittenten wird. Gegen die Anwendung der Regeln der verdeckten Sacheinlage spricht jedoch, dass die Emissionsbank bei einer mittelbaren Bezugsrechtsemission die neuen Aktien lediglich zur Vereinfachung der Abwicklung in treuhänderischer Funktion zeichnet und für den regelmäßig kurzen Zeitraum bis zur Einbuchung an die beziehenden Aktionäre hält. Diese Treuhänderstellung setzt nach der Rechtsprechung des BGH[62] voraus, dass der Emissionserlös (abzüglich Provisionen) an den Emittenten abgeführt wird. Der Übernahmevertrag enthält daher üblicherweise gerade auch im Hinblick auf nicht bezogene und zu einem höheren Preis als dem Bezugspreis verkaufte Aktien eine Verpflichtung der Emissionsbank, diesen Mehrerlös an den Emittenten abzuführen. Des Weiteren ist nach der Rechtsprechung des BGH Voraussetzung für eine Anerkennung der Treuhänderstellung, dass die Bank die neuen Aktien nur zur Erleichterung des Bezugsangebots zeichnet, das Bezugsangebot ohne pflichtwidrige Verzögerung durchführt

---

[59] Siehe hierzu oben unter IV. 1. g) bb).
[60] BuB/*Groß*, Bd. 5, 2003, Rn. 10/308g; *C. Schäfer*, ZGR 2008, 455 (474). Sind bei einem Börsengang mehrere Emissionsbanken involviert, enthält der Übernahmevertrag häufig eine entsprechende Bestimmung.
[61] Siehe zur Problematik der verdeckten Sacheinlage im Zusammenhang mit Kapitalerhöhungen Habersack/Mülbert/Schlitt/*Singhof/Weber*, Unternehmensfinanzierung am Kapitalmarkt, § 4 Rn. 61 ff. mwN.
[62] BGHZ 118, 83 (97); siehe dazu auch *C. Schäfer*, ZGR 2008, 455 (479 ff.).

und während des Zeitraums, in dem sie die Aktien hält, keine Mitgliedschaftsrechte aus den Aktien, zB Stimmrechte, ausübt. Werden diese Voraussetzungen – wie üblich – in entsprechenden Verpflichtungen der Emissionsbank im Übernahmevertrag reflektiert, besteht im Grundsatz kein Problem mit der wirksamen Einlageaufbringung.

f) Problematik des Kontrollerwerbs

Da die Emissionsbank im Zuge der Kapitalerhöhung zunächst die neuen Aktien zeichnet und in der Regel für einige Tage bis zum Abschluss des Bezugsangebots und Einbuchung bei den beziehenden Aktionären hält, ist darauf zu achten, wie hoch der Stimmrechtsanteil der Emissionsbank am Emittenten in diesem Zeitraum ist. Je nach Umfang der Kapitalerhöhung und der Anzahl bereits zuvor von der Emissionsbank gehaltenen Aktien am Emittenten, kann die Grenze von 30 % der Stimmrechte am Emittenten erreicht werden. In diesem Fall müsste von der betreffenden Bank ein Pflichtangebot zur Übernahme aller Aktien des Emittenten nach § 35 Abs. 1 WpÜG abgegeben werden. Um dies zu vermeiden, werden bei höhervolumigen Kapitalerhöhungen in der Regel mehrere Konsortialbanken mit der Zeichnung der neuen Aktien betraut. Die Zeichnung erfolgt in diesem Fall getrennt, entweder durch Übergabe getrennter Zeichnungsscheine oder durch ausdrückliche Zeichnungserklärung auch namens und in Vertretung der zweiten Bank, in einem Zeichnungsschein.[63] Aus Vorsichtsgründen hält der Übernahmevertrag in der Regel daneben fest, dass die Konsortialbanken sich nicht im Hinblick auf den Emittenten, insbesondere die Ausübung der Stimmrechte am Emittenten, abstimmen, um zu dokumentieren, dass eine Zusammenrechnung der Stimmrechte beider Banken trotz getrennter Zeichnung nach § 30 Abs. 2 WpÜG *(acting in concert)* nicht beabsichtigt ist. Ergänzend wird das Entstehen von Gesamthandseigentum aufgrund des Zusammenwirkens der Konsortialbanken („Gesellschaft bürgerlichen Rechts") ausdrücklich abbedungen.

V. Ausgestaltung bei prospektfreien Aktienemissionen

1. 10%-Kapitalerhöhungen

a) Vertragsschluss und Vertragsparteien

Kapitalerhöhungen, bei denen die Anzahl der neu ausgegebenen Aktien nicht mehr als 10 % des erhöhten Grundkapitals ausmachen,[64] werden bei börsennotierten deutschen Aktiengesellschaften durch § 186 Abs. 3 S. 4 AktG insofern erleichtert, als die strengen Voraussetzungen, die sonst an einen Ausschluss des Bezugsrechts der bestehenden Aktionäre der Gesellschaft gestellt werden[65] als erfüllt angesehen werden, wenn der Preis nicht wesentlich unter dem Börsenkurs liegt. Da für die Zulassung einer Anzahl von Aktien, die weniger als 10 % der Zahl der Aktien derselben Gattung innerhalb von 12 Monaten ausmacht, kein Prospekt veröffentlicht werden muss,[66] handelt es sich in aller Regel bei „10 %-Kapitalerhöhungen" bei richtiger

---

[63] Zur gesamtschuldnerischen Haftung bei der Zeichnung durch ein Konsortialmitglied vgl. auch BGHZ 118, 83 (99); Marsch-Barner/Schäfer/*Meyer*, § 8 Rn. 116 ff.
[64] Zu 10 %-Kapitalerhöhungen allgemein siehe § 3 II.; Habersack/Mülbert/Schlitt/*Krause*, Unternehmensfinanzierung am Kapitalmarkt, § 7.
[65] Zu den strengen Voraussetzungen eines Bezugsrechtsausschlusses vgl. Habersack/Mülbert/Schlitt/*Krause*, Unternehmensfinanzierung am Kapitalmarkt, § 7 Rn. 8 ff. mwN.
[66] § 4 Abs. 2 Nr. 1 WpPG. Siehe dazu *Lachner/von Heppe*, WM 2008, 576 ff.

Gestaltung um solche, die jedenfalls knapp unter 10 % bleiben. Mangels Prospekterfordernis dienen sie häufig der „schnellen" Kapitalbeschaffung durch ein prospektfreies Angebot der neuen Aktien ausschließlich an institutionelle Investoren.[67] Dies spiegelt sich im Übernahmevertrag wieder, der häufig als Best-Efforts-Underwriting ausgestaltet ist und zwischen dem Emittenten und der Emissionsbank entweder kurz vor Beginn der Platzierung der neuen Aktien bei institutionellen Investoren oder sogar erst nach Abschluss der Platzierung abgeschlossen wird. Der endgültige Platzierungspreis wird erst nach Abschluss des Bookbuildings, das häufig auf einen Zeitraum von wenigen Stunden verkürzt wird *(accelerated bookbuilding)*, festgelegt und, sofern der Übernahmevertrag bereits abgeschlossen wurde, in einem Preisfestsetzungsvertrag zwischen dem Emittenten und der Emissionsbank vereinbart.

b) Risikoverteilung

Im Übernahmevertrag übernimmt der Emittent die Verpflichtung zur wirksamen Ausgabe von Aktien mit den angegebenen Eigenschaften. Gegenüber prospektpflichtigen Emissionen ist das Risiko des Emittenten und der Emissionsbank begrenzt, da sie jedenfalls nach deutschem Recht gegenüber den Investoren keinen Prospekthaftungsansprüchen ausgesetzt sind. Insbesondere im Vergleich zu Bezugsrechtsemissionen trifft die Emissionsbank auch ein lediglich begrenztes Platzierungsrisiko, da sie die neuen Aktien zumeist nur auf Best-Efforts Basis übernimmt und in der Regel erst nach Abschluss des Bookbuildings, also zu einem Zeitpunkt, zu dem die Aktien bereits weiterverkauft sind, zeichnet.

c) Weiterer Inhalt

Der Garantiekatalog des Emittenten im Übernahmevertrag ist gegenüber dem beim IPO mangels Prospekt deutlich eingeschränkt. Gerade weil kein Prospekt zur Vermarktung zur Verfügung steht und sich die Investoren auf die in der Vergangenheit vom Emittenten veröffentlichten Angaben wie Ad-hoc-Mitteilungen und Jahresabschlüsse verlassen, ist die vollständige Einhaltung der Offenlegungs- und Ad-hoc-Pflichten[68] durch den Emittenten für die Emissionsbank von besonderer Bedeutung. Daher enthält der Übernahmevertrag besonders ausführliche Garantien zur Einhaltung solcher Pflichten und der Richtigkeit der darin enthaltenen Informationen.

2. Block Trades

a) Vertragsschluss und Vertragsparteien

Im Gegensatz zu den vorgenannten Transaktionsformen sind beim Block Trade Vertragsparteien ein oder mehrere Altaktionäre, die ihre Beteiligung ganz oder teilweise an mehrere andere Investoren veräußern möchten, und die Emissionsbank, die zur Ansprache interessierter Investoren eingeschaltet wird.[69] Der Emittent der Aktien ist hingegen typischerweise nicht involviert. Strukturell ist je nach Interessenlage des

---

[67] Zur Prospektpflicht und Befreiungen hiervon vgl. § 11 II., III.; Habersack/Mülbert/Schlitt/*Meyer*, Unternehmensfinanzierung am Kapitalmarkt, § 36; Habersack/Mülbert/Schlitt/*Schlitt/Wilczek*, Handbuch der Kapitalmarktinformation, § 4.

[68] Zu den Zulassungsfolgepflichten börsennotierter Gesellschaften, zu der auch die Ad-hoc-Pflicht zählt, vgl. ausführlich § 14; Habersack/Mülbert/Schlitt/*Klawitter/Schlitt,*Unternehmensfinanzierung am Kapitalmarkt, § 38; zur Ad-hoc-Pflicht Habersack/Mülbert/Schlitt/*Frowein*, Handbuch der Kapitalmarktinformation, § 11.

[69] Zu Block Trades siehe auch *Schlitt/Schäfer*, AG 2004, 346 ff.

Verkäufers ein Best Efforts- oder Back Stop-Underwriting ebenso wie ein Bought Deal möglich. Je nachdem, wie die Emissionsbank die Platzierbarkeit der Aktien einschätzt, wird der Verkäufer bei einem Back-Stop-Underwriting und, in noch stärkerem Maße, beim Bought Deal tendenziell eine höhere Provision an die Emissionsbank zahlen müssen. Der Vertrag wird in der Regel kurz vor Beginn des Angebots unterzeichnet und der Preis nach Abschluss des häufig auf wenige Stunden verkürzten *(accelerated)* Bookbuildings in einem ergänzenden Preisfestsetzungsvertrag festgelegt.

b) Risikoverteilung

Da es sich um existierende Aktien handelt, übernimmt die Emissionsbank das (Reputations-)Risiko, dass die von ihr platzierten Aktien nicht wirksam bestehen, mit Rechten Dritter belastet sind, nicht voll eingezahlt sind oder nicht im Eigentum des Verkäufers stehen. Gegen diese Risiken sucht sie sich durch Garantien des Verkäufers abzusichern. Darüber hinaus werden üblicherweise Garantien zur Existenz und Berechtigung des Verkäufers und der Wirksamkeit des Vertragsschlusses vereinbart. Garantien hinsichtlich der Geschäftstätigkeit des Emittenten der Aktien kann der Verkäufer hingegen in aller Regel nicht abgeben, da er als Aktionär nur eingeschränkt Einblick in die Geschäftstätigkeit hat. Im Hinblick auf die insiderrechtlichen Bestimmungen der §§ 12 ff. WpHG[70] ist es für die Emissionsbank hingegen unerlässlich, dass der Verkäufer garantiert, keine Kenntnis nicht-öffentlicher Tatsachen, die dem Insiderrecht unterfallen, zu haben.

c) Weiterer Inhalt

Für den Fall, dass seine Garantien nicht zutreffen, stellt der Verkäufer die Emissionsbank im Übernahmevertrag von allen in diesem Zusammenhang möglicherweise entstehenden Schäden und damit verbundenen Rechtsverfolgungskosten frei. Neben den Veräußerungsbeschränkungen *(selling restrictions)* der Emissionsbank, die insbesondere der Vermeidung eines unerwünschten Angebots in den USA dienen, wird darüber hinaus der Emissionsbank das Recht zur Vertragsbeendigung eingeräumt, wenn etwa ein Material Adverse Change bezüglich des Verkäufers oder ein Force-Majeure-Ereignis eintreten sollte. Eine Vertragsbeendigung auch bei einem Material Adverse Change des Emittenten der zu Grunde liegenden Aktien ist hingegen mangels Beherrschbarkeit durch den verkaufenden Aktionär weniger üblich.

VI. Ausgestaltung bei Anleihen

1. Vertragsschluss und Vertragsparteien

Bei Anleihen[71] ist, je nach Interessenlage und Verhandlungsposition der beteiligten Parteien, sowohl ein Best-Efforts-, als auch ein Back-Stop-Underwriting oder Bought Deal möglich.[72] Aufgrund des Wettbewerbs der Investmentbanken um Mandatierung

---

[70] Zum Insiderrecht vgl. ausführlich § 13; Habersack/Mülbert/Schlitt/*Lösler*, Handbuch der Kapitalmarktinformation, § 2.
[71] Zu Anleihen insgesamt siehe § 5; Habersack/Mülbert/Schlitt/*Kaulamo*, Unternehmensfinanzierung am Kapitalmarkt, § 17.
[72] Zum Übernahmevertrag bei Anleihen Habersack/Mülbert/Schlitt/*Diekmann*, Unternehmensfinanzierung am Kapitalmarkt, § 31.

bei Anleiheemissionen waren Best-Efforts-Underwritings, die grundsätzlich von einer besseren Verhandlungsposition der Emissionsbank zeugen, jedoch in der jüngeren Vergangenheit kaum noch durchsetzbar und damit ganz überwiegend Back-Stop- oder Bought Deal-Strukturen anzutreffen.[73] Der Vertrag wird in der Regel kurz vor oder unmittelbar nach Beendigung der Platzierung zwischen dem Emittenten und der Emissionsbank abgeschlossen.

2. Risikoverteilung

Gegenüber der Übernahme von Aktien ist das Risiko bei der Übernahme von Anleihen deutlich begrenzt, da keine Zahlungspflicht der Emissionsbank zumindest bezüglich des geringsten Ausgabebetrags besteht, das Kursrisiko der Anleger wegen der Rückzahlung des Nennbetrags der Anleihe am Ende der Laufzeit beschränkt ist *(downward protection)*, die wertpapierrechtliche Begebung der Anleihe in der Regel erst nach dem Platzierungsende erfolgt, also wenn die Platzierbarkeit bereits gesichert ist, und ein Rückkauf begebener Anleihen durch den Emittenten in der Regel bei einem Fehlschlagen der Platzierung möglich ist. Das verbleibende Risiko sucht die Emissionsbank über Garantien des Emittenten zur Wirksamkeit der Anleihebegebung, dem Rang der Anleihegläubiger im Vergleich zu anderen Gläubigern des Emittenten, der Richtigkeit des Jahresabschlusses, der vollständigen Veröffentlichung ad-hoc-pflichtiger Umstände und dem Nichtanhängigsein von Rechtsstreitigkeiten, an denen der Emittent beteiligt ist und deren Ausgang möglicherweise erhebliche nachteilige Auswirkungen auf die Vermögens-, Finanz oder Ertragslage des Emittenten haben kann, abzusichern. Wird die Anleihe an der Börse zugelassen, wird darüber hinaus die Richtigkeit und Vollständigkeit des für diese Zwecke erstellten Prospekts zugesichert.[74]

Je nach Art der Anleihe werden, zB für High-Yield-Anleihen,[75] bei denen der Anleihegläubiger tendenziell ein höheres Ausfallrisiko übernimmt, für einen längeren Zeitraum geltende Verpflichtungen des Emittenten zur Einhaltung bestimmter Vorgaben hinsichtlich seiner Geschäftstätigkeit, zB das Erreichen bestimmter Bilanzkennziffern, vereinbart *(financial covenants)*.[76]

3. Weiterer Inhalt

Der Übernahmevertrag legt fest, ob es sich um eine Einzeltransaktion oder ein so genanntes Emissionsprogramm handelt.[77] Unter einem Emissionsprogramm versteht

---

[73] Habersack/Mülbert/Schlitt/*Diekmann*, Unternehmensfinanzierung am Kapitalmarkt, § 31 Rn. 6. Davon abweichend findet sich bei sog Mittelstandsanleihen häufig ein reines Kommissionsgeschäft (Best-Efforts-Underwriting).
[74] Anleihen deutscher Emittenten werden im Gegensatz zu Aktien häufig nicht an der für Aktien in Deutschland dominierenden Frankfurter Wertpapierbörse, sondern an einer ausländischen Wertpapierbörse wie der Luxemburger Wertpapierböse, zugelassen. Je nach dem anwendbaren Börsenrecht ist die Zulassungsantragstellung und Unterzeichnung des Prospekts durch die Emissionsbank anders als in Deutschland (§ 30 Abs. 2 BörsG) nicht zwingend. In diesem Fall sind die Garantien des Emittenten hinsichtlich des Prospektes für die Emissionsbank von geringerer Bedeutung als bei Mitunterzeichnung und Verantwortungsübernahme für den Prospekt.
[75] Zu High-Yield-Anleihen siehe § 5 III. 1. d) bb).
[76] Zu den Grenzen der Zulässigkeit solcher Covenants siehe *Fleischer,* ZIP 1998, 313; *Kusserow/Dittrich,* WM 2000, 745 (749 ff.).
[77] Zu Emissionsprogrammen vgl. § 5 II. 2.

man Rahmenbedingungen, unter denen in mehreren Tranchen über einen längeren Zeitraum hinweg je nach Kapitalbedarf des Emittenten wiederholt Anleihen begeben werden.

Im Gegensatz zu Aktienemissionen wird bei Anleihen häufig ein fester Preis vereinbart, der mitunter im Zuge eines so genannten Tender-Verfahrens, also einer Auktion der Transaktion unter interessierten Investmentbanken, festgelegt wird. Hierzu werden nach Vorbereitung der Dokumentation durch den Emittenten und seinen anwaltlichen Berater kurzfristig mehrere Investmentbanken eingeladen, einen Preis zu bieten, den sie bei Mandatierung für die Anleihen zahlen würden. Je nach dem gebotenen Preis werden ein oder mehrere Investmentbanken im Anschluss mit der Platzierung der Anleihe beauftragt und im Übernahmevertrag der von ihr gebotene Preis vereinbart.[78] Alternativ kann das Tender-Verfahren auch durch eine bereits beauftragte Emissionsbank unter interessierten Investoren durchgeführt werden.

Je nach der Art der angesprochenen Investoren[79] wird im Übernahmevertrag vereinbart, ob die Anleihe im Nachgang zur Platzierung an einer Börse zum Handel zugelassen werden soll und ob dies eine aufschiebende Bedingung für das Settlement, also die Überweisung des Emissionserlöses von der Emissionsbank an den Emittenten, sein soll. Daneben enthält der Vertrag in der Regel Bedingungen und Rücktrittsrechte der Emissionsbank.

VII. Ausgestaltung bei aktienverwandten Produkten

1. Inhalt

Aktienverwandte Produkte (Equity-Linked-Instrumente) sind insbesondere die in § 221 AktG geregelten Wandel- und Optionsanleihen. Des Weiteren zählen Umtauschanleihen dazu, dh Anleihen, die von einem Altaktionär, häufig seinerseits eine börsennotierte Aktiengesellschaft, ausgegeben werden und zum Umtausch in von ihm gehaltene Aktien einer dritten Gesellschaft berechtigen.[80] Die Ausgestaltung des Übernahmevertrags[81] ähnelt typischerweise dem für herkömmliche Anleihen. Vertragsparteien sind der Emittent bzw. bei Umtauschanleihen der verkaufende Aktionär, und die Emissionsbank. Der Vertrag wird entweder kurz vor Beginn des Angebots, das in der Regel im Wege des Accelerated Bookbuildings erfolgt, oder unmittelbar nach seinem Abschluss abgeschlossen. Bei Vertragsschluss vor Beginn des Angebots ist zur Festlegung des Preises und des endgültigen Volumens erforderlich, dass ergänzend eine Preisfestsetzungsvereinbarung zwischen den Parteien des Übernahmevertrags abgeschlossen wird. Da sich bei einer Umtauschanleihe die Kenntnisse des verkaufenden Altaktionärs häufig auf die öffentlich verfügbaren Informationen beschränken, ähneln die von ihm abzugebenden Garantien und Verpflichtungen denen beim Block Trade.

---

[78] Auktionsverfahren zur Auswahl der Emissionsbank(en) wurden in der Vergangenheit teilweise auch bei Aktienemissionen durchgeführt, vgl. hierzu *Schlitt/Singhof/Schäfer*, BKR 2005, 251 (259) und Habersack/Mülbert/Schlitt/*Haag*, Unternehmensfinanzierung am Kapitalmarkt, § 29 Rn. 20.
[79] Fondsgesellschaften etwa dürfen häufig aufgrund interner Beschränkungen, nur in eine bestimmte Art Wertpapiere, zB ausschließlich in börsennotierte Anleihen, investieren.
[80] Ausführlich zu aktienverwandten Produkten § 6.
[81] Zum Übernahmevertrag bei aktienverwandten Emissionen siehe Habersack/Mülbert/Schlitt/*Schlitt/Schäfer*, Unternehmensfinanzierung am Kapitalmarkt, § 30.

2. Besonderheiten bei Emission über eine (ausländische) Finanzierungsgesellschaft

Wandel- und Optionsanleihen werden aus steuerlichen Gründen bisweilen nicht unmittelbar von einer deutschen Aktiengesellschaft ausgegeben, sondern über eine meist erst zu diesem Zweck gegründete Tochtergesellschaft, die ihren Sitz in einem steuerlich günstigeren Staat wie den Niederlanden oder Luxemburg hat, emittiert. Sie ist als Emittent und die deutsche Muttergesellschaft als Garant am Übernahmevertrag mit der Emissionsbank beteiligt. Da die deutsche Aktiengesellschaft hinter der Begebung steht und die Anleihe zur Wandlung in Aktien der deutschen Muttergesellschaft berechtigt, gibt sie als Garant umfangreichere Garantien ab als die ausländische Tochtergesellschaft, die im Regelfall außer der Begebung der Anleihe keinen weiteren Geschäftsgegenstand und keinen Einblick in die Geschäftstätigkeit der Muttergesellschaft hat. So beziehen sich die Garantien des Garanten nicht nur auf die eigene Leistungsfähigkeit, sondern auch auf die ordnungsgemäße Errichtung der Finanztochter und die wirksame Begebung der Anleihe. Sowohl der Emittent als auch der Garant stellen die Emissionsbank von Ansprüchen, die aus einer nicht zutreffenden Garantie entstehen und, sofern ein Prospekt veröffentlicht wird, von etwaigen Prospekthaftungsansprüchen von Investoren frei.

Neben dem Übernahmevertrag sind bei einer indirekten Wandelschuldverschreibungsemission weitere Dokumente erforderlich, damit die Anleihe in den Anwendungsbereich des § 221 AktG fällt und sicher gestellt ist, dass den Anforderungen des § 194 Abs. 1 S. 2 AktG auch in dieser Konstellation Genüge getan ist.[82] Bei diesen Dokumenten, deren Abschluss häufig eine im Übernahmevertrag vereinbarte Bedingung für die Überweisung des Emissionserlöses durch die Emissionsbank ist, handelt es sich um eine Garantie der Muttergesellschaft zugunsten der Anleihegläubiger, eine Verpflichtungserklärung der Muttergesellschaft zur Einräumung von Wandlungsrechten zu Gunsten der Anleihegläubiger, einen Darlehensvertrag der Tochtergesellschaft mit der Muttergesellschaft sowie einen Abtretungsvertrag der Tochtergesellschaft gegenüber den Anleihegläubigern. Da die Anleihegläubiger noch nicht feststehen, werden die in der Garantie, der Verpflichtungserklärung und dem Abtretungsvertrag ihnen gegenüber abzugebenden Willenserklärungen einer Bank[83] gegenüber erklärt, die aufgrund einer in den Emissionsbedingungen enthaltenen Ermächtigung für Rechnung der Anleihegläubiger handelt.

---

[82] Zur indirekten Begebung von Equity-Linked-Anleihen vgl. § 6 II. 5., VI. 2.; Habersack/Mülbert/Schlitt/*Schlitt/Hemeling*, Unternehmensfinanzierung am Kapitalmarkt, § 12 III.

[83] Dabei handelt es sich in der Regel um die Bank, die während der Laufzeit der Anleihe auch die Funktion der Umtauschstelle erfüllt. Diese kann, muss aber nicht identisch mit der Emissionsbank sein.

§ 9. Konsortialvertrag

Literatur: *Assmann*, ZHR 1988, 371; Beck'sches Hdb-PersGes/*Bärwaldt*, 3. Auflage (2009), § 20, Rn. 71 ff.; *De Meo*, Bankenkonsortien (1994); BuB/*Groß*, Bd. 5 (2003), Rn. 10/26 ff. und 10/321a ff.; *Hopt*, Die Verantwortlichkeit der Banken bei Emissionen (1991); Marsch-Barner/Schäfer/*Meyer*, Handbuch börsennotierte AG, 2. Auflage (2009), § 7, Rn. 184 ff.; *C. Schäfer*, ZGR 2008, 455; Habersack/Mülbert/Schlitt/*Schücking*, Unternehmensfinanzierung am Kapitalmarkt, 3. Auflage (2013); MünchHdb-GesR/*Schücking*, Bd. 1, 3. Aufl. (2009), § 32; *Singhof*, Die Außenhaftung von Emissionskonsorten für Aktieneinlagen (1998).

I. Begriff und Funktion

1. Begriff

Kapitalmarkttransaktionen werden in aller Regel von einer oder mehreren Investmentbanken begleitet, die den Emittenten, also die emittierende Gesellschaft, im Vorfeld berät, die Wertpapiere übernimmt, bei Neuemissionen sie zeichnet und am Kapitalmarkt platziert. Es handelt sich dann um eine sogenannte Fremdemissionen, dh der Emittent begibt die Wertpapiere nicht unmittelbar an die Anleger. Statt dessen greift der Emittent sowohl auf das Know-how der Investmentbanken als auch auf deren Vertriebsnetz zurück. Der Zusammenschluss mehrerer Emissionsbanken für Zwecke der Begleitung einer Kapitalmarkttransaktion unter Führung einer oder mehrerer der beteiligten Banken, dem oder den sogenannten Konsortialführern, wird als Emissionskonsortium, die einzelnen beteiligten Banken als Konsortialbanken oder Konsorten bezeichnet.[1]

2. Funktion

Insbesondere bei großvolumigen, in vielen verschiedenen Staaten zu platzierenden Wertpapieremissionen, aber auch bei einem erhöhten Risiko, etwa bei erwarteter schwacher Nachfrage nach den Wertpapieren, wird häufig nicht nur eine Konsortialbank, sondern ein Emissionskonsortium vom Emittenten beauftragt, um das Übernahmerisiko auf mehrere Banken zu verteilen und ihre Finanzkraft zu bündeln.[2] Bei der Zusammenstellung des Konsortiums wird regelmäßig darauf geachtet, dass sich die verschiedenen Stärken der beteiligten Banken zur Erschließung eines möglichst breiten Anlegerpublikums wechselseitig ergänzen. Daneben können auch Gesichtspunkte wie die Pflege von Geschäftsbeziehungen eine Rolle spielen.

Der Konsortialvertrag regelt die Rechtsverhältnisse zwischen den Konsorten. Er wird auch als Agreement among Managers oder Agreement among Underwriters bezeichnet.

---

[1] Auch bei der Gewährung von großen Krediten schließen sich Banken häufig zu Konsortien zusammen, sogenannte Kreditkonsortien; Habersack/Mülbert/Schlitt/*Schücking*, Unternehmensfinanzierung am Kapitalmarkt, § 32 Rn. 1.

[2] Beck'sches Hdb-PersGes/*Bärwaldt*, Rn. 71; *C. Schäfer*, ZGR 2008, 455 (489).

II. Rechtliche Rahmenbedingungen

Die Übernahme des Platzierungsrisikos von Wertpapieren ist gemäß § 1 Abs. 1 S. 2 Nr. 10 KWG, die Übernahme zur Platzierung im eigenen Namen, aber auf fremde Rechnung gemäß § 1 Abs. 1 S. 2 Nr. 4 KWG ein Bankgeschäft. Handelt das Konsortium nicht im eigenen Namen, sondern in offener Stellvertretung für den Emittenten, erbringt es eine Finanzdienstleistung nach § 1 Abs. 1a S. 2 Nr. 2 KWG. Gleiches gilt im Falle der Anschaffung und Veräußerung für eigene Rechung als Dienstleistung für andere (Eigenhandel) nach § 1 Abs. 1a S. 2 Nr. 4 KWG. Konsortialbanken können daher aus aufsichtsrechtlichen Gründen nur deutsche Kreditinstitute mit Bankerlaubnis oder ausländische Kreditinstitute mit einem so genannten Europäischen Pass sein (§§ 32, 53, 53b KWG). Die gleiche Voraussetzung findet sich in § 186 Abs. 5 AktG, der die Voraussetzungen für die Zulässigkeit einer mittelbaren Bezugsrechtsemission regelt.[3] Ist eine Börsenzulassung der Wertpapiere in Deutschland geplant, bestimmt § 32 Abs. 2 BörsG, dass es sich bei den den Zulassungsantrag stellenden Kreditinstituten zudem um solche handeln muss, die an der betreffenden Börse als Handelsteilnehmer zugelassen sind und ein haftendes Eigenkapital im Gegenwert von 730.000 EUR nachweisen können.

Da sich die Konsortialbanken für Zwecke einer Transaktion zu den gleichen Bedingungen zur Übernahme der Wertpapiere verpflichten, wäre grundsätzlich auch an eine Anwendung kartellrechtlicher Vorschriften zu denken. Kreditinstitute als Emissionskonsorten sind jedoch gesetzlich durch § 37 Abs. 3 S. 1 GWB privilegiert und unterliegen daher keinem Kartellverbot.[4]

Neben dem Bankaufsichtsrecht spielt vor allem das Kapitalmarktrecht eine Rolle, das den Emissionsbanken bestimmte Organisationspflichten, insbesondere zur Vermeidung von Interessenkonflikten,[5] auferlegt. Hinzu können Melde- und Veröffentlichungspflichten nach dem WpHG treten, je nach Art und Dauer des Haltens der übernommenen Wertpapiere und des übernommenen Anteils an der Gesamtzahl der Stimmrechte.[6]

III. Struktur

1. Einheitskonsortium

Der Regelfall des Emissionskonsortiums ist das so genannte Einheitskonsortium.[7] Im Gegensatz zu einem Übernahmekonsortium, bei dem sich die Banken lediglich zur Übernahme der Aktien verpflichten, die sie im Anschluss entweder selbst halten oder an ein Begebungskonsortium verkaufen, und einem Begebungskonsortium, bei dem die Banken die Wertpapiere im eigenen Namen auf Rechnung des Emittenten als

---

[3] Zur mittelbaren Bezugsrechtsemission vgl. § 3 I. 3. b).
[4] Habersack/Mülbert/Schlitt/*Schücking*, Unternehmensfinanzierung am Kapitalmarkt, § 32 Rn. 83.
[5] *Spindler/Kasten*, AG 2006, 785 ff. mwN.
[6] Vgl. Habersack/Mülbert/Schlitt/*Schücking*, Unternehmensfinanzierung am Kapitalmarkt, § 32 Rn. 88.
[7] *C. Schäfer*, ZGR 2008, 455 (489).

Verkaufskommissionär anbieten, verpflichten sich die Banken im Einheitskonsortium kumulativ zur Übernahme und Platzierung bei den Investoren.[8]

2. Einheitsvertrags-Konsortium

Vertragstechnisch könnte theoretisch jede einzelne der Konsortialbanken mit dem Emittenten einen gesonderten Vertrag abschließen, da sie parallel jeweils eine bestimmte Quote der Wertpapiere übernehmen und platzieren. In der Praxis wird jedoch in aller Regel ein Einheitsvertrag geschlossen, dh ein Übernahmevertrag aller beteiligten Konsorten mit dem Emittenten.[9] Zur Vereinfachung der Abläufe wird dieser teilweise vom Konsortialführer[10] in Stellvertretung aller Konsortialbanken unterzeichnet.

3. Außenkonsortium

Handelt der Konsortialführer nach außen, also gegenüber dem Emittenten und den Anlegern, im eigenen Namen und nur für Rechnung der übrigen Konsorten, spricht man von einem Innenkonsortium.[11] Praktisch spielen Innenkonsortien aus verschiedenen Gründen, nicht zuletzt wegen der von allen Konsorten gewünschten Öffentlichkeitswirkung, die sie mit ihrer Außenbeteiligung am Konsortium erreichen, keine Rolle. Der Konsortialführer handelt regelmäßig auch im Namen der übrigen Konsorten. Man spricht dann von einem Außenkonsortium.[12]

4. Praxis zur Vermeidung eines Pflichtangebots nach dem WpÜG

Zeichnet bei Aktienemissionen der Konsortialführer Aktien im Namen des Konsortiums statt im Namen jeder einzelnen Konsortialbank, wird sehr vereinzelt angenommen, dass nach § 30 Abs. 2 WpÜG die von allen Konsorten gehaltenen Stimmrechte am Emittenten zusammenzurechnen sind *(acting in concert)*.[13] Würde man dieser Ansicht folgen, würde bei Erreichen der Schwelle von 30 % der Stimmrechte grundsätzlich eine Pflicht der Konsorten zur Abgabe eines Pflichtangebots gegenüber allen Aktionären des Emittenten auf den Erwerb aller Aktien resultieren, von der die Konsorten eine Befreiung nach § 2 Abs. 5 WpÜG iVm § 20 WpÜG beantragen müssten.[14] Um dies zu vermeiden, tritt das Konsortium im Rechtsverkehr in der Regel nicht als solches auf.[15] Willenserklärungen werden von den Konsortialführern im eigenen Namen sowie im Namen der Mitkonsorten abgegeben und die gesamtschuldnerische Haftung, die Bildung von Konsortialvermögen sowie ein abgestimm-

---

[8] *De Meo*, Rn. 17 ff.; Habersack/Mülbert/Schlitt/*Schücking*, Unternehmensfinanzierung am Kapitalmarkt, § 32 Rn. 21.
[9] Habersack/Mülbert/Schlitt/*Schücking*, Unternehmensfinanzierung am Kapitalmarkt, § 32 Rn. 40/41.
[10] Siehe zur Binnenstruktur von Emissionskonsortien unten III. 5.
[11] BuB/*Groß*, Bd. 5, 2003, Rn. 10/41.
[12] BuB/*Groß*, Bd. 5, 2003, Rn. 10/321 b.
[13] *Berger*, AG 2004, 592 ff.; richtigerweise ist jedoch allein der Abschluss eines Übernahmevertrags und die Übernahme der dort typischerweise geregelten Pflichten nicht als Acting in Concert anzusehen.
[14] Siehe hierzu auch § 8 IV. 2. f).
[15] Habersack/Mülber/Schlitt/*Schücking*, Unternehmensfinanzierung am Kapitalmarkt, § 32, Rn. 89/90.

tes Verhalten in Bezug auf den Emittenten, insbesondere die Ausübung von Stimmrechten, insgesamt ausgeschlossen.

5. Binnenstruktur des Konsortiums

a) Konsortialführer

Als Konsortialführer *((joint) lead managers)* werden die Konsorten bezeichnet, die den größten Teil der Wertpapiere übernehmen. Sie haben eine hervorgehobene Position im Konsortium und führen das Orderbuch, in das die Gebote von Investoren zum Kauf der Wertpapiere eingetragen und auf dessen Grundlage häufig Preis und Volumen der Transaktion bestimmt werden (in dieser Funktion *(joint) global bookrunners* genannt). Darüber hinaus koordinieren sie über ihre Syndikatsabteilungen das Zusammenwirken der Konsorten, insbesondere bezüglich der Ansprache der Investoren, führen für alle Konsorten die Due Diligence, dh die Prüfung der rechtlichen und wirtschaftlichen Verhältnisse des Emittenten zwecks ausreichender Aufklärung der Anleger durch, und sind maßgeblich an der Erstellung der Angebotsdokumente beteiligt (in dieser Funktion *(joint) global coordinators* genannt). Ihre herausgehobene Rolle wird im Prospekt sowie den weiteren Vermarktungsdokumenten entsprechend betont. Sie führen die erforderlichen Gespräche mit dem Vorstand des Emittenten und partizipieren in der Regel überproportional an den vereinbarten Provisionen. Werden bei Anleiheemissionen Sicherheiten bestellt, werden häufig die Konsortialführer als Sicherheitentreuhänder eingesetzt.[16] Sind mehrere Konsortialführer beteiligt, stimmen diese die Aufgabenverteilung bei der Transaktion häufig zu Beginn der Transaktion in einer gemeinsamen Erklärung *(memorandum of understanding)* ab.[17]

b) Übrige Konsortialbanken

Die übrigen Konsortialbanken, meist als Co-Manager bezeichnet, werden häufig erst in einem späten Stadium der Transaktion von den Konsortialführern in Abstimmung mit dem Emittenten angesprochen. Dies geschieht zumeist durch ein so genanntes *Invitation Telex*.[18] Das Invitation Telex enthält in der Regel lediglich in aller Kürze Informationen zur Struktur der Emission und der Zusammensetzung des Emissionskonsortiums. Es wird ergänzt durch die so genannten Technischen Richtlinien, die über das unter den Banken genutzte elektronische Informationssystem der Wertpapiermitteilungen alle involvierten Banken in Kurzform über die Vereinbarungen mit dem Emittenten zur Platzierung informieren. Rechtlich ist das Invitation Telex als Vorvertrag zum Abschluss eines Konsortialvertrags zu qualifizieren, der im Wege des kaufmännischen Bestätigungsschreibens zu Stande kommt.[19]

Hauptaufgabe der übrigen Konsortialbanken ist die Übernahme eines Teils des Platzierungsrisikos in Höhe ihrer Übernahmequote. Entweder zeichnen sie bei der Emission neuer Wertpapiere in Höhe ihrer Quote selbst bzw. kaufen bei der Übernahme bereits existierender Wertpapiere diese unmittelbar vom Verkäufer. Alternativ wird häufig das gesamte Emissionsvolumen zunächst von den Konsortialführern

---

[16] Habersack/Mülbert/Schlitt/*Schücking*, Unternehmensfinanzierung am Kapitalmarkt, § 32 Rn. 10.
[17] Siehe dazu Marsch-Barner/Schäfer/*Meyer*, § 8 Rn. 195.
[18] Siehe dazu auch BuB/*Groß*, Bd. 5, 2003 Rn. 10/322a.
[19] Habersack/Mülbert/Schlitt/*Schücking*, Unternehmensfinanzierung am Kapitalmarkt, § 32 Rn. 43.

gezeichnet bzw. gekauft und nur für den Fall, dass die Platzierungsbemühungen fehlschlagen, eine Pflicht der übrigen Konsorten zum Kauf der nicht abgesetzten Wertpapiere von den Konsortialführern vereinbart. Aufgrund ihrer geringeren Einbindung in den Prozess können sich die Konsortialbanken im Hinblick auf die Durchführung der Due Diligence und die Richtigkeit und Vollständigkeit der Angebotsdokumente, insbesondere des Prospektes, auf den oder die Konsortialführer verlassen. Daher ist es bei der (zuweilen praktizierten) Auswahl aller Konsortialbanken durch den Emittenten im Zuge einer Auktion der (bereits vollständig vorbereiteten) Transaktion ratsam, die in die Vorbereitung der Auktion einbezogene Bank, die in der Regel allein die Due Diligence durchgeführt hat und an der Erstellung der Angebotsdokumente beteiligt war, jedenfalls als einen der Konsortialführer ins Konsortium zu berufen.[20]

IV. Rechtsnatur des Emissionskonsortiums

Nach ganz herrschender Meinung sind Emissionskonsortien als Gesellschaften bürgerlichen Rechts nach §§ 705 ff. BGB zu qualifizieren.[21] Denn die Konsorten verfolgen den gemeinsamen Zweck der Übernahme und Platzierung der Wertpapiere. Diese Qualifizierung wird in vielen Übernahmeverträgen[22] explizit ausgeschlossen oder zumindest alle wesentlichen Bestimmungen über die Gesellschaft bürgerlichen Rechts vertraglich abbedungen.[23] Im Hinblick auf die vielfältigen im Zusammenhang mit einer Transaktion vorzunehmenden Tätigkeiten und zu unterzeichnenden Dokumente wird den Konsortialführern die alleinige Geschäftsführungsbefugnis und Vertretungsmacht für alle Konsorten eingeräumt. Hierdurch wird das dispositive Prinzip der Gesamtgeschäftsführung nach § 709 BGB durch die Alleingeschäftsführungsbefugnis der Konsortialführer ersetzt.[24] Insbesondere zur Vermeidung eines Pflichtangebots[25] wird darüber hinaus die Bildung von Gesamthands- oder Bruchteilseigentum ausgeschlossen.[26] Lediglich die Haftungserleichterung des § 708 BGB (eigenübliche Sorgfalt) ist eine in der Praxis willkommene gesetzliche Folge der Qualifikation als Gesellschaft bürgerlichen Rechts.[27] Da die Bildung von Gesamthandseigentum

---

[20] Zur Auktion der Rolle der Konsorten unter eingeladenen Investmentbanken siehe *Schlitt/Singhof/Schäfer*, BKR 2005, 251 (259).
[21] Beck'sches Hdb-PersGes/*Bärwaldt*, § 20 Rn. 74; *C. Schäfer*, ZGR 2008, 455 (490); *Assmann*, ZHR 152 (1988), 371, 374 mwN; kritisch: Marsch-Barner/Schäfer/*Meyer*, § 8 Rn. 193; BuB/*Groß,* Bd. 5, 2003 Rn. 10/32 ff. Eine andere Auffassung im juristischen Schrifttum qualifiziert den Übernahmevertrag, durch den das Emissionskonsortium maßgeblich nach außen auftritt, lediglich als Abschluss paralleler (Kauf)verträge mit Nebenabreden in einem Dokument, vgl. *Westermann*, AG 1967, 285 mwN.
[22] So etwa im Standard-Konsortialvertrag der ICMA (International Capital Market Association); vgl. ICMA-Handbook, Loseblattsammlung, Standard Documentation I, AAM Version 1, Page 9.
[23] Siehe hierzu auch *Assmann*, ZHR, 152 (1988), 371, 377; *De Meo*, Rn. 87 ff.; Habersack/Mülbert/Schlitt/*Schücking*, Unternehmensfinanzierung am Kapitalmarkt, § 32 Rn. 31 ff.
[24] Vgl. auch *De Meo*, Rn. 149; *C. Schäfer*, ZGR 2008, 455 (493).
[25] Siehe hierzu oben unter III. 4.
[26] Daneben dient der Ausschluss von Gesamthands- und Bruchteilseigentum auch dazu, den Konsorten eine möglichst weitgehend freie Verfügungsmöglichkeit über ihre Quote zu gewähren und dazu § 719 Abs. 1 BGB bzw. § 747 S. 2 BGB auszuschließen, siehe auch *De Meo*, Rn. 265 ff.
[27] Die herrschende Meinung hält § 708 BGB für anwendbar, nach einer Mindermeinung soll für die Konsortialführer hingegen der Sorgfaltsmaßstab eines ordentlichen Kaufmanns gelten, zum Meinungsstand siehe *De Meo*, Rn. 217 ff.

typischerweise ausgeschlossen ist, ist das Emissionskonsortium als Gesellschaft bürgerlichen Rechts nicht rechtsfähig.[28]

Regelmäßig ist im Übernahmevertrag eine gesamtschuldnerische Haftung der Konsortialbanken ausgeschlossen. Im Hinblick auf das unter Umständen hohe Übernahmerisiko wird die Haftung jedes Konsorten ausdrücklich einzelschuldnerisch und, in Abweichung von §§ 706 Abs. 1, 709, 718 BGB, stattdessen quotal begründet.[29] Handelt es sich um ein Emissionskonsortium zur Übernahme neuer Aktien (Kapitalerhöhung) und zeichnet der Konsortialführer im Namen des Konsortiums die neuen Aktien, ist ein im Übernahmevertrag enthaltener Ausschluss der gesamtschuldnerischen Haftung nach Ansicht des Bundesgerichtshofs jedoch wegen Unvereinbarkeit mit den aktienrechtlichen Kapitalschutzbestimmungen unwirksam.[30] Um dieses Ergebnis zu vermeiden, zeichnet der Konsortialführer entweder im eigenen Namen und verkauft nicht platzierte Aktien im Anschluss an die übrigen Konsorten, oder jede Konsortialbank zeichnet ihre Quote.[31] Ist letzteres der Fall, ist es zur Vereinfachung der Abwicklung gängige Praxis, dass die übrigen Konsorten die Konsortialführer zur Zeichnung in Höhe ihrer Übernahmequote bevollmächtigen und der Zeichnungsschein allein durch die Konsortialführer quotal im eigenen Namen und im Namen der übrigen Konsorten ausgestellt wird.

V. Form des Konsortialvertrags

1. Standardisierung

Der Konsortialvertrag, der in der Regel schriftlich die rechtlichen Verhältnisse der Konsortialbanken untereinander fixiert, ist in der Praxis weitgehend standardisiert. Bei Anleiheemissionen ist die Verwendung des Muster der ICMA (International Capital Market Association) weit verbreitet. Für Aktienemissionen und die Emission aktienverwandter Produkte konnte sich eine solch weitgehende Standardisierung nicht durchsetzen,[32] da der Konsortialvertrag vielfach auf den Übernahmevertrag Bezug nimmt und regelmäßig dem gleichen nationalen Recht wie der Übernahmevertrag unterworfen wird. Jedoch hat sich unter den internationalen Investmentbanken, die im Emissionsgeschäft tätig sind, ein dem anglo-amerikanischen Rechtskreis entspringender Standard in Aufbau und Formulierung von Konsortialverträgen herausgebildet, so dass auch bei Emissionen deutscher Gesellschaften der Konsortialvertrag in aller Regel in englischer Sprache, freilich unter Berücksichtigung der Besonderheiten des deutschen Rechts, verfasst ist. Er wird in der Regel vom Rechtsberater des Emissionskonsortiums, der in einem frühen Stadium der Transaktion von den Konsortialführern beauftragt wird, entworfen.

---

[28] BGHZ 146, 341; BGHZ 154, 88 (94 f.); Habersack/Mülbert/Schlitt/*Schücking,* Unternehmensfinanzierung am Kapitalmarkt, § 32 Rn. 28.
[29] Siehe auch *De Meo,* Rn. 63.
[30] BGHZ 118, 83 (99); *C. Schäfer,* ZGR 2008, 455 (493/494); umfassend hierzu Marsch-Barner/Schäfer/*Meyer,* § 8 Rn. 116 ff.
[31] Sog „Auftragsmodell"; siehe auch Beck'sches Hdb-PersGes/*Bärwaldt,* § 20 Rn. 86.
[32] *C. Schäfer,* ZGR 2008, 455 (491).

2. Zeitpunkt des Vertragsschlusses

Der Konsortialvertrag wird regelmäßig kurz vor Beginn der Angebotsfrist und spätestens kurz vor Unterzeichnung des Übernahmevertrags abgeschlossen. Hintergrund hierfür ist, dass das Konsortium gebildet sein muss, bevor der Übernahmevertrag abgeschlossen wird. Die Konsortialführer werden häufig im Konsortialvertrag von den übrigen Konsorten zur Abgabe von Willenserklärungen, insbesondere zum Abschluss des Übernahmevertrags, bevollmächtigt.

VI. Inhalt des Konsortialvertrags

1. Verteilung von Provisionen und Kosten

Der Konsortialvertrag regelt die Rechtsbeziehungen der Konsorten untereinander.[33] Da die Rechte und Pflichten der Konsortialbanken gegenüber den Emittenten im Übernahmevertrag mit dem Emittenten enthalten sind, ist es Aufgabe des Konsortialvertrags, die Stellung der einzelnen Konsorten diesbezüglich zu klären. So wird im Übernahmevertrag, in der Regel prozentual zum erzielten Gesamtemissionserlös, ein Recht der Konsorten auf den Erhalt von Provisionen und häufig auch bestimmter Auslagen begründet. Die Verteilung der Provisionen unter den Emissionsbanken, von denen regelmäßig der größte Teil den Konsortialführern zusteht, ist im Konsortialvertrag geregelt und reflektiert die Übernahme- und Platzierungsquote, dh die Höhe des von den einzelnen Konsorten übernommenen Risikos. Konsorten, die lediglich mit einer geringeren Übernahmequote an der Emission beteiligt sind, erhalten in der Regel keine Kostenerstattung, was im Konsortialvertrag klargestellt wird.

2. Bevollmächtigung des Konsortialführers

Im Hinblick auf die vielfältigen im Zusammenhang mit einer Transaktion vorzunehmenden Tätigkeiten und zu unterzeichnenden Dokumente wird den Konsortialführern die alleinige Geschäftsführungsbefugnis und Vertretungsmacht für alle Konsorten eingeräumt. Hinsichtlich der Geschäftsführungsbefugnis ergibt sich schon aus der Bezeichnung als Konsortialführer, dass dieser alleinige Geschäftsführungsbefugnis haben soll.[34] Bezüglich der Vollmacht ist in der Regel eine ausdrückliche Regelung vorgesehen. Da umstritten ist, inwiefern auch atypische Geschäfte der Konsortialführer von einer allgemeinen Vollmacht im Konsortialvertrag gedeckt sind, ist beim Entwurf eines Konsortialvertrags darauf zu achten, etwaige Besonderheiten des Einzelfalls ausdrücklich hervorzuheben und die übliche Vollmachtsklausel insofern zu erweitern.[35] Die Konsortialführer werden in der Regel auch zur Zeichnung der Wertpapiere in einer bestimmten Höhe bevollmächtigt. Handelt es sich um die Zeichnung von Aktien, ist frühzeitig mit dem Handelsregister zu klären, welche Nachweise über die Vertretungsmacht des Konsortialführers zur Zeichnung für Zwecke der Handelsregistereintragung der Kapitalerhöhung zu führen sind. Insbesondere wenn es sich

---

[33] Zu den Inhalten im Einzelnen siehe *Singhof,* S. 87 ff.
[34] Habersack/Mülbert/Schlitt/*Schücking,* Unternehmensfinanzierung am Kapitalmarkt, § 32 Rn. 48, 70.
[35] Zur umstrittenen Reichweite der Vertretungsmacht siehe *De Meo,* Rn. 234 ff.

um ausländische Konsortialbanken handelt, kann der Nachweis der Vertretungsmacht mangels Erhältlichkeit eines die Vollmacht ausweisenden Handelsregisterauszugs die Vorlage mehrerer Dokumente, die gegebenenfalls notariell zu beglaubigen und zu apostillieren sind, erfordern.

3. Ausfallhaftung

Ergänzend zum Übernahmevertrag, in dem die Übernahmepflicht der einzelnen Konsorten ausdrücklich einzelschuldnerisch vereinbart wird, wird im Konsortialvertrag die betragsmäßige Haftung der Konsorten bei Ausfall einer Konsortialbank ergänzend in näheren Einzelheiten geregelt. An dieser Stelle wird üblicherweise die im Übernahmevertrag enthaltene so genannte Step-up-Klausel[36] aufgegriffen. Enthält der Übernahmevertrag keine Regelung, besteht gegenüber dem Emittenten eine unbeschränkte Nachschusspflicht der übrigen Konsorten, die sich nach (wohl noch) herrschender Meinung aus § 735 BGB analog,[37] nach einer anderen Ansicht aus §§ 713, 670, 257 BGB ergibt.[38]

4. Gewinn- und Verlustbeteiligung bei Stabilisierung

Vor allem bei Börsengängen, bei denen sich die Entwicklung des künftigen Aktienkurses besonders schwer absehen lässt, wird regelmäßig im Übernahmevertrag (s. § 8) mit dem Emittenten vereinbart, dass der Konsortialführer zur Ergreifung von Stabilisierungsmaßnahmen berechtigt ist. Führt der Konsortialführer nach Abschluss der Transaktion Stabilisierungsmaßnahmen durch, zB Käufe oder Verkäufe von Wertpapieren, entstehen ihm hierdurch Gewinne oder Verluste. Die Empfehlungen der International Capital Market Association sehen vor, dass diese Gewinne oder Verluste zwischen den Konsorten zu verteilen sind. Gelegentlich wünscht der Konsortialführer jedoch hiervon abweichend, Gewinne oder Verluste selbst zu tragen. Da nahezu alle relevanten Investmentbanken Mitglieder der ICMA sind, gilt nach deren internen Statuten mangels ausdrücklicher entgegenstehender Regelung eine Vermutung, dass sie ihren Geschäften die ICMA-Empfehlungen zu Grunde legen. Aus diesem Grund wird die von der ICMA-Empfehlung abweichende Verteilung der Stabilisierungserlöse, ebenso wie sonstige Abweichungen von den Empfehlungen, üblicherweise im Konsortialvertrag geregelt und die entsprechenden ICMA-Empfehlungen ausdrücklich abbedungen.

5. Risikoverteilung für den Fall der Prospekthaftung

Für den Fall, dass ein Anleger eine Konsortialbank aus Prospekthaftung in Anspruch nimmt, enthält der Konsortialvertrag eine Regelung zur Verteilung der Anspruchshöhe unter Berücksichtigung der Verantwortung für den Prospektmangel. So verpflichtet sich jede Konsortialbank, auf Grund deren Beitrags der Prospekt unrichtig oder unvollständig ist, alle übrigen Konsorten von ihnen hierdurch entstandenen Schäden freizustellen.[39] Lässt sich die Verantwortung nicht einer Konsortialbank

---

[36] Zur Step-up-Klausel im Übernahmevertrag siehe § 8 IV. 2. d).
[37] Zum Meinungsstreit siehe *Singhof*, S. 155 ff.; *De Meo*, Rn. 96 ff. mwN.
[38] Habersack/Mülbert/Schlitt/*Schücking*, Unternehmensfinanzierung am Kapitalmarkt, § 32 Rn. 54.
[39] Diese Verpflichtung bezieht sich insbesondere auf solche Schäden, die nicht schon aufgrund der im Übernahmevertrag mit dem Emittenten vereinbarten Haftungsfreistellungsverpflichtung vom Emittenten ersetzt werden, siehe hierzu § 8 IV. 1. f).

zuweisen, wird regelmäßig vereinbart, dass die den Konsorten entstandenen Schäden quotal von den Konsorten getragen und dementsprechend untereinander ausgeglichen werden.

6. Rechtswahlklausel

Regelmäßig wird in Konsortialverträgen die gleiche Rechtswahl wie im Übernahmevertrag getroffen. Da bei einer Kapitalerhöhung der Übernahmevertrag die zugehörige schuldrechtliche Vereinbarung ist und eine Kapitalerhöhung einer deutschen Aktiengesellschaft zwingend dem deutschem Recht als Gesellschaftsstatut unterliegt, wird für den Übernahmevertrag[40] und damit häufig auch für den Konsortialvertrag bei Aktienemissionen deutsches Recht vereinbart. Es ist umstritten, ob eine vertragliche Rechtswahl im Konsortialvertrag möglich ist, oder die Anknüpfung an den Sitz des Konsortiums zwingend ist.[41] Richtigerweise wird man ein vertragliches Wahlrecht der Konsorten bejahen müssen.[42] Der Sitz des Konsortiums als Anknüpfungspunkt wäre in der Praxis gerade bei einem internationalen Konsortium, dessen Mitglieder sich regelmäßig nur telefonisch oder per E-Mail austauschen, schwer bestimmbar und würde den Interessen der beteiligten Banken nicht Rechnung tragen.

VII. Änderung und Beendigung des Konsortialvertrags

1. Änderung des Konsortialvertrags

Eine Änderung des Konsortialvertrags bedarf grundsätzlich der Zustimmung aller Konsorten. Zwar wäre denkbar, im Konsortialvertrag eine Mehrheitsklausel vorzusehen, um Änderungen auch ohne Einstimmigkeit durchzusetzen, was insbesondere bei größeren Emissionskonsortien eine Erleichterung darstellen würde. An eine solche Klausel werden hinsichtlich der Beschreibung erfasster etwaiger Änderungen nach Art und Umfang im Schrifttum jedoch hohe Anforderungen gestellt (sog Bestimmtheitsgrundsatz).[43] In der Praxis wird das Mehrheitsprinzip nur in Ausnahmefällen vereinbart.

2. Zweckerreichung oder Unmöglichkeit

Als Gesellschaft bürgerlichen Rechts endet das Konsortium mit Zweckerreichung oder bei Unmöglichkeit nach § 726 BGB. Da Zweck des Zusammenschlusses zum Konsortium neben dem Hauptzweck der Übernahme der Wertpapiere in der Regel auch ihre Börseneinführung und die etwaige Durchführung von Stabilisierungsmaßnahmen, die aufgrund der Vorgaben der Verordnung (EG) Nr. 2273/2003 ohnehin zeitlich befristet sind, sein dürfte, ist das Konsortium in der Regel spätestens mit Abschluss der Stabilisierungsfrist beendet.[44]

---

[40] Marsch-Barner/Schäfer/*Meyer*, § 8 Rn. 177.
[41] Zum Meinungsstand Habersack/Mülbert/Schlitt/*Schücking*, Unternehmensfinanzierung am Kapitalmarkt, § 32 Rn. 37 sowie *Schücking*, WM 1996, 281 ff. mwN.
[42] So auch BuB/*Groß*, Bd. 5, 2003, Rn. 10/321a, Fn. 8; *Hopt*, Rn. 222.
[43] Siehe *De Meo*, Rn. 345 ff.
[44] BuB/*Groß*, Bd. 5, 2003, Rn. 10/321g; Habersack/Mülbert/Schlitt/*Schücking*, Unternehmensfinanzierung am Kapitalmarkt, § 32 Rn. 76; aA *De Meo*, S. 96.

3. Kündigung

Konsortialverträge enthalten in der Regel keine Kündigungsrechte einzelner Konsorten. Die Zusammenarbeit ist auf die Dauer des Geschäfts ausgelegt. Ein Ausscheren einzelner Konsorten würde die Durchführung der gesamten Transaktion gefährden. Eine Kündigung ist daher nur aus wichtigem Grund möglich, insbesondere bei Kündigung des Übernahmevertrags durch die Konsortialführer. Für den Fall der Kündigung eines einzelnen Konsorten wird hingegen regelmäßig eine Fortsetzungsklausel vereinbart (§ 736 BGB). In diesem Fall greift auch die mit dem Emittenten im Übernahmevertrag vereinbarte Step-up-Klausel, also die Ausfallhaftung der übrigen Konsorten für die Quote des ausgeschiedenen Konsorten ein.[45] Dabei handelt es sich für die übernehmenden Konsorten um eine Beitragserhöhung nach § 707 BGB.[46]

4. Fortgeltung einzelner Bestimmungen

In der Regel ist von einer stillschweigenden Befristung des Konsortiums auf die Dauer des Geschäfts nach § 723 Abs. 1 S. 2 BGB auszugehen. Jedoch kann die Fortgeltung einzelner vertraglicher Pflichten für einen längeren Zeitraum vereinbart werden, etwa die Befolgung von Verkaufsbeschränkungen oder die Einhaltung von Mitwirkungspflichten bei der Berichtigung des Prospekts, die üblicherweise vor dem Hintergrund der §§ 21 Abs. 1, 23 Abs. 2 Nr. 4 WpPG für einen Zeitraum von sechs Monaten nach Notierungsaufnahme vereinbart werden.

VIII. Annex: Sub-Underwriting

1. Begriff

Anders als der Begriff der Übernahme *(Underwriting)* beinhaltet ein Sub-Underwriting keine Pflicht zur Zeichnung von Wertpapieren. Vielmehr handelt es sich um eine Garantieerklärung einer Investmentbank *(sub-underwriter)*, eine bestimmte Anzahl zu platzierender Wertpapiere von einer Konsortialbank abzunehmen, wenn deren Absatzbemühungen bei den Investoren fehlschlagen.

2. Funktion

Mit Abschluss eines Sub-Underwriting-Vertrags wird das Übernahme- und Platzierungsrisiko der betreffenden Konsortialbank ganz oder teilweise auf den Sub-Underwriter übertragen. Der Sub-Underwriter erhält hierfür eine Gebühr, die seine Risikoübernahme widerspiegelt. Da er weder Verantwortung für die Angebotsdokumente übernimmt, noch in die unmittelbar mit dem Angebot verknüpften Platzierungsbemühungen eingebunden ist, liegt seine Gebühr jedoch unter der Provision der Konsortialbanken.

---

[45] Siehe dazu oben unter VI. 3. und § 8 IV. 2. d).
[46] *De Meo*, Rn. 378.

3. Rechtsform

Das Sub-Underwriting wird in der Regel schriftlich in einem Vertrag zwischen der betreffenden Konsortialbank und dem Sub-Underwriter abgeschlossen. Dabei kann auch eine andere Konsortialbank des Emissionskonsortiums als Sub-Underwriter agieren. Dies ist jedoch aufgrund der Risikokumulation, die hierdurch beim Sub-Underwriter entsteht, selten der Fall. Typischerweise ist Sub-Underwriter eine nicht am Emissionskonsortium beteiligte Bank, die unter Umständen die Wertpapiere in ihren eigenen Bestand übernehmen möchte.[47] Da der Verkauf der Wertpapiere an den Sub-Underwriter der wesentliche Vertragsgegenstand ist, ist ein Sub-Underwriting-Vertrag in der Regel als bedingter Kaufvertrag zu qualifizieren.

---

[47] Im Hinblick auf das Eintreten einer konsortialfremden Bank findet sich bisweilen im Übernahmevertrag mit dem Emittenten eine ausdrückliche Gestattung oder Untersagung von Sub-Underwriting-Vereinbarungen.

§ 10. Börsenrecht

Literatur: Habersack/Mülbert/Schlitt/*Trapp,* Unternehmensfinanzierung am Kapitalmarkt, 3. Auflage (2013), § 37 ; Marsch-Barner/Schäfer/*Dehlinger,* Handbuch börsennotierte AG, 2. Auflage (2009), § 11; Marsch-Barner/Schäfer/*Meyer,* Handbuch börsennotierte AG, 2. Auflage (2009), § 6; *Schlitt,* Die neuen Marktsegmente der Frankfurter Wertpapierbörse, AG 2003, 57; *Schlitt/Schäfer,* Der neue Entry Standard der Frankfurter Wertpapierbörse, AG 2006, 147; *Schlitt/Singhof/Schäfer,* BKR 2005, 251; *Weidlich/Dietz/Cammerer,* Nach der Neuregulierung des Open Market der Deutschen Börse: Notierungsmöglichkeiten für Unternehmen, GWR 2013, 39; *Funke,* Reaktion auf die Finanzmarktkrise – Teil 2: MiFID und MiFIR machen das Frühwarnsystem perfekt!, CCZ 2012, 54; *Salewski,* MAD II, MiFID II, EMIR und Co. – Die Ausweitung des europäischen Marktmissbrauchsregimes durch die neue Finanzmarktinfrastruktur, GWR 2012, 265.

I. Einführung

Börsen gibt es seit dem 12./13. Jahrhundert. Damals trafen sich Kaufleute auf Märkten und Messen, um durch die Konzentration von Angebot und Nachfrage ihre Handelskosten zu senken. Dies schuf Bedarf für ständige Austauschmöglichkeiten. Handelsgegenstand waren Waren sowie Geldsorten und Wechsel. Der börsliche Handel mit Waren ist noch immer möglich (vgl. § 2 Abs. 3 BörsG). Praktisch bedeutsamer als Warenbörsen sind heutzutage allerdings die Wertpapierbörsen (legaldefiniert in § 2 Abs. 2 BörsG). In Deutschland gibt es derzeit neun Wertpapierbörsen.[1] Unter ihnen nimmt die Frankfurter Wertpapierbörse (FWB) aufgrund der dort gehandelten Volumina eine herausragende Stellung ein.

II. Rechtsquellen

Rechtsquellen des Börsenrechts sind primär das Börsengesetz (BörsG), die Börsenzulassungsverordnung (BörsZulV), die Börsenordnungen (BörsO),[2] die Bedingungen für Geschäfte an der Börse und die allgemeinen Geschäftsbedingungen für den Freiverkehr. Das BörsG bildet zusammen mit der BörsZulV das bundesrechtliche Fundament für den inländischen Börsenhandel. Es enthält Bestimmungen zum Betrieb und zur Organisation von Börsen, zur Zulassung von Handelsteilnehmern, Finanzinstrumenten, Rechten und Wirtschaftsgütern zum Börsenhandel sowie zur Ermittlung der Börsenpreise (vgl. § 1 BörsG). Die Einzelheiten der Zulassung von Wertpapieren zum Börsenhandel (Voraussetzungen und Verfahren) regelt die BörsZulV. Sie wurde aufgrund der Ermächtigung in § 34 BörsG erlassen. Die BörsO und die Bedingungen für Geschäfte an der Börse erlässt der Börsenrat der jeweiligen Regio-

---

[1] Die Regionalbörsen Berlin, Düsseldorf, Frankfurt a. M., Hamburg, Hannover, München, Stuttgart (Baden-Württembergische Wertpapierbörse) sowie die Börsen Tradegate in Berlin und European Energy Exchange in Leipzig.
[2] Die zitierten Vorschriften der BörsO der FWB sind auf dem Stand vom 18.3.2013.

nalbörse. Die BörsO enthält Bestimmungen zur Organisation der Börse, zu den Handelsarten, zur Veröffentlichung der Preise, Kurse und der ihnen zugrunde liegenden Umsätze sowie eine Entgeltordnung für die Skontroführer (§ 16 Abs. 1 S. 2 BörsG). Die BörsO soll sicherstellen, dass die Börse die ihr obliegenden Aufgaben unter Beachtung der Interessen des Publikums erfüllen kann (§ 16 Abs. 1 S. 1 BörsG). Die Bedingungen für Geschäfte an der Börse treffen Regelungen zur Durchführung der Wertpapiergeschäfte.

III. Begriff der Börse

Die Einzelheiten des Börsenbegriffs waren lange umstritten.[3] Das BörsG bot zunächst keine Hilfestellung. Der Gesetzgeber hatte von einer Legaldefinition der Börse abgesehen, um ihre weitere Entwicklung nicht aufzuhalten. Eine Definition ist erst durch das im November 2007 in Kraft getretene Finanzmarkt-Richtlinie-Umsetzungsgesetz (FRUG)[4] erfolgt.

Danach sind Börsen teilrechtsfähige Anstalten des öffentlichen Rechts, die nach Maßgabe des BörsG multilaterale Systeme regeln und überwachen, die die Interessen einer Vielzahl von Personen am Kauf und Verkauf von dort zum Handel zugelassenen Wirtschaftsgütern und Rechten innerhalb des Systems nach festgelegten Bestimmungen in einer Weise zusammenbringen oder das Zusammenbringen fördern, die zu einem Vertrag über den Kauf dieser Handelsobjekte führt (§ 2 Abs. 1 BörsG).

IV. Organisation und Rechtsnatur der Börse

1. Börse und Börsenträger

Nach dem geltenden Organisationsgefüge ist die Veranstaltung des Börsenbetriebs „Staatsaufgabe".[5] Sie obliegt der Börse als solcher. Bereits nach herkömmlicher Auffassung ist die Börse eine teilrechtsfähige Anstalt des öffentlichen Rechts.[6] Da sie nicht vollrechtsfähig, vor allem nicht eigentumsfähig ist, bedarf sie eines sie ausstattenden Börsenträgers (dualistische Börsenorganisation).[7] Träger der Frankfurter Wertpapierbörse ist ua die Deutsche Börse AG, die ihrerseits börsennotiert

---

[3] Vgl. Schwark/Zimmer/*Beck,* § 1 BörsG, Rn. 2/3; Schäfer/Hamman/*Ledermann,* Vor § 1 BörsG, Rn. 4 ff., jeweils mwN; Kümpel/Wittig/*Seiffert,* Bank- und Kapitalmarktrecht, Rn. 4.23 ff.

[4] Gesetz zur Umsetzung der Richtlinie über Märkte für Finanzinstrumente (RiL 2004/39/EG, Markets in Financial Instruments Directive („MiFID")) und der Durchführungsrichtlinie (RiL 2006/73/EG) der Kommission (Finanzmarkt-Richtlinie-Umsetzungsgesetz), BGBl. I 2007, 1330.

[5] Kümpel/Wittig/*Seiffert,* Bank- und Kapitalmarktrecht, Rn. 4.21 Kümpel/*Hammen,* Börsenrecht, S. 105, c.

[6] Begr. RegE Viertes Finanzmarktförderungsgesetz, BT-Drs. 14/8017, 72, zu § 1, zu Abs. 2; *VGH Kassel,* NJW-RR 1997, 110 aE; Kümpel/Wittig/*Seiffert,* Bank- und Kapitalmarktrecht, Rn. 4.22.; aA – teilrechtsfähige Körperschaft des öffentlichen Rechts – *Breitkreuz,* Die Ordnung der Börse, 2000, S. 95 bb), S. 106/107 (6); siehe auch *Uppenbrink,* Die deutschen Wertpapierbörsen als Körperschaften des öffentlichen Rechts, 1963, S. 59 bis 61; wieder anders – tendenziell für eine privatrechtliche Börsenorganisation – *Claussen/Hoffmann,* ZBB 1995, 68 (72).

[7] Schäfer/Hamann/*Ledermann,* Vor § 1 BörsG, Rn. 33.

ist.[8] Mittlerweile werden auch sämtliche andere deutsche Regionalbörsen von Kapitalgesellschaften getragen.[9] Die Börse und ihr Träger werden daher auch als Public-Private-Partnerships bezeichnet.[10] Der Börsenträger beantragt bei der Börsenaufsichtsbehörde eine Erlaubnis (§§ 4 Abs. 1, 5 Abs. 1 S. 1 BörsG). Mit deren schriftlicher Erteilung ist er berechtigt, aber auch verpflichtet, eine Börse zu errichten und zu betreiben (§ 5 Abs. 1 S. 1 BörsG). In Erfüllung seiner Betriebspflicht muss der Träger die Börse mit den zur Durchführung und angemessenen Fortentwicklung des Börsenbetriebs erforderlichen finanziellen, personellen und sachlichen Mitteln ausstatten (§ 5 Abs. 1 S. 2 BörsG). Er ist die „Versorgungseinrichtung" der Börse,[11] ohne Einfluss auf das eigentliche Börsengeschehen nehmen zu dürfen.[12] Das Börsengesetz trennt strikt zwischen dem Börsenträger und der Börse. Marktveranstalterin ist allein die Börse. Da der Träger andererseits mit dem Börsenbetrieb beliehen ist,[13] muss man sich die Börse als „gesetzlich bestellte Substitutin" des betriebspflichtigen Börsenträgers vorstellen.[14] Angesichts seiner Betriebspflicht kann der Börsenträger auf die ihm erteilte Erlaubnis nicht einseitig verzichten.[15]

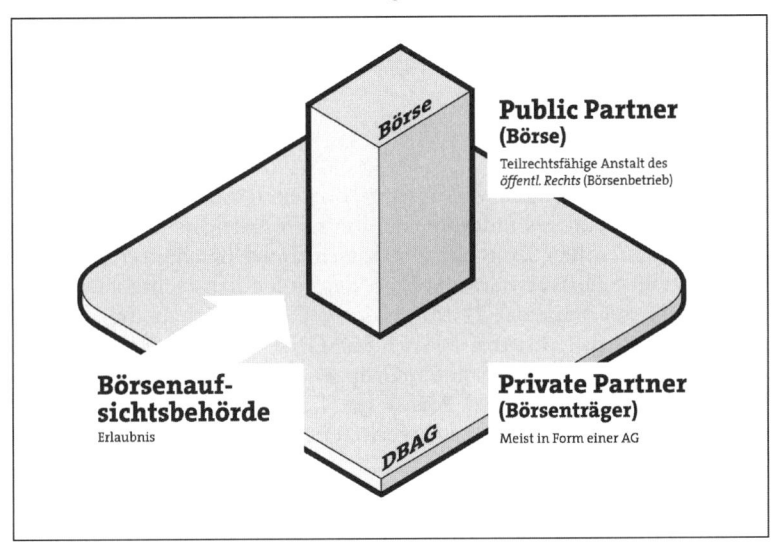

Grafik: Dualismus deutscher Börsen

---

[8] Neben dieser wird die FWB von der Scoach Europa AG getragen, deren Trägerschaft sich auf den Handel mit bestimmten strukturierten Produkten beschränkt (§ 3 Abs. 1 BörsO FWB). Die Scoach Europa AG ist ein Joint Venture zwischen der Deutsche Börse AG und der Swiss Infrastructure and Exchange.
[9] Abgesehen von der Baden-Württembergischen Wertpapierbörse ist Börsenträger jeweils eine Aktiengesellschaft. Die Wertpapierbörsen Hamburg und Hannover haben mit der BÖAG Börsen AG einen gemeinsamen Träger. Die Baden-Württembergische Wertpapierbörse wird von der Baden-Württembergischen Wertpapierbörse GmbH getragen, deren Alleingesellschafterin die Vereinigung Baden-Württembergische Wertpapierbörse e. V. ist.
[10] Kümpel/Wittig/*Seiffert*, Bank- und Kapitalmarktrecht, Rn. 4.126 ff.
[11] *Lenenbach*, Rn. 3.40 .
[12] Kümpel/Wittig/*Seiffert*, Bank- und Kapitalmarktrecht, Rn. 4.97; *Kümpel/Hammen*, Kapitalmarktrecht, S. 122.
[13] Begr. RegE Viertes Finanzmarktförderungsgesetz, BT-Drs. 14/8017, 72, zu § 1, zu Abs. 2.
[14] *Kümpel/Hammen*, Kapitalmarktrecht, S. 91/92, b.
[15] *Kümpel/Hammen*, Kapitalmarktrecht, S. 105. Kommt der Börsenträger seiner gesetzlichen Betriebspflicht nicht nach, kann die Börsenaufsichtsbehörde als ultima ratio künftig Beauftragte bestellen, die die Aufgaben der Börse auf Kosten des Trägers wahrnehmen, vgl. § 3 Abs. 10 BörsG; Begr. RegE Finanzmarkt-Richtlinie-Umsetzungsgesetz, BR-Drs. 833/06, 185, zu Abs. 10.

2. Organisation der Börse

a) Börsenorgane

Die Börse verfügt über eigene, von ihrem Träger unabhängige Börsenorgane. Organe der Börse sind die Börsengeschäftsführung, der Börsenrat, die Handelsüberwachungsstelle und gegebenenfalls ein Sanktionsausschuss.

aa) Börsengeschäftsführung

Die Börsengeschäftsführung liegt in den Händen hauptberuflicher Geschäftsführer, die für maximal fünf Jahre bestellt werden. Ihre erneute Bestellung ist möglich (§ 15 Abs. 1 S. 4 BörsG). Die Geschäftsführung leitet die Börse eigenverantwortlich (§ 15 Abs. 1 S. 1 BörsG). Die Geschäftsführer vertreten die Börse gerichtlich und außergerichtlich, sofern nicht der Börsenträger zuständig ist (§ 15 Abs. 3 S. 1 BörsG). In die Zuständigkeit der Börsengeschäftsführung fällt unter anderem die Zulassung der Teilnehmer zum Börsenhandel (§ 19 Abs. 1 BörsG). Darüber hinaus ist sie für die Zulassung und Einbeziehung von Wertpapieren zum Handel im regulierten Markt verantwortlich (§ 32 Abs. 1 BörsG).

bb) Börsenrat

Der mit ehrenamtlichen Mitgliedern besetzte Börsenrat ist ein Kontroll- und Rechtsetzungsgremium.[16] Letzteres unterscheidet ihn vom Aufsichtsrat einer Aktiengesellschaft. Im Börsenrat sollen sämtliche am Börsenhandel Beteiligte repräsentiert sein. Er ist das zentrale Selbstverwaltungsorgan der (öffentlich-rechtlichen) Börse. Der Börsenrat besteht aus maximal 24 Mitgliedern, die für bis zu drei Jahre gewählt werden (§§ 12 Abs. 1 S. 1, 13 Abs. 1 Hs. 1 BörsG).[17] Wahlorgane sind in erster Linie die in § 12 Abs. 1 S. 2 BörsG genannten Gruppen.[18] Sie bestimmen aus ihrer Mitte je einen oder mehrere Vertreter (§ 13 Abs. 1 Hs. 1 BörsG). Die Vertreter der Anleger werden von den so ernannten Gruppenvertretern hinzu gewählt (§ 13 Abs. 1 Hs. 2 BörsG).

Der Börsenrat erlässt die Börsen- und Gebührenordnung, die Bedingungen für die Geschäfte an der Börse und die Geschäftsordnung für die Geschäftsführung (§ 12 Abs. 2 S. 1 Nr. 1 und Nr. 4 BörsG). Neben der Börsen- und Gebührenordnung sind auch die Bedingungen für die Geschäfte an der Börse (öffentlich-rechtliche) Satzungen (§ 12 Abs. 2 S. 1 Nr. 1 BörsG). Die Börsenordnung und die Gebührenordnung müssen von der Börsenaufsichtsbehörde genehmigt werden (§§ 16 Abs. 3 S. 1, 17 Abs. 2 S. 1 BörsG). Der Börsenrat überwacht die Geschäftsführung (§ 12 Abs. 2 S. 1 Nr. 3 BörsG). Im Einvernehmen mit der Börsenaufsichtsbehörde ist er außerdem für die Bestellung und Abberufung der Börsengeschäftsführer zuständig (§ 12 Abs. 2 S. 1 Nr. 2 BörsG).

---

[16] Begr. RegE Zweites Finanzmarktförderungsgesetz, BT-Drs. 12/6679, 62, zu Nr. 2; *Lenenbach*, Rn. 3.59.

[17] Den ersten Börsenrat bestimmt die Börsenaufsichtsbehörde für höchstens ein Jahr (§ 12 Abs. 5 BörsG). Zur Flexibilisierung der Amtszeit des Börsenrats durch das FRUG, siehe den Bericht des Finanzausschusses (7. Ausschuss) vom 29.3.2007 zum Gesetzesentwurf der Bundesregierung, BT-Drs. 16/4899, 31 zu § 13 Abs. 1 und 4.

[18] Dies sind die zur Teilnahme am Börsenhandel zugelassenen Kreditinstitute (einschließlich der Wertpapierhandelsbanken), die zugelassenen Finanzdienstleistungsinstitute und sonstigen zugelassenen Unternehmen, die Skontroführer, die Versicherungsunternehmen, deren emittierte Wertpapiere an der Börse zum Handel zugelassen sind, andere Emittenten solcher Wertpapiere und die zur Teilnahme am Börsenhandel zugelassenen Kapitalanlagegesellschaften.

cc) Handelsüberwachungsstelle

Die Handelsüberwachungsstelle ist mit der systematischen und kontinuierlichen Aufsicht über das Tagesgeschäft an der Börse betraut (§ 7 Abs. 1 BörsG). Ihre Aufgabe besteht insbesondere darin, den Verdacht des Insiderhandels oder der Marktmanipulation der BaFin anzuzeigen. Sie muss von den übrigen Börsenorganen unabhängig sein.[19]

dd) Sanktionsausschuss

Durch Landesverordnung kann außerdem ein Sanktionsausschuss eingerichtet werden (§ 22 Abs. 1 S. 1 BörsG). Er ahndet Verstöße gegen börsenrechtliche Vorschriften und Pflichten aus der Zulassung (§ 22 Abs. 2 BörsG). Aus Sicht des Gesetzgebers kommt dem Sanktionsausschuss eine wichtige Funktion bei der Sicherstellung von Transparenz, Fairness und Chancengleichheit an der Börse zu.[20]

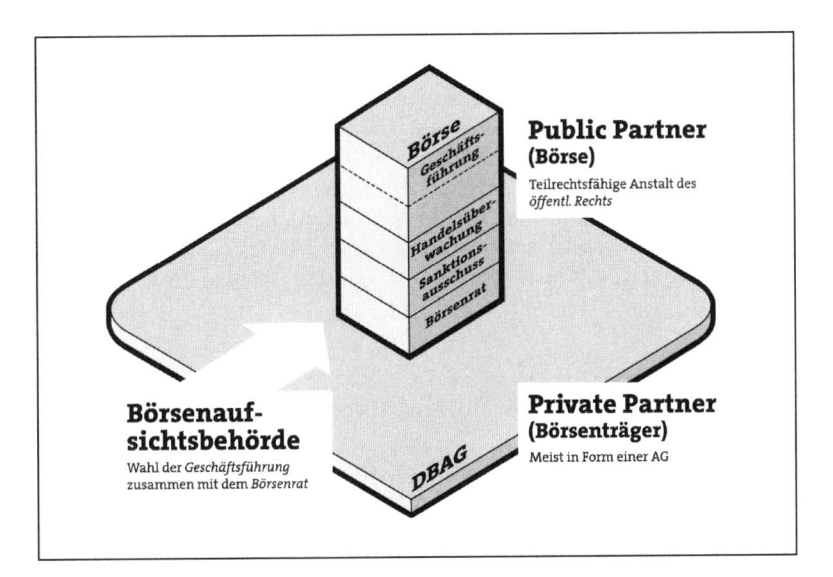

Grafik: Organisation der Frankfurter Wertpapierbörse

b) Handelsteilnehmer

Handelsteilnehmer sind zur Teilnahme am Börsenhandel zugelassene Unternehmen, Börsenhändler und Skontroführer sowie die skontroführenden Personen (vgl. § 3 Abs. 4 S. 1 BörsG).

Zum Börsenhandel zugelassene Unternehmen sind (Ist-)Kaufleute, die börsenmäßig handelbare Gegenstände erwerben und veräußern oder Geschäfte über solche Gegenstände vermitteln (§ 19 Abs. 2 S. 1 BörsG).

---

[19] Arg. e § 12 Abs. 2 S. 1 Nr. 5 BörsG (Bestellung und Wiederbestellung des Leiters der Handelsüberwachungsstelle auf Vorschlag der Geschäftsführung durch den Börsenrat im Einvernehmen mit der Börsenaufsichtsbehörde), § 7 Abs. 2 S. 2 BörsG (Entlassung der bei der Handelsüberwachungsstelle mit Überwachungsaufgaben betrauten Personen nur im Einvernehmen der Börsenaufsichtsbehörde).
[20] Begr. RegE Zweites Finanzmarktförderungsgesetz, BT-Drs. 12/6679, 68, zu Nr. 11 (§ 9) aE.

Börsenhändler sind natürliche Personen, die berechtigt sind, für ein zugelassenes Unternehmen an der Börse zu handeln (§ 19 Abs. 1 BörsG). Sie nehmen die Kauf- und Verkaufsorders der Kunden ihres Instituts entgegen und leiten sie zur Ausführung an die Börsenmakler (Broker) weiter.

Skontroführer sind zur Feststellung der „offiziellen" Börsenpreise am Parkett zugelassene Handelsteilnehmer (§ 27 Abs. 1 S. 1 BörsG).[21] Für die Betreuung jedes Wertpapiers ist immer nur ein Skontroführer zuständig. Bei ihm bzw. den für ihn handelnden skontroführenden Personen laufen alle Ankaufs- und Verkaufsorders für das betreute Papier zusammen. Die Bezeichnung „Skontroführer" rührt daher, dass die Skontroführer alle Kauf- und Verkaufsaufträge eines Titels in ihrem Orderbuch (Skontro) sammeln und anhand der Orders den Preis für die ihnen zugewiesenen Werte feststellen. Die Skontroführer und die skontroführenden Personen wirken auf einen geordneten Marktverlauf hin. Sie üben ihre Tätigkeit neutral und weisungsfrei aus (§ 28 Abs. 1 BörsG). Bei der Auftragsausführung müssen sie grundsätzlich alle ihnen zum Zeitpunkt der Preisfeststellung vorliegenden Aufträge gleich behandeln (§ 28 Abs. 2 BörsG). Durch die Abschaffung des Parketthandels an der Frankfurter Wertpapierbörse zum 23.5.2011 wurden die Skontroführer dort in „Spezialisten" umbenannt.[22] Die Besucher einer Börse sind keine Handelsteilnehmer. Dennoch bedarf der „Börsenbesuch" einer vorhergehenden Zulassung durch die Börsengeschäftsführung (19 Abs. 1 und 3 BörsG). Eine Zulassung zum Börsenbesuch ohne das Recht zur Teilnahme am Börsenhandel erhalten beispielsweise Berichterstatter der Wirtschaftspresse, des Rundfunks oder Fernsehens, bestimmte ehemalige Börsenhändler und das Hilfspersonal der Börse (§ 19 Abs. 3 BörsG iVm § 17 Abs. 1 BörsO FWB). Gästen kann der Zutritt zur Börse gestattet werden (§ 17 Abs. 3 BörsO FWB).

3. Börsenaufsicht

Die Aufsicht über das Börsengeschehen ist dreigeteilt. Man spricht insoweit von Überwachungstrias.

a) BaFin

Für die Aufsicht über die Marktintermediäre (Finanzdienstleistungsinstitute, etc) ist seit Anfang 2002 die Bundesanstalt für Finanzdienstleistungsaufsicht (BaFin) zuständig.[23] Sie erteilt ihnen die Geschäftserlaubnis, überwacht ihre Solvenz und beaufsichtigt die Lauterkeit des Handelsgeschehens an den Finanzmärkten.[24]

---

[21] Die Zulassungen als Handelsteilnehmer und Skontroführer können in einem Rechtsakt erfolgen, Begr. RegE Finanzmarkt-Richtlinie-Umsetzungsgesetz, BR-Drs. 833/06, 199/200, zu § 27, zu Abs. 1. Die skontroführenden Personen sind zuzulassen, sofern sie Börsenhändler und beruflich geeignet sind (§ 27 Abs. 1 S. 3 BörsG). Das FRUG flexibilisierte die Vorschriften zur Skontroführung. Nach der Neufassung des Gesetzes „kann" die Börsengeschäftsführung unter Berücksichtigung des von der Börse genutzten Handelssystems Skontroführer mit der Preisfeststellung betrauen.

[22] Dies sind durch die Frankfurter Börsen AG oder die Scoach Europa AG beauftragte zugelassene Unternehmen. Für jedes Wertpapier ist ein Spezialist zu beauftragen (§ 80 Abs. 1, 2 BörsO FWB).

[23] *Claussen*, S. 365, Rn. 24.

[24] Kümpel/Wittig/*Seyfried*, Bank- und Kapitalmarktrecht, Rn. 3.17 ff.; Schäfer/Hamann/*Ledermann*, Vor § 1 BörsG, Rn. 42.

b) Börsenaufsichtsbehörde

Die eigentliche Börsenaufsicht ist Ländersache (§ 3 Abs. 1 S. 1 BörsG). Die nach Landesrecht zuständigen Stellen kontrollieren die ordnungsgemäße Durchführung des Börsenhandels, die Abwicklung der Börsengeschäfte und die Einhaltung der börsenrechtlichen Vorschriften und Anordnungen (§ 3 Abs. 1 S. 3 BörsG).[25]

c) Handelsüberwachungsstelle

Primär ist die Börse mit der Handelsüberwachungsstelle allerdings selbst für einen ordnungsgemäßen Börsenhandel und für eine ordnungsgemäße Börsengeschäftsabwicklung verantwortlich. Die Handelsüberwachungsstelle hat weitgehend dieselben Befugnisse wie die Börsenaufsichtsbehörde (§ 7 Abs. 3 BörsG). Letztere kann der Börse Vorgaben zur Einrichtung und zum Betrieb der Handelsüberwachungsstelle machen, dieser Weisungen erteilen und ihre Ermittlungen an sich ziehen (§ 7 Abs. 1 S. 1 und 4 BörsG). Die eigentliche Börsenaufsicht vollzieht sich somit nach einem „Vier-Augen-Prinzip".[26]

V. Multilaterale Handelssysteme, systematische Internalisierer und organisierte Handelssysteme

Beispiel 1: Die inländische Großbank B möchte eine elektronische Handelsplattform einrichten, um europaweit allen Privatanlegern kontinuierlich den Handel in besonders liquiden Aktienwerten zu ermöglichen. Sie verspricht sich von der Handelsplattform einen Umsatzanstieg und erkundigt sich nach gangbaren Wegen. Ob die Privatanleger unmittelbar miteinander Verträge schließen können sollen (multilateraler Handelsplatz) oder ob sie lieber als zentrale Kontrahentin im Rahmen eines bilateralen Systems dazwischen tritt, weiß B noch nicht genau.

Neben den konzessionierten, in der Rechtsform einer teilrechtsfähigen Anstalt des öffentlichen Rechts betriebenen Börsen, können bestimmte Finanzdienstleistungsunternehmen Handelsplattformen betreiben, die nicht dem Börsenbegriff und den strengen Organisationsanforderungen an Börsen unterfallen.

1. Multilaterale Handelssysteme

Multilaterale Handelsplätze fallen unter den Begriff des „multilateralen Handelssystems" (Multilateral Trading Facilities – MTF). Die Bestimmungen zu den multilateralen Handelssystemen finden sich im WpHG und KWG.[27] Das Börsengesetz gilt hingegen nur für die Organisation und den Betrieb von Börsen einschließlich des Freiverkehrs (arg. e §§ 1, 2 Abs. 1, 48 BörsG).[28] Nach der Legaldefinition in §§ 2 Abs. 3 S. 1 Nr. 8 WpHG, 1 Abs. 1a S. 2 Nr. 1b KWG sind multilaterale Handels-

---

[25] Nach den Vorgaben der Finanzmarktrichtlinie unterliegen gemäß § 3 Abs. 1 S. 2 BörsG neben den Börsenorganen auch der Börsenträger und der Freiverkehr der Aufsicht durch die Börsenaufsichtsbehörde, vgl. Begr. RegE Finanzmarkt-Richtlinie-Umsetzungsgesetz, BR-Drs. 833/06, 182 zu § 3, zu Abs. 1.
[26] Begr. RegE Zweites Finanzmarktförderungsgesetz, BT-Drs. 12/6679, 60 zu § 1 b.
[27] Vgl. zB §§ 31f, 31g WpHG, § 1 Abs. 1a S. 2 Nr. 1b KWG.
[28] Der Freiverkehr ist zwar ein multilaterales Handelssystem, er wird aber abschließend im BörsG geregelt. Auf diese Weise untersteht er weiterhin einer Aufsicht durch die Börsenaufsichtsbehörde, vgl. den Bericht des Finanzausschusses (7. Ausschuss) vom 29.3.2007 zum Gesetzesentwurf der Bundesregierung, BT-Drs. 16/4899, 35/36, zu § 48 Abs. 1 und 3 BörsG.

systeme multilaterale Systeme, die die Interessen einer Vielzahl von Personen am Kauf und Verkauf von Finanzinstrumenten innerhalb des Systems und nach festgelegten Bestimmungen in einer Weise zusammenbringen, die zu einem Vertrag über den Kauf dieser Finanzinstrumente führt. Einer Handelsplattform im technischen Sinne bedarf es nicht.[29] Wie Börsen unterliegen auch die Betreiber eines multilateralen Handelssystems spezifischen Anforderungen an den Zugang der Handelsteilnehmer, die Einbeziehung von Finanzinstrumenten, die Preisfeststellung und die Vor- und Nachhandelstransparenz (vgl. §§ 31f, 31g WpHG).[30] Der Betrieb eines multilateralen Handelssystems ist eine Finanzdienstleistung (Wertpapierdienstleistung), die der schriftlichen Erlaubnis durch die BaFin bedarf (§ 32 Abs. 1 S. 1 KWG iVm § 1 Abs. 1a S. 2 Nr. 1b KWG).

Betreiber eines multilateralen Handelssystems können sowohl Wertpapierdienstleistungsunternehmen als auch die Betreiber eines geregelten Marktes sein. Diese Unternehmen können wählen, ob sie eine multilaterale Handelsplattform als Börse oder als multilaterales Handelssystem betreiben.[31] Rein materiell besteht kein Unterschied zwischen einem börslichen und einem multilateralen Handelssystem.[32]

Im Beispiel 1 fasst die Großbank B als eine Alternative einen multilateralen Handelsplatz und somit ein multilaterales Handelssystem ins Auge. Dabei agieren die Anleger unmittelbar miteinander, ohne dass die Großbank B dazwischen tritt. Sie bietet somit lediglich die Plattform für den Handel der Privatanleger untereinander an.

2. Systematische Internalisierer

Neben den Börsen und den multilateralen Handelssystemen führte das FRUG im November 2007 die Kategorie des „Systematischen Internalisierers" als bilateral ausgestaltetes Handelssystem ein. Nach der Legaldefinition in § 2 Abs. 10 WpHG sind systematische Internalisierer Unternehmen, die nach Maßgabe des Art. 21 der Verordnung (EG) Nr. 1287/2006 häufig regelmäßig und auf organisierte und systematische Weise Eigenhandel außerhalb organisierter Märkte und multilateraler Handelssysteme betreiben. Gemäß Art. 21 Abs. 1 Verordnung (EG) Nr. 1287/2006 muss die Tätigkeit im Geschäftsmodell der Wertpapierfirma eine wesentliche kommerzielle Rolle spielen, nach ermessensfreien Regeln und Verfahren von hierzu vorgesehenem Personal oder mittels eines hierzu vorgesehenen automatisierten technischen Systems ausgeübt werden[33] und den Kunden regelmäßig oder kontinuierlich zur Verfügung stehen. „Organisierte Märkte" sind nach § 2 Abs. 5 WpHG inländische Börsen und durch staatliche Stellen entsprechend genehmigte, geregelte und überwachte multilaterale Systeme in den übrigen EU- und EWR-Mitgliedstaaten. „Eigenhandel" ist die Anschaffung oder Veräußerung von Finanzinstrumenten für eigene Rechnung als

---

[29] Begr. RegE Finanzmarkt-Richtlinie-Umsetzungsgesetz, BR-Drs. 833/06, 127.
[30] Das Finanzmarkt-Richtlinie-Umsetzungsgesetz und das ihm zugrunde liegende Europarecht führt für den Handel mit an einem organisierten bzw. geregelten Markt zugelassenen Aktien und Aktien vertretenden Zertifikaten ein umfassendes Transparenzregime an sämtlichen Handelsplätzen ein, vgl. §§ 30, 31 BörsG, 31g, 31h, 32 ff. WpHG iVm der unmittelbar geltenden (Durchführungs-)Verordnung Nr. 1287/2006; Begr. RegE Finanzmarkt-Richtlinie-Umsetzungsgesetz, BR-Drs. 833/06, 117, II.
[31] Begr. RegE Finanzmarkt-Richtlinie-Umsetzungsgesetz, BR-Drs. 833/06, 185/186, zu § 4.
[32] Begr. RegE Finanzmarkt-Richtlinie-Umsetzungsgesetz, BR-Drs. 833/06, 181, zu § 2 BörsG, zu Abs. 1, S. 185/186, zu § 4.
[33] Wobei sich das Personal nicht ausschließlich diesem Zweck widmen und das System nicht ausschließlich darauf abgestimmt sein muss, vgl. Art. 21 Abs. 1 lit. b EG-Verordnung Nr. 1287/2006.

Dienstleistung für andere (§ 2 Abs. 3 S. 1 Nr. 2 WpHG).[34] Systematische Internalisierer führen Kundenaufträge bilateral aus, indem sie sie außerhalb eines organisierten Marktes oder multilateralen Handelssystems gegen eigene Orders stellen. Soweit die Auftragsausführung Aktien oder Aktien vertretende Zertifikate betrifft, die zum Handel an einem organisierten Markt zugelassen sind, und eine bestimmte Standardmarktgröße nicht überschreitet, gelten die §§ 32a bis 32d WpHG. Systematische Internalisierer müssen in diesem Fall verbindliche Kauf- und Verkaufsangebote für die von ihnen angebotenen Aktiengattungen abgeben und die Aufträge nach bestimmten gesetzlichen Vorgaben ausführen.

Für die Großbank B besteht im Beispiel 1 die andere Alternative darin, als systematischer Internalisierer aufzutreten. Hierbei würde die Großbank B zwischen die Privatanleger treten und eigene Orders zum Kauf bzw. Verkauf der Aktien stellen.

3. Organisierte Handelssysteme

Die Richtlinie über Märkte für Finanzinstrumente (MiFID) aus dem Jahre 2007 wurde durch die Richtlinie zur Änderung der Finanzmarktrichtlinie (MiFID II)[35] sowie eine ergänzende Verordnung (MiFIR)[36] überarbeitet. Diese wurden im Entwurf am 20.10.2011 vorgestellt und werden voraussichtlich 2015 in Kraft treten. Als Neuerung ist unter anderem vorgesehen, die Handelsplattformen um die Kategorie der organisierten Handelssysteme bzw. Organised Trading Facility (OTF) zu erweitern.[37] Diese werden definiert als ein System, das von einer Wertpapierfirma oder einem Marktbetreiber unterhalten wird und nicht den bestehenden Kategorien zugeordnet werden kann sowie die Interessen einer Vielzahl von Anlegern am Kauf und Verkauf innerhalb des Systems zusammenführt.[38] Sie stellen somit eine Auffangkategorie dar. Ziel ist es, dass der gesamte organisierte Handel an regulierten Handelsplätzen stattfindet.[39] Die Vor- und Nachhandelstransparenzen sowie die Organisation und die Marktaufsicht sollen nahezu identisch zu den bereits bestehenden Handelsplattformen ausgestaltet werden.[40]

---

[34] Wird das Geschäft nicht als Dienstleistung für andere vorgenommen, liegt ein sog Eigengeschäft vor, vgl. § 2 Abs. 3 WpHG aE.
[35] Vorschlag für eine Richtlinie des Europäischen Parlaments und des Rates über Märkte und Finanzinstrumente zur Aufhebung der Richtlinie 2004/39/EG des Europäischen Parlaments und des Rates, Brüssel, den 20.10.2011, KOM (2011) 656 endgültig 2011/0298 (COD); abrufbar unter http://eur-lex.europa.eu/LexUriServ/LexUriServ.do?uri=COM:2011:0656:FIN:DE:PDF.
[36] Verordnung des Europäischen Parlaments und des Rates über Märkte für Finanzinstrumente und zur Änderung der Verordnung (EMIR) über OTC-Derivate, zentrale Gegenparteien und Transaktionsregister Brüssel, den 20.10.2011, KOM (2011) 652 endgültig 2011/0296 (COD); abrufbar unter http://eur-lex.europa.eu/LexUriServ/LexUriServ.do?uri=COM:2011:0652:FIN:DE:PDF.
[37] Art. 4 Abs. 1 MiFID II-Entwurf iVm Art. 2 I Abs. 7 MiFIR-Entwurf; *Funke*, CCZ 2012, 54, 55.
[38] Art. 4 Abs. 1 MiFID II-Entwurf iVm Art. 2 I Abs. 7 MiFIR-Entwurf.
[39] *Funke*, CCZ 2012, 54 (55); *Salewski*, GWR 2012, 265.
[40] Art. 3, 5 MiFID II-Entwurf.

VI. Börsenplätze und Marktsegmente

1. Börsenplätze

Börsenplatz ist jeder Ort, an dem sich eine Börse befindet.[41] In Deutschland gibt es zurzeit sieben regionale Börsenplätze sowie Tradegate in Berlin und die European Energy Exchange in Leipzig.

2. Schwerpunkte und Initiativen der Regionalbörsen

Angesichts der überragenden Bedeutung des Börsenplatzes Frankfurt werden die übrigen Regionalbörsen auch als Nebenplätze bezeichnet. Sie haben sich neben dem Handel von Privatanlegern und in Regionalwerten[42] auf den Handel in bestimmten Wertpapierformen spezialisiert.[43] So ist das Handelssegment EUWAX der Börse Baden-Württemberg für den Handel mit verbrieften Derivaten bekannt.[44]

3. Marktsegmente nach dem Börsengesetz

Das Börsengesetz differenziert zwischen zwei Marktsegmenten: dem regulierten Markt (§§ 32 ff. BörsG) und dem Freiverkehr (§ 48 BörsG).[45] Über diese beiden gesetzlich geregelten Segmente hinaus dürfen die Börsen keine zusätzlichen Marktsegmente schaffen.[46]

a) Regulierter Markt

Der regulierte Markt ist Teil des öffentlich-rechtlichen Börsenbetriebs. Er ist ein „regulated market" im Sinne der Richtlinie über Märkte für Finanzinstrumente (MiFID).

b) Freiverkehr

Im Gegensatz zu dem öffentlich-rechtlichen Marktsegment ist der Freiverkehr ein rein privatrechtlich organisiertes Marktsegment.[47] Diesbezüglich ist er der Börse nur faktisch, nicht aber auch rechtlich angegliedert.[48] Nach neuer Terminologie ist der

---

[41] „Handelsplatz" sind demgegenüber alle geregelten Märkte, multilateralen Handelssysteme und organisierten Handelssysteme, vgl. Erwägungsgründe Nr. 12 MiFID II-Entwurf iVm Art. 2 Abs. 7 MiFIR-Entwurf.
[42] Dh von Wertpapieren regional ansässiger Unternehmen.
[43] Seit 2010 auch Mittelstandsanleihen. Erstes eigenes Handelssegment dafür war bondm der Börse Stuttgart.
[44] Habersack/Mülbert/Schlitt/*Trapp*, Unternehmensfinanzierung am Kapitalmarkt, § 37 Rn. 37.
[45] Bis November 2007 gab es mit dem amtlichen Markt (§§ 30 ff. BörsG (aF)), dem geregelten Markt (§§ 49 ff. BörsG (aF)) und dem Freiverkehr (§ 57 BörsG (aF)) drei Marktsegmente. Die bisherigen Börsenzulassungen bleiben als Zulassungen zum regulierten Markt bestehen (§ 52 Abs. 7 BörsG).
[46] Marsch-Barner/Schäfer/*Schäfer*, § 12 Rn. 10.
[47] Begr. RegE Zweites Finanzmarktförderungsgesetz, BT-Drs. 12/6679, S. 76; *Lenenbach*, Rn. 3.177.
[48] Kümpel/Wittig/*Seiffert*, Bank- und Kapitalmarktrecht, Rn. 4.72. Allerdings ist der Freiverkehr technisch und rechtlich in die Infrastruktur der Börse integriert, vgl. den Bericht des Finanzausschusses (7. Ausschuss) vom 29.3.2007 zum Gesetzesentwurf der Bundesregierung, BT-Drs. 16/4899, 36, zu § 48 Abs. 1 und 3 BörsG.

Freiverkehr ein multilaterales Handelssystem.[49] Der Handel im Freiverkehr ist kein Börsenhandel.[50] Dennoch sind die im Freiverkehr während der Börsenzeit festgestellten Preise Börsenpreise (§ 24 Abs. 1 S. 2 BörsG iVm S. 1 BörsG). Im Freiverkehr sind nur Wertpapiere handelbar, die nicht zum regulierten Markt zugelassen oder dort zum Handel einbezogen sind (§ 48 Abs. 1 S. 1 BörsG). Der Betrieb des Freiverkehrs ist dem Börsenträger vorbehalten (§ 48 Abs. 1 S. 1 BörsG).[51] Am Börsenplatz Frankfurt sind Veranstalter des Freiverkehrs dementsprechend die Deutsche Börse AG und die Scoach Europa AG.[52] Verglichen mit dem regulierten Markt sind die Einbeziehungs-, Transparenz- und Folgepflichten im Freiverkehr gering.[53] Der Freiverkehr bedarf der Zulassung durch „die Börse" und darüber hinaus einer schriftlichen Erlaubnis der Börsenaufsichtsbehörde (§ 48 Abs. 1 S. 1, Abs. 3 S. 1 BörsG). Nach geltender Rechtslage darf die Börsengeschäftsführung den Freiverkehr nur zulassen, wenn durch von ihr gebilligte (zivilrechtliche) Geschäftsbedingungen eine ordnungsgemäße Durchführung des Handels und der Geschäftsabwicklung gewährleistet scheint (§ 48 Abs. 1 S. 1 BörsG). Dahinter steht die Überlegung, dass sich Unregelmäßigkeiten im Freiverkehr negativ auf die Börse und die öffentlich-rechtlichen Marktsegmente auswirken können.[54] Der Freiverkehrsträger erlässt Allgemeine Geschäftsbedingungen,[55] die die Durchführung des Handels und der Geschäftsabwicklung gewährleisten (§ 48 Abs. 1 S. 1 BörsG).[56]

---

[49] Begr. RegE Finanzmarkt-Richtlinie-Umsetzungsgesetz, BR-Drs. 833/06, 154, zu § 31 f.; siehe auch den Bericht des Finanzausschusses (7. Ausschuss) vom 29.3.2007 zum Gesetzesentwurf der Bundesregierung, BT-Drs. 16/4899, 35, zu § 48 Abs. 1 und 3.
[50] Kümpel/Hammen/*Kümpel*, Kapitalmarktrecht, Kennz. 050, Rn. 87.
[51] Bericht des Finanzausschusses (7. Ausschuss) vom 29.3.2007 zum Gesetzesentwurf der Bundesregierung, BT-Drs. 16/4899, 35, zu § 48 Abs. 1 und 3.
[52] Letztere beschränkt auf den Handel mit bestimmten strukturierten Produkten, vgl. § 3 Abs. 1 BörsO F WB.
[53] Vgl. aber §§ 12 ff., 20a Abs. 1 S. 2 Nr. 1, S. 3 WpHG, wonach die Verbote von Insidergeschäften und Markmanipulationen auch im Freiverkehr gelten (näheres zu diesen Verboten in § 13 und § 15 I. 5. dieses Buches).
[54] Kümpel/Wittig/*Seiffert*, Bank- und Kapitalmarktrecht, Rn. 4.73; *ders.*, Einführung Kapitalmarktrecht, S. 112, Rn. 235.
[55] An der FWB im Folgenden genannt: ABG Freiverkehr.
[56] § 48 BörsG wurde durch das Finanzmarkt-Richtlinie-Umsetzungsgesetz 2007 geändert. Davor wurden sog „Handelsrichtlinien" erlassen, deren Rechtsnatur (öffentlich rechtlich oder privatrechtlich) strittig war.

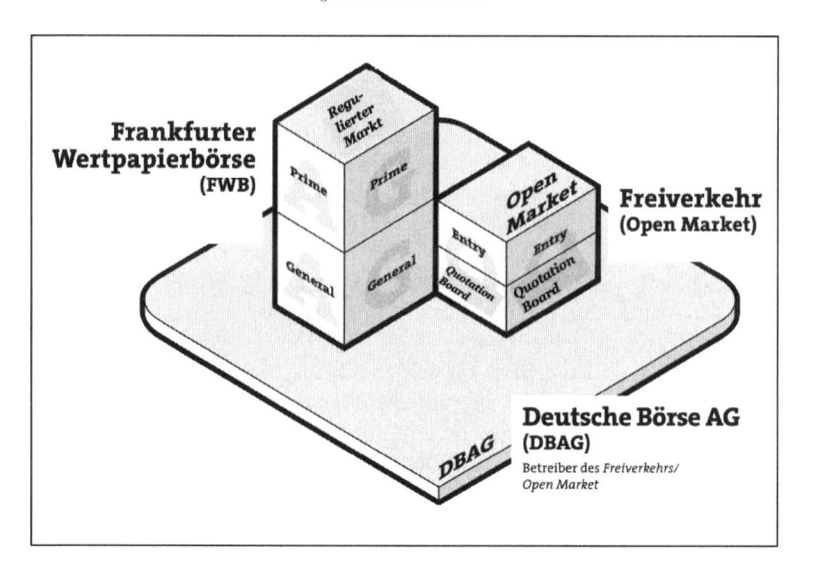

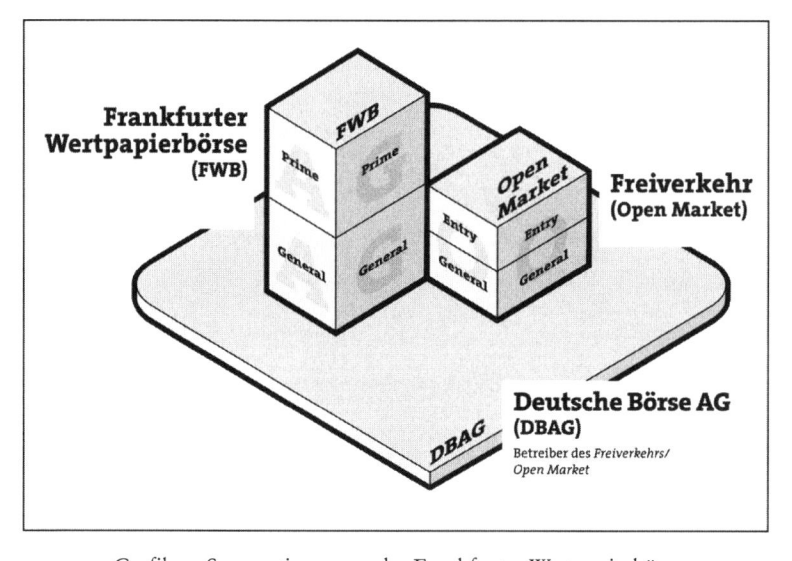

Grafiken: Segmentierung an der Frankfurter Wertpapierbörse

4. Segmentierung an der Frankfurter Wertpapierbörse

a) Regulierter Markt: General Standard und Prime Standard

Die Börsenordnung kann für Teilbereiche des regulierten Marktes zusätzliche Einführungsvoraussetzungen und weitere Unterrichtungspflichten des Emittenten aufgrund der Einführung von Aktien oder Aktien vertretenden Zertifikaten zum Schutz des Publikums oder für einen ordnungsgemäßen Börsenhandel vorsehen (§ 42 Abs. 1 BörsG). Der Börsenrat der Frankfurter Wertpapierbörse hat von dieser Ermächtigung Gebrauch gemacht und den regulierten Markt der FWB in zwei Untersegmente aufgeteilt: den General Standard und den Prime Standard[57] (vgl. §§ 45 ff., 48 ff. BörsO FWB). Der General Standard ist das Segment mit den gesetzlichen Mindestanforderungen.[58] Im Prime Standard bestehen erhöhte Transparenzanforderungen.[59] Diese lehnen sich an internationale Standards an.[60] Sie sollen die internationale Vergleichbarkeit der im Prime Standard gelisteten Wertpapiere sicherstellen. Grundvoraussetzung ist eine Zulassung zum General Standard (vgl. § 48 Abs. 1 BörsO FWB), die zusammen mit der Zulassung zum Prime Standard beantragt werden kann.

b) Open Market: Quotation Board und Entry Standard

Der Freiverkehr an der Frankfurter Wertpapierbörse heisst „Open Market". Der „Open Market" ist untersegmentiert in das Quotation Board sowie den Entry Standard. Der Entry Standard soll vor allem mittelständischen Aktiengesellschaften einen kostengünstigen Zugang zum Kapitalmarkt mit einerseits gegenüber den öffentlich-rechtlichen Marktsegmenten reduzierten regulatorischen Anforderungen und andererseits erhöhten Transparenzanforderungen und Informationspflichten gegenüber dem „General" Open Market verschaffen.[61]

Die 2008 vorgenommene Neustrukturierung des Open Market, die neben dem Entry Standard noch eine Einteilung zwischen First und Second Quotation Board[62] vorsah, wurde auf Grund häufiger Verdachtsfälle auf Marktmanipulation innerhalb des First Quotation Board im Dezember 2012 wieder aufgegeben.[63] Neben dem Entry Standard besteht seitdem nur noch das Second Quotation Board, das in Quotation Board umbenannt wurde.[64] Parallel zur Schließung des First Quotation Boards wurden die Tranzparenzanforderungen des Entry Standards weiter erhöht.

---

[57] *Schlitt*, AG 2003, 57, I.
[58] *Marsch-Barner/Schäfer/Meyer*, § 7 Rn. 50.
[59] Vgl. § 15 II 2. dieses Buches.
[60] *Marsch-Barner/Schäfer/Meyer*, § 7 Rn. 51.
[61] *Schlitt/Schäfer*, AG 2006, 147 (148), 2. a, mwN.
[62] Im First Quotation Board fanden sich alle Unternehmen wieder, die im Open Market ihre Erstnotiz hatten, das heißt diejenigen, die bis zu diesem Zeitpunkt an keinem nationalen oder internationalen Handelsplatz zugelassen oder in den Handel einbezogen waren. Demgegenüber wurden in das Second Quotation Board die Unternehmen einbezogen, deren Aktien bereits an einem nationalen oder internationalen Handelsplatz zugelassen oder einbezogen waren und die die Einbeziehung in den Open Market beantragt hatten.
[63] Rundschreiben der Deutschen Börse AG vom 6.2.2012 (Rundschreiben Open Market Nr. 01/12); *Weidlich/Dietz/Cammerer*, GWR 2013, 39 f.
[64] Seit 1.10.2012 ist das Quotation Board zudem nur noch für Aktien und Aktien vertretende Zertifikate offen, die über eine Erstnotiz an einem von der Deutschen Börse anerkannten Börsenplatz verfügen, vgl. *Weidlich/Dietz/Cammerer*, GWR 2013, 39.

c) Prime Standard für Anleihen

Seit 8.10.2012 wurde auch ein Prime Standard für Unternehmensanleihen an der FWB eingerichtet. Dadurch werden Emissionen von Unternehmensanleihen mit einer Platzierung an Privatanleger auch für größere Emittenten interessant.[65] Voraussetzung für die Teilnahme ist die Zulassung der Anleihe zum regulierten Markt oder die Einbeziehung in den Entry Standard. Die Stückelung ist auf 1.000 EUR festgelegt, das Emissionsvolumen muss mindestens 100 Mio. EUR betragen oder der Jahresumsatz bzw. die Bilanzsumme 300 Mio. EUR.[66]

VII. Börsenzulassung und Einbeziehung

1. Begriff der Zulassung

Im regulierten Markt sind nur zugelassene Wertpapiere[67] handelbar (§§ 32 Abs. 1, 33 Abs. 1 Nr. 1 BörsG).[68] Die Zulassung ist ein Verwaltungsakt, der ein öffentlich-rechtliches Benutzungsverhältnis zwischen dem Emittenten und der Börse entstehen lässt.[69] An ein und demselben Börsenplatz können Wertpapiere immer nur in einem Marktsegment gehandelt werden (Verbot der Doppelnotierung, arg. e § 48 Abs. 1 S. 1 BörsG). Möglich ist hingegen die mehrfache Notierung eines Wertpapiers an verschiedenen Börsenplätzen *(dual listing/multiple listing)*.

2. Abgrenzung zur Einbeziehung

a) Regulierter Markt

In den General Standard[70] des regulierten Marktes können Wertpapiere, die bereits an einer anderen inländischen Börse, an einem organisierten Markt der EU oder des EWR oder an einem hinreichend reglementierten Markt in einem Drittstaat zugelassen sind, statt auf Antrag des Emittenten zugelassen, auch auf Antrag eines Handelsteilnehmers oder sogar von Amts wegen zum Börsenhandel einbezogen werden (§ 33 Abs. 1 BörsG), wobei den Antragsteller Folgepflichten treffen können (§ 33 Abs. 2 S. 1 BörsG iVm der anwendbaren BörsO).

b) Freiverkehr

In den Freiverkehr werden Wertpapiere ausschließlich einbezogen. Eine Zulassung zum Freiverkehr kommt nicht in Betracht, da dieser nicht öffentlich-rechtlich organisiert ist. Über die Einbeziehung in den Open Market entscheidet auf Antrag die Deutsche Börse AG (§ 9 Abs. 3 AGB Freiverkehr).[71]

---

[65] *Georg/Ries*, Prime Standard für Unternehmensanleihen, Bond Yearbook 2012/13, S. 10, 11.
[66] § 5 Abs. 1 Allgemeine Geschäftsbedingungen der Deutsche Börse AG für die Teilnahme im Prime Standard für Unternehmensanleihen.
[67] ISd § 2 Abs. 1 WpHG, vgl. Habersack/Mülbert/Schlitt/*Trapp*, § 37 Rn. 10.
[68] Etwas anderes gilt für staatliche Schuldverschreibungen, vgl. § 37 BörsG.
[69] *Kümpel*, Einführung Kapitalmarktrecht, S. 106, Rn. 219.
[70] Arg. e § 48 Abs. 1 BörsO FWB („zugelassen sind", gegenüber § 58 Abs. 1 BörsO FWB); siehe auch *Schlitt*, AG 2003, 57 (63), 3. Abs.
[71] Die zitierten Vorschriften der AGB Freiverkehr sind auf dem Stand vom 15.11.2012.

3. Zulassungs- und Einbeziehungsvoraussetzungen

a) Zulassung zum regulierten Markt

Die Zulassung von Wertpapieren zum regulierten Markt muss der Emittent zusammen mit einem Kreditinstitut oder Finanzdienstleistungsunternehmen beantragen, das zum Handel an einer inländischen Wertpapierbörse zugelassen ist und über ein haftendes Eigenkapital im Gegenwert von mindestens 730. 000 EUR verfügt (sog Emissionsbegleiter, § 32 Abs. 2 BörsG).[72] Der Mitwirkung eines Emissionsbegleiters bedarf es nur für die Zulassung zum Grundsegment des General Standard.[73] Die Zulassung zum Prime Standard kann der Emittent allein beantragen.

aa) Mindestexistenz, Kurswert, Streuung

Die näheren Voraussetzungen für eine Zulassung zum regulierten Markt sind in §§ 1 bis 12 BörsZulV geregelt (§ 32 Abs. 3 Nr. 1 BörsG iVm § 34 BörsG).[74]

Gemäß § 1 BörsZulV muss der Emittent ordnungsgemäß gegründet sein. Für eine Zulassung von Aktien muss er seit mindestens drei Jahren als Unternehmen – nicht aber als Aktiengesellschaft – bestehen (§ 3 Abs. 1 BörsZulV). Er muss seine Jahresabschlüsse für die drei letzten Geschäftsjahre nach den gesetzlichen Bestimmungen offengelegt haben (§ 3 Abs. 1 BörsZulV).[75] Der voraussichtliche Kurswert der zuzulassenden Aktien oder – sollte sich dieser nicht schätzen lassen – das Eigenkapital des Emittenten muss mindestens 1,25 Mio. EUR betragen (§ 2 Abs. 1 S. 1 BörsZulV). Die zuzulassenden Wertpapiere müssen gesetzeskonform ausgegeben worden, angemessen gestückelt, fälschungssicher verbrieft und frei handelbar sein (§§ 2 Abs. 3, 4 bis 6, 8 BörsZulV). Der Zulassungsantrag muss sich prinzipiell auf alle Aktien derselben Gattung beziehen (§ 7 Abs. 1 S. 1 BörsZulV). Spätestens mit der Börseneinführung muss sich ein ausreichender Anteil des Grundkapitals im Streubesitz befinden (§ 9 BörsZulV).[76] Die zuzulassenden Aktien gelten als ausreichend gestreut, wenn mindestens 25 % des Gesamtnennbetrags bzw. der Stückzahl vom Publikum erworben worden sind (§ 9 Abs. 1 S. 2 Alt. 1 BörsZulV).

bb) Prospekt

Über diese Zulassungsvoraussetzungen hinaus muss der Emittent vor der Zulassung seiner Wertpapiere einen von der BaFin gebilligten[77] Prospekt veröffentlichen (§ 32 Abs. 3 Nr. 2 BörsG).[78] Das Zulassungsverfahren kann bereits auf der Grundlage eines Prospektentwurfs eingeleitet werden.[79]

---

[72] Schwark/Zimmer/*Heidelbach*, § 32 BörsG, Rn. 33 ff.
[73] *Schlitt*, AG 2003, 57 (64), 1. b/2. b.
[74] Gemäß § 32 Abs. 3 Nr. 1 BörsG müssen die Wertpapiere daneben den Anforderungen des Art. 35 EG-Verordnung Nr. 1287/2006 genügen, insbesondere übertragbar und frei, fair, ordnungsgemäß sowie effizient handelbar sein.
[75] Siehe hierzu § 15 I. 7. dieses Buches.
[76] Von einigen dieser Erfordernisse kann die Börsengeschäftsführung in Ausnahmefällen befreien.
[77] Oder nach §§ 17 Abs. 3, 18, 19 Abs. 4, 5 WpPG notifizierten Prospekt (zum sog „Europäischen Pass" siehe § 11 VI. dieses Buches).
[78] Zu den Einzelheiten, siehe § 11 V. dieses Buches.
[79] *Schlitt/Singhof/Schäfer*, BKR 2005, 251 (255), 4.

b) Einbeziehung in den Freiverkehr

Eine Einbeziehung kann entweder in das Quotation Board oder den Entry Standard erfolgen (§ 8 Abs. 1 AGB Freiverkehr). Antragsberechtigt für die Einbeziehung in der Quotation Board sind nur zur Teilnahme zum Börsenhandel zugelassene Unternehmen bzw. Börsenhändler, die zugleich Spezialisten[80] gem. § 25 AGB Freiverkehr sind.[81] Der Antrag auf Einbeziehung in den Entry Standard hat demgegenüber höhere Voraussetzungen. Hierbei muss das zum Börsenhandel zugelassene Unternehmen bzw. der zugelassene Börsenhändler bei Antragstellung ein haftendes Eigenkapital von 730. 000 EUR nachweisen (§ 16 AGB Freiverkehr). Diese Voraussetzung entspricht der Zulassung zum regulierten Markt und wurde dieser entsprechend angepasst. Im Entry Standard an der Frankfurter Wertpapierbörse können bereits seit 2011 neben Aktien auch Anleihen einbezogen und gehandelt werden. Sowohl für die Einbeziehung von Aktien als auch von Anleihen bedarf es eines prospektpflichtigen öffentlichen Angebots (§§ 17 Abs. 1 lit. a, 18 Abs. 1 lit. a AGB Freiverkehr).

4. Zulassungsverfahren

Sind die unter VII. 3. a) aufgeführten Voraussetzungen erfüllt, ist der Zulassungsantrag vom Emittenten zusammen mit dem Emissionsbegleiter bei der Börsengeschäftsführung zu stellen. Die Zulassung darf frühestens einen Handelstag nach Einreichung des Zulassungsantrags erfolgen (vgl. § 50 BörsZulV). Die Zulassung wird auf Kosten des Antragstellers im elektronischen Bundesanzeiger veröffentlicht (§ 51 BörsZulV).

VIII. Einführung/Notierung

Mit der sog Einführung beantragt der Emittent bei der Börse die Aufnahme der Notierung zugelassener Wertpapiere (vgl. § 38 Abs. 1 S. 1 BörsG). Die Einführung darf frühestens einen Werktag nach der ersten Veröffentlichung des Prospekts oder, sollte es keiner Prospektveröffentlichung bedürfen, einen Werktag nach der Veröffentlichung der Zulassung erfolgen (§ 52 BörsZulV).[82] Wie die Zulassung ist auch die Einführung eines Wertpapiers ein Verwaltungsakt, für dessen Erlass die Börsengeschäftsführung zuständig ist (§ 38 Abs. 1 S. 1 BörsG).

IX. Handelsorganisation

Börsengängige Wirtschaftsgüter und Rechte sind an verschiedenen Märkten in unterschiedlicher Art und Weise handelbar. Neben der Differenzierung zwischen dem Kassa- und dem Terminmarkt wird herkömmlich zwischen dem Parkett- bzw. Präsenzhandel und dem vollelektronischen Handel unterschieden.

---

[80] S. o. IV. 2. b).
[81] § 10 Abs. 1 AGB Freiverkehr.
[82] Bei öffentlich zur Zeichnung aufgelegten Wertpapieren muss darüber hinaus die Zuteilung abgeschlossen sein (§ 38 Abs. 2 BörsG).

1. Kassa- und Terminmarkt

Am Kassamarkt werden Direktgeschäfte mit Finanzinstrumenten, die keine Derivate sind, getätigt.[83] Kassageschäfte zielen auf die Übertragung eines Finanzinstruments ab. Sie sind sofort zu erfüllen.[84] Kassageschäfte sind Verkaufsgeschäfte, nach deren Bedingungen die Lieferung innerhalb von zwei Handelstagen oder innerhalb einer längeren Standardlieferfrist erfolgt (vgl. Art. 38 Abs. 2 S. 1 der EG-Durchführungsverordnung Nr. 1287/2006 zur MiFID).

Termingeschäfte sind nach der Legaldefinition der §§ 2 Abs. 2 Nr. 1 WpHG, 1 Abs. 11 S. 4 Nr. 1 KWG Kauf, Tausch oder anderweitig ausgestaltete Fest- oder Optionsgeschäfte, die zeitlich verzögert zu erfüllen sind und deren Wert sich unmittelbar oder mittelbar vom Preis oder Maß eines Basiswertes ableitet. Termingeschäfte können unbedingt (sog Futures) und bedingt sein (sog Optionen).[85] Bei Futures wie Optionen steht der Preis bereits zum Zeitpunkt des Vertragsschlusses fest. Futures oder auch Festpreisgeschäfte sind definitiv zu diesem Preis zu erfüllen.[86] Optionen berechtigen zum späteren Erwerb (Call-Option) oder Verkauf des Bezugsgegenstandes (Put-Option). Ihre Ausübung ist optional. Denkbar sind sowohl Waren- als auch Finanz- und sonstige Termin- und Differenzgeschäfte. Wegen ihres Bezugs auf ein Basisprodukt werden Termingeschäfte auch als Derivate bezeichnet (von lat. derivare = ableiten), was gemäß § 2 Abs. 2 WpHG, § 1 Abs. 11 S. 4 KWG der Oberbegriff für alle in dieser Vorschrift genannten, zeitlich verzögert zu erfüllenden Geschäfte ist.

Der Handel mit Optionen und Futures erfolgt ausschließlich über die vollelektronische Handelsplattform der Eurex Deutschland.[87]

2. Parketthandel

Der Parketthandel war jahrhundertelang vorherrschend. Vom Parkett- oder auch Präsenzhandel spricht man, wenn der Börsenhandel in einem Börsensaal stattfindet. Heutzutage geht es auf dem Parkett vergleichsweise ruhig zu. Im Börsensaal ist kaum noch ein Börsenhändler „präsent". Die Händler leiten den skontroführenden Maklern ihre Orders meist elektronisch zu. Ein Großteil des Parketthandels läuft mittlerweile elektronisch gestützt. Reine „Präsenzbörsen" gibt es in Deutschland nicht mehr.[88] Die Frankfurter Wertpapierbörse hat ihren Parketthandel zum 23.5.2011 eingestellt.[89]

Vom elektronisch gestützten Präsenzhandel ist der Handel über vollelektronische Handelssysteme, wie zB XETRA an der Frankfurter Wertpapierbörse, zu unterscheiden.

---

[83] Begr. RegE Finanzmarkt-Richtlinie-Umsetzungsgesetz, BR-Drs. 833/06, 131.
[84] Kümpel/Wittig/*Oulds*, Bank- und Kapitalmarktrecht, Rn. 14.41; vgl. auch Begr. RegE Finanzmarkt-Richtlinie-Umsetzungsgesetz, BR-Drs. 833/06, 131.
[85] *Lenenbach*, Rn. 1.61.
[86] *Lenenbach*, Rn. 1.61.
[87] Dies ist die ehemalige Deutsche Terminbörse (DTB).
[88] Begr. RegE Finanzmarkt-Richtlinie-Umsetzungsgesetz, BR-Drs. 833/06, 198, zu § 25. Um den hybriden Handelssystemen Rechnung zu tragen, behandelt das BörsG den Börsenhandel seit November 2007 einheitlich, ebendort, S. 193, zu § 17, S. 194, zu § 19, zu Abs. 1/zu Abs. 4.
[89] Beschluss des Börsenrats der FWB vom 1.3.2010 (grds. Abschaffung bis spätestens 28.3.2012) sowie vom 24.11.2012 (Festlegung des konkreten Datums der Abschaffung auf den 23.5.2011)

3. Vollelektronischer Börsenhandel

Das vollelektronische Handelssystem der Frankfurter Wertpapierbörse heißt XETRA (Exchange Electronic Trading).[90] Teilnehmer am XETRA-Handel sind nicht nur inländische, sondern auch ausländische Handelsteilnehmer, die über ihre Bildschirme mit dem Zentralrechner in Frankfurt vernetzt sind (sog Fernmitgliedschaften bzw. remote memberships).[91] An der Frankfurter Wertpapierbörse werden seit der Abschaffung des Parketthandels alle Orders ausschließlich vollelektronisch über XETRA abgewickelt.

a) Market Maker, Designated Sponsors

Market Maker garantieren die Handelbarkeit von weniger liquiden Finanzinstrumenten. Sie bieten am Markt kontinuierlich an, Finanzinstrumente im Wege des Eigenhandels zu selbst gestellten Preisen (sog Quotes) zu kaufen oder zu verkaufen.[92] An der Frankfurter Wertpapierbörse heissen die Market Maker „Designated Sponsors".[93]

Designated Sponsors sind zum elektronischen Börsenhandel zugelassene Unternehmen, die aufgrund ihres Designated-Sponsor-Antrags zur Einstellung von limitierten Nachfrage- und Angebotsaufträgen in XETRA verpflichtet sind (§§ 76, 77 BörsO FWB). Die Designated Sponsors werden vom jeweils zuständigen Börsenträger beauftragt (§ 76 Abs. 2 S. 1 BörsO FWB iVm Abs. 1 BörsO FWB). Die Handelsteilnehmer können die Designated Sponsors während der Handelszeit zur Abgabe verbindlicher Preisangebote auffordern (sog Quote-Request). Das Request wird den übrigen XETRA-Teilnehmern offen gelegt. Es ist von den Designated Sponsors innerhalb einer festgesetzten Frist zu beantworten.

Market Maker/Designated Sponsors sind systematische Internalisierer und auch als solche zur Abgabe verbindlicher Kauf- und Verkaufsangebote für die von ihnen angebotenen Aktiengattungen verpflichtet (§ 32a WpHG).

b) Preisfeststellung

Die täglichen Börsenzeiten in XETRA sind in drei Phasen unterteilt: die Vorhandels-, die Haupthandels- und die Nachhandelsphase (§ 65 Abs. 1 BörsO FWB). Während der Vor- und der Nachhandelsphase findet kein Handel statt. In der Nachhandelsphase können aber Aufträge eingegeben, geändert und gelöscht werden (§ 65 Abs. 4 BörsO FWB). In der Haupthandelsphase werden die Wertpapiere entweder fortlaufend oder in dem an das Einheitspreisverfahren im Präsenzhandel angelehnten Auktionsverfahren gehandelt.[94]

---

[90] *Groß*, § 2 BörsG, Rn. 12; *Lenenbach*, Rn. 3.142. XETRA hat Ende 1997 den IBIS-Handel abgelöst (zuletzt: „Integriertes-Börsenhandels-Informations-System"), vgl. *Groß*, ebendort, Vorbemerkungen, Rn. 30/31.
[91] *Kümpel*, Einführung Kapitalmarktrecht, S. 78, Rn. 148.
[92] Vgl. § 23 Abs. 4 WpHG.
[93] *Kümpel/Wittig/Seiffert*, Bank- und Kapitalmarktrecht, Rn. 4.291.
[94] Vgl. §§ 67 ff. BörsO FWB.

X. Indizes

Indizes zeichnen die Entwicklung bestimmter Kapitalmarktbereiche und -sektoren nach.[95] Sie fungieren als Marktbarometer. Außerdem bilden sie zunehmend die Grundlage für Finanzprodukte (Futures, Optionen, etc).

1. Indexsystematik

Der DAX ist der bekannteste deutsche Aktienindex. Er wurde Ende 1987 auf der Grundlage des Indizes der Börsen-Zeitung eingeführt.[96] Der DAX[97] ist der Leitindex der Deutsche Börse AG. In ihm sind, gemessen an der Marktkapitalisierung des Freefloats und am Orderbuchumsatz, branchenübergreifend die 30 stärksten, an der Frankfurter Wertpapierbörse notierten Unternehmen enthalten (sog Bluechips).[98] Der DAX ist ein Auswahlindex. Im Gegensatz zu All Share-Indizes enthalten Auswahlindizes nicht alle in einem Segment oder Branchensektor gelisteten Aktien, sondern nur eine feste Anzahl an Werten aus bestimmten Teilbereichen.[99] Die DAX-Zusammensetzung wird daher einmal jährlich nach bestimmten Kriterien angepasst.[100] Im Falle einer signifikanten Änderung der Bemessungsgrößen eines Unternehmens kommt auch eine außerordentliche Anpassung in Betracht. Hierzu dienen ua die Regeln des sog Fast Exit bzw. Fast Entry, anhand derer die DAX-Zusammensetzung vierteljährlich überprüft wird.[101] Seit Anfang November 2008 kann ein Indexwert außerhalb der regulären Anpassungstermine herausgenommen werden, wenn der Kurs der Aktie so stark steigt, dass deren Gewicht im Index mehr als zehn Prozent beträgt. Darüber hinaus ist als weiteres Kriterium erforderlich, dass der Kurs die annualisierte 30-Tage-Volatilität von 250 % übersteigt.[102]

Der DAX wird sowohl als Performance-Index als auch – in der Praxis weniger bedeutsam – als Kurs-Index berechnet. Performance-Indizes zeichnen sich dadurch aus, dass sie neben den reinen Kursen auch den Kapitalzuwachs durch ausgeschüttete Erträge abbilden (Fiktion der Reinvestition von Dividenden, etc).[103]

Der TecDAX beinhaltet die 30 größten und liquidesten Technologiewerte unterhalb des DAX.[104] Wie in den DAX können auch in den TecDAX ausländische Emittenten aufgenommen werden, sofern sie ihren operativen Sitz in Deutschland bzw. einen Schwerpunkt ihres Handelsumsatzes an der Frankfurter Wertpapierbörse und ihren

---

[95] Habersack/Mülbert/Schlitt/*Beck/Schäfer*, Unternehmensfinanzierung am Kapitalmarkt, § 31 Rn. 39.
[96] Vgl. den Leitfaden zu den Aktienindizes der Deutschen Börse, Version 6.18, Januar 2013, Ziff. 1.1.1 (im Folgenden „Leitfaden Aktienindizes DBAG"), zu finden unter www.deutsche-boerse.com.
[97] Die Indexbezeichnungen sind als Marken der Deutsche Börse AG eingetragen und als solche gegen unzulässige Verwendung geschützt, Leitfaden Aktienindizes DBAG, Ziff. 1.13.
[98] Die Bezeichnung „Bluechip" wird darauf zurückgeführt, dass die wertvollsten Jetons beim amerikanischen Poker blau sind. Bluechips zeichnen sich durch besonders hohe Börsenumsätze, die die kontinuierliche Handelbarkeit auch größerer Pakete gestatten, aus, Leitfaden Aktienindizes DBAG, Ziff. 1.1.1.
[99] Leitfaden Aktienindizes DBAG, Ziff. 2.1/2.2.
[100] Leitfaden Aktienindizes DBAG, Ziff. 2.2.2.1 und 2.2.2.1.1.
[101] Leitfaden Aktienindizes DBAG, Ziff. 2.2.2.1.2.
[102] Leitfaden Aktienindizes DBAG, Ziff. 2.2.2.1.2 und 2.2.2.2.2.
[103] Leitfaden Aktienindizes DBAG, Ziff. 3.1.1.
[104] Leitfaden Aktienindizes DBAG, Ziff. 1.1.2.

juristischen Sitz in einem EU- oder EFTA-Staat haben.¹⁰⁵ Gleiches gilt für den MDAX, der sich aus den 50, hinsichtlich Größe und Umsatz auf die DAX-Werte folgenden Midcap-Werten der klassischen Sektoren zusammensetzt.¹⁰⁶ Insgesamt berechnet und veröffentlicht die Deutsche Börse AG über 3000 Indizes.¹⁰⁷

2. Bedingungen für die Aufnahme, Entscheidung über die Zusammensetzung

Verfügt ein Emittent über mehrere Aktiengattungen, kann immer nur die größere bzw. liquidere in einen Auswahlindex aufgenommen werden. Aus dieser werden darüber hinaus nur die im Streubesitz befindlichen Anteile gewichtet. Zur Feststellung des Streubesitzanteils stellt die Deutsche Börse AG eine Reihe von Vermutungen auf.¹⁰⁸

Zusätzlich zu den vorgenannten Kriterien ist Grundvoraussetzung für die Aufnahme in einen der genannten Auswahlindizes die Notierung der aufzunehmenden Aktiengattung im Prime Standard, der fortlaufende Handel in XETRA und ein Mindest-Freefloat von 10%.¹⁰⁹ Unternehmen im MDAX und TecDAX müssen darüber hinaus aus bestimmten Sektoren kommen.

Sind diese Grundvoraussetzungen erfüllt, werden die Werte nach ihrem Orderbuchumsatz in XETRA sowie nach ihrer Freefloat-Marktkapitalisierung ausgewählt.¹¹⁰ Beim MDAX und TecDAX treten qualitative Aspekte wie der Freefloat und die Verfügbarkeit im Markt hinzu. Die Hauptkriterien Orderbuchumsatz und Marktkapitalisierung werden von der Deutsche Börse AG in der sog „Rangliste Aktienindizes" dargestellt, die sich mit Blick auf die unterschiedlichen Grundvoraussetzungen aus verschiedenen Teilen zusammensetzt.¹¹¹ Die Rangliste wird monatlich im Internet veröffentlicht, was die Auswahlentscheidung verhältnismäßig transparent macht. Die Letztentscheidungskompetenz liegt beim Vorstand der Deutsche Börse AG. Ihm steht der Arbeitskreis Aktienindizes beratend zur Seite, dem gegenwärtig dreizehn Großbanken angehören.¹¹²

Beispiel 2: Die X-AG, deren Aktien im Prime Standard notieren, ist aufgrund ihrer Marktkapitalisierung und ihres Orderbuchumsatzes im DAX vertreten. Ab dem kommenden Geschäftsjahr möchte sie aus Kostengründen keine Quartalsberichte mehr erstellen. Als der Vorstand der Deutsche Börse AG davon erfährt, avisiert er ihr die Herausnahme aus dem DAX. Zu Recht?

Die Anfertigung und Veröffentlichung von Quartalsfinanzberichten ist gemäß § 51 BörsO FWB zwingende Voraussetzung für eine Notierung im Prime Standard, die wiederum für eine Aufnahme in einen der oben angeführten Auswahlindizes der Deutsche Börse AG unabdingbar ist. In der Vergangenheit wurde bereits eine Gesellschaft trotz ihrer hohen Marktkapitalisierung und ihres hohen Orderbuchumsatzes aus dem MDAX gestrichen, weil sie keine Quartalsberichte erstellt. Ihre Normenkontrollklage gegen – damals noch – § 63 BörsO FWB wies der Hessische Verwal-

---

¹⁰⁵ Leitfaden Aktienindizes DBAG, Ziff. 1.1.1 und 1.1.2., jeweils iVm Ziff. 2.2.1.1.
¹⁰⁶ Leitfaden Aktienindizes DBAG, Ziff. 1.1.3.
¹⁰⁷ Vgl zB die Übersicht im Leitfaden Aktienindizes DBAG, Ziff. 4.2.
¹⁰⁸ ZB gelten alle Anteile eines Aktionärs, die kumuliert mindestens 5% des auf die maßgebliche Aktiengattung entfallenden Grundkapitals ausmachen, als Festbesitz, Leitfaden Aktienindizes DBAG, Ziff. 1.9.
¹⁰⁹ Leitfaden Aktienindizes DBAG, Ziff. 2.2.1.1.
¹¹⁰ Leitfaden Aktienindizes DBAG, Ziff. 2.2.1.1.
¹¹¹ Leitfaden Aktienindizes DBAG, Ziff. 1.10.
¹¹² Leitfaden Aktienindizes DBAG, Ziff. 1.14.

tungsgerichtshof ab.[113] Der durch die BörsO vorgenommene Eingriff sei aus Rechtsgründen nicht zu beanstanden. § 42 BörsG enthalte eine Experimentierklausel zur Einführung weiterer Unterrichtungspflichten des Emittenten zum Schutz des Publikums oder für einen ordnungsgemäßen Börsenhandel. Die angefochtene Vorschrift (§ 63 BörsO FWB aF, jetzt § 51 BörsO FWB) gelte nur für einen Teilbereich des Aktienhandels, nämlich den Prime Standard. Die Teilnahme am Handel in diesem Marktsegment beruhe auf einer freiwilligen Entscheidung des Emittenten. Die gegen diese Entscheidung eingelegte Revision wurde auf Grund eines Vergleichs beidseitig für erledigt erklärt, nachdem die Aktie des Unternehmens in den DAX International 100 aufgenommen worden war, für den eine Quartalsberichterstattung entbehrlich ist. Im Beispiel 2 erfolgte die Ankündigung der Herausnahme der X-AG aus dem DAX demnach zu Recht.

---

[113] *VGH Kassel*, Urteil v. 28.3.2007 – 6 N 3224/04.

§ 11. Prospekt

Literatur: *Apfelbacher/Metzner*, BKR 2006, 81; *Assmann/Schlitt/von Kopp-Colomb*, Wertpapierprospektgesetz – Kommentar, 2. Auflage (2010); *Berrar/Meyer/Müller/Schnorbus/Singhof/Wolf*, Frankfurter Kommentar zum Wertpapierprospektgesetz (2011); *Berrar/Wiegel*, CFL 2012, 97; *Crüwell*, AG 2003, 243; *Doleczik*, CFL 2010, 466; *Elsen/Jäger*, AG 2010, 97; *Fleischer*, AG 2006, 2; *Groß*, Kapitalmarktrecht, 5. Auflage (2012); Habersack/*Mülbert*/Schlitt/*Steup*, Unternehmensfinanzierung am Kapitalmarkt, 3. Auflage (2013), § 41; Habersack/Mülbert/Schlitt/*Meyer*, Unternehmensfinanzierung am Kapitalmarkt, 3. Auflage (2013), § 36; Habersack/Mülbert/Schlitt/*Werlen/Sulzer*, Unternehmensfinanzierung am Kapitalmarkt, 3. Auflage (2013), § 45; Habersack/Mülbert/Schlitt/*Schlitt/Wilczek*, Handbuch der Kapitalmarktinformation, 2. Auflage (2013), §§ 4, 5, 6; Habersack/Mülbert/Schlitt/*Schlitt/Ernst*, Handbuch der Kapitalmarktinformation, 2. Auflage (2013), § 7; *Heidelbach/Preuße*, BKR 2006, 316; *Henningsen*, BaFin-Journal 09/12, 5; *Holborn/Israel*, ZIP 2005, 1668; *Just/Voß/Ritz/Zeising*, Wertpapierprospektgesetz, Kommentar (2009); *Kollmorgen/Feldhaus*, BB 2007, 225; Kümpel/Wittig/*Oulds*, Bank- und Kapitalmarktrecht, 5. Auflage (2011); *Kunold/Schlitt*, BB 2004, 501; *Kopp*, RIW 2002, 661; *Leuering/Stein*, Der Konzern 2012, 382; *Maerker/Biedermann*, RdF 2011, 90; Marsch-Barner/Schäfer/*Busch*, Handbuch börsennotierte AG, 2. Auflage (2009); *Pfeiffer/Buchinger*, NZG 2006, 449; *Schlitt/Ries*, Festschrift für Schwark (2009), 241; *Schlitt/Schäfer*, AG 2005, 498; *Schlitt/Schäfer*, AG 2006, 147; *Schlitt/Schäfer*, AG 2008, 525; *Schlitt/Schäfer/Basnage*, CFL 2013, 49; *Schlitt/Singhof/Schäfer*, BKR 2005, 251; *Schnorbus*, AG 2008, 389; *Seibt/von Bonin/Isenberg*, AG 2008, 565; *Seitz*, AG 2005, 678; *von Kopp-Colomb/Lenz*, AG 2002, 24.

I. Einführung

1. Bedeutung des Prospekts

Bei Kapitalmarkttransaktionen kommt dem Wertpapierprospekt eine zentrale Bedeutung zu: Für das öffentliche Angebot von Wertpapieren und/oder für die Zulassung von Wertpapieren zu einem organisierten Markt ist grundsätzlich die Veröffentlichung eines Prospekts erforderlich. Bei einer reinen Börsenzulassung, zB im Nachgang zu einem nicht öffentlichen Bezugsangebot oder der Ausgabe neuer Aktien im Zuge einer Sachkapitalerhöhung, wird ein Prospekt regelmäßig nur aus rechtlichen Gründen erstellt. Bei öffentlichen Angeboten dient er darüber hinaus auch als Vertriebsdokument, mit dem interessierte Anleger geworben werden sollen. Dies ist insbesondere der Fall, wenn der Emittent zuvor noch keine Wertpapiere emittiert hat, zB bei einem IPO oder der Anleiheemission einer nicht börsennotierten Gesellschaft, oder die letzte Emission länger zurückliegt.[1] Wenn der Prospekt unrichtig oder unvollständig ist, können für den Emittenten und die emissionsbegleitenden Banken erhebliche Haftungsrisiken und Reputationsschäden entstehen; deshalb ist auf die Erstellung des Prospekts besondere Sorgfalt zu legen.[2]

---

[1] Zur Bedeutung des Prospekts Habersack/Mülbert/Schlitt/*Meyer*, § 36 Rn. 13.
[2] Zur Prospekthaftung ausführlich § 12 sowie Habersack/*Mülbert*/Schlitt/*Steup*, § 41.

2. Rechtsrahmen

Die rechtlichen Vorgaben für die Erstellung, Billigung und Veröffentlichung von Prospekten finden sich im Wertpapierprospektgesetz,[3] das die Prospektrichtlinie[4] in ihrer jeweils geltenden Fassung umsetzt.

Detaillierte Bestimmungen über den Prospektinhalt sind in der unmittelbar anwendbaren EU-Prospektverordnung geregelt, auf die § 7 WpPG im Hinblick auf die in den Prospekt aufzunehmenden Mindestangaben verweist.[5] Bei der Auslegung der ProspektVO sind die Empfehlungen der Europäischen Wertpapieraufsichtsbehörde (ESMA)[6] für eine europaweit konsistente Umsetzung der ProspektVO zu berücksichtigen.[7] Die ESMA-Empfehlungen sind zwar von den zuständigen Behörden nur

---

[3] Gesetz über die Erstellung, Billigung und Veröffentlichung des Prospekts, der beim öffentlichen Angebot von Wertpapieren oder bei der Zulassung von Wertpapieren zum Handel an einem organisierten Markt zu veröffentlichen ist (Wertpapierprospektgesetz – WpPG).
[4] Richtlinie 2003/71/EG des Europäischen Parlaments und des Rates vom 4.11.2003 betreffend den Prospekt, der beim öffentlichen Angebot von Wertpapieren oder bei deren Zulassung zum Handel zu veröffentlichen ist, und zur Änderung der Richtlinie 2001/34/EG, ABl. L 354 vom 31.12.2003, 64; zur Prospektrichtlinie und ihrer Entstehungsgeschichte ausführlich *Crüwell*, AG 2003, 243 ff.; *Kunold/Schlitt*, BB 2004, 501 ff.; *von Kopp-Colomb/Lenz*, AG 2002, 24 (26 ff.); Habersack/Mülbert/*Schlitt/Wilczek*, § 4 Rn. 8 f.; die Prospektrichtlinie wurde geändert durch die Richtlinie 2010/73/EU des Europäischen Parlaments und des Rates vom 24. November 2010 zur Änderung der Richtlinie 2003/71/EG betreffend den Prospekt, der beim öffentlichen Angebot von Wertpapieren oder bei deren Zulassung zum Handel zu veröffentlichen ist, und der Richtlinie 2004/109/EG zur Harmonisierung der Transparenzanforderungen in Bezug auf Informationen über Emittenten, deren Wertpapiere zum Handel auf einem geregelten Markt zugelassen sind, Abl. L 327 v. 11.12.2010, S. 1, hierzu *Elsen/Jäger*, BKR 2010, 97; Habersack/Mülbert/*Meyer*, § 36 Rn. 2; die Änderungsrichtlinie wurde mit dem Gesetz zur Umsetzung der Richtlinie 2010/73/EU und zur Änderung des Börsengesetzes vom 26.6.2012, BGBl. I. 2012, 1375, im WpPG umgesetzt; hierzu auch Habersack/Mülbert/*Schlitt/Wilczek*, § 4 Rn. 9.
[5] Verordnung (EG) Nr. 809/2004 der Kommission vom 29.4.2004 zur Umsetzung der Richtlinie 2003/71/EG des Europäischen Parlaments und des Rates betreffend die in Prospekten enthaltenen Angaben sowie die Aufmachung, die Aufnahme von Angaben in Form eines Verweises und die Veröffentlichung solcher Prospekte sowie die Verbreitung von Werbung, ABl. L 186 vom 18.7.2005, S. 3 (Berichtigungsfassung); zur Entstehungsgeschichte der ProspektVO und zu den Vorarbeiten von CESR *Kunold/Schlitt*, BB 2004, 501 (507); *Crüwell*, AG 2003, 243 (246 f.); Habersack/Mülbert/*Schlitt/Wilczek*, § 4 Rn. 17; die Prospektverordnung wurde durch mehrere sog delegierende Verordnungen ergänzt und geändert, siehe Delegierte Verordnung (EU) Nr. 486/2012 der Kommission vom 30. März 2012 zur Änderung der Verordnung (EG) Nr. 809/2004 in Bezug auf Aufmachung und Inhalt des Prospekts, des Basisprospekts, der Zusammenfassung und des endgültigen, Abl. L 150 v. 9.6.2012, S. 1; Delegierte Verordnung (EU) Nr. 862/2012 der Kommission vom 4. Juni 2012 zur Änderung der Verordnung (EG) Nr. 809/2004 in Bezug auf die Zustimmung zur Verwendung des Prospekts, die Informationen über Basisindizes und die Anforderungen eines von unabhängigen Buchprüfern oder Abschlussprüfern erstellten Berichts, Abl. L 256 v. 22.9.2012, S. 4; sowie Delegierte Verordnung (EU) Nr. 759/2013 der Kommission vom 30. April 2013 zur Änderung der Verordnung (EG) Nr. 809/2004 in Bezug auf die Angabepflichten zu wandelbaren oder umtauschbaren Schuldtiteln.
[6] Die Europäische Wertpapieraufsichtsbehörde (*European Securities and Markets Authority*, ESMA) ist durch eine EU-Verordnung mit eigenen Befugnissen ausgestattet worden, siehe Verordnung (EG) Nr. 1095/2010 des Europäischen Parlaments und des Rates vom 24. November 2010 zur Errichtung einer Europäischen Aufsichtsbehörde (Europäische Wertpapier- und Marktaufsichtsbehörde), zur Änderung des Beschlusses Nr. 716/2009/EG und zur Aufhebung des Beschlusses 2009/77/EG der Kommission. ESMA ist die Nachfolgebehörde des ehemaligen Committee of European Securities Regulators (CESR).
[7] ESMA update of the CESR recommendations on the consistent implementation of Commission Regulation (EC) No 809/2004 implementing the Prospectus Directive, vom 20.3.2013, ref. ESMA/2013/319, ferner auch ESMA, Questions and Answers Prospectuses, 19th updated version – May 2013 (Ref. ESMA/2013/594) vom 23.5.2013; hierzu Habersack/Mülbert/*Schlitt/Wilczek*, § 4 Rn. 18; Habersack/Mülbert/*Meyer*, § 36 Rn. 20.

auf freiwilliger Basis anzuwenden; sie haben aber de facto auf die Praxis der Behörden erheblichen Einfluss.[8]

Durch das Gesetz zur Novellierung des Finanzanlagenvermittler und Vermögensanlagerechts[9] wurden die bislang nicht im Wertpapierprospektgesetz befindlichen Regelungen zur spezialgesetzlichen Prospekthaftung von den §§ 44 ff. BörsG und § 13 VerkProspG in das Wertpapierprospektgesetz überführt (§§ 21 ff. WpPG).[10]

II. Prospektpflicht

1. Anwendungsbereich des WpPG

Das WpPG ist nach § 1 Abs. 1 WpPG anzuwenden auf die Erstellung, Billigung und Veröffentlichung von Prospekten für das öffentliche Angebot von Wertpapieren oder die Zulassung von Wertpapieren zum Handel an einem organisierten Markt. Wertpapiere in diesem Sinne sind nach § 2 Nr. 1 WpPG übertragbare Wertpapiere, die an einem Markt gehandelt werden können, dh fungibel sind, wie Aktien, aktienvertretende Zertifikate (zB American Depositary Receipts (ADRs)), Inhaberschuldverschreibungen, Wandel- und Optionsanleihen, Optionsscheine, Umtauschanleihen sowie Genussscheine[11]. Nicht vom Wertpapierbegriff erfasst sind Namensschuldverschreibungen, Schuldscheindarlehen, Termingeld und Sparbriefe, die nur mittels Abtretung übertragen werden können und deshalb nicht fungibel sind. Ebensowenig sind Anteile an einer GmbH, KG oder GbR Wertpapiere.[12] Ausdrücklich ausgenommen sind Geldmarktinstrumente mit einer Laufzeit von weniger als zwölf Monaten.[13]

Das WpPG unterscheidet zwischen Dividenden- und Nichtdividendenwerten. Bedeutung hat diese Einordnung insbesondere im Hinblick auf die für die Prospektbilligung zuständige Behörde und den Prospektinhalt. Dividendenwerte iSv § 2 Nr. 2 WpPG sind Aktien und unmittelbar vom Emittenten oder einem Konzernunternehmen emittierte Wandel- und Optionsanleihen, nicht dagegen zB von einer Optionsanleihe abgetrennte Optionsscheine;[14] Nichtdividendenwerte iSv § 2 Nr. 3 WpPG sind alle Wertpapiere, die keine Dividendenwerte sind, wie zB Umtauschanleihen.[15]

In § 1 Abs. 2 WpPG sind eine Reihe von Ausnahmen vom Anwendungsbereich des WpPG vorgesehen, zB für

– Anteile oder Aktien von offenen Investmentvermögen im Sinne des § 1 Absatz 4 des Kapitalanlagegesetzbuchs, für die nach § 164 KAGB eine gesonderte Prospektpflicht gilt (Nr. 1);
– Nichtdividendenwerte, die von einem Staat des EWR oder einer Gebietskörperschaft ausgegeben oder garantiert werden (Nr. 2 und 3);

---

[8] Habersack/Mülbert/*Schlitt/Wilczek,* § 4 Rn. 18.
[9] BGBl. I 2011, 2481 ff.
[10] Hierzu auch § 12 sowie Habersack/Mülbert/*Schlitt/Mülbert/Steup,* § 41 Rn. 11 ff.; neben der wertpapierprospektgesetzlichen Haftung gibt es weiterhin die Haftung für fehlende und fehlerhafte Verkaufsprospekte, jetzt gemäß §§ 20 ff. VermAnlG.
[11] Hierzu Habersack/Mülbert/*Schlitt/Wilczek,* § 4 Rn. 22, 25.
[12] Vgl. Regierungsbegründung zum Prospektrichtlinie-Umsetzungsgesetz, BT-Drs. 15/4999, 28; zur Einordnung von Schuldverschreibungen *Seitz,* AG 2005, 678 (679 f.).
[13] ZB Commercial Papers, Schatzanweisungen, Einlagenzertifikate; vgl. Regierungsbegründung zum Prospektrichtlinie-Umsetzungsgesetz, BT-Drs. 15/4999, 28.
[14] Habersack/Mülbert/*Schlitt/Wilczek,* § 5 Rn. 129.
[15] Hierzu auch Habersack/Mülbert/*Schlitt/Wilczek,* § 4 Rn. 23 ff.

- kleinere Emissionen bereits börsennotierten Unternehmen von weniger als 2,5 Mio. EUR innerhalb eines Zeitraums von zwölf Monaten (Nr. 4);
- dauernde oder wiederholte, dh nach § 2 Nr. 12 WpPG mindestens zwei Emissionen umfassende Ausgaben von bestimmten Wertpapieren von weniger als 50 Mio. EUR innerhalb eines Zeitraums von zwölf Monaten (Nr. 5).[16]

Auch außerhalb des Anwendungsbereichs des WpPG dürfen nach § 1 Abs. 3 WpPG Prospekte freiwillig erstellt werden (Opt-in Klausel).

2. Öffentliches Angebot

Das WpPG enthält eine Legaldefinition des öffentlichen Angebots. Nach § 2 Nr. 4 WpPG handelt es sich bei einem öffentlichen Angebot um eine Mitteilung an das Publikum in jedweder Form und auf jedwede Art und Weise, die ausreichende Informationen über die Angebotsbedingungen und die anzubietenden Wertpapiere enthält, um einen Anleger in die Lage zu versetzen, über den Kauf oder die Zeichnung dieser Wertpapiere zu entscheiden. Nach herrschender Meinung erfordert dies eine konkrete Erwerbsmöglichkeit.[17] Das Angebot in diesem Sinne umfasst nicht nur einen Antrag iSd BGB auf Abschluss eines Zeichnungsvertrags, sondern auch die Aufforderung zur Abgabe eines solchen Antrags (invitatio ad offerendum).

Öffentlich ist das Angebot, wenn es an das Publikum, dh an einen unbestimmten Personenkreis gerichtet ist. Das Gegenteil hiervon ist die Privatplatzierung *(private placement)*. Die Frage, wann es sich um einen begrenzten Personenkreis handelt, ist nach qualitativen und nicht nach quantitativen Kriterien zu beurteilen.[18] Öffentliche Angebote sind zB Angebote im Internet, Aushänge und Auslagen von Werbematerial in einer Bank sowie allgemeine Rundschreiben an nicht im Einzelnen ausgesuchte Bankkunden. Keine öffentlichen Angebote sind demgegenüber zB reine Werbemaßnahmen im Vorfeld eines IPO, Roadshows (Marketingveranstaltungen vor institutionellen Investoren ohne konkrete Kaufempfehlung) und redaktionelle Beiträge in Zeitungen.

Beispiel 1: Die A-Bank bietet allen Kunden, die von Beruf Arzt sind, die Aktien der X-AG an. Darin wird man ein öffentliches Angebot sehen müssen. Bei Angeboten an einen bestimmten Personenkreis, zB einzelne Kunden einer Bank liegt grundsätzlich kein öffentliches Angebot vor; problematisch ist allerdings, wenn die Kundengruppen nur nach allgemeinen Kriterien bestimmt sind, zB der Einkommens- bzw. Vermögensschicht oder – wie im Beispiel – nach der Zugehörigkeit zu einer Berufsgruppe. Sofern weniger als 150 Kunden in Deutschland angesprochen werden, besteht nach § 3 Abs. 2 Nr. 2 WpPG jedoch eine Ausnahme von der Prospektpflicht.

Bezugsrechtsemissionen, die sich ausschließlich an die Altaktionäre richten und bei denen kein öffentlicher, insbesondere börslicher Bezugsrechtshandel eingerichtet ist, stellten in Deutschland aufgrund der BaFin-Verwaltungspraxis bis zum 1. Juli 2012 kein öffentliches Angebot dar.[19] Im Rahmen der Überarbeitung der EU-Prospekt-

---

[16] Zu § 1 Abs. 2 Nr. 4 und 5 WpPG ausführlich *Heidelbach/Preuße*, BKR 2006, 316 ff.; *Seitz*, AG 2005, 678 (681 f.). Diese Ausnahmen haben vor allem für Schuldverschreibungen (Daueremissionen und Angebotsprogramme) praktische Bedeutung.
[17] Vgl. *Schnorbus*, AG 2008, 389 (393); Assmann/Schlitt/von Kopp-Colomb/*von Kopp-Colomb/Knobloch*, § 2 WpPG, Rn. 46. In der Praxis werden öffentliche Werbemaßnahmen, die die Merkmale der neuen Definition erfüllen, zumeist mit einer konkreten Erwerbsmöglichkeit der Wertpapiere einhergehen, so dass es im Ergebnis auf diese Frage nicht ankommt.
[18] Siehe *Groß*, § 2 WpPG, Rn. 15 f.
[19] Hierzu auch Habersack/Mülbert/*Schlitt/Wilczek*, § 4 Rn. 36; § 5 Rn. 124; *Schnorbus*, in: Berrar/Meyer/Müller/Schnorbus/Singhof/Wolf, FK-WpPG, § 2 WpPG, Rn. 67 ff.; Habersack/

richtlinie wurde eigens für Bezugsrechtskapitalerhöhungen ein sog verhältnismäßiges Prospektregime[20] mit verringerten inhaltlichen Mindestanforderungen eingeführt. Aufgrund dieser Änderungen hat die BaFin ihre Verwaltungspraxis seit der Umsetzung der Prospektrichtlinie-Änderungsrichtlinie zum 1. Juli 2012 aufgegeben.[21]

Nach § 2 Nr. 4 WpPG stellen Mitteilungen aufgrund des Handels von Wertpapieren an einem organisierten Markt oder im Freiverkehr kein öffentliches Angebot dar.[22] Die bloße Einbeziehung in den Freiverkehr löst kein öffentliches Angebot aus; da der Freiverkehr kein organisierter Markt iSd WpPG ist,[23] würde nach den Vorschriften des Wertpapierprospektgesetzes auch die Einbeziehung in den Entry Standard als einem Teilbereich des Freiverkehrs (Open Market) an der Frankfurter Wertpapierbörse prospektfrei erfolgen können, allerdings ist mittlerweile durch Änderungen der privatrechtlichen AGB der Börse ein veröffentlicher Wertpapierprospekt für die Einbeziehung in den Entry Standard der Börse vorgeschrieben.[24] Sofern daneben anlässlich der Einbeziehung noch Vermarktungsmaßnahmen erfolgen, die über die rein technischen Emissionsdaten hinaus gehen und auf die Erwerbsmöglichkeit über die Börse hinweisen, liegt nach Ansicht der BaFin ein öffentliches Angebot vor und muss daher auch nach den Vorschriften des WpPG ein Prospekt erstellt werden.[25]

Für öffentliche Angebote von Wertpapieren, die bereits an einem organisierten Markt zugelassen sind (sog Umplatzierungen), besteht eine Prospektpflicht. Anderes soll wegen § 3 Abs. 1 S. 2 WpPG gelten, wenn die Aktien bereits nach Inkrafttreten des WpPG auf Grundlage eines Prospekts öffentlich angeboten wurden.[26]

Seit der Änderung der Prospektrichtlinie gelten neue Anforderungen hinsichtlich des stufenweisen Vertriebs von Wertpapieren in einer Vertriebskette *(retail cascade)*.[27] Unter einer Vertriebskette versteht man den nachfolgenden Vertrieb von Wertpapieren durch Banken, die diese Wertpapiere von dem Emissionskonsortium erworben haben, hauptsächlich an von ihnen betreute Privatkunden. Während Banken bislang gemäß § 3 Abs. 1 Satz 2 WpPG a. F.[28] Wertpapiere aufgrund eines einmal erstellten Prospektes anbieten durften ohne erneut selbst einen Prospekt zu erstellen, besteht nach neuer Gesetzeslage nur dann keine Prospektpflicht für ein späteres Angebot mehr, wenn (i) ein gültiger Prospekt gemäß § 9 WpPG vorliegt und (ii) der Emittent oder die Personen, die die Verantwortung für den Prospekt übernommen haben, in dessen Verwendung schriftlich eingewilligt haben.[29] Problematisch für den Emitten-

---

Mülbert/Schlitt/*Meyer*, § 36 Rn. 5; *Schlitt/Schäfer*, in: Assmann/Schlitt/von Kopp-Colomb, WpPG, § 7 Rn. 16 f.; *Schlitt/Schäfer/Basnage*, CFL 2013, 49 (52).
[20] Hierzu ausführlich unter IV 3. f).
[21] *Henningsen*, BaFin Journal 09/2012, S. 5, 7; *Berrar/Wiegel*, CFL 2012, 97 (107); Habersack/Mülbert/*Schlitt/Wilczek*, § 5 Rn. 124; Habersack/Mülbert/Schlitt/*Meyer*, § 36 Rn. 5.
[22] Habersack/Mülbert/*Schlitt/Wilczek*, § 4 Rn. 37.
[23] Dazu im Einzelnen § 10 VI. 3. b), 4. b); vgl. auch sogleich § 11 II. 3.
[24] § 17 Abs. 1 lit. a) AGB Freiverkehr FWB; § 5 Abs. 3 Regelwerk für das Marktsegment m: access an der Börse München, siehe auch Habersack/Mülbert/Schlitt/*Meyer*, § 36 Rn. 11; Habersack/Mülbert/*Schlitt/Wilczek*, § 4 Rn. 37; § 5 Rn. 120.
[25] Vgl. Regierungsbegründung zum Prospektrichtlinie-Umsetzungsgesetz, BT-Drs. 15/4999, 28. Ausführlich *Schlitt/Schäfer*, AG 2006, 147 (151 f.); *Schlitt/Schäfer*, AG 2008, 525 (526 f.).
[26] Siehe *Schlitt/Schäfer*, AG 2008, 525 (527).
[27] Zur Entstehungsgeschichte *Leuering/Stein*, Der Konzern 2012, 382 (385); ferner *von Kopp-Colomb/Gajdos*, in: Assmann/Schlitt/von Kopp-Colomb, WpPG, § 3 Rn. 39 ff.; Kümpel/Wittig/*Oulds*, Rn. 15.183.
[28] Dazu etwa *Schnorbus* in Berrar/Meyer/Müller/Schnorbus/Singhof/Wolf, FK-WpPG, § 3 Rn. 49 ff.
[29] Dabei muss bestimmbar sein, welche Finanzintermediäre sich auf die Einwilligung berufen dürfen und für welchen Zeitraum die erteilte Einwilligung gilt, siehe RegE Gesetz zur Umset-

ten ist zumeist, dass er mit seiner Zustimmung zur Prospektverwendung für deren Laufzeit auch die Haftung für den Prospekt und die Pflicht übernimmt, diesen nach § 16 WpPG nachzutragen.[30]

3. Zulassung/Einbeziehung

Die Zulassung zu einem organisierten Markt iSv § 2 Nr. 16 WpPG umfasst in Deutschland den regulierten Markt[31] sowie die Terminbörse Eurex.[32] Nicht dazu zählt der auf privatrechtlicher Grundlage stattfindende Freiverkehr.[33] Die Veröffentlichung eines Prospekts ist Zulassungsvoraussetzung im regulierten Markt gemäß § 32 Abs. 3 Nr. 2 BörsG, im Freiverkehr (Entry Standard) ist sie aufgrund der von der Börse erlassenen Freiverkehrsvorschriften für die Einbeziehung vorgeschrieben.[34]

III. Ausnahmen von der Prospektpflicht

1. Ausnahmen für öffentliche Angebote

Ausnahmen von der Prospektpflicht für ein öffentliches Angebot bestehen nach § 3 Abs. 2 und § 4 Abs. 1 WpPG. Die Ausnahmen von der Prospektpflicht für öffentliche Angebote sind – wie die Ausnahmen für die Zulassung nach § 4 Abs. 2 WpPG – keine antragsbezogenen Ermessensentscheidungen der Behörde, sondern werden qua Gesetz gewährt.

a) Privatplatzierungen

Ausgenommen von der Prospektpflicht *(undocumented)* sind Angebote, die sich ausschließlich an qualifizierte Anleger richten (§ 3 Abs. 2 Nr. 1 WpPG). Qualifizierte Anleger sind in § 2 Nr. 6 WpPG legaldefiniert und umfassen neben den „klassischen" institutionellen Investoren wie Kreditinstitute und Versicherungsunternehmen auch kleine und mittlere Unternehmen und natürliche Personen, die sich in ein Register bei der BaFin nach § 27 WpPG eintragen lassen.

Ausgenommen sind des weiteren Angebote, die sich in jedem EWR-Staat an weniger als 150 nicht qualifizierte Anleger richten (§ 3 Abs. 2 Nr. 2 WpPG). Unabhängig von

---

zung der Richtlinie 2010/73/EU und zur Änderung des Börsengesetzes, BR-Drs. 846/12, S. 23 sowie Anhang XXX zur ProspektVO.
[30] Habersack/Mülbert/Schlitt/*Meyer*, § 36 Rn. 9.
[31] Mit Inkrafttreten des Finanzmarkt-Richtlinie-Umsetzungsgesetzes (FRUG, Umsetzungsgesetz zur Richtlinie 2004/39/EG vom 21.4.2004 über Märkte für Finanzinstrumente, „MiFiD") am 1.11.2007 wurde die Zweiteilung des gesetzlichen Börsenhandels in amtlichen und geregelten Markt abgeschafft und ein einziges gesetzliches Marktsegment der regulierte Markt geschaffen. Die bisherigen Börsenzulassungen bestehen als Zulassungen für den regulierten Markt fort; siehe Rundschreiben Listing Nr. 1/2007 der Frankfurter Wertpapierbörse (Auswirkungen des FRUG auf das Börsenzulassungsverfahren) vom 21.9.2007; vgl. dazu und zu den Börsensegmenten im Einzelnen § 10 VI. 3.
[32] Vgl. die mit Anmerkungen versehene Übersicht über die geregelten Märkte und einzelstaatliche Rechtsvorschriften zur Umsetzung der entsprechenden Anforderungen der Wertpapierdienstleistungsrichtlinie (93/22/EWG), ABl. C 57 vom 1.3.2008, S. 21, 22.
[33] Dazu im Einzelnen § 10 VI. 3. b).
[34] § 17 Abs. 1 lit. a) AGB Freiverkehr FWB; § 5 Abs. 3 Regelwerk für das Marktsegment m:access an der Börse München, siehe auch Habersack/Mülbert/Schlitt/*Meyer*, § 36 Rn. 11; Habersack/Mülbert/*Schlitt/Wilczek*, § 5 Rn. 120.

der Frage nach einem öffentlichen Angebot ist damit Rechtsklarheit geschaffen, wann jedenfalls nach quantitativen Kriterien wegen eines begrenzten Personenkreises keine Prospektpflicht besteht.[35]

b) Betragsgrenzen

Ausnahmen bestehen auch für Angebote von Emissionen, bei denen Anleger bei jedem gesonderten Angebot Wertpapiere nur ab einem Mindestbetrag von 100.000 EUR je Anleger erwerben können (§ 3 Abs. 2 Nr. 3 WpPG), bei denen die Wertpapiere eine Mindeststückelung von 100.000 EUR haben (§ 3 Abs. 2 Nr. 4 WpPG) oder bei denen der Verkaufspreis für alle angebotenen Wertpapiere über einen Zeitraum von zwölf Monaten weniger als 100.000 EUR beträgt (§ 3 Abs. 2 Nr. 5 WpPG).[36]

c) Weitere Ausnahmen[37]

§ 4 Abs. 1 WpPG sieht weitere Ausnahmen für öffentliche Angebote bestimmter Arten von Wertpapieren vor, wenn bereits eine gleichwertige Dokumentation vorliegt oder eine solche als nicht erforderlich angesehen wird, zB für

- *Tauschangebote und Verschmelzungen*, sofern ein Dokument mit gleichwertigen Angaben, etwa eine Angebotsunterlage nach WpÜG, in die nach § 2 Nr. 2 WpÜG-Angebotsverordnung Angaben nach § 7 WpPG iVm der ProspektVO aufzunehmen sind,[38] bzw. ein Verschmelzungsbericht nach UmwG[39] verfügbar ist (§ 4 Abs. 1 Nr. 2 und 3 WpPG);
- Sachdividenden in Form von Aktien, sofern es sich um Aktien derselben Gattung handelt und ein Dokument zur Verfügung gestellt wird, das über die Anzahl und Art der Wertpapiere sowie die Gründe und Einzelheiten des Angebots informiert (§ 4 Abs. 1 Nr. 4 WpPG);[40]
- *Mitarbeiterbeteiligungsprogramme*, dh Angebote von Wertpapieren (insbesondere Aktien und Aktienoptionen) an derzeitige oder ehemalige Mitglieder von Geschäftsführungsorganen oder Arbeitnehmer von ihrem Arbeitgeber oder einem mit ihm verbundenen Unternehmen, soweit der Emittent seine Hauptverwaltung oder seinen Sitz im EWR hat, seine Wertpapiere bereits an einem organisierten Markt[41]

---

[35] Habersack/Mülbert/*Schlitt/Wilczek*, § 4 Rn. 46; Habersack/Mülbert/Schlitt/*Meyer*, § 36 Rn. 6.
[36] Die Ausnahmen haben vor allem für Schuldverschreibungen (Daueremissionen und Angebotsprogramme), die Ausnahme nach § 3 Abs. 2 Nr. 4 WpPG für Equity-linked Transaktionen (Wandel- und Umtauschanleihen) praktische Bedeutung; siehe Habersack/Mülbert/*Schlitt/Wilczek*, § 4 Rn. 50 f. sowie zu den einzelnen Transaktionsformen im Einzelnen § 6.
[37] Habersack/Mülbert/*Schlitt/Wilczek*, § 4 Rn. 53 ff.; Habersack/Mülbert/Schlitt/*Meyer*, § 36 Rn. 7.
[38] Zur Anwendbarkeit auch auf ausländische Prospekte und prospektähnliche Dokumente, sofern die darin enthaltenen Angaben denen eines Wertpapierprospekts gleichwertig sind, siehe *Seibt/von Bonin/Isenberg*, AG 2008, 565 ff.; die Frankfurter Wertpapierbörse hat jüngst im Rahmen der Prüfung der Prospektbefreiung ein US-amerikanisches Registration Statement F-4 als gleichwertig angesehen; dazu *ebenda* Fn. 68.
[39] Streitig ist insoweit, ob die (Pflicht-)Angaben eines Verschmelzungsberichts nur dann gleichwertig sind, wenn sie um zusätzliche freiwillige Angaben, zB zu Risikofaktoren ergänzt werden; vgl. *Seibt/von Bonin/Isenberg*, AG 2008, 565 (567).
[40] Ein Beispiel ist die Bezugsrechtskapitalerhöhung der Deutsche Telekom AG 2013, die allein für Zwecke der Abwicklung eines Angebots zur Ausschüttung von Aktien als Dividenden diente.
[41] Dabei muss es sich um einen organisierten Markt im EWR handeln; in der Praxis führt dies dazu, dass vor allem US-amerikanische Unternehmen im Hinblick auf die Beteiligungsprogramme für ihre europäischen Mitarbeiter einen Prospekt veröffentlichen müssen, da ihre Aktien in

zugelassen sind oder an einem gleichwertigen Markt in einem Drittstaat. Auch hier muss ein Dokument mit bestimmten Mindestinformationen vorgelegt werden (§ 4 Abs. 1 Nr. 5 WpPG).[42]

2. Ausnahmen für die Zulassung

Die in § 4 Abs. 2 WpPG geregelten Ausnahmen von der Prospektpflicht für die Zulassung zum Handel entsprechen im Wesentlichen denen für prospektfreie Angebote.

a) 10%-Kapitalerhöhungen

Darüber hinaus ist die Zulassung von Aktien aus Kapitalerhöhungen von bis zu 10 % der Zahl der bereits zugelassenen Aktien derselben Gattung innerhalb eines Zeitraums von zwölf Monaten von der Prospektpflicht ausgenommen (§ 4 Abs. 2 Nr. 1 WpPG). Im Zusammenspiel mit der Ausnahme für Privatplatzierungen an institutionelle Investoren (§ 3 Abs. 2 Nr. 1 WpPG) wird so ermöglicht, eine Kapitalerhöhung unter vereinfachtem Ausschluss des Bezugsrechts nach § 186 Abs. 3 S. 4 AktG im Wege eines sog Accelerated Bookbuildings zügig und in der Praxis häufig innerhalb eines Tages durchzuführen.[43]

b) Weitere Ausnahmen

Für den Fall der Ausübung von Wandel- und Umtauschanleihen von praktischer Bedeutung ist die Ausnahme von der Prospektpflicht für die Zulassung von Aktien, die nach der Ausübung von Umtausch- oder Bezugsrechten aus anderen Wertpapieren ausgegeben werden und derselben Gattung wie bereits zugelassene Aktien angehören.[44] Das zur Absicherung von Wandlungs- und Optionsrechten regelmäßig geschaffene bedingte Kapital kann demnach prospektfrei zugelassen werden.

Europa regelmäßig nicht zugelassen oder in den Freiverkehr einbezogen sind; vgl. *Pfeiffer/Buchinger*, NZG 2006, 449 ff.; *Kollmorgen/Feldhaus*, BB 2007, 225 ff. CESR hat deshalb auf Verlangen der Kommission für Mitarbeiterbeteiligungsprogramme einige Erleichterungen im Hinblick auf die Prospektangaben vorgeschlagen („short form disclosure regime"); vgl. ESMA, Frequently asked questions regarding Prospectuses: Common Positions agreed by ESMA Members, 19th Updated Version – May 2013, Ref.: ESMA/594–2013, Ziffer 71.

[42] Im Einzelfall ist vorab zu prüfen, ob der Anwendungsbereich des WpPG eröffnet ist; Aktienoptionen stellen regelmäßig, wenn sie nach den Optionsbedingungen nicht übertragbar sind, keine Wertpapiere iSd § 2 Nr. 1 WpPG dar; die im Optionsausübungsfall folgende Gewährung von Aktien fällt jedoch regelmäßig in den Anwendungsbereich des WpPG; vgl. Habersack/Mülbert/*Schlitt/Wilczek*, § 4 Rn. 59; *Apfelbacher/Metzner*, BKR 2006, 81 (82) Fn. 16. Zudem sollen Beteiligungsprogramme, bei denen der Mitarbeiter die Aktien kostenlos erwirbt, vom Anwendungsbereich des WpPG ausgenommen sein; vgl. ESMA, Frequently asked questions regarding Prospectuses: Common Positions agreed by ESMA Members, 19th Updated Version – May 2013, Ref.: ESMA/594–2013, Ziffer 6; Habersack/Mülbert/*Schlitt/Wilczek*, § 4 Rn. 59; Habersack/Mülbert/Schlitt/*Meyer*, § 36 Rn. 7.

[43] Siehe Habersack/Mülbert/*Schlitt/Wilczek*, § 4 Rn. 69; *Schnorbus*, AG 2008, 389 (406 ff.).

[44] Dazu *Schnorbus*, AG 2008, 389 (408 f.); ausführlich zu 10 %-Kapitalerhöhungen in § 3 II.

IV. Prospektformat und -inhalt

1. Prospektformat

a) Einteiliger und dreiteiliger Prospekt

Der Prospekt kann nach § 12 Abs. 1 WpPG als einteiliges oder aus drei Teilen (Registrierungsformular, Wertpapierbeschreibung und Zusammenfassung) bestehendes Dokument erstellt werden.[45] Ein Registrierungsformular mit Angaben zum Emittenten kann auch für mehrere Emissionen genutzt werden, wenn nach § 12 Abs. 2 WpPG zusätzlich für jede Emission eine Wertpapierbeschreibung und eine Zusammenfassung erstellt und nachtragspflichtige Umstände darin oder in einen Nachtrag zum Registrierungsformular aufgenommen werden. Für Aktienemissionen hat das dreiteilige Prospektformat in der Praxis keine Bedeutung erlangt.[46]

b) Basisprospekt

Für Nichtdividendenwerte und Optionsscheine, die im Rahmen eines Angebotsprogramms ausgegeben werden, oder Nichtdividendenwerte, die dauernd oder wiederholt von Einlagenkreditinstituten begeben werden, kann ein sog Basisprospekt nach § 6 WpPG auch für mehrere Emissionen erstellt werden. Die endgültigen Bedingungen des Angebots *(final terms)* können darin offen gelassen werden und müssen erst spätestens am Tag des jeweiligen öffentlichen Angebots veröffentlicht werden.[47] Ein gesondertes Billigungsverfahren bei der BaFin findet nicht statt; die Final Terms werden bei der BaFin lediglich hinterlegt.[48] Seit dem 1.7.2012 kann ein Basisprospekt als dreiteiliger Prospekt erstellt werden.[49]

2. Prospektinhalte

a) § 5 WpPG, ProspektVO

Prospekte müssen nach der Generalklausel des § 5 Abs. 1 WpPG in leicht analysierbarer und verständlicher Form sämtliche Angaben enthalten, die im Hinblick auf den Emittenten und die Wertpapiere notwendig sind, um dem Publikum ein zutreffendes Urteil über die Vermögenswerte und Verbindlichkeiten, die Finanzlage, die Gewinne und Verluste, die Zukunftsaussichten des Emittenten und ggf. jedes Garantiegebers sowie über die mit den Wertpapieren verbundenen Rechte zu ermöglichen.[50] Die in einen Prospekt aufzunehmenden Mindestangaben sind entsprechend dem Verweis des § 7 WpPG in der ProspektVO geregelt.[51]

---

[45] Kümpel/Wittig/*Oulds*, Rn. 15.142; Habersack/Mülbert/*Schlitt/Wilczek*, § 4 Rn. 70 ff.; § 5 Rn. 2.
[46] So auch Habersack/Mülbert/*Schlitt/Meyer*, § 36 Rn. 17; Habersack/Mülbert/*Schlitt/Wilczek*, § 5 Rn. 5; der dreiteilige Prospekt kann vorteilhaft sein, wenn der Emittent mehrere Emissionen in kurzer zeitlicher Folge plant; siehe *Schlitt/Schäfer*, AG 2005, 498 (502).
[47] Kümpel/Wittig/*Oulds*, Rn. 15.143; Habersack/Mülbert/*Schlitt/Wilczek*, § 5 Rn. 7 ff.
[48] Zu Basisprospekten ausführlich *Seitz*, AG 2005, 678 (684 ff.); *Kullmann/Sester*, WM 2005, 1068 (1072); Habersack/Mülbert/*Schlitt/Meyer*, § 36 Rn. 18.
[49] BR-Drs. 846/12, S. 27; BaFin Journal 07/12, S. 7, 11; Habersack/Mülbert/*Schlitt/Wilczek*, § 5 Rn. 10; Habersack/Mülbert/*Schlitt/Meyer*, § 36 Rn. 18; *von Kopp-Colomb/Seitz*, WM 2012, 1220 (1226); *Lawall/Maier*, DB 2012, 2503 (2504).
[50] Habersack/Mülbert/*Schlitt/Meyer*, § 36 Rn. 14.
[51] Bei der Auslegung der ProspektVO haben in der Praxis die ESMA-Empfehlungen wesentlichen Einfluss; siehe § 11 I. 2.

Die Mindestangaben bestimmen sich nach dem Baukastenprinzip *(building block approach)* anhand der in den Anhängen zur ProspektVO abgedruckten, für die unterschiedlichen Emittenten und Wertpapiere jeweils vorgesehenen Schemata und ergänzenden Module.[52] Die Kombinationsmöglichkeiten sind in Art. 21 ProspektVO iVm Anhang XVIII (nicht abschließend) dargestellt; die umfangreichsten Anforderungen werden an Aktienemissionen gestellt (Anhänge I und III).[53] Weitergehende Angaben als die in den Anhängen zur ProspektVO genannten dürfen nach Art. 23 der ProspektVO von nationalen Behörden nur gefordert werden, wenn der Emittent in eine der in Anhang XIX genannten Kategorien fällt. Die ESMA-Empfehlungen[54] schlagen insoweit vor, dass zB Immobiliengesellschaften bei bestimmten Emissionen ein Bewertungsgutachten für das Immobilienportfolio in den Prospekt aufnehmen und Start-up Unternehmen ihren Business Plan beschreiben müssen.[55]

b) Aufbau des Prospekts

Nach Art. 25 Abs. 1 und 2 ProspektVO müssen Inhaltsverzeichnis, Zusammenfassung und Risikofaktoren den übrigen Angaben im Prospekt vorangestellt werden; die Reihenfolge der übrigen Angaben ist nach Art. 25 Abs. 3 ProspektVO frei. Wenn die Reihenfolge der Angaben nicht mit der in den Anhängen der ProspektVO vorgesehenen Reihenfolge übereinstimmt, fordert die BaFin entsprechend Art. 25 Abs. 4 ProspektVO eine sog Überkreuz-Checkliste, aus der sich ergibt, an welcher Stelle im Prospekt sich welche Angabe findet bzw. ob eine Angabe im Einzelfall nicht einschlägig ist.[56] Ein Abweichen von der Reihenfolge der ProspektVO ist üblich, da der herkömmliche, den internationalen Usancen entsprechende Prospektaufbau in der Praxis nach Inkrafttreten des neuen Prospektregimes weitgehend beibehalten wurde.

c) Incorporation by Reference

In § 11 WpPG ist die Möglichkeit vorgesehen, bestimmte, in Art. 28 Abs. 1 ProspektVO aufgezählte Angaben in den Prospekt in Form eines Verweises auf veröffentlichte Dokumente aufzunehmen. Jedenfalls für Börsengänge ist die praktische Bedeutung dieser Bestimmung in Deutschland allerdings gering.[57] Voraussetzung für diese Aufnahme durch Verweisung ist, dass das betreffende Dokument bereits nach dem WpPG von der BaFin gebilligt, bei ihr hinterlegt oder ihr in Erfüllung der in § 11 Abs. 1 Nr. 2 WpPG genannten Zulassungsfolgepflichten oder der Regelpublizität nach § 37v WpHG mitgeteilt wurde.[58] Art. 28 ProspektVO enthält eine nicht

---

[52] Hierzu auch Habersack/Mülbert/*Schlitt/Wilczek*, § 5 Rn. 17 ff.; *Schlitt/Schäfer*, in: Assmann/Schlitt/von Kopp-Colomb, WpPG, § 7 Rn. 19 ff.

[53] Vgl. zu den einzelnen Kombinationen auch *Kunold/Schlitt*, BB 2004, 501 (508); Habersack/Mülbert/*Schlitt/Ponick*, Handbuch der Kapitalmarktinformation, § 5 Rn. 19; zu den Kombinationen bei Schuldverschreibungen ausführlich *Seitz*, AG 2005, 678 (686 f.).

[54] ESMA update of the CESR recommendations on the consistent implementation of Commission Regulation (EC) No 809/2004 implementing the Prospectus Directive, vom 20.3.2013, ref. ESMA/2013/319, ferner auch ESMA, Questions and Answers Prospectuses, 19th updated version – May 2013 (Ref. ESMA/2013/594) vom 22.5.2013.

[55] ESMA update of the CESR recommendations on the consistent implementation of Commission Regulation (EC) No 809/2004 implementing the Prospectus Directive, vom 20.3.2013, ref. ESMA/2013/319 Rn. 128 ff.

[56] *Just*, in: Just/Voß/Ritz/Zeising, WpPG, § 7 Rn. 31; Habersack/Mülbert/*Schlitt/Wilczek*, § 5 Rn. 27 f.; Habersack/Mülbert/*Schlitt/Meyer*, § 36 Rn. 12.

[57] Habersack/Mülbert/*Schlitt/Wilczek*, § 5 Rn. 32; Kümpel/Wittig/*Oulds*, Rn. 15.155.

[58] Entsprechendes gilt für Angaben, die nach dem Recht eines anderen EWR-Staates zur Umsetzung der ProspRL oder der EU-Transparenzrichtlinie erlassenen Gesetzen von der zuständigen Behörde gebilligt oder bei dieser hinterlegt wurde, § 11 Abs. 1 Satz 2 WpPG, siehe

abschließende Liste solcher Informationen (Abs. 1) sowie weitere Voraussetzungen für die Zulässigkeit der Verweisung. Nach der Praxis der BaFin muss die Hinterlegung aufgrund gesetzlicher Regelungen erfolgen; eine freiwillige Hinterlegung kommt nicht in Betracht. Bei Kapitalmarkttransaktionen bereits börsennotierter Unternehmen ist der Anwendungsbereich für Verweise größer; so kann zB auf bereits gebilligte und veröffentlichte Prospekte, insbesondere auf darin enthaltene historische Finanzinformationen verwiesen werden.

3. Einzelheiten

a) Zusammenfassung

Eine Zusammenfassung ist unabhängig vom Prospektformat grundsätzlich nach § 5 Abs. 2 WpPG erforderlich.[59] Die Zusammenfassung muss sog Schlüsselinformationen enthalten.[60] Darunter sind grundlegende und angemessen strukturierte Informationen zu verstehen, die dem Anleger ermöglichen, Art und Risiken des Emittenten und der Wertpapiere zu verstehen und zu entscheiden, welchen Wertpapierangeboten er weiter nachgehen soll, § 2 Nr. 18 WpPG. Im Einzelnen müssen die Schlüsselinformationen nach § 5 Abs. 2a WpPG Angaben enthalten über die Risiken und wesentlichen Merkmale des Emittenten einschließlich seiner Vermögenswerte, Verbindlichkeiten und der Finanzlage, die wesentlichen Merkmale der Anlage in das betreffende Wertpapier einschließlich der damit verbundenen Rechte und Risiken, die allgemeinen Bedingungen des Angebots einschließlich der geschätzten dem Anleger vom Emittenten oder Anbieter auferlegten Kosten, Einzelheiten der Zulassung zum (Börsen-)Handel sowie die Gründe für das Angebot und die Verwendung der Erlöse. Nicht zutreffende Angaben sind dabei in der Zusammenfassung mit dem Stichwort „entfällt" zu kennzeichnen, Art. 24 iVm Anhang XXII ProspektVO. Die Zusammenfassung ist in kurzer Form und allgemein verständlicher Sprache abzufassen und muss in Form und Inhalt geeignet sein, in Verbindung mit den anderen Angaben im Prospekt den Anlegern bei der Prüfung der Frage, ob sie in die betreffenden Wertpapiere investieren sollten, behilflich zu sein.[61]

b) Risikofaktoren

Der Prospekt muss in einem gesonderten Abschnitt eine Beschreibung von Risikofaktoren enthalten, die für den Emittenten oder seine Branche bzw. die Wertpapiere spezifisch und für die Anlageentscheidung wesentlich sind.[62]

---

auch Habersack/Mülbert/Schlitt/*Meyer*, § 36 Rn. 77; Habersack/Mülbert/*Schlitt*/Wilczek, § 5 Rn. 31.
[59] Eine Ausnahme gilt nach § 5 Abs. 2 S. 3 WpPG für Prospekte für die Zulassung von Nichtdividendenwerten mit einer Mindeststückelung von 100.000 EUR.
[60] Hierzu auch Habersack/Mülbert/*Schlitt*/Wilczek, § 5 Rn. 24; *Maerker/Biedermann*, RdF 2011, 90 (91); Habersack/Mülbert/Schlitt/*Meyer*, § 36 Rn. 16 ff.
[61] Die Zusammenfassung hat nach Art. 24 Abs. 1 ProspV die in Anhang XXII der ProspV aufgeführten Angaben zu enthalten. Der Umfang der Zusammenfassung kann je nach Komplexität von Emittenten und Wertpapieren unterschiedlich ausfallen, darf aber 7 % des Gesamtumfangs des Prospekts oder 15 Seiten nicht überschreiten, je nachdem, was länger ist. Die Zusammenfassung besteht aus den fünf Abschnitten (A) Einleitung und Warnhinweise, (B) Emittent und etwaige Garantiegeber, (C) Wertpapiere, (D) Risiken und (E) Angebot.
[62] ZB Anhang I Ziffer 4 und Anhang III Ziffer 2 ProspektVO iVm Art. 2 Nr. 3 ProspektVO; hierzu auch Habersack/Mülbert/*Schlitt*/Wilczek, § 5 Rn. 53.

c) Finanzinformationen[63]

Bei Aktienemissionen sind nach Anhang I Ziffer 20.1 Abs. 1 ProspektVO geprüfte historische Finanzinformationen für die letzten drei Geschäftsjahre mit Bestätigungsvermerken in den Prospekt aufzunehmen.[64] Wenn der Emittent Konzernabschlüsse erstellt, sind nach Anhang I Ziffer 20.1 Abs. 3 ProspektVO zumindest diese Abschlüsse für die letzten drei Geschäftsjahre aufzunehmen. Nach der Praxis der BaFin ist darüber hinaus der für die Dividendenzahlung maßgebliche letzte Einzelabschluss aufzunehmen,[65] ggf. kann die Aufnahme der Einzelabschlüsse der letzten drei Geschäftsjahre geboten sein, wenn nur so dem Anleger ein zutreffendes Urteil über den Emittenten und die Wertpapiere iSv § 5 WpPG ermöglicht wird.

Nach Anhang I Ziffer 20.1 Abs. 2 ProspektVO müssen die geprüften Abschlüsse für die beiden letzten Geschäftsjahre nach den Rechnungslegungsstandards erstellt werden, die im folgenden Abschluss zur Anwendung gelangen werden. Bei Emittenten, die ihre historischen Konzernabschlüsse nach HGB erstellt haben und angesichts der beantragten Zulassung im regulierten Markt ihre Abschlüsse künftig nach IFRS erstellen müssen, sind dementsprechend zumindest die Konzernabschlüsse der letzten beiden Geschäftsjahre nach IFRS zu erstellen; der Konzernabschluss des drittletzten Geschäftsjahres kann noch nach HGB erstellt sein. Nach den ESMA-Empfehlungen soll in einem solchen Fall das mittlere der letzten drei Geschäftsjahre als „Brückenjahr" fungieren und der Abschluss für dieses Jahr sowohl nach IFRS als auch nach HGB aufgenommen werden.[66]

Nach nationalen Rechnungslegungsstandards erstellte Finanzinformationen müssen nach Anhang I Ziffer 20.1 Abs. 4 ProspektVO folgende Bestandteile enthalten: Bilanz, Gewinn- und Verlustrechnung, Kapitalflussrechnung, Eigenkapitalveränderungsrechnung und Anhang. Für nach HGB aufgestellte Abschlüsse werden in der Praxis häufig die Kapitalflussrechnung und Eigenkapitalveränderungsrechnung erst anlässlich der Kapitalmarkttransaktion erstellt und geprüft.[67] Die Aufnahme des Lageberichts in den Prospekt, auch wenn er nach § 37v Abs. 2 Nr. 2 WpHG als Bestandteil des Jahresfinanzberichts gilt, ist nach dem ausdrücklichen Wortlaut der ProspektVO nicht erforderlich; die wesentlichen Informationen des Lageberichts sind aus Konsistenzgründen ohnehin im Prospekt zu erläutern. Im Einzelfall kann

---

[63] In der Praxis besteht bei den Finanzinformationen, insbesondere weil sich die Unternehmenshistorie und die verfügbaren Finanzinformationen bei den Emittenten im Einzelfall sehr unterscheiden, regelmäßig ein besonderer Diskussionsbedarf; um ggf. noch erforderliche Abschlüsse erstellen und prüfen bzw. prüferisch durchsehen zu lassen, wird der Inhalt des Finanzteils des Prospekts regelmäßig frühzeitig mit der BaFin abgestimmt; siehe Präsentation der BaFin vom 17./22.5.2006, Praxiserfahrungen zum WpPG – Finanzinformationen, S. 23; zu den Finanzinformationen ergänzend auch Habersack/Mülbert/*Schlitt/Wilczek*, § 5 Rn. 54 ff.; Habersack/Mülbert/Schlitt/*Meyer*, § 36 Rn. 25 ff.; Kümpel/Wittig/*Oulds*, Rn. 15.147 ff.
[64] Bei Schuldtiteln sind nur die letzten beiden Geschäftsjahre abzudecken; vgl. Anhang IV Ziffer 13.1 und Anhang IX Ziffer 11.1 ProspektVO.
[65] Siehe Präsentation der BaFin vom 17./22.5.2006, Praxiserfahrungen zum WpPG – Finanzinformationen, S. 15; ferner ebenso Habersack/Mülbert/*Schlitt/Wilczek*, § 5 Rn. 56.
[66] ESMA update of the CESR recommendations on the consistent implementation of Commission Regulation (EC) No 809/2004 implementing the Prospectus Directive, vom 20.3.2013, ref. ESMA/2013/319 Rn. 60 ff. Jedenfalls in Deutschland hat sich dieser sog Bridge Approach allerdings nicht völlig durchgesetzt; so auch Habersack/Mülbert/*Schlitt/Wilczek*, § 5 Rn. 58; Habersack/Mülbert/Schlitt/*Meyer*, § 36 Rn. 27.
[67] Habersack/Mülbert/*Schlitt/Wilczek*, § 5 Rn. 59; Habersack/Mülbert/Schlitt/*Meyer*, § 36 Rn. 26.

die Aufnahme geboten sein, um iSv § 5 WpPG dem Anleger ein zutreffendes Urteil über den Emittenten und die Wertpapiere zu ermöglichen.[68]

Nach Anhang I Ziffer 20.6.2 ProspektVO ist ein Zwischenabschluss zu erstellen, wenn der letzte Jahresabschluss mehr als neun Monate zurückliegt. In der Zwischenzeit veröffentlichte Quartals- oder Halbjahresabschlüsse sind nach Anhang I Ziffer 20.6.1 ProspektVO in den Prospekt aufzunehmen, wobei grundsätzlich die Aufnahme des letzten Zwischenabschlusses ausreichend ist. In der Praxis wird darüber hinaus wegen der sog 135-Tage Regel[69] für die Erteilung von Comfort Lettern auch bei Börsenneulingen, die noch keine Zwischenabschlüsse veröffentlicht haben, regelmäßig ein Quartals- oder Halbjahresabschluss in den Prospekt aufgenommen, wenn seit dem Stichtag des letzten geprüften oder prüferisch durchgesehenen Abschlusses 135 Tage oder mehr vergangen sind, weil andernfalls der Abschlussprüfer im Comfort Letter nicht die regelmäßig geforderte Aussage zum entsprechenden Zeitraum abgeben kann. Wenn die Zwischenabschlüsse geprüft wurden, ist das Testat aufzunehmen; andernfalls ist anzugeben, dass sie ungeprüft sind.

Die zusätzliche Aufnahme von Pro-Forma-Zahlen ist nach Anhang I Ziffer 20.2 ProspektVO erforderlich, wenn es im letzten oder laufenden Berichtszeitraum aufgrund einer Transaktion zu einer wesentlichen Brutto-Veränderung gekommen ist.[70] Eine solche liegt bei einer mindestens 25 %-igen Veränderung der Situation eines Emittenten, und zwar gemessen an einem oder mehreren Indikatoren vor;[71] Indikatoren sind nach den ESMA-Empfehlungen Bilanzsumme, Umsatzerlöse, Gewinn/Verlust oder andere geeignete Kennziffern.[72] Bei Aufnahme von Pro-Forma-Zahlen ist eine Bescheinigung des Wirtschaftsprüfers über dessen Prüfung in den Prospekt aufzunehmen.

Im Hinblick auf Emittenten mit sog komplexer finanztechnischer Vorgeschichte *(complex financial history)* oder bedeutenden finanziellen Verpflichtungen gelten aufgrund einer Ergänzung der ProspektVO[73] Sonderregelungen.[74] Eine komplexe finanzielle Vorgeschichte kann sich daraus ergeben, dass bei einem Emittenten nicht die gesamte operative Geschäftstätigkeit durch die historischen Finanzinformationen abgedeckt ist, weil der Emittent zB einen bedeutenden Erwerb getätigt hat oder weil es sich bei dem Emittenten um eine neu gegründete Holdinggesellschaft handelt. Eine

---

[68] Siehe Präsentation der BaFin vom 17./22.5.2006, Praxiserfahrungen zum WpPG – Finanzinformationen, S. 5; Habersack/Mülbert/*Schlitt/Wilczek*, § 5 Rn. 60.
[69] Hierzu auch Habersack/Mülbert/*Schlitt/Wilczek*, § 5 Rn. 63; *d'Arcy/Kahler*, in: Holzborn, WpPG-Kommentar, Anh. I EU-ProspV, Rn. 175; *Doleczik*, CFL 2010, 466 (472).
[70] Die Pro-Forma-Zahlen sind gemäß den Anforderungen des Anhangs II der ProspektVO zu erstellen. Zur Erstellung und Prüfung von Pro-Forma-Angaben siehe IDW Rechnungslegungshinweis: Erstellung von Pro-Forma-Finanzinformationen (IDW RH HFA 1.004), WPg 2006, 141 und IDW Prüfungshinweis: Prüfung von Pro-Forma-Finanzinformationen (IDW PH 9.960.1), WPg 2006, 133; hierzu auch Habersack/Mülbert/*Schlitt/Wilczek*, § 5 Rn. 68; Habersack/Mülbert/Schlitt/*Meyer*, § 36 Rn. 39 ff.
[71] Erwägungsgrund 9 der Prospektrichtlinie und Art. 4a Abs. 6 ProspektVO (in der Fassung der Änderung durch die Complex Financial History VO; siehe Fn. 49).
[72] ESMA update of the CESR recommendations on the consistent implementation of Commission Regulation (EC) No 809/2004 implementing the Prospectus Directive, vom 20.3.2013, ref. ESMA/2013/319, Rn. 91 ff.; ferner Habersack/Mülbert/*Schlitt/Wilczek*, § 5 Rn. 69.
[73] Verordnung (EG) Nr. 211/2007 der Kommission vom 27.2.2007 zur Änderung der Verordnung (EG) Nr. 809/2004 zur Umsetzung der Richtlinie 2003/71/EG des Europäischen Parlaments und des Rates in Bezug auf die Finanzinformationen, die bei Emittenten mit komplexer finanztechnischer Vorgeschichte oder bedeutenden finanziellen Verpflichtungen im Prospekt enthalten sein müssen, ABl. L 61 vom 28.2.2007, S. 24 („Complex Financial History VO").
[74] Hierzu auch Habersack/Mülbert/Schlitt/*Meyer*, § 36 Rn. 42 ff.

bedeutende finanzielle Verpflichtung liegt vor, wenn der Emittent eine verbindliche Vereinbarung über den Erwerb oder die Veräußerung einer bedeutenden Gesellschaft oder eines bedeutenden Geschäftsbereiches eingegangen ist. Die zuständige Behörde kann dann verlangen, dass bestimmte Teile der Finanzinformationen einer anderen Gesellschaft (zB die historischen Jahres- bzw. Konzernabschlüsse der vergangenen drei Jahre) in den Prospekt aufgenommen werden, um dem Anleger iSv § 5 WpPG ein zutreffendes Bild über den Emittenten und die Wertpapiere zu ermöglichen.[75]

d) Geschäfts- und Finanzlage

Bei Aktienemissionen ist nach Anhang I Ziffer 9.1 und 9.2 ProspektVO eine Beschreibung der Geschäfts- und Finanzlage und insoweit eingetretener Veränderungen und ihrer Ursachen für die im Prospekt enthaltenen Finanzinformationen vorzunehmen *(operating and financial review, OFR)*.[76] Gleiches gilt nach Anhang I Ziffer 10 ProspektVO für die Entwicklung der Eigenkapitalausstattung. Die Darstellung entspricht weitgehend der im US-Recht üblichen sog Management's Discussion and Analysis of Financial Condition and Results of Operations (MD&A),[77] die vor allem bei Transaktionen mit US-Element auch vor Umsetzung der Prospektrichtlinie schon üblich war.

e) Trendinformationen, Prognosen

In den Prospekt sind nach Anhang I Ziffer 12 ProspektVO Angaben über wichtige Trends seit dem Ende des letzten Berichtszeitraumes bis zum Datum des Prospekts ebenso wie bekannte Trends, die voraussichtlich die Aussichten des Emittenten zumindest im laufenden Geschäftsjahr wesentlich beeinflussen dürften, aufzunehmen. Diese finden sich regelmäßig im Prospektabschnitt über den jüngsten Geschäftsgang und die Geschäftsaussichten.[78]

Dagegen ist die Angabe von Gewinnprognosen oder -schätzungen nach Anhang I Ziffer 13 ProspektVO grundsätzlich optional.[79] Diese unterscheiden sich von Trendinformation dadurch, dass sie ausdrücklich oder implizit eine Zahl für die wahrscheinliche Höhe der Gewinne oder Verluste im laufenden Geschäftsjahr und/oder den folgenden Geschäftsjahren oder Daten enthalten, aufgrund derer sich eine solche Zahl errechnen lässt (Art. 2 Nr. 10 und 11 ProspektVO).[80] Bloße Planzahlen und Absichten stellen hingegen richtigerweise keine Prognose dar.[81] Nach einer erweiternden Auslegung in den ESMA-Empfehlungen besteht eine Vermutung, dass außerhalb eines Prospekts genannte Prognosen wesentlich sind und deshalb in den Prospekt aufgenommen werden müssen;[82] diese Auslegung geht jedoch über den Wortlaut der

---

[75] Dazu ausführlich Habersack/Mülbert/*Schlitt/Wilczek*, § 5 Rn. 74 ff.; *Schlitt/Schäfer*, AG 2008, 527 (530 f.).
[76] Siehe hierzu auch Habersack/Mülbert/*Schlitt/Wilczek*, § 5 Rn. 80 ff.; Habersack/Mülbert/Schlitt/*Meyer*, § 36 Rn. 47.
[77] Zur MD&A nach US-amerikanischem Recht ausführlich *Kopp*, RIW 2002, 661; Habersack/Mülbert/Schlitt/*Werlen/Sulzer*, § 45 Rn. 60 ff.
[78] Habersack/Mülbert/Schlitt/*Meyer*, § 36 Rn. 57.
[79] Habersack/Mülbert/*Schlitt/Wilczek*, § 5 Rn. 89 ff.
[80] Die Abgrenzung zwischen Trendinformationen und Gewinnprognosen bzw. -schätzungen ist in der Praxis im Einzelfall schwierig; zu Prognosen im Kapitalmarktrecht ausführlich *Fleischer*, AG 2006, 2 ff.
[81] Berrar/Meyer/Müller/Schnorbus/Singhof/Wolf/*Meyer*, Frankfurter Kommentar zum WpPG und zur EU-ProspektVO, Anhang I ProspektVO Rn. 20.
[82] ESMA update of the CESR recommendations on the consistent implementation of Commission Regulation (EC) No 809/2004 implementing the Prospectus Directive, vom 20.3.2013, ref. ESMA/2013/319, Rn. 38 ff.; nach den Questions & Answers der ESMA soll die Billigungs-

ProspektVO hinaus[83] und wird auch von der BaFin nicht geteilt. Eine Pflicht zur Aufnahme einer Gewinnprognose oder -schätzung in den Prospekt kann sich jedoch im Einzelfall im Hinblick auf § 5 WpPG ergeben, wenn eine zB im Wege der Ad hoc Mitteilung veröffentlichte Gewinnprognose zum Zeitpunkt der Prospektveröffentlichung nicht länger aufrecht erhalten werden kann und nicht im Vorfeld durch eine weitere Ad hoc Mitteilung bereits korrigiert oder zurückgenommen wurde.[84] Werden Prognosen in den Prospekt aufgenommen, sind weitere Angaben[85] und der Bericht eines Wirtschaftsprüfers[86] erforderlich.[87]

f) Verhältnismäßiges Prospektregime

Nach der Umsetzung der Prospektrichtlinie-Änderungsrichtlinie in deutsches Recht gelten für bestimmte Arten von Angeboten und Emittenten verhältnismäßige Angabepflichten.[88] Sie betreffen Bezugsrechtsemissionen, Emissionen kleiner und mittlerer Unternehmen, Unternehmen mit geringer Marktkapitalisierung und Kreditinstitute, die freiwillig einen Prospekt erstellen. Bei diesen Arten von Emissionen gelten anstelle der allgemeinen Mindestangaben nur Mindestangaben nach speziellen Schemata.

Von besonderer Bedeutung sind die verhältnismäßigen Schemata[89] für Bezugsrechtsemissionen[90]. Unter Bezugsrechtsemissionen sind Emissionen von satzungsmäßigen[91] (oder gesetzlichen) Bezugsrechten auf neue Aktien zu verstehen, die sich nur an bestehende Aktionäre richten. Gleiches gilt für Emissionen, bei denen die satzungsmäßigen oder gesetzlichen Bezugsrechte zwar ausgeschlossen, aber durch wesensgleiche, nahezu identische Rechte ersetzt wurden, die stattdessen angeboten werden.[92]

---

behörde aber im Einzelfall über die Pflicht zur Aufnahme von bestehenden Gewinnprognosen entscheiden, ESMA Questions & Answers Prospectuses, 19th Updated Version – May 2013, Antwort A1 vom August 2009 auf Frage 25.

[83] Nach Anhang I Ziffer 13.4 ProspektVO besteht eine Pflicht zur Aufnahme von Gewinnprognosen nur ausnahmsweise, wenn in einem noch ausstehenden Prospekt eine Gewinnprognose veröffentlicht wurde.

[84] Siehe *Schlitt/Schäfer*, AG 2005, 498 (504) und *dies.*, AG 2008, 525 (533 f.). Nach dem deutschen Rechnungslegungsstandard DRS 15 vom 7.12.2004 – Lageberichterstattung, soll in Konzernlageberichten ein sog Prognosebericht aufgenommen werden. Dabei wird die Quantifizierung der Erwartungen für das kommende Geschäftsjahr ausdrücklich empfohlen. Dies hat zur Folge, dass zahlreiche Unternehmen quantitative Prognosen abgeben.

[85] Hierzu Habersack/Mülbert/*Schlitt/Wilczek*, § 5 Rn. 96.

[86] Zur Frage, ob Wirtschaftsprüfer zur Abgabe eines solchen Berichts bereit sind und zum entsprechenden IDW-Prüfungshinweis siehe Habersack/Mülbert/*Schlitt/Meyer*, § 36 Rn. 58; IDW Prüfungshinweis: Prüfung von Gewinnprognosen und -schätzungen iSv IDW RH HFA 2.2003 (IDW PH 9.960.3) vom 22.8.2008, WPg Supplement 1/2008, S. 12.

[87] Sofern die Gewinnschätzung nicht irreführende Zahlen enthält und diese im Wesentlichen mit dem nächsten geprüften Jahresabschluss (Konzernabschluss) konsistent sind, ist gemäß Anhang I, Ziffer 13. 2 Abs. 2 ProspektVO unter bestimmten weiteren Voraussetzungen ein Verzicht auf einen Wirtschaftsprüferbericht ausnahmsweise zulässig, siehe hierzu auch Habersack/Mülbert/*Schlitt/Meyer*, § 36 Rn. 59.

[88] Hierzu auch Habersack/Mülbert/*Schlitt/Wilczek*, § 5 Rn. 124.

[89] Nach den Anhängen XXIII (Registrierungsformular) und XXIV (Wertpapierbeschreibung) in Verbindung mit Art. 26a ProspV.

[90] Zum verhältnismäßigen Schemata bei Wertpapieremissionen von kleinen und mittleren Unternehmen siehe Habersack/Mülbert/*Schlitt/Meyer*, § 36 Rn. 67 f.

[91] Nach *Henningsen*, BaFin Journal 09/12, S. 5, 7 auch gesetzliche Bezugsrechte, ebenso Habersack/Mülbert/*Schlitt/Meyer*, § 36 Rn. 67.

[92] Dies sollte auch den Fall des sog gekreuzten Bezugsrechtsausschluss erfassen, der dazu führt, dass die Aktionäre der jeweiligen Gattung nur ein Bezugsrecht auf Aktien „ihrer" Gattung erhalten, *Berrar/Wiegel*, CFL 2012, 97 (102); zum gekreuzten Bezugsrechtsausschluss vgl. etwa *Busch*, in: Marsch-Barner/Schäfer, HdB börsennotierte AG, § 42 Rn. 81.

Die verhältnismäßigen Schemata können nur dann verwendet werden, wenn Wertpapiere derselben Gattung bereits zum Handel an einem geregelten Markt oder über ein multilaterales Handelssystem zugelassen wurden, das über Transparenzvorschriften und Bestimmungen zur Verhinderung von Insiderhandel und Marktmanipulation verfügt, die jenen auf geregelten Märkten vergleichbar sind.[93] Aufgrund der Änderungen hatte die BaFin ihre bisherige Verwaltungspraxis aufgegeben, wonach Bezugsrechtsemissionen[94] prospektfrei erfolgen konnten, da sie sich nur an einen begrenzten Personenkreis richten und damit kein öffentliches Angebot darstellen.[95] Der Anwendungsbereich ist auch eröffnet, wenn ein (börslicher) Bezugsrechtshandel eingerichtet wurde, solange die betreffenden Aktien nicht auch außerhalb des Bezugsrechtshandels öffentlich angeboten werden.[96] Das verhältnismäßige Schema für Bezugsrechtsemissionen bringt einige Vereinfachungen.[97] So sind unter anderem nur noch bestimmte Angaben zum Emittenten aufzunehmen, die sich auf Umstände beziehen, die seit dem Stichtag des zuletzt veröffentlichten Abschlusses des Emittenten eingetreten sind.[98] Auch ist es lediglich erforderlich, geprüfte historische Finanzinformationen für das letzte Geschäftsjahr vorzulegen. Dennoch gilt auch bei der Verwendung des verhältnismäßigen Prospektregimes, dass der allgemeine Grundsatz der Vollständigkeit und Richtigkeit (§ 5 Abs. 1 WpPG) auch hier gilt.[99] Richtigerweise sollte sich das verhältnismäßige Prospektregime für Bezugsrechtsemissionen nicht nur auf Angebote erstrecken, sondern auch für die Börsenzulassung der im Wege des Bezugsrechtsangebots angebotenen Aktien ausreichen.[100]

g) Angebotsbedingungen

Nach § 8 Abs. 1 S. 1 WpPG können der endgültige Emissionspreis und das endgültige Emissionsvolumen im Prospekt offen gelassen werden und einer Veröffentlichung unverzüglich nach ihrer Festlegung vorbehalten bleiben, sofern die Kriterien oder Bedingungen angegeben werden, anhand derer die Werte ermittelt werden.

Beispiel 2: Die X-AG plant einen Börsengang. Die Festsetzung des Emissionspreises soll nach dem für Aktienemissionen üblichen Bookbuilding-Verfahren erfolgen. Bei diesem Verfahren werden die auf der Grundlage einer Preisspanne eingegangenen Kauforders der Anleger in einem elektronischen Orderbuch gesammelt und nach Ende des Angebotszeitraums wird ein einheitlicher Emissionspreis festgelegt.[101]

---

[93] So auch Habersack/Mülbert/*Schlitt/Wilczek*, § 5 Rn. 124.
[94] Es musste sich um Emissionen handeln, die sich nur an die bestehenden Aktionäre richten, ohne dass ein Bezugsrechtshandel eingerichtet wurde, über den Außenstehende an der Emission teilnehmen können, siehe auch Habersack/Mülbert/Schlitt/*Meyer*, § 36 Rn. 67.
[95] Dies wird aus Erwägungsgrund Nr. 12 der Delegierte Verordnung (EU) Nr. 486/2012 abgeleitet; ebenso *Berrar/Wiegel*, CFL 2012, 97 (102); *Henningsen*, BaFin Journal 09/12, S. 5, 7.
[96] Das verhältnismäßige Prospektregime ist ebenso anwendbar im Fall einer dem Bezugsangebot nachfolgenden Privatplatzierung der nicht bezogenen neuen Aktien an institutionelle Investoren *(rump placement)*, siehe Habersack/Mülbert/Schlitt/*Meyer*, § 36 Rn. 67.
[97] Ausführlich auch Habersack/Mülbert/*Schlitt/Wilczek*, § 5 Rn. 124; ferner *Schlitt/Schäfer/Basnage*, CFL 2013, 49 (52).
[98] Etwa die Angaben zu wichtigen Investitionen, Änderungen bei der Geschäftstätigkeit oder auf den Märkten auf denen der Emittent aktiv ist. Auf bestimmte Informationen kann ganz verzichtet werden, wie etwa die Angaben zur Geschäfts- und Finanzlage, Habersack/Mülbert/Schlitt/*Meyer*, § 36 Rn. 67; Habersack/Mülbert/*Schlitt/Wilczek*, § 5 Rn. 124.
[99] So schon *Schlitt/Schäfer/Basnage*, CFL 2013, 49 (52).
[100] Ebenso Habersack/Mülbert/Schlitt/*Meyer*, § 36 Rn. 68; *Berrar/Wiegel*, CFL 2012, 97 (102).
[101] Siehe § 2 III 3. a). Ausführlich zu Preisbestimmungsverfahren bei Aktienmissionen *Schlitt/Ries* in FS Schwark (2009), S. 241 ff.

Im Prospekt wird nur die Preisspanne genannt; außerdem ist eine ausführliche Beschreibung der Kriterien für die Preisfestsetzung auf der Grundlage des Bookbuilding-Verfahrens aufzunehmen. Weitere Angaben, die vom endgültigen Emissionspreis und Emissionsvolumen abhängen, zB der Emissionserlös, Provisionen und die Kapitalausstattung nach der Durchführung der Transaktion, werden auf Grundlage des Mittelwerts der Preisspanne oder als Spannen angegeben. Damit ist den Anforderungen des § 8 Abs. 1 S. 1 WpPG genügt. Der endgültige Emissionspreis ist nach seiner Festlegung gemäß § 8 Abs. 1 S. 5 WpPG zu veröffentlichen; dies geschieht regelmäßig gemäß § 14 Abs. 2 Nr. 3 WpPG durch Veröffentlichung auf der Internetseite des Emittenten.

Beispiel 3: Bei dem Börsengang der Y-AG soll der Prospekt ohne Angabe einer Preisspanne und ohne Angabe der genauen Daten für die Veröffentlichung der Preisspanne und den Beginn und das Ende des Angebotszeitraums veröffentlicht werden. Erst nach einigen Tagen der Vermarktung im Rahmen der Roadshow soll die Preisspanne und der Beginn und das Ende des Angebotszeitraums festgelegt und im Wege eines Nachtrags nach § 16 WpPG[102] veröffentlicht werden (sog Decoupled Bookbuilding[103]).[104]

Im Prospekt wird nur ein ungefährer Zeitrahmen mit den frühesten bzw. spätesten Terminen für diese Daten angegeben. Außerdem ist eine ausführliche Beschreibung des Verfahrens und der Kriterien für die Preisfestsetzung in den Prospekt aufzunehmen.[105] Die weiteren Angaben, die vom endgültigen Emissionspreis und Emissionsvolumen abhängen (siehe Beispiel 2), werden im Nachtrag auf der Grundlage der dann festgelegten Preisspanne und des Angebotszeitraums präzisiert. Damit ist den Anforderungen des § 8 Abs. 1 S. 1 WpPG genügt. Die Veröffentlichung des Emissionspreises hat dann wie im Beispiel 2 zu erfolgen.

Beispiel 4: Beim Börsengang der Z-AG sollen auch Aktien aus einer Kapitalerhöhung öffentlich angeboten werden. Der Beschluss der Hauptversammlung enthält nur eine Höchstgrenze für das Kapitalerhöhungsvolumen (sog Bis zu-Kapitalerhöhung). Das endgültige Erhöhungsvolumen soll – wie bei Aktienerstemissionen üblich – erst kurz vor bzw. nach Ende des Angebotszeitraums festgelegt werden und die Kapitalerhöhung dann rasch in das Handelsregister eingetragen und damit wirksam werden. Ebenso wollen sich die abgebenden Aktionäre offen halten, wie viele Aktien sie anbieten möchten und lediglich einen Höchstbetrag im Prospekt angeben.

Die Angabe eines Emissionsvolumens von „bis zu x Aktien" genügt den Anforderungen des § 8 Abs. 1 S. 1 WpPG. Das endgültige Emissionsvolumen ist nach § 8 Abs. 1 S. 5 WpPG wie in den Beispielen 2 und 3 zu veröffentlichen; die Veröffentlichung erfolgt regelmäßig zusammen mit dem endgültigen Emissionspreis.

Beispiel 5: Die bereits börsennotierte Q-AG plant eine Kapitalerhöhung. Im Hinblick auf mögliche Volatilitäten am Kapitalmarkt möchte die Gesellschaft den Bezugspreis möglichst spät festsetzen, um den Sicherheitsabschlag möglichst gering halten zu können.

§ 186 Abs. 2 S. 2 AktG ermöglicht es, den endgültigen Bezugspreis erst drei Tage vor Ablauf der Bezugsfrist festzulegen und zu veröffentlichen; im Bezugsangebot zu Beginn der Bezugsfrist sind dann lediglich die Grundlagen der Festlegung bekannt zu machen. Im Prospekt kann anstelle der Kriterien für die Preisfestsetzung nach § 8 Abs. 1 S. 2 WpPG bezüglich des Emissionspreises auch der Höchstpreis angegeben werden. In der Praxis wird regelmäßig neben dem Höchstpreis die Vornahme eines marktüblichen Abschlags vom volumengewichteten Durchschnittskurs während der Bezugsfrist genannt. Der endgültige Bezugspreis kann gemäß § 8 Abs. 1 S. 5 WpPG veröffentlicht werden; ein Nachtrag ist nicht erforderlich.

---

[102] Siehe § 11 V. 5.
[103] Hierzu Habersack/Mülbert/*Schlitt/Wilczek*, § 5 Rn. 100 ff.
[104] Siehe § 2 III. 3. b); diese Angebotsstruktur wurde erstmals beim Börsengang der Conergy AG im März 2005 nach der damaligen Rechtslage verwendet; seit Inkrafttreten des WpPG ist sie bei zahlreichen Börsengängen verwendet worden.
[105] Zur Verwaltungspraxis der BaFin, eine Indikation für den erwarteten Emissionserlös sowie die Angabe einer maximalen Gesamtzahl der angebotenen Wertpapiere zu verlangen, kritisch Habersack/Mülbert/Schlitt/*Meyer*, § 36 Rn. 75; *Schlitt/Schäfer*, in: Assmann/Schlitt/von Kopp-Colomb, WpPG, § 8 WpPG, Rn. 22 ff.

4. Nichtaufnahme von Angaben

Darüber hinaus besteht die Möglichkeit, eine in der Praxis seltene[106] Befreiung nach § 8 Abs. 2 WpPG bei der BaFin zu beantragen, wenn wichtige Gründe gegen die Aufnahme bestimmter Angaben sprechen. Wenn bestimmte Angaben für den Emittenten nicht angemessen sind, müssen nach § 8 Abs. 3 WpPG, gleichwertige Angaben aufgenommen werden. Wenn bestimmte Angaben beim Emittenten nicht vorliegen, wird in der Praxis der BaFin häufig verlangt, eine sog Fehlanzeige in den Prospekt aufzunehmen.[107]

V. Billigungsverfahren

1. Zuständige Behörde

Zuständig für die Prüfung und Billigung des Prospekts ist nach § 13 Abs. 1 S. 2 WpPG iVm § 2 Nr. 13 WpPG grundsätzlich die BaFin, wenn der Emittent seinen Sitz in Deutschland hat und Deutschland damit Herkunftsstaat ist. Diese Zuständigkeitsregelung gilt grundsätzlich unabhängig davon, in welchem Mitgliedstaat das öffentliche Angebot bzw. die Börsenzulassung erfolgt. Eine Ausnahme gilt für die Emission von bestimmten Nichtdividendenwerten; nach § 2 Nr. 13 lit. b WpPG (bzw. den entsprechenden Regeln der anderen EWR-Staaten) besteht ein Wahlrecht, neben dem Sitzstaat auch den Staat des EWR auszuwählen, in dem die Wertpapiere zum Handel an einem organisierten Markt zugelassen oder in dem die Wertpapiere öffentlich angeboten werden sollen.[108]

Beispiel 6: Die X-AG mit Sitz in Frankfurt möchte ihre Aktien zum Handel an der Londoner Börse zulassen.

Da es sich um Aktien, dh einen Dividendenwert iSv § 2 Nr. 2 WpPG, handelt, ist die BaFin gemäß § 2 Nr. 13 lit. a WpPG für die Prospektbilligung zuständig. Für die Zulassung der Aktien an der Londoner Börse kann der gebilligte Prospekt der zuständigen englischen Behörde notifiziert werden und ist ohne zusätzliche inhaltliche Prüfung dieser Behörde auch in England gültig (sog EU-Pass).[109]

Beispiel 7: Die Y-AG mit Sitz in München möchte eine Anleihe begeben, die in Luxemburg zugelassen werden soll.

Da es sich bei einer Anleihe um einen Nichtdividendenwert iSv § 2 Nr. 3 WpPG handelt, besteht ein Wahlrecht: Der Prospekt kann wahlweise der BaFin als Behörde am Sitzstaat der Y-AG (bzw. wenn die Emission über eine ausländische Konzerngesellschaft erfolgt, der Behörde am Sitzstaat der ausländischen Konzerngesellschaft) oder der zuständigen Behörde in Luxemburg als dem Staat, in dem die Anleihe zugelassen werden soll, zur Billigung eingereicht werden. Sofern auch ein öffentliches Angebot erfolgt, kann der Prospekt auch in dem Staat, in dem das öffentliche Angebot stattfinden soll, zur Billigung eingereicht werden.

Für Emittenten außerhalb des EWR besteht nach § 2 Nr. 13 lit. c WpPG (bzw. den entsprechenden Regeln der anderen EWR-Staaten) ein Wahlrecht, als Herkunftsstaat

---

[106] Vgl. *Holzborn/Israel*, ZIP 2005, 1668 (1674); Habersack/Mülbert/Schlitt/*Meyer*, § 36 Rn. 76; *Schlitt/Schäfer*, in: Assmann/Schlitt/von Kopp-Colomb, WpPG, § 8 WpPG, Rn. 44.
[107] So auch die Empfehlung von *Groß*, § 8 WpPG, Rn. 12; Habersack/Mülbert/*Schlitt/Wilczek*, § 5 Rn. 123.
[108] Hierzu auch Habersack/Mülbert/*Schlitt/Wilczek*, § 6 Rn. 2 ff.; *Schlitt/Schäfer*, in: Assmann/Schlitt/von Kopp-Colomb, WpPG, § 8 Rn. 9.
[109] Siehe § 11 VI. 1.

den Staat des EWR auszuwählen, in dem die Wertpapiere erstmals öffentlich angeboten oder in dem die Wertpapiere erstmals zugelassen werden sollen. Dieser Staat ist dann auch bei weiteren Emissionen der zuständige Herkunftsstaat des Nicht-EWR-Emittenten.

Die Zuständigkeit für die Zulassung der Wertpapiere nach §§ 32 ff. BörsG liegt bei den Börsen.[110] Eine Prüfung des Prospekts erfolgt nur hinsichtlich der Zulassungsvoraussetzungen der §§ 1 bis 12 BörsZulV;[111] die Geschäftsführung prüft den für die Zulassung einzureichenden, von der BaFin gebilligten oder im Zuge des Notifizierungsverfahrens bescheinigten Prospekt nicht auf die Einhaltung des WpPG bzw. der ProspektVO.[112]

2. Prüfungsumfang und -frist

Gegenstand der Prüfung ist nach § 13 Abs. 1 S. 2 WpPG die Vollständigkeit des Prospekts einschließlich der Kohärenz und Verständlichkeit der vorgelegten Informationen. Kohärenz bedeutet, dass der Prospekt keine inneren Widersprüche enthält.[113]

Die Billigungsfrist beträgt nach § 13 Abs. 2 S. 1 WpPG zehn Werktage; bei einem Börsengang, dh einem erstmaligen öffentlichen Angebot von Wertpapieren eines Emittenten, dessen Wertpapiere noch nicht zum Handel an einem organisierten Markt zugelassen sind, beträgt die Billigungsfrist nach § 13 Abs. 2 S. 2 WpPG 20 Werktage. Dabei ist zu berücksichtigen, dass die Billigungsfrist nach § 13 Abs. 3 S. 1 WpPG erst mit Erhalt der vollständigen Informationen zu laufen beginnt. Die BaFin versendet in der Praxis deshalb ein Anhörungsschreiben, in dem sie darüber unterrichtet, inwieweit der Prospekt unvollständig ist und welcher ergänzender Informationen es bedarf. In der Praxis hat sich gezeigt, dass nicht jedes Nachreichen von Informationen, insbesondere bei nur geringfügigen Mängeln, zu einem Neulauf der Frist führt.[114]

Für das getrennte Verfahren der Börsenzulassung ist keine gesetzliche Frist vorgesehen; nach einem von der Frankfurter Wertpapierbörse veröffentlichten unverbindli-

---

[110] Seit Inkrafttreten des Finanzmarkt-Richtlinie-Umsetzungsgesetzes (FRUG) am 1.11.2007 ist die Geschäftsführung der Börse zuständig; vorher lag die Zuständigkeit bei besonderen Zulassungsstellen; siehe dazu das Rundschreiben Listing Nr. 1/2007 der Frankfurter Wertpapierbörse (Auswirkungen des FRUG auf das Börsenzulassungsverfahren) vom 21.9.2007, Ziffer 2, und § 10 IV. 2. a); hierzu auch Habersack/Mülbert/*Schlitt/Wilczek*, § 6 Rn. 40 ff.
[111] Siehe ausführlich § 10 VII. 3. a.
[112] Siehe das Rundschreiben Listing Nr. 1/2005 der Frankfurter Wertpapierbörse (Umsetzung der Prospektrichtlinie) vom 2.6.2005, Ziffer 2.
[113] Siehe *Groß*, § 13 WpPG, Rn. 8; Habersack/Mülbert/*Schlitt/Wilczek*, § 6 Rn. 12.
[114] Die BaFin sieht in der Regel bei IPOs folgenden Zeitplan vor: Das erste Anhörungsschreiben wird ca. 13 Arbeitstage nach der ersten Einreichung versandt; nach erneuter Einreichung benötigt die BaFin ca. 9 bis 10 Arbeitstage für das zweite regelmäßig weniger umfangreiche Anhörungsschreiben und nach dritter Einreichung ca. 2 bis 5 Arbeitstage bis zur Billigung des Prospekts. Bei Emissionen bereits börsennotierter Unternehmen wird der Zeitplan insgesamt um etwa eine Woche verkürzt; siehe Präsentation der BaFin vom 4.9.2007. Der Prospekt für Immobiliengesellschaften/Property Companies, S. 14, und *Schlitt/Schäfer*, AG 2008, 525 (529). Im Hinblick auf eine genaue Planung des Zeitplans einer Kapitalmarkttransaktion wird regelmäßig eine frühzeitige Abstimmung mit der BaFin vorgenommen; siehe auch Fn. 40 sowie Präsentation der BaFin vom 17./22.5.2006, Wertpapierprospektgesetz – Hinterlegungsverfahren, Notifizierungsverfahren, S. 19; siehe ferner Habersack/Mülbert/*Schlitt/Wilczek*, § 6 Rn. 16 ff.; Habersack/Mülbert/*Schlitt/Meyer*, § 36 Rn. 81.

chen Zeitplan ist eine Frist von mindestens acht Werktagen zwischen der Antragstellung und der Handelsaufnahme vorgesehen.[115]

3. Hinterlegung und Veröffentlichung

Der Prospekt muss nach § 14 Abs. 1 S. 1 WpPG bei der BaFin hinterlegt und unverzüglich, mindestens einen Werktag vor Beginn des öffentlichen Angebots veröffentlicht werden. Wenn kein öffentliches Angebot stattfindet, ist nach § 14 Abs. 1 S. 2 WpPG stattdessen die Einführung der Wertpapiere maßgeblich.[116] Im Falle eines erstmaligen öffentlichen Angebots einer Gattung von Aktien, die noch nicht an einem organisierten Markt zugelassen ist, muss die Frist zwischen der Veröffentlichung des Prospekts und dem Abschluss des Angebots nach § 14 Abs. 1 S. 4 WpPG mindestens sechs Werktage betragen.

Fortsetzung Beispiel 3: Beim Börsengang der Y-AG wird zu dem am 10. Januar 2013 gebilligten und veröffentlichten Prospekt am 18. Januar 2013 ein Nachtrag gebilligt und veröffentlicht. Darin wird zusammen mit der Preisspanne der Beginn und das Ende des Angebotszeitraums veröffentlicht; der Angebotszeitraum soll vom 21. bis zum 24. Januar 2013 laufen.
Zwar beträgt der Angebotszeitraum – wie beim Decoupled Bookbuilding in der Praxis üblich – weniger als sechs Werktage; allerdings liegen zwischen Veröffentlichung des Prospekts und Ende des Angebotszeitraums mehr als sechs Werktage. § 14 Abs. 1 S. 4 WpPG steht deshalb nicht entgegen. Aus § 14 Abs. 1 S. 4 WpPG folgt nicht, dass das öffentliche Angebot mindestens sechs Werktage lang aufrechterhalten bleiben muss. Die gegenteilige Schlussfolgerung in der Regierungsbegründung zum Prospektrichtlinie-Umsetzungsgesetz[117] findet keine Stütze im Gesetz.[118]

Für die Veröffentlichung des Prospekts stehen nach § 14 Abs. 2 WpPG verschiedene Möglichkeiten zur Verfügung: neben dem Abdruck in einem Börsenpflichtblatt und der sog Schalterpublizität durch Bereithalten beim Emittenten, den Börsen, den Emissionsbanken oder den Zahlstellen muss der Prospekt jedenfalls auf der Internetseite des Emittenten veröffentlicht werden. Bei einer ausschließlichen Veröffentlichung im Internet muss dem Anleger auf Verlangen auch eine Papierversion kostenlos zur Verfügung gestellt werden (§ 14 Abs. 5 WpPG).

4. Geltungsdauer

Ein Prospekt ist nach § 9 Abs. 1 WpPG nach seiner Veröffentlichung zwölf Monate lang für öffentliche Angebote oder Börsenzulassungen gültig, wenn er entsprechend durch Nachträge iSv § 16 WpPG ergänzt wird. Ausreichend ist, wenn die Nachträge jeweils erst vor einer neuen Emission erfolgen.[119]

---

[115] Anlage zum Rundschreiben Listing Nr. 1/2005 der Frankfurter Wertpapierbörse (Umsetzung der Prospektrichtlinie) vom 2.6.2005; Habersack/Mülbert/*Schlitt/Wilczek*, § 6 Rn. 20 ff.
[116] Ebenso § 52 BörsZulV.
[117] Vgl. Regierungsbegründung zum Prospektrichtlinie-Umsetzungsgesetz, BT-Drs. 15/4999, 35.
[118] Vgl. *Schlitt/Schäfer*, AG 2005, 498 (508).
[119] Siehe *Schlitt/Schäfer*, AG 2005, 498 (507). Bei Aktienemissionen kann es, jedenfalls wenn zusätzliche (Quartals- oder Jahres-)Finanzinformationen in den Prospekt aufzunehmen sind, insbesondere aus Vermarktungsgründen vorzugswürdig sein, einen neuen Prospekt zu erstellen.

5. Nachtragspflicht

Nach § 16 Abs. 1 WpPG besteht eine Pflicht, einen Nachtrag zum Prospekt zu veröffentlichen, wenn wichtige neue Umstände oder wesentliche Unrichtigkeiten von Prospektangaben nach Billigung des Prospekts und vor dem endgültigen Schluss des öffentlichen Angebots oder, falls dies später erfolgt, der Einführung oder Einbeziehung in den Handel auftreten oder festgestellt werden. Nachträge sind von der BaFin innerhalb einer Billigungsfrist von sieben Werktagen zu billigen und anschließend in derselben Art und Weise wie der ursprüngliche Prospekt zu veröffentlichen. Für Anleger, die vor der Veröffentlichung des Nachtrags eine auf den Erwerb oder die Zeichnung der Wertpapiere gerichtete Willenserklärung abgegeben haben, besteht nach § 16 Abs. 3 WpPG ein Widerrufsrecht innerhalb von zwei Tagen nach Veröffentlichung des Nachtrags, sofern der neue Umstand oder die Unrichtigkeit vor dem endgültigen Schluss des öffentlichen Angebots und vor der Lieferung der Wertpapiere eingetreten ist.[120]

Wenn der Nachtrag Angaben enthält, die auch die Veröffentlichung einer Ad hoc Mitteilung nach § 15 WpHG erfordern, muss die Gesellschaft eine Ad hoc Mitteilung unabhängig von der Billigung des Nachtrags durch die BaFin veröffentlichen.[121]

Beispiel 8: Die M-AG hat am 1. Februar 2013 einen am gleichen Tag gebilligten Prospekt für eine Kapitalerhöhung mit Bezugsrecht veröffentlicht. Die Bezugsfrist läuft vom 4. bis zum 18. Februar 2008. Am 12. Februar 2013 kündigt der Hauptzulieferer der M-AG die Geschäftsbeziehung.

Sofern diese Kündigung kursrelevant ist, dh geeignet ist, den Börsenkurs der M-AG erheblich zu beeinflussen, ist unverzüglich eine Ad hoc Mitteilung nach § 15 WpHG zu veröffentlichen. Gleichzeitig ist ein Nachtrag zum Prospekt bei der BaFin zur Billigung einzureichen, in dem dieser Umstand offen gelegt wird und Prospektabschnitte, in denen die Geschäftsbeziehung erläutert wird, an die neue Lage angepasst werden. Dieser Nachtrag ist nach Billigung durch die BaFin zu veröffentlichen. Ein solcher Nachtrag ist – nach geänderter Verwaltungspraxis der BaFin – nicht nur bis zum Ende der Bezugsfrist, sondern bis zur Einbeziehung der Aktien in den Handel erforderlich, die regelmäßig erst nach Ende der Bezugsfrist erfolgt.

Fortsetzung Beispiel 3: Beim Börsengang der Y-AG ist die Nachfrage nach den Aktien so hoch, dass die Y-AG im Einvernehmen mit den Emissionsbanken die Preisspanne erhöhen und den Angebotszeitraum verlängern möchte.

Bei dem von der Y-AG gewählten Decoupled Bookbuilding-Verfahren ist die Festlegung der Preisspanne und des Angebotszeitraums nachtragspflichtig. Ebenso kann eine Änderung der Angebotsbedingungen wie die Erhöhung bzw. Herabsetzung der Preisspanne oder die Verlängerung des Angebotszeitraums einen Nachtrag erforderlich machen.

VI. EU-Pass, internationale Emissionen

Ein von der zuständigen Behörde eines Mitgliedstaates gebilligter Prospekt ist auf der Grundlage einer von dieser Behörde ausgestellten Bescheinigung ohne zusätzliche inhaltliche Prüfung auch in den übrigen Mitgliedstaaten gültig und kann dort für ein öffentliches Angebot oder eine Zulassung verwendet werden. Mit der gemeinschaftsweiten Geltung von Prospekten sollen grenzüberschreitende Emissionen von Wert-

---

[120] Habersack/Mülbert/*Schlitt/Wilczek*, § 6 Rn. 29; Kümpel/Wittig/*Oulds*, Rn. 15.170.
[121] Zum Verhältnis zwischen Nachtragspflicht und Ad hoc Pflicht ausführlich *Schlitt/Singhof/Schäfer*, BKR 2005, 251 (261 f.); *Apfelbacher/Metzner*, BKR 2006, 81 (86 f.); Habersack/Mülbert/*Schlitt/Wilczek*, § 6 Rn. 25 ff.; siehe zur Ad hoc Pflicht § 14.

1. Notifizierungsverfahren

Ein von der zuständigen Behörde eines anderen Mitgliedstaates (Herkunftsstaat) gebilligter Prospekt ist in Deutschland (Aufnahmestaat) gültig, sofern die BaFin von der Behörde nach den geltenden Vorschriften des Herkunftsstaats unterrichtet wird und die Sprachenregelung des WpPG eingehalten ist (§ 17 Abs. 3 WpPG).

Für von der BaFin in Deutschland (Herkunftsstaat) gebilligte Prospekte ist in § 17 Abs. 1 WpPG iVm § 18 WpPG vorgesehen, dass die BaFin den zuständigen Behörden eines anderen Mitgliedstaates (Aufnahmestaat), in dem der Prospekt für ein öffentliches Angebot oder die Zulassung von Wertpapieren verwendet werden soll, auf Antrag zur gleichen Zeit eine Bescheinigung über die Billigung übermittelt. Für die Übermittlung der Bescheinigung ist eine Frist von drei Werktagen vorgesehen. Sofern der Antrag auf Erteilung der Bescheinigung gleichzeitig mit der Einreichung des Prospekts gestellt wird, verkürzt sich diese Frist auf einen Werktag.[123]

2. Sprachenregelung

Der Prospekt muss grundsätzlich in deutscher Sprache verfasst werden, wenn Herkunftsstaat des Emittenten Deutschland ist und die Wertpapiere ausschließlich dort öffentlich angeboten oder zugelassen werden (§ 19 Abs. 1 WpPG).[124] Im Einzelfall kann die BaFin gestatten, dass der Prospekt in einer in internationalen Finanzkreisen üblichen Sprache erstellt wird, zB wenn sich das Angebot ausschließlich an institutionelle Anleger richtet;[125] dann ist aber eine deutsche Zusammenfassung erforderlich. In internationalen Finanzkreisen gebräuchlich ist im Regelfall (nur) die englische Sprache.[126]

Wenn die Wertpapiere gleichzeitig auch in einem anderen Mitgliedstaat oder mehreren anderen Mitgliedstaaten öffentlich angeboten oder zugelassen werden, kann der Prospekt auch in einer in internationalen Finanzkreisen gebräuchlichen Sprache erstellt werden; auch dann ist eine deutsche Zusammenfassung erforderlich (§ 19 Abs. 3 WpPG).

---

[122] Vgl. *Kunold/Schlitt*, BB 2004, 501 (502). Das vor Inkrafttreten des WpPG geltende Verfahren der gegenseitigen Anerkennung bei grenzüberschreitenden Emissionen hatte sich wegen der unterschiedlichen nationalen Ausnahme- und Befreiungsregeln und der Übersetzungserfordernisse in der Praxis nicht bewährt; vgl. *Kunold/Schlitt*, BB 2004, 501 (502); *von Kopp-Colomb/Lenz*, AG 2002, 24 f. In Deutschland ist die Bedeutung des europäischen Passes bei Aktienemissionen relativ gering geblieben; zu Anwendungsfällen vgl. die Beispiele (10) bis (12) und *Schlitt/Schäfer*, AG 2008, 525 (529 f.); Habersack/Mülbert/*Schlitt/Wilczek*, § 6 Rn. 36.

[123] Habersack/Mülbert/*Schlitt/Wilczek*, § 6 Rn. 38.

[124] Hierzu auch Kümpel/Wittig/*Oulds* Rn. 15.163 ff.; Habersack/Mülbert/*Schlitt/Wilczek*, § 5 Rn. 34 ff.

[125] Vgl. Regierungsbegründung zum Prospektrichtlinie-Umsetzungsgesetz, BT-Drs. 15/4999, 37; nach der Regierungsbegründung soll die Ausnahme aber eng ausgelegt werden; der Praxis der BaFin sollen bei Aktienemissionen grds. keine solchen Ausnahmen zugelassen werden, siehe auch Habersack/Mülbert/*Schlitt/Wilczek*, § 5 Rn. 36; kritisch hierzu insbesondere Habersack/Mülbert/Schlitt/*Meyer*, § 36 Rn. 78.

[126] Vgl. Beschlussempfehlung und Bericht des Finanzausschusses zum Prospektrichtlinie-Umsetzungsgesetz, BT-Drs. 15/5373, 85. Zur Sprachregelung ausführlich auch *Mattil/Möslein*, WM 2007, 819; Habersack/Mülbert/*Schlitt/Wilczek*, § 5 Rn. 35.

Wenn das öffentliche Angebot oder die Zulassung ausschließlich in einem anderen Mitgliedstaat oder mehreren anderen Mitgliedstaaten erfolgt, besteht ein Wahlrecht, den Prospekt in einer in internationalen Finanzkreisen gebräuchlichen Sprache oder einer von der Behörde bzw. den Behörden des Aufnahmestaats anerkannten Sprache zu erstellen; im letzteren Fall ist der Prospekt zusätzlich auch in deutscher Sprache zu erstellen (§ 19 Abs. 2 WpPG).[127]

Für nicht von der BaFin gebilligte, sondern für ein öffentliches Angebot oder eine Zulassung in Deutschland der BaFin notifizierte Prospekte gilt, dass sie in einer von der BaFin anerkannten Sprache oder in einer in internationalen Finanzkreisen gebräuchlichen Sprache zu erstellen sind; in jedem Fall ist aber eine deutsche Zusammenfassung erforderlich[128] (§ 19 Abs. 4 WpPG).

Beispiel 9: Die A-AG mit Sitz in Hamburg plant einen Börsengang. Die Aktien sollen in Deutschland öffentlich angeboten und in anderen europäischen Ländern im Wege einer Privatplatzierung institutionellen Anlegern angeboten werden. Das gesamte Grundkapital soll zum regulierten Markt an der Frankfurter Wertpapierbörse mit gleichzeitiger Zulassung zum Teilbereich des regulierten Marktes mit weiteren Zulassungsfolgepflichten (Prime Standard) an der Frankfurter Wertpapierbörse zugelassen werden.

Bei einem solchen „klassischen" Börsengang einer deutschen Aktiengesellschaft, bei dem das öffentliche Angebot und die Zulassung ausschließlich in Deutschland erfolgen, ist der Prospekt gemäß § 19 Abs. 1 WpPG in deutscher Sprache zu verfassen. Wird zusätzlich ein öffentliches Angebot in einem anderen Mitgliedstaat durchgeführt, kann der Prospekt auch auf englisch (mit deutscher Übersetzung der Zusammenfassung) erstellt werden (§ 19 Abs. 3 WpPG).

Beispiel 10: Die B-S. A. mit Sitz in Luxemburg, eine Holdinggesellschaft mit operativen Tochtergesellschaften in Deutschland, plant einen Börsengang mit öffentlichem Angebot in Deutschland und Zulassung an der Frankfurter Wertpapierbörse.

Der Prospekt ist bei der zuständigen Behörde in Luxemburg als Sitzstaat zur Billigung einzureichen und für das öffentliche Angebot und die Zulassung in Deutschland der BaFin zu notifizieren. Er kann gemäß § 19 Abs. 4 WpPG in englischer Sprache als in internationalen Finanzkreisen übliche Sprache verfasst werden; es ist jedoch eine deutsche Zusammenfassung erforderlich.[129]

Beispiel 11: Die C-AG mit Sitz in Deutschland möchte über eine ausländische Konzerngesellschaft, die C-B. V. mit Sitz in Amsterdam, Niederlande, eine Wandel- oder Optionsanleihe[130] begeben, die an der Frankfurter Wertpapierbörse zugelassen werden soll.

Der Prospekt ist bei der zuständigen Behörde in den Niederlanden als Sitzstaat zur Billigung einzureichen und für die Zulassung in Deutschland der BaFin zu notifizieren. Er kann wie in Beispiel 10 gemäß § 19 Abs. 4 WpPG in englischer Sprache erstellt sein, muss aber eine deutsche Zusammenfassung enthalten.

Beispiel 12: Die D-AG möchte eine Umtauschanleihe[131] mit einer Stückelung von 100.000 EUR begeben, die an der Luxemburger Börse zugelassen werden soll.

Unabhängig davon, ob die D-AG den Prospekt bei der BaFin oder der zuständige Behörde in Luxemburg einreicht,[132] kann der Prospekt nach § 19 Abs. 5 WpPG auch in englischer Sprache verfasst werden; eine Zusammenfassung ist weder in deutscher noch englischer Sprache erforderlich.

---

[127] Eine Sonderregelung gilt nach § 19 Abs. 5 WpPG für die Zulassung von Nichtdividendenwerten mit einer Mindeststückelung von 100.000 EUR: Der Prospekt kann in einer in internationalen Finanzkreisen gebräuchlichen Sprache oder in einer von der Behörde des Aufnahmestaats anerkannten Sprache erstellt werden. Mangels Erfordernisses einer Zusammenfassung (siehe Fn. 32) ist eine deutsche Zusammenfassung nicht erforderlich.
[128] Hierzu auch Habersack/Mülbert/*Schlitt/Wilczek*, § 5 Rn. 40; Habersack/Mülbert/*Schlitt/ Meyer*, § 36 Rn. 78; *Wolf*, in: Berrar/Meyer/Müller/Schnorbus/Singhof/Wolf, FK-WpPG, § 19 Rn. 22.
[129] Hierzu auch Habersack/Mülbert/*Schlitt/Wilczek*, § 5 Rn. 44.
[130] Hierzu auch Habersack/Mülbert/*Schlitt/Wilczek*, § 5 Rn. 46 f.
[131] Habersack/Mülbert/*Schlitt/Wilczek*, § 5 Rn. 48.
[132] Siehe § 11 V. 1.

3. International Offering Circular

Bei internationalen Wertpapieremissionen wird, auch wenn außerhalb von Deutschland kein öffentliches Angebot und keine Zulassung erfolgt, neben dem deutschsprachigen Prospekt auch ein englischsprachiges Dokument, ein sog International Offering Circular, für die Privatplatzierung bei ausländischen Investoren erstellt. Insbesondere bei Privatplatzierungen nach Rule 144A des U.S. Securities Act wird das International Offering Circular um einen sog US-Wrapper, dh zusätzliche Umschlagseiten mit besonderen, für US-Investoren bedeutsamen Angaben ergänzt. Mit Ausnahme der Angaben im Wrapper sind die Prospekte inhaltlich grundsätzlich identisch; andernfalls könnte die Vermutung einer Unrichtigkeit oder Unvollständigkeit entstehen.[133]

VII. Werbung

§ 15 WpPG enthält eine ausdrückliche Regelung zur Werbung im Zusammenhang mit einem öffentlichen Angebot oder der Zulassung von Wertpapieren. Erfasst werden davon zB Werbeanzeigen in Zeitungen oder TV- und Radio-Werbespots ebenso wie Analystenpräsentationen und Roadshow-Materialien.[134]

Besteht eine Prospektpflicht, ist in die Werbeanzeige ein Hinweis aufzunehmen, dass ein Prospekt veröffentlicht wurde bzw. zur Veröffentlichung ansteht und wo dieser Prospekt erhältlich ist (§ 15 Abs. 2 WpPG). Die Werbeanzeige muss als solche klar erkennbar sein und darf nicht unrichtig oder irreführend sein (§ 15 Abs. 3 S. 1 und 2 WpPG). Die Angaben müssen mit den im Prospekt enthaltenen Angaben übereinstimmen (sog Konsistenzgebot, § 15 Abs. 4 WpPG). Wesentliche außerhalb des Prospekts verbreitete Informationen, die sich an qualifizierte Anleger oder besondere Anlegergruppen richten, müssen in den Prospekt oder einen Nachtrag zum Prospekt aufgenommen werden (sog Gleichbehandlungsgebot, § 15 Abs. 5 WpPG).[135] Besteht keine Prospektpflicht, sind die Informationen allen Anlegergruppen, an die sich das Angebot richtet, mitzuteilen. Hat die BaFin Anhaltspunkte für einen Verstoß, kann sie anordnen, dass die Werbung befristet auszusetzen ist, oder diese untersagen (§ 15 Abs. 6 WpPG).

Beispiel 13: Im Rahmen der Roadshow für den Börsengang der P-AG werden Prognosen über die im kommenden Jahr erwartete Geschäftsentwicklung kommuniziert.[136]

Nach den ESMA-Empfehlungen bei Aktienemissionen besteht eine Vermutung dafür, dass außerhalb eines Prospekts genannte Prognosen wesentlich sind.[137] Unabhängig davon könnte die BaFin aufgrund des Konsistenzgebots des § 15 Abs. 4 WpPG verlangen, dass die Prognosen in einen Nachtrag zum Prospekt aufgenommen werden. Die Transaktion könnte wegen des erforderlichen Berichts des Wirtschaftsprüfers erheblich verzögert werden. Außerdem könnte die BaFin die Werbung auch aussetzen bzw. verbieten.

---

[133] Habersack/Mülbert/Schlitt/*Meyer,* Unternehmensfinanzierung am Kapitalmarkt, § 36 Rn. 100; *Kopp,* RIW 2002, 661.
[134] Siehe § 2 III. 5. Zur freiwilligen Publizität bei Primärmarkttransaktionen vgl. Habersack/Mülbert/Schlitt/*Schäfer/Ernst,* § 7.
[135] Habersack/Mülbert/Schlitt/*Meyer,* § 36 Rn. 99.
[136] Siehe zu zukunftsgerichteten Aussagen in Marketing-Unterlagen *Schlitt/Singhof/Schäfer,* BKR 2005, 251 (258).
[137] Siehe § 11 IV. 3. d).

§ 12. Prospekthaftung

Literatur: *Adolff*, Die zivilrechtliche Verantwortlichkeit deutscher Anwälte bei der Abgabe von Third Party Legal Opinions (1997); *Ebke/Siegel*, Comfort Letters, Börsengänge und Haftung: Überlegungen aus Sicht des deutschen und US-amerikanischen Rechts, WM 2001, Sonderbeilage 2; *Ellenberger*, Prospekthaftung im Wertpapierhandel (2001); Habersack/Mülbert/Schlitt/*Habersack*, Handbuch der Kapitalmarktinformation, 3. Auflage (2013), § 29; *Hopt*, Die Verantwortlichkeit der Banken bei Emissionen (1991); Marsch-Barner/Schäfer/*Krämer*, Handbuch börsennotierte AG, 2. Auflage (2009), § 9; Habersack/Mülbert/Schlitt/*Kunold*, Unternehmensfinanzierung am Kapitalmarkt, 3. Auflage (2013), § 34; *Meyer*, Der IDW Prüfungsstandard für Comfort Letters – Ein wesentlicher Beitrag zur Weiterentwicklung des Emissionsgeschäfts in Deutschland, WM 2003, 1745; Habersack/Mülbert/Schlitt/*Mülbert/Steup*, Unternehmensfinanzierung am Kapitalmarkt, 3. Auflage (2013), § 41; Habersack/Mülbert/Schlitt/*Nägele*, Unternehmensfinanzierung am Kapitalmarkt, 3. Auflage (2013), § 33; Habersack/Mülbert/Schlitt/*Seiler*, Unternehmensfinanzierung am Kapitalmarkt, 3. Auflage (2013), § 35.

I. Einführung

Für das öffentliche Angebot von Wertpapieren ist ebenso wie für die Zulassung von Wertpapieren zu einem organisierten Markt grundsätzlich die Veröffentlichung eines Prospekts erforderlich.[1] Wenn der Prospekt unrichtig oder unvollständig ist, kann der Anleger unter bestimmten Voraussetzungen Schadensersatz geltend machen. Bis zum 1.6.2012 war die Prospekthaftung für Börsenzulassungsprospekte in den §§ 44–47 BörsG aF sowie für sonstige Wertpapierprospekte in den §§ 13, 13a VerkProsG aF geregelt. Durch das Gesetz zur Novellierung des Finanzanlagenvermittler- und Vermögensanlagerechts wurde das wertpapierrechtliche Prospekthaftungsregime in das Wertpapierprospektgesetz (WpPG) übertragen. Hier findet sich nunmehr in den §§ 21–25 WpPG sowohl die Haftung für Börsenzulassungsprospekte als auch die Haftung für sonstige Wertpapierprospekte. Neuerungen haben sich durch die Überführung in das WpPG lediglich im Rahmen einer Haftungsverschärfung in § 25 Abs. 2 WpPG gegenüber § 47 Abs. 2 BörsG aF (siehe hierzu unter II. 12.) und bei den Verjährungsvorschriften (siehe hierzu unter II. 10.) ergeben.

Für nicht verbriefte Vermögensanlagen ergibt sich die Prospekthaftung aus den §§ 20, 21 VermAnlG. Einen speziellen Haftungstatbestand für Verkaufsprospekte für Investmentvermögen enthält § 306 Abs. 1 KAGB.[2]

Die allgemeine bürgerlich-rechtliche Prospekthaftung ist im Anwendungsbereich der spezialgesetzlichen Prospekthaftung ausgeschlossen. Sie kommt – seitdem der Gesetzgeber auch für Graumarktprodukte im VermAnlG eine Prospektpflicht mit korrespondierender spezialgesetzlicher Haftung eingeführt hat – zB noch für Informationsmemoranden und andere Marketingmaterialien in Betracht.[3] Die bürgerlich-recht-

---
[1] Vgl. § 3 Abs. 1 und Abs. 3 WpPG bzw. Art. 3 Abs. 1 und Abs. 3 der Prospektrichtlinie; dazu § 11.
[2] Mit Inkrafttreten des Kapitalanlagegesetzbuches (KAGB) am 22.7.2013 wurde das Investmentgesetz (InvG) mit dem speziellen Haftungstatbestand in § 127 InvG aufgehoben. Das KAGB schafft ein einheitliches Regelwerk für alle Investmentvermögen.
[3] So zB *BGH*, ZIP 2008, 1526; *BGH*, WM 2012, 19.

§ 12. Prospekthaftung

liche Prospekthaftung ist teilweise strenger als die spezialgesetzliche Prospekthaftung. So haben Prospektverantwortliche grundsätzlich für jede Form von Fahrlässigkeit einzustehen; außerdem ist der Haftungsumfang weiter, da alle nach §§ 249 ff. BGB ersetzbaren Schäden, auch entgangener Gewinn, erfasst werden.[4]

II. Prospekthaftung nach §§ 21, 22, 24 WpPG

1. Prospektbegriff

Prospekt im Sinne des § 21 Abs. 1 WpPG ist ein Dokument[5], aufgrund dessen die Wertpapiere zum Börsenhandel zugelassen sind, also ein Prospekt im Sinne von § 32 Abs. 3 Nr. 2 BörsG iVm dem WpPG. Dabei kommt es allein darauf an, dass aufgrund des Prospekts die Zulassung erfolgte, unabhängig davon, ob eine Prospektpflicht besteht. Prospekt im Sinne des § 22 WpPG ist ein nach § 3 Abs. 1 WpPG veröffentlichter Prospekt, der nicht Grundlage für die Zulassung von Wertpapieren zum Handel an einer inländischen Börse ist.

Einem Prospekt gleichgestellt sind nach § 21 Abs. 4 WpPG schriftliche Darstellungen, aufgrund deren Veröffentlichung der Emittent von der Pflicht zur Veröffentlichung eines Prospekts befreit wurde. Dies sind die nach § 4 Abs. 2 WpPG erforderlichen, vom jeweiligen Befreiungstatbestand abhängigen Dokumente.[6]

Weitere Veröffentlichungen wie Zwischenberichte, Ad-hoc-Mitteilungen, Bezugsangebote, sonstige nach §§ 30a ff. WpHG vorgeschriebene Publikationen, Presseveröffentlichungen, Werbemaßnahmen und Research-Berichte werden nicht von der börsengesetzlichen Prospekthaftung erfasst. Bei Fehlerhaftigkeit dieser Veröffentlichungen kommt aber im Einzelfall eine Haftung aus bürgerlich-rechtlicher Prospekthaftung in Betracht.[7]

2. Fehlerhaftigkeit der Prospektangaben

Die Haftung nach §§ 21 ff. WpPG setzt voraus, dass für die Beurteilung der Wertpapiere wesentliche Angaben unrichtig oder unvollständig sind.

---

[4] Dazu Schäfer/Hamann/*Hamann*, §§ 44, 45 BörsG, Rn. 42 ff. Der Prospektbegriff der allgemeinen bürgerlich-rechtlichen Prospekthaftung wird von der Rechtsprechung wie folgt definiert: Ein Prospekt ist eine marktbezogene schriftliche Erklärung, die für die Beurteilung der angebotenen Anlage erhebliche Angaben enthält oder den Anschein eines solchen Inhalts erweckt. Sie muss dabei tatsächlich oder zumindest nach dem von ihr vermittelten Eindruck den Anspruch erheben, eine das Publikum umfassend informierende Beschreibung der Anlage zu sein; vgl. *BGH*, WM 2012, 19 (21). Zu der Frage, wann eine „umfassend informierende Beschreibung" vorliegt, ist die Rechtsprechung des BGH jedoch uneinheitlich. Davon zu unterscheiden ist die Haftung für fehlerhafte Informationen außerhalb von Prospekten; vgl. insbesondere *BGH*, 2.6.2008, II ZR 210/06 zur möglichen Haftung von Vorstandsmitgliedern bei Roadshows oder anderen Präsentationen.
[5] Der Prospekt kann sich jedoch auch aus mehreren Einzeldokumenten zusammensetzen, vgl. § 12 Abs. 1 S. 1 WpPG.
[6] Dazu und zu einer teleologischen Reduktion des Anwendungsbereichs des § 44 Abs. 4 BörsG aF *Mülbert/Steup*, WM 2005, 1633 (1641 ff.).
[7] Die Haftung für falsche und unterlassene Ad-hoc-Mitteilungen ist in §§ 37b und c WpHG geregelt.

a) Angaben

Neben Tatsachen können auch Werturteile und Prognosen eine Prospekthaftung begründen.[8] Darüber hinaus kann auch der Gesamteindruck des Prospekts unrichtig sein.[9]

b) Unrichtigkeit/Unvollständigkeit

Tatsachen sind unrichtig, wenn sie im Zeitpunkt der Prospektveröffentlichung nicht der Wahrheit entsprechen. Werturteile und Prognosen sind unrichtig, wenn sie nicht durch Tatsachen gestützt oder kaufmännisch vertretbar sind. Der Gesamteindruck eines Prospekts im Hinblick auf die Vermögens-, Finanz- und Ertragslage kann unrichtig sein, wenn die Informationen so ungenau und zweideutig sind, dass sie bei Dritten falsche Vorstellungen über das Unternehmen hervorrufen, oder wenn die Verhältnisse des Emittenten zu positiv und beschönigend dargestellt werden. Dies kann etwa der Fall sein, wenn bilanzrechtliche Gestaltungsspielräume umfassend ausgeschöpft werden.[10]

Beispiel 1 (nach BGH, WM 1982, 862 – *Beton- und Monierbau*): Die B-AG, die sich seit einiger Zeit in Liquiditätsschwierigkeiten befunden hatte, veröffentlichte im Anschluss an eine Kapitalerhöhung mit Bezugsrecht einen Prospekt, auf dessen Grundlage die neuen Aktien zum Börsenhandel zugelassen wurden. Das Gericht hat entschieden, dass der Gesamteindruck des Prospekts unrichtig ist, weil „zwar ein aufmerksamer Leser dem Prospekt entnehmen konnte, dass sich die Gesellschaft in einer schweren finanziellen Krise befunden hatte", allerdings „aus den Prospektangaben selbst nicht deutlich genug hervorgegangen sei, dass es sich um risikobehaftete Papiere mit spekulativem Charakter handele". Auch habe die Gesellschaft „alle Möglichkeiten ausgeschöpft, das Bilanzbild zu verbessern".

Unvollständig ist ein Prospekt, wenn er nicht alle für die Anlageentscheidung wesentlichen Angaben enthält. Nach § 7 WpPG bestimmen sich die Mindestangaben, die in einen Prospekt aufzunehmen sind, nach den Bestimmungen und Anhängen der EU-Prospektverordnung (ProspektVO).[11] Welche Umstände für einen vollständigen Prospekt erforderlich sind, ist damit grundsätzlich anhand der Anhänge der ProspektVO zu beantworten. Je nach den Umständen des Einzelfalls kann der Prospekt aber auch vollständig sein, obwohl er nicht alle dort genannten Angaben enthält.[12] Umgekehrt können auch weitere Angaben erforderlich sein, um im Sinne von § 5 WpPG dem Publikum ein zutreffendes Urteil über den Emittenten und die Wertpapiere zu

---

[8] Bei Aufnahme von Prognosen iSv Art. 2 Ziffer 10 und 11 ProspektVO in den Prospekt ist nach Anhang I Ziffer 13 ProspektVO ein Bericht eines unabhängigen Wirtschaftsprüfers in den Prospekt aufzunehmen; dazu § 11 IV. 3. d; in der Praxis finden sich daher und auch im Hinblick auf erhöhte Haftungsrisiken in Prospekten häufig keine Prognosen, sondern nur Trendinformationen nach Anhang I Ziffer 12 ProspektVO.
[9] *BGH*, WM 1982, 862 (865) (Beton- und Monierbau); *OLG Düsseldorf*, WM 1984, 586 (592) (Beton- und Monierbau); *OLG Frankfurt a. M.*, WM 1994, 291 (295) (Bond).
[10] *BGH*, WM 1982, 862 (863), 865 (Beton- und Monierbau); *OLG Düsseldorf*, WM 1984, 586 (592 f.) (Beton- und Monierbau); *OLG Frankfurt a. M.*, WM 1994, 291 (295) (Bond); siehe auch Schäfer/Hamann/*Hamann*, §§ 44, 45 BörsG, Rn. 194 ff.
[11] Verordnung (EG) Nr. 809/2004 in der jeweils gültigen Fassung; siehe im Einzelnen § 11 IV. 2. a).
[12] Siehe auch Erwägungsgrund 24 der ProspektVO, wonach einige Informationen für ein bestimmtes Wertpapier nicht relevant sein können; bestimmte Umstände können auch rein tatsächlich nicht vorliegen (dann kann ggf. eine Negativaussage im Prospekt erforderlich sein); schließlich kann die BaFin nach § 8 Abs. 2 WpPG gestatten, dass bestimmte Angaben nicht aufgenommen werden müssen.

ermöglichen. Unerheblich für die Beurteilung der Fehlerhaftigkeit ist, dass der Prospekt von der BaFin gebilligt wurde.[13]

c) Wesentlichkeit

Die Wesentlichkeit einer Angabe bestimmt sich nach dem Zweck der Prospektpflicht, dem Anleger durch die Mitteilung aller für seine Anlageentscheidung möglicherweise bedeutsamen Umstände die konkreten Anlagerisiken und -chancen transparent zu machen. Eine Angabe ist daher wesentlich, wenn sie zu den wertbildenden Faktoren des Wertpapiers gehört.[14]

d) Beurteilungsmaßstab

Bei der Beurteilung der Richtigkeit und Vollständigkeit des Prospekts wird von der Rechtsprechung jedenfalls für Emissionen, die sich an das allgemeine Publikum richten, auf den „durchschnittlichen Anleger" abgestellt, „der zwar eine Bilanz zu lesen versteht, aber nicht unbedingt mit der in eingeweihten Kreisen gebräuchlichen Schlüsselsprache vertraut zu sein braucht".[15] Dieser Beurteilungsmaßstab ist nicht ohne Kritik geblieben; insbesondere wird in Frage gestellt, ob ein durchschnittlicher Anleger zB einen in englischer Sprache und nach internationalen Rechnungslegungsstandards erstellten Jahresabschluss lesen kann und deshalb nicht besser auf einen „verständigen" Anleger abgestellt werden sollte.[16]

3. Kausalität

Die Prospekthaftung setzt voraus, dass die Wertpapiere aufgrund des Prospekts erworben wurden. Es gilt die Vermutung haftungsbegründender Kausalität; die Darlegungs- und Beweislast fehlender Kausalität trägt nach § 23 Abs. 2 Nr. 1 WpPG der in Anspruch genommene Haftungsadressat. Der Nachweis kann insbesondere dadurch geführt werden, dass es keine durch den Prospekt erzeugte positive Anlagestimmung gab oder diese zum Zeitpunkt des Erwerbs bereits beendet war.[17] Vereinzelte negative Presseberichte allein sind allerdings regelmäßig nicht ausreichend, einen Wegfall der Anlagestimmung anzunehmen. Umstände, die einen Ausschluss der Haftung nach § 23 Abs. 2 Nr. 1 WpPG begründen können, sind zB die Veröffentlichung eines Jahresabschlusses oder Quartalsberichts, die eine deutlich negative Entwicklung beschreiben, eine wesentliche negative Änderung von Börsenindizes, der Konjunkturlage, erhebliche Kurseinbrüche des Wertpapieres oder die Stellung eines Antrags zur Eröffnung eines Insolvenzverfahrens.[18]

---

[13] So für die Billigung des Börsenzulassungsprospekts durch die Zulassungsstelle zur Rechtslage vor Inkrafttreten des WpPG am 1.7.2005, *OLG Frankfurt*, WM 1994, 291 (297) (Bond); siehe bei Habersack/Mülbert/Schlitt/*Mülbert/Steup*, Unternehmensfinanzierung am Kapitalmarkt, § 41 Rn. 47.
[14] Nicht wesentliche Angaben sind regelmäßig zB die Angabe der Zahlstelle oder die Angabe einer völlig unbedeutenden Bilanzposition.
[15] *BGH*, WM 1982, 862 (863) (Beton- und Moniberbau); *OLG Frankfurt a. M.*, WM 2994, 291, 295 (Bond); *OLG Frankfurt a. M.*, ZIP 2004, 1411 (1414) (EM.TV II).
[16] Siehe nur *Groß*, § 21 WpPG, Rn. 41. Vgl. aber auch Habersack/Mülbert/Schlitt/*Habersack*, Handbuch der Kapitalmarktinformation, § 29 Rn. 15.
[17] Insoweit wird die Rechtsprechung zur sog Anlagestimmung aufgegriffen; vgl. Regierungsbegründung zum Dritten Finanzmarktförderungsgesetz, BT-Drs. 13/8933, 76.
[18] *BGH*, WM 1998, 1772 (1775) (Elsflether Werft); *OLG Frankfurt a. M.*, WM 1996, 1216 (1219) (Bond); *OLG Düsseldorf*, WM 1984, 586 (596) (Beton- und Moniberbau); siehe ausführlich Schäfer/Hamann/*Hamann*, §§ 44, 45 BörsG Rn. 252 ff.

Beispiel 2 (nach OLG Frankfurt/M., WM 1996, 1216, 1219 – *Bond*)**:** Die B-Ltd. hat im Dezember 1988 eine Anleihe begeben. Im März 1989, nachdem eine wesentliche Beteiligungsgesellschaft einen hohen Verlust bekannt gegeben hatte, brachen die Kurse der B-Ltd. ein; der Kurswert fiel auf weniger als 60 %. Die Vorgänge bei der B-Gruppe waren Gegenstand zahlreicher Veröffentlichungen in der Tages- und Fachpresse, die die schlechte wirtschaftliche Situation des B-Konzerns offen legten und das Anlagerisiko bezüglich der Anleihe betonten. Der Kläger, der im Mai 1989 Anleihen kaufte, hat gegen die C-Bank, die bei der Übernahme der Anleihe von einem internationalen Bankenkonsortium die Federführung hatte, Klage erhoben.
Die Klage ist abzuweisen, weil die Wertpapiere nicht aufgrund des Prospekts erworben wurden. Die Vermutung haftungsbegründender Kausalität nach § 23 Abs. 2 Nr. 1 WpPG kann widerlegt werden. Schon aufgrund des dramatischen Kurseinbruchs der Anleihen bestand die positive Anlagestimmung zum Zeitpunkt des Erwerbs durch den Kläger nicht mehr.

Die haftungsbegründende Kausalität fehlt außerdem, wenn der Erwerber die Fehlerhaftigkeit der Prospektangaben bei dem Erwerb kannte. Die Darlegungs- und Beweislast liegt nach § 23 Abs. 2 Nr. 3 WpPG beim Haftungsadressaten.

4. Haftungsadressaten

Adressaten der Prospekthaftung sind nach §§ 21 Abs. 1 S. 1 Nr. 1 und Nr. 2, 22 WpPG diejenigen, die für den Prospekt die Verantwortung übernommen haben, und diejenigen, von denen der Erlass des Prospekts ausgeht.

a) Übernahme der Prospektverantwortung

Erforderlich ist, dass der Prospektverantwortliche nach außen erkennbar die Verantwortung für den Prospekt übernimmt. Dies geschieht zum einen durch die Unterzeichner des Prospekts, zum anderen durch all diejenigen Personen, die gemäß § 5 Abs. 4 WpPG im Prospekt für dessen Inhalt ausdrücklich die Verantwortung übernehmen. Bei der Zulassung der Aktien zum regulierten Markt sind dies neben dem Emittenten, der den Prospekt gemäß § 5 Abs. 3 S. 1 WpPG unterzeichnet, auch die emissionsbegleitenden Kredit- oder Finanzdienstleistungsinstitute im Sinne von § 32 Abs. 2 BörsG, die gemäß § 5 Abs. 3 S. 2 WpPG den Prospekt zu unterzeichnen und gemäß § 5 Abs. 4 S. 2 WpPG ausdrücklich die Verantwortung zu übernehmen haben.

Bei größeren Emissionen wird regelmäßig nicht nur ein einzelnes Kredit- oder Finanzdienstleistungsinstitut tätig, sondern vielmehr ein aus mehreren Emissionsbanken bestehendes Konsortium. Allerdings kommen nicht das Konsortium selbst, sondern nur die Konsortialmitglieder als Prospektverantwortliche in Betracht.[19] Unerheblich ist insoweit, ob das jeweilige Konsortialmitglied in den Prozess der Prospekterstellung eingeschaltet war. Sog. Sub-underwriter, die vom Emissionskonsortium Wertpapiere übernehmen, aber nicht als Anbieter im Rahmen des öffentlichen Angebots auftreten, sind nicht als Prospektverantwortliche anzusehen.

b) Prospektveranlasser

Mit der Erstreckung der Haftung auf diejenigen, von denen der Erlass des Prospekts ausgeht, sollen die tatsächlichen Urheber des Prospekts erfasst werden. Dies sind Personen, die an der Emission ein eigenes wirtschaftliches Interesse haben und Einfluss auf die Gestaltung des Prospekts nehmen.[20] Je nach den Umständen des Einzel-

---

[19] Siehe Habersack/Mülbert/Schlitt/*Mülbert/Steup*, Handbuch der Kapitalmarktinformation, § 41 Rn. 65 ff.
[20] Habersack/Mülbert/Schlitt/*Habersack*, Handbuch der Kapitalmarktinformation, § 29 Rn. 29; aA *Wackerbarth*, WM 2011, 193 (197 f.), der auf das wirtschaftliche Interesse verzichtet

falls können dies die Konzernmuttergesellschaft, der seine Beteiligung veräußernde Großaktionär oder Vorstands-, Beirats- oder Aufsichtsratsmitglieder sein, die maßgeblich auf die Erstellung des Prospekts Einfluss genommen haben.

c) Experten

Bei der Erstellung des Prospekts wirken in der Praxis neben dem Emittenten und den konsortialführenden Banken Wirtschaftsprüfer und Rechtsanwälte, häufig auch andere Emissionsberater mit. Insbesondere für Wirtschaftsprüfer wird die Frage nach einer Prospektverantwortlichkeit diskutiert. Auch wenn diese für den Prospekt Material geliefert oder an dessen Erstellung mitgearbeitet haben, wird eine Haftung gegenüber Anlegern nach §§ 21 ff. WpPG nach hM abgelehnt.[21] Allein das Interesse an dem Honorar für die erbrachte Leistung soll für das wirtschaftliche Interesse an der Emission nicht ausreichen. Zudem knüpfe § 21 WpPG die Haftung an die Verantwortlichkeit für den gesamten Prospekt, nicht für einzelne Teile desselben.[22] Vorarbeiten für ein Kapitalmarktinformationshaftungsgesetz, das eine Prospekthaftung auch von Dritten vorsah, wurden Ende 2004 gestoppt.[23]

5. Verschulden

Nach § 23 Abs. 1 WpPG haften die Adressaten der Prospekthaftung nur bei Kenntnis und grob fahrlässiger Unkenntnis von der Unrichtigkeit oder Unvollständigkeit des Prospekts. Die Beweislast für das Nichtvorliegen der Voraussetzungen liegt beim Haftungsadressaten.

Die Sorgfaltsanforderungen der einzelnen Haftungsadressaten sind unterschiedlich; im Grundsatz steigen die Anforderungen mit der Nähe des Haftungsadressaten zur jeweiligen Information. Im Einzelnen sind die Sorgfaltspflichten von den Umständen des Einzelfalls abhängig.

a) Sorgfaltspflichten des Emittenten

Für den Emittenten bestehen angesichts seines ungehinderten Zugriffs auf die Unternehmensdaten besonders hohe Sorgfaltsanforderungen; er hat dafür Sorge zu tragen, dass alle für einen richtigen und vollständigen Prospekt erforderlichen Informationen aus seinem Unternehmen in dem Prospekt dargestellt werden.

---

und den Einfluss auf die Gesellschaft sowie die Veranlassung des die Prospektpflicht auslösenden Projekts für ausreichend hält; den Einfluss auf den Prospektinhalt als Voraussetzung bezweifelnd *Schäfer,* ZIP 2010, 1877 (1879).

[21] ZB Schäfer/Hamann/*Hamann,* §§ 44, 45 BörsG, Rn. 101; *Lenenbach,* Rn. 11.483; aA zB *Groß,* § 21 WpPG, Rn. 36 f.; zum Streitstand einer prospektbezogenen Expertenhaftung, auch zur Anwendbarkeit der allgemeinen bürgerlich-rechtlichen Prospekthaftung, ausführlich *Meyer,* WM 2003, 1301 (1309); zur Ausweitung der bürgerlich-rechtlichen Prospekthaftung *Klöhn,* WM 2012, 97.

[22] Anders die ProspektVO, die in den jeweiligen Anhängen in Ziffer 1.1 und 1.2. vorsieht, dass auch (nur) für bestimmte Abschnitte des Prospekts die Verantwortung übernommen werden kann; siehe dazu *Groß,* § 21 WpPG Rn. 36.

[23] Siehe § 44a BörsG-E in der Fassung des – unveröffentlichten – Referentenentwurfs eines Gesetzes zur Verbesserung der Haftung für falsche Kapitalmarktinformationen (Kapitalmarktinformationshaftungsgesetz, KapInHaG).

b) Sorgfaltspflichten der Emissionsbegleiter

Die emissionsbegleitenden Banken verfügen regelmäßig nicht über spezifische Informationen über den Emittenten. Vielmehr sind sie auf die Angaben des Emittenten und von Dritten angewiesen. Ob und inwieweit die Emissionsbanken die so erhaltenen Angaben und Informationen überprüfen müssen, ist im Einzelnen umstritten.

Bei Angaben des Emittenten können sich die Emissionsbanken nicht ohne Weiteres darauf zurückziehen, dass diese Angaben vom Emittenten selbst stammen. Eine Nachforschungspflicht besteht jedenfalls dann, wenn ihnen konkrete Anhaltspunkte für die Unrichtigkeit der Prospektangaben vorliegen oder sie über Informationen verfügen, die Zweifel an der Richtigkeit des Prospekts wecken müssen.[24] Auch darüber hinaus müssen sie die Angaben, soweit möglich und zumutbar, selbst überprüfen. Insoweit wird eine sorgfältige Überprüfung verlangt, teilweise die Durchführung einer umfassenden Due-Diligence-Prüfung gefordert.[25] In der Praxis ist die Durchführung einer Due Diligence im Vorfeld einer Kapitalmarkttransaktion – auch im Hinblick auf die U.S.-amerikanische Kapitalmarktpraxis – üblich, um den Nachweis nicht grob-fahrlässigen Handels leichter führen zu können (sog Due Diligence Defense; dazu auch unter III. 3. a).

Angaben von sachverständigen Dritten, insbesondere Wirtschaftsprüfern, aber auch Rechtsanwälten oder Sachverständigen, müssen einer Plausibilitätskontrolle unterzogen werden. Im Übrigen können die Emissionsbanken die Angaben Dritter grundsätzlich in den Prospekt übernehmen, wenn sie keine begründeten Zweifel an der Richtigkeit haben. Insbesondere besteht grundsätzlich keine Pflicht, die Buchführung oder die testierten Jahresabschlüsse oder die prüferisch durchgesehenen Zwischenabschlüsse des Emittenten zu überprüfen, es sei denn, es bestehen konkrete Anhaltspunkte für die Unrichtigkeit von Angaben.[26] Wenn seit der Erstellung des Prüfberichts ein beträchtlicher Zeitraum verstrichen ist, können die Emissionsbanken verpflichtet sein, die dem Wirtschaftsprüfertestat zugrunde liegenden Bewertungen daraufhin zu plausibilisieren, ob sie auch im Lichte der neuesten Entwicklungen aufrechterhalten werden können. Soweit der Dritte von den Emissionsbanken beauftragt wurde, kommt ein Auswahlverschulden in Betracht, wenn der Dritte erkennbar fachlich ungeeignet ist oder sich in einem Interessenkonflikt zum Emittenten befindet.[27]

Konkrete Anhaltspunkte für eine Nachforschungspflicht können sich insbesondere aus Presseberichterstattungen oder negativen Ratings von Ratingagenturen ergeben. Ist die Emissionsbank zugleich Hausbank des Emittenten oder steht sie in sonstiger Weise mit dem Emittenten bereits in Geschäftsverbindung, so darf sie aufgrund des Bankgeheimnisses regelmäßig derartige Informationen ohne Einwilligung des Emit-

---

[24] Siehe nur Schäfer/Hamann/*Hamann*, §§ 44, 45 BörsG, Rn. 226; Beck'sches Hdb-AG/ *Harrer*, § 25 Rn. 227 ; Schwark/Zimmer/*Schwark*, §§ 44, 45 BörsG, Rn. 48; Habersack/Mülbert/Schlitt/*Mülbert/Steup*, Unternehmensfinanzierung am Kapitalmarkt, § 41 Rn. 108; *Groß*, § 21 WpPG, Rn. 80.

[25] So wohl Schäfer/Hamann/*Hamann*, §§ 44, 45 BörsG, Rn. 227; aA zB *Ellenberger*, S. 47; *Groß*, § 21 WpPG, Rn. 81; Habersack/Mülbert/Schlitt/*Nägele*, Unternehmensfinanzierung am Kapitalmarkt, § 33 Rn. 47.

[26] *BGH*, WM 1982, 862 (864) (Beton- und Monierbau); *OLG Frankfurt a. M.*, ZIP 1999, 1005 (1007) (MHM Mode); *LG Frankfurt a. M.*, ZIP 1998, 641 (644) (MHM Mode).

[27] Siehe nur *Hopt*, Rn. 193 ff.; Habersack/Mülbert/Schlitt/*Mülbert/Steup*, Unternehmensfinanzierung am Kapitalmarkt, § 41 Rn. 117; Habersack/Mülbert/Schlitt/*Habersack*, Handbuch der Kapitalmarktinformation, § 29 Rn. 42.

tenten im Rahmen der Prospekterstellung nicht berücksichtigen.[28] Auch die Kenntnis eines Aufsichtsratsmitglieds, das von der Emissionsbank „gestellt" ist, kann aufgrund dessen Vertraulichkeitsverpflichtung nicht zugerechnet werden.

Die Prüfungspflichten treffen vor allem die Konsortialführer. Da die weiteren Konsortialmitglieder an der Prospekterstellung regelmäßig nicht beteiligt sind und den Prospektentwurf häufig erst wenige Tage vor der Prospektbilligung und -veröffentlichung erhalten, gelten nach wohl hM deutlich abgestufte Sorgfaltsanforderungen. Danach sind sie grundsätzlich nur zur Plausibilisierung der Angaben im Prospekt verpflichtet.[29]

6. Anspruchsberechtigte

a) Erwerbszeitpunkt

Anspruchsberechtigt ist nach § 21 Abs. 1 S. 1 WpPG jeder, der aufgrund des Prospekts zugelassene Wertpapiere nach der Veröffentlichung des Prospekts und innerhalb von sechs Monaten nach erstmaliger Einführung der Wertpapiere erworben hat. Bei einem öffentlichen Angebot von Wertpapieren, die nicht an einer inländischen Börse zugelassen werden, ist nach § 22 Nr. 1 WpPG der Zeitpunkt des ersten öffentlichen Angebots im Inland maßgeblich. Dabei ist unerheblich, ob es sich um einen Erst- oder Zweiterwerb handelt; die fortbestehende Inhaberschaft des Wertpapiers ist keine Anspruchsvoraussetzung (vgl. § 21 Abs. 2 WpPG). Infolge der Einbeziehung solcher Sekundärmarktgeschäfte kann die Zahl der Ansprüche aus Prospekthaftung über die Zahl der emittierten Wertpapiere (weit) hinausgehen.

b) Erwerbsgegenstand

Anspruchsberechtigt sind grundsätzlich nur Personen, die aufgrund des Prospekts zugelassene Wertpapiere erworben haben. Dem Erwerber von früher oder später ausgegebenen Wertpapieren steht daher grundsätzlich kein Anspruch zu. Dies gilt nach § 21 Abs. 1 S. 3 WpPG allerdings nicht, wenn die Wertpapiere nicht nach Ausstattungsmerkmalen oder in sonstiger Weise (zB unterschiedliche WKN/ISIN) unterschieden werden können. Damit wird dem Umstand Rechnung getragen, dass es dem Anleger bei der heute üblichen Girosammelverwahrung nicht möglich ist, nachzuweisen, dass die von ihm erworbenen Wertpapiere aus der betreffenden Emission stammen. Der Emittent und die emissionsbegleitenden Banken müssen daher entscheiden, ob zur Begrenzung des Haftungsrisikos die zeitweilige Zersplitterung des Handels in den Wertpapieren mit negativen Auswirkungen auf den Free Float und damit möglicherweise auch auf die Kursentwicklung in Kauf genommen werden soll. Üblicherweise werden die neuen Aktien zur Erhöhung der Liquidität ausstattungsgleich und mit gleicher WKN/ISIN-Nummer zugelassen, was das Prospekthaftungsrisiko praktisch erhöht.[30]

---

[28] Habersack/Mülbert/Schlitt/*Habersack*, Handbuch der Kapitalmarktinformation, § 29 Rn. 40; *Groß*, § 21 WpPG, Rn. 79; anders die wohl hM nach der die Emissionsbank alle ihr in dieser Eigenschaft verfügbaren Informationen bei der Prospekterstellung berücksichtigen muss, siehe Schäfer/Hamann/*Hamann*, §§ 44, 45 BörsG Rn. 238 f.; Schwark/Zimmer/*Schwark*, §§ 44, 45 BörsG, Rn. 53; mit Einschränkungen Habersack/Mülbert/Scltt/*Mülbert/Steup*, Unternehmensfinanzierung am Kapitalmarkt, § 41 Rn. 111.

[29] Habersack/Mülbert/Schlitt/*Habersack*, Handbuch der Kapitalmarktinformation, § 29 Rn. 43; *Groß*, § 21 WpPG, Rn. 83; *Ellenberger*, S. 47 ff.; einschränkend Schwark/Zimmer/*Schwark*, §§ 44, 45 BörsG Rn. 11 der die bloße Plausibilitätskontrolle als nicht ausreichend bezeichnet.

[30] Unterschiedliche WKN/ISIN werden in der Praxis verwendet.

c) Entgeltlicher Erwerb, Inlandsbezug

Nur ein entgeltlicher Erwerb berechtigt zu Prospekthaftungsansprüchen.[31] Bei Emittenten mit Sitz im Ausland und ausländischer Börsenzulassung sind die Ansprüche eingeschränkt; nach § 21 Abs. 3 WpPG kommt ein Prospekthaftungsanspruch nur in Betracht, wenn die Wertpapiere aufgrund eines im Inland abgeschlossenen Geschäfts oder einer zumindest teilweise im Inland erbrachten Wertpapierdienstleistung erworben wurden.

7. Haftungsfolgen

a) Haftungsumfang

Hinsichtlich des Haftungsumfangs[32] differenzieren §§ 21, 22 WpPG danach, ob der Anspruchsteller noch Inhaber der Wertpapiere ist oder nicht. Solange der Erwerber Inhaber der Wertpapiere ist, kann er nach § 21 Abs. 1 S. 1 WpPG von den Haftungsadressaten die Übernahme der Wertpapiere Zug um Zug gegen Erstattung des Erwerbspreises verlangen. Der Höhe nach ist der Anspruch auf den ersten Ausgabebetrag der Wertpapiere beschränkt. Der Anspruch auf Rückgabe der Wertpapiere entfällt, wenn diese keinen wirtschaftlichen Wert mehr besitzen, zB wenn die Erwerbsrechte aus Optionsscheinen erloschen sind. Ist der Erwerber nicht mehr Inhaber der Wertpapiere, kann er nach § 21 Abs. 2 WpPG die Zahlung des Unterschiedsbetrags zwischen dem Erwerbspreis bzw. dem niedrigeren ersten Ausgabebetrag und dem Veräußerungspreis verlangen. In beiden Fällen können auch die mit dem Erwerb verbundenen üblichen Kosten verlangt werden, zB Maklercourtage, Provisionen an Emissionsbanken und Finanzdienstleister sowie Aufwendungen für Bezugsrechte.

b) Haftungsausfüllende Kausalität

Der Prospekthaftungsanspruch ist nach § 23 Abs. 2 Nr. 2 WpPG ausgeschlossen, wenn die fehlerhaften Prospektangaben nicht zu einer Minderung des Börsenpreises der Wertpapiere beigetragen haben. Die Darlegungs- und Beweislast für die fehlende haftungsausfüllende Kausalität liegt beim Haftungsadressaten; der Beweis dürfte regelmäßig schwer zu führen sein.[33]

c) Mitverschulden

Im Rahmen des Anspruchs nach § 21 Abs. 2 WpPG trifft den Anspruchsberechtigten ein Mitverschulden, wenn er die Wertpapiere unter dem erzielbaren Börsen- bzw. Marktpreis veräußert. Nach hM besteht aber keine Schadensminderungsobliegenheit, bei sinkenden Kursen die Wertpapiere zu veräußern. Auch besteht nach hM keine Obliegenheit, Prospekthaftungsansprüche unverzüglich nach Kenntniserlangung von der Fehlerhaftigkeit des Prospekts geltend zu machen.[34]

---

[31] So die Regierungsbegründung zum Dritten Finanzmarktförderungsgesetz, BT-Drs. 13/8933, 76; vgl. auch § 21 Abs. 1 S. 1 und Abs. 2 S. 1 WpPG, die den Erwerbspreis als notwendige Berechnungsgröße vorsehen; kritisch dazu ua Schwark/Zimmer/*Schwark*, §§ 44, 45 BörsG, Rn. 40.
[32] Siehe ausführlich Habersack/Mülbert/Schlitt/*Mülbert/Steup*, Unternehmensfinanzierung am Kapitalmarkt, § 41 Rn. 123 ff.; Schwark/Zimmer/*Schwark*, §§ 44, 45 BörsG, Rn. 64 ff.
[33] So auch *Sittmann*, NZG 1998, 490 (492).
[34] Siehe zB Schwark/Zimmer/*Schwark*, §§ 44, 45 BörsG, Rn. 72 f.

8. Haftung bei fehlendem Prospekt nach § 24 WpPG

Ist ein Prospekt entgegen § 3 Abs. 1 S. 1 WpPG nicht veröffentlicht worden, besteht eine Haftung nach § 24 WpPG. Die Haftungsvoraussetzungen des § 24 WpPG sind grundsätzlich an die §§ 21, 23, 25 WpPG angelehnt. So fordert § 24 WpPG die Kausalität zwischen der Nichtveröffentlichung des Prospekts und dem Erwerb der Wertpapiere.[35] Ein Anspruch wegen fehlendem Prospekt besteht gem. § 24 Abs. 4 WpPG deshalb dann nicht, wenn der Erwerber die Pflicht, einen Prospekt zu veröffentlichen, beim Erwerb kannte.

§ 23 Abs. 1 WpPG, welcher das Verschuldenserfordernis regelt, findet auf § 24 WpPG keine Anwendung, so dass sich die Frage stellt, ob ein Verschulden für die Haftung bei fehlendem Prospekt überhaupt erforderlich ist. Bereits nach alter Rechtslage bestand Uneinigkeit darüber, ob die Haftung bei fehlendem Prospekt verschuldensabhängig ist. Die wohl herrschende Meinung geht jedoch davon aus, dass auch die Haftung für einen fehlenden Prospekt ein Verschulden erfordert.[36]

Haftungsadressaten des § 24 WpPG sind, anders als bei §§ 21, 22 WpPG, nur der Anbieter und der Emittent.

9. Haftungsausschlüsse

a) Prospektberichtigung

Die Prospekthaftung nach §§ 21, 22 WpG ist gem. § 23 Abs. 2 Nr. 4 WpPG ausgeschlossen, wenn die Prospektverantwortlichen vor dem Abschluss des Erwerbsgeschäfts eine deutlich gestaltete Berichtigung der fehlerhaften Prospektangaben veröffentlicht haben. Dies kann im Rahmen des Jahresabschlusses oder Zwischenberichts des Emittenten, einer Ad hoc Mitteilung oder einer vergleichbaren Bekanntmachung erfolgen. Wie beim Prospekt ist keine Kenntnisnahme durch den Erwerber erforderlich. Von der Berichtigung zu unterscheiden sind Nachträge zum Prospekt gem. § 16 WpPG. Nach dieser Vorschrift sind wichtige neue Umstände oder wesentliche Unrichtigkeiten in Bezug auf die Prospektangaben, die nach Billigung des Prospekts und vor dem endgültigen Schluss des öffentlichen Angebots auftreten bzw. festgestellt werden oder, wenn die Einbeziehung später erfolgt, vor Einbeziehung in den Handel auftreten bzw. festgestellt werden, in einem Nachtrag zu nennen.[37] Anders als der Prospekt und Nachträge zum Prospekt bedarf die Berichtigung nicht der Billigung durch die BaFin.

b) Prospektzusammenfassung

Nach § 23 Abs. 2 Nr. 5 WpPG ist eine Haftung allein aufgrund fehlerhafter Angaben in der Zusammenfassung des Prospekts oder ihrer Übersetzung ausgeschlossen, es sei denn, die Zusammenfassung ist irreführend, unrichtig oder widersprüchlich, wenn sie zusammen mit den anderen Teilen des Prospekts gelesen wird oder sie enthält, wenn sie zusammen mit den anderen Prospektteilen gelesen wird, nicht alle erforderlichen Schlüsselinformationen nach § 5 Abs. 2, 2a WpPG.

---

[35] Habersack/Mülbert/Schlitt/*Habersack*, Handbuch der Kapitalmarktinformation, § 29 Rn. 66.
[36] Habersack/Mülbert/Schlitt/*Mülbert/Steup*, Unternehmensfinanzierung am Kapitalmarkt, § 41 Rn. 119; *Bongertz*, BB 2012, 470 (474 f.); Assmann/Schlitt/v. Kopp-Colomb/*Assmann*, § 13a VerkProspG Rn. 21 ff.; aA Habersack/Mülbert/Schlitt/*Habersack*, Handbuch der Kapitalmarktinformation, § 29 Rn. 66; *Fleischer*, BKR 2004, 339 (346).
[37] Siehe § 11 V. 5.

10. Verjährung

Vor Überführung der Vorschriften in das WpPG war die Verjährung für Prospekthaftungsansprüche explizit in § 46 BörsG aF geregelt, wonach diese in einem Jahr ab Kenntniserlangung des Erwerbers von der Fehlerhaftigkeit der Prospektangaben verjährten. Unabhängig von der Kenntnis verjährten die Ansprüche jedoch spätestens in drei Jahren seit Veröffentlichung des Prospekts. Im Zuge der Überführung der wertpapierrechtlichen Prospekthaftung in die §§ 21 ff. WpPG ist § 46 BörsG aF ersatzlos weggefallen. Aufgrund der Übergangsregelungen in § 52 Abs. 8 BörsG, § 37 WpPG (siehe hierzu II. 13.) ist die Sonderverjährungsvorschrift des § 46 BörsG aF jedoch teilweise weiterhin anwendbar. Die Verjährung von Prospekthaftungsansprüchen nach aktueller Rechtslage richtet sich nunmehr nach den allgemeinen Vorschriften des Bürgerlichen Gesetzbuches, so dass die Verjährungsfrist drei Jahre beträgt (§ 195 BGB). Sie beginnt mit dem Schluss des Jahres, in dem der Anspruch entstanden ist und der Gläubiger von den den Anspruch begründenden Umständen und der Person des Schuldners Kenntnis erlangt hat oder ohne grobe Fahrlässigkeit erlangen musste (§ 199 Abs. 1 BGB). Der Haftungsadressat muss in diesem Zusammenhang sowohl die Kenntnis als auch den Zeitpunkt der Kenntniserlangung bzw. den Umstand grob fahrlässiger Unkenntnis beweisen.[38] Maximal läuft die Verjährungsfrist 10 Jahre nach Entstehen des Anspruchs (§ 199 Abs. 3 BGB).

11. Kollision mit §§ 57, 71 AktG

Die Rechtsfolge des § 21 WpPG – Erstattung des Erwerbspreises Zug um Zug gegen Übernahme der Wertpapiere bzw. Zahlung des Unterschiedsbetrags zwischen Erwerbs- und Veräußerungspreis – kollidiert mit den Vorschriften über das Verbot der Einlagenrückgewähr nach § 57 AktG und des Erwerbs eigener Aktien nach § 71 AktG. Prospekthaftungsansprüche sind indes nach ganz überwiegender Auffassung mit §§ 57, 71 AktG vereinbar, soweit der Erwerb in einem Umsatzgeschäft erfolgt ist.[39] Nach einer im Vordringen befindlichen Meinung gilt gleiches auch bei einem originären Zeichnungserwerb.[40] In der Praxis relativiert sich dieser Streit, weil der Aktienerwerb unter Einschaltung einer Emissionsbank bzw. eines Emissionskonsortiums als übliche Emissionsgestaltung von der überwiegenden Auffassung als Umsatzgeschäft angesehen wird.[41]

Von dieser soeben aufgezeigten Problematik ist die Frage zu unterscheiden, ob ein Verstoß gegen § 57 Abs. 1 AktG vorliegt, wenn die Gesellschaft bei einer Umplatzie-

---

[38] Habersack/Mülbert/Schlitt/*Mülbert/Steup*, Unternehmensfinanzierung am Kapitalmarkt, § 41 Rn. 148; Habersack/Mülbert/Schlitt/*Habersack*, Handbuch der Kapitalmarktinformation, § 29 Rn. 55; *Leuering*, NJW 2012, 1905 (1906).
[39] *OLG Frankfurt a. M.*, ZIP 1999, 1005 (1007 f.) (MHM Mode).
[40] Die Differenzierung geht auf die Rechtsprechung des Reichsgerichts zurück; zur Entwicklung der Rechtsprechung und zum Meinungsstand *OLG Frankfurt a. M.*, ZIP 2005, 710 (713) (Comroad); *Groß*, §§ 21 WpPG, Rn. 10 ff.; Habersack/Mülbert/Schlitt/*Mülbert/Steup*, Unternehmensfinanzierung am Kapitalmarkt, § 41 Rn. 5 ff.; außerdem § 8 IV. 1. f).
[41] Vgl. Habersack/Mülbert/Schlitt/*Mülbert/Steup*, Unternehmensfinanzierung am Kapitalmarkt, § 41 Rn. 6; Großkomm. AktG/*Henze*, § 57 Rn. 24; aA Schwark/Zimmer/*Schwark*, §§ 44, 45 BörsG Rn. 13. Ebenso sind nach überwiegender Auffassung Freistellungsvereinbarungen, aufgrund derer die emissionsbegleitenden Banken durch den Emittenten von einer möglichen Prospekthaftung freigestellt werden, mit § 57 AktG vereinbar; dazu § 8 IV. 1. f) sowie *Groß*, § 21 WpPG, Rn. 17 ff.

rung von Aktien die Prospekterstellung und Veröffentlichung sowie die Haftung gegenüber den Investoren im Außenverhältnis übernimmt. Im Falle der Umplatzierung fließt der Emissionserlös nicht der Gesellschaft, sondern dem veräußernden Aktionär zu. Nach Ansicht des BGH steht die Übernahme der Prospekthaftungsrisiken daher nur dann im Einklang mit § 57 Abs. 1 AktG, wenn der veräußernde Aktionär die Gesellschaft von diesen Haftungsrisiken freistellt.[42]

12. Konkurrenzen

Im Anwendungsbereich der spezialgesetzlichen Prospekthaftung sind Ansprüche aus der bürgerlich-rechtlichen Prospekthaftung ausgeschlossen. Vertragliche Ansprüche und Ansprüche aus unerlaubter Handlung bleiben gemäß § 25 Abs. 2 WpPG unberührt. § 25 Abs. 2 WpPG ist damit weiter als die Vorgängerregelung des § 47 Abs. 2 BörsG aF, welche lediglich vorsätzlich oder grob fahrlässig begangene unerlaubte Handlungen erfasste.

13. Übergangsregelungen

Das Haftungsregime der §§ 21 ff. WpPG gilt für alle fehlerhaften Börsenzulassungsprospekte bzw. sonstigen Wertpapierprospekte, die ab dem 1.6.2012 im Inland veröffentlicht wurden (§ 52 Abs. 8 BörsG, § 37 S. 1 WpPG). Für die bis zum 31.5.2012 veröffentlichten fehlerhaften Börsenzulassungsprospekte sind die §§ 44–47 BörsG aF und für die bis zu diesem Zeitpunkt veröffentlichten fehlerhaften Wertpapierverkaufsprospekte § 13 VerkProsG aF iVm den §§ 44 ff. BörsG anwendbar. Für fehlende Wertpapierprospekte folgt die Haftung aus § 24 WpPG, wenn der jeweilige Anspruch nach dem 31.5.2012 entstanden ist (§ 37 S. 2 WpPG). Für die Entstehung des Anspruchs entscheidend ist der Zeitpunkt des Erwerbs des Wertpapiers, für dessen Angebot die Pflicht zur Veröffentlichung eines Prospekts bestand. Wurden die Wertpapiere vor dem 31.5.2012 erworben, ist § 13a VerkProsG aF einschlägig. Wurden sie hingegen nach dem 31.5.2012 erworben, greift § 24 WpPG.

14. Prozessuale Aspekte

Durch das am 1. November 2005 in Kraft getretene und in den letzten Jahren mehrfach geänderte[43] Kapitalanleger-Musterverfahrensgesetz (KapMuG)[44] wurde ein Musterverfahren zu Klärung von Sach- und Rechtsfragen mit präjudizieller Bedeutung in kapitalmarktrechtlichen Streitigkeiten geschaffen. Es ist gem. § 1 Abs. 1 Nr. 1 KapMuG insbesondere in bürgerlichen Rechtsstreitigkeiten, in denen ein Schadensersatzanspruch wegen falscher, irreführender oder unterlassener öffentlicher Kapitalmarkt-

---

[42] *BGH*, NZG 2011, 829 (832); dazu § 4 I. 2. b).
[43] Am 31.10.2012 trat das alte KapMuG außer Kraft und wurde durch das neue, am 1.11.2012 in Kraft tretende KapMuG ersetzt.
[44] Die Neufassung des KapMuG tritt am 1.11.2020 außer Kraft. Erstes und prominentes Musterverfahren betraf die Prospekthaftungsklagen gegen die Deutsche Telekom; vgl. den Vorlagebeschluss vom 11.7.2006, verschiedentlich erweitert (3/7 OH 1/06 und 2/06; Musterverfahren vor dem *OLG Frankfurt*: 23 Kap. 1/06); siehe auch den Vorlagebeschluss des *LG Stuttgart* vom 3.7.2006 (21 O 408/05) und den Musterbescheid des *OLG Stuttgart* vom 15.2.2007 (901 Kap. 1/06) zu den geltend gemachten Schadensersatzansprüchen nach § 37b WpHG gegen die DaimlerChrysler AG wegen verspäteter Ad hoc Mitteilung über das vorzeitige Ausscheiden des damaligen Vorstandsvorsitzenden; jeweils abrufbar unter www.ebundesanzeiger.de.

information geltend gemacht wird, und damit vor allem auch auf Prospekthaftungsklagen nach §§ 21 ff. WpPG anwendbar. Jede Prozesspartei kann durch Musterfeststellungsantrag die Feststellung des Vorliegens oder Nichtvorliegens anspruchsbegründender oder anspruchsausschließender Voraussetzungen oder die Klärung von Rechtsfragen begehren. Ein zulässiger Musterfeststellungsantrag wird im Klageregister des Bundesanzeigers öffentlich bekannt gemacht. Das Prozessgericht führt einen Vorlagebeschluss an das Oberlandesgericht herbei, wenn innerhalb von sechs Monaten nach der Bekanntmachung in mindestens neun weiteren Verfahren gleichgerichtete Musterfeststellungsanträge gestellt werden. Nach Bekanntmachung des Musterverfahrens im Klageregister werden von Amts wegen alle anhängigen oder bis zur rechtskräftigen Entscheidung im Musterverfahren anhängig werdenden Verfahren ausgesetzt, deren Entscheidung von dem Musterbescheid abhängen. Der Musterbescheid des Oberlandesgerichts bindet die Prozessgerichte in allen ausgesetzten Verfahren.[45]

Beispiel 3 (nach LG Frankfurt/M., Beschl. v. 11.7.2006 – 3/7 OH 1/06 und 2/06, ZIP 2006, 1730):[46] Die K-AG hat im Rahmen ihrer Privatisierung in mehreren Tranchen Aktien aus dem Bestand von Altaktionären auf der Grundlage eines Prospekts angeboten. Zahlreiche Aktionäre der K-AG haben Klage ua gegen die K-AG, die Emissionsbanken und die abgebenden Aktionäre erhoben. Die Kläger machen geltend, dass bestimmte wesentliche Angaben im Prospekt unrichtig bzw. unvollständig sind.

Nachdem mehr als zehn Musterfeststellungsanträge gestellt wurden, hat das zuständige Landgericht einen Vorlagebeschluss an das Oberlandesgericht gefasst.

III. Due Diligence

1. Begriff der Due Diligence

Due-Diligence-Prüfungen sind, mit unterschiedlichem Umfang, regelmäßig wesentlicher Bestandteil von Kapitalmarkttransaktionen. Der Begriff Due Diligence – wörtlich etwa „erforderliche Sorgfalt" – stammt aus dem US-amerikanischen Recht und beschreibt dort einen haftungsrechtlichen Verhaltensstandard. Der Begriff wurzelt in dem dort geltenden – mittlerweile aber stark modifizierten – Grundsatz *caveat emptor*; nach diesem Grundsatz hat der Käufer grundsätzlich das Mängelrisiko zu tragen. Der redliche Verkäufer haftet grundsätzlich nicht für Mängel der Kaufsache, wenn die Parteien dazu keine Regelungen vereinbaren. Der Käufer „muss" daher die Kaufsache genau untersuchen, um etwaige Mängel aufzudecken.[47]

Im Zusammenhang mit Transaktionen ist mit Due Diligence-Prüfungen die Untersuchung der Geschäftstätigkeit und der rechtlichen und wirtschaftlichen Angelegenheiten eines Unternehmens gemeint. Der Prüfungsumfang und die Zielsetzung von Due Diligence-Prüfungen unterscheiden sich je nach Art der Transaktion erheblich. So zielt eine Due Diligence im Vorfeld eines Unternehmenskaufs (M&A Due Diligence) regelmäßig darauf ab, den Wert des Unternehmens zu ermitteln, die mit dem

---

[45] Zum KapMuG ausführlich zB Habersack/Mülbert/Schlitt/*Schmitz*, Handbuch der Kapitalmarktinformation, § 33 Rn. 3 ff.; zu den Neuerungen *Wolf*, NJW 2012, 3751; *Halfmeier*, DB 2012, 2145.
[46] Vorlagebeschluss im Musterverfahren mit einem ausführlichen Überblick über die Streitpunkte (vollständiger Wortlaut des knapp 200 Seiten umfassenden Beschlusses abrufbar unter www.ebundesanzeiger.de).
[47] Siehe nur *Merkt*, BB 1995, 1041.

Kauf verbundenen Risiken aufzudecken und die für die endgültige Festlegung des Kaufpreises und die Garantien bzw. Freistellungen im Kaufvertrag maßgeblichen Faktoren zu bestimmen. Sie wird vom Käufer und dessen Beratern durchgeführt; nur vereinzelt wird – im Vorfeld der Due Diligence des Käufers – auch vom Verkäufer eine sog Vendor Due Diligence durchgeführt. Die Interessen der Parteien sind kontradiktorischer Natur; der Verkäufer wird regelmäßig zurückhaltend sein, vertrauliche Informationen gegenüber (potentiellen) Wettbewerbern offen zu legen.[48]

Bei Kapitalmarkttransaktionen wird die Due Diligence von den Banken, dem Emittenten und deren Beratern parallel (bzw. durch die Gesellschaft und ihre Berater mit zeitlichem Vorlauf) durchgeführt und ist regelmäßig mit stärkerer Kooperation der Gesellschaft verbunden. Soweit eine Prospektpflicht besteht,[49] ist die Due Diligence Grundlage für die Erstellung des Prospekts, der gem. § 5 Abs. 1 WpPG sämtliche Angaben enthalten muss, die notwendig sind, um den Anlegern ein zutreffendes Urteil über den Emittenten und die Wertpapiere zu geben.[50] Das Interesse der Beteiligten ist gleichgerichtet und besteht darin, dass der Prospekt, für den der Emittent und die Banken gem. § 5 Abs. 4 WpPG die Verantwortung übernehmen und für den sie und weitere Beteiligte, von denen der Erlass des Prospekts ausgeht, gem. §§ 21 ff. WpPG haften,[51] richtig und vollständig ist. Die Due Diligence zielt insbesondere darauf ab, alle relevanten Risiken aufzudecken, diese soweit möglich im Vorfeld zu beseitigen und die fortbestehenden Risiken im Prospekt zutreffend darzustellen.

Abhängig von den Dokumentationsanforderungen für die jeweilige Transaktion und dem Kapitalmarkt-Standing des Emittenten ist der Prüfungsumfang bei Kapitalmarkttransaktionen unterschiedlich. So ist die Due Diligence bei Börsengängen angesichts der fehlenden Kapitalmarkthistorie besonders intensiv, bei Kapitalerhöhungen und Equity-linked Transaktionen börsennotierter Unternehmen jedenfalls hinsichtlich des Prüfungszeitraums häufig eingeschränkter und kann bei Anleihen börsennotierter Gesellschaften mit sog Investment-Grade-Rating deutlich geringer ausfallen.[52]

2. Arten der Due Diligence und Beteiligte

Die Due Diligence umfasst typischerweise verschiedene Teilbereiche mit jeweils abhängig von der Art des Unternehmens unterschiedlichen Schwerpunkten. Die Business Due Diligence befasst sich mit der Geschäftstätigkeit, der wirtschaftlichen Lage sowie den Markt- und Wettbewerbsverhältnissen des Unternehmens. Die Financial Due Diligence betrifft die finanzielle Lage des Unternehmens. Grundlage hierfür sind die historischen Finanzzahlen, bei Aktienemissionen mindestens der letzten drei Jahre (die auch in den Prospekt aufgenommen werden müssen; vgl. Anhang I Ziffer 20.1 ProspektVO),[53] und die vom Unternehmen vorgelegten Planzahlen. Die Business und Financial Due Diligence wird von den Banken regelmäßig

---

[48] Siehe zur M&A Due Diligence ausführlich Semler/Volhard/*Dietzel*, § 9 Rn. 58 ff.
[49] Siehe § 11 II.
[50] Bei Kapitalmarkttransaktionen mit US-Bezug bildet die Due Diligence die Grundlage für einen sog „10 b-5 Letter", der in der Regel vom Anwalt des Emittenten (Issuer's Counsel) und vom Anwalt der Emissionsbanken (Underwriters' Counsel) mit Bezug auf den Prospekt an die Emissionsbanken ausgestellt wird. Die Abgabe eines 10 b-5 Letters setzt eine Reihe bestimmter Due-Diligence-Maßnahmen voraus; siehe Habersack/Mülbert/Schlitt/*Werlen*, Unternehmensfinanzierung am Kapitalmarkt, § 37 Rn. 157. Siehe zur Abgabe von Disclosure Opinions ausführlich § 12 IV.
[51] Siehe § 12 II.
[52] Siehe Marsch-Barner/Schäfer/*Krämer*, § 10 Rn. 74 ff.
[53] Siehe § 11 IV. 3. b).

intern *(inhouse)* von eigenen Mitarbeitern übernommen; zumindest hinsichtlich der Plausibilisierung der Planzahlen werden in Einzelfällen auch Wirtschaftsprüfer von den Banken eingeschaltet. Der Abschlussprüfer gibt gegenüber den Banken einen sog Comfort Letter ab.[54]

Im Rahmen der Legal Due Diligence werden die gesellschaftsrechtlichen und vertraglichen Grundlagen des Emittenten und seiner wesentlichen Beteiligungsgesellschaften untersucht. Prüfungsgegenstände sind des Weiteren regulatorische Fragen, Grundbesitz und gewerbliche Schutzrechte, Rechtsstreitigkeiten und arbeitsrechtliche Fragen. Für die Legal Due Diligence (und zur Unterstützung bei der Prüfung des Prospekts) beauftragen die Banken Rechtsberater (sog Underwriters' Counsel), die über das Ergebnis ihrer Prüfungen Gutachten in Form von sog Legal Opinions und Disclosure Opinions an die Banken ausstellen.[55] Regelmäßig führt auch der Emittent eine eigene Due Diligence durch und beauftragt hierfür eigene Rechtsberater (sog Issuer's Counsel), die ebenfalls Legal Opinions und Disclosure Opinions gegenüber den Banken abgeben. Insbesondere in kleineren Transaktionen wird teilweise von der Gesellschaft kein eigener kapitalmarktspezialisierter bzw. internationaler Rechtsberater für die Transaktion eingeschaltet und der Underwriters' Counsel übernimmt – soweit keine Konfliktsituation besteht – eine steuernde Funktion in der Transaktion auf rechtlicher Seite (sog Transaction Counsel).

Eine Tax Due Diligence zielt darauf ab, steuerliche Risiken aus noch offenen Veranlagungszeiträumen der Vergangenheit zu identifizieren, und ähnelt damit einer vorgezogenen Betriebsprüfung, allerdings mit meist geringerer Intensität. Die Tax Due Diligence wird zumeist von Wirtschaftsprüfern oder Steuerberatern übernommen.

Daneben werden teilweise weitere Prüfungsbereiche unterschieden, wie die technische Due Diligence, in deren Rahmen die Produkte und Dienstleistungen sowie die Produktionsanlagen und Forschungseinrichtungen untersucht werden, die Umwelt Due Diligence und die versicherungsbezogene Due Diligence.[56]

3. Due Diligence und Gewährleistungsrecht

a) „Due Diligence Defense", Pflicht zur Durchführung einer Due Diligence

In den USA besteht unter bestimmten Umständen die Möglichkeit, gegen Ansprüche aus Prospekthaftung die sog Due Diligence Defense geltend zu machen. Mit Ausnahme des Emittenten können die an einer Kapitalmarkttransaktion beteiligten Parteien die Einrede erheben, dass sie bei der Erstellung oder Überprüfung des Prospekts die erforderliche Sorgfalt aufgewendet haben, und damit die Verschuldensvermutung widerlegen.[57]

In den Regelungen zur Prospekthaftung in Deutschland ist in § 23 Abs. 1 WpPG vorgesehen, dass der Prospektverantwortliche, um nicht zu haften, nachweisen muss, dass er die Unrichtigkeit oder Unvollständigkeit der Prospektangaben nicht gekannt hat und die Unkenntnis nicht auf grober Fahrlässigkeit beruht. Die Sorgfaltsanforde-

---

[54] Siehe ausführlich § 12 V.
[55] Siehe ausführlich § 12 IV.
[56] Zur Legal Due Diligence ausführlich Semler/Volhard/*Dietzel*, § 9 Rn. 58 ff. Diese weiteren Prüfungsbereiche werden nur im Einzelfall gesondert untersucht.
[57] Vgl. Section 11b) des U.S. Securities Act; was eine solche Due Diligence im Einzelnen umfassen muss, wird in keiner Norm ausdrücklich festgehalten, wurde aber von der Rechtsprechung entwickelt; siehe Habersack/Mülbert/Schlitt/*Werlen/Sulzer*, Unternehmensfinanzierung am Kapitalmarkt, § 45 Rn. 182 ff.

rungen sind für den Emittenten, die veräußernden Aktionäre und die emissionsbegleitenden Banken unterschiedlich; im Einzelnen ist umstritten, welche Anforderungen zu stellen sind.[58] Für die Emissionsbanken wird eine Nachforschungspflicht jedenfalls dann angenommen, wenn ihnen konkrete Anhaltspunkte für die Unrichtigkeit der Prospektangaben vorliegen oder sie über Informationen verfügen, die Zweifel an der Richtigkeit des Prospekts wecken müssen. Darüber hinaus werden teilweise auch weitergehende Prüfungspflichten angenommen. Nach der wohl hM ist die Durchführung einer „full-scale" Due Diligence nicht zwingend, allerdings in der Praxis zumeist üblich.

b) Auswirkungen auf das Verhältnis zwischen Emittent und Emissionsbanken

Im Übernahmevertrag wird regelmäßig vereinbart, dass der Emittent und ggf. auch die veräußernden Aktionäre die Emissionsbanken von etwaigen Prospekthaftungsansprüchen aufgrund unrichtiger oder unvollständiger Prospektangaben oder wegen Verletzung der im Übernahmevertrag übernommenen Gewährleistungen und Verpflichtungen freistellen.[59] Insoweit stellt sich die Frage, ob der Emittent bzw. die veräußernden Aktionäre den Emissionsbanken gemäß § 442 Abs. 1 BGB entgegenhalten können, diese hätten den Mangel gekannt bzw. ihnen sei der Mangel infolge grober Fahrlässigkeit unbekannt geblieben und deshalb seien ihre Rechte wegen des Mangels ausgeschlossen. Allein die Nichtdurchführung einer Due Diligence führt nicht zu einem solchen Gewährleistungsausschluss nach § 442 Abs. 1 BGB. Zwar wird eine besondere Untersuchungsobliegenheit für den Käufer bei (i) besonderer Sachkunde des Käufers, (ii) konkreter Warnung vor Mängeln und (iii) Bestehen einer Verkehrssitte angenommen.[60] Gegen das Bestehen einer Verkehrssitte spricht aber, dass für die Due Diligence-Prüfung kein generalisierbarer Kernbestand an Prüfungspflichten besteht; außerdem ergeben sich aus dem AktG und WpHG zahlreiche Einschränkungen für die Durchführung einer Due Diligence-Prüfung, die sich nur schwer mit der Due Diligence als Verkehrssitte vereinbaren lassen.[61] Allerdings kann § 442 Abs. 1 BGB einschlägig sein, wenn den Emissionsbanken aufgrund der Durchführung einer Due Diligence oder sonstiger Umstände bewusst ist, dass im Prospekt unrichtige oder unvollständige Angaben enthalten sind, sie aber nicht auf eine Anpassung des Prospekts hinwirken bzw., wenn der Emittent dies verweigert, keine ausdrückliche Freistellung im Übernahmevertrag verlangen. Die Anwendbarkeit des § 442 Abs. 1 BGB wird daher im Übernahmevertrag regelmäßig ausgeschlossen, was zulässig ist.

4. Zulässigkeit der Due Diligence

Bei der Entscheidung über die Zulässigkeit der Due Diligence sind insbesondere die Beschränkungen des Aktienrechts und – bei börsennotierten Gesellschaften – des WpHG zu beachten.

---

[58] Siehe dazu ausführlich § 12 II. 5. b).
[59] Siehe § 8 IV. 1. f).
[60] Palandt/*Putzo*, BGB, § 442 Rn. 13 ff.
[61] Siehe zu dieser Frage ausführlich *Fleischer/Körber*, BB 2001, 841 (845 f.). Weil sich Due-Diligence-Prüfungen in der Praxis als fester Bestandteil von Transaktionen etablieren, ist allerdings nicht auszuschließen, dass die Rechtsprechung in Zukunft eine solche Verkehrssitte annimmt.

a) Gesellschaftsrechtliche Grenzen

Gemäß § 93 Abs. 1 S. 3 AktG haben die Vorstandsmitglieder über vertrauliche Angaben und Geheimnisse der Gesellschaft, namentlich Betriebs- oder Geschäftsgeheimnisse, die ihnen durch ihre Tätigkeit im Vorstand bekannt geworden sind, Stillschweigen zu bewahren. Die Informationsweitergabe im Rahmen einer M&A Due Diligence ist nach ganz hM aber nicht grundsätzlich unzulässig.[62] Das Geheimhaltungsinteresse kann dann zurücktreten, wenn wichtige Belange des Unternehmensinteresses dies gebieten. Der Vorstand hat im Einzelfall abzuwägen, ob die voraussichtlichen Vorteile der durch die Due Diligence vorbereiteten Transaktion die möglichen Nachteile durch die Weitergabe von vertraulichen Informationen überwiegen. Dabei muss der Vorstand insbesondere auch die möglichen Nachteile im Falle des Scheiterns der Transaktion in die Abwägung einbeziehen. Der Vorstand sollte in einem schriftlichen Beschluss die maßgeblichen Erwägungen festhalten. Außerdem sollten als Vorkehrung zum Schutz der vertraulichen Informationen auch bei Kapitalmarkttransaktionen Vertraulichkeitsvereinbarungen geschlossen werden.

Im Rahmen einer Kapitalmarkttransaktion ist bei der Abwägung zudem zu berücksichtigen, dass die Offenlegung vertraulicher Informationen für die Prospekterstellung unabdingbar ist. Durch die Kapitalmarkttransaktion fließen der Gesellschaft in der Regel erhebliche Finanzmittel zu. Außerdem wird regelmäßig ein breiterer Streubesitzanteil erreicht. Anders als bei einer M&A Transaktion ist die Missbrauchsgefahr geringer; während bei einer M&A Transaktion häufig Wettbewerber als interessierte Käufer auftreten, die die erlangten Informationen bei Scheitern der Transaktion für eigene Zwecke verwenden können, stehen die Emissionsbanken bei Kapitalmarkttransaktionen regelmäßig in keinem Wettbewerbsverhältnis, so dass das Vertraulichkeitsrisiko deutlich abgeschwächt ist. Die Due Diligence zielt darauf ab, die Richtigkeit und Vollständigkeit des Prospekts sicherzustellen und Risiken offen zu legen, was im gemeinsamen Interesse des Emittenten und der veräußernden Aktionäre wie auch der Emissionsbanken liegt. Insgesamt kann das Due-Diligence-Verfahren bei Kapitalmarkttransaktionen daher weniger restriktiv ausgestaltet werden als bei M&A Transaktionen.

b) Wertpapierhandelsrechtliche Grenzen

Die Vorstandsmitglieder von Emittenten, deren Wertpapiere bereits an einer inländischen Börse oder einem organisierten Markt in einem EWR-Mitgliedstaat zum Handel zugelassen sind bzw. bei denen der Antrag auf Zulassung gestellt oder öffentlich angekündigt ist, müssen bei ihrer Entscheidung über die Zulassung einer Due Diligence auch die wertpapierhandelsrechtlichen Grenzen beachten. Gemäß § 14 Abs. 1 Nr. 2 WpHG ist es Insidern verboten, einem anderen eine Insiderinformation unbefugt mitzuteilen oder zugänglich zu machen.[63] Die ganz hM im Schrifttum hält die Weitergabe von Insiderinformationen im Rahmen einer Due Diligence-Prüfung allerdings für zulässig und damit nicht für „unbefugt", wenn die Due Diligence in Vorbereitung einer Kapitalmarkttransaktion erfolgt.[64]

---

[62] Vgl. *Hüffer*, AktG, § 93 Rn. 8; MünchKomm-AktG/*Spindler*, § 93 Rn. 120 ff.; *Banerjea*, ZIP 2003, 1730 ff.; jeweils mwN; enger *Lutter*, ZIP 1997, 613 (es „müsste sich um ein ungewöhnliches und überragendes, anders nicht erreichbares, eigenes unternehmerisches Interesse der Gesellschaft handeln, gewissermaßen um eine einmalige und unwiederbringliche unternehmerische Chance").
[63] Zum Insiderrecht § 13.
[64] Siehe Habersack/Mülbert/Schlitt/*Nägele*, Unternehmensfinanzierung am Kapitalmarkt, § 33 Rn. 56; zur Zulässigkeit der Due Diligence bei Unternehmenskäufen Assmann/Schneider/

Bei der Durchführung von Due Diligence-Prüfungen ist die Ad hoc Pflicht gemäß § 15 WpHG zu berücksichtigen. In § 15 Abs. 1 S. 3 WpHG ist geregelt, dass der Emittent eine Insiderinformation, die einem anderen mitgeteilt oder zugänglich gemacht wird, zeitgleich zu veröffentlichen hat; dies gilt allerdings nicht, wenn der andere zur Vertraulichkeit verpflichtet ist, was bei den Emissionsbanken und ihren Beratern regelmäßig der Fall ist. Im Übrigen kann der Emittent gemäß § 15 Abs. 3 WpHG eine Befreiung von der Ad hoc Pflicht in Anspruch nehmen, solange es der Schutz seiner berechtigten Interessen erfordert, keine Irreführung der Öffentlichkeit zu befürchten ist und er die Vertraulichkeit der Insiderinformation gewährleisten kann.[65] Allerdings dürfte es selten vorkommen, dass man im Zuge einer Due Diligence-Prüfung auf noch nicht veröffentlichte Insiderinformationen stößt, da diese ja grundsätzlich unverzüglich zu veröffentlichen sind.

c) Weitere Grenzen

Nach den Vorschriften des Bundesdatenschutzgesetzes über den Schutz personenbezogener Daten sind die Erhebung, Verarbeitung und Nutzung personenbezogener Daten nur zulässig, soweit dieses Gesetz oder eine andere Rechtsvorschrift dies erlaubt oder anordnet oder der Betroffene eingewilligt hat. Die Einwilligung der betroffenen Person ist aus Zeit- und Geheimhaltungsgründen bei einer Due Diligence-Prüfung regelmäßig nicht praktikabel. Um einen Verstoß gegen datenschutzrechtliche Bestimmungen auszuschließen, sollte daher für die Due Diligence eine Anonymisierung der Daten erfolgen. Weitere Schranken ergeben sich aus vertraglichen Geheimhaltungsvereinbarungen mit Dritten. Hier muss der Emittent den Dritten ggf. bitten, von der Geheimhaltungspflicht im Hinblick auf die Due Diligence zu entbinden.[66]

5. Verfahren

Als Ausgangspunkt für die Due Diligence-Prüfung können öffentlich verfügbare Informationen über den Emittenten, die Branche, in der er tätig ist, und über Wettbewerber dienen. Insbesondere werden in der Regel Handelsregisterauszüge angefordert, Informationen auf den Internetseiten der Gesellschaft, Pressemitteilungen und Presseberichte über die Gesellschaft sowie Jahres- und Konzernabschlüsse[67] bzw. Geschäftsberichte eingesehen. Bei börsennotierten Gesellschaften werden auch Finanzanalysen, vorherige Prospekte und Ad hoc Mitteilungen gesichtet.

Anhand dieser Informationen wird von den Emissionsbanken bzw. ihren Beratern eine Anforderungsliste für die Due Diligence (Due Diligence Request List) aufgestellt und mit dem Emittenten bzw. seinen Beratern abgestimmt. Diese enthält eine Aufstellung aller Vorgänge bzw. Kategorien von Vorgängen, gegliedert nach Themen- bzw. Rechtsbereichen, für die vom Emittenten maßgebliche Unterlagen im Datenraum bereitgestellt werden sollen. Sie bezieht sich nicht nur auf den Emittenten, sondern regelt, welche Beteiligungsunternehmen in die Prüfung einbezogen werden. Regelmäßig werden zu den wesentlichen Beteiligungsgesellschaften iSv Anhang I

Assmann, § 14 WpHG, Rn. 164 ff., 113, 154 ff.; Schwark/Zimmer/*Schwark/Kruse,* § 14 WpHG, Rn. 58; enger Schäfer/Hamann/*Schäfer,* § 14 WpHG, Rn. 74 ff.; siehe außerdem Emittentenleitfaden der BaFin, Juli 2009, Rn. III 2.2.1.4.3.

[65] Zur Ad hoc Publizität § 14.
[66] Siehe Semler/Volhard/*Dietzel,* § 9 Rn. 94 ff.
[67] Nach § 325 HGB müssen Kapitalgesellschaften ihren Jahres- bzw. Konzernabschluss beim Bundesanzeiger einreichen.

Ziffer 25 ProspektVO iVm den ESMA-Empfehlungen,[68] über die im Prospekt bestimmte Angaben aufzunehmen sind, umfangreiche Informationen angefordert. Wesentliche Beteiligungsunternehmen sind nach den ESMA-Empfehlungen Unternehmen, die einen Buchwert von mindestens 10 % des Eigenkapitals des Emittenten haben oder mindestens 10 % zu Gewinn oder Verlust des Emittenten beisteuern oder aus sonstigen Gründen wesentlich für den Geschäftsbetrieb des Emittenten sind. Insbesondere bei der Legal Due Diligence werden regelmäßig Wesentlichkeitsgrenzen vereinbart, die sich zB an einem Prozentsatz des Jahresumsatzes orientieren; Vorgänge, deren wirtschaftliche Bedeutung unter den vereinbarten Schwellenwerten liegen und auch nicht aus anderen, zB strategischen Gründen wesentlich sind, brauchen nicht in die Due Diligence einbezogen werden. Als Prüfungszeitraum werden in der Request List – in Anlehnung an die nach Anhang I Ziffer 20.1 ProspktVO im Prospekt darzustellenden historischen Finanzinformationen – bei Aktienemissionen regelmäßig die letzten drei Geschäftsjahre angegeben; gesellschaftsrechtliche Gründungsdokumente, Kapitalmarktmaßnahmen und sonstige wesentliche Vorgänge werden, insbesondere bei Börsengängen, auch über einen längeren Zeitraum, ggf. zurück bis zur Gründung der Gesellschaft angefragt.

Auf dieser Grundlage wird der Datenraum entweder vor Ort beim Emittenten oder seinen Beratern oder zunehmend im Internet „virtuell" errichtet. Über die in den Datenraum eingestellten Dokumente wird idealerweise ein Datenraumindex erstellt und über die Nutzung des Datenraums werden Datenraumregeln festgelegt.

Zu Beginn oder im Laufe der Due Diligence-Prüfung finden Management Due Diligence Meetings mit dem Vorstand statt, der im Rahmen von Präsentationen das Unternehmen vorstellt. In sog „Expert Meetings" werden Mitglieder des oberen Managements (Geschäftsführer von Tochtergesellschaften, Abteilungsleiter) über einzelne Geschäfts- und Organisationsbereiche befragt. Häufig werden auch wesentliche Betriebsstätten besichtigt *(site visits)*. In Einzelfällen werden auch Kundenbefragungen durchgeführt.

In einem Gespräch mit den Wirtschaftsprüfern (Audit Due Diligence Meeting) werden diese insbesondere über die historischen Finanzzahlen, die im Prospekt abgedruckt und analysiert werden, befragt. Die Teilnehmer werden im Vorfeld regelmäßig gebeten, gesonderte Vertraulichkeitserklärungen abzugeben.

Bei Kapitalmarkttransaktionen wird – dem US-amerikanischen Vorbild folgend – anders als bei M&A Transaktionen regelmäßig kein gesonderter Due Diligence-Bericht verfasst. Die Ergebnisse der Due Diligence werden vielmehr mit den Beteiligten diskutiert und finden direkten Eingang in den Prospekt und die sonstige Dokumentation (zB Übernahmevertrag, Opinions). Die Einzelheiten des Reporting über die Due Diligence-Ergebnisse werden im Vorfeld mit dem Emittenten bzw. den Emissionsbanken abgestimmt.

Bis zum Ende der Transaktion muss sichergestellt sein, dass Änderungen in den Verhältnissen des Emittenten erfasst werden und Eingang in den Prospekt finden. Daher sind gem. § 16 WpPG wichtige neue Umstände oder wesentliche Unrichtigkeiten in Bezug auf die Prospektangaben, die nach Billigung des Prospekts und vor dem endgültigen Schluss des öffentlichen Angebots auftreten bzw. festgestellt werden oder, wenn die Einbeziehung später erfolgt, vor Einbeziehung in den Handel auftreten bzw. festgestellt werden, in einem Nachtrag zu nennen. Die Due Diligence-Prüfung dauert deshalb bis zum Ende der Transaktion an. Zu wichtigen Zeitpunkten der Transaktion, zB unmittelbar vor Druckfreigabe des Prospekts oder eines Nach-

---

[68] ESMA-Empfehlungen, Rn. 160 ff. Dazu ausführlich § 11 I. 2.

trags, Zeichnung der neuen Aktien, Preisfestsetzung und/oder Closing bzw. Settlement des Angebots, finden sog Bring down Due Diligence-Calls statt, an denen Vertreter des Emittenten und der Banken und deren jeweiligen Berater, teilweise auch die Wirtschaftsprüfer teilnehmen. Anhand einer von den Banken bzw. deren Beratern erstellten Fragenliste (Bring down Due Diligence Request List) wird der Vorstand des Emittenten über den aktuellen Stand identifizierter Problemfelder der Due Diligence und über aktuelle Entwicklungen und Ereignisse von wesentlicher Bedeutung befragt, die Einfluss auf die Bewertung des Angebots durch den Anleger haben könnten. Der Vorstand wird außerdem um Bestätigung gebeten, dass keine Tatsachen bzw. Vorgänge bekannt sind, die im Prospekt nicht erwähnt sind, diesen aber in einem wesentlichen Punkt unrichtig oder unvollständig machen würden.[69]

IV. Legal Opinion und Disclosure Opinion

1. Begriff und Funktion

Legal Opinion und Disclosure Opinion[70] (vor allem in der US-amerikanischen Praxis auch Disclosure Statement genannt) haben ihren Ursprung im US-amerikanischen Recht. Bei einer Legal Opinion handelt es sich um eine rechtliche Stellungnahme der anwaltlichen Vertreter einer Vertragspartei über ausgewählte Aspekte einer Transaktion oder eines Vertragswerks. In Kapitalmarkttransaktionen werden vor allem Aussagen zur wirksamen Ausgabe der aufgrund einer Kapitalerhöhung neu ausgegebenen Aktien und zur Wirksamkeit und Durchsetzbarkeit des Übernahmevertrags getroffen.

Eine Legal Opinion enthält eine Reihe kurzer Aussagen mit rechtlichen Schlussfolgerungen, die in zumeist standardisierter Form ohne nähere Begründung der Schlussfolgerungen abgegeben werden (sog Clean Opinion). Einschränkungen und Erläuterungen werden aufgenommen, wenn das Ergebnis der Schlussfolgerungen zweifelhaft ist (sog Qualified Opinion). Insoweit enthalten Legal Opinions in der Praxis einige übliche, den Marktstandards entsprechende Einschränkungen.

Eine Disclosure Opinion wird abgegeben, wenn die Transaktion auf der Grundlage eines Prospekts erfolgt. Darin erklären die anwaltlichen Vertreter, dass ihnen bei der Mitwirkung an der Vorbereitung der Transaktion keine Umstände bekannt geworden sind, die sie zu der Annahme veranlassen, dass der Prospekt unrichtig oder unvollständig ist. Bei Transaktionen mit US-Element wird in der Regel sowohl von den beratenden inländischen als auch von den US-amerikanischen Anwälten eine Legal Opinion und eine Disclosure Opinion (im US-Recht sog 10 b-5 Opinion)[71] abgegeben.

Legal Opinion und Disclosure Opinion haben Informations- und Risikobegrenzungsfunktion.[72] Sie sollen bestätigen, dass bestimmte der Transaktion zugrunde liegende Annahmen zutreffen, und Risiken ausschließen oder zumindest offen legen. In den USA dient die Disclosure Opinion als ein Element der Due Diligence Defense

---

[69] Zum Verfahren ausführlich Habersack/Mülbert/Schlitt/*Nägele*, Unternehmensfinanzierung am Kapitalmarkt, § 33 Rn. 31 ff.
[70] Grundlegend *Adolff*, Die zivilrechtliche Verantwortlichkeit deutscher Anwälte bei der Abgabe von Third Legal Opinions (1997).
[71] Siehe auch Fn. 49.
[72] Zu Begriff und Bedeutung von Opinions *von Bernstorff*, RIW 1988, 680.

der Emissionsbanken gegen die Geltendmachung von Prospekthaftungsansprüchen.[73] Auch bei einer Prospekthaftungsklage nach WpPG kann eine Disclosure Opinion den Emissionsbanken nach vorheriger Durchführung einer Due Diligence den Nachweis erleichtern, dass sie keine Kenntnis oder grob fahrlässige Unkenntnis von der Fehlerhaftigkeit der Prospektangaben hatten.

2. Ausstellungsdatum, Aussteller und Adressaten

Im Übernahmevertrag wird regelmäßig die Abgabe von Legal Opinions und – bei Transaktionen auf der Grundlage eines Prospekts – Disclosure Opinions nach den inhaltlichen Vorgaben des Übernahmevertrags als aufschiebende Bedingung für bestimmte Leistungspflichten der Parteien geregelt.[74] Bei einem Börsengang oder einer Kapitalerhöhung werden Legal Opinions regelmäßig zB unmittelbar vor Druckfreigabe des Prospekts oder eines Nachtrags, Zeichnung der neuen Aktien, Preisfestsetzung und/oder Closing bzw. Settlement des Angebots verlangt. Disclosure Opinions werden jedenfalls vor Veröffentlichung des Prospekts und von Nachträgen zum Prospekt gefordert. Bei prospektfreien Equity-Linked Transaktionen und bei Block Trades wird häufig lediglich zum Closing der Transaktion eine Legal Opinion abgegeben. In der Regel wird die Abgabe von weitgehend gleichlautenden Legal Opinions und Disclosure Opinions vom Issuer's Counsel ebenso wie – ggf. in etwas eingeschränkterem Umfang – vom Underwriters' Counsel gegenüber den Emissionsbanken verlangt. Bei wesentlicher Geschäftstätigkeit im Ausland wird häufig auch eine Legal Opinion von eingeschalteten ausländischen Rechtsanwälten abgegeben. In Betracht kommt auch eine Legal Opinion des Leiters der Rechtsabteilung des Emittenten (Inhouse Opinion) und des Anwalts der veräußernden Aktionäre.

3. Aussagen einer Legal Opinion und Disclosure Opinion

Aufbau und typischer Inhalt einer Legal Opinion und Disclosure Opinion sind im Wesentlichen – vor allem beeinflusst von der US-amerikanischen Praxis – standardisiert. Sie werden regelmäßig in englischer Sprache gefasst und in die folgenden Abschnitte gegliedert:[75]

a) Legal Opinion

- *Einleitung:* mit einer kurzen Beschreibung der Transaktion und der Rolle des die Legal Opinion abgebenden Rechtsanwalts sowie einem Hinweis auf die Regelung im Übernahmevertrag, auf der die Abgabe der Legal Opinion beruht.
- *Geprüfte Dokumente (documents reviewed):* mit einer Aufzählung der zugrunde liegenden Dokumente; häufig fordern die Emissionsbanken darüber hinaus die Aussage, dass der Aussteller der Opinion weitere, nicht ausdrücklich genannte Dokumente geprüft hat, soweit er dies für die Zwecke der Abgabe der Legal Opinion für erforderlich gehalten hat.
- *Annahmen (assumptions):* mit Annahmen zu den Dokumenten im Hinblick darauf, dass deren Richtigkeit von dem Aussteller der Opinion in der Regel nicht oder nur

---

[73] Siehe § 12 III. 3. a).
[74] Zum Übernahmevertrag siehe § 8.
[75] Siehe ausführlich Habersack/Mülbert/Schlitt/*Seiler*, Unternehmensfinanzierung am Kapitalmarkt, § 35 Rn. 20 ff.; Beck'sches Hdb-AG/*Harrer*, § 25 Rn. 117 ff.

mit unverhältnismäßigem Aufwand nachprüfbar ist, zB zur Echtheit von Unterschriften und zur Übereinstimmung von vorgelegten Kopien mit den Originalen.
- *Materielle Aussagen (opinion statements):* mit konkreten rechtlichen Stellungnahmen zu einzelnen Rechtsfragen, insbesondere zum Bestand der Gesellschaft, zu den Kapitalverhältnissen, zur wirksamen Ausgabe neuer Aktien, zu Prospekterfordernissen und behördlichen Zustimmungen, zur Wirksamkeit der Verpflichtungen nach dem Übernahmevertrag, zur Vereinbarkeit der Emission mit der Satzung und geltendem Recht und zu steuerlichen Fragen; regelmäßig werden bei einer auf der Grundlage eines Prospekts durchgeführten Transaktion auch Aussagen zu bestimmten in Bezug genommenen Teilen des Prospekts getroffen.
- *Einschränkungen (qualifications):* mit üblichen, dem Marktstandard entsprechenden Vorbehalten ua zu Regelungen über Insolvenz, Liquidation und Gläubigerbenachteiligung, zur Geltung des Prinzips von Treu und Glauben und, im Hinblick auf eine etwaige Freistellung der Emissionsbanken durch die Gesellschaft im Rahmen des Übernahmevertrags, zum Verbot der Einlagenrückgewähr (§ 57 AktG).[76]
- Die Legal Opinion schließt mit Aussagen zum untersuchten Recht *(laws considered)* und einer Klarstellung, dass sie nur im Zusammenhang mit der Transaktion abgegeben wird, nicht für andere Personen als die Adressaten erstellt wurde und Dritten ohne vorherige schriftliche Zustimmung des abgebenden Rechtsanwalts nicht zur Verfügung gestellt werden darf.

b) Disclosure Opinion

- *Einleitung:* mit einer Beschreibung der zu veröffentlichenden bzw. veröffentlichten Prospekte und etwaiger Nachträge zu den Prospekten sowie einem Hinweis auf die Regelung im Übernahmevertrag, auf der die Abgabe der Disclosure Opinion beruht.
- *Untersuchungshandlungen:* mit einer Aufzählung der durchgeführten Untersuchungshandlungen des Ausstellers der Opinion, insbesondere der für die Abgabe einer Disclosure Opinion erforderlichen intensiven Teilnahme an Besprechungen mit Vertretern der Gesellschaft und der Konsortialbanken sowie den Wirtschaftsprüfern der Gesellschaft im Rahmen der Due-Diligence-Prüfung und der Erstellung des Prospekts.
- *Opinion Statement:* mit der Aussage, dass dem Aussteller der Opinion auf der Grundlage der Untersuchungshandlungen und nach seinem Verständnis der anwendbaren Gesetze keine Informationen bekannt sind, die Anlass zur Annahme geben würden, dass der Prospekt wesentliche Angaben unrichtig oder unvollständig enthält.
- *Einschränkungen:* im Hinblick auf die im Prospekt abgedruckten Jahresabschlüsse sowie sonstige Finanzinformationen, die von der Aussage der Disclosure Opinion ausdrücklich ausgenommen werden. Außerdem erfolgt regelmäßig eine Aussage, dass der Aussteller der Opinion keine Verantwortung für die Richtigkeit und Vollständigkeit der im Prospekt enthaltenen Aussagen übernimmt.
- Die Disclosure Opinion schließt mit Aussagen zum untersuchten Recht *(laws considered)* und den Regelungen zum Verwendungszweck und zur Beschränkung der Weitergabe der Opinion.

---

[76] Dazu ausführlich § 8 IV. I. f).

4. Haftung

Eine Haftung für die Abgabe einer unrichtigen Legal Opinion oder Disclosure Opinion kann sich für den Underwriters' Counsel gegenüber den Emissionsbanken aus dem Beratungsvertrag mit dem Mandanten ergeben. Bei der Abgabe gegenüber Dritten (sog Third Party Legal Opinion), insbesondere durch den Issuer's Counsel gegenüber den Emissionsbanken, besteht im Grundsatz Einigkeit darüber, dass eine Haftung in Betracht kommen kann; die dogmatische Grundlage ist allerdings sehr umstritten. Als Anspruchsgrundlagen werden die Verletzung eines konkludenten selbständigen Auskunftsvertrags, eines Vertrags zugunsten Dritter, eines Vertrags mit Schutzwirkung zugunsten Dritter, c. i. c. (§ 311 Abs. 2 BGB), Haftung wegen vorsätzlicher sittenwidriger Schädigung (§ 826 BGB) oder eine Schutzgesetzverletzung (§ 823 Abs. 2 BGB) diskutiert.[77]

Voraussetzung für eine Haftung ist, dass der Adressat auf die Richtigkeit der Aussagen in der Opinion vertraut hat. Weiter muss die Aussage in der Opinion unrichtig und die Fehleinschätzung pflichtwidrig und schuldhaft sein. Insoweit ist zu berücksichtigen, dass – selbst im Falle einer Clean Opinion – die Richtigkeit der getroffenen Aussage nicht garantiert wird, wenn auch der Rechtsanwalt die von ihm getätigten Aussagen einer Richtigkeitskontrolle zu unterwerfen hat, und die Aussagen durch die Aufnahme von Annahmen und Einschränkungen in der Regel beschränkt werden.[78]

V. Comfort Letter

1. Begriff und Funktion

Bei einem Comfort Letter handelt es sich um eine schriftliche Aussage des Wirtschaftsprüfers zu den in einem Prospekt abgedruckten Abschlüssen und weiteren Finanzinformationen des Emittenten. Er bezieht sich auch auf den Zeitraum nach dem Stichtag des letzten Abschlusses und dokumentiert die vom Wirtschaftsprüfer durchgeführten Untersuchungshandlungen.

In den USA stellt der Comfort Letter ein weiteres Element der Due Diligence Defense der Emissionsbanken gegen die Geltendmachung von Prospekthaftungsansprüchen dar.[79] Bei einer Prospekthaftungsklage nach WpPG kann ein Comfort Letter den Emissionsbanken den Nachweis erleichtern, dass sie keine Kenntnis oder grob fahrlässige Unkenntnis von der Fehlerhaftigkeit der Prospektangaben hatten. Zwar sind die Emissionsbanken grundsätzlich nicht verpflichtet, die testierten Jahresabschlüsse und die prüferisch durchgesehenen Zwischenabschlüsse des Emittenten zu überprüfen. Anderes gilt jedoch, wenn konkrete Anhaltspunkte für die Unrichtigkeit von Angaben bestehen.[80] Darüber hinaus kann der Comfort Letter ggf. Grundlage für einen etwaigen Haftungsrückgriff gegen den Wirtschaftsprüfer sein.[81]

---

[77] Zu den einzelnen Ansätzen *Adolff*, S. 83 ff.
[78] Siehe *Adolff*, S. 10 f.; *Bosch*, ZHR 163 (1999), 274, 284; *Schneider*, ZHR 163 (1999), 246, 270 ff.; Habersack/Mülbert/Schlitt/*Seiler*, Unternehmensfinanzierung am Kapitalmarkt, § 35 Rn. 65 ff.
[79] Siehe § 12 III. 3. a; ausführlich *Ebke/Siegel*, WM 2001, Sonderbeilage 2, S. 10 f.
[80] Siehe § 12 II. 5. b.
[81] Zu Bedeutung und Funktion eines Comfort Letters ausführlich Habersack/Mülbert/Schlitt/*Kunold*, Unternehmensfinanzierung am Kapitalmarkt, § 34 Rn. 2 ff.

Regelungen über Inhalt und Bestandteile eines Comfort Letters und Formulierungsempfehlungen finden sich in dem vom Institut der Wirtschaftprüfer (IDW) herausgegebenen Prüfungsstandard „Grundsätze für die Erteilung eines Comfort Letter (IDW PS 910)".[82] Dabei handelt es sich um einen für die Wirtschaftsprüfer verbindlichen Berufsstandard.

In den USA gilt das vom American Institute of Certified Public Accountants (AICPA) herausgegebene „Statement on Auditing Standards No. 72 (SAS 72)". Der IDW PS 910 lehnt sich in Form und Inhalt an den SAS 72 an; Abweichungen ergeben sich insbesondere dort, wo Besonderheiten des deutschen Rechts Rechnung zu tragen ist.[83]

2. Abgabezeitpunkt, Aussteller und Adressaten

Die Abgabe des Comfort Letters ist im Übernahmevertrag regelmäßig ebenfalls als aufschiebende Bedingung für bestimmte Leistungspflichten der Parteien geregelt.[84] Bei einem Börsengang oder einer Kapitalerhöhung werden Comfort Letters in der Regel unmittelbar vor Druckfreigabe des Prospekts oder eines Nachtrags und – oft in verkürzter Form und ohne sog Circle-up als sog Bring Down Comfort Letter[85] – bei Zeichnung der neuen Aktien, Preisfestsetzung und/oder Closing bzw. Settlement des Angebots verlangt.

Der Comfort Letter wird in der Regel vom Abschlussprüfer des Emittenten ausgestellt und sowohl an die Emissionsbanken als auch den Emittenten, in dessen Auftrag der Wirtschaftsprüfer tätig wird, adressiert.[86]

Bei Transaktionen deutscher Emittenten, die auch eine Platzierung in den USA, zB nach Rule 144A des Securities Act umfassen, wird üblicherweise neben dem Comfort Letter nach IDW PS 910 auch ein Comfort Letter nach SAS 72 abgegeben, wobei der räumliche Anwendungsbereich des jeweiligen Comfort Letters (nach Dokument und/oder Angebot) abgegrenzt wird.

3. Aussagen eines Comfort Letters

Aufbau und Inhalt eines Comfort Letters richten sich nach dem IDW PS 910 mit den folgenden wesentlichen Regelungen:[87]

a) Aussagen zu den geprüften Abschlüssen

Der Comfort Letter enthält eine Aufzählung der geprüften Abschlüsse mit dem Datum der Erteilung der Bestätigungsvermerke.[88] Der Wirtschaftsprüfer trifft darüber hinaus grundsätzlich keine Aussagen zu den in der Vergangenheit abgegebenen Bestätigungsvermerken. Im Hinblick auf den letzten geprüften Abschluss besteht aber die Möglichkeit, dass der Wirtschaftsprüfer mit der Durchführung von zusätzlichen Untersuchungshandlungen beauftragt wird (sog *post audit review*); diese sind

---

[82] Stand 4.3.2004, in deutscher Sprache ohne Anhang abgedruckt auch in: WPg 2004, 342.
[83] *Meyer,* WM 2003, 1745 (1749).
[84] Zum Übernahmevertrag siehe § 8.
[85] IDW PS 910, Rn. 133.
[86] Vgl. IDW PS 910, Rn. 12, 22.
[87] Siehe ausführlich Habersack/Mülbert/Schlitt/*Kunold,* Unternehmensfinanzierung am Kapitalmarkt, § 34 Rn. 20 ff.; *Meyer,* WM 2003, 1745 (1749 ff.).
[88] IDW PS 910, Rn. 30.

darauf gerichtet, sog wertaufhellende Ereignisse festzustellen, die nach Erteilung des Bestätigungsvermerks bekannt geworden sind und bei rechtzeitiger Kenntniserlangung zu einem inhaltlich anderen Testat geführt hätten.[89] Auch kann der Wirtschaftsprüfer beauftragt werden, die Anhänge der im Prospekt veröffentlichten Abschlüsse kritisch zu lesen im Hinblick auf Fehler, die in laufender Rechnung korrigiert werden können.[90]

b) Aussagen zur Folgeperiode

Der Wirtschaftsprüfer wird im Regelfall beauftragt, im Comfort Letter Aussagen zum Zeitraum zwischen dem Stichtag des letzten geprüften Abschlusses und dem in der Regel ein bis drei Arbeitstage vor dem Datum der Erteilung des Comfort Letters liegenden sog Cutoff Date zu treffen.[91]

– *Zwischenabschlüsse:* Insbesondere werden in den Prospekt aufgenommene Zwischenabschlüsse einer prüferischen Durchsicht unterzogen.[92] Zwischenabschlüsse werden aufgrund gesetzlicher Vorgaben[93] oder der Markterwartungen in den Prospekt aufgenommen. In der Praxis ist darüber hinaus die im IDW PS 910 vorgesehene sog 135-Tage Regel von großer Bedeutung; der Wirtschaftsprüfer kann zu Veränderungen von Abschlussposten während des Zeitraums zwischen dem Stichtag des letzten geprüften oder einer prüferischen Durchsicht unterzogenen Abschlusses und dem Cutoff Date die regelmäßig geforderte negativ formulierte Aussage *(negative assurance)* nicht mehr abgeben, wenn seit dem Stichtag des letzten geprüften oder prüferisch durchgesehenen Abschlusses 135 Tage oder mehr vergangen sind. In diesem Fall kann er lediglich aufgrund vereinbarter Untersuchungshandlungen über Feststellungen zum Sachverhalt *(factual findings)* berichten.[94]
– *Untersuchungshandlungen für die sog Change Period:* Für den Zeitraum zwischen dem Stichtag des letzten geprüften oder einer prüferischen Durchsicht unterzogenen Abschlusses und dem Cutoff Date (sog Change Period) werden je nach den Umständen des Einzelfalls regelmäßig die folgenden Untersuchungshandlungen vorgenommen: kritisches Lesen von Sitzungsprotokollen der Gesellschaftsorgane des Emittenten, kritisches Lesen der Monatsberichterstattung sowie Befragung des Managements zu Veränderungen von im Einzelfall zu bestimmenden Abschlussposten.[95] Auf der Grundlage dieser Untersuchungshandlungen gibt der Wirt-

---

[89] IDW PS 910, Rn. 37 ff. Davon zu unterscheiden sind sog wertbegründende Ereignisse, die sich nicht auf das abgelaufene Geschäftsjahr beziehen, sondern wertverändernde Verhältnisse im laufenden Geschäftsjahr begründen; sie hätten im Jahresabschluss nicht berücksichtigt werden können; siehe zur Unterscheidung IDW Prüfungsstandard: Ereignisse nach dem Abschlussstichtag (IDW PS 203), Rn. 9.
[90] IDW PS 910, Rn. 34 ff.
[91] IDW PS 910, Rn. 56 ff.
[92] IDW PS 910, Rn. 64 ff.
[93] Nach Anhang I Ziffer 20.6.1 ProspektVO müssen veröffentlichte Zwischeninformationen in den Prospekt aufgenommen werden. Wenn der Prospekt mehr als neun Monate nach Ablauf des letzten geprüften Geschäftsjahres erstellt wird, sind nach Anhang I Ziffer 20.6.2 ProspektVO Zwischeninformationen zu erstellen und in den Prospekt aufzunehmen. Bereits börsennotierte Unternehmen sind verpflichtet, nach § 37w WpHG Halbjahresfinanzberichte und nach § 37x WpHG für das 1. und 3. Quartal sog Zwischenmitteilungen der Geschäftsführung zu veröffentlichen. Im Prime Standard der Frankfurter Wertpapierbörse zugelassene Unternehmen müssen nach § 51 BörsO FWB Quartalsberichte nach den strengeren Vorschriften für Halbjahresberichte erstellen. Vgl. im Einzelnen zur Pflicht der Veröffentlichung von Zwischenberichten § 15 I. 6. e) und f).
[94] IDW PS 910, Rn. 73 f.
[95] IDW PS 910, Rn. 72 ff.

schaftsprüfer die negativ formulierte Aussage ab, dass ihm aufgrund der Untersuchungshandlungen nichts zur Kenntnis gelangt ist, dass zu der Annahme veranlasst, dass eine wesentliche Veränderung bestimmter Abschlussposten eingetreten ist *(negative assurance).*

c) Circle-up

Der Wirtschaftsprüfer wird regelmäßig beauftragt, die im Prospekt enthaltenen Finanzzahlen mit den Abschlüssen bzw. anderen Unterlagen formal abzugleichen. Zur Dokumentation werden auf einer mit dem Comfort Letter verbundenen Kopie des Prospekts die Zahlenangaben mit unterschiedlichen, im Comfort Letter den zugrunde liegenden Dokumenten (insbesondere Jahres- und Konzernabschlüsse, Quartalsberichte, Unterlagen des Rechnungswesens) zugeordneten Großbuchstaben gekennzeichnet.[96]

d) Schlussabschnitt

Der Comfort Letter schließt ua mit Hinweisen zum Verwendungszweck und zu der daran anknüpfenden Weitergabebeschränkung, zum anwendbaren Recht und zum Gerichtsstand.[97]

4. Haftung

In Deutschland kann dem Comfort Letter eine mögliche Haftungsfunktion (nur) im Innenverhältnis zwischen Wirtschaftsprüfer und Emissionsbanken zukommen. Nach deutschem Recht wird von der hM eine Haftung des Wirtschaftsprüfers als Prospektverantwortlicher abgelehnt, vielmehr kommen regelmäßig nur der Emittent und die Emissionsbanken als Haftungsadressaten in Betracht.[98] Dies ist in den USA anders; dort kommt hinsichtlich der geprüften Abschlüsse in den bei der SEC eingereichten Registrierungserklärungen eine Expertenhaftung des Wirtschaftsprüfers, dessen Bestätigungsvermerk unter Namensnennung abgedruckt wird, in Betracht.[99]

Die dogmatische Grundlage für eine Haftung des Wirtschaftsprüfers gegenüber den Emissionsbanken ist umstritten. Als Anspruchsgrundlagen werden eine Verletzung eines konkludenten selbständigen Auskunftsvertrags, eines Vertrags zugunsten Dritter, eines Vertrags mit Schutzwirkung zugunsten Dritter und c. i. c. (§ 311 Abs. 2 BGB) diskutiert.[100] Unter Hinweis auf den IDW-Standard vertreten die Wirtschaftsprüfer die Ansicht, dass die Emissionsbanken lediglich in den Schutzbereich des Vertrags zwischen Wirtschaftsprüfer und Emittent einbezogen sind.[101]

Es hängt von der dogmatischen Einordnung ab, ob die im Auftragsverhältnis zwischen dem Wirtschaftsprüfer und dem Emittenten regelmäßig vereinbarte Haftungsbegrenzung den Emissionsbanken entgegengehalten werden kann. Nach Ziffer 9 der Allgemeinen Auftragsbedingungen der Wirtschaftsprüfer ist die Haftung im Rahmen freiwilliger Prüfungshandlungen regelmäßig pro einzelnem Schadensfall auf 4 Mio. EUR bzw. bei rechtlichem oder wirtschaftlichem Zusammenhang zwischen mehreren

---

[96] IDW PS 910, Rn. 98 ff.
[97] IDW PS 910, Rn. 105 ff.
[98] Siehe § 12 II 4. c).
[99] *Ebke/Siegel,* WM 2001, Sonderbeilage 2, S. 11 ff.
[100] Dazu ausführlich *Ebke/Siegel,* WM 2001, Sonderbeilage 2, S. 15 ff.
[101] Vgl. IDW PS 910, Rn. 13.

Schadensfällen auf 5 Mio. EUR beschränkt.[102] Dies ist aus Sicht der Konsortialbanken häufig zu niedrig. Im IDW-Standard ist dazu ausdrücklich erklärt, dass die Höhe der Haftung gegenüber dem Emittenten und den Emissionsbanken unterschiedlich geregelt werden kann.[103] In der Praxis wird bei Comfort Letters nach IDW PS 910 häufig über eine höhere Haftungssumme ausdrücklich verhandelt. Dabei spielt vor allem die Versicherung möglicher Risiken aus der Abgabe des Comfort Letters eine Rolle.[104] Die Haftung nach dem US-amerikanischen SAS 72-Comfort Letter ist typischerweise unbegrenzt.

---

[102] Eine Haftung des Abschlussprüfers im Hinblick auf die Abschlussprüfung besteht nach § 323 Abs. 1 S. 3 HGB nur gegenüber der geprüften Gesellschaft und ggf. den mit ihr verbundenen Unternehmen. Die Haftung ist der Höhe nach gemäß § 323 Abs. 2 HGB auf 1 Mio. EUR bzw. bei börsennotierten Unternehmen auf 4 Mio. EUR beschränkt. Nach IDW PS 910, Rn. 13 gelten die Regelungen des § 323 HGB für die Tätigkeiten im Rahmen der Erteilung eines Comfort Letters nicht.
[103] Vgl. IDW PS 910, Rn. 13.
[104] Habersack/Mülbert/Schlitt/*Kunold*, Unternehmensfinanzierung am Kapitalmarkt, § 34 Rn. 17 Fn. 2.

§ 13. Insiderrecht

Literatur: *Bank*, Das Insiderhandelsverbot in M&A-Transaktionen, NZG 2012, 1337; *Bedkowski*, Der neue Emittentenleitfaden der BaFin – nunmehr veröffentlicht, BB 2009, 1482; *Brandi/Süßmann*, Neue Insiderregeln und Ad-hoc-Publizität – Folgen für Ablauf und Gestaltung von M&A-Transaktionen, AG 2004, 642; *Cahn*, Das neue Insiderrecht, Der Konzern 2005, 5; *Claussen*, Das neue Insiderrecht, DB 1994, 27; *Claussen/Florian*, Der Emittentenleitfaden, AG 2005, 745; *Diekmann/Sustmann*, Gesetz zur Verbesserung des Anlegerschutzes (Anlegerschutzverbesserungsgesetz – AnSVG), NZG 2004, 929; *Fromm-Russenschuck/Banerjea*, Die Zulässigkeit des Handels mit Insiderpapieren nach Durchführung einer Due Diligence-Prüfung, BB 2004, 2425; *Harbarth*, Ad-hoc-Publizität beim Unternehmenskauf; ZIP 2005, 1898; *Kirschhöfer*, Führung von Insiderverzeichnissen bei Emittenten und externen Dienstleistern, Der Konzern 2005, 22; *Koch*, Neuerungen im Insiderrecht und der Ad-hoc-Publizität, DB 2005, 267; *Schlitt/Schäfer*, Quick to Market – Aktuelle Rechtsfragen im Zusammenhang mit Block-Trade-Transaktionen, AG 2004, 346; *Spindler*, Kapitalmarktreform in Permanenz – Das Anlegerschutzverbesserungsgesetz, NJW 2004, 3449; *Süßmann*, Die befugte Weitergabe von Insidertatsachen, AG 1999, 162; *Ziemons*, Neuerungen im Insiderrecht und bei der Ad-hoc-Publizität durch die Marktmissbrauchsrichtlinie und das Gesetz zur Verbesserung des Anlegerschutzes, NZG 2004, 537; *Wilsing/Goslar*, Ad-hoc-Publizität bei gestreckten Sachverhalten – Die Entscheidung des EuGH vom 28.6.2012, „Gelt", DStR 2012, 1709.

I. Überblick

Im Rahmen des zweiten Finanzmarktförderungsgesetzes (FMFG)[1] wurde ab dem 1.8.1994 mit dem WpHG das Insiderrecht eingeführt. Seine Regelungen sollen ein Ausnutzen von kursrelevantem Sonderwissen einzelner Marktteilnehmer vermeiden und die Markttransparenz in Hinblick auf solche Informationen erhöhen. Das ursprüngliche Insiderrecht beruht auf der EU-Insiderrichtlinie[2] aus dem Jahr 1989. Deren inhaltliche Vorgaben wurden erst mit der Marktmissbrauchsrichtlinie vom 28.1.2003[3] und den hierzu erlassenen Durchführungsrichtlinien[4] wesentlich modifiziert, welche mit dem Gesetz zur Stärkung des Anlegerschutzes (Anlegerschutzverbesserungsgesetz – AnSVG)[5] vom 28.10.2004 vom deutschen Gesetzgeber umgesetzt wurde.[6] Die Vorschriften des Insiderrechts dienen in besonderem Maße dazu, das reibungslose Funktionieren des Kapitalmarktes zu gewährleisten,[7] wofür die Siche-

---

[1] BGBl. I, 1994, 1749 ff.
[2] RL 89/592/EWG v. 13.11.1989.
[3] RiL 2003/6/EG v. 28.1.2003; von Deutschland als erstem Mitgliedstaat in nationales Recht umgesetzt. Zu der europarechtlichen Konformität der Umsetzung siehe *Dreyling*, Der Konzern 2005, 1.
[4] RiL 2003/124/EG; RiL 2004/72/EG.
[5] Das AnSVG, BGBl. I 2004, 2630 ff. ist Teil eines 10-Punkte Programms der Bundesregierung zur Stärkung der Unternehmensintegrität und zur Verbesserung des Anlegerschutzes. Siehe auch *Seibert*, BB 2003, 693.
[6] Die danach erfolgten Änderungen der §§ 12 bis 14 WpHG durch das Gesetz zur Umsetzung der Richtlinie über Märkte für Finanzinstrumente (RiL 2004/39/EG, MiFID), BGBl. I 2007, 1330, sind lediglich redaktioneller Natur. Derzeit wird auf EU-Ebene eine neue Verordnung über Insidergeschäfte und Marktmanipulation diskutiert, welche das Insiderrecht an die neuen Realitäten der Märkte anpassen und zudem verschärfen soll.
[7] Erwägungsgrund (13) der RiL 2003/6/EG.

rung des Vertrauens der Anleger auf Gleichbehandlung und auf den Schutz gegen unrechtmäßige Verwendung von Informationen[8] unerlässlich ist.

Dieses Ziel wird mittels verschiedener Verbotstatbestände und Veröffentlichungspflichten erreicht, an deren Missachtung zivilrechtliche Haftungspflichten sowie straf- und ordnungswidrigkeitsrechtliche Sanktionen anknüpfen können. So werden zunächst in §§ 12, 13 WpHG Insiderpapiere und Insiderinformationen definiert. § 14 WpHG statuiert darauf aufbauend ein Verbot von Insidergeschäften, dessen Missachtung in § 38 WpHG unter Strafe gestellt bzw. in § 39 WpHG mit Bußgeld bewehrt wird. Zudem kann die BaFin nach § 4 Abs. 2 WpHG die zur Durchsetzung des Insiderhandelsverbotes geeigneten Anordnungen treffen. In den §§ 10, 15 ff. WpHG sind verschiedene Veröffentlichungs-[9], Anzeige- und Aufzeichnungspflichten in Bezug auf Insider und Insiderinformationen geregelt, deren Verletzung nach § 39 WpHG eine Ordnungswidrigkeit darstellt. Zudem zieht die Verletzung von Ad-hoc-Publizitätspflichten gemäß §§ 37b, c WpHG eine zivilrechtliche Schadensersatzpflicht nach sich.

II. Insiderpapiere und Insiderinformationen

Zentraler Anknüpfungspunkt für die Regelungen des Insiderrechts ist der Begriff der Insiderinformation. Diese wiederum baut auf den Begriff des Insiderpapiers auf.

1. Insiderpapiere

Für die Definition von Insiderpapieren greift § 12 WpHG auf den Begriff der Finanzinstrumente des § 2 Abs. 2b WpHG zurück, schränkt diesen jedoch in sachlicher und zeitlicher Hinsicht ein. Insiderpapiere sind danach sämtliche Finanzinstrumente,[10] die an einer Börse in Deutschland einschließlich des Freiverkehrs gehandelt werden (§ 12 S. 1 Nr. 1 WpHG), die in einem anderen EU-Mitgliedstaat zum Handel an einem organisierten Markt im Sinne von § 2 Abs. 5 WpHG zugelassen sind (§ 12 S. 1 Nr. 2 WpHG) oder deren Preis unmittelbar von solchen Finanzinstrumenten abhängt (§ 12 S. 1 Nr. 3 WpHG). Insiderpapiere im Sinne des WpHG müssen also wegen § 12 S. 1 Nr. 3 WpHG, der auch Waren-, Strom und Edelmetallderivate[11] erfasst, nicht zwingend an einer Börse gehandelt werden. In zeitlicher Hinsicht findet das Insiderrecht nach § 12 S. 2 WpHG dann Anwendung, wenn die Zulassung bzw. Einbeziehung des Finanzinstruments nach § 12 S. 1 Nr. 1 oder 2 WpHG beantragt oder öffentlich angekündigt ist.

---

[8] So die Intention des Gesetzgebers, BT-Drs. 12/6679, 33. Zu der Diskussion über die Erforderlichkeit von Insiderregelungen siehe *Schwark/Zimmer*, Vor § 12 WpHG, Rn. 9 ff.
[9] Zur Ad hoc-Publizität siehe näher § 14.
[10] Nicht zu den Insiderpapieren gehören daher sog Phantom Stocks oder Stock Appreciation Rights, Emittentenleitfaden der BaFin 2009, abrufbar unter www.bafin.de, S. 29. Der Emittentenleitfaden der BaFin entfaltet keine Wirkung eines Gesetzes, sondern gibt lediglich die Rechtsauffassung der BaFin wieder (norminterpretierende Verwaltungsvorschrift). Siehe allgemein zum Emittentenleitfaden der BaFin *Bedkowski*, BB 2009, 1482.
[11] Regierungsbegründung, BT-Drs. 15/3174, 26; Emittentenleitfaden der BaFin 2009, S. 28; *Ziemons*, NZG 2004, 537 (538); *Claussen/Florian*, AG 2005, 745 (748).

2. Insiderinformationen

Die in § 13 Abs. 1 S. 1 WpHG legal definierten Insiderinformationen sind konkrete Informationen über nicht öffentlich bekannte Umstände in Bezug auf Emittenten von Insiderpapieren oder auf Insiderpapiere selbst, die geeignet sind, im Falle ihres öffentlichen Bekanntwerdens den Börsen- oder Marktpreis der Insiderpapiere erheblich zu beeinflussen. Öffentlich ist eine Information, wenn eine unbestimmte Anzahl von Personen von ihr Kenntnis nehmen kann,[12] was jedenfalls dann der Fall ist, wenn sie in der Form und mit dem Inhalt des § 15 Abs. 7 Nr. 1 WpHG iVm der WpAIV[13] veröffentlicht wurde. Um die erforderliche Konkretisierung zu erlangen, müssen sich Insiderinformationen auf Umstände oder Ereignisse beziehen, die bereits existieren bzw. eingetreten sind oder bei denen man zumindest vernünftigerweise davon ausgehen kann,[14] dass sie in Zukunft existieren bzw. eintreten werden.[15] Wichtig ist im Rahmen des § 13 Abs. 1 S. 1 WpHG, dass mit dem AnSVG eine Abkehr von Insiderinformationen als reinen Tatsachen erfolgte und nunmehr wegen der Verwendung des Begriffes des Umstandes auch überprüfbare Werturteile oder Prognosen Insiderinformation sein können.[16] Allerdings gilt dies nach § 13 Abs. 2 WpHG nicht, wenn eine Bewertung ausschließlich aufgrund öffentlich bekannter Umstände erstellt wird.

Beispiel 1 (nach BGHSt 48, 373)[17]: Der Redakteur eines Börsen-Newsletters genießt bei Institutionellen Anlegern einen Ruf als Anlagespezialist. Auf dessen Empfehlungen hin wurden in der Vergangenheit von bestimmten Investoren regelmäßig große Stückzahlen der empfohlenen börsennotierten Aktien erworben. Die Empfehlung durch den Redakteur des Börsenbriefes führt daher regelmäßig zu einem Kursanstieg der jeweils empfohlenen Aktie. Ist das Wissen um die eigene bevorstehende Empfehlung eine Insiderinformation im Sinne des § 13 WpHG?

Beispielsweise ist eine bevorstehende Empfehlung zum Kauf einer Aktie grundsätzlich ein existierender Umstand, der sich auf ein Insiderpapier bezieht und der im Einzelfall geeignet sein kann, den Börsenpreis der empfohlenen Aktie erheblich zu beeinflussen. Dennoch verneint der BGH in solchen Fällen das Vorliegen einer Insiderinformation, weil es an dem dafür erforderlichen Drittbezug fehle. Es sei mit dem Sprachgebrauch nicht zu vereinbaren, dass eine Person sich über eine von ihr gefasste Absicht selbst „informiere".[18] Sollte eine bevorstehende Empfehlung an einen Dritten weitergegeben werden, so wird der innere Vorgang unter Herstellung eines Drittbezugs zur Insiderinformation in Form eines Werturteils.[19] Dagegen ist die Kenntnis von nicht öffentlichen Kauf- oder Verkaufsorders anderer Personen bei der entsprechenden Kursrelevanz eine Insiderinformation, § 13 Abs. 1 S. 4 Nr. 1 WpHG, so dass das sog „Frontrunning" insiderrechtliche Konsequenzen nach sich ziehen kann.[20]

---

[12] Vgl. zu den Einzelheiten *Schwark/Zimmer*, § 13 WpHG, Rn. 29 ff.; Assmann/Schneider/Assmann, WpHG, § 13, Rn. 31 ff.
[13] Verordnung zur Konkretisierung von Anzeige-, Mitteilungs- und Veröffentlichungspflichten sowie der Pflicht zur Führung von Insiderverzeichnissen.
[14] § 13 Abs. 1 S. 3 WpHG spricht von „hinreichender Wahrscheinlichkeit".
[15] Regierungsbegründung, BT-Drs. 15/3174, 33 f.
[16] Regierungsbegründung, BT-Drs. 15/3174, 33.
[17] Hierzu *Fleischer*, DB 2004, 51; *Widder*, BB 2004, 15. Siehe zum Problem dieses sog „Scalping" auch Assmann/Schneider/Assmann, WpHG, § 14, Rn. 48 f.; *Schwark/Zimmer*, § 13 WpHG, Rn. 16, jeweils mwN.
[18] *BGH*, NJW 2004, 302 (303).
[19] Vgl. *Schlitt/Schäfer*, AG 2004, 346 (354). *Cahn*, Der Konzern 2005, 5 (9) hält dagegen das Vorliegen einer Insiderinformation für von der Person unabhängig; ebenso wohl *Claussen/Florian*, AG 2005, 745 (751).
[20] Umstritten ist hier, ob § 13 Abs. 1 S. 4 Nr. 4 WpHG auf Wertpapierdienstleistungsunternehmen einzuschränken ist. Siehe hierzu *Schwark/Zimmer*, § 13 WpHG, Rn. 26 mwN.

Aufgrund des Erfordernisses der Kurs- bzw. Preisbeeinflussung sind nur solche Informationen hinreichend konkret, die einen Schluss auf die Auswirkungen des Umstandes auf den Preis des Insiderpapiers zulassen.[21] Die Eignung für eine erhebliche Beeinflussung ist nach § 13 Abs. 1 S. 2 WpHG dann gegeben, wenn ein verständiger Anleger die Information bei seiner Anlageentscheidung berücksichtigen würde. Der europäische Richtliniengeber hat aufgrund der Schwankungsanfälligkeit der Märkte (Volatilität) bewusst auf die Normierung von Schwellenwerten zur Festlegung der Kurserheblichkeit verzichtet[22] und einen subjektiven Ansatz für die Bestimmung der Preiserheblichkeit gewählt. Daher ist auch unerheblich, ob die Information bei Bekanntwerden tatsächlich den Preis eines Insiderpapiers beeinflusst. Ungeklärt bleibt allerdings der unbestimmte Begriff des verständigen Anlegers.

a) Mehrstufige Entscheidungsprozesse

Bei mehrstufigen Entscheidungsprozessen, wie etwa der Durchführung einer Kapitalerhöhung oder einer Übernahme, ist hinsichtlich der Frage nach der Insiderinformation zwischen dem geplanten Ergebnis und den einzelnen, bereits verwirklichten Zwischenstufen zu unterscheiden. Einerseits kann das geplante Ergebnis eines Entscheidungsprozesses bei entsprechender Kursrelevanz ein Umstand sein, der eine Insiderinformation begründet, wenn sein Eintritt hinreichend wahrscheinlich ist, § 13 Abs. 1 S. 3 WpHG. Aber auch bereits die Zwischenschritte zur Verwirklichung des Ergebnisses können bei entsprechender Kursrelevanz Insiderinformationen sein, selbst wenn das damit in Verbindung stehende Endergebnis noch nicht die erforderliche Wahrscheinlichkeit aufweist.[23] Nach der Rechtsprechung des EuGH liegt eine „hinreichende Wahrscheinlichkeit" vor, wenn nach Würdigung der Umstände des Einzelfalles erwartet werden kann, dass der Umstand bzw. das Ereignis in Zukunft eintritt.[24] Eine hohe Wahrscheinlichkeit ist dabei nicht erforderlich.[25] Der Grad der Wahrscheinlichkeit bestimmt sich bei mehrstufigen Entscheidungsprozessen nach den bereits vollzogenen Zwischenschritten und den sonstigen Unwägbarkeiten auf dem Weg zu dem geplanten Ergebnis. Dabei ist die Wahrscheinlichkeit jedoch unabhängig von der Auswirkung des Umstandes bzw. des Ereignisses auf den Kurs des Finanzinstruments.[26]

Beispiel 2: Die X-AG stellt Überlegungen an, ob zur regionalen Ausdehnung ihrer Marktpräsenz eine Übernahme dem Aufbau einer eigenen neuen Struktur vorzuziehen ist. Nach Untersuchungen kommt sie zu der Absicht, die Y-AG zu übernehmen. Diese signalisiert ihre Bereitschaft, sich übernehmen zu lassen, und die Parteien schließen einen entsprechenden Letter of Intent. Sodann wird eine Due Diligence-Prüfung über die Y-AG durchgeführt, die alle Seiten zufrieden stellt.

Wann im Rahmen von mehrstufigen Entscheidungsprozessen die Schwelle zu relevanten Insiderinformationen überschritten wird, muss jeweils im Einzelfall beurteilt werden. Im Falle einer Übernahme fehlt es anfänglichen strategischen Überlegungen regelmäßig noch an einer hinreichenden Konkretisierung, so dass sie keine Insiderinformationen darstellen. Etwas anderes gilt jedoch für eine konkrete Übernahmeabsicht. Allerdings wird man diesem Umstand noch die erforderliche Kursrelevanz

---

[21] Regierungsbegründung, BT-Drs. 15/3174, 34.
[22] Vgl. Art. 1 Abs. 2 der RL 2003/124/EG.
[23] *EuGH*, WM 2012, 1807 (1810).
[24] *EuGH*, WM 2012, 1807 (1811); BGH NZG 2008, 300 (Leitsatz) sprach in diesem Zusammenhang noch von einer erforderlichen Wahrscheinlichkeit von über 50 %, ist davon aber im Rahmen des Vorlagebeschlusses zum EuGH, *BGH*, BB 2011, 523, abgerückt.
[25] *EuGH*, WM 2012, 1807 (1811)
[26] *EuGH*, WM 2012, 1807 (1811).

absprechen müssen. Die Eignung zur Kursbeeinflussung steigert sich jeweils etwa mit der Übernahmebereitschaft der Zielgesellschaft, der Unterzeichnung eines Letter of Intent und dem positiven Abschluss der durchzuführenden Due Diligence-Prüfung. Entsprechend wird auch der Eintritt des geplanten Ereignisses der Übernahme mit jedem unternommenen Schritt wahrscheinlicher. Im Ergebnis ist es daher unerheblich, ob man sich bei der Beurteilung, ob eine Insiderinformation vorliegt, über eine Betrachtung der einzelnen Zwischenschritte oder des geplanten Ergebnisses nähert.[27]

b) Gerüchte

§ 13 Abs. 1 S. 3 WpHG stellt klar, dass sich eine Insiderinformation auch auf einen Umstand beziehen kann, der erst in der Zukunft eintreten wird. Daher stellt sich die Frage, ob Gerüchte auch unter den Informationsbegriff des § 13 Abs. 1 WpHG fallen. Nach alter Rechtslage konnten Gerüchte, die einen Tatsachenkern enthalten, Insiderinformationen sein.[28] Nach der Begründung zum geltenden WpHG sollen Gerüchte nicht unter den Begriff der Insiderinformation fallen.[29] Dies ist auch sinnvoll, weil sonst auch Gerüchte der Veröffentlichungspflicht nach § 15 WpHG unterlägen,[30] was angesichts der schon jetzt bestehenden Flut von Veröffentlichung nur zu einer gesteigerten Überinformation mit der Gefahr der Verwirrung der Marktteilnehmer beitragen und daher zu dem Ziel der Markttransparenz kontraproduktiv wirken würde. Daraus ergibt sich jedoch das Folgeproblem, wie Informationen über zukünftig eintretende Umstände von bloßen Gerüchten abzugrenzen sind. Das Abstellen auf die Kurserheblichkeit[31] ist kein taugliches Kriterium, weil der Markt gerade auf Gerüchte reagiert.[32] Der Emittentenleitfaden der BaFin schlägt daher vor, ausgehend von der Tatsachengrundlage des Gerüchtes und seiner Quelle, die Verfassung der Märkte im Allgemeinen und des Segments des betroffenen Unternehmens im Besonderen zu berücksichtigen.[33]

Beispiel 3: Investor A hat öffentlich verlauten lassen, sich von seinen Anteilen an der börsennotierten X-AG trennen zu wollen. Eines Tages trifft er sich zu einem privaten Mittagessen mit dem renommierten Investor B, woraufhin bei einigen Marktteilnehmern das Gerücht entsteht, B werde die Beteiligung des A an der X-AG übernehmen.

Eine Insiderinformation liegt hier nicht vor. Der Umstand, dass eine rein private Begegnung von A und B stattgefunden hat, kann allein keine Kursbeeinflussungseignung im Sinne von § 13 Abs. 1 S. 2 WpHG beigemessen werden, weil ein verständiger Anleger den voreiligen Schluss einer Übernahme der Beteiligung durch B nicht ziehen würde. Auch fehlt es an der hinreichenden Wahrscheinlichkeit, dass infolge der Begegnung die Übernahme des Aktienpaketes erfolgt. Davon zu unterscheiden ist das am Markt kursierende Gerücht über die Übernahme. Dies könnte eine Insiderinformation darstellen, weil ihm die Kursrelevanz nicht abgesprochen werden kann. Denn Kurse werden de facto nicht nur von fundamentalen Daten, sondern auch von Gerüchten beeinflusst. Ein verständiger Anleger verhält sich realistisch und berücksichtigt daher auch Gerüchte. Die dem Gerücht zugrunde liegende Tatsachenbasis eignet sich jedoch im Beispielsfall 3 nicht dazu, dem Gerücht den Charakter einer Insiderinformation zu verleihen.

---

[27] So auch *Cahn*, Der Konzern 2005, 5 (6); *Harbarth*, ZIP 2005, 1898 (1902); *Fleischer*, NZG 2007, 401 (404).
[28] *HessVGH*, DB 1998, 1955.
[29] Regierungsbegründung, BT-Drs. 15/3174, 34; zustimmend *Cahn*, Der Konzern 2005, 5 (7); *Diekmann/Sustmann*, NZG 2004, 929 (930); *Spindler*, NJW 2004, 3449 (3450).
[30] *Cahn*, Der Konzern 2005, 5 (7).
[31] Assmann/Schneider/*Assmann*, WpHG, § 13, Rn. 17 f.
[32] *Wilsing/Goslar*, DStR 2012, 1709 (1711).
[33] Emittentenleitfaden der BaFin 2009, S. 31 f.

III. Das Verbot von Insidergeschäften

Von zentraler Bedeutung im Rahmen des Insiderrechts ist der Verbotstatbestand des § 14 Abs. 1 WpHG, der die Verwendung von Insiderinformationen zu Transaktionen von Insiderpapieren (§ 14 Abs. 1 Nr. 1 WpHG), die unbefugte Weitergabe von Insiderinformationen (§ 14 Abs. 1 Nr. 2 WpHG) und die Verleitung eines anderen zu einer Transaktion von Insiderpapieren auf der Grundlage von Insiderinformationen (§ 14 Abs. 1 Nr. 3 WpHG) untersagt.

1. § 14 Abs. 1 Nr. 1 WpHG: Transaktionen unter Verwendung von Insiderinformationen

Das Verbot von Transaktionen unter Verwendung von Insiderinformationen erfasst den Erwerb und die Veräußerung von Insiderpapieren für eigene oder für fremde Rechnung. Dazu gehören auch Pensionsgeschäfte sowie die Wertpapierleihe,[34] nicht jedoch Vererbung oder Schenkung.[35] Ob die Transaktion über die Börse stattfindet oder außerhalb ist dabei schon wegen § 12 Abs. 1 Nr. 3 WpHG unerheblich,[36] weil durch diese Vorschrift auch Finanzinstrumente, die nicht an einem organisierten Markt gehandelt werden, als Insiderpapiere qualifiziert werden. Der objektive Tatbestand ist in zeitlicher Hinsicht bereits dann erfüllt, wenn lediglich das Verpflichtungsgeschäft abgeschlossen wurde. Eine Veränderung der dinglichen Rechtslage ist nicht erforderlich.[37] Dabei erfordert das Merkmal der „Verwendung" der Insiderinformation nach überwiegender Ansicht eine zumindest Mitursächlichkeit der Kenntnis von der Insiderinformation für die vorgenommene Transaktion.[38] Ließe man die bloße Kenntnis des Täters von der Information zum Zeitpunkt der Vornahme der Transaktion ausreichen,[39] so würde missachtet, dass der deutsche Gesetzgeber mit der Neufassung des § 14 Abs. 1 Nr. 1 WpHG lediglich Beweisschwierigkeiten in Hinblick auf die Motive des Täters vorbeugen wollte und verlangt, dass die Information in die Entscheidung über die Transaktion „einfließt".[40] Zudem sollen Geschäfte, die in Erfüllung einer Verbindlichkeit erfolgen, nicht unter den Begriff der Verwendung fallen,[41] was ebenfalls für das Erfordernis eines Kausalzusammenhangs zwischen Kenntnis von der Insiderinformation und der Transaktion spricht.

Aus dieser Auslegung des Merkmals des Verwendens ergeben sich Folgeprobleme für die Frage der Zulässigkeit einer Transaktion infolge einer durchgeführten Due-Diligence-Prüfung.

---

[34] Assmann/Schneider/*Assmann*, § 14 WpHG, Rn. 15; *Schwark/Zimmer*, § 14 WpHG, Rn. 9.
[35] Emittentenleitfaden der BaFin 2009, S. 36.
[36] *Schwark/Zimmer*, § 14 WpHG, Rn. 9. Zur alten Rechtslage bereits *Hammen*, WM 2004, 1753 (1759); *Assmann*, AG 1997, 50 (55).
[37] *OLG Karlsruhe*, NJW-RR 2004, 984 (Leitsatz); Assmann/Schneider/*Assmann*, WpHG, § 14, Rn. 12; *Schwark/Zimmer*, § 14 WpHG, Rn. 10.
[38] Assmann/Schneider/*Assmann*, WpHG, § 14 Rn. 25; *Schwark/Zimmer*, § 14 WpHG, Rn. 16; *Schlitt/Schäfer*, AG 2004, 346 (354). Siehe zur Bedeutung der Entscheidung Spector Photo Group des *EuGH*, NZG 2010, 107 in diesem Zusammenhang *Schwark/Zimmer*, § 14 WpHG, Rn. 16a mwN.
[39] So *Ziemons*, NZG 2004, 537 (539) unter Verweis auf die Entstehungsgeschichte der Marktmissbrauchsrichtlinie.
[40] Regierungsbegründung, BT-Drs. 15/3174, 34.
[41] Regierungsbegründung, BT-Drs. 15/3174, 34.

Beispiel 4: Die Investorengruppe A hat Interesse am Erwerb einer strategischen Beteiligung an der X-AG. Sie lässt daher bei dieser eine Due Diligence-Prüfung durchführen, von deren Ergebnissen sie die Transaktion abhängig machen will. In deren Verlauf erhält sie Informationen über die rechtliche und wirtschaftliche Risikosituation der X-AG, die sie zufrieden stellen. A fasst daher einen entsprechenden Entschluss und erwirbt die Beteiligung. Liegt darin ein Verstoß gegen § 14 Abs. 1 Nr. 1 WpHG?

Bei Transaktionen nach der Durchführung einer Due Diligence-Prüfung ist entscheidend, ob etwa der Erwerb einer Beteiligung unter Verwendung von Insiderinformationen erfolgte. Dies ist wegen der erforderlichen Kausalität zwischen der Kenntnis von der Insiderinformation und der Transaktion nicht der Fall, wenn der Entschluss zum Erwerb der Beteiligung bereits vor der Erlangung der Insiderinformationen im Rahmen der Due Diligence-Prüfung erfolgte. In der Praxis dürfte die grundsätzliche Erwerbsentscheidung oftmals schon vor Durchführung der Due Diligence-Prüfung gefallen sein,[42] was häufig etwa anhand des Abschlusses eines Letter of Intent dargelegt werden kann. Wird deshalb der Erwerber durch die Due Diligence-Prüfung nur in seinem Plan bestärkt, scheidet eine Verwendung von Insiderinformationen aus.[43] Trifft der Erwerber seine Entscheidung dagegen erst auf Grundlage der durchgeführten Due Diligence-Prüfung – etwa bei einer Ausdehnung seines ursprünglichen Kaufentschlusses (sog *alongside-purchase*) – liegt eine verbotene Verwendung von Insiderinformationen vor.[44]

Legt man den Schutzzweck des § 14 WpHG zugrunde, so muss nach Durchführung einer Due Diligence-Prüfung, die ursächlich für den Erwerbsentschluss des Handelnden ist, auch ein Erwerb aufgrund eines öffentlichen Übernahmeangebotes zulässig sein, weil die Anleger durch die Vorschriften des WpÜG hinreichend geschützt sind.[45] Nach der Rechtsprechung des EuGH liegt ein verbotenes Insider-Geschäft bei einer öffentlichen Übernahme jedenfalls dann nicht vor, wenn der angebotene Kaufpreis über dem Marktkurs liegt.[46]

2. § 14 Abs. 1 Nr. 2 WpHG: Weitergabe von Insiderinformationen

Das Weitergabeverbot des § 14 Abs. 1 Nr. 2 WpHG dient dem Zweck, den Einfluss von Insiderinformationen auf das Marktgeschehen in einem möglichst frühen Stadium zu verhindern und bereits das Risiko einer Verwendung von Insiderinformationen einzuschränken, indem der Kreis der Insider, also derjenigen Personen, die über die Insiderinformation verfügen, möglichst klein gehalten wird.

Auf objektiver Ebene muss der Handelnde einem Dritten eine Insiderinformation unbefugt mitgeteilt oder zugänglich gemacht haben. Ein Mitteilen liegt vor, wenn der Handelnde dem anderen Kenntnis von der Information verschafft, wobei die Art

---

[42] *Fromm-Russenschuck/Banerjea*, BB 2004, 2425 (2427); angedeutet bei *Brandi/Süßmann*, AG 2004, 642 (645).
[43] Regierungsbegründung, BT-Drs. 12/6679, 47; Assmann/Schneider/*Assmann*, § 14 Rn. 45; *Schlitt/Schäfer*, AG 2004, 346 (354).
[44] Regierungsbegründung, BT-Drs. 12/6679, 47; *Schlitt/Schäfer*, AG 22 004, 346, 354. Teilweise wird in diesen Fällen eine teleologische Reduktion des § 14 Abs. 1 Nr. 1 WpHG vertreten, weil es an dem erforderlichen Ausnutzen eines Wissensvorsprungs durch den Erwerber fehle, *Fromm-Russenschuck/Banerjea*, BB 2004, 2425 (2427). Siehe zu diesem Problemkreis *Bank*, NZG 2012, 1337.
[45] *Diekmann/Sustmann*, NZG 2004, 929 (931); *Fromm-Russenschuck/Banerjea*, BB 2004, 2425 (2427); *Ziemons*, NZG 2004, 537 (539); Emittentenleitfaden der BaFin 2009, S. 38, der jedoch zuvor eine entsprechende Ad-hoc-Mitteilung des Emittenten für erforderlich hält.
[46] *EuGH*, NZG 2010, 107 (111).

und Weise unerheblich ist.⁴⁷ Die Insiderinformation wird dem anderen zugänglich gemacht, wenn dieser Kenntnis von der Information nicht unmittelbar auf Veranlassung des Handelnden, sondern erst durch eine weitere eigene Handlung erlangt.⁴⁸ Der Dritte darf darüber hinaus noch keine Kenntnis von der Insiderinformation haben.⁴⁹ Schwierigkeiten bereitet die Definition des Tatbestandsmerkmals „unbefugt".⁵⁰

Eine Weitergabe kann dann nicht unbefugt sein, wenn sie aufgrund einer gesetzlichen Verpflichtung oder Obliegenheit erfolgt.⁵¹ Darüber hinaus muss zwischen der Weitergabe innerhalb eines Betriebs und derjenigen an Betriebsexterne unterschieden werden und zur Ermittlung der zulässigen Weitergabe die Interessen des Insiders an der Weitergabe mit dem Interesse der Marktbeteiligten, den Kreis der Insider möglichst klein zu halten, abgewogen werden. Unter diesem Gesichtspunkt kann ein Weitergabe der Insiderinformation nur dann befugt sein, wenn sie nicht bereits gemäß § 15 WpHG veröffentlicht werden musste, weil entweder der Befreiungstatbestand des § 15 Abs. 3 WpHG erfüllt ist oder die Insiderinformation den Emittenten nicht unmittelbar betrifft, vgl. § 15 Abs. 1 S. 1 und 3 WpHG. Liegt eine Veröffentlichungspflicht nach § 15 Abs. 1 S. 1 WpHG vor, so besteht kein schutzwürdiges Interesse daran, die Insiderinformation unter Verstoß gegen diese Pflicht weiterzugeben und dadurch den Kreis der Insider zu erweitern, obwohl nach der Wertung des Gesetzes ein Interesse der Öffentlichkeit an Kenntnis von der Information besteht.

Nach der Gesetzesbegründung soll eine Weitergabe dann nicht unbefugt sein, wenn sie im normalen Rahmen der Berufs- oder Geschäftsausübungstätigkeit erfolgt.⁵² Daher ist jedenfalls eine aus betrieblichen Gründen notwendige interne Weitergabe zulässig.⁵³ Anderenfalls könnte das Verbot der Weitergabe auch zu empfindlichen Störungen von innerbetrieblichen Abläufen führen. Abzulehnen ist die Ansicht, die eine zusätzliche gesetzliche oder vertragliche Verschwiegenheitspflicht auf Seiten des Empfängers fordert,⁵⁴ weil das Merkmal „unbefugt" in § 14 Abs. 1 Nr. 2 WpHG gerade dazu dient, die Grenzen dieser gesetzlichen Verschwiegenheitspflicht zu ziehen.

Beispiel 5: Die X-AG hat Interesse an einer Beteiligung an der A-AG. Sie lässt zu diesem Zweck durch die sie beratende Anwaltssozietät bei der A-AG eine Due Diligence-Prüfung durchführen, in deren Verlauf den eingebundenen Rechtsanwälten Insiderinformationen bekannt werden, die auch in deren Bericht an die X-AG einfließen. Federführender Vorstand V berichtet seinen Vorstandskollegen und seinem Aufsichtsrat von den erlangten Informationen. Liegen Verstöße gegen § 14 Abs. 1 Nr. 2 WpHG vor?

Es könnte zunächst ein Verstoß des Handelnden bei der A-AG vorliegen. Dann müsste die Weitergabe der Insiderinformation im Rahmen der Due Diligence-Prüfung unbefugt erfolgt

---

⁴⁷ Assmann/Schneider/*Assmann*, WpHG, § 14 Rn. 65; *Schwark/Zimmer*, § 14 WpHG, Rn. 41.
⁴⁸ Assmann/Schneider/*Assmann*, WpHG, § 14 Rn. 66; *Schwark/Zimmer*, § 14 WpHG, Rn. 42.
⁴⁹ *Schwark/Zimmer*, § 14 WpHG, Rn. 44; aA Schäfer/Hamann/*Schäfer*, WpHG, § 14, Rn. 22.
⁵⁰ Zu dessen dogmatischer Einordnung *Götz*, DB 1995, 1949.
⁵¹ *Kappes*, NJW 1995, 2832 (2833); *Süßmann*, AG 1999, 162 (164). Zulässig sind dann sowohl die interne Weitergabe, beispielsweise aufgrund § 90 AktG oder § 111 BetrVG, als auch die externe aus § 21 WpHG, § 15 Abs. 4 WpHG, § 145 AktG.
⁵² Regierungsbegründung, BT-Drs. 12/6679, 47.
⁵³ *Schwark/Zimmer*, § 14 WpHG, Rn. 48 mwN.
⁵⁴ *Götz*, DB 1995, 1949 (1950); dagegen *Assmann*, AG 1997, 50 (55); *Schmidt-Diemitz*, DB 1996, 1809 (1810); Emittentenleitfaden der BaFin 2009, S. 41; *Schwark/Zimmer*, § 14 WpHG, Rn. 49.

sein. Soweit aber die Verwendung von Insiderinformationen, die im Rahmen einer Due Diligence-Prüfung erlangt werden, zulässig ist,[55] so muss auch deren Weitergabe möglich sein,[56] so dass ein unbefugtes Zugänglichmachen nicht vorliegt. Die handelnden Insider der Anwaltssozietät durften die erlangten Insiderinformationen ebenfalls weitergeben, weil es zur Erfüllung ihrer Verpflichtungen gegenüber der X-AG erforderlich war. Zur Weitergabe innerhalb des Vorstands ist für V ebenfalls befugt.[57] Die Mitteilung an den Aufsichtsrat ist nach § 90 Abs. 1 Nr. 1 AktG verpflichtend und stellt damit ebenfalls keinen Verstoß gegen § 14 Abs. 1 Nr. 2 WpHG dar.

3. § 14 Abs. 1 Nr. 3 WpHG: Verleitung eines anderen zu Transaktionen

Abgerundet wird das Verbot von Insidergeschäften dadurch, dass es nach § 14 Abs. 1 Nr. 3 WpHG untersagt ist, einen anderen auf der Grundlage einer Insiderinformation zu Transaktionen mit Insiderpapieren zu verleiten, wobei das Empfehlen als spezieller Fall des Verleitens[58] ausdrücklich im Tatbestand genannt ist. Verleiten im Sinne dieser Vorschrift ist die Beeinflussung des Willens eines anderen durch beliebige Mittel.[59] Da mit § 14 Abs. 1 Nr. 3 WpHG auch die mittelbare Ausnutzung von Sonderwissen und das dadurch entstehende Misstrauen der Anleger sanktioniert werden soll, kommt es nicht darauf an, ob der Verleitete selbst ein verbotenes Insidergeschäft tätigt. Er muss nicht einmal die Insiderinformation selbst kennen.[60]

4. Ausnahme des § 14 Abs. 2 WpHG

Nach § 14 Abs. 2 WpHG gilt das Verbot von Insidergeschäften trotz Vorliegen der Voraussetzungen des § 14 Abs. 1 WpHG dann nicht, wenn es sich dabei um den Handel mit eigenen Aktien im Rahmen von Rückkaufprogrammen oder Maßnahmen zur Stabilisierung des Preises von Finanzinstrumenten handelt und die Vorschriften der Verordnung zu Ausnahmeregelungen für Rückkaufprogramme und Kursstabilisierungsmaßnahmen[61] eingehalten werden. Stabilisierungsmaßnahmen können nämlich sowohl im wirtschaftlichen Interesse der Anleger als auch des Emittenten liegen, weil sie einen durch kurzfristig orientierte Anleger verursachten Verkaufsdruck mindern und geordnete Marktverhältnisse für die relevanten Finanzinstrumente aufrechterhalten.[62] Dadurch kann ein insgesamt ruhigerer Absatz von neu emittierten Finanzinstrumenten gewährleistet werden.[63] Weil sich diese Verordnung nur auf Aktien bezieht, die an einem organisierten Markt gehandelt werden, erfolgt in § 14 Abs. 2 S. 2 WpHG die Anordnung der entsprechenden Anwendung auf Papiere, die in den regulierten Markt oder den Freiverkehr einbezogen sind.

---

[55] Siehe dazu oben unter III.1.
[56] *Assmann*, AG 1997, 50 (56); *Schwark/Zimmer*, § 14 WpHG, Rn. 57; Emittentenleitfaden der BaFin 2009, S. 41.
[57] Vgl. *Schwark/Zimmer*, § 14 WpHG, Rn. 48.
[58] Regierungsbegründung, BT-Drs. 15/3174, 34.
[59] *Schwark/Zimmer*, § 14 WpHG, Rn. 73.
[60] Emittentenleitfaden der BaFin 2009, S. 41; *Schwark/Zimmer*, § 14 WpHG, Rn. 72.
[61] VO (EG) Nr. 2273/2003 der Kommission vom 22.12.2003 zur Durchführung der RiL 2003/6/EG.
[62] Erwägungsgrund (11) der VO (EG) Nr. 2273/2003 der Kommission vom 22.12.2003 zur Durchführung der RiL 2003/6/EG.
[63] *Fleischer*, ZIP 2003, 2045 (2047).

5. Rechtsfolgen eines Verstoßes gegen § 14 Abs. 1 WpHG

a) Straf- und ordnungswidrigkeitsrechtliche Sanktionen

Der Verstoß gegen das Verbot von Insidergeschäften aus § 14 WpHG zieht straf- und ordnungswidrigkeitsrechtliche Konsequenzen nach sich. Mit Freiheitsstrafe bis zu fünf Jahren oder mit Geldstrafe wird nach § 38 Abs. 1 Nr. 1 WpHG die Vornahme von Transaktionen unter Verwendung von Insiderinformationen bestraft. Ebenso wird die Weitergabe von Insiderinformationen und das Verleiten zum Insiderhandel durch Primärinsider nach § 38 Abs. 1 Nr. 2a) bis c) WpHG[64] bzw. solche Personen, die aufgrund der Vorbereitung oder Begehung einer Straftat über eine Insiderinformationen verfügen, § 38 Abs. 1 Nr. 2d) WpHG, bestraft, wobei nach § 38 Abs. 3 WpHG auch der Versuch strafbar ist. Strafbar ist aber wegen § 15 StGB nur vorsätzliches Handeln. Die hM lässt dabei bzgl. der Insiderinformation dolus eventualis ausreichen.[65] Im Falle leichtfertigen Handelns ist die Freiheitsstrafe bis zu einem Jahr oder Geldstrafe, § 38 Abs. 4 WpHG.

Zählt der Täter eines vorsätzlichen oder leichtfertigen Verstoßes gegen § 14 Abs. 1 Nr. 2 oder 3 WpHG nicht zu dem in § 38 Abs. 1 Nr. 2 WpHG genannten Personenkreis, so handelt er gemäß § 39 Abs. 2 Nr. 3 bzw. 4 WpHG ordnungswidrig, was nach § 39 Abs. 4 WpHG mit einer Geldbuße bis zu 200.000 EUR geahndet werden kann.

b) Zivilrechtliche Auswirkungen

Ohne Hinzutreten weiterer besonderer Umstände zieht ein Verstoß gegen § 14 Abs. 1 WpHG keinerlei zivilrechtliche Konsequenzen nach sich.[66] Insbesondere führt er nicht zur Nichtigkeit des Insidergeschäftes nach § 134 BGB.[67]

Beispiel 6: Das Vorstandsmitglied V des großen Automobilkonzerns PKW-AG, der auch in den Deutschen Aktienindex (DAX) aufgenommen ist, erfährt in einer Vorstandssitzung, dass der umstrittene Vorstandssprecher S aus dem Unternehmen ausscheiden werde. Er kauft daraufhin 1.000 Aktien der PKW-AG über die Börse zum Kurs von 20 EUR. Anleger A verkauft aufgrund einer unlimitierten Order gleichzeitig 500 Aktien zu diesem Kurs. Nach Bekanntgabe des Ausscheidens von S steigt der Kurs der PKW-Aktie sprungartig auf 22 EUR. A fühlt sich betrogen und verlangt von V Schadensersatz.

Ein Anspruch nach § 823 Abs. 2 BGB iVm § 14 Abs. 1 WpHG scheitert an der erforderlichen Schutzgesetzqualität des § 14 Abs. 1 WpHG. Denn dann müsste § 14 Abs. 1 WpHG seinem Zweck nach auch dazu dienen, den Einzelnen oder einzelne Personenkreise zu schützen.[68] Jedoch erfasst der Schutz des § 14 WpHG lediglich die Funktionsfähigkeit des Wertpapiermarktes und erstreckt sich nicht auf Individualinteressen.[69] Der Vertrauensschutz der einzelnen Anleger ist lediglich ein Reflex dieser Intention des Gesetzgebers.

---

[64] Primärinsider sind Personen, die bestimmungsgemäß über Insiderinformationen verfügen, vgl. *Schwark/Zimmer*, § 13 WpHG, Rn. 14; *Koch*, DB 2005, 267 (268).

[65] *Assmann/Schneider/Assmann*, WpHG, § 14 Rn. 58; *Schwark/Zimmer*, § 14 WpHG, Rn. 35.

[66] Zu vertraglichen Ansprüchen insbesondere beim Face-to-Face-Geschäft siehe *Kaiser*, WM 1997, 1557.

[67] *Assmann/Schneider/Assmann*, WpHG, § 14 Rn. 206 f.; *Schwark/Zimmer*, § 14 WpHG, Rn. 4.

[68] Vgl. Palandt/*Sprau*, BGB, § 823 Rn. 57.

[69] *AG München*, WM 2002, 594 (Leitsatz); *Kaiser*, WM 1997, 1557 (1560); Assmann/Schneider/*Assmann*, WpHG, § 14 Rn. 9; *Schwark/Zimmer*, § 14 WpHG, Rn. 5; aA *Assmann*, AG 1994, 237 (250); Schäfer/Hamann/*Schäfer*, WpHG, § 14 Rn. 97.

Grundsätzlich in Frage kommt jedoch ein Anspruch aus § 823 Abs. 2 BGB iVm § 404 Abs. 2 S. 2 AktG. Denn das Ausnutzen einer Insiderinformation ist eine nach § 404 Abs. 2 S. 2 AktG strafbare Verwertungshandlung.[70] Zudem besteht Einigkeit darüber, dass § 404 AktG jedenfalls die Interessen des betroffenen Unternehmens schützt[71] und damit ein Schutzgesetz im Sinne § 823 Abs. 2 BGB ist. Der Schutzbereich des § 404 AktG erstreckt sich jedoch nicht auf die Anleger an den Kapitalmärkten.[72]

In Betracht kommt ein Anspruch aus § 826 BGB. Ein verbotenes Insidergeschäft nach § 14 Abs. 1 Nr. 1 WpHG stellt ein sittenwidriges Verhalten dar.[73] Dennoch kann im Einzelfall die Entstehung eines Schadens zweifelhaft sein. Insbesondere bei unlimitierten Orders über Wertpapiere, die eine hohe Marktliquidität aufweisen, kommt ein Kaufvertrag regelmäßig auch ohne das Handeln des Insiders zustande. Ein dem Insider zurechenbarer Schaden besteht in diesen Fällen allenfalls in Höhe der Differenz zwischen dem ausgeführten und dem nächsten festgestellten Kurs. Anders kann es zu beurteilen sein, wenn der Anleger ohne die Order des Insiders bis zur Bekanntgabe der Tatsache nicht berücksichtigt worden wäre.

6. Anzeigepflicht aus § 10 WpHG

Stellt ein Wertpapierdienstleister, ein anderes Kreditinstitut oder ein Betreiber eines außerbörslichen Marktes, an dem Finanzinstrumente gehandelt werden, Tatsachen fest, die den Verdacht begründen, dass ein Verstoß gegen § 14 Abs. 1 WpHG vorliegt, so müssen sie diese Tatsachen unverzüglich der BaFin mitteilen, § 10 Abs. 1 S. 1 WpHG. Form und Inhalt der Mitteilung schreibt die WpAIV vor. Diese Angaben werden von der BaFin an die jeweiligen Aufsichtsbehörden weitergeleitet und dienen dadurch der Kontrolle an sämtlichen organisierten Märkten innerhalb der EU. Darüber hinaus kann eine Anzeige nach § 10 Abs. 1 WpHG Grundlage für strafrechtliche Ermittlungsverfahren sein, § 10 Abs. 2 S. 2 WpHG. Anderen Personen als staatlichen Stellen und solchen, die von Berufs wegen einer gesetzlichen Schweigepflicht unterliegen, darf keine Mitteilung von der Anzeige oder einer daraufhin eingeleiteten Untersuchung gemacht werden, § 10 Abs. 1 S. 3 WpHG. Wer vorsätzlich oder leichtfertig die Anzeigepflicht aus § 10 Abs. 1 S. 1 WpHG verletzt, handelt nach § 39 Abs. 2 Nr. 2b WpHG ordnungswidrig und kann mit einer Geldbuße von bis zu 50.000 EUR belegt werden, § 39 Abs. 4 aE WpHG.

IV. Führung von Insiderverzeichnissen, § 15b WpHG

Nach § 15b Abs. 1 S. 1 WpHG müssen Emittenten von Finanzinstrumenten, die zum Handel an einem organisierten Markt im Inland zugelassen sind oder für die eine solche Zulassung beantragt ist (vgl. § 15 Abs. 1 S. 1 und S. 2 WpHG), Verzeichnisse von Personen führen, die für sie tätig sind und die bestimmungsgemäß Zugang zu Insiderinformationen haben.[74] Dieses Verzeichnis muss unverzüglich aktualisiert und

---

[70] Vgl. *Kaiser*, WM 1997, 1557 (1560).
[71] Siehe hierzu MünchKomm-AktG/*Schaal* § 404 Rn. 3; KölnKomm-AktG/*Altenhain*, § 404 Rn. 11, jeweils mwN.
[72] *Kaiser*, WM 1997, 1559 (1560); *Hasslinger*, Zivilrechtliche Ansprüche gegen Insider, S. 96.
[73] Vgl. *Kaiser*, WM 1997, 1557 (1560).
[74] Siehe zu den Einzelheiten *Schneider/v. Buttlar*, ZIP 2004, 1621.

der BaFin auf Verlangen übermittelt werden, § 15b Abs. 1 S. 2 WpHG. Neben dem Emittenten trifft diese Pflicht auch Personen, die in Auftrag oder für Rechnung des Emittenten handeln. Dazu gehören bspw. Rechtsanwälte und Steuerberater,[75] aber auch Investor-Relations Agenturen, Übersetzungsbüros, Ratingagenturen und Kreditinstitute, nicht jedoch staatliche Stellen,[76] Lieferanten, Mutter- oder Tochtergesellschaften des Emittenten.[77] Zweck dieser Regelung ist es, die Überwachung von Insidergeschäften zu erleichtern, weil sich die BaFin auf diese Weise im Bedarfsfall schnell einen Überblick über die konkreten Insider verschaffen kann.[78]

Aufzunehmen in das Verzeichnis sind Personen, die für den Emittenten bzw. die in ihrem Auftrag oder für ihre Rechnung handelnde Personen tätig sind. Dies sind betriebsintern zunächst Personen, die in einem Dienst- bzw. Arbeitsverhältnis mit dem Emittenten stehen oder kraft Organisationsrechts für diesen tätig sind, so dass neben Vorständen auch Mitglieder des Betriebsrates etc in das Verzeichnis aufzunehmen sein können.[79] Aber auch unternehmensexterne Personen wie Rechtsanwälte können für den Emittenten tätig und daher in das Insiderverzeichnis aufzunehmen sein, wenn sie bestimmungsgemäß Zugang zu Insiderinformationen haben.[80] Wird ein externes Unternehmen für den Emittenten tätig, so reicht es aus, wenn das Unternehmen selbst in das Verzeichnis aufgenommen ist, weil es seinerseits ein eigenes Verzeichnis zu führen hat, aus dem sich die Mitarbeiter mit Zugang zu Insiderinformationen ergeben.[81] Das Merkmal des „bestimmungsgemäßen Zugangs" ist für Primärinsider und sonstige Personen, die nicht nur zufällig Kenntnis von Insiderinformationen erlangen, erfüllt.[82] Die Verpflichtung zur Führung von Insiderverzeichnissen kann nach dem Zweck der Vorschrift nicht dadurch erfüllt werden, dass einfach sämtliche Personen, die für den Emittenten bzw. für die in dessen Auftrag oder für seine Rechnung handelnde Person tätig sind, in das Verzeichnis aufgenommen werden.[83] Form und Inhalt des Verzeichnisses sind in der WpAIV detailliert geregelt.

Zudem müssen die aufzunehmenden Personen umfassend über ihre Verpflichtungen im Zusammenhang mit Insiderinformationen und die Konsequenzen von Verstößen aufgeklärt werden, wodurch eine erhöhte Sensibilität im Umgang mit Insiderinformationen geschaffen wird.[84]

Wenn ein Insiderverzeichnis nicht, nicht richtig oder nicht vollständig geführt wird oder nicht oder nicht rechtzeitig der BaFin übermittelt wird, liegt eine Ordnungswidrigkeit nach § 39 Abs. 2 Nr. 8 bzw. 9 WpHG vor, die mit einer Geldbuße von bis zu 50.000 EUR geahndet werden kann, § 39 Abs. 4 aE WpHG. Eine Sanktion bei einem Verstoß gegen die Belehrungspflicht aus § 15b Abs. 1 S. 3 WpHG sieht das Gesetz nicht vor.

---

[75] *Kirschhöfer*, Der Konzern 2005, 22 (26).
[76] AA *Kirschhöfer*, Der Konzern 2005, 22 (26).
[77] Emittentenleitfaden der BaFin 2009, S. 117 f.
[78] Regierungsbegründung, BT-Drs. 15/3174, 36.
[79] *Kirschhöfer*, Der Konzern 2005, 22 (25); *Schneider/v. Buttlar*, ZIP 2004, 1621 (1624).
[80] *Kirschhöfer*, Der Konzern 2005, 22 (26); *Schneider/v. Buttlar*, ZIP 2004, 1621 (1625), sprechen sich für eine Aufnahme von Banken, Zulieferern und Abnehmer des Emittenten aus. Dagegen *Koch*, DB 2005, 267 (270).
[81] *Koch*, DB 2005, 267 (270); *Schneider/v. Buttlar*, ZIP 2004, 1621 (1625).
[82] Emittentenleitfaden der BaFin 2009, S. 119. IT-Mitarbeiter sollen danach beispielsweise nicht in das Insiderverzeichnis aufzunehmen sein.
[83] *Koch*, DB 2005, 267 (270).
[84] *Schneider/v. Buttlar*, ZIP 2004, 1621 (1623); Emittentenleitfaden der BaFin 2009, S. 115.

V. Aufzeichnungspflichten und Aufbewahrungspflichten nach §§ 16, 16b WpHG

Die BaFin kann ihrer Aufgabe, den Missbrauch von Insiderinformationen vorzubeugen (§ 4 Abs. 1 S. 1 WpHG) sowie repressive Maßnahmen zur Bekämpfung von Insiderverstößen zu veranlassen, nur dann erreichen, wenn die Teilnehmer einer Transaktion über Insiderpapiere auch im Nachhinein noch nachvollziehbar sind. Aus diesem Grund sind Wertpapierdienstleistungsunternehmen (§ 2 Abs. 4 WpHG) und inländische Unternehmen, die an einer Börse im Inland zur Teilnahme am Handel zugelassen sind, gemäß § 16 WpHG verpflichtet, vor Durchführung von Aufträgen, die Insiderpapiere zum Gegenstand haben, die daran beteiligten Personen bzw. Unternehmen eindeutig zu identifizieren und diese Daten aufzubewahren.

Zur weiteren Erleichterung ihrer Ermittlungsarbeit kann die BaFin gemäß § 16b Abs. 1 WpHG von genannten Unternehmen, aber auch Emittenten von Insiderpapieren sowie mit diesen verbundene Unternehmen, die ihren Sitz im Inland haben oder deren Wertpapiere an einer inländischen Börse zum Handel zugelassen oder in den Geregelten Markt oder Freiverkehr einbezogen sind, verlangen, dass sie bestimmte Verbindungsdaten des Fernmeldeverkehrs aufbewahren. Allerdings gilt dies nur für bereits existierende Verbindungsdaten. Die BaFin kann nicht die Aufbewahrung von erst zukünftig zu erhebenden Daten verlangen, § 16b Abs. 1 S. 4 WpHG.

VI. Ausblick

Aufgrund seiner erheblichen Bedeutung für die Finanzmärkte befindet sich das Insiderrecht in stetigem Wandel. Derzeit befindet sich ein Vorschlag der Europäische Kommission für eine Verordnung über Insider-Geschäfte und Marktmanipulation in der Diskussion.[85] Wesentliche geplante Neuerung in Hinblick auf Insiderinformationen ist, dass auch solche Informationen, denen es am Merkmal der Präzision fehlt, dem Insiderverboten unterfallen.[86]

---

[85] Sog „Marktmissbrauchsverordnung", KOM(2011) 651 endgültig vom 20.10.2011, ergänzt am 25.7.2012 (KOM(2012) 421 endgültig), abrufbar unter http://eur-lex.europa.eu.
[86] Vgl. Artikel 6 Nr. 1 lit. e) der Marktmissbrauchsverordnung KOM(2011) 651.

§ 14. Ad-hoc-Publizität

Literatur: *Diekmann/Sustmann,* Gesetz zur Verbesserung des Anlegerschutzes (Anlegerschutzverbesserungsgesetz – AnSVG), NZG 2004, 929; *Fleischer,* Zur deliktsrechtlichen Haftung der Vorstandsmitglieder für falsche Ad-hoc-Mitteilungen, DB 2004, 2031; *Ihrig/Kranz,* EuGH-Entscheidung Geltl/Daimler: „Selbstbefreiung" von der Ad-hoc-Publizitätspflicht, BB 2013, 451 (452); *Kort,* Die Haftung von Vorstandsmitgliedern für falsche Ad-hoc-Mitteilungen, AG 2005, 21; *Möllers,* Die unterlassene Ad-hoc-Mitteilung als sittenwidrige Schädigung gem. § 826 BGB, WM 2003, 2393; *Möllers/Leisch,* Schaden und Kausalität im Rahmen der neu geschaffenen §§ 37b und 37c WpHG, BKR 2002, 1071; *Mülbert/Steup,* Emittentenhaftung für fehlerhafte Kapitalmarktinformation am Beispiel der fehlerhaften Regelpublizität, WM 2005, 1633; *Simon,* Die neue Ad-hoc-Publizität, Der Konzern 2005, 13; *Spindler,* Persönliche Haftung der Organmitglieder für Falschinformationen des Kapitalmarktes, WM 2004, 2089; *Spindler/Speier,* Die neue Ad-hoc Publizität im Konzern, BB 2005, 2013; *Tollkühn,* Die Ad-hoc-Publizität nach dem Anlegerschutzverbesserungsgesetz, ZIP 2004, 2215; *Widder/Gallert,* Ad-hoc-Publizität infolge der Weitergabe von Insiderinformationen – Sinn und Unsinn von § 15 I 3 WpHG, NZG 2006, 451; *Ziemons,* Neuerungen im Insiderrecht und bei der Ad-hoc-Publizität durch die Marktmissbrauchsrichtlinie und das Gesetz zur Verbesserung des Anlegerschutzes, NZG 2004, 537.

I. Überblick

Ein Kernbereich des geltenden Insiderrechts ist die in § 15 WpHG normierte Verpflichtung eines Inlandsemittenten (vgl. § 2 Abs. 7 WpHG), Insiderinformationen zu veröffentlichen. Diese Ad-hoc-Publizitätspflicht wurde in Umsetzung der europarechtlichen Börsenzulassungsrichtlinie[1] zunächst mit dem Börsenzulassungsgesetz vom 16.12.1986[2] in § 44a BörsG (aF) eingeführt, mit dem 2. FMFG[3] mit Wirkung zum 1.1.1995[4] in § 15 WpHG überführt, mit dem AnSVG[5] an die Vorgaben der Marktmissbrauchsrichtlinie[6] angepasst und durch das Transparenzrichtlinie-Umsetzungsgesetz (TUG)[7] auf die europäische Transparenzrichtlinie[8] abgestimmt. Die Regelungen zur Ad-hoc-Publizität sichern das Verbot von Insidergeschäften ab und dienen der Verbesserung der Markttransparenz.[9]

Grundsatz der Ad-hoc-Publizitätspflicht ist, dass der Wissensvorsprung, den die Träger von Insiderinformationen gegenüber den Marktteilnehmern haben, durch eine

---

[1] RL 79/279/EWG v. 16.3.1979.
[2] BGBl. I 1986, 2478 ff.
[3] BGBl. I 1994, 1749 ff.
[4] Siehe Art. 20 des 2. FMFG.
[5] Gesetz zur Stärkung des Anlegerschutzes (Anlegerschutzverbesserungsgesetz), BGBl. I 2004, 2630 ff. ist Teil eines 10-Punkte Programms der Bundesregierung zur Stärkung der Unternehmensintegrität und zur Verbesserung des Anlegerschutzes. Siehe auch *Seibert,* BB 2003, 693.
[6] RL 2003/6/EG v. 28.1.2003; von Deutschland als erstem Mitgliedstaat in nationales Recht umgesetzt.
[7] BGBl. I 2007, 10.
[8] RL 2004/1009/EG v. 15.12.2004.
[9] Regierungsbegründung, BT-Drs. 12/6679, 48 sowie Regierungsbegründung BT-Drs. 15/3174, 34.

Pflicht zur Veröffentlichung dieser Informationen[10] aufgehoben wird (§ 15 Abs. 1 WpHG). An die unterlassene oder unrichtige Veröffentlichung knüpft das WpHG eine in §§ 37b, 37c WpHG geregelte zivilrechtliche Emittentenhaftung sowie in § 39 Abs. 2 Nr. 2c, Nr. 5 bis 7 WpHG ordnungswidrigkeitsrechtliche Sanktionen. Darüber hinaus können sowohl der Emittent als auch dessen Vorstand bei nicht erfolgter oder fehlerhafter Veröffentlichung der Schadensersatzpflicht nach § 826 BGB[11] unterliegen.

II. Die einzelnen Publizitätspflichten, § 15 WpHG

Der Tatbestand des § 15 WpHG unterscheidet zwischen einer allgemeinen Publizitätspflicht (§ 15 Abs. 1 S. 1 WpHG), einer Veröffentlichungspflicht aufgrund der Weitergabe von Insiderinformationen (§ 15 Abs. 1 S. 4, 5 WpHG) und einer Verpflichtung zur Korrektur fehlerhafter Ad-hoc-Meldungen (§ 15 Abs. 2 S. 2 WpHG).

1. Allgemeine Veröffentlichungspflicht nach § 15 Abs. 1 S. 1 WpHG

a) Adressaten der Veröffentlichungspflicht

§ 15 Abs. 1 S. 1 WpHG normiert eine Mitteilungspflicht für Inlandsemittenten von Finanzinstrumenten. Dabei kommt diese Publizitätspflicht nur dann in Frage, wenn die emittierten Finanzinstrumente des Emittenten zum regulierten Markt zugelassen sind. Eine Einbeziehung in den regulierten Markt (vgl. § 33 BörsG) oder in den Freiverkehr begründet keine Publizitätspflicht nach § 15 WpHG. Allerdings ist in Erweiterung von § 2 Abs. 6 WpHG gemäß § 15 Abs. 1 S. 2 WpHG für die Emittenteneigenschaft im Sinne des § 15 Abs. 1 WpHG ausreichend, dass der Emittent erst den Antrag auf Zulassung gestellt hat.

b) Gegenstand der Veröffentlichungspflicht

Die Veröffentlichungspflicht aus § 15 Abs. 1 S. 1 WpHG bezieht sich auf sämtliche Insiderinformationen[12] unabhängig davon, ob der Emittent Kenntnis davon hat.[13] Einschränkend sind jedoch nur solche Insiderinformationen zu publizieren, die den Emittenten unmittelbar betreffen, § 15 Abs. 1 S. 1, 3 WpHG. Nicht ausreichend ist nach dem eindeutigen Wortlaut der Vorschrift, wenn die Insiderinformation lediglich das emittierte Finanzinstrument betrifft und sich nicht unmittelbar auf den Emittent selbst auswirkt.[14] Der Teilbereich der veröffentlichungspflichtigen Insiderinformationen hängt also maßgeblich von einer Konkretisierung des Begriffes des *unmittelbaren*

---

[10] Im Jahr 2011 gab es laut Statistik der BaFin 2.002 (2007 noch 3.493) Ad-hoc-Meldungen nach § 15 WpHG, wovon die Mehrzahl Periodenergebnisse betraf (Statistik abrufbar unter www.bafin.de).
[11] Siehe dazu unten III. 1.
[12] Siehe zu diesem Begriff § 13 Insiderrecht.
[13] *Spindler/Speier*, BB 2005, 2031 (2032). Die Kenntnis des Vorstands von einem veröffentlichungspflichtigen Umstand kann sich jedoch auf seine Haftung im Falle der Nichtveröffentlichung auswirken. Siehe hierzu unten III. 1. a).
[14] Emittentenleitfaden der BaFin 2009, S. 53; *Schwark/Zimmer*, § 15 WpHG Rn. 34; aA *Simon*, Der Konzern 2005, 13 (15), unter Berufung auf die Entstehungsgeschichte des § 15 WpHG.

II. Die einzelnen Publizitätspflichten, § 15 WpHG

Betreffens ab.[15] § 15 Abs. 1 S. 3 WpHG führt dabei als Regelbeispiel an, dass eine Insiderinformation den Emittenten dann unmittelbar betrifft, wenn sie sich auf Umstände bezieht, die in seinem Tätigkeitsbereich eingetreten sind. Darunter fallen – die erforderliche Kursrelevanz vorausgesetzt – Geschäftsabschlüsse, Vorstands- oder Aufsichtsratsbeschlüsse, personelle Veränderungen im Vorstand oder Aufsichtsrat, Strukturmaßnahmen, aber auch Planungen, Strategien und Absichten.[16] Dies bedeutet aber nicht, dass ausschließlich Insiderinformationen mit unternehmensinternem Bezug veröffentlicht werden müssen; vielmehr können auch unternehmensexterne Umstände unmittelbaren Bezug zum Emittenten aufweisen.[17]

Beispiel 1: Die X-AG plant die Übernahme der A-AG. Die Aktien beider Gesellschaften sind zum Handel an der Börse zugelassen. Der Aufsichtsrat der X-AG erteilt die erforderliche Zustimmung zur Angebotsabgabe. Das entsprechende Angebot wird der A-AG übermittelt. Sind die Voraussetzungen des § 15 Abs. 1 S. 1 WpHG bei der X-AG oder der A-AG erfüllt?
Der Beschluss des Vorstands der X-AG, die A-AG zu übernehmen, ist grundsätzlich nach § 15 Abs. 1 S. 1 WpHG veröffentlichungspflichtig, sofern die erforderliche Kursrelevanz gegeben ist.[18] Die Zustimmung des Aufsichtsrats führt nach § 10 Abs. 1 WpÜG zu einer Pflicht der X-AG, ihre Entscheidung zur Abgabe eines Angebotes zu veröffentlichen. Für Tatsachen, die mit der Veröffentlichung in der nach § 10 Abs. 3 WpÜG vorgeschriebenen Form bekannt gemacht werden, entfällt gemäß § 34 iVm § 10 Abs. 6 WpÜG die Veröffentlichungspflicht nach § 15 Abs. 1 WpHG, weil die übernahmerechtliche Veröffentlichungspflicht der Ad-hoc-Meldepflicht vorgeht. Die Übermittlung des Übernahmeangebotes an die A-AG könnte diese jedoch nach § 15 Abs. 1 S. 1 WpHG zu einer Ad-hoc-Meldung verpflichten. Dann dürfte der (geplante) Erwerb der Aktien sich nicht lediglich auf das von der A-AG emittierte Finanzinstrument beziehen. Die Erwerbsabsicht der X-AG ist nämlich auch nicht unmittelbar im Tätigkeitsbereich der A-AG eingetreten. Jedoch würde sich der von der X-AG beabsichtigte Kontrollerwerb unmittelbar auf die Entscheidungsprozesse in der Hauptversammlung der A-AG auswirken, §§ 133, 134 AktG, so dass die unmittelbare Betroffenheit der A-AG zu bejahen ist. Die Übermittlung eines Übernahmeangebotes nach § 29 Abs. 1 WpÜG stellt daher grundsätzlich einen Umstand dar, den die A-AG nach § 15 Abs. 1 S. 1 WpHG veröffentlichen muss.

Weitere Beispiele von unternehmensexternen Umständen, die grundsätzlich nach § 15 Abs. 1 S. 1 WpHG von der betroffenen Gesellschaft veröffentlicht werden müssen, sind ein aktienrechtlicher Squeeze-Out[19] oder die Veränderung eines Ratings durch eine Ratingagentur,[20] solange letzteres nicht auf öffentlich bekannten Umständen beruht (§ 13 Abs. 2 WpHG). Allgemeine Wirtschaftsdaten[21] oder die Veränderungen in der Situation eines Konkurrenten des Emittenten[22] sind dagegen unternehmensexterne Umstände, die nicht unmittelbar den Emittenten betreffen und daher nicht publizitätspflichtig sind.

---

[15] Ein Katalog von veröffentlichungspflichtigen Insiderinformationen findet sich im Emittentenleitfaden der BaFin 2009, S. 43 f.
[16] *Schwark/Zimmer*, § 15 WpHG, Rn. 35. Weitere Beispiele im Emittentenleitfaden der BaFin 2009, S. 56 f.
[17] Emittentenleitfaden der BaFin 2009, S. 53; *Diekmann/Sustmann*, NZG 2004, 929 (934); *Simon*, Der Konzern 2005, 13 (15).
[18] Es kann jedoch ein Aufschub der Ad-hoc-Meldung nach § 15 Abs. 3 WpHG gestattet sein, siehe dazu unten II. 1. c).
[19] Emittentenleitfaden der BaFin 2009, S. 64; *Diekmann/Sustmann*, NZG 2004, 929 (934); *Simon*, Der Konzern 2005, 13 (15); *Schwark/Zimmer*, § 15 WpHG, Rn. 35
[20] Regierungsbegründung, BT-Drs. 15/3174, 35; *Simon*, Der Konzern 2005, 13 (15).
[21] Emittentenleitfaden der BaFin 2009, S. 53; *Ziemons*, NZG 2004, 537 (541). Etwas anderes kann dann gelten, wenn die allgemeine Wirtschaftsinformation für den Emittenten kursrelevant ist, beispielsweise die Ölpreisentwicklung, wenn der Emittent von Energiepreisen abhängig ist, *Simon*, Der Konzern 2005, 13 (17); *Ziemons*, NZG 2004, 537 (541).
[22] Emittentenleitfaden der BaFin 2009, S. 54.

c) Befreiungstatbestand § 15 Abs. 3 S. 1 WpHG

Aufgrund der geringen Anforderungen, die § 15 Abs. 1 S. 1 WpHG an die zu veröffentlichenden Insiderinformationen stellt, können insbesondere bei mehrstufigen Entscheidungsprozessen diese Tatbestandsvoraussetzungen erfüllt sein, obwohl das gewünschte Ergebnis des Entscheidungsprozesses noch nicht sicher erreicht ist und eine Veröffentlichung des Entscheidungsvorgangs denselben gefährden könnte.[23] Aus diesem Grund hat der Gesetzgeber mit § 15 Abs. 3 S. 1 WpHG einen Befreiungstatbestand geschaffen, der dem Emittenten eigenverantwortlich die Möglichkeit eröffnet, von einer Veröffentlichung nach § 15 Abs. 1 S. 1 WpHG zunächst abzusehen.[24] Diese Befreiungsmöglichkeit erlangt durch die Entscheidung des EuGH, dass bei mehrstufigen Entscheidungsprozessen bereits die einzelnen Zwischenschritte, die mit dem Endergebnis verknüpft sind, veröffentlichungspflichtige Insiderinformationen darstellen können,[25] gesteigerte Bedeutung.

aa) Voraussetzungen der Befreiung

Die Möglichkeit des Aufschubs der Veröffentlichung besteht jedoch nur, solange berechtigte Interessen des Emittenten eine Befreiung von der Publizitätspflicht erfordern, keine Irreführung der Öffentlichkeit zu befürchten ist und der Emittent die Vertraulichkeit der Insiderinformation gewährleisten kann.

Zur Ermittlung, ob ein berechtigtes Interesse des Emittenten an dem Aufschub der Veröffentlichung vorliegt, ist nach § 15 Abs. 7 S. 1 Nr. 3 WpHG iVm § 6 WpAIV[26] das Geheimhaltungsinteresse des Emittenten gegen das Interesse des Kapitalmarktes an einer vollständigen und zeitnahen Veröffentlichung abzuwägen. Als Regelbeispiele, bei denen ein überwiegendes Emittenteninteresse in Betracht kommt, nennt § 6 WpAIV die Gefährdung des Ergebnisses oder des Ganges laufender, kursrelevanter Verhandlungen, deren Veröffentlichung die Interessen der Anleger ernsthaft gefährden würde (§ 6 S. 2 Nr. 1 WpAIV), oder wenn der Vorstand des Emittenten einen Vertragsabschluss oder eine Entscheidung bekannt geben müsste, deren Wirksamkeit von der Zustimmung eines anderen Organs des Emittenten abhängt und dies die sachgerechte Bewertung der Information durch das Publikum gefährden würde (§ 6 S. 2 Nr. 2 WpAIV). Ein überwiegendes Interesse des Emittenten kann aber auch dann bestehen, wenn die Veröffentlichung zu erheblichen Kosten- oder Wettbewerbsnachteilen führen würde,[27] wobei dies aufgrund des Ausnahmecharakters des Befreiungstatbestandes dann nicht gilt, wenn die gleichen Nachteile auch bei einer späteren Veröffentlichung eintreten würden.[28]

Eine Irreführung der Öffentlichkeit kann durch den Aufschub der Mitteilung dann zu befürchten sein, wenn die öffentliche Wahrnehmung der Situation des Emittenten zu der Insiderinformation, deren Veröffentlichung aufgeschoben wird, in Widerspruch steht. Erforderlich ist dafür allerdings, dass sich am Markt bereits eine konkrete Meinung über das Vorliegen bzw. Nichtvorliegen des Umstandes, auf den sich

---

[23] Nach zuvor geltender Rechtslage bestand eine Veröffentlichungspflicht nach § 15 WpHG aF regelmäßig erst, wenn – sofern ein solcher erforderlich war – der Aufsichtsratsbeschluss bezüglich einer Maßnahme vorlag, Assmann/Schneider/*Kümpel/Assmann*, WpHG, § 15 Rn. 60.
[24] Laut Statistik der BaFin machten im Jahr 2011 die Gesellschaften in 212 Fällen von der Befreiungsmöglichkeit des § 15 Abs. 3 S. 1 WpHG Gebrauch (abrufbar unter www.bafin.de).
[25] EuGH, WM 2012, 1807.
[26] Verordnung zur Konkretisierung von Anzeige-, Mitteilungs- und Veröffentlichungspflichten sowie der Pflicht zur Führung von Insiderverzeichnissen, BGBl. I 2004, 3376.
[27] *Tollkühn*, ZIP 2004, 2215 (2218); Assmann/Schneider/*Assmann*, WpHG, § 15 Rn. 151.
[28] *Tollkühn*, ZIP 2004, 2215 (2218).

die Insiderinformation bezieht, gebildet hat. Dies kann der Fall sein, wenn der Emittent selbst dem Markt Anhaltspunkte für Informationen geliefert hat, die mit der Insiderinformation nicht in Einklang zu bringen sind.[29] Nicht ausreichend ist jedoch, dass am Markt Gerüchte über den veröffentlichungspflichtigen Umstand kursieren.[30] Letztlich kann die Frage der Gefahr der Irreführung der Öffentlichkeit nur im Einzelfall entschieden werden.

Ungeklärt ist im Zusammenhang der Befreiungsmöglichkeit nach § 15 Abs. 3 WpHG, ob die Befreiung erfordert, dass der Emittent sich aktiv für diese entscheidet oder ob die Rechtsfolge der Befreiung ex lege eintritt.[31]

Zur Gewährleistung der Vertraulichkeit der Insiderinformation muss der Emittent gemäß § 7 WpAIV zur Vermeidung einer Erweiterung des Kreises der Insider und der damit steigenden Gefahr eines Missbrauchs der Insiderinformation wirksame Vorkehrungen treffen. Insbesondere muss er nach § 7 Nr. 2 WpAIV dafür Sorge tragen, dass er die Insiderinformation veröffentlicht, sobald die Vertraulichkeit nicht mehr gewährleistet werden kann. Der Emittent ist dagegen nicht verpflichtet, Personen, die er im Rahmen der Aufnahme in das nach § 15b WpHG zu führende Insiderverzeichnis über ihre Pflichten belehrt hat, abermals zu belehren.[32]

bb) Nachholung der Veröffentlichung

Sobald eine der Voraussetzungen des § 15 Abs. 3 S. 1 WpHG für eine Befreiung von der Veröffentlichungspflicht weggefallen ist, hat der Emittent die Veröffentlichung der Insiderinformation unverzüglich nachzuholen, § 15 Abs. 3 S. 2 WpHG. Er unterliegt daher der Verpflichtung, die Voraussetzungen für die Befreiung von der Veröffentlichung laufend zu überprüfen.[33] Probleme werfen die Fälle auf, in denen ursprünglich eine Insiderinformation vorlag, der ihr zugrunde liegende Umstand zum Zeitpunkt des Wegfalls der Befreiungsvoraussetzungen aber keine Kursrelevanz mehr aufweist und daher ex post nicht mehr als Insiderinformation einzustufen ist.

Beispiel 2: Die Geschäfte der zum Handel an der Börse zugelassenen X-AG verlaufen schleppend und sie hat die ihr gewährten Kreditlinien voll ausgeschöpft. Aufgrund von Zahlungsschwierigkeiten eines bedeutenden Schuldners S und der damit einhergehenden Gefährdung eines erwarteten Zahlungseingangs kommt die X-AG in Liquiditätsschwierigkeiten. Sie nimmt aus diesem Grunde Verhandlungen mit ihrer Hausbank über die kurzfristige Ausweitung ihrer Kreditlinien auf. Noch im Laufe der Verhandlungen zahlt S an die X-AG und die Liquidität ist wieder gewährleistet, so dass die Kreditverhandlungen mit der Bank abgebrochen werden. Muss die X-AG nun die vorübergehenden Liquiditätsschwierigkeiten nach § 15 Abs. 3 S. 2, Abs. 1 S. 1 WpHG veröffentlichen?

Teilweise wird vertreten, ein Emittent sei auch in den Fällen, in denen einer ursprünglichen Insiderinformation zum Zeitpunkt des Wegfalls der Voraussetzungen des Befreiungstatbestandes des § 15 Abs. 3 S. 1 WpHG keine Kursrelevanz mehr zukommt, noch zur Veröffentlichung der ursprünglichen Insiderinformation verpflichtet. Es komme nämlich nicht darauf an, wann die Insiderinformation veröffentlicht werde, sondern vielmehr, dass sie überhaupt publiziert werde.[34] Nach diesem Verständnis ist § 15 Abs. 3 S. 2 WpHG eine Rechtsfolgenverweisung auf § 15 Abs. 1 S. 1

---

[29] Emittentenleitfaden der BaFin 2009, S. 67; *Simon*, Der Konzern 2005, 13 (20).
[30] *Diekmann/Sustmann*, NZG 2004, 929 (935); aA *Tollkühn*, ZIP 2004, 2215 (2219).
[31] Für das Erfordernis eines Befreiungsbeschlusses des Emittenten siehe Emittentenleitfaden der BaFin 2009, S. 65. Sie zu dieser Frage und sich daraus ergebenden Folgeproblemen ausführlich *Ihrig/Kranz*, BB 2013, 451 (452).
[32] *Tollkühn*, ZIP 2004, 2215 (2219); *Ziemons*, NZG 2004, 537 (543).
[33] *Tollkühn*, ZIP 2004, 2215 (2219).
[34] *Tollkühn*, ZIP 2004, 2215 (2220). *Kuthe*, ZIP 2004, 883 (886) hält eine Veröffentlichungspflicht aus Kontrollgründen für erwägenswert.

WpHG. Berücksichtigt man jedoch, dass es gerade bei mehrstufigen Entscheidungsprozessen nicht sachgerecht ist, nach Wegfall der Befreiungsvoraussetzungen jeden einzelnen Umsetzungsschritt des Entscheidungsprozesses zu veröffentlichen, sondern dass es auf das Ergebnis des Entscheidungsprozesses ankommt, so kann eine Veröffentlichungspflicht nur davon abhängen, ob zum Zeitpunkt der Veröffentlichungspflicht dem Umstand die erforderliche Kursrelevanz zukommt.[35] Der Kapitalmarkt hat nämlich kein Interesse an einer Insiderinformation, die keine mehr ist.[36] § 15 Abs. 3 S. 2 WpHG ist daher als Rechtsgrundverweisung zu verstehen.[37]

d) Sonderfall Ad-hoc-Publizitätspflicht im Konzern

Einer besonderen Betrachtung bedarf die Veröffentlichungspflicht im Konzern. Denn die nach § 15 WpHG zur Veröffentlichung von Insiderinformationen verpflichteten Emittenten sind regelmäßig konzernverbundene Aktiengesellschaften.[38] Die Publizitätspflicht des § 15 Abs. 1 S. 1 WpHG richtet sich also maßgeblich danach, wann ein Umstand, der bei einem Konzernunternehmen eingetreten ist und der sich trotz dessen rechtlicher Selbständigkeit für ein anderes, börsennotiertes Konzernunternehmen kursrelevant auswirkt, letzteres unmittelbar betrifft. Hier ist zu differenzieren zwischen der Veröffentlichungspflicht der Muttergesellschaft und derjenigen der Tochtergesellschaft.

aa) Veröffentlichungspflicht der Muttergesellschaft

Eine unmittelbare Betroffenheit einer Muttergesellschaft als Emittent liegt jedenfalls dann vor, wenn der Bereich der Tochtergesellschaft, in dem der Umstand entsteht, welcher die Grundlage der Insiderinformation bildet, zu ihrem Tätigkeitsbereich gehört, vgl. § 15 Abs. 1 S. 3 WpHG. Dies ist nach der überwiegenden Ansicht der Fall, wenn die Tochtergesellschaft zum Vollkonsolidierungskreis des Emittenten gehört (§§ 290 ff. HGB)[39] sowie bei Ereignissen, die im Bereich von verbundenen Unternehmen im Sinne des § 271 Abs. 2 HGB, Gemeinschaftsunternehmen im Sinne des § 310 HGB sowie in assoziierten Gesellschaften nach § 311 HGB eingetreten sind.[40] Darüber hinaus können aber auch unternehmensexterne Umstände zu einer Publizitätspflicht führen, so dass die Frage der Einflussmöglichkeit des Emittenten nicht allein ausschlaggebend sein kann.[41] Daher ist vorgeschlagen worden, dass es hier ausnahmsweise auf die Kenntnis der Muttergesellschaft von dem beim Tochterunternehmen eingetretenen Umstand ankomme.[42]

---

[35] So im Ergebnis auch der Emittentenleitfaden der BaFin 2009, S. 65; *Schwark/Zimmer*, § 15 WpHG, Rn. 75.
[36] *Kuthe*, ZIP 2004, 883 (886).
[37] *Schwark/Zimmer*, § 15 WpHG, Rn. 75.
[38] *Cahn*, ZHR 162 (1998), 1, 30; *Schwark/Zimmer*, § 15 WpHG, Rn. 45.
[39] *Dreyling/Schäfer*, Insiderrecht und Ad-hoc-Publizität, Rn. 389; *Schwark/Zimmer*, § 15 WpHG, Rn. 46; *Cahn*, ZHR 162 (1998), 1, 31; *Spindler/Speier*, BB 2005, 2031 (2031) mwN.
[40] *Dreyling/Schäfer*, Insiderrecht und Ad-hoc-Publizität, Rn. 389; *Schwark/Zimmer*, § 15 WpHG, Rn. 46; *Spindler/Speier*, BB 2005, 2031 (2031).
[41] *Spindler/Speier*, BB 2005, 2031 (2032).
[42] *Spindler/Speier*, BB 2005, 2031 (2032); eine Wissenszurechnung im Konzern könne aber nur bei einer intensiven Beherrschung oder einer Personalunion von Organmitgliedern in Betracht kommen. *Simon*, Der Konzern 2005, 13 (17) will dagegen auf die Auswirkung des Umstands auf die Vermögens-, Finanz- oder Ertragslage des Emittenten abstellen. Dies ist jedoch eine Frage der Kursrelevanz.

bb) Veröffentlichungspflicht der Tochtergesellschaft

In dem Fall, dass bei der Muttergesellschaft Umstände eintreten, die für die emittierende Tochtergesellschaft kursrelevant sind, handelt es sich stets um aus Sicht der Tochtergesellschaft unternehmensexterne Umstände.[43] Auch hier soll es nach einer Meinung auf die Kenntnis der Tochtergesellschaft von dem Umstand ankommen.[44] Sind die Aktien sowohl des Mutter- als auch des Tochterunternehmens zum Handel im regulierten Markt zugelassen, so besteht dennoch auch eine eigene Veröffentlichungspflicht der Tochtergesellschaft.[45] Denn nur so kann sichergestellt werden, dass eine Veröffentlichung der Insiderinformation tatsächlich erfolgt.[46] Allerdings kann eine Information mit Publizierung durch eine der veröffentlichungspflichtigen Gesellschaften ihre Eigenschaft der Insiderinformation einbüßen, wenn sie sich ausdrücklich auf die unmittelbar betroffenen Unternehmen innerhalb des Konzerns bezieht. Anderenfalls müssen sowohl die Mutter- als auch die Tochtergesellschaft eine eigene – wenn auch konsolidierte – Ad-hoc-Mitteilung publizieren.[47]

2. Veröffentlichungspflicht durch Weitergabe nach § 15 Abs. 1 S. 4, 5 WpHG

Insiderinformationen müssen nach § 15 Abs. 1 S. 4 WpHG auch veröffentlicht werden, wenn sie vom Emittenten selbst oder von einer anderen Person, die in dessen Auftrag oder auf dessen Rechnung handelt, im Rahmen seiner Befugnisse einem Dritten zugänglich gemacht werden. Durch diesen Gleichbehandlungsgrundsatz soll gewährleistet werden, dass Dritte von Insiderinformationen nicht früher als die Öffentlichkeit in Kenntnis gesetzt werden.[48] Zugleich wird der Adressatenkreis der Publizitätspflicht auf Personen ausgedehnt, die im Auftrag oder auf Rechnung des Emittenten handeln.[49] Die Befugnis zur Weitergabe stellt dabei die Kehrseite der verbotenen Weitergabe nach § 14 Abs. 1 Nr. 2 WpHG[50] dar. Wird die Information dem Dritten unwissentlich zugänglich gemacht, so ist die Veröffentlichung nach § 15 Abs. 1 S. 5 WpHG unverzüglich nachzuholen. Bei beiden Alternativen wird im Gegensatz zu § 15 Abs. 1 S. 1 WpHG nicht vorausgesetzt, dass die Insiderinformation den Emittenten unmittelbar betrifft. Allerdings dürften unternehmensexterne Umstände, die den Emittenten nicht unmittelbar betreffen, nur in seltenen Fällen nicht öffentlich bekannt sein.[51] Die Veröffentlichungspflicht besteht nicht, wenn der Dritte rechtlich, also gesetzlich oder vertraglich, zur Vertraulichkeit verpflichtet ist.[52] Daher dürfen beispielsweise einem von der Emittentin beauftragten Rechtsanwalt oder Wirtschaftsprüfer Insiderinformationen zugänglich gemacht werden.[53] Aber

---

[43] *Spindler/Speier*, BB 2005, 2031 (2033); *Schwark/Zimmer*, § 15 WpHG, Rn. 48.
[44] *Spindler/Speier*, BB 2005, 2031 (2034).
[45] *Kuthe*, ZIP 2004, 883 (885) Fn. 15; *Spindler/Speier*, BB 2005, 2031 (2034); *Tollkühn*, ZIP 2004, 2215 (2217).
[46] *Spindler/Speier*, BB 2005, 2031 (2034).
[47] *Spindler/Speier*, BB 2005, 2031 (2034).
[48] Regierungsbegründung, BT-Drs. 15/3174, 35.
[49] Dabei ist zumindest ein vorvertragliches oder vermeintliches Schuldverhältnis zum Emittenten erforderlich, *Leuering*, NZG 2005, 12 (16). *Simon*, Der Konzern 2005, 13 (18) stellt auf das Bestehen eines vertraglichen Schuldverhältnisses ab. Auf dessen zivilrechtliche Wirksamkeit kann es jedoch nicht ankommen.
[50] Siehe dazu § 13 Insiderrecht.
[51] *Simon*, Der Konzern 2005, 13 (18).
[52] In diesem Zusammenhang ist umstritten, ob das Weitergabeverbot aus § 14 Abs. 1 Nr. 2 WpHG eine Vertraulichkeitsverpflichtung im Sinne des § 15 Abs. 1 S. 4 WpHG darstellt, vgl. dazu *Widder/Gallert*, NZG 2006, 451 (453).
[53] Regierungsbegründung, BT-Drs. 15/3174, 35.

auch eine von dem Emittenten zum Druck von Broschüren mit Insiderinformationen beauftragte Druckerei ist in Form einer Nebenpflicht aus dem Werkvertrag[54] zur Vertraulichkeit verpflichtet, so dass die Informationen dann nicht sofort veröffentlicht werden müssen.

3. Pflicht zur Veröffentlichung einer Korrektur, § 15 Abs. 2 S. 2 WpHG

Das Ziel umfassender Transparenz für den Kapitalmarkt wird weiter dadurch gefördert, dass derjenige, der eine unwahre Insiderinformation veröffentlicht, diese nach § 15 Abs. 2 S. 2 WpHG in einer Korrekturmitteilung richtig stellen muss. Allerdings sind nur Tatsachen der Überprüfung auf ihre Wahrheit zugänglich. Eine Berichtigungspflicht im Falle von Werturteilen oder Prognosen kann sich daher nur auf deren Tatsachengehalt erstrecken.

4. Art und Inhalt der Veröffentlichung

In § 15 Abs. 1 S. 6, Abs. 7 S. 1 Nr. 1 WpHG iVm §§ 3a bis 5 WpAIV sind die Art und Form der vorzunehmenden Veröffentlichung geregelt.[55] Davon abweichende Veröffentlichungsformate sind zwar zulässig, dürfen jedoch nach § 15 Abs. 5 S. 1 WpHG nicht zeitlich vor der vorgeschriebenen Mitteilung veröffentlicht werden. Als Faustregel kann hier genannt werden, dass sämtliche für die Erfüllung des Tatbestands der Veröffentlichungspflicht relevanten Umstände detailliert in die Meldungen aufgenommen werden müssen. Gleichzeitig sollen Ad-hoc-Meldungen nicht als Marketinginstrument missbraucht werden,[56] so dass sie sich auf die gesetzlich geforderten Inhalte beschränken müssen, § 15 Abs. 2 S. 1 WpHG. Als Plattform für die in deutscher Sprache vorzunehmende Veröffentlichung dient nach § 5 Abs. 1 Nr. 1 WpAIV ein elektronisches Informationsverbreitungssystem.[57] Verfügt der Emittent über eine Internetadresse, so muss die Meldung zusätzlich unter dieser Adresse für die Dauer eines Monats abrufbar sein, § 5 Abs. 1 Nr. 2 WpAIV. Zusätzlich ist der Emittent verpflichtet, die Veröffentlichung gemäß § 15 Abs. 5 S. 2 WpHG den Geschäftsführungen derjenigen deutschen organisierten Märkte zuzuleiten, an denen die Finanzinstrumente zugelassen sind oder sich darauf beziehende Derivate gehandelt werden. Darüber hinaus ist die Information unverzüglich nach ihrer Veröffentlichung an das Unternehmensregister zur Speicherung zu übermitteln (§ 8b Abs. 2 Nr. 9, Abs. 3 Nr. 2 HGB[58]).

5. Vorabmitteilung nach § 15 Abs. 4 WpHG

Nach § 15 Abs. 4 WpHG muss der Emittent vor jeder Veröffentlichung die zu veröffentlichende Information in ihrem Wortlaut und dem vorgesehenen Zeitpunkt der Veröffentlichung unter Benennung eines Ansprechpartners (§ 15 Abs. 7 Nr. 2 WpHG iVm § 8 Abs. 1 WpAIV) der BaFin und den Geschäftsführungen der deut-

---

[54] Vgl. *Leuering*, NZG 2005, 12 (16 f.).
[55] Vgl. zu den Einzelheiten Emittentenleitfaden der BaFin 2009, S. 68 ff.
[56] Emittentenleitfaden der BaFin 2009, S. 70.
[57] Ein solches Informationssystem wird beispielsweise von der Deutschen Gesellschaft für Ad-hoc-Publizität (www.dgap.de) angeboten.
[58] Die im Rahmen des TUG erfolgte Ergänzung in § 15 Abs. 1 S. 1, Hs. 2, S. 4, Hs. 2 WpHG hat nur Klarstellungsfunktion und erleichtert die Rechtsanwendung.

schen organisierten Märkte, an denen die Finanzinstrumente zugelassen sind oder sich darauf beziehende Derivate gehandelt werden, in der Form, wie auch die Veröffentlichung zu erfolgen hat, mitteilen. Bei im Ausland ansässigen Emittenten kann die BaFin gestatten, dass die Vorabmitteilung gleichzeitig mit der Veröffentlichung erfolgt. In besonderen Fällen muss die Mitteilung an die BaFin um zusätzliche Informationen ergänzt werden, § 15 Abs. 7 Nr. 2 WpHG iVm § 8 Abs. 2 bis 5 WpAIV.

III. Rechtsfolgen bei Verstößen

Ein Verstoß gegen die Vorschriften des § 15 WpHG kann sowohl die Konsequenz einer zivilrechtlichen Schadensersatzverpflichtung als auch von ordnungswidrigkeitsrechtlichen Sanktionen nach sich ziehen.

1. Schadensersatzansprüche

Beispiel 3 (angelehnt an BGH, ZIP 2004, 1593): Die Aktien der E-AG sind zum Handel an der Frankfurter Wertpapierbörse zugelassen. V ist Vorstandsvorsitzender der E-AG. Im Sommer 2012 veröffentlichte die E-AG auf Veranlassung von V eine Ad-hoc-Mitteilung, in der sie den Abschluss eines Auftrags in Höhe von 100 Mio. EUR bekannt gab. Tatsächlich umfasste der Auftrag lediglich 20 Mio. EUR zuzüglich einer Option des Auftraggebers über 80 Mio. EUR, die allerdings nicht ausgeübt wurde. Nach der Ad-hoc-Meldung stieg der Kurs der E-Aktie um ca. 20 % auf 50 EUR. Anleger A erwarb im Herbst 2012 aufgrund der positiven Ad-hoc-Meldung 250 Aktien der E-AG zum Kurs von 45 EUR. Danach fiel der Kurs der E-Aktie rasch und bewegt sich derzeit nur noch bei wenigen Cent.
Anleger A verlangt nun sowohl von V als auch von der E-AG Schadensersatz.

Im Rahmen der möglichen Schadensersatzansprüche aufgrund falscher oder unterlassender Ad-hoc-Mitteilungen ist zu unterscheiden zwischen Schadensersatzansprüchen gegen den Vorstand des Emittenten, in dessen Verantwortungsbereich die Verpflichtung zu Ad-hoc-Publizierung fällt,[59] und einer Schadensersatzpflicht des Emittenten selbst.

a) Haftung des Vorstands

Die Haftung des Vorstands für falsche oder unterlassene Ad-hoc-Mitteilungen ist für den Anleger von großer Bedeutung, weil die Vergangenheit gezeigt hat, dass Emittenten falscher Ad-hoc-Mitteilungen oftmals eine hohe Insolvenzanfälligkeit aufweisen.

aa) Prospekthaftung und § 823 Abs. 2 BGB iVm einem Schutzgesetz

Eine allgemeine zivilrechtliche Prospekthaftung des Vorstands nach §§ 311 Abs. 1, Abs. 2, 280 Abs. 1 BGB[60] scheidet aus, weil eine Ad-hoc-Mitteilung regelmäßig kein Prospekt im Sinne der allgemeinen Prospekthaftung ist.[61] Ad-hoc-Meldungen sind lediglich anlassbezogen und informieren über neue, gewichtige Einzelumstände.[62] Sie versetzen den Anleger nicht in die Lage, sich ein Gesamtbild vom Anlageobjekt zu

---

[59] *Möllers/Leisch*, WM 2001, 1648 (1652); *Rützel*, AG 2003, 69.
[60] Siehe zu den von der Rechtsprechung zur allgemeinen Prospekthaftung entwickelten Grundsätzen BGHZ 71, 284; 123, 106 (109 f.).
[61] *BGH*, ZIP 2004, 1593, Leitsatz; *Groß*, WM 2002, 477 (480); *Kort*, AG 2005, 21 (22); *Leisch*, ZIP 2004, 1573.
[62] *BGH*, ZIP 2004, 1593 (1595).

verschaffen.[63] Aus den gleichen Gründen scheidet auch eine spezialgesetzliche Prospekthaftung des Vorstands, etwa nach § 44 BörsG, aus.[64]

Eine Haftung des Vorstands nach § 823 Abs. 2 BGB iVm § 15 WpHG scheitert daran, dass § 15 WpHG selbst kein Schutzgesetz im Sinne des § 823 Abs. 2 BGB ist, sondern lediglich der Funktionsfähigkeit des Kapitalmarktes dient.[65] In § 15 Abs. 6 S. 1 WpHG wird daher ein Schadensersatzanspruch an die besonderen Voraussetzungen der §§ 37b, 37c WpHG geknüpft.[66] Das Gleiche gilt für § 20a WpHG, der § 88 BörsG aF abgelöst hat.[67] Eine Haftung nach §§ 823 Abs. 2 BGB iVm 400 Abs. 1 Nr. 1 AktG scheidet ebenfalls aus. Zwar ist § 400 Abs. 1 Nr. 1 AktG nach einhelliger Meinung ein Schutzgesetz im Sinne von § 823 Abs. 2 BGB;[68] bei einer falschen Ad-hoc-Mitteilung handelt es sich regelmäßig jedoch nicht um einen Prospekt oder eine Darstellung oder Übersicht über den Vermögensstand der AG, weil nicht die gesamtgesellschaftliche Situation dargestellt wird.[69] Aus diesem Grund scheitert auch ein Schadensersatzanspruch gemäß §§ 823 Abs. 2 BGB iVm 264a StGB. Der Tatbestand des § 263 StGB ist mangels Stoffgleichheit des erstrebten Vermögensvorteils mit dem eingetretenen Schaden nicht verwirklicht.[70]

bb) § 826 BGB

Regelmäßig kommt jedoch ein Anspruch aus § 826 BGB in Betracht. Die erforderliche Schädigung des Anlegers liegt vor, wenn er etwa durch Kursverluste eine unfreiwillige Vermögenseinbuße erlitten hat. Zugleich geht der durch die Ad-hoc-Meldung getäuschte Anleger eine (ex post) ungewollte Verpflichtung zur Zahlung des Kaufpreises ein, was zu einem Nichtvermögensschaden in Form der Verletzung der wirtschaftlichen Selbstbestimmung[71] führt. Eine sittenwidrige Handlung besteht in der Veröffentlichung einer grob falschen Ad-hoc-Meldung in Kenntnis ihrer Unrichtigkeit – auch in Zeiten einer allgemeinen Euphorie und eines verbreiteten Missbrauchs von Ad-hoc-Meldungen zu Werbezwecken.[72] Die erforderliche Kausalität ist gegeben, wenn der Anlageentschluss des Geschädigten auf der falschen Ad-hoc-Mitteilung beruhte. Als Kausalitätsnachweis reicht allerdings nach der Rechtsprechung des BGH das enttäuschte allgemeine Anlegervertrauen in die Integrität der Marktpreisbildung nicht aus, sondern auch in diesen Fällen ist der Nachweis konkreter Kausalität unverzichtbar.[73] Die Haftung erfordert darüber hinaus, dass der Vorstand zumindest bedingt vorsätzlich in Bezug auf die Unrichtigkeit der Ad-hoc-Meldung und die Schädigung des Anlegers handelte.[74] Dafür ist ausreichend, dass er den Schaden

---

[63] *Kort*, AG 2005, 21 (22). Etwas anderes kann jedoch dann gelten, wenn sich die Ad-hoc-Meldung im Einzelfall über den üblichen Inhalt hinaus prospektähnlich präsentiert.

[64] *Kort*, AG 2005, 21 (22).

[65] *BGH*, ZIP 2004, 1593, Leitsatz; NJW 2005, 2450 (2451) (jeweils zu § 15 WpHG aF); *Leisch*, ZIP 2004, 1573 (1578); *Mülbert/Steup*, WM 2005, 1633 (1635) mwN.

[66] *BGH*, ZIP 2004, 1593 (1595).

[67] *BGH*, ZIP 2004, 1593 (1595); *Edelmann*, BB 2004, 2031 (2032); *Fleischer*, DB 2004, 2031 (2033); *Kort*, AG 2005, 21 (23); *Spindler*, WM 2004, 2089 (2091); aA *Möllers*, ZBB 2003, 390 (400).

[68] BGHZ 149, 10 (20).

[69] Vgl. *BGH*, ZIP 2004, 1593 (1596).

[70] Vgl. *BGH*, ZIP 2004, 1593 (1596); *Kort*, AG 2005, 21 (24); *Rützel*, AG 2003, 69 (73).

[71] Vgl. *Möllers*, WM 2003, 2393 (2395); *Rützel*, AG 2003, 69 (75).

[72] StRspr, vgl. *BGH*, NZG 2008, 790 (791) mwN. Zur Sittenwidrigkeit der Unterlassung einer Ad hoc-Mitteilung siehe *Möllers*, WM 2003, 2393. Zu einer Mitteilung „ins Blaue hinein" siehe *Rützel*, AG 2003, 69 (73).

[73] *BGH*, NZG 2008, 790 (791) mwN zu den Anforderungen an den Nachweis der Kausalität im Rahmen der Haftung nach § 826 BGB wegen falscher Ad-hoc-Mitteilungen.

[74] Vgl. *BGH*, NJW 2004, 446 (448), ZIP 2004, 1593 (1598).

anderer generell in Kauf genommen hat. Eine Individualisierung der Geschädigten ist nicht erforderlich.[75] Denn sonst würden Massenschädiger vor Einzelschädigern privilegiert.[76]

Die Berechnung des in Fällen der Anlegerschädigung ersatzfähigen Schadens erfolgt im Wege der Naturalrestitution nach §§ 249 ff. BGB. Hierzu hat der BGH in zwei wegweisenden Entscheidungen klargestellt, dass nicht nur der Kursdifferenzschaden – also der Differenzbetrag zwischen dem tatsächlichen Erwerbspreis und dem Preis, der sich bei pflichtgemäßem Publizitätsverhalten ergeben hätte – ersatzfähig ist, sondern alternativ[77] der Anleger vielmehr Naturalrestitution dergestalt verlangen kann, dass ihm der Kaufpreis für die Aktien ersetzt wird.[78] Denn geschützt würden durch § 826 BGB nicht nur unfreiwillige Vermögenseinbußen, sondern jede Beeinträchtigung eines rechtlich anerkannten Interesses,[79] so dass auch Nichtvermögensschäden ersatzfähig sind.[80] Der geschädigte Anleger muss dann allerdings die erworbenen Aktien auf den Schädiger übertragen bzw. sich einen inzwischen erzielten Verkaufserlös anrechnen lassen.[81] Dies stellt jedoch keine Rückgängigmachung des Kaufvertrags im strengen Sinne dar, weil die Rückabwicklung nicht mit dem Vertragspartner erfolgt, sondern sich der Anspruch gegen den Schädiger richtet.

b) Haftung des Emittenten

aa) §§ 826, 31 analog BGB

Analog § 31 BGB hat auch der Emittent für sittenwidrige vorsätzliche Verstöße seiner Vorstandsmitglieder als verfassungsmäßig berufene Vertreter (§ 78 AktG) einzustehen. Dem steht auch die Regelung des § 15 Abs. 6 S. 1 WpHG nicht entgegen, weil § 15 Abs. 6 S. 2 WpHG die Schadensersatzhaftung der Gesellschaft aufgrund anderer Rechtsgrundlagen ausdrücklich zulässt.

Nach inzwischen ständiger Rechtsprechung des BGH ist die im Rahmen der Naturalrestitution (§ 249 BGB) vorzunehmende Erstattung des Kaufpreises mit dem Verbot der Einlagenrückgewähr des § 57 AktG vereinbar.[82] Denn im Falle der vorsätzlichen sittenwidrigen Schädigung habe der Kapitalschutzgedanke zurückzustehen. Auch die ggf. Zug um Zug geschuldete Übertragung der erworbenen Aktien gegen Leistung von Schadensersatz ist mit § 71 AktG vereinbar. In diesen Fällen genießt das Integritätsinteresse des Anlegers nach der Rechtsprechung Vorrang vor dem Verbot des Erwerbs eigener Aktien.[83]

---

[75] *BGH*, ZIP 2004, 1593 (1598); *OLG Frankfurt a. M.*, ZIP 2005, 710 (711).
[76] *Kort*, AG 2005, 21 (25).
[77] *BGH*, NJW 2005, 2350 (2453).
[78] *BGH*, ZIP 2004, 1593 (1597); NJW 2005, 2350 (2453).
[79] *BGH*, ZIP 2004, 1593 (1597); NJW 2005, 2450 (2451); Palandt/*Sprau*, 67. Aufl., § 826 BGB Rn. 3.
[80] Palandt/*Sprau*, BGB, § 826 Rn. 14. Es bestehen allerdings Zweifel, ob für den Inhalt des Schadensersatzanspruches ein Abstellen auf das Bestehen auch eines Nichtvermögensschadens, wie in *BGH*, ZIP 2004, 1593 (1597), tatsächlich erforderlich ist. Denn in der ähnlich gelagerten Problemstellung der Täuschung bei Vertragsverhandlungen hat der *BGH*, ZIP 1998, 154 mit Anm. *Lorenz*, ZIP 1998, 1053, einen Anspruch auf Aufhebung des Vertrags bei Eintritt eines Vermögensschadens bejaht.
[81] *BGH*, ZIP 2004, 1593 (1597); NJW 2005, 2450 (Leitsatz).
[82] *BGH*, NJW 2005, 2450 (2452); ZIP 2007, 326 (Leitsatz); NZG 2008, 790 (791).
[83] *BGH*, NJW 2005, 2450 (2452); NZG 2008, 790 (791).

bb) § 37c WpHG

Daneben kommt ein Schadensersatzanspruch aus § 37c Abs. 1 Nr. 1 WpHG gegen den Emittenten in Betracht. Dann muss der Geschädigte das Finanzinstrument nach der Veröffentlichung der falschen Ad-hoc-Meldung im Vertrauen auf deren Richtigkeit erworben haben und bei Bekanntwerden der Unrichtigkeit noch deren Inhaber sein. Die Haftung ist allerdings bei Kenntnis oder grob fahrlässiger Unkenntnis der Unrichtigkeit Seitens des Geschädigten (vgl. die Beweislastumkehr des § 37c Abs. 2 WpHG) ausgeschlossen.

Im Rahmen der Haftung nach § 37c WpHG ist streitig, ob dem geschädigten Anleger lediglich der Kursdifferenzschaden zu ersetzen ist,[84] oder ob er alternativ darüber hinaus ein Rückgängigmachen der Transaktion verlangen kann.[85] Die vom BGH zur Haftung aus §§ 826, 31 analog BGB aufgestellten Grundsätze zur Haftungsausfüllung[86] sind auf die Haftung nach §§ 37b, 37c WpHG nicht ohne weiteres übertragbar, weil dem Emittenten bei der vorsätzlichen sittenwidrigen Schädigung gemäß § 826 BGB ohne Bedenken auch das Kursrisiko des Finanzinstruments aufgebürdet werden kann.[87] Die Beantwortung der Frage nach dem von § 37c WpHG gewährten Haftungsumfang hängt von der Reichweite des Schutzzweckes der §§ 15, 37b, 37c WpHG ab. Nur wenn sich dieser auch auf individuelle Vermögensdispositionen der Anleger erstreckt,[88] ist ein Anspruch auf Rückabwicklung einer Transaktion zu befürworten. Aufgrund der nach der Rechtsprechung fehlenden Schutzgesetzeigenschaft des § 15 WpHG[89] sprechen allerdings gewichtigere Gründe dafür, dass §§ 15, 37b, 37c WpHG dem Anleger nicht das Anlagerisiko abnehmen,[90] sondern lediglich verhindern wollen, dass aufgrund fehlerhafter oder fehlender Informationen ein unangemessener Marktpreis des Finanzinstrumentes abgebildet wird.[91]

Haften sowohl Vorstand als auch Emittent auf Schadensersatz, so sind sie Gesamtschuldner.

2. Ordnungswidrigkeiten

Neben einer zivilrechtlichen Schadensersatzhaftung kann ein vorsätzlicher oder leichtfertiger Verstoß gegen die in § 15 WpHG geregelten Veröffentlichungspflichten nach § 39 Abs. 2 Nr. 2c, Nr. 5 bis 7 WpHG eine Verpflichtung zur Zahlung von Bußgeld nach sich ziehen. Dessen Höhe ist im Falle der fehlenden, unrichtigen, unvollständigen oder verspäteten Veröffentlichung sowie der verfrühten anderweiti-

---

[84] So *Steinhauer*, Insiderhandelsverbot, S. 272 f.; *Schwark/Zimmer*, §§ 37b, 37c WpHG, Rn. 91 ff.; *Langenbucher*, ZIP 2005, 239 (241); *Mülbert/Steup*, WM 2005, 1633 (1635 f.); *Rützel*, AG 2003, 69 (79). Zur Berechnung des Differenzschadens siehe *BGH*, NJW 2005, 2450 (2453 f.).
[85] So *Fleischer*, DB 2004, 2031 (2035); *Leisch*, ZIP 2004, 1573 (1579); *Möllers/Leisch*, BKR 2002, 1071 (1074 ff.); *Rössner/Bolkart*, ZIP 2002, 1471 (1475); nach dem mit der Transaktion verfolgten Ziel des Anspruchstellers differenzierend Assmann/Schneider/*Sethe*, WpHG, §§ 37b, 37c Rn. 83 ff.
[86] *BGH*, NJW 2005, 2450 (2452).
[87] *Fleischer*, BB 2002, 1869 (1872); ders., DB 2004, 2031 (2035); *Mülbert/Steup*, WM 2005, 1633 (1637); angedeutet bei *Steinhauer*, Insiderhandelsverbot, S. 274.
[88] So *Möllers/Leisch*, BKR 2002, 1071 (1075).
[89] *BGH*, ZIP 2004, 1593, Leitsatz; NJW 2005, 2450 (2451) (jeweils zu § 15 WpHG aF). *Möllers/Leisch*, BKR 2002, 1071 (1074) halten dies indes für unschädlich, weil die Ablehnung der Schutzgesetzeigenschaft des § 15 WpHG lediglich technisch und nicht materiell zu verstehen sei.
[90] *Hutter/Stürwald*, NJW 2005, 2428 (2430).
[91] *Mülbert/Steup*, WM 2005, 1633 (1637).

gen Veröffentlichung von Insiderinformationen (§ 39 Abs. 2 Nr. 5a, Nr. 7 WpHG) auf eine Million Euro, bei einer unterlassenen oder verspäteten Übermittlung an das Unternehmensregister (§ 39 Abs. 2 Nr. 6 WpHG) auf 200.000 EUR, im Übrigen auf 50.000 EUR begrenzt (§ 39 Abs. 4 WpHG).[92] Erfolgt eine in § 15 Abs. 3 S. 4, Abs. 4 S. 1 WpHG erforderliche Mitteilung an die BaFin oder die Geschäftsführung organisierter Märkte nicht, nicht richtig, verspätet, nicht vollständig oder auf falsche Art und Weise, so beläuft sich das mögliche Bußgeld auf maximal 200.000 EUR.

IV. Ausblick

Zur weiteren Harmonisierung des europäischen Finanzmarkts hat die Europäische Kommission einen Vorschlag für eine Verordnung über Insider-Geschäfte und Marktmanipulation vorgelegt, der im Falle seiner Annahme unmittelbar geltendes Rechts der Mitgliedstaaten würde.[93] Die darin neu eingeführte „unpräzise" Insiderinformation unterliegt nicht der Ad-Hoc-Publizität. Eine wesentliche Neuerung enthält die Markmissbrauchsverordnung in Bezug auf die Befreiungsmöglichkeiten von der Ad-hoc-Publizitätspflicht. So besteht die Möglichkeit der zuständigen Behörde, einen Aufschub der Veröffentlichung solcher Informationen zu genehmigen, die Systemrelevanz haben.[94]

---

[92] Im Jahr 2011 verhängte die BaFin vier Geldbußen bis zu 95.000 EUR (Statistik abrufbar unter www.bafin.de).
[93] Sog „Marktmissbrauchsverordnung", KOM(2011) 651 endgültig vom 20.10.2011, ergänzt am 25.7.2012 (KOM(2012) 421 endgültig), abrufbar unter http://eur-lex.europa.eu.
[94] Vgl. Artikel 12 Nr. 5 der Marktmissbrauchsverordnung KOM(2011) 651.

§ 15. Sonstige Zulassungsfolgepflichten

Literatur: Marsch-Barner/Schäfer/*Schäfer*, Handbuch börsennotierte AG (2008), § 12; Habersack/Mülbert/Schlitt/*Götze/Wunderlich*, Handbuch der Kapitalmarktinformation (2008), § 9; Habersack/Mülbert/Schlitt/*Kiem*, Handbuch der Kapitalmarktinformation (2013), § 12, § 13; Habersack/Mülbert/Schlitt/*Klawitter*, Unternehmensfinanzierung am Kapitalmarkt, 3. Auflage (2013), § 32; Habersack/Mülbert/Schlitt/*Pfüller*, Handbuch der Kapitalmarktinformation (2008), § 23; MünchKomm-AktG/*Schlitt*, 3. Auflage (2011); *Schlitt/Schäfer*, AG 2005, 67; *Schlitt/Schäfer*, AG 2006, 147; *Schlitt/Schäfer*, AG 2007, 227; Habersack/Mülbert/Schlitt/*Singhof*, Handbuch der Kapitalmarktinformation (2013), § 21; Habersack/Mülbert/Schlitt/*Pfüller*, Handbuch der Kapitalmarktinformation (2013), § 23.

An die Zulassung von Wertpapieren zum Handel an einem organisierten Markt sind verschiedene Folgepflichten geknüpft. Zulassungsfolgepflichten finden sich primär im WpHG, aber auch im BörsG und in der BörsZulV sowie ua im AktG, im HGB und in den Regelwerken der einzelnen Börsen. Sie dienen dem Anlegerschutz und der Funktionsfähigkeit des Börsenhandels.[1]

Der überwiegende Teil der Folgepflichten ist emittentenbezogen. Aber auch Aktionäre und Führungskräfte des Emittenten unterliegen spezifischen Mitteilungspflichten.

I. Zulassungsfolgepflichten des Emittenten

1. Pflicht zur Zulassung später ausgegebener Aktien

Gemäß § 40 Abs. 1 BörsG, § 69 Abs. 1 BörsZulV muss der Emittent von im regulierten Markt zugelassenen Aktien für später öffentlich begebene Aktien derselben Gattung ebenfalls eine Zulassung zum regulierten Markt beantragen. Ob es hierzu eines Prospekts bedarf, richtet sich nach §§ 1 Abs. 1, 4 Abs. 2 WpPG. Die Vorschrift bezweckt eine möglichst hohe Marktliquidität.[2] Der Zulassungsantrag ist spätestens ein Jahr nach der Aktienausgabe oder, sollten die zuzulassenden neuen Aktien in diesem Zeitpunkt noch nicht frei handelbar sein, zum Zeitpunkt ihrer freien Handelbarkeit zu stellen (§ 69 Abs. 2 S. 1 BörsZulV).

2. Pflichten gegenüber der Börsengeschäftsführung

a) Auskunftserteilung

Der Emittent von im regulierten Markt zugelassenen Wertpapieren muss der Börsengeschäftsführung gemäß § 41 Abs. 1 BörsG alle Auskünfte erteilen, die diese zur ordnungsgemäßen Erfüllung ihrer Aufgaben benötigt. Sofern die Börsengeschäftsführung dies zum Schutz des Publikums oder für einen ordnungsgemäßen Börsenhandel verlangt, muss der Emittent bestimmte Auskünfte veröffentlichen. Kommt er

---

[1] Marsch-Barner/Schäfer/*Dehlinger*, § 12 Rn. 1.
[2] Marsch-Barner/Schäfer/*Dehlinger*, § 12 Rn. 21.

dieser Aufforderung nicht nach, kann die Börsengeschäftsführung die erbetenen Auskünfte auf seine Kosten selbst veröffentlichen.[3]

b) Mitteilung von Änderungen der Rechtsgrundlage des Emittenten

Des Weiteren muss der Emittent, für den die Bundesrepublik Deutschland der Herkunftsstaat ist,[4] (im Folgenden „deutscher Emittent"), der BaFin und den in- und ausländischen organisierten Märkten, an denen seine Wertpapiere zum Handel zugelassen sind, beabsichtigte Änderungen seiner Satzung unverzüglich nach der Entscheidung, den Änderungsentwurf dem Beschlussorgan vorzulegen, spätestens mit der Einberufung des Beschlussorgans mitteilen (§ 30c WpHG).[5] Änderungen sonstiger Rechtsgrundlagen muss er mitteilen, sofern diese die Rechte der Wertpapierinhaber berühren (§ 30c WpHG).[6] Wann ein Emittent von Aktien oder Schuldtiteln „deutsch" bzw. sein Herkunftsstaat Deutschland ist, folgt aus § 2 Abs. 6 WpHG. Entscheidend ist der inländische Sitz des Emittenten (§ 2 Abs. 6 Nr. 1a WpHG). Sofern kein Herkunftsland gewählt wurde, müssen sich diejenigen Emittenten, deren Wertpapiere zum Handel an einem organisierten Markt im Inland zugelassen sind, so behandeln lassen, als hätten sie die Bundesrepublik Deutschland als Herkunftsstaat gewählt (§ 2 Abs. 6 Nr. 1b WpHG).

3. Pflichten zu Gunsten der Wertpapierinhaber

Das Wertpapierhandelsgesetz normiert eine Reihe von Pflichten deutscher Emittenten zu Gunsten der Wertpapierinhaber.[7] Hierzu zählen ua die im Folgenden genannten Pflichten.

a) Gleichbehandlung

Deutsche Emittenten müssen die Wertpapierinhaber gleich behandeln (§ 30a Abs. 1 Nr. 1 WpHG). Inländische Aktiengesellschaften sind bereits nach § 53a AktG zur Gleichbehandlung ihrer Aktionäre verpflichtet. Anders als das aktienrechtliche gilt das kapitalmarktrechtliche Gleichbehandlungsgebot allerdings auch für ausländische Aktienemittenten und für in- und ausländische Emittenten anderer Wertpapiere als Aktien, sofern ihr Herkunftsstaat Deutschland ist. Außerdem kann es Anknüpfungspunkt für spezifisch kapitalmarktrechtliche Sanktionen sein.[8] Das Gleichbehandlungsgebot richtet sich nur an den deutschen Emittenten und nicht zugleich auch an die Aktionäre oder Inhaber von entsprechenden Instrumenten untereinander.[9] Die Reichweite des Gleichbehandlungsgebots umfasst nach überwiegender

---

[3] Verstöße gegen die Auskunftspflicht können mit einer Geldbuße bis zu 100.000 EUR geahndet werden (§ 50 Abs. 1 Nr. 5 iVm Abs. 3 BörsG).
[4] Die Legaldefinition des Emittenten, für den die Bundesrepublik Deutschland der Herkunftsstaat ist, ist in § 2 Abs. 6 WpHG enthalten.
[5] Fehlen korrespondierende Auslandsbestimmungen, so gelten die §§ 30a bis 30c WpHG auch für Emittenten, deren Herkunftsstaat zwar nicht die BRD, sondern ein anderer EU- oder EWR-Mitgliedstaat ist, deren Wertpapiere aber an einer inländischen Börse zugelassen sind (vgl. § 30d WpHG).
[6] Begr. RegE TUG, BT-Drs. 16/2498, 41, zu § 30c.
[7] Umfassend zu den wertpapierinhaberorientierten Pflichten Habersack/Mülbert/Schlitt/ *Kiem*, Handbuch der Kapitalmarktinformation, § 12; zu einer möglichen Haftung bei fehlerhafter Publizität Habersack/Mülbert/Schlitt/*Maier-Reimer/Paschos*, Handbuch der Kapitalmarktinformation, § 30 F.
[8] Ebenso Marsch-Barner/Schäfer/*Schäfer*, § 12 Rn. 12.
[9] Assmann/Schneider/*Mülbert*, § 30a Rn. 3.

Ansicht nicht nur die informationelle Gleichbehandlung, sondern vielmehr eine umfangreiche (materielle) Gleichbehandlung. Damit entspricht § 30a Abs. 1 Nr. 1 WpHG dem normativen Anwendungsbereich der Vorgängernorm § 39 Abs. 1 Nr. 1 BörsG a. F.[10]

b) Verfügbarkeit der zur Rechtsausübung benötigten Einrichtungen und Informationen

Deutsche Emittenten sind darüber hinaus verpflichtet, im Inland alle Einrichtungen und Informationen zur Verfügung zu stellen, die die Inhaber der zugelassenen Wertpapiere zur Ausübung ihrer Rechte benötigen (§ 30a Abs. 1 Nr. 2 WpHG).

c) Datenschutz

Außerdem müssen solche Emittenten die Daten der Wertpapierinhaber vor einer Kenntnisnahme durch Unbefugte schützen (§ 30a Abs. 1 Nr. 3 WpHG).

d) Benennung einer Zahlstelle

Gemäß § 30a Abs. 1 Nr. 4 WpHG müssen deutsche Emittenten für die Dauer der Zulassung mindestens eine inländische Zahlstelle bestimmen, bei der alle erforderlichen Maßnahmen hinsichtlich der Wertpapiere – bei Vorlegung der Wertpapiere kostenlos – bewirkt werden können.

e) Übermittlung eines Vollmachtformulars

§ 30a Abs. 1 Nr. 5 WpHG verpflichtet deutsche Emittenten zugelassener Aktien, jeder stimmberechtigten Person entweder bereits mit der Hauptversammlungseinladung oder nach Anberaumung der Hauptversammlung auf Verlangen ein Vollmachtsformular in Textform zu übermitteln.[11]

f) Angaben zu Zeit, Ort und Tagesordnung der Hauptversammlung, zu Dividendenausschüttungen und bestimmten Kapitalmaßnahmen

Gemäß § 30b Abs. 1 WpHG müssen deutsche Emittenten zugelassener Aktien die Einberufung der Hauptversammlung mit der Tagesordnung, die Gesamtzahl der Aktien und Stimmrechte im Einberufungszeitpunkt und die Rechte der Aktionäre hinsichtlich der Teilnahme an der Hauptversammlung unverzüglich im Bundesanzeiger veröffentlichen (Nr. 1). Außerdem sind Mitteilungen zu Dividendenausschüttungen und -auszahlungen, zur Ausgabe neuer Aktien und zur Vereinbarung oder Ausübung von Umtausch-, Bezugs-, Einziehungs- und Zeichnungsrechten zu machen (Nr. 2).

g) Änderung der Wertpapierrechte

Schließlich müssen Inlandsemittenten alle Änderungen der mit den zugelassenen Wertpapieren verbundenen Rechte sowie bestimmter, sich hierauf beziehender Rech-

---

[10] Habersack/Mülbert/Schlitt/*Kiem*, Handbuch der Kapitalmarktinformation, § 12 Rn. 8; Assmann/ Schneider/*Mülbert*, § 30a Rn. 7.
[11] Entsprechendes gilt bei Abhaltung einer Gläubigerversammlung respektive bei zugelassenen Schuldtiteln, vgl. § 30a Abs. 1 Nr. 6 WpHG.

te, unverzüglich veröffentlichen, der BaFin die Veröffentlichung mitteilen und sie sodann dem Unternehmensregister zur Speicherung übermitteln (§ 30e Abs. 1 Nr. 1 WpHG).[12] Inlandsemittenten sind zum einen deutsche Emittenten (Emittenten, deren Herkunftsstaat Deutschland ist), es sei denn, ihre Wertpapiere sind ausschließlich in einem anderen EU- oder EWR-Mitgliedstaat zugelassen (§ 2 Abs. 7 Nr. 1 WpHG). Zum anderen sind Inlandsemittenten auch solche Emittenten, deren Herkunftsstaat ein anderer EU- oder EWR-Mitgliedsstaat ist, deren Wertpapiere aber ausschließlich im Inland zugelassen sind (§ 2 Abs. 7 Nr. 2 WpHG).

h) Befreiung von Mitteilungs- und Veröffentlichungspflichten

Inlandsemittenten mit Sitz in einem Drittstaat können von bestimmten Mitteilungs- und Veröffentlichungspflichten befreit werden (§ 30f Abs. 1 WpHG). Die Befreiung erfolgt nicht durch Gesetz, sondern durch die BaFin auf Antrag des Emittenten. Voraussetzung für eine Freistellung durch die BaFin ist, dass der Emittent gleichwertigen Regeln eines Drittstaates unterliegt oder sich solchen Regeln unterwirft (§ 30f Abs. 1, S. 1 Hs. 1WpHG).

Beispiel 1: Aktionär A erhebt gegen den Beschluss der Hauptversammlung zur Entlastung des Vorstands zwei Monate nach der Hauptversammlung im Mai 2013 Anfechtungsklage mit der zutreffenden Begründung, die Hauptversammlung sei nicht ordnungsgemäß bekannt gemacht worden, weshalb er nicht habe teilnehmen können. Verspricht die Klage Aussicht auf Erfolg?

Die Anfechtungsklage des A ist aussichtsreich, wenn sie zulässig und begründet ist. Die Klage ist zulässig. Als nicht in der Hauptversammlung erschienener Aktionär ist A gemäß § 245 Nr. 2 AktG anfechtungsbefugt, da er nicht ordnungsgemäß eingeladen wurde. A hat die Anfechtungsklage allerdings nicht innerhalb der materiellen Ausschlussfrist von einem Monat nach der Beschlussfassung erhoben (vgl. § 246 Abs. 1 AktG). In Form einer Anfechtungsklage ist die Klage grundsätzlich unbegründet.[13] Dabei ist jedoch zu beachten, dass die Anfechtung eines Hauptversammlungsbeschlusses gemäß § 30g WpHG nicht auf die Verletzung einer Vorschrift des Abschnitts 5a des WpHG gestützt werden kann, zu denen ua die Pflicht zur unverzüglichen Veröffentlichung von Ort, Zeit und Tagesordnung der Hauptversammlung gehört (§ 30b Abs. 1 Nr. 1 WpHG). Die Missachtung *aktienrechtlicher* Einberufungsvorschriften stellt dagegen regelmäßig einen relevanten Verfahrensverstoß dar.[14] Die Pflicht zur ordnungsgemäßen Einberufung einer Hauptversammlung folgt in erster Linie aus § 121 Abs. 2 bis 4 AktG. Verstöße gegen diese Norm können nach § 241 Nr. 1 AktG zur Nichtigkeit der gefassten Hauptversammlungsbeschlüsse führen. Das Landgericht (vgl. §§ 249 Abs. 1 S. 1, 246 Abs. 3 AktG) wird die Klage als Nichtigkeitsklage aufrecht erhalten (§§ 249, 241 Nr. 1 AktG).[15] Eine Heilung des Entlastungsbeschlusses gemäß § 242 Abs. 2 AktG kommt insofern nicht in Betracht. Zum einen werden Entlastungsbeschlüsse nicht ins Handelsregister eingetragen (vgl. § 242 Abs. 2 S. 1 AktG). Zum anderen fehlt es an einer Genehmigung iSd § 242 Abs. 2 S. 4 AktG. Insgesamt verspricht die Klage des A wegen Verstoßes gegen die Einberufungsvorschrift(en) des § 121 AktG in Form einer Nichtigkeitsklage Aussicht auf Erfolg. Das Landgericht wird feststellen, dass der Entlastungsbeschluss nichtig ist (§ 249 Abs. 1 S. 1 AktG). Eine Nichtigkeitsaussage zu den übrigen Hauptversammlungsbeschlüssen wird es nicht treffen (vgl. § 308 Abs. 1 S. 1 ZPO).

---

[12] Vgl. auch § 30e Abs. 1 Nr. 2 und 3 WpHG.
[13] Zur Einordnung der Monatsfrist als materiell-rechtliche Ausschlussfrist, *Hüffer,* AktG, § 246 Rn. 20 mwN.
[14] *Hüffer,* AktG, § 245 Rn. 19 mwN.
[15] Siehe zB MünchKomm-AktG/*Hüffer,* § 249 Rn. 5, Identität des Klageziels; umfassende Prüfung von Nichtigkeits- und Anfechtungsgründen in den Grenzen des vorgetragenen Lebenssachverhalts.

I. Zulassungsfolgepflichten des Emittenten

4. Insiderrecht/Ad-hoc-Publizität

Die Regelungen des WpHG zu verbotenen Insidergeschäften (§§ 12 ff. WpHG) und zur Ad-hoc-Publizität (§ 15 WpHG) sollen den Insiderhandel in Deutschland unterbinden und das Anlegervertrauen in die Funktionsfähigkeit des deutschen Kapitalmarktes sicherstellen. Hinsichtlich der Einzelheiten sei auf § 13 und § 14 dieses Buches verwiesen.

5. Verbot der Marktmanipulation

§ 20a WpHG verbietet bestimmte Marktmaßnahmen.[16] Das Verbot der Markmanipulation bezieht sich auf alle Finanzinstrumente, die in der EU oder im Europäischen Wirtschaftsraum an einem organisierten Markt zugelassen oder in den regulierten Markt oder Freiverkehr einbezogen sind (§ 20a Abs. 1 S. 2 WpHG). Pflichtbegründend wirkt bereits die Stellung oder öffentliche Ankündigung des Zulassungs- bzw. Einbeziehungsantrags (§ 20a Abs. 1 S. 3 WpHG).

Untersagt sind unrichtige oder irreführende Angaben über bewertungsrelevante Umstände und deren Verschweigen, sofern das Verhalten den Börsen- oder Marktpreis beeinflussen kann (§ 20a Abs. 1 S. 1 Nr. 1 WpHG). Verboten sind außerdem Geschäfte und Orders, von denen falsche oder irreführende Signale für den Kapitalmarkt ausgehen können (§ 20a Abs. 1 S. 1 Nr. 2 WpHG). Schließlich dürfen keine sonstigen Täuschungshandlungen mit potenziell preisbeeinflussender Wirkung vorgenommen werden (§ 20a Abs. 1 S. 1 Nr. 3 WpHG). Die Einzelheiten ergeben sich aus der Marktmanipulations-Konkretisierungsverordnung (MaKonV). Für den Fall einer Zuwiderhandlung enthalten die §§ 38 Abs. 2 und 5, 39 Abs. 1 Nr. 1 und Nr. 2, Abs. 2 Nr. 11 WpHG einen Katalog von Straf- und Bußgeldtatbeständen. Strafbar sind vorsätzliche Marktmanipulationen, die sich auf den Börsen- oder Marktpreis auswirken (§ 38 Abs. 2 WpHG, Erfolgsqualifikation).

Das Verbot von Transaktionen mit potenziell falscher Signalwirkung für den Kapitalmarkt greift nicht, wenn für eine Maßnahme legitime Gründe bestehen und die Handlung mit der zulässigen Marktpraxis im jeweiligen Segment vereinbar ist (§ 20a Abs. 2 S. 1 WpHG). Stets zulässig sind der Handel mit eigenen Aktien im Rahmen von Rückkaufprogrammen sowie Stabilisierungsmaßnahmen nach Maßgabe der EG-Verordnung Nr. 2273/2003 *(safe harbour).*[17] Diese Maßnahmen verstoßen auch nicht gegen das Insiderhandelsverbot (vgl. § 14 Abs. 2 WpHG). Die Ausnahme für Stabilisierungsmaßnahmen ist für die Praxis von erheblicher Bedeutung. Bei Börsengängen wird den Emissionsbanken üblicherweise das Recht zur Mehrzuteilung *(over-allotment)* gekoppelt mit einer Greenshoe-Option[18] eingeräumt (Mehrzuteilungs- und Greenshoe-Option). Die Emissionsbanken platzieren daraufhin zusätzlich zur Haupttranche weitere Aktien (idR bis zu 15 % des eigentlichen Emissionsvolumens).[19] Diese

---

[16] Ausführlich zum Verbot der Marktmanipulation Habersack/Mülbert/Schlitt/*Haouache/Mülbert,* Handbuch der Kapitalmarktinformation, § 27.
[17] Vgl. § 20a Abs. 3, Abs. 5 S. 1 Nr. 4 WpHG iVm §§ 5, 6 MaKonV. Zur Publizität bei Stabilisierungsmaßnahmen vgl. Habersack/Mülbert/Schlitt/*Singhof,* Handbuch der Kapitalmarktinformation, § 21.
[18] Art. 2 Nr. 14 EG-Verordnung Nr. 2273/2003. Zu den Bedingungen ergänzender Kursstabilisierungsmaßnahmen, siehe Art. 11 dieser Verordnung.
[19] Vgl. Art. 11 lit. d EG-Verordnung Nr. 2273/2003, wonach die Greenshoe-Option 15 % des ursprünglichen Angebots nicht überschreiten darf. Daneben ist eine nicht durch die Greenshoe-Option gedeckte Mehrzuteilung im Umfang von 5 % möglich (Art. 11 lit. b), so dass die Mehrzuteilung maximal 20 % des ursprünglichen Angebots betragen darf.

Mehrzuteilung erfüllen sie mit Aktien, die ihnen üblicherweise von einem Großaktionär oder einem anderen Investor „leihweise" zur Verfügung gestellt werden. Kommt es während der Stabilisierungsphase zu einem unerwünschten Angebotsüberhang, kaufen die Emissionsbanken die nicht nachgefragten Aktien zu Stabilisierungszwecken am Markt zurück und erfüllen damit ihre Rückgabepflicht aus dem Wertpapierdarlehen. Bleibt der Kurs stabil oder entwickelt er sich positiv, belassen sie die geliehenen Aktien im Markt und kaufen dem Darlehensgeber die „geliehenen" Aktien aufgrund der Greenshoe-Option zum ursprünglichen Emissionspreis ab. Statt die „geliehenen" Aktien „zurückzugeben", kehren sie dem Darlehensgeber den anteiligen Emissionserlös aus.

Die Europäische Kommission hat am 20.10.2011 einen Vorschlag für eine Verordnung über Insider-Geschäfte und Marktmanipulation[20] auf den Weg gebracht. Als unmittelbar geltendes Unionsrecht könnte die Verordnung somit § 20a WpHG in naher Zukunft ablösen.

6. Rechnungslegungspflichten

a) Anwendbare Rechnungslegungsstandards

Konzernobergesellschaften, für die bis zum jeweiligen Bilanzstichtag die Zulassung von Wertpapieren iSd § 2 Abs. 1 S. 1 WpHG zum Handel an einem inländischen organisierten Markt beantragt worden ist,[21] müssen ihren Konzernabschluss nach IAS/IFRS aufstellen (§ 315a Abs. 2 HGB iVm Abs. 1 HGB iVm Art. 4 Verordnung (EG) Nr. 1606/2002).

b) Offenlegung

Kapitalgesellschaften mit Sitz im Inland sind nach § 325 HGB zur Offenlegung ihrer Abschlussunterlagen verpflichtet. Gemäß § 325 Abs. 1 und 2 HGB müssen die gesetzlichen Vertreter einer Kapitalgesellschaft ua den Jahresabschluss mit dem Vermerk des Abschlussprüfers[22] und den Lagebericht binnen 12 Monaten nach dem Ende des Geschäftsjahres elektronisch beim Betreiber des Bundesanzeigers einreichen und die eingereichten Unterlagen dort bekannt machen lassen (Bundesanzeigerpublizität). Für Kapitalgesellschaften, deren Wertpapiere an einem organisierten Markt im EU- oder Europäischen Wirtschaftsraum zugelassen sind, verkürzt sich die Einreichungsfrist auf vier Monate (§ 325 Abs. 4 HGB).[23] Für konzernabschlusspflichtige Unter-

---

[20] KOM (2011) 651; einsehbar unter: http://eur-lex.europa.eu/LexUriServ/LexUriServ.do?uri=COM:2011:0651:FIN:de:PDF

[21] Dies ist der regulierte Markt, nicht aber der Freiverkehr (vgl. § 2 Abs. 5 WpHG). Zur regelmäßigen Finanzberichterstattung als Teil der laufenden Emittentenpublizität am Sekundärmarkt insgesamt vgl. Habersack/Mülbert/Schlitt/*Götze/Wunderlich*, Handbuch der Kapitalmarktinformation, § 9; zu möglichen Haftungsrisiken Habersack/Mülbert/Schlitt/*Maier-Reimer/Paschos*, Handbuch der Kapitalmarktinformation, § 30 C.

[22] Alternativ zur Bekanntmachung ihres HGB-Einzelabschlusses können Kapitalgesellschaften mit befreiender Wirkung auch einen nach IAS/IFRS erstellten Einzelabschluss offen legen (vgl. § 325 Abs. 2a und 2b HGB). Die Pflicht zur Aufstellung und Einreichung des HGB-Einzelabschlusses bleibt hiervon unberührt, vgl. Begr. RegE EHUG, BT-Drs. 16/960, 49, zu Abs. 2a und 2 b. § 315a HGB gilt nur für konsolidierte Abschlüsse.

[23] Von dieser Vorgabe sind Kapitalgesellschaften befreit, die ausschließlich bestimmte, zum Handel an einem organisierten Markt zugelassene Schuldtitel mit einer Mindeststückelung von 50.000 EUR oder einem entsprechenden Gegenwert in anderer Währung begeben (§ 327a HGB).

I. Zulassungsfolgepflichten des Emittenten

nehmen gilt Entsprechendes (vgl. § 325 Abs. 3 HGB). Sie müssen sowohl ihren Einzel- als auch den Konzernabschluss offen legen.

c) Bilanzeid

Gemäß §§ 264 Abs. 2 S. 3 HGB, 37v Abs. 2 Nr. 3 WpHG müssen die gesetzlichen Vertreter einer Kapitalgesellschaft, die Inlandsemittent ist,[24] bei Unterzeichnung des Jahresabschlusses schriftlich versichern, dass nach bestem Wissen dieser ein den tatsächlichen Verhältnissen entsprechendes Bild vermittelt oder der Anhang, sollte dies nicht der Fall sein, zusätzliche Angaben enthält. Gemäß §§ 289 Abs. 1 S. 5 HGB, 37v Abs. 2 Nr. 3 WpHG ist darüber hinaus zu versichern, dass nach bestem Wissen die Darstellung der Lage der Kapitalgesellschaft und des Geschäftsverlaufs einschließlich des Geschäftsergebnisses im Lagebericht ein den tatsächlichen Verhältnissen entsprechendes Bild ergibt und die wesentlichen Chancen und Risiken der voraussichtlichen Entwicklung beschrieben sind. Entsprechendes gilt für Konzernlageberichte, Konzernabschlüsse nach HGB und IAS/IFRS (§§ 297 Abs. 2 S. 4, 315 Abs. 1 S. 6, 315a Abs. 1 HGB)[25] sowie für Abschlüsse und Zwischenlageberichte in Halbjahresfinanzberichten (vgl. § 37w Abs. 2 Nr. 3 WpHG).[26]

Der Bilanzeid soll für eine richtige Darstellung der Unternehmensverhältnisse in den Finanzberichten sorgen.[27] Die vorsätzlich unrichtige Abgabe eines Bilanzeids ist strafbar (Freiheitsstrafe bis zu drei Jahren oder Geldstrafe, vgl. § 331 Nr. 3a HGB iVm § 15 StGB). Die Nichtabgabe eines Bilanzeids ist eine Ordnungswidrigkeit (vgl. §§ 39 Abs. 2 Nr. 19 und 20 WpHG).[28]

d) Erstellung und Bekanntmachung von Jahresabschlüssen/ Jahresfinanzberichten

Große Kapitalgesellschaften, zu denen gemäß § 267 Abs. 3 S. 2 HGB unabhängig von ihrer Größe sämtliche Kapitalgesellschaften gehören, deren Wertpapiere an einem organisierten Markt iSd § 5 Abs. 2 WpHG zugelassen sind oder für die bereits ein Zulassungsantrag gestellt ist, können von den Erleichterungen des nationalen Rechnungslegungsregimes für kleine und mittelgroße Kapitalgesellschaften bei der Aufstellung und Bekanntmachung ihrer Jahresabschlüsse keinen Gebrauch machen.[29] Vergleichbares gilt für Mutterunternehmen. Sofern diese oder ein in den Konzernabschluss einbezogenes Tochterunternehmen am Abschlussstichtag eine Zulassung zum Handel an einem organisierten Markt beantragt haben, muss die Muttergesellschaft unabhängig von der Konzerngröße einen Konzernabschluss und einen Konzernlagebericht erstellen (§ 293 Abs. 5 HGB). Darüber hinaus stellt das HGB an börsennotierte Gesellschaften einige Zusatzanforderungen. Als Beispiel sei auf die Pflicht von Aktiengesellschaften und KGaAs, die durch von ihnen ausgegebene stimmberechtigte Aktien einen organisierten Markt iSd § 2 Abs. 7 WpÜG in Anspruch nehmen, verwiesen, im (Konzern-/) Lagebericht die in §§ 289 Abs. 4, 315 Abs. 4 HGB genannten Angaben zu machen. Angabepflichtig sind ua dem Vor-

---

[24] Mit Ausnahme von Kapitalgesellschaften iSd § 327a HGB. Zur Definition des „Inlandsemittenten", siehe bereits Gliederungspunkt I. 3. g).
[25] Begr. RegE TUG, BT-Drs. 16/2498, 55, zu Nr. 5 (§ 297 Abs. 2), zu Nr. 6 (§ 315 Abs. 1), zu Nr. 7 (§ 315a Abs. 1).
[26] Gemäß §§ 37v Abs. 2 Nr. 3, 37w Abs. 2 Nr. 3, 37y Nr. 1 und 2 WpHG sind diese Versicherungen zwingender Bestandteil jedes Jahres- und Halbjahresfinanzberichts.
[27] Beschlussempfehlung und Bericht des Finanzausschusses (7. Ausschuss) zum RegE des TUG, BT-Drs. 16/3644, 2, 62.
[28] Beschlussempfehlung und Bericht des Finanzausschusses (7. Ausschuss) zum RegE des TUG, BT-Drs. 16/3644, 82, zu Nr. 9 (§ 331).
[29] Vgl zB §§ 274a, 276, 288 HGB.

stand bekannte Stimmrechts- oder Übertragungsbeschränkungen, direkte oder indirekte Beteiligungen, die 10 % der Stimmrechte überschreiten, Inhaber, deren Aktien Sonderkontrollrechte vermitteln und Entschädigungsvereinbarungen mit Mitgliedern des Vorstands oder Arbeitnehmern für den Fall eines Übernahmeangebots *(golden parachutes)*. Durch diese Angaben sollen potenzielle Bieter in die Lage versetzt werden, sich vor Abgabe eines Übernahmeangebots ein umfassendes Bild von der potenziellen Zielgesellschaft, ihrer Struktur und etwaigen Übernahmehindernissen zu machen.[30] Außerdem müssen börsennotierte Aktiengesellschaften im Anhang die Bezüge eines jeden Vorstandsmitglieds offen legen.[31] Von dieser Pflicht haben sich in der Praxis viele Emittenten durch einen Beschluss ihrer Hauptversammlung befreit (vgl. § 286 Abs. 5 S. 1, 2 HGB). Der entsprechende Hauptversammlungsbeschluss besitzt eine Gültigkeit von fünf Jahren (§ 286 Abs. 5 S. 2 HGB).

Darüber hinaus müssen Inlandsemittenten von Wertpapieren für den Schluss eines jeden Geschäftsjahres[32] einen Jahresfinanzbericht erstellen und innerhalb von vier Monaten nach Ende des Geschäftsjahres der Öffentlichkeit zugänglich machen (§ 37v WpHG).[33] Letzteres erübrigt sich, wenn der nach nationalem Recht des Sitzstaates aufgestellte und geprüfte Jahres- (und Konzern-)abschluss, der (Konzern-/)Lagebericht und der Bilanzeid als obligatorische Bestandteile des Jahresfinanzberichts bereits nach handelsrechtlichen Normen offen zu legen sind (§§ 37v Abs. 1 S. 1 WpHG iVm Abs. 2, 37y Nr. 1 WpHG). Die Vorschrift ist somit nur für ausländische Emittenten, deren Wertpapiere ausschließlich im Inland zugelassen sind, konstitutiv. Die Abschlussunterlagen werden im Unternehmensregister gespeichert. Vor der ersten Veröffentlichung muss jeder Emittent eine Hinweisbekanntmachung erlassen, ab wann und unter welcher Internetadresse die Unterlagen zusätzlich zum Unternehmensregister öffentlich zugänglich sind (§§ 37v Abs. 1 S. 2, 37y Nr. 1 WpHG).

e) Erstellung und Bekanntmachung von Zwischenberichten/ Halbjahresfinanzberichten

Die Pflicht zur Erstellung und Veröffentlichung von Halbjahresfinanzberichten ergibt sich aus § 37w (iVm § 37y Nr. 2) WpHG.[34] Adressaten der Halbjahresfinanzberichtspflicht sind prinzipiell alle Unternehmen, die als Inlandsemittent Aktien oder Schuldtitel iSd § 2 Abs. 1 S. 1 WpHG begeben. Konzernabschlusspflichtige Unternehmen können ihren Bericht auf den Konzern beschränken (§ 37y Nr. 2 S. 1 WpHG). Berichtszeitraum sind die ersten sechs Monate eines jeden Geschäftsjahres (§ 37w Abs. 1 S. 1 WpHG). Zwingende Bestandteile eines Halbjahresfinanzberichts sind ein verkürzter Abschluss, ein Zwischenlagebericht und der Bilanzeid (§ 37w Abs. 2 WpHG). Der verkürzte Abschluss und der Zwischenlagebericht können einer prüferischen Durchsicht durch den Abschlussprüfer unterzogen werden (§ 37w Abs. 5 S. 1 WpHG). Macht der Inlandsemittent von diesem Wahlrecht Gebrauch oder lässt er den Abschluss und den Zwischenlagebericht freiwillig prüfen, muss er die Bescheinigung über das Ergebnis der Durchsicht respektive Prüfung mit ver-

---

[30] Begr. RegE Übernahmerichtlinie-Umsetzungsgesetz, BT-Drs. 16/1003, 24, zu Nr. 1 (§ 289 Abs. 4 HGB).
[31] §§ 285 S. 1 Nr. 9 lit. a S. 5 bis 9, 314 Abs. 1 Nr. 6 lit. a S. 5 bis 9 HGB. Nach dem VorstOG besteht dieses Erfordernis erstmals für Abschlüsse für das nach dem 31.12.2005 beginnende Geschäftsjahr.
[32] Das nach dem 31.12.2006 beginnt, vgl. Art. 62 EGHGB.
[33] Zu den Ausnahmen von §§ 37v bis 37y WpHG, siehe § 37z WpHG.
[34] Für konzernabschlusspflichtige Emittenten, siehe auch IAS 34, der für die Zwischenberichterstattung entsprechende Angaben und außerdem eine verkürzte Eigenkapitalveränderungsrechnung sowie eine verkürzte Kapitalflussrechnung vorsieht.

öffentlichen (§ 37w Abs. 5 S. 4 und 5 WpHG). Anderenfalls muss er im Halbjahresfinanzbericht angeben, dass die genanten Unterlagen weder geprüft noch prüferisch durchgesehen worden sind (§ 37w Abs. 5 S. 6 WpHG). Der Halbjahresfinanzbericht muss spätestens zwei Monate nach Ablauf des Berichtszeitraums veröffentlicht werden (§§ 37w Abs. 1 S. 1, 37y Nr. 2 WpHG).

f) Erstellung und Bekanntmachung von Quartalsberichten/ Zwischenmitteilungen der Geschäftsführung

Unternehmen, die als Inlandsemittenten Aktien begeben, müssen der Öffentlichkeit im Zeitraum zwischen zehn Wochen nach Beginn und sechs Wochen vor Ende der ersten und zweiten Geschäftsjahreshälfte jeweils eine Zwischenmitteilung der Geschäftsführung zur Verfügung stellen (§ 37 x Abs. 1 S. 1 WpHG). Die Zwischenmitteilung muss Informationen über den Zeitraum zwischen dem Beginn der jeweiligen Geschäftsjahreshälfte und ihrer Veröffentlichung enthalten, die die Beurteilung ermöglichen, wie sich die Geschäftstätigkeit in den drei Monaten vor Ablauf des Mitteilungszeitraums entwickelt hat, wesentliche Ereignisse und Geschäfte des Mitteilungszeitraums mit ihren Auswirkungen auf die Finanzlage erläutern und die Finanzlage und das Geschäftsergebnis beschreiben (§ 37 x Abs. 2 WpHG). Eines Bilanzeids bedarf es nicht.

Quartalsberichte, die entsprechend den gesetzlichen Vorgaben an Halbjahresfinanzberichte erstellt und veröffentlicht werden, befreien von der Pflicht zur Erstellung und öffentlichen Verfügbarmachung von Zwischenmitteilungen der Geschäftsführung (§ 37 x Abs. 3 S. 1 WpHG).

Eine Pflicht zur Quartalsberichterstattung folgt bislang aus den Börsenordnungen. Aufgrund der Ermächtigungen in § 42 Abs. 1 BörsG hat der Börsenrat Emittenten im Prime Standard dazu verpflichtet, für die ersten drei Quartale eines jeden Geschäftsjahres Quartalsberichte nach denselben internationalen Rechnungslegungsstandards wie der nach § 50 Abs. 1 BörsO erstellte Jahresabschluss zu veröffentlichen (§ 56 Abs. 1 und 2 BörsO FWB). Die Berichte sind sowohl in deutscher als auch englischer Sprache anzufertigen (§ 56 Abs. 3 S. 1 BörsO FWB), wobei Emittenten mit Sitz im Ausland die Berichte statt dessen ausschließlich in englischer Sprache abfassen können (§ 56 Abs. 3 S. 2 BörsO FWB). Die Quartalsberichte sind spätestens zwei Monate nach dem Ende des Quartals, bei Sitz außerhalb der EU oder des Europäischen Wirtschaftsraums spätestens drei Monate danach, der Börsengeschäftsführung in elektronischer Form zu übermitteln, die diese veröffentlicht (§ 56 Abs. 5 BörsO FWB).

Die geplante Änderung der EU-Transparenzrichtlinie sieht demgegenüber eine Abschaffung der Pflicht zur Veröffentlichung von Quartalsberichten und Zwischenmitteilungen vor[35].

7. Pflicht zur Abgabe einer Entsprechenserklärung

Seit 2002[36] müssen Vorstand und Aufsichtsrat einer börsennotierten Aktiengesellschaft gemäß § 161 AktG jährlich[37] in einer den Aktionären dauerhaft zugänglichen

---
[35] KOM (2011)683; einsehbar unter: http://ec.europa.eu/internal_market/securities/docs/transparency/modifying-proposal/20111025-provisional-proposal_de.pdf.
[36] Vgl. § 15 EGAktG. Ausführlich zur Entsprechenserklärung nach § 161 AktG Habersack/Mülbert/Schlitt/*Kiem*, Handbuch der Kapitalmarktinformation, § 13.
[37] Zu unterjährigen Änderungen, Habersack/Mülbert/Schlitt/*Klawitter*, Unternehmensfinanzierung am Kapitalmarkt, § 38 Rn. 172 bis 174.

Form erklären, dass den Empfehlungen der Regierungskommission Corporate Governance Kodex entsprochen wurde und wird oder welche Empfehlungen nicht angewandt wurden oder werden und warum dies nicht erfolgte oder erfolgen wird (sog Entsprechenserklärung, „*comply or explain*"[38]). Was das Aktiengesetz unter einer „börsennotierten" Gesellschaft versteht, ergibt sich aus § 3 Abs. 2 AktG. Hiernach müssen die Aktien zu einem von staatlichen Stellen geregelten und überwachten Markt zugelassen sein, der regelmäßig stattfindet und dem Publikum unmittelbar oder mittelbar zugänglich ist. Börsennotiert in diesem Sinne sind folglich nur solche Gesellschaften, deren Aktien zum Handel am regulierten Markt oder an einem vergleichbaren Auslandsmarkt zugelassen sind.[39]

Die gleiche Pflicht trifft auch den Vorstand und Aufsichtsrat einer Gesellschaft, von der ausschließlich andere Wertpapiere als Aktien zum Handel an einem organisierten Markt zugelassen sind und deren Aktien auf ihre eigene Veranlassung über ein multilaterales Handelssystem iSd § 2 Abs. 3 Satz 1 Nr. 8 WpHG gehandelt werden (§ 161 Abs. 1 S. 2 AktG).

Die Vorschrift des § 161 AktG geht auf das Transparenz- und Publizitätsgesetz (TransPuG) zurück.[40] Sie ermöglicht es den Kapitalmarktteilnehmern, durch Nicht- oder Desinvestition selbst auf die Nichteinhaltung aller oder einzelner der „Best-Practice"-Empfehlungen der Regierungskommission-Corporate Governance zu reagieren. Gesetzlich vorgeschrieben ist nur die Abgabe der Entsprechenserklärung, nicht aber die Einhaltung der Kodex-Empfehlungen.

Die Entsprechenserklärung ist mit den übrigen Jahresabschlussunterlagen zum Bundesanzeiger einzureichen und dort bekannt machen zu lassen (§ 325 Abs. 1 S. 3, Abs. 2 HGB). Im (Konzern-/) Anhang ist (für alle börsennotierten Konzernunternehmen) anzugeben, dass die Erklärung abgegeben und den Aktionären zugänglich gemacht wurde (§§ 285 S. 1 Nr. 16, 314 Abs. 1 Nr. 8 HGB).[41]

II. Zusätzliche Zulassungsfolgepflichten des Emittenten im Prime Standard an der FWB

1. Rechtsgrundlage

Gemäß § 42 Abs. 1 BörsG kann die Börsenordnung für Teilbereiche des regulierten Marktes weitere Zulassungsfolgepflichten vorzusehen. Auf Grundlage dieser Ermächtigung sehen die §§ 48 ff. BörsO FWB weitergehende Pflichten für Emittenten, deren Aktien oder Aktien vertretende Zertifikate im Prime Standard notiert sind, vor.

---

[38] Die Entsprechenserklärung muss sich auf die als Sollvorgaben gekennzeichneten Kodex-Empfehlungen („soll/sollen"), nicht aber auf die Anregungen („sollte/sollten") beziehen, vgl. Habersack/Mülbert/Schlitt/*Klawitter*, Unternehmensfinanzierung am Kapitalmarkt, § 38 Rn. 164/165.
[39] *Hüffer*, AktG, § 3 Rn. 6.
[40] BGBl. I 2002, 2681 ff. (2682, 16.).
[41] Zur Haftung für fehlerhafte Entsprechenserklärungen vgl. Habersack/Mülbert/Schlitt/*Maier-Reimer/Paschos*, Handbuch der Kapitalmarktinformation, § 30 mwN.

2. Zulassungsfolgepflichten im Prime Standard

Emittenten, deren Aktien oder aktienvertretende Zertifikate im Prime Standard an der Frankfurter Wertpapierbörse gelistet sind, müssen nicht nur internationalen Rechnungslegungsstandards genügen und alle kursbeeinflussenden Tatsachen auch auf Englisch mitteilen, sondern zusätzlich einen Unternehmenskalender veröffentlichen und mindestens eine Analystenkonferenz pro Jahr abhalten (§§ 48 ff. BörsO FWB). Der Unternehmenskalender muss Angaben zu wesentlichen Terminen des Emittenten wie Hauptversammlung, Pressekonferenzen und Analystenveranstaltungen enthalten und ist in deutscher und englischer Sprache zu erstellen (§ 52 Abs. 1, 2 BörsO FWB). Er ist ab Notierungsaufnahme und sodann zu Beginn eines jeden Geschäftsjahres anzufertigen und vom Emittenten auf seiner Website vorzuhalten. Die obligatorische Analystenveranstaltung muss nach § 53 BörsO FWB mindestens einmal jährlich außerhalb der Pressekonferenz zur Bekanntgabe der Jahresabschlusszahlen stattfinden (§ 53 BörsO FWB).

3. Sanktionen bei Nichtbefolgung

Die Börsengeschäftsführung kann die Notierung im regulierten Markt unter bestimmten Voraussetzungen aussetzen oder einstellen und die Zulassung schließlich widerrufen, wenn der Emittent seinen Pflichten aus der Zulassung innerhalb einer angemessenen Frist nicht nachkommt (§§ 25, 39 Abs. 1 BörsG). Daneben kann ein Verfahren vor dem Sanktionsausschuss eingeleitet werden.[42] Verstößt der Emittent gegen seine erweiterten Folgepflichten in einem Untersegment des regulierten Marktes, kann die Geschäftsführung ihn aus diesem Teilsegment ausschließen (§ 42 Abs. 2 S. 1 BörsG).[43] Sie muss die Börsenaufsichtsbehörde und die BaFin unverzüglich von den getroffenen Maßnahmen unterrichten und diese veröffentlichen (§ 42 Abs. 2 S. 2 iVm § 25 Abs. 1 S. 2 und 3 BörsG).

III. Einbeziehungsfolgepflichten im Entry Standard an der FWB

Zum Handel im Open Market und damit auch in den Entry Standard an der Frankfurter Wertpapierbörse werden Wertpapiere nicht zugelassen, sondern durch die Deutsche Börse AG einbezogen.[44]

1. Begriff der Einbeziehungsfolgepflichten

An die Einbeziehung knüpfen wie an eine Wertpapierzulassung bzw. Einführung von Wertpapieren spezifische Folgepflichten. Adressaten der Einbeziehungsfolgepflichten sind der „antragstellende Emittent der Wertpapiere" und sein „Mitantragsteller". Mitantragssteller sind Kreditinstitute, Finanzdienstleistungsinstitute oder entsprechende Unternehmen nach §§ 53 Abs. 1 S. 1, 53b Abs. 1 S. 1 KWG (§ 16 AGB Freiverkehr FWB).

---

[42] Als Sanktionen kommen ein Verweis oder ein Ordnungsgeld bis zu 250.000 EUR in Betracht (§ 22 Abs. 2 S. 2 BörsG).
[43] Zum sog Delisting, siehe § 16 dieses Buches.
[44] Vgl. bereits § 10 dieses Buches.

2. Pflichten des antragstellenden Emittenten

Der antragstellende Emittent muss mit dem Einbeziehungsantrag ein Unternehmenskurzporträt und einen zwischen dem Emittenten und einem Deutsche Börse Listing Partner für die Dauer der Einbeziehung in den Entry Standard geschlossenen Vertrag einreichen (§ 17 Abs. 3 lit. f und h AGB Freiverkehr FWB). In diesem Vertrag muss sich der Deutsche Börse Listing Partner[45] dazu verpflichten, mit dem Emittenten vor dem Einbeziehungsantrag und sodann einmal jährlich ein Informationsgespräch über Transparenzpflichten und übliche Investor-Relations-Aktivitäten im deutschen Kapitalmarkt zu führen. Weiterhin muss der Emitten einen gültigen und gebilligten Wertpapierprospekt einreichen und eine entsprechende Billigungsbescheinigung (§§ 17 Abs. 1 lit. a iVm Abs. 3 lit. a, b AGB Freiverkehr FWB). Hinzu treten noch weitere Pflichten, wie Einreichung eines aktuellen Handelsregisterauszugs und die Einreichung einer zum Zeitpunkt der Antragsstellung gültigen Satzung.

Für den antragstellenden Emittent besteht nach Einbeziehung seiner Aktien, Aktien vertretende Zertifikate oder Anleihen in den Entry Standard die Pflicht zur Übermittlung und Veröffentlichung von Unternehmensdaten, wie Jahres- und Halbjahresabschlüsse oder Lage- und Zwischenlageberichte. Auch besteht die Pflicht zur Aktualisierung des Unternehmenskalenders sowie des Unternehmenskurzporträts. Weiterhin besteht die Pflicht, umfangreiche Informationen zu veröffentlichen, zu übermitteln oder vorab mitzuteilen. Darunter fallen Informationen, wie Kapitalmaßnahmen, die Ausgabe von Bezugsrechten, Dividendenzahlungen und Änderung des Dividendensatzes oder Antrag auf Insolvenzeröffnung (§ 19 Abs. 1 lit. c AGB Freiverkehr FWB). Sämtliche Informationen sind in Textform sowie in deutscher und englischer Sprache zu übermitteln.

3. Pflichten des Mitantragstellers

Besondere Einbeziehungsfolgepflichten bestehen für den Mitantragsteller nicht. Er muss lediglich bei der Antragsstellung bestätigen, dass der antragende Emittent ein operatives Geschäft betreibt, über positives Eigenkapital verfügt und Vorkehrungen zur Erfüllung entsprechender Publizitäts- und Compliancepflichten getroffen hat (§ 17 Abs. 2 AGB Freiverkehr FWB).[46] Weiterhin muss der Mitantragsteller bestätigen, dass Vorstand und Aufsichtsrat des Emittenten über eine hinreichende Erfahrung und Sachkunde verfügen. Der Mitantragsteller haftet gegenüber der Deutschen Börse AG für unrichtige oder unvollständige Informationen (§ 17 Abs. 6 AGB Freiverkehr FWB).

Im Rahmen seiner Überwachungspflichten muss der antragstellende Handelsteilnehmer unter anderem für die Veröffentlichung folgender Informationen auf der Internetseite des Emittenten sorgen (§ 19 Abs. 2 lit. a bis e AGB Freiverkehr FWB):
– im Tätigkeitsbereich des Emittenten eingetretener Tatsachen, die den Börsenpreis erheblich beeinflussen können (unverzüglich/objektive Darstellungsform)
– Konzern- bzw. Einzelabschluss nebst Lagebericht binnen sechs Monaten nach dem Ende des Berichtszeitraums

---

[45] Der mit dem Antragsteller identisch sein kann, aber nicht muss, vgl. *Schlitt/Schäfer*, AG 2006, 147 (150), II. 4.
[46] Der Mitantragsteller muss das Vorliegen der entsprechenden Voraussetzungen nach § 17 Abs. 2 iVm Anlage 4 AGB Freiverkehr FWB förmlich bestätigen. Die Deutsche Börse AG kann weitere entsprechende Informationen verlangen.

– ungeprüfter Zwischenbericht binnen drei Monaten nach Halbjahresende
– jährlich zu aktualisierendes Kurzporträt des Emittenten und
– aktueller Unternehmenskalender.[47]

4. Sanktion bei Nichtbefolgung

Erfüllt der antragstellende Emittent selbst, der Garant oder die Muttergesellschaft seine Berichts- oder Informationspflichten, nicht fristgerecht oder nur unzureichend, kann die Deutsche Börse AG eine Vertragsstrafe fordern (§ 20 Abs. 1 AGB Freiverkehr FWB). Die Höhe der Vertragsstrafe richtet sich danach, ob der Verstoß vorsätzlich oder fahrlässig begangen wurde. Die Pflicht zur Zahlung einer Vertragsstrafe besteht weiterhin bei einer Verletzung der Unternehmenskurzportrait- und Kalenderübermittlungspflicht (§ 21 Abs. 1 AGB Freiverkehr FWB).

IV. Einbeziehungsfolgepflichten im Quotation Board an der FWB

Auch die Einbeziehung von Aktien oder anderen Instrumenten in das Quotation Board der FWB begründet diverse Mitteilungspflichten. Die Einbeziehung erfolgt auf Antrag eines Teilnehmers gemäß § 6 Abs. 1 AGB Freiverkehr FWB. Der antragstellende Teilnehmer hat die Pflicht über die gesamte Dauer der Einbeziehung die Deutsche Börse über alle relevanten Umstände zu unterrichten, die für den Handel, die Geschäftsabwicklung sowie für die Beurteilung des einbezogenen Wertpapiers oder des Emittenten relevant sind. Der antragstellende Teilnehmer muss von den besagten Umständen Kenntnis besitzen oder er hätte sich über allgemein zugängliche Informationsquellen in zumutbarer Art und Weise Kenntnis über die Umstände verschaffen können (§ 13 Abs. 2 AGB Freiverkehr FWB). Versäumt der antragstellende Teilnehmer seinen Mitteilungspflichten nach § 13 AGB Freiverkehr FWB nachzukommen, so dort ihm in diesem Falle eine Vertragsstrafe durch die Deutsche Börse AG (§ 15 AGB Freiverkehr FWB)

V. Zulassungsfolgepflichten für Unternehmensinsider (Directors' Dealings)

Führungskräfte von Aktienemittenten und mit ihnen in einer engen Beziehung stehende Personen müssen eigene Geschäfte mit Aktien des Emittenten oder sich hierauf beziehenden Finanzinstrumenten (insbes. Derivaten) unter bestimmten Voraussetzungen melden (sog Directors' Dealings/Geschäfte des Managements).[48] Eine Voraussetzung ist, dass die Aktien des Emittenten an einer inländischen Börse oder an einem organisierten EU- oder EWR-Markt zum Handel zugelassen sind oder der Zulassungsantrag bereits gestellt oder öffentlich angekündigt ist (§ 15a Abs. 1 S. 1, 3 und 4

---

[47] Um zu vermeiden, dass der Emittent hierdurch versehentlich ein prospektpflichtiges öffentliches Angebot iSd § 1 Abs. 1 WpPG iVm § 2 Nr. 4 WpPG abgibt, sind diese Angaben von denjenigen über die Ausstattung, Bewertung und sonstige Merkmale der Aktien zu trennen, vgl. § 19 Abs. 3 AGB Freiverkehr FWB.
[48] Umfassend zu Directors' Dealings Habersack/Mülbert/Schlitt/*Pfüller*, Handbuch der Kapitalmarktinformation, § 23.

WpHG). § 15a Abs. 1 S. 3 Nr. 2 WpHG stellt klar, dass eine Meldepflicht nur bei einem Inlandsbezug des Emittenten besteht. Ein solcher wird entweder durch den inländischen Sitz des Emittenten oder dadurch hergestellt, dass Deutschland der Herkunftsstaat (im Sinne des WpPG) für einen Emittenten mit Sitz in einem Drittstaat ist. Die Mitteilungspflicht trifft in erster Linie „Personen mit Führungsaufgaben". Dies sind neben persönlich haftenden Gesellschaftern und Mitgliedern der Leitungs- und Aufsichtsorgane des Emittenten alle zu wesentlichen unternehmerischen Entscheidungen Befugte, die regelmäßig Zugang zu Insiderinformationen haben (§ 15a Abs. 2 WpHG). Nach herrschender Meinung reduziert sich der Kreis auf die „Top Executives" der Gesellschaft.[49] Darüber hinaus ist unter Umgehungsgesichtspunkten[50] jeder mitteilungspflichtig, der mit einer der genannten Personen eine enge Beziehung unterhält (§ 15a Abs. 1 S. 2 WpHG). Letzteres sind Privatpersonen wie Ehegatten, eingetragene Lebenspartner, unterhaltsberechtigte Kinder und andere Verwandte, die mit der Führungskraft seit mindestens einem Jahr im selben Haushalt leben (§ 15a Abs. 3 S. 1 WpHG). Das Merkmal einer engen Beziehung wird darüber hinaus für juristische Personen, Gesellschaften und Einrichtungen vermutet, bei denen eine meldepflichtige Person Führungsaufgaben wahrnimmt, die von einer solchen Person direkt oder indirekt kontrolliert werden, zu ihren Gunsten gegründet wurden oder deren wirtschaftliche Interessen sich weitgehend mit denen einer solchen Person decken (§ 15a Abs. 3 S. 2 und 3 WpHG).[51]

Keine Pflicht zur Offenlegung besteht, wenn die Gesamtsumme der Geschäfte einer Führungskraft oder einer Person aus seinem näheren Umfeld einen Gesamtbetrag von 5.000 EUR bis zum Ende Kalenderjahres nicht überschreitet (§ 15a Abs. 1 S. 5 WpHG).

Der Entwurf der Verordnung über Insider-Geschäfte und Marktmanipulation[52] sieht eine Anhebung der Bagatellgrenze von 5.000 auf 20.000 EUR vor.

Directors' Dealings sind innerhalb von fünf Werktagen dem Emittenten und der BaFin mitzuteilen. Die Einzelheiten ergeben sich aus §§ 10 ff. WpAIV[53] (iVm § 15a Abs. 5 WpHG). Nach Erhalt der Meldung muss ein Inlandsemittent die Mitteilung unverzüglich veröffentlichen und der BaFin die Veröffentlichung gleichzeitig mitteilen (§ 15a Abs. 4 S. 1, Hs. 1 WpHG), wobei diese Pflicht auch zukünftige Inlandsemittenten, deren Zulassungsantrag bereits gestellt oder öffentlich angekündigt ist, trifft (§ 15a Abs. 4 S. 2 WpHG). Außerdem muss er die Information unverzüglich nach ihrer Veröffentlichung dem Unternehmensregister zur Speicherung zuleiten (§ 15a Abs. 4 S. 1, Hs. 2 WpHG). Nach dem Verordnungsentwurf müssen die entsprechenden Informationen innerhalb von zwei Geschäftstagen veröffentlicht werden (Art. 14 Marktmissbrauchs-VO-Entwurf).

---

[49] Marsch-Barner/Schäfer/*Schäfer*, § 15 Rn. 6; Assmann/Schneider/*Sethe*, WpHG, § 15a Rn. 35; vgl. auch Habersack/Mülbert/Schlitt/*Klawitter*, Unternehmensfinanzierung am Kapitalmarkt, § 38 Rn. 153.
[50] Begr. RegE Viertes Finanzmarktförderungsgesetz, BT-Drs. 14/8017, 88, 2. Abs.
[51] Um eine unverhältnismäßige Ausweitung der Mitteilungspflicht zu verhindern, ist die Norm aus Sicht der BaFin teleologisch dahingehend zu reduzieren, dass Geschäfte von Gesellschaften nur dann eine Mitteilungspflicht auslösen, wenn für die mitteilungspflichtige natürliche Person infolgedessen die Möglichkeit besteht, sich einen nennenswerten wirtschaftlichen Vorteil zu sichern, vgl. den Emittentenleitfaden der BaFin idF vom 15.7.2005, V. 1. 2. 3.
[52] KOM(2011) 651; einsehbar unter: http://eur-lex.europa.eu/LexUriServ/LexUriServ.do?uri=COM:2011:0651:FIN:de:PDF.
[53] Wertpapierhandelsanzeige- und Insiderverzeichnisverordnung vom 13.12.2004, BGBl. I 2004 I, 3376 ff.

V. Zulassungsfolgepflichten für Unternehmensinsider (Directors' Dealings)

Vorwerfbare Unterlassungen sind bußgeldbewehrt (vgl. § 39 Abs. 2 Nr. 2d (Director/„Angehöriger"), Nr. 5b (Emittent) iVm Abs. 4 WpHG; Bußgeld von jeweils bis zu 100.000 EUR).

Hinter der Meldepflicht für Directors' Dealings steht die gesetzgeberische Überlegung, dass Führungskräfte und die mit ihnen eng verbundenen Personen in der Regel über einen erheblichen Informationsvorsprung verfügen.[54] Directos' Dealings wird eine nicht unerhebliche Indikatorwirkung beigemessen. Statt der rigorosen Alternative eines strikten Handelsverbots hat sich der Gesetzgeber für die Pflicht zur Offenlegung der potenziellen Insidergeschäfte entschieden, da Unternehmensbeteiligungen von Führungskräften prinzipiell geeignet sind, die Identifikation mit dem Unternehmen zu fördern.[55] Ein umfassendes Geschäftsverbot wäre kontraproduktiv gewesen. Auf diese Weise bleibt es dem Kapitalmarkt überlassen, aus den Managementgeschäften die richtigen Schlüsse auf die Lage des Unternehmens und seine Führungsebene zu ziehen.[56]

Beispiel 2: Die B-AG mit Sitz in Bonn strebt erstmals eine Börsennotierung an. Der Zulassungsantrag für den Main Market an der LSE (Londoner Börse) ist bereits gestellt. Der 29-jährige Sohn S des Finanzvorstands F ist Architekt, wohnt aber noch zu Hause. Anfang September 2012 kauft S einem Freund für 4.500 EUR 900 Stück Aktien der B-AG ab. Ende Dezember 2012, die Aktien der B-AG sind bereits an der LSE zugelassen, verkauft ihm der Freund weitere 100 Aktien der B-AG für 1.000 EUR. Sonstige Verwandte und Bekannte des F und V haben im fraglichen Jahr keine Geschäfte in Aktien der B-AG oder in sich hierauf beziehenden Finanzinstrumenten getätigt. Ist S nach § 15a WpHG meldepflichtig und wenn ja, zu welchem Zeitpunkt?

Der Erwerb von 900 Aktien der B-AG im September 2012 könnte gemäß § 15a Abs. 1 S. 2 WpHG iVm S. 1, Abs. 3 S. 1 WpHG meldepflichtig sein. Der sachliche Anwendungsbereich dieser Norm ist eröffnet. Die B-AG hat bereits im September 2006 einen Antrag auf Zulassung ihrer Aktien zu einem organisierten EU-Markt gestellt (vgl. § 15a Abs. 1 S. 4 WpHG). Der personelle Anwendungsbereich der Norm ist ebenfalls eröffnet. S ist zwar nicht mehr unterhaltsberechtigt, wohnt aber seit mehr als einem Jahr mit V zusammen (§ 15a Abs. 3 S. 1 WpHG).[57] Allerdings besteht gemäß § 15a Abs. 1 S. 5 WpHG keine Mitteilungspflicht, solange die Gesamtsumme der Geschäfte einer Person mit Führungsaufgaben und der mit ihr in einer engen Beziehung stehenden Personen bis zum Ende des Kalenderjahres die Bagatellgrenze von 5.000 EUR nicht erreicht. Im September belief sich der Kaufpreis für die 900 B-AG-Aktien nur auf 4.500 EUR. Die 5.000 EUR-Schwelle wurde erst im Dezember 2012 überschritten. In diesem Zeitpunkt traf S die Mitteilungspflicht nach § 15a Abs. 1 S. 2 WpHG iVm S. 1 WpHG. Mit dem Erreichen der Bagatallgrenze sind alle Geschäfte des laufenden Kalenderjahres nachzumelden, wobei sich die Bagatellgrenze auf den Gesamtbetrag aller von der Führungskraft und den ihr eng verbundenen Personen getätigten Geschäfte in Aktien und auf Aktien bezogenen Finanzinstrumenten erstreckt.[58]

---

[54] Begr. RegE Viertes Finanzmarktförderungsgesetz, BT-Drs. 14/8017, 87, zu Nr. 9 (§ 15a).
[55] Begr. RegE Viertes Finanzmarktförderungsgesetz, BT-Drs. 14/8017, 87/88, zu Nr. 9 (§ 15a).
[56] Vgl. Kümpel/Hammen/Ekkenga/*Kümpel*, Kennz. 050, Rn. 381.
[57] Der Gesetzeswortlaut ist ein Stück weit missverständlich. Allgemeiner Ansicht zufolge trifft die Mitteilungspflicht Kinder auch nach Wegfall ihrer Unterhaltsberechtigung, sofern sie (in ihrer Eigenschaft als Verwandte) mit der Führungsperson zusammenleben, vgl. Assmann/Schneider/*Sethe*, WpHG, § 15a Rn. 42.
[58] Habersack/Mülbert/Schlitt/*Klawitter*, Unternehmensfinanzierung am Kapitalmarkt, § 38 Rn. 132 f.; Marsch-Barner/Schäfer/*Schäfer*, § 17 Rn. 43 ff.

VI. Zulassungsfolgepflichten für Aktionäre

Neben der strafbewehrten Pflicht zur Beachtung der gesetzlichen Insiderregelungen in §§ 12 ff. WpHG, besteht für die Kapitalanleger primär die Pflicht zur Meldung bestimmter Beteiligungsveränderungen und zur Abgabe eines Übernahmeangebots beim Erwerb der Kontrolle über eine inländische AG oder KGaA.

1. Meldepflicht bei Beteiligungsveränderungen

Gemäß § 21 Abs. 1 und 2 WpHG müssen Aktionäre eines deutschen Emittenten der Gesellschaft und der BaFin das Erreichen, Überschreiten und Unterschreiten von 3%, 5%, 10%, 15%, 20%, 25%, 30%, 50% oder 75% der Stimmrechte durch Erwerb, Veräußerung oder auf sonstige Weise unverzüglich, spätestens aber innerhalb von vier Handelstagen seit der Kenntnisnahme oder fahrlässigen Unkenntnis von der Beteiligungsveränderung unter Angabe des Stimmrechtsanteils und des Tages der Stimmrechtsveränderung schriftlich mitteilen.[59] Diese Pflicht trifft nach Auffassung von Teilen der Resprechung auch Depotbanken, die als Legitimationsaktionäre im Aktienregister des Unternehmens anstelle ihrer Kunden eingetragen sind.[60] Es wird vermutet, dass der Meldepflichtige zwei Handelstage nach dem Erreichen, Überschreiten oder Unterschreiten der genannten Schwellen Kenntnis hat (§ 21 Abs. 1 S. 4 WpHG).

Finanzinstrumente, die zum Erwerb von bereits ausgegebenen, stimmberechtigten Aktien berechtigen, sind unter Berücksichtigung der respektiven Schwellenwerte mit Ausnahme der 3%-Schwelle ebenfalls zu melden und ggf. mit bereits gehaltenen Stimmrechten zu aggregieren (§ 25 WpHG).

Das Halten von Finanzinstrumenten oder sonstigen Instrumenten, die es dem Inhaber oder einem Dritten aufgrund der Ausgestaltung der Instrumente ermöglichen, mit Stimmrechten verbundene oder bereits ausgegebene Aktien zu erwerben, hat dies bei Erreichen, Überschreiten oder Unterschreiten der oben genannten Schwellen ebenfalls zu melden (§ 25a Abs. 1 WpHG). Der Regelungsgehalt des § 25a WpHG[61] stellt somit einen Auffangtatbestand zu den Meldepflichten nach § 25 WpHG dar.

Eine Stimmrechtsmeldung muss auch derjenige machen, der im Zeitpunkt einer Erstzulassung von Aktien über 3% oder mehr der Stimmrechte an dem Emittenten verfügt (§ 21 Abs. 1a WpHG).

Wer eine Meldung versäumt, muss mit einem Bußgeld von bis zu 200.000 EUR rechnen (§ 39 Abs. 2 Nr. 2e, Abs. 4 WpHG).

Zur Berechnung der Schwellen müssen Inlandsemittenten am Ende eines jeden Kalendermonats, in dem sich eine Veränderung ergeben hat, die Gesamtzahl der Stimmrechte veröffentlichen und dem Unternehmensregister zur Speicherung übermitteln (§ 26a WpHG).[62] Außerdem müssen sie die genannten sowie korrespondierende

---

[59] Zu diesen Meldepflichten ausführlich Habersack/Mülbert/Schlitt/*Weber-Rey/Benzler*, Handbuch der Kapitalmarktinformation, § 20.
[60] OLG Köln, Urteil v. 6.6.2012 – 18 U 240/11.
[61] Eingeführt durch das Anlegerschutz- und Funktionsverbesserungsgesetzes vom 5.4.2011 (BGBl. I 2011, 538).
[62] Gemäß § 17 Abs. 5 WpAIV ist für Zwecke der Berechnung des Stimmrechtsanteils die letzte Veröffentlichung nach § 26a WpHG zugrunde zu legen. Die Mitteilung muss ua die Höhe des nunmehr gehaltenen Stimmrechtsanteils in Bezug auf die Gesamtmenge der Stimmrechte des

VI. Zulassungsfolgepflichten für Aktionäre

Informationen nach den Vorschriften anderer EU- oder EWR-Mitgliedstaaten[63] spätestens drei Handelstage nach dem Zugang der Mitteilung veröffentlichen und sodann unverzüglich dem Unternehmensregister zur Speicherung übermitteln (§ 26 Abs. 1 S. 1 WpHG). Erreicht, überschreitet oder unterschreitet ihr eigener Aktienbestand die Schwellen von 5 % oder 10 %, müssen sie auch dies innerhalb von vier Handelstagen veröffentlichen. Für Inlandsemittenten deren Herkunftsstaat Deutschland ist, gilt diesbezüglich zusätzlich die Schwelle von 3 % (§ 26 Abs. 1 S. 2 WpHG). Allerdings bleiben auch ohne dahingehenden Antrag Stimmrechte aus Aktien, die ein Wertpapierdienstleistungsunternehmen mit Sitz in einem EU- oder EWR-Mitgliedstaat im Handelsbestand hält, unberücksichtigt, wenn sichergestellt ist, dass diese nicht ausgeübt oder zur Einflussnahme auf die Geschäftsführung des Emittenten verwandt werden und ihr Anteil insgesamt nicht mehr als 5 % aller Stimmrechte beträgt (§ 23 Abs. 1 WpHG).[64]

Die Meldepflicht des § 21 WpHG soll Transparenz über die Zusammensetzung des Aktionärskreises und über bedeutende Beteiligungsveränderungen schaffen. Diese Parameter können Einfluss auf die Investitionsentscheidungen der Anleger, insbesondere von institutionellen Investoren haben.[65] Auch kann sich die Gesellschaft anhand der Meldungen einen besseren Überblick über den Aktionärskreis und beherrschende Beteiligungen verschaffen.[66]

Beispiel 3: Investor A, eine GmbH, erwirbt 27.000 Aktien an der X-AG mit Sitz in Leipzig, deren Aktien bislang nicht zum Handel an einem organisierten Markt zugelassen sind. Das Grundkapital der X-AG beträgt 100.000 EUR. Es ist eingeteilt in 100.000 Stückaktien mit einem rechnerischen Anteil am Grundkapital von 1 EUR je Aktie. Die X-AG will an die Börse gehen. Zu diesem Zweck wird zunächst ihr Grundkapital aus Gesellschaftsmitteln um 1,9 Mio. EUR auf 2,0 Mio. EUR erhöht. Nach Eintragung der Kapitalerhöhung (A hält nunmehr 540.000 Aktien) wird ein genehmigtes Kapital iHv 1,0 Mio. EUR geschaffen. Die Aktionäre verzichten auf ihr Bezugsrecht, damit die neuen Aktien im Zuge des Börsengangs am Markt platziert werden können. Neben anderen Altaktionären veräußert auch A im Zuge des IPO über die Konsortialbanken 420.000 Aktien, wodurch sich ihr Bestand auf 120.000 Aktien reduziert. Der Übernahmevertrag sieht vor, dass die Konsortialbanken die Aktien der Altaktionäre nur treuhänderisch übernehmen und der eigentliche Eigentumsübergang zwei Tage nach Aufnahme der Notierung direkt von den Alt- auf die Neuaktionäre erfolgt. Die Aktien werden einen Tag vor der Notierungsaufnahme zugelassen. Kurz nach dem Börsengang schließt A mit B, dem zu diesem Zeitpunkt 410.000 Aktien an der X-AG gehören, einen Stimmbindungs- bzw. Poolvertrag, wonach A und B ihre Stimmrechte an der X-AG auch hinsichtlich später hinzuerworbener Aktien nach einem an den jeweiligen Stimmrechtsanteilen orientierten Abstimmungsmodus einheitlich ausüben. B erwirbt in der Folgezeit von einem Dritten weitere 1,0 Mio. Aktien, so dass ihm insgesamt 1,41 Mio. Aktien gehören. Ein Jahr später kauft A dem B alle Aktien an der X-AG ab. Der Eigentumsübergang findet gemäß §§ 163, 158 Abs. 1 BGB erst eine Woche später statt. Welche Meldepflichten treffen A hinsichtlich der Beteiligungsveränderungen?

Emittenten, auch wenn die Ausübung dieser Stimmrechte ausgesetzt ist, und in Bezug auf alle mit Stimmrechten versehenen Aktien ein und derselben Gattung enthalten (§ 17 Abs. 1 Nr. 5 WpAIV). Die BaFin stellt für Zwecke der Berechnung des Stimmrechtsanteils nicht mehr nur auf die letzte Veröffentlichung nach § 26a WpHG, sondern auch auf die tatsächlichen Verhältnisse ab. Den Meldepflichtigen trifft dabei eine erhöhte Sorgfaltspflicht Änderungen gegenüber der letzten Veröffentlichung zu melden.

[63] Zum Hintergrund dieser Regelung, siehe Begr. RegE TUG, BT-Drs. 16/2498, 37/38, zu Nr. 14 (§ 26).
[64] Vgl. auch die übrigen Befreiungstatbestände dieser Norm sowie § 23 Abs. 5 WpHG.
[65] Begr. RegE Zweites Finanzmarktförderungsgesetz, BT-Drs. 12/6679, 33, 1, S. 52, zu § 21, zu Abs. 1.
[66] Begr. RegE, Zweites Finanzmarktförderungsgesetz, BT-Drs. 12/6679, 52, zu § 21, zu Abs. 1.

Mit ihrem Einstieg in die X-AG im Vorfeld des Börsengangs erwirbt A unmittelbar mehr als den vierten Teil der Aktien (27%), was sie der X-AG gemäß § 20 Abs. 1 S. 1 AktG melden muss. Anders als im Rahmen der §§ 21 ff. WpHG, kommt es für die aktienrechtlichen Mitteilungspflichten gemäß §§ 20, 21 AktG vorrangig auf die Kapital- und nicht auf die Stimmrechtsbeteiligung an. Auch beschränken sich die aktienrechtlichen Meldpflichten auf das Erreichen und Überschreiten der Schwellenwerte von 25% oder 50% („Mehrheitsbeteiligung"). Außerdem gelten die Vorschriften der §§ 20, 21 AktG nur für Unternehmen. Ihr Anwendungsbereich endet mit der Zulassung der Aktien zum Handel an einem organisierten Markt (§§ 20 Abs. 8, 21 Abs. 5 AktG, jeweils iVm §§ 21 Abs. 2, 2 Abs. 5 WpHG).

Die Kapitalerhöhung aus Gesellschaftsmitteln löst für A keine zusätzliche Meldpflicht aus. Sie lässt die bestehenden Beteiligungsquoten unberührt. A muss der X-AG vorliegend auch nicht gemäß § 20 Abs. 5 AktG mitteilen, dass sie im Zuge des Börsengangs 420.000 Aktien veräußert hat. A verliert ihr Eigentum an den Aktien aufgrund der Treuhandkonstruktion im Übernahmevertrag erst im Anschluss an die Börsenzulassung. Ab diesem Zeitpunkt gelten ausschließlich die §§ 21 ff. WpHG.

Hinsichtlich ihrer Stimmrechtsquote nach der Börsenzulassung könnte mit Blick auf die kurze Zeitspanne bis zum Verlust des Eigentums an den 420.000 Aktien fraglich sein, ob A der X-AG und der BaFin mitteilen muss, dass ihr im Zeitpunkt der Erstzulassung 27% der Stimmrechte an der Gesellschaft gehören (§ 21 Abs. 1a WpHG). Für eine teleologische Reduktion dieser Norm ließe sich einwenden, dass die Vereinbarungen von vornherein auf eine Veräußerung der Aktien der A im Zuge des Börsengangs angelegt sind. Allerdings entbindet die Kenntnis aller Beteiligten von einer Stimmrechtsveränderung den Aktionär üblicherweise nicht von seiner Meldepflicht.[67] Für eine Meldepflicht nach § 21 Abs. 1a WpHG spricht weiterhin, dass diese Vorschrift ausschließlich auf den Zeitpunkt der Erstzulassung abstellt. Zum diesem Zeitpunkt hält A noch 27% der Stimmrechte an der X-AG. Außerdem sieht § 21 WpHG keine Mindesthaltefrist vor.[68] Die besseren Gründe sprechen daher für eine Meldepflicht der A gemäß § 21 Abs. 1a WpHG. Darüber hinaus muss A der X-AG nach § 21 Abs. 1 S. 1 WpHG melden, dass ihr Stimmrechtsanteil aufgrund der Aktienveräußerung unter 5% der Gesamtstimmrechte gesunken ist, denn schließlich verbleibt ihr nach der Aktienveräußerung nur eine Stimmrechtsquote von 4%. In der Praxis werden die Meldungen nach § 21 Abs. 1a und § 21 Abs. 1 WpHG häufig miteinander kombiniert

Nach dem Zuerwerb von 1,0 Mio. Aktien durch B muss A der X-AG gemäß §§ 21 Abs. 1 S. 1, 22 Abs. 2 S. 1 WpHG richtigerweise nicht mitteilen, dass ihr mit Blick auf die Aktionärsvereinbarung mit B mehr als 50% der Stimmrechte an der Gesellschaft gehören. Man könnte zwar vertreten, dass A und B nach dem Zuerwerb aufgrund der Stimmbindungsvereinbarung insgesamt 51% der Stimmenrechte an der X-AG zustehen. Gemäß § 22 Abs. 2 S. 1 WpHG werden einem Meldepflichtigen sämtliche Stimmrechte eines Dritten zugerechnet, mit dem dieser sein Verhalten in Bezug auf einen deutschen Emittenten auf der Grundlage einer nicht nur einzelfallbezogenen Vereinbarung abstimmt (sog *acting in concert*). Verfügt ein Poolmitglied über die Mehrheit der Stimmrechte, rechnet man ihm die verbreitete Meinung nach die übrigen Stimmrechte zu.[69] Allerdings finden sich für dieses Zurechnungsmodel im Gesetz keine Anküpfungspunkte. Aus dem Wortlaut („in voller Höhe") ergibt sich vielmehr, dass sämtliche Stimmrechte der anderen Poolmitglieder zuzurechnen sind.[70]

Folgt man dieser Auffassung, ist nach einer ordnungsgemäßen Meldung des A davon auszugehen, dass der Erwerb aller Aktien des B die Stimmrechtsverhältnisse unverändert lässt. Denn allein die Umschichtung bislang zugerechneter Stimmrechte nach § 22 WpHG zu direkt gehaltenen Stimmrechten nach § 21 WpHG löst keine Mitteilungspflicht aus.[71] Weiteres Argument ist die Differenzierung zwischen den verschiedenen Meldetatbeständen in § 21 Abs. 1 S. 1 WpHG („Erwerb"/"auf sonstige Weise" (= durch Zurechnung)). Folgt man dem, ist fraglich, ob bereits der Abschluss des schuldrechtlichen Kaufvertrages oder erst dessen dingliche Erfüllung eine

---

[67] Marsch-Barner/Schäfer/*Schäfer*, § 17 Rn. 15; Assmann/Schneider/*Schneider*, WpHG, § 21 Rn. 102.
[68] Assmann/Schneider/*Schneider*, WpHG, § 21 Rn. 24.
[69] Assmann/Schneider/*Schneider*, WpHG, § 22 Rn. 1193 mwN; aA Lenz/Linke, AG 2002, 361 (368), VIII. Bei gleichwertiger Einflussnahmemöglichkeit wären A und B unabhängig voneinander meldepflichtig, *Schneider*, aaO, Rn. 158.
[70] Entwurf zum überarbeiteten Emittentenleitfaden der BaFin idF vom 8.2.2013, VIII.2.5.8.3.
[71] Entwurf zum überarbeiteten Emittentenleitfaden der BaFin idF vom 8.2.2013, VIII.2.5.

Woche später pflichtbegründend wirkt.[72] Richtigerweise kommt es auf die Erfüllung des dinglichen Erwerbstatbestands bzw. den Zeitpunkt des effektiven Erwerbs aller Stimmrechtsanteile des B durch A an,[73] während für den Zeitpunkt des Vertragsschlusses, der zur Lieferung bereits existierender, zugelassener Aktien nach einer Woche berechtigt, nach vorläufigen Äußerungen der BaFin eine Mitteilungspflicht nach § 25 WpHG in Frage kommt. Letzteres ist richtigerweise abzulehnen, da § 25 WpHG nur Finanzinstrumente, die zum Erwerb von Aktien berechtigen, erfasst und der abgeschlossene Kaufvertrag nicht unter die Legaldefinition des Finanzinstruments in § 2 Abs. 2b WpHG fällt. Eine Mitteilungspflicht des A an die BaFin ergibt sich allerdings aus dem Auffangtatbestand des § 25a WpHG.[74] Beim abgeschlossenen Kaufvertrag handelt es sich um ein „sonstiges Instrument", welches aufgrund seiner Ausgestaltung dem A die schon die bloße Möglichkeit einräumt die bereits ausgegebenen Aktien der X-AG zu erwerben.[75]

Beispiel 4: Welche Konsequenzen könnte das Unterlassen einer Stimmrechtsmeldung durch A und B im Beispiel 3 haben?

Solange A und B ihre Meldpflichten nicht erfüllen, ruhen die Rechte aus ihren Aktien (§§ 20 Abs. 7 S. 1 AktG, 28 S. 1 WpHG).[76] A und B wären für den betreffenden Zeitraum weder dividenden- noch bezugs- oder stimmberechtigt (vgl. aber §§ 20 Abs. 7 S. 2 AktG, 28 S. 2 WpHG).[77] Fraglich ist, wie sich die fehlende Stimmberechtigung von A und B auf unter ihrer Beteiligung zustande gekommene Hauptversammlungsbeschlüsse der X-AG auswirken würde. Der BGH hat zu § 20 Abs. 7 AktG entschieden, dass unter Beteiligung eines nicht Stimmberechtigten zustande gekommene Beschlüsse nicht nichtig, sondern angesichts ihrer förmlichen Feststellung durch den Versammlungsleiter und ihrer Protokollierung (vgl. § 130 AktG) nur anfechtbar sind (§§ 243 ff. AktG).[78] Dies soll selbst dann gelten, wenn ein nicht Stimmbefugter einziger Hauptversammlungsteilnehmer gewesen ist. Nichtsdestotrotz bewirken unterlassene Stimmrechtsmeldungen eine erhebliche Rechtsunsicherheit – nicht zuletzt für die Gesellschaft.

Die Verletzung einer Meldpflicht nach § 25a WpHG zieht für A lediglich eine Geldbuße[79] nach sich (§ 39 Abs. 2 Nr. 2 lit. f WpHG). Einen Verlust der Dividenden-, Bezugs- oder Stimmrechtsberechtigung, wie bei einem Verstoß gegen § 25 WpHG, sieht der Auffangtatbestand nicht vor. In der Literatur wird diesbezüglich auch auf die Einführung eines Stimmverlusts nach Erwerb der Aktien gedrängt.[80]

2. Pflichtangebot

Im Falle eines Kontrollwechsels muss ein Aktionär öffentlich die Übernahme aller übrigen Aktien[81] gegen angemessene Gegenleistung anbieten (§§ 35 Abs. 2 S. 1, 39, 31 WpÜG).[82] Die Einzelheiten eines solchen Pflichtangebots sind in § 17 dieses Buches geschildert.

---

[72] Vgl. Schäfer/Hamann/*Opitz*, § 21 WpHG, Rn. 20.
[73] Ebenso Schäfer/Hamann/*Opitz*, § 21 WpHG, Rn. 20; Assmann/Schneider/*Schneider*, WpHG, § 21 Rn. 73.
[74] Assmann/Schneider/*Schneider*, WpHG, § 25a Rn. 14.
[75] Siehe dazu: Gesamtliste der häufigen Fragen zu den neuen Meldpflichten nach §§ 25 und 25a WpHG (Stand: 31.1.2012) einsehbar unter: http://www.bafin.de/SharedDocs/FAQs/DE/WA_Meldepflichten_wphg25/faq_wphg25a_00_gesamtliste.html.
[76] Die wohl hM fordert hierfür eine schuldhafte Verletzung der Mitteilungspflicht, vgl. Marsch-Barner/Schäfer/*Schäfer*, § 17 Rn. 50 mwN.
[77] Marsch-Barner/Schäfer/*Schäfer*, § 17 Rn. 51 ff.
[78] *BGH*, ZIP 2006, 1134 (1136/1137).
[79] Diese kann bis zu 1. Mio. Euro betragen (§ 39 Abs. 4 WpHG).
[80] Assmann/Schneider/*Schneider*, WpHG, § 25a, Rn. 78.
[81] Nicht aber auch aller übrigen Wertpapiere.
[82] Vgl. auch § 17 V. dieses Buches und Habersack/Mülbert/Schlitt/*Riehmer*, Handbuch der Kapitalmarktinformation, § 15.

§ 16. Delisting

Literatur: *Adolff/Tieves,* Über den rechten Umgang mit einem Gesetzgeber: die aktienrechtliche Lösung des BGH für den Rückzug von der Börse, BB 2003, 797 ff.; *Bencke,* Gesellschaftliche Voraussetzungen des Delisting, WM 2004, 1122; *Borges,* Acting in Concert: Vom Schreckengespenst zur praxistauglichen Zurechnungsnorm, ZIP 2007, 357; *Drygala/Staake,* Delisting als Strukturmaßnahme, ZIP 2013, 905; *Ekkenga,* Macrotron und das Grundrecht auf Aktieneigentum – der BGH als der bessere Gesetzgeber?, ZGR 2003, 878; *Grunewald,* Die Auswirkungen der Macrotron-Entscheidung auf das kalte Delisting, ZIP 2004, 542; *Henze,* Holzmüller vollendet das 21. Lebensjahr, in: Festschrift für Peter Ulmer (2003), 211; *Kiefner/Gillessen,* Die Zukunft von „Macrotron" im Lichte der jüngsten Rechtsprechung des BVerfG, AG 2012, 645; *Klöhn,* Delisting – Zehn Jahre später, NZG 2012, 1041; *Krämer/Theiß,* Delisting nach der Macrotron-Entscheidung des BGH, AG 2003, 225; *Mülbert,* Rechtsprobleme des Delisting, ZHR 165 (2001), 104; *Paschos/Klaaßen,* Offene Fragen nach der Entscheidung des BVerfG zum Delisting und Folgen für die Beratungspraxis, ZIP 2013, 154; *Pluskat,* „Das kalte Delisting", BKR 2007, 54; *Pfüller/Anders,* Delisting-Motive vor dem Hintergrund neuerer Rechtsentwicklungen, NZG 2003, 459; *Reger/Schilha,* Aktienrechtlicher Aktionärsschutz bei Delisting und Downgrading, NJW 2012, 3066; *Schlitt,* Die gesellschaftsrechtlichen Voraussetzungen des regulären Delisting – Macrotron und die Folgen, ZIP 2004, 533; *K. Schmidt,* Macrotron oder – weitere Ausdifferenzierung des Aktionärsschutzes durch den BGH, NZG 2003, 601; *Schnaittacher/Westerheide/Stindt,* WM 2012, 2225.

I. Begriffsbestimmung/Arten des Delisting

1. Reguläres Delisting

Unter Delisting versteht man den Rückzug einer börsennotierten Gesellschaft aus dem Regulierten Markt.[1] Als reguläres Delisting bezeichnet man den Widerruf der Zulassung durch die Zulassungsstelle auf Antrag des Emittenten (§ 39 Abs. 2 BörsG).

2. Zwangsdelisting

Die Zulassung zum Regulierten Markt kann auch ohne Antrag des Emittenten durch die Zulassungsstellen widerrufen werden (§ 39 Abs. 1 BörsG). Außerdem kann die Zulassung nach den für begünstigende Verwaltungsakte geltenden Regeln der jeweiligen Verwaltungsverfahrensgesetze der betroffenen Länder[2] zurückgenommen bzw. widerrufen werden. In allen diesen Fällen spricht man von einem Zwangsdelisting.

Nach § 39 Abs. 1 BörsG kann der Widerruf erfolgen, wenn absehbar ist, dass ein ordnungsgemäßer Börsenhandel auf Dauer nicht gewährleistet ist. Dies ist etwa der Fall, wenn in den Aktien nur noch sporadisch gehandelt wird, etwa weil die Aktien in einer Hand liegen oder auch, weil in Folge der Eröffnung des Insolvenzverfahrens über das Vermögen des Emittenten die Aktien wertlos geworden sind.[3]

---

[1] Habersack/Mülbert/Schlitt/*Habersack,* Unternehmensfinanzierung am Kapitalmarkt, § 35 Rn. 1; *Paschos/Klaaßen,* ZIP 2013, 154.
[2] Marsch-Barner/Schäfer/*Eckhold,* in: Handbuch börsennotierte AG, 2. Aufl. § 62 Rn. 6 f.
[3] Schwark/*Heidelbach,* § 39 BörsG Rn. 4.

Der Widerruf ist auch möglich, wenn der Emittent seinen Zulassungsfolgepflichten nach §§ 40 bis 43 BörsG, §§ 30a bis g, 37v ff. WpHG auch nach Ablauf einer angemessenen Nachfrist nicht erfüllt hat (§ 39 Abs. 1 BörsG). Für den Emittenten besteht damit die Möglichkeit, durch Nichtbeachtung der Folgepflichten den Widerruf zu provozieren und so aus einem Zwangsdelisting ein verkapptes reguläres Delisting zu machen.[4]

3. Vollständiges/partielles Delisting

Der Rückzug von der Börse kann alle organisierten Märkte iSv § 2 Abs. 5 WpHG betreffen oder auch nur einen Teil davon. Im letzten Fall, dem partiellen Delisting, bleibt die Zulassung also erhalten, wenn sie sich nunmehr auch nur noch auf weniger Märkte oder Marktsegmente bezieht (sog Börsenpräsenzreduktion, falls der Handel an weniger Börsenplätzen stattfindet als zuvor, bzw. Marktpräsenzreduktion, falls weniger Marktsegmente bedient werden als zuvor).[5]

Werden die Aktien nur noch im Freiverkehr gehandelt, so ändert dies nichts daran, dass ein vollständiges Delisting vorliegt, weil der Freiverkehr kein Markt iSv § 2 Abs. 5 WpHG ist, da er ausschließlich privatrechtlich organisiert ist. Ausländische Börsen können dem gegenüber die Kriterien von § 2 Abs. 5 WpHG erfüllen.[6]

4. Kaltes Delisting

Unter einem kalten Delisting versteht man Umstrukturierungen der Aktiengesellschaft auf gesellschaftsrechtlicher Basis, die zur Folge haben, dass die Voraussetzungen für die Zulassung zum regulierten Markt und zum Freiverkehr entfallen.[7] Hierzu zählt etwa die Verschmelzung einer börsennotierten Aktiengesellschaft auf eine nicht notierte, der Squeeze-Out (§§ 327a ff. AktG)[8] oder die Eingliederung (§ 320 AktG)[9] einer börsennotierten AG in eine nicht notierte. Ebenfalls erfasst ist der Formwechsel der Aktiengesellschaft, die Aufspaltung auf nicht börsennotierte Gesellschaften und die übertragende Auflösung.[10] Da die Zulassung auch auf diesem Weg zum Wegfall gebracht werden kann, stellt sich die Frage, ob die gesellschaftsrechtlichen Voraussetzungen des Delisting auch für dieses sog kalte Delisting einschlägig sind.[11]

II. Gründe für und gegen ein Delisting

Für ein Delisting können ganz unterschiedliche Gründe sprechen.[12] Meist geht es darum, dass sich die mit dem Listing verbundenen Kosten (etwa Ausgaben für Kurs-

---

[4] Dazu: *Schlitt,* ZIP 2004, 533 (540).
[5] Etwa beim Wechsel von einem Teilbereich im Sinne von § 42 BörsG in einen anderen.
[6] *Habersack* (s. o. Fn. 1), § 35 Rn. 3.
[7] Überblick bei: *Even/Vera,* DStR 2002, 1315 (1317); *Grunewald,* ZIP 2004, 542 (543); *Schlitt,* ZIP 2004, 533 (540).
[8] Es fehlt an handelbaren Aktien, § 327e Abs. 3 AktG.
[9] Es fehlt an handelbaren Aktien, § 320a AktG.
[10] Bei der übertragenden Auflösung wird das gesamte Vermögen der AG auf den Mehrheitsgesellschafter übertragen. Danach wird die Gesellschaft aufgelöst.
[11] Dazu unten III. 2.
[12] *Eckhold* (siehe oben Fn. 2) § 61 Rn. 7 ff.; *Krämer/Theiß,* AG 2003, 225 (226); *Pfüller/Anders,* NZG 2003, 459 ff.

pflegemaßnahmen, Erstellung von Geschäfts- und Zwischenberichten, Kosten für eine erhöhte Anzahl von Aufsichtsratssitzungen, § 110 Abs. 3 AktG, Kosten infolge des Wegfalls der Vereinfachung für die Einberufung und Durchführung einer Hauptversammlung,[13] Kosten für eine erhöhte Anzahl von Aufsichtsratssitzungen (§ 110 Abs. 3 AktG), für die Vorkehrungen zur Sicherstellung der Befolgung der Regeln der Ad-hoc-Publizität und des Directors' Dealings, Kosten der Deklarationspflicht in Bezug auf den Corporate Governance Kodex, § 161 AktG) nicht mehr rechnen. In manchen Fällen – insbesondere bei niedrigen Kursen – erleichtert die Börsennotierung zudem eine feindliche Übernahme, da über die Börse ein anonymer und unter Umständen kostengünstiger Aufkauf von Aktien möglich ist. Auch kommt es vor, dass im Konzern nur die Muttergesellschaft börsennotiert sein soll und die Tochtergesellschaften deshalb „von der Börse genommen werden".[14]

Diesen Gründen stehen allerdings auch bedeutsame Gegenargumente gegenüber. Für die Anleger hat der Wegfall der Notierung zur Folge, dass die Veräußerbarkeit der Aktien (sog Fungibilität) an einem staatlich überwachten Markt entfällt. Oft ist jedenfalls mit einem vollständigen Rückzug von der Börse auch ein Preisrückgang für die Aktien verbunden, eben weil die Marktteilnehmer die Veräußerbarkeit der Aktie auf diesen besonderen Märkten als geldwerten Vorteil ansehen. Für die Gesellschaft geht es bei der Notierung in erster Linie darum, die mit der Zulassung verbundene Möglichkeit der Aufnahme von Eigenkapital auf einem Markt zu nutzen, der oft besonders attraktive Bedingungen bietet. Ein willkommener Nebeneffekt ist oftmals auch die Erhöhung des Bekanntheitsgrades des Unternehmens.

III. Gesellschaftsrechtliche Voraussetzungen des Delisting

1. Reguläres Delisting

a) Vollständiges Delisting

Beispiel: Die Hauptversammlung der am Regulierten Markt der Börse Frankfurt notierten M-AG fasst mit einer Mehrheit von 90 % den Beschluss, den Vorstand zu ermächtigen, den Widerruf der Börsenzulassung zu beantragen. Der Großaktionär, der eine Mehrheit von 85 % der Aktien hält, stimmt für diesen Beschluss. Zugleich bietet er den Aktionären den Aufkauf ihrer Aktien an. Aktionär A stimmt gegen den Hauptversammlungsbeschluss, da er mit dem Delisting nicht einverstanden ist. Er erklärt die Anfechtung des Beschlusses. Dabei beruft er sich darauf, dass das Delisting nicht zu rechtfertigen sei, da es zum einen überflüssig sei, und der Vorstand zum anderen vor der Beschlussfassung nicht schriftlich über die Gründe berichtet habe, die für das Delisting sprechen sollen. Zudem sei das Kaufangebot des Großaktionärs zu niedrig bemessen.

Das AktG regelt die Voraussetzungen eines Delisting nicht. In dem sog *Macrotron-Urteil* hat der BGH[15] entschieden, dass der Vorstand ein vollständiges Delisting nur betreiben darf, wenn ein entsprechender Hauptversammlungsbeschluss gefasst worden ist. Begründet wird dieses Beschlusserfordernis damit, dass gerade für Minderheits- und Kleinaktionäre der Wegfall des Börsenmarktes gravierende wirtschaftliche Nachteile mit sich bringe. Da der Verkehrswert und die Möglichkeit seiner Realisierung verfassungsrechtlich geschützter Bestandteil des Aktieneigentums seien (Art. 14 Abs. 1 GG), habe die Hauptversammlung und nicht die Verwaltung darüber zu

---
[13] ZB §§ 125 Abs. 1 S. 3, 130 Abs. 1 S. 3 149, 248a AktG.
[14] *Eckhold* (s. o. in Fn. 2), § 61 Rn. 12.
[15] BGHZ 153, 47 = *BGH*, ZIP 2003, 387.

befinden, ob das Delisting durchgeführt werden solle. Einen schriftlichen Bericht oder besondere Gründe für das Delisting seien aber nicht erforderlich. Vielmehr reiche eine Erläuterung des Vorhabens durch den Vorstand in der Hauptversammlung aus. Zudem schulde entweder der Großaktionär oder die AG eine Abfindung, die dem Wert der Aktie entspreche.

Diese Argumentation des BGH ist angreifbar. Denn ein irgendwie gearteter effektiver Schutz der Minderheit lässt sich durch die bloße Beschlussfassung in der Hauptversammlung kaum erreichen, da der Mehrheitsaktionär vom Stimmrecht ja nicht ausgeschlossen ist. Ohne Rückendeckung durch den Mehrheitsaktionär wird die Verwaltung ein Delisting aber sowieso kaum je betreiben. Diese Bedenken verstärken sich noch, wenn man mit dem BGH für diesen Beschluss nur eine einfache Mehrheit fordert[16] und eine sachliche Rechtfertigung wie auch einen Vorstandsbericht nach Art des Berichts von § 186 Abs. 4 S. 2 AktG (Ausschluss des Bezugsrechts) für entbehrlich hält.

Auch fragt es sich, ob wirklich gerade die Veräußerbarkeit der Aktien an einer Börse verfassungsrechtlich durch Art. 14 Abs. 1 GG geschützt ist.[17] Das Bundesverfassungsgericht[18] hat dies anders gesehen und entschieden, dass die Handelbarkeit einer Aktie an der Börse nicht unter den Schutz von Art. 14 Abs. 1 GG fällt. Der Aktionär behalte die Möglichkeit der jederzeitigen Veräußerung der Aktie, wenn auch rein tatsächlich die Verkehrsfähigkeit durch ein Delisting eingeschränkt werde. Dieser „Marktchance" gleiche etwa die Aufnahme der Aktie in einen Index, ein Vorteil, der ebenfalls nicht durch Art. 14 GG geschützt werde. Zugleich betont das Bundesverfassungsgericht aber auch, dass die Macroton-Entscheidung des BGH mit dem GG vereinbar sei, sodass eine Änderung der Judikatur des BGH wohl eher nicht zu erwarten ist. Statt auf verfassungsrechtliche Überlegungen wird sich der BGH wohl nunmehr auf eine Analogie zu § 29 Abs. 1 S. 1 UmwG stützen[19].

Die Annahme des BGH, dass ein Hauptversammlungsbeschluss für ein Delisting erforderlich ist, soll für die Gesellschaft und die Aktionäre klar und sicherstellen, dass als Folge des Delisting den überstimmten Aktionären eine Möglichkeit zur Abgabe ihrer Aktien gegen eine vollwertige Abfindung eröffnet wird – wie es ja auch § 29 Abs. 1 S. 1 UmwG für die Verschmelzung einer börsennotierten AG auf eine nicht börsennotierte Gesellschaft vorsieht. Dies spricht dafür, den Hauptversammlungsbeschluss jedenfalls dann für anfechtbar zu halten,[20] wenn es an einem Abfindungsangebot gänzlich fehlt. Dies würde allerdings in Widerspruch zu der in § 32 UmwG getroffenen in gewisser Hinsicht einen vergleichbaren Fall betreffenden Regelung[21] stehen, nach der die Anfechtung eines Verschmelzungsbeschlusses gerade nicht darauf gestützt werden kann, dass eine Barabfindung entgegen § 29 UmwG nicht angeboten wurde. Daher sprechen wohl die besseren Gründe dafür, es bei der Analogie zu §§ 29,

---

[16] Anders in den sog Holzmüllerfällen, in denen ebenfalls ungeschriebene Hauptversammlungszuständigkeiten entwickelt wurden: Siehe *BGH*, ZIP 2004, 993 (998) (Gelatine), Dreiviertelmehrheit erforderlich.

[17] Zustimmend MünchKomm-AktG/*Kubis*, § 119 Rn. 84; kritisch *Benecke*, WM 2004, 1122 (1123); *Ekkenga*, ZGR 2003, 878 (883); *Habersack* (s. o. Fn. 1), § 35 Rn. 7; *Henze*, Festschrift Ulmer 2003, S. 211, 289 ff.; *Schlitt*, ZIP 2004, 533 (535); *Karsten Schmidt*, NZG 2003, 601 (603).

[18] NZG 2012, 826.

[19] Siehe *Klöhn*, NZG 2012, 1041 (1044 ff.); *Paschos/Klaaßen*, ZIP 2013, 154 (156); auch *Drygala/Staake* ZIP 2013, 905 (912): Analogie zu §§ 190, 208, 30 UmwG; aA *Goetz*, BB 2012, 2767 (2768); *Kiefner/Gillessen*, AG 2012, 645.

[20] So *Heidel*, DB 2003, 548 (549); *Hoffmann*, in: Spindler/Stilz, AktG 2. Aufl., § 119 Rn. 43; offen gelassen von *OLG Zweibrücken*, ZIP 2004, 1666; dagegen *Schlitt*, ZIP 2004, 533 (539).

[21] Es geht um die Abfindung infolge eines Formwechsels.

32 UmwG zu belassen,[22] was die Bedeutung des Hauptversammlungsbeschlusses allerdings noch geringer werden lässt. Die Höhe der angebotenen Abfindung wird in einem Spruchverfahren überprüft (§ 1 SpruchG analog). Dies hat zugleich zur Folge, dass abfindungsbezogene Informationsmängel nicht zur Anfechtbarkeit des Hauptversammlungsbeschlusses führen (§ 243 Abs. 4 S. 2 AktG).

Der BGH hat in der geschilderten Macrotron-Entscheidung gesagt, dass das Abfindungsangebot entweder von dem Großaktionär oder von der Gesellschaft (dann im Rahmen der von §§ 71 ff. AktG gezogenen Grenzen)[23] ausgehen könne. Unklar ist allerdings, wer ein solcher „Großaktionär" ist. Das AktG kennt nur Mehrheitsaktionäre (etwa in § 304 AktG) und Hauptaktionäre (siehe § 327a AktG). Vorgeschlagen wird, eine Parallele zu § 29 Abs. 2 WpÜG (Kontrolle bei 30 % der Stimmrechte) zu ziehen.[24]

Des Weiteren muss sich ein solcher Großaktionär mit dieser Form der Abwicklung des Austrittsrechts einverstanden erklärt haben. Dies ist schon deshalb erforderlich, weil die Parallele zu § 29 UmwG nicht dazu führt, dass den Großaktionär von Gesetzes wegen eine entsprechende Verpflichtung treffen würde. Für dieses Angebot gelten die Regeln des WpüG nicht.[25] Wenn es an einem Großaktionär fehlt,[26] bleibt es also bei der Verpflichtung der Aktiengesellschaft zur Abgabe des Abfindungsangebotes.

Kehrt man somit zu dem eingangs geschilderten Fall zurück, so wird deutlich, dass die Anfechtungsklage des A – legt man die Judikatur des BGH zugrunde – keinen Erfolg haben wird. Der Hauptversammlungsbeschluss ist mit der erforderlichen Mehrheit[27] gefasst. Ein schriftlicher Bericht des Vorstands war ebenso wenig erforderlich wie ein irgendwie gearteter sachlicher Grund für das Delisting.[28] Selbst wenn man anders als hier vertreten den Hauptversammlungsbeschluss für anfechtbar halten sollte, falls ein Abfindungsangebot gänzlich fehlt, würde dies der Anfechtungsklage des A nicht zum Erfolg verhelfen. Denn schließlich hatte der Mehrheitsaktionär eine Abfindung angeboten. Sollte diese zu gering bemessen sein, bleibt dem Aktionär die Überprüfung im Spruchverfahren.

In dem Macroton-Fall war ein kompletter Rückzug von der Börse geplant. Mehrere Oberlandesgerichte haben sich mit der Frage beschäftigt, ob ein entsprechender Hauptversammlungsbeschluss und die Möglichkeit zum Ausscheiden aus der Gesellschaft gegen Zahlung einer vollwertigen Abfindung auch erforderlich ist, wenn die AG aus dem regulierten Markt in ein Qualitätssegment des Freiverkehrs wechselt. Der BGH hatte lediglich in einem obiter dictum gesagt, dass er im Falle des Wechsels in den Freiverkehr nicht anders entscheiden würde – was aber, da es vergleichbare Qualitätssegmente damals noch nicht gab, für die aktuelle Lage ohne Bedeutung ist[29]. Das OLG München[30], das OLG Bremen[31] und das KG Berlin[32] haben dies unter

---

[22] *Habersack* (s. o. Fn. 1), § 35 Rn. 17.
[23] Vorgeschlagen wird eine Analogie zu § 71 Abs. 1 Nr. 3 AktG: *Adolff/Tieves*, BB 2003, 797 (802); *Schlitt*, ZIP 2004, 533 (537).
[24] *Eckhold* (s. o. Fn. 2), § 62 Rn. 55.
[25] Dazu *Pluskat*, BKR 2007, 56; *Schlitt*, ZIP 2004, 538.
[26] Siehe das Beispiel von *Schlitt*, ZIP 2004, 533 (537): zwei Aktionäre halten je 45 %, 10 % sind in Streubesitz.
[27] Dies gilt selbst dann, wenn man eine Dreiviertelmehrheit verlangt.
[28] Möglich bleibt eine Anfechtung wegen Rechtsmissbrauchs: *Schäfer/Eckhold* (s. o. Fn. 2), § 62 Rn. 42.
[29] *Paschos/Klaaßen* ZIP 2013, 154 (155); *Reger/Schilha* NJW 2012, 3066 (3067).
[30] NZG 2008, 755.
[31] ZIP 2013, 821.
[32] NZG 2009, 752.

Hinweis auf die nur geringe Beeinträchtigung des Aktionärs zu Recht verneint. Wird dagegen in den Freiverkehr gewechselt, ohne dass die Sonderregeln des Qualitätssegments akzeptiert werden, bleibt es jedenfalls nach Ansicht des OLG Frankfurt[33] bei der Notwendigkeit, einen entsprechenden Hauptversammlungsbeschluss zu fassen und ein Abfindungsangebot abzugeben.

b) Partielles Delisting

Die für das vollständige Delisting geschilderten gesellschaftsrechtlichen Grundsätze gelten für das partielle Delisting nicht.[34] Der Eingriff in die Mitgliedschaftsrechte ist – solange ein Handel an einem anderen Börsenplatz möglich ist – nicht so gravierend, dass ein Hauptversammlungsbeschluss oder eine Möglichkeit zum Ausscheiden aus der Aktiengesellschaft gegen Erhalt einer vollwertigen Abfindung erforderlich wäre. Nur dann wenn der Handel an keiner Börse in einem vergleichbaren Qualitätssegment mehr stattfindet[35], greifen die Macroton-Grundsätze ein.

2. Kaltes Delisting

Die für das kalte Delisting infrage kommenden gesellschaftsrechtlichen Umstrukturierungsmaßnahmen folgen jeweils ihren eigenen Regeln. Manche dieser Maßnahmen (Eingliederung) begründen kein Austrittsrecht für die überstimmte Minderheit. Dann stellt sich die Frage, ob das vom BGH entwickelte Angebot auf Barabfindung auch in diesen Fällen erforderlich ist. In Anbetracht der Tatsache, dass der BGH maßgeblich auf den Wertverlust der Aktie infolge der verringerten Fungibilität abgestellt hat, wird man das zu bejahen haben. Denn ganz gleich, auf welchem Wege es zum Delisting kommt, ist die Belastung für die betroffenen Aktionäre insoweit stets die gleiche.[36]

3. Provoziertes Zwangsdelisting

Wenn die Aktiengesellschaft das Delisting provoziert (oben I. 2.), kann sie aus diesem pflichtwidrigen Verhalten keinen Vorteil ziehen. Daher besteht die Verpflichtung zur Abgabe eines Abfindungsangebotes auch in diesem Fall.[37]

---

[33] ZIP 2012, 371 (373); aA *Schnaittacher/Westerheide/Stindt*, WM 2012, 2225 (2229 f.).
[34] *Geyrhalter/Gänßler*, NZG 2003, 313 (314); *Habersack* (s. o. Fn. 1), § 35 Rn. 3; *Eckhold* (s. o. Fn. 2), § 62 Rn. 36; *Schlitt*, ZIP 2004, 533 (540 f.).
[35] Es bleibt abzuwarten, ob solche Segmente überhaupt erhalten bleiben: siehe etwa *Paschos/ Klaaßen* ZIP 2013, 154 (159); *Reger/Schilha* NJW 2012, 3066 (3069).
[36] *Grunewald*, ZIP 2004, 542 (544); *Habersack* (s. o. Fn. 1), § 35 Rn. 31; *Pluskat*, BKR 2007, 758.
[37] *Schlitt*, ZIP 2004, 533 (540).

IV. Kapitalmarktrechtliche Voraussetzungen des Delisting

1. Reguläres Delisting

Beispiel: Aktionär A legt gegen die Delisting-Entscheidung der Zulassungsstelle mit den bereits genannten Gründen (oben II.) Widerspruch ein.

Gemäß § 39 Abs. 2 S. 1 BörsG kann die Zulassung auf Antrag des Emittenten widerrufen werden, wobei der Widerruf dem Schutz der Anleger nicht widersprechen darf (§ 39 Abs. 2 S. 2 BörsG). Die Entscheidung über das Delisting liegt also im pflichtgemäßen Ermessen der Zulassungsstelle, wobei das Interesse der Börse am Erhalt der Notierung keine Rolle spielen darf[38]. Der Vorstand der Gesellschaft darf gemäß seinen gesellschaftsrechtlichen Verpflichtungen (oben II.) den Antrag nur stellen, wenn die Hauptversammlung entsprechend beschlossen hat und das erforderliche Kaufangebot vorliegt. Wenn er den Widerruf beantragt, ohne dass die genannten Voraussetzungen erfüllt sind, hat die Zulassungsstelle dies im Rahmen ihres Ermessens zu berücksichtigen und den Antrag regelmäßig schon deshalb zurückzuweisen, weil die Interessen der Anleger dann nicht hinreichend gewahrt sind.[39] Auf diese Weise lässt sich der Rückzug von der Börse von einer ordnungsgemäßen gesellschaftsrechtlichen Handhabung des Delistings abhängig machen.

Neben der in § 39 Abs. 2 S. 1 BörsG getroffenen Regelung verweist § 39 Abs. 2 S. 5 BörsG auf die Börsenordnungen der jeweiligen Börsen. Diese enthalten weitere dem Anlegerschutz dienende Regelungen. So bestimmt etwa die Börsenordnung der Frankfurter Wertpapierbörse (§ 46 Abs. 1 Nr. 1, 2), dass der Anlegerschutz dem Widerruf insbesondere dann nicht entgegen steht, wenn der Handel an einem organisierten Markt gewährleistet erscheint oder aber nach Bekanntgabe des Widerrufs den Anlegern ausreichend Zeit verbleibt, die Papiere im regulierten Markt der Frankfurter Börse zu veräußern. Diese Regelung dient dem Anlegerschutz allerdings nur unzureichend, da der Rückzug von der Börse bisweilen Kursabschläge mit sich bringt, die durch eine Veräußerung nach Bekanntwerden des geplanten Delisting nicht mehr wettgemacht werden können. Dies belegt noch einmal die Bedeutung des gesellschaftsrechtlich begründeten Abfindungsangebotes.

Umstritten ist, ob der einzelne Aktionär in Bezug auf die Delistingentscheidung der Zulassungsstelle widerspruchs- oder anfechtungsbefugt ist.[40] Dies wird aber wohl zu verneinen sein, da, wie sich aus § 15 Abs. 6 BörsG ergibt, die Zulassungsstelle allein im öffentlichen Interesse tätig ist. Es geht um die Schaffung eines funktions- und wettbewerbsfähigen Kapitalmarktes in der Bundesrepublik Deutschland im Allgemeininteresse. Der Schutz der Anleger erfolgt gewissermaßen nur reflexartig.

Sofern man das anders sieht, drohen zudem einander widersprechende Entscheidungen. So könnte etwa im Rahmen des Anfechtungsprozesses gegen den Hauptver-

---

[38] *Heidelbach* (s. o. Fn. 4) § 39 Rn. 15; Baumbach/*Hopt*, HGB, § 39 BörsG Rn. 6 mit Hinweis auf die Gesetzesgeschichte.
[39] *Geyerhalter/Zirngibl*, DStR 2004, 1048; *Habersack* (s. o. Fn. 1), § 35 Rn. 22; *Mülbert*, ZHR 165 (2001) S. 104, 117 ff.; dies wurde im Fall LG München, NZG 2004, 193 von der Zulassungsstelle anders gesehen; aA auch *Hellwig*, ZGR 1999, 781 (801), sofern kein offensichtlicher Mangel in Rede stehe.
[40] Bejaht von *Heidelbach* (s. o. Fn. 3), § 31 Rn. 14; *Hopt* (s. o. Fn. 38) § 39 BörsG Rn. 12; umfassende Darstellung der Problematik auch im Hinblick auf die Vereinbarkeit mit Art. 14 Abs. 1 und Art. 19 BörsZulRL (RL 2001/34/EG vom 28.5.2001) bei *Eckhold* (s. o. Fn. 2), § 62 Rn. 79.

sammlungsbeschluss festgestellt werden, dass das Delisting nicht erfolgen darf, weil die gesellschaftsrechtlichen Voraussetzungen nicht erfüllt sind und der Widerruf daher nicht beantragt werden durfte, während im Rahmen des Widerspruchs vielleicht genau anders entschieden wurde. Diese Gefahr ist allerdings nur gering, wenn man – wie hier vertreten – die Anfechtungsklage gegen den Hauptversammlungsbeschluss nur in seltenen Fällen für begründet hält.[41]

Folgt man dem, so wird deutlich, dass A nicht widerspruchsberechtigt ist, da die Zulassungsstelle ihren Aufgaben nur im öffentlichen Interesse und nicht im Interesse eines einzelnen Aktionärs nachkommt. Sieht man das anders, so ist der Widerspruch jedenfalls unbegründet, da die Delisting-Entscheidung (auch wenn man davon ausgeht, dass die Zulassungsstelle die gesellschaftsrechtlichen Voraussetzungen mit zu überprüfen hat) rechtmäßig getroffen wurde.

2. Zwangsdelisting

Liegen die Voraussetzungen eines Zwangsdelisting vor (oben I. 2.), entscheidet die Zulassungsstelle über den Widerruf nach Ermessen (§ 39 Abs. 1 BörsG). Diese Entscheidung kann im verwaltungsgerichtlichen Verfahren auf Antrag des Emittenten überprüft werden. Ob der einzelne Aktionär insoweit ein Widerspruchs- oder Anfechtungsrecht hat, ist umstritten. Die Problematik liegt nicht anders als im Bereich des regulären Delisting (oben III. 1. a).

---

[41] Siehe dazu ausführlich *Eckhold* (s. o. Fn. 2), § 62 Rn. 96.

§ 17. Übernahmerecht

Literatur: *Assmann*, Prospektaktualisierungspflichten – Aktualisierungs-, Berichtigungs- und Nachtragspflichten im Recht der Haftung für Prospekte und Angebotsunterlagen, FS Ulmer (2003), 757; *Borges*, Acting in concert: Vom Schreckgespenst zur praxistauglichen Zurechnungsnorm, ZIP 2007, 357; *v. Bülow/Stephanblome*, Acting in Concert und Offenlegungspflichten nach dem RisikobegrenzungsG, ZIP 2008, 1797; *Cahn*, Verwaltungsbefugnisse der Bundesanstalt für Finanzdienstleistungsaufsicht im Übernahmerecht und Rechtsschutz Betroffener, ZHR 167 (2003), 262; *Ehricke/Ekkenga/Oechsler*, Wertpapiererwerbs- und -übernahmegesetz (2003); *Fischer zu Cramburg*, Umsetzung der Europäischen Richtlinie: Kommission beklagt protektionistische Tendenzen, NZG 2007, 298; *Gätsch/Schäfer*, Abgestimmtes Verhalten nach § 22 II WpHG und § 30 II WpÜG in der Fassung des Risikobegrenzungsgesetzes, NZG 2008, 846; *Grunewald*, Die Vereinbarkeit der Angemessenheitsvermutung von § 39a III 3 WpÜG mit höherrangigem Recht, NZG 2009, 332; *Habersack*, Reformbedarf im Übernahmerecht!, ZHR 166 (2002), 619; *Harbarth*, Europäische Durchbrechungsklausel im deutschen Übernahmerecht, ZGR 2007, 37; *Hentzen/Rieckers*, Übernahmerechtlicher Squeeze-out – ein Nachruf?, DB 2013, 1159; *Hörmann/Feldhaus*, Die Angemessenheitsvermutung des übernahmerechtlichen Squeeze-Out, BB 2008, 2134; *Knott*, Freiheit, die ich meine: Abwehr von Übernahmeangeboten nach Umsetzung der EU-Richtlinie, NZG 2006, 849; *Korff*, Das Risikobegrenzungsgesetz und seine Auswirkungen auf das WpHG, AG 2008, 692; *Lutter/Bayer/J. Schmidt*, Europäisches Unternehmens- und Kapitalmarktrecht, 5. Auflage (2012); *Meilicke/Meilicke*, Die Postbank-Übernahme durch die Deutsche Bank – eine Gestaltung zur Vermeidung von Pflichtangeboten nach § 35 WpÜG, ZIP 2010, 558; *Merkt*, „Creeping in" aus internationaler Sicht, NZG 2011, 561; *Merkt/Binder*, Änderungen im Übernahmerecht nach Umsetzung der EG-Übernahmerichtlinie: Das deutsche Umsetzungsgesetz und verbleibende Problemfelder, BB 2006, 1285; *Meyer*, Änderungen im WpÜG durch die Umsetzung der EU-Übernahmerichtlinie, WM 2006, 1135; *Mülbert*, Übernahmerecht zwischen Kapitalmarktrecht und Aktien(konzern)recht – die konzeptionelle Schwachstelle des RegE WpÜG, ZIP 2001, 1221; *Paefgen*, Zum Zwangsausschluss im Übernahmerecht, WM 2007, 765; *ders.*, Zur Relevanz von Nacherwerben für den übernahmerechtlichen Squeeze-out und Sell-out, ZIP 2013, 1001; *Pohlmann*, Rechtsschutz der Aktionäre der Zielgesellschaft im Wertpapiererwerbs- und Übernahmeverfahren, ZGR 2007, 1; *Pluskat*, Acting in Concert in der Fassung des Risikobegrenzungsgesetzes, BB 2009, 383; *Schlitt/Ries/Becker*, NZG 2008, 700; *Seibt/Heiser*, Regelungskonkurrenz zwischen neuem Übernahmerecht und Umwandlungsrecht, ZHR 165 (2001), 466; *Seiler/Rath*, Voraussetzungen des übernahmerechtlichen Squeeze-out – 95% Anteilsbesitz bis zum Ende der (weiteren) Annahmefrist, AG 2013, 252; *Simon*, Entwicklungen im WpÜG, Der Konzern 2006, 12.

I. Einleitung

Das WpÜG regelt öffentliche Angebote zum Erwerb von Wertpapieren (definiert in § 2 Abs. 2 WpÜG, betroffen sind insbesondere Aktien) einer Zielgesellschaft, die zum Handel an einem organisierten Markt zugelassen sind (§ 1 Abs. 1, § 2 Abs. 1 WpÜG). Nach § 2 Abs. 3 WpÜG sind mögliche Zielgesellschaften Aktiengesellschaften[1] oder KGaAs mit Sitz im Inland und Gesellschaften mit Sitz in einem anderen Staat des Europäischen Wirtschaftsraumes. § 1 Abs. 2 WpÜG schränkt den Anwendungsbereich aber wieder ein, soweit eine Zielgesellschaft ihren Sitz in Deutschland hat, sie aber nicht in Deutschland, wohl aber in einem anderen Staat des europäischen Wirtschaftsraums zur Börse zugelassen ist. Für diese Gesellschaften

---

[1] Dazu gehört auch die SE.

sind nur die gesellschaftsrechtlich ausgerichteten Vorschriften einschlägig. Nach § 1 Abs. 3 WpÜG gilt für Zielgesellschaften mit Sitz in anderen Staaten des europäischen Wirtschaftsraums das WpÜG im Wesentlichen nur, sofern diese ihre einzige oder erste Börsenzulassung in Deutschland haben.

Diese komplexe Festlegung des Anwendungsbereichs des WpÜG beruht darauf, dass dieses Gesetz auf dem Grenzgebiet zwischen Kapitalmarkt- und Gesellschaftsrecht liegt. Dies wird besonders deutlich, wenn man § 1 Abs. 2 WpÜG betrachtet. In dieser Bestimmung wird angeordnet, dass die mehr gesellschaftsrechtlichen Regelungen (genannt werden etwa die Verpflichtung zur Abgabe eines Angebots, sowie die Handlungen des Vorstands, die den Erfolg eines Angebotes verhindern können) für Gesellschaften mit Sitz in Deutschland auch gelten, wenn sie nicht in Deutschland börsennotiert sind, die kapitalmarktrechtlichen Regelungen gelten dann naturgemäß nicht.

Viele Bestimmungen des WpÜG betreffen sowohl das Kapitalmarkt- wie auch das Gesellschaftsrecht. Dies gilt insbesondere für § 35 bis § 39 WpÜG. Nach § 35 WpÜG muss jeder, der die Kontrolle über eine AG/KGaA erlangt hat, ein Angebot auf Erwerb der übrigen Aktien abgeben.[2] Dies ermöglicht es den anderen Aktionären, ihre Anteile zu verkaufen. Das ist in gewisser Hinsicht auch eine Konzerneingangskontrolle:[3] Die Aktionäre können es durch Annahme des Angebotes vermeiden, zum Minderheitsaktionär zu werden.

Die Überschneidungen mit dem Gesellschaftsrecht werden etwa auch im Bereich von § 33 WpÜG deutlich. In dieser Norm werden die Pflichten festgelegt, die Vorstand und Aufsichtsrat der Zielgesellschaft treffen.[4] Da ein erfolgreiches Übernahmeangebot zur Neubesetzung der Organe der Zielgesellschaft führen kann, besteht die Gefahr, dass die Organmitglieder die Übernahme einzig deshalb bekämpfen, um sich ihre Stellung zu erhalten.

Andere Bestimmungen des WpÜG gehören demgegenüber eindeutig zum Kapitalmarktrecht. Dies gilt etwa für die Veröffentlichungspflichten, die den Bieter treffen (§ 10 WpÜG). Diese zielen auf eine frühzeitige und umfassende Information des Kapitalmarkts ab.

II. Die Übernahmerichtlinie

Die Übernahmerichtlinie von 2004[5] hat eine lange Vorgeschichte.[6] Bereits 1974 war ein erster Versuch unternommen worden, eine Richtlinie mit dieser Thematik auf den Weg zu bringen. 2001 scheiterte ein Richtlinienentwurf mit Stimmengleichheit im Europäischen Parlament. 2004 kam es dann zu einem Kompromiss, der den Mitgliedstaaten inbesondere im Bereich der Neutralitätspflicht und der Bedeutung von Übertragungs-/Stimmrechtsbeschränkungen bei Übernahmen[7] weitgehenden Handlungsspielraum belässt.[8]

---

[2] Dazu ausführlich unten VI. 1.
[3] Allerdings muss es sich nicht unbedingt um einen Konzern handeln.
[4] Dazu unten V. 3.
[5] EG Nr. L 142 vom 30.4.2004.
[6] Schilderung bei *Lutter/Bayer/J. Schmidt* § 30 Rn. 1 ff.; KölnKomm-WpÜG/*Hirte/Heinrich*, Einleitung Rn. 35 ff.
[7] Unten V.
[8] Dazu, dass dieser Spielraum protektionistisch genutzt wurde, *Fischer zu Cromburg*, NZG 2007, 298.

Hintergrund dieser langanhaltenden Kontroverse sind Uneinigkeiten darüber, ob Übernahmeangebote volkswirtschaftlich erwünscht sind oder nicht. Die Befürworter führen an, dass Übernahmeangebote Teil eines Marktes für Unternehmenskontrolle sind, und so dazu führen, dass die Ressourcen eines Unternehmens dem zu fallen, der sie am besten nutzen kann. Die Gegner weisen demgegenüber darauf hin, dass Unternehmensübernahmen oftmals zur Zerschlagung der Gesellschaft zum Teil auch in Folge einer Belastung des Vermögens der Zielgesellschaft mit Verbindlichkeiten des Bieters führen. Hinzu kommt, dass die nationalen Regeln innerhalb der EU in unterschiedlichem Ausmaß protektionistisch sind (Fehlen eines europäischen Level Playing Field) und daher manche Staaten (darunter die Bundesrepublik) befürchten, dass ihre Unternehmen einen Nachteil im Wettbewerb auf dem Markt der Unternehmensübernahmen haben würden.

III. Aufbau des WpÜG

Den Aufbau des WpÜG gibt die Systematik des Gesetzes vor. Es unterscheidet zwischen den freiwilligen und den obligatorischen Angeboten (den sog Pflichtangeboten). Innerhalb der freiwilligen Angebote wird unterschieden nach Angeboten, die auf die Erlangung der Kontrolle über die Zielgesellschaft gerichtet sind (den sog Übernahmeangeboten), und den anderen Angeboten (den sog einfachen Erwerbsangeboten).

Das einfache Erwerbsangebot ist im dritten Abschnitt (§§ 10 bis 28 WpÜG) geregelt, das Übernahmeangebot – als weiteres freiwilliges Angebot – im 4. Abschnitt (§ 29 bis 34 WpÜG). § 34 WpÜG verweist für Übernahmeangebote auf die Regeln für das einfache Erwerbsangebot. Das Pflichtangebot wird im 5. Abschnitt geregelt (§§ 35 bis 39 WpÜG), wobei sowohl auf die Bestimmungen des 3. wie auch des 4. Abschnitts verwiesen wird (§ 39 WpÜG). §§ 39a, b WpÜG regeln das wertpapierrechtliche Ausschließungsverfahren und § 39c WpÜG eröffnet Aktionären ein Andienungsrecht.

IV. Das einfache Erwerbsangebot

1. Entscheidung über die Abgabe des Angebotes

Wer sich zur Abgabe eines einfachen Erwerbsangebotes entschlossen hat, hat dies gemäß § 10 Abs. 1 S. 1 WpÜG unverzüglich zu veröffentlichen. Das Tatbestandsmerkmal „Entscheidung zur Abgabe eines Angebotes" ist nicht ganz leicht zu handhaben, wenn die Entscheidung noch von gewissen Umständen (etwa der Zustmmung des Aufsichtsrates oder dem Zustandekommen einer günstigen Finanzierung) abhängt. Da der Sinn von § 10 WpÜG darin liegt, die Öffentlichkeit frühzeitig zu informieren, um so die Gefahr zu verringern, dass Personen mit Sonderkenntnissen einen Vorteil haben, sollte man auch eine von Umständen, die der Bieter nicht beeinflussen kann, abhängige Entscheidung für die Pflicht zur Veröffentlichung genügen lassen. Solange es dagegen noch um die interne Entscheidungsfindung geht, hat sich der Bieter noch nicht entschlossen.[9] Im Bereich des WpÜG gilt daher wie früher auch

---

[9] Siehe KölnKomm-WpÜG/*Hirte,* § 10 Rn. 26 ff.; MünchKomm-AktG/*Wackerbarth,* § 10 Rn. 28 ff.

im Rahmen von § 15 WpHG, dass eine etwa erforderliche Zustimmung des Aufsichtsrates abgewartet werden kann.

§ 10 Abs. 1 S. 2 WpÜG konkretisiert die Grundregel von § 10 Abs. 1 S. 1 WpÜG: Danach besteht die Pflicht zur Veröffentlichung auch schon, wenn für die Entscheidung nach S. 1 der Beschluss der Gesellschafterversammlung des Bieters erforderlich ist und ein solcher Beschluss noch nicht gefasst worden ist, wobei die BaFin Ausnahmen gestatten kann (§ 10 Abs. 1 S. 3 WpÜG). Wenn der Bieter eine Aktiengesellschaft deutschen Rechts ist, ist die Zustimmung der Hauptversammlung für die Abgabe eines Angebotes aber nicht erforderlich, so dass die Bestimmung für die deutsche Aktiengesellschaft keine Rolle spielt. Wenn der Bieter eine GmbH ist, sieht das anders aus. Hier kann die Abgabe eines Angebotes von so großer Bedeutung für die Gesellschaft sein, dass die Geschäftsführer zuvor die Gesellschafterversammlung zu fragen haben.[10] Mit der Veröffentlichung ist das Verfahren in Gang gesetzt.

2. Die Angebotsunterlage

Nach Veröffentlichung der Entscheidung hat der Bieter die Angebotsunterlage innerhalb von vier Wochen der BaFin zuzuleiten (§ 14 Abs. 1 S. 1 WpÜG). Die Angebotsunterlage ist die für die Entscheidung der Aktionäre der Zielgesellschaft maßgebliche Informationsbasis. Sie entspricht insoweit dem Prospekt des WpPG. Die Unterlage enthält ein Angebot iSv § 145 BGB.[11] Der Inhalt ist in § 11 WpÜG und in § 2 WpÜG – Angebots-VO – im Einzelnen festgelegt. Zu nennen sind etwa der Bieter, die Zielgesellschaft, die Wertpapiere, die Gegenstand des Angebotes sind, Art und Höhe der Gegenleistung, wie sichergestellt ist dass der Bieter die zur Erfüllung des Angebots erforderlichen Mittel hat, sowie die Absichten des Bieters im Hinblick auf die künftige Geschäftstätigkeit der Zielgesellschaft und auf die Arbeitnehmer und ihre Vertretungen.

Nach Erhalt der Angebotsunterlage prüft die BaFin innerhalb einer Zehn-Tagesfrist, ob die Unterlagen den gesetzlichen Anforderungen entsprechen. Sofern das nicht der Fall ist, untersagt die BaFin entweder das Angebot oder sie verlängert die Frist um bis zu fünf Werktage (§ 14 Abs. 2 S. 3 WpÜG). Der Bieter wird daher versuchen, möglichst frühzeitig mit der BaFin einen Termin zu vereinbaren, um mögliche Beanstandungen erkennen und abstellen zu können. Eine Billigung der BaFin ist bisweilen nicht erforderlich, wenn die Zielgesellschaft ihren Sitz nicht in Deutschland hat und die zuständige Aufsichtsbehörde eines anderen Staates des europäischen Wirtschaftsraumes die Angebotsunterlage bereits gebilligt hat (sog europäischer Pass, § 11a WpÜG).[12]

Sofern wesentliche Angaben in der Angebotsunterlage unrichtig oder unvollständig sind, haftet derjenige, der die Verantwortung für den Inhalt der Unterlagen übernommen hat (§ 11 Abs. 3 WpÜG) den Aktionären, die das Angebot angenommen haben oder deren Aktien dem Bieter nach § 39a WpÜG übertragen worden sind (§ 12 WpÜG).[13] Ebenfalls erfasst werden die Initiatoren (§ 12 Abs. 1 Nr. 2 WpÜG). Die Haftung wird durch den Nachweis ausgeschlossen, dass die betreffende Person die Unrichtigkeit nicht kannte und dies auch nicht auf grober Fahrlässigkeit beruht (§ 12 Abs. 2 WpÜG). Gleiches gilt, wenn nachgewiesen wird, dass der Fehler in der

---

[10] Einzelheiten sind umstritten, siehe Baumbach/Hueck-*Zöllner/Noack*, GmbHG, § 37 Rn. 11 ff.
[11] *Langenbucher*, § 18 Rn. 52.
[12] Details bei *Meyer*, WM 2006, 1135 (1138).
[13] *Buck-Heeb*, Rn. 655; *Langenbucher*, § 18 Rn. 57 ff.

Unterlage für den Erwerb nicht kausal war (§ 12 Abs. 3 Nr. 1 WpÜG). Das nachzuweisen, wird nur selten gelingen.

Wenn die BaFin das Angebot nicht innerhalb der Frist von § 14 Abs. 2 S. 1 WpÜG untersagt oder es ausdrücklich gestattet, muss der Bieter die Angebotsunterlage unverzüglich veröffentlichen (§ 14 Abs. 2 S. 1 WpÜG) und dem Vorstand der Zielgesellschaft übermitteln (§ 14 Abs. 4 WpÜG).

3. Wasserstandsmeldungen

Gemäß § 23 Abs. 1 WpÜG muss der Bieter nach Veröffentlichung der Angebotsunterlage wöchentlich sowie in der letzten Woche vor Ablauf der Annahmefrist täglich veröffentlichen und der BaFin mitteilen, welche Beteiligungen er bisher erworben hat. Auf diese Weise soll es den Aktionären ermöglicht werden, die Erfolgsaussichten des Angebotes abzuschätzen.[14] Es soll vermieden werden, dass Aktionäre nur verkaufen, weil sie davon ausgehen, dass andere Aktionäre ebenfalls verkaufen (sog Gefangenendilemma).[15]

4. Richtigstellung und Änderung des Angebots

Nach § 17 WpÜG sind Aufforderungen des Bieters an Aktionäre der Zielgesellschaft zur Abgabe von Angeboten zur Veräußerung ihrer Aktien an den Bieter unzulässig. Diese Norm dient dem Schutz der Zielgesellschaft, da diese durch öffentliche Angebote belastet wird.[16]

Das WpÜG sieht eine Regelung für die Richtigstellung eines Angebotes vor. Nach § 12 Abs. 3 Nr. 3 WpÜG haften der Bieter und diejenigen, die Verantwortung für die Unterlagen übernommen haben, für eine fehlerhafte Angebotsunterlage nicht, wenn vor Annahme des Angebotes eine Richtigstellung durch Ad hoc-Mitteilung erfolgt ist.

Nicht ausdrücklich angesprochen ist in § 12 Abs. 3 Nr. 3 WpÜG die Frage, ob eine Angebotsunterlage aktualisiert werden muss, also ob eine anfänglich richtige und vollständige Unterlage an veränderte Umstände angepasst werden muss. Ob eine solche Pflicht besteht, ist umstritten.[17] Es wird darauf hingewiesen, dass § 23 WpÜG abschließend die Veröffentlichungspflichten nach Abgabe des Angebotes aufzähle, und auch darauf, dass § 12 Abs. 3 Nr. 3 WpÜG eben nur den Fall erfasst, dass die Unterlage von Anfang an unrichtig war. Die Befürworter einer Aktualisierungspflicht wenden demgegenüber ein, dass sich auch der Aktionär, der bis zum Ende der Annahmefrist wartet, auf die Unterlage noch soll verlassen können.

Eine Verbesserung des Angebotes ist bis zu einem Werktag vor Ablauf des Angebotes möglich (§ 21 WpÜG). Das hat aber zur Folge, dass diejenigen, die das Angebot bereits angenommen haben, von dem bereits geschlossenen Vertrag mit dem Bieter bis zum Ablauf der Annahmefrist zurücktreten können (§ 21 Abs. 4 WpÜG). Wer das verbesserte Angebot annehmen will, muss nach hM nichts tun. Der Bieter ist allen Aktionären, die nicht zurücktreten, entsprechend dem verbesserten Angebot ver-

---

[14] *Langenbucher*, § 18 Rn. 48 f.; *Ehricke/Ekkenga/Oechsler*, WpÜG, § 23 Rn. 1.
[15] Dazu Ehricke/Ekkenga/*Oechsler*, WpÜG, § 3 Rn. 14: „Ein Sheriff hält mehrere Bandenmitglieder in getrennten Zellen und verspricht dem zuerst Geständigen Straffreiheit."
[16] *Hasselbach*, in: KK-WpÜG, § 17 Rn. 2; aA MünchKomm AktG/*Wackerbarth* § 17 Rn. 4.
[17] Zum Meinungsstand: *Assmann*, FS Ulmer, S. 757 (776); *Langenbucher*, § 18 Rn. 62; KölnKomm-WpÜG/*Möllers*, § 12 Rn. 50 ff.; MünchKomm-AktG/*Wackerbarth*, § 11 Rn. 17.

pflichtet.[18] Wenn allerdings gemäß § 21 Abs. 1 S. 1 Alt. 2 eine andere Gegenleistung wahlweise angeboten wird, muss sich der Aktionär erklären, wenn ihm die geänderte Leistung geschuldet sein soll.

5. Pflichten der Organe der Zielgesellschaft

Nach § 27 Abs. 1 WpÜG haben Vorstand und Aufsichtsrat der Zielgesellschaft eine begründete Stellungnahme zu dem Angebot (und eventuellen Änderungen) abzugeben. Das Gesetz legt relativ detailliert fest, worauf sich diese Stellungnahme in jedem Fall zu beziehen hat. Dazu gehören Art und Höhe der angebotenen Gegenleistung sowie die voraussichtlichen Folgen eines erfolgreichen Angebotes für die Zielgesellschaft und ihre Belegschaft. Auch der Betriebsrat kann eine Bewertung des Angebots abgeben (§ 27 Abs. 2 WpÜG). Auf diese Weise werden die Aktionäre mit den Informationen versorgt, die sie benötigen, um über das Angebot entscheiden zu können.

V. Das Übernahmeangebot

1. Begriffsbestimmung

Ein freiwilliges Angebot, das auf den Erwerb der Kontrolle an der Zielgesellschaft gerichtet ist, ist ein Übernahmeangebot (§ 29 Abs. 1 WpÜG). Was unter Kontrolle zu verstehen ist, sagt § 29 Abs. 2 WpÜG: Es ist das Halten von mindestens 30 % der Stimmrechte, wobei gemäß § 30 WpÜG dem Bieter weitere Stimmrechte zugerechnet werden.[19] Ob das Angebot auf den Kontrollerwerb gerichtet ist oder nicht, entscheidet sich anhand eines objektiven Maßstabs, nicht maßgeblich ist die Intention des Bieters.[20] Wer also ein unattraktives Angebot abgibt, das sich an alle Aktionäre richtet, gibt auch dann ein Übernahmeangebot ab, wenn er hofft, er werde die Kontrolle schon nicht erlangen. Denn von solchen wenig klaren Gesichtspunkten kann es nicht abhängen, ob die zusätzlich für Übernahmeangebote geltenden Regeln zur Anwendung kommen oder nicht. Wer allerdings bereits die Kontrolle hat, kann kein Übernahmeangebot mehr abgeben. Vielmehr spricht man dann von einem sogenannten Aufstockungsangebot.

Will der Bieter nur erwerben, wenn er auch tatsächlich die Kontrolle über die Zielgesellschaft erlangt, kann er das Angebot daran (aufschiebend bedingt) binden, dass ein gewisser Prozentsatz der Adressaten das Angebot annimmt. Dem steht § 18 WpÜG nicht entgegen, da diese Bedingung nicht vom Willen des Bieters abhängt.[21] Nicht möglich ist es, den Erwerb auf einen bestimmten Prozentsatz zu beschränken. Dem steht § 32 WpÜG entgegen. Die Norm soll verhindern, dass Aktionäre vorschnell verkaufen, um auf jeden Fall das Angebot annehmen zu können.

---

[18] Zu dieser „automatischen Modifikation" des Vertrages: *Langenbucher*, § 18 Rn. 85; MünchKomm-AktG/*Wackerbarth*, § 21 Rn. 17 ff.
[19] Zu dieser Norm unten VI. 1., die Bestimmung spielt in erster Linie eine Rolle, wenn es darum geht, ob ein Pflichtangebot abgegeben werden muss.
[20] *Langenbucher*, § 18 Rn. 26; MünchKomm-AktG/*Wackerbarth*, § 29 Rn. 6.
[21] *Langenbucher*, § 18 Rn. 27; MünchKomm AktG/*Wackerbarth*, § 18 Rn. 39.

2. Gegenleistung

Nach § 31 Abs. 1 WpÜG hat der Bieter den Aktionären der Zielgesellschaft eine angemessene Gegenleistung anzubieten. Was darunter zu verstehen ist, regelt die Angebotsverordnung, die aufgrund der Ermächtigung von § 31 Abs. 7 WpÜG erlassen worden ist.

Auf den ersten Blick scheint es nicht sinnvoll, dem Bieter Vorschriften über die Preisgestaltung eines freiwilligen Angebotes zu machen, da er schon in seinem eigenen Interesse so viel bieten wird, dass das Angebot auch Erfolg hat.[22] Allerdings erwirbt der Bieter bei erfolgreichen Übernahmeangeboten die Kontrolle über die Gesellschaft. Die Bestimmung will sicherstellen, dass die Aktionäre hierfür auch eine angemessene Gegenleistung erhalten, zumal § 35 Abs. 3 WpÜG bestimmt, dass nach einem erfolgreichen Übernahmeangebot ein Pflichtangebot nach § 35 Abs. 1 WpÜG nicht mehr abgegeben werden muss.

3. Pflichten der Organe der Zielgesellschaft

a) Informationspflichten

Gemäß der Verweisung in § 34 WpÜG gilt auch bei einem Übernahmeangebot die in § 27 WpÜG niedergelegte Informationspflicht.

b) Das Verhinderungsverbot

Ergänzt werden diese Regeln durch §§ 33 bis 33d WpÜG. Nach § 33 Abs. 1 S. 1 WpÜG darf der Vorstand während der Angebotsphase keine Handlungen vornehmen, durch die der Erfolg des Angebots verhindert werden könnte. Von diesem Grundsatz macht § 33 Abs. 1 S. 2 WpÜG aber Ausnahmen. Diese beziehen sich einmal auf Handlungen, die auch ein Vorstand einer Gesellschaft, die nicht von einem Übernahmeangebot betroffen ist, vorgenommen hätte, und zum anderen auf die Suche nach einem konkurrierenden Angebot sowie auf alle Handlungen, denen der Aufsichtsrat zugestimmt hat. Allerdings kann es sich dabei nicht um Maßnahmen handeln, die in die Zuständigkeit der Hauptversammlung fallen. Denn die übliche Kompetenzzuordnung wird durch § 33 Abs. 1 S. 2 Alt. 3 WpÜG nicht verändert.[23]

Absatz 2 sieht außerdem die Möglichkeit von Ermächtigungen der Hauptversammlung vor. Im Ergebnis führt dies dazu, dass die Grundregel von Abs. 1 S. 1 nicht nur nicht durchgehalten, sondern sogar so generell zurückgenommen wird, dass zwischen Grundsatz und Ausnahme kaum unterschieden werden kann. Rechtspolitisch betrachtet schwankt die Norm also zwischen einer liberalen, Übernahmeangeboten gegenüber aufgeschlossenen Überzeugung, die eine Blockade dieser Angebote durch Vorstand und Aufsichtsrat verhindern will, und einer protektionistischen Haltung, die die Verhinderung von Übernahmeangeboten insbesondere ausländischer Bieter durch Vorstand und Aufsichtsrat eher fördert.[24]

Beispiel 1: In dem Fall LG München[25] spiegelte der Börsenkurs nach Auffassung des Vorstandes einer in der Filmbranche tätigen AG nicht annähernd den tatsächlichen Wert der Gesellschaft

---

[22] Dazu *Habersack*, ZHR 166 (2002), 619 (624); *Mülbert*, ZIP 2001, 1221 (1223).
[23] Baums/Thoma/*Grunewald*, § 33 Rn. 65; MünchKomm-AktG/*Schlitt/Ries*, § 33 WpÜG, Rn. 165.
[24] Siehe *Merkt/Binder*, BB 2006, 1285.
[25] *LG München*, ZIP 2005, 352.

wieder. Um Übernahmeangebote gegebenenfalls abwehren zu können, ermächtigte die Hauptversammlung den Vorstand zu einer Kapitalerhöhung unter Ausschluss des Bezugsrechts, zur Ausgabe von Schuldverschreibungen mit Schaffung eines zur Bedienung erforderlichen bedingten Kapitals wiederum unter Ausschluss des Bezugsrechts, zur Veräußerung wesentlicher Vermögensgegenstände, zum Zukauf von Beteiligungen und Vermögensgegenständen sowie zum Erwerb eigener Aktien. Der Kläger hat beantragt, diesen „Vorratsbeschluss" für nichtig zu erklären.

Dieser Sachverhalt zeigt, was für eine Palette von Möglichkeiten zur Verfügung steht, wenn ein Vorstand einen Bieter von dem Erwerb der Gesellschaft abhalten will. Mit jeder Kapitalerhöhung wird die Gesellschaft teurer und wenn das Bezugsrecht ausgeschlossen wird, besteht zudem die Möglichkeit, die Aktien an eine Person zu geben, die die Übernahme nicht unterstützt. Die Veräußerung von Vermögensgegenständen kann zur Folge haben, dass der Bieter an dem Erwerb der Gesellschaft nicht mehr interessiert ist, weil es ihm gerade auf diese Vermögensobjekte ankommt. Der Zukauf von Beteiligungen lässt die Übernahme für Bieter, die Geldvermögen wünschen, unattraktiv werden. Auch kann es zu kartellrechtlichen Problemen kommen. Durch den Erwerb eigener Aktien wird der Kurs in die Höhe getrieben und wiederum die Übernahme verteuert.

Gefasst werden sollte in dem geschilderten Fall des LG München ein Beschluss nach § 33 Abs. 2 WpÜG, wobei die Handlung des Vorstands nur ihrer Art nach bestimmt sein muss. Das *LG* betont daher völlig zurecht, dass die Abwehrmaßnahmen nicht im einzelnen (also etwa welche Vermögensgegenstände evt. veräußert oder erworben werden sollen) genannt werden müssen. Das leuchtet schon deshalb ein, weil bei Fassung des „Vorratsbeschlusses" die Abwehrmaßnahmen noch nicht konkret festgelegt werden können, weil es ja noch gar keinen Bieter gibt.

Das LG meint, dass der Vorstand die Hauptversammlung vor der Beschlussfassung nicht hinreichend informiert habe. Die Entscheidung geht dabei davon aus, dass die Berichtspflicht dem allgemeinen Aktienrecht folgt, sich also zB soweit eine Kapitalerhöhungsmaßnahme betroffen ist nach § 186 Abs. 4 S. 2 AktG richtet. Auch das überzeugt im Grundsatz, da allein die Tatsache, dass die geplante Maßnahme der Abwehr einer Übernahme dienen soll, nicht besagt, dass die Aktionäre weniger schutzwürdig sind. Allerdings muss die Berichtspflicht vor dem Hintergrund gesehen werden, dass weder der Bieter noch der Inhalt eines Angebotes im Zeitpunkt der Beschlussfassung feststeht. Das Landgericht hat das wohl auch so gesehen und daher weniger einen Verstoß gegen die Berichtspflicht unter dem Aspekt, die Maßnahme werde nicht hinreichend erläutert, in den Vordergrund gerückt, als unter dem Aspekt, es sei nicht dargelegt, wieso eine feindliche Übernahme drohe. Verlangt wird in der Entscheidung insbesondere, dass eine Unterbewertung der Aktien, die in der Tat ein Übernahmeangebot anziehen könnte, näher erläutert wird. Eine solche Darlegung verlangt das Gesetz aber nicht. Im Gegenteil: Ein Beschluss nach § 33 Abs. 2 WpÜG kann unstreitig auch gefasst werden, wenn keinerlei konkrete Gefahr für eine Übernahme besteht.

c) Europäisches Verhinderungsverbot/Europäische Durchgriffsregel

§ 33 WpÜG gilt allerdings nur, wenn die Satzung der Zielgesellschaft nicht bestimmt, dass die Norm nicht eingreifen soll (§ 33a Abs. 1 WpÜG). Sofern das der Fall ist, kommt § 33a Abs. 2 WpÜG zur Anwendung und Vorstand und Aufsichtsrat dürfen keine Handlungen vornehmen, durch die der Erfolg des Angebots verhindert werden könnte (sog opt-in), wobei hiervon einige Ausnahmen gemacht werden (zu denen aber Handlungen nur mit Zustimmung des Aufsichtsrates und Handlungen aufgrund eines Ermächtigungsbeschlusses nach § 33 Abs. 2 WpÜG nicht gehören, sog europäisches Verhinderungsverbot).[26] § 33c Abs. 1 WpÜG ermöglicht es aber der Zielgesellschaft, doch wieder die Anwendbarkeit von § 33 WpÜG zu beschließen, wenn der Bieter einer Regelung entsprechend § 33a Abs. 2 WpÜG nicht unterliegt (sog Vorbehalt der Gegenseitigkeit).

Die gleiche komplizierte Regelung gilt, wenn die Satzung der Zielgesellschaft bestimmt, dass Übertragungsbeschränkungen zu Lasten des Bieters nicht greifen oder Stimmrechtsbeschränkungen sowie Stimmbindungsverträge und Mehrstimmrechtsaktien während der Annahmefrist für das Übernahmeangebot nicht gelten bzw. Entsenderechte und Stimmbindungsverträge in der ersten Hauptversammlung, die auf Verlangen des Bieters einberufen wird, nicht greifen (§ 33b WpÜG, sog europäische Durchgriffsregel).[27]

Wie schon die Namen Europäisches Verhinderungsverbot und Europäische Durchgriffsregel sagen, sind die Normen nach Inkrafttreten der sog Übernahmerichtlinie[28] ins Deutsche Recht eingefügt worden. Erreicht werden sollte damit, dass deutsche Unternehmen, die sich für Übernahmeangebote öffnen, nicht gegenüber Bietern benachteiligt werden, die einen solchen Schritt nicht vollziehen. Eine übernahmefreundliche Rechtsgestaltung greift also nur ein, wenn sich auch der Bieter dem stellt (sog begrenztes Level Playing Field).[29] Bei Bietern aus anderen Staaten wird es oft schwierig sein festzustellen, ob dieses begrenzte Level Playing Field nach der jeweiligen nationalen Rechtsordnung besteht.

VI. Das Pflichtangebot

1. Voraussetzungen eines Pflichtangebotes

Nach § 35 Abs. 1 S. 1 WpÜG hat derjenige, der die Kontrolle über eine Zielgesellschaft gleich auf welche Weise[30] erlangt, dies unverzüglich zu veröffentlichen. Nach § 35 Abs. 2 S. 1 WpÜG hat er den verbliebenen Aktionären ein Angebot auf Erwerb der Aktien zu machen. Damit haben die außenstehenden Aktionäre die Möglichkeit, ihr Investment zu beenden, wenn sie mit einer vielleicht schon absehbaren Änderung der Unternehmensausrichtung nicht einverstanden sind. Das Pflichtangebot muss abgegeben werden, wenn die Voraussetzungen von § 29 WpÜG erfüllt sind, der Bieter also mindestens 30 % der Stimmrechte der Zielgesellschaft hält. Allerdings hat es der Bieter oftmals in der Hand, wann er dieses Angebot abgibt. Wer etwa bereits 29 % der Aktien besitzt, wird das fehlende eine Prozent zu einem Zeitpunkt erwerben, zu dem der nach § 31 Abs. 1 WpÜG und der Angebotsverordnung zu bestimmende Preis gerade günstig ist[31].

---

[26] Siehe dazu *Knott*, NZG 2006, 849; *Schüppen*, BB 2006, 165 (166).
[27] Dazu *Harbarth*, ZGR 2007, 43 ff.
[28] Siehe II.
[29] Dazu *Simon*, Der Konzern 2006, 12 (14).
[30] Umstritten ist, ob auch ein Kontrollerwerb durch Maßnahmen nach dem UmwG unter das WpÜG fallen oder ob die Schutzmechanismen des UmwG zur Sicherung der außenstehenden Aktionäre ausreichen: Dazu KölnKomm-WpüG/*von Bülow*, § 35 Rn. 67; Frankfurter Kommentar zum WpÜG/*Hommelhoff/Witt*, § 35 Rn. 14; MünchKomm-AktG/*Schlitt*, § 35 Rn. 75, 122 ff.; *Seibt/Heiser*, ZHR 165 (2001), 446 ff.
[31] Siehe *Meilicke/Meilicke*, ZIP 2010, 558 zur Übernahme der Postbank durch die Deutsche Bank; *Merkt*, NZG 2011, 561.

§ 30 WpÜG rechnet dem Bieter Stimmrechte anderer zu (etwa die, die einer Tochtergesellschaft des Bieters gehören, und Stimmrechte, die der Bieter allein durch eine Willenserklärung erwerben kann, sog call option, etc). Besonders umstritten ist der Anwendungsbereich von § 30 Abs. 2 WpÜG. Danach werden dem Bieter auch Stimmrechte eines Dritten zugerechnet, mit dem der Bieter sein Verhalten in Bezug auf die Zielgesellschaft abgestimmt hat (sog acting in concert). Dies ist der Fall, wenn sich die Beteiligten über die Ausübung des Stimmrechts verständigen (Alt. 1) oder mit dem Ziel einer dauerhaften und erheblichen Änderung der unternehmerischen Ausrichtung der Gesellschaft in sonstiger Weise zusammenwirken (§ 30 Abs. 2 S. 2 WpÜG). Dies entspricht der Neufassung von § 22 Abs. 2 S. 2 WpHG.[32]

Beispiel 2: In dem Fall des *BGH,* ZIP 2006, 2077[33] waren auf Betreiben von drei Finanzinvestoren (D, R u. W), die jeweils 17 % der stimmberechtigten Stammaktien hielten, als Mitglieder des Aufsichtsrates H (Mitglied des Vorstands von D), K (pensioniertes Vorstandsmitglied von R) HA (Vorstandsvorsitzender von W), A (ehemaliger Vorstandsvorsitzender der X) sowie zwei weitere Personen gewählt worden. In der ersten Sitzung des Aufsichtsrates wurde auf Druck der Finanzinvestoren aber einstimmig A zum Vorsitzenden gewählt. Dieser war auch Aufsichtsratsvorsitzender der Y-AG, an deren Grundkapital X, D und M jeweils zu 25 bis 30 % beteiligt waren. Der Kläger nimmt die Beklagte unter Berufung auf § 38 WpÜG wegen Unterlassens eines Pflichtangebots auf Zahlung von Zinsen in Höhe von 200.000 EUR (Teilklage) in Anspruch. Er sieht in der Wahl des A zum Aufsichtsratsvorsitzenden ein abgestimmtes Verhalten der Finanzinvestoren.

Der BGH hat diese Klage abgewiesen. Dabei blieb in dieser Entscheidung noch offen,[34] ob § 38 WpÜG überhaupt einen selbstständig durchsetzbaren Anspruch eines Aktionärs gegen den Bieter begründet. Das Urteil legt dar, dass § 30 Abs. 2 S. 1 WpÜG nur solche Vereinbarungen erfasse, die sich auf die Ausübung von Stimmrechten aus Aktien, also in der Hauptversammlung, beziehen. Abstimmungen im Aufsichtsrat seien nicht betroffen, da der Aufsichtsrat ein von den Aktionären unabhängiges Kontrollorgan sei. Die Aufsichtsratmitglieder seien keine Vertreter der Aktionäre. Selbst wenn man dies anders sehe, läge – da es nur um den Fall der Wahl des Aufsichtsratsvorsitzenden gegangen sei – nur ein abgestimmtes Verhalten in einem Einzelfall und damit die von § 30 Abs. 2 S. 1 WpÜG normierte Ausnahme vor. Es könne offen bleiben, ob ausnahmsweise im Falle einer weit reichenden, auch nur einmal getroffenen Zielvereinbarung etwas anderes zu gelten habe. Eine solche weittragende Vereinbarung sei hier jedenfalls nicht getroffen worden. Hinzu komme, dass der Kläger an dem abgestimmten Verhalten selbst beteiligt und deshalb – selbst wenn man dies alles anders sehen sollte – Täter und nicht Opfer eines abgestimmten Verhaltens sei.

Dieser am Wortlaut ausgerichteten engen Interpretation ist schon deshalb zu folgen, weil ein Verstoß gegen die Pflicht zur Abgabe eines Angebotes bußgeldbewehrt ist (§ 60 WpÜG). Das Urteil ist auch praxisgerecht, da in mitbestimmten Aufsichtsräten entsprechende Absprachen unter den Anteilseignern gang und gäbe und durchaus auch erprobt sind.

Zudem hat dieses Urteil durch die Neufassung des § 30 Abs. 2 WpÜG Bestätigung gefunden. Zwar muss sich das abgestimmte Verhalten nunmehr nicht mehr auf die Ausübung des Stimmrechts beziehen. Vielmehr reicht jede Form des Zusammenwirkens. „mit dem Ziel einer dauerhaften und erheblichen Änderung der unternehmerischen Ausrichtung der Zielgesellschaft". Wenn es aber – wie im Fall des *BGH* – um die Ausübung des Stimmrechts in der Hauptversammlung zur Wahl des Aufsichtsrates geht, bleibt der Hinweis auf die Unabhängigkeit der Aufsichtsratsmitglie-

---

[32] Dazu § 15 V.
[33] Dazu *Borges,* ZIP 2007, 357; *Kocher,* BB 2006, 2436.
[34] Siehe auch VI. 4.

der bestehen.³⁵ Auch wird man kaum sagen könne, dass die Wahl des Aufsichtsratsvorsitzenden die „unternehmerische Ausrichtung der Zielgesellschaft" tangiert. Ob sich die in § 30 Abs. 2 S. 1 WpÜG getroffene Ausnahme für Vereinbarungen in Einzelfällen auch auf andere Formen des abgestimmten Verhaltens als die Ausübung des Stimmrechts bezieht, ist umstritten.³⁶ Geklärt ist, dass allein der abgestimmte Erwerb der Aktien ohne weitergehende Zielsetzung nicht zu einer Zurechnung führt.³⁷

Gerade die Zurechnungsnorm von Abs. 2 S. 2 kann aber leicht zu Wertungswidersprüchen zum Aktienrecht führen. Denn oftmals ist ein Zusammenwirken der Aktionäre auch und gerade um Einfluss auf die Verwaltung der AG zu nehmen durchaus erwünscht. Daher kommen die Regeln des acting in concert nicht zur Anwendung, wenn beispielsweise das Aktionärsforum (§ 127a AktG) genutzt oder Redebeiträge von Aktionären aufeinander Bezug nehmen³⁸.

2. Ausnahmen vom Pflichtangebot

Da Übernahme- und Pflichtangebote im Wesentlichen denselben Regeln unterliegen (insbesondere müssen beide einen angemessenen Preis ausweisen), bestimmt § 35 Abs. 3 WpÜG, dass bei einem Kontrollerwerb im Wege eines Übernahmeangebotes ein Pflichtangebot nicht erfolgen muss.³⁹

Nach § 36 WpÜG hat die BaFin es zuzulassen, dass in bestimmten Fällen dem Bieter Stimmrechte aus Aktien der Zielgesellschaft nicht zugerechnet werden. Erfasst wird beispielsweise ein Erwerb von Stimmrechten aus erb- bzw. familienrechtlichen Gründen sowie ein Erwerb im Zuge eines Rechtsformwechsels⁴⁰ bzw. infolge von Umstrukturierungen im Konzern.⁴¹

§ 37 WpÜG räumt der BaFin die Möglichkeit ein, in bestimmten Fällen den Bieter von der Angebotspflicht zu befreien. In welchen Fällen das beispielsweise so sein kann, regelt die WpÜG-Ausführungsverordnung näher.⁴² Hierzu zählen etwa die Kontrollerlangung im Zuge einer Sanierung oder eine Kontrollerlangung nur für einen kurzen Zeitraum.

Noch nicht abschließend geklärt ist sowohl im Bereich von § 36 WpÜG wie auch im Bereich von § 37 WpÜG die Frage, ob die außen stehenden Aktionäre die Befreiungsentscheidung der BaFin anfechten können.⁴³ Die Befürworter verweisen darauf, dass die Aktionäre ein Recht auf das Pflichtangebot haben, während die Gegner unter Hinweis auf § 4 Abs. 2 WpÜG betonen, dass die BaFin nicht im Interesse der Aktionäre tätig wird.

---

³⁵ *Korff*, AG 2008, 692 (694); *Pluskat*, DB 2009, 383 (386).
³⁶ Dazu *v. Bülow/Stephanblome*, ZIP 2008, 1797 (1798).
³⁷ Dazu *v. Bülow/Stephanblome*, ZIP 2008, 1797 (1799); *Korff*, AG 2008, 692 (694).
³⁸ Schwark/Zimmer/*Noack/Zetzsche*, § 30 WpÜG, Rn. 34.
³⁹ Zu der Frage, wann aufgrund eines Übernahmeangebotes erworben wird, *Kossmann/Horz*, NZG 2006, 481.
⁴⁰ KölnKomm-WpüG/*von Bülow*, § 36 Rn. 32 ff., MünchKomm-AktG/*Schlitt/Ries*, § 36 Rn. 27 ff.
⁴¹ KölnKomm-WpüG/*von Bülow*, § 36 Rn. 38 ff., MünchKomm-AktG/*Schlitt/Ries*, § 36 Rn. 33 ff.
⁴² Dazu KölnKomm-WpüG/*von Bülow*, Anhang, § 37 Rn. 6 ff., MünchKomm-AktG/*Schlitt/Ries*, Anhang, § 37 Rn. 8 ff.
⁴³ Dazu *Cahn*, ZHR 167 (2003) 262, 294; *Pohlmann*, ZGR 2007, 1 (19 ff.).

3. Die Angebotsunterlage

Für die Angebotsunterlage bei Pflichtangeboten gilt im Grundsatz dasselbe wie für jedes Angebot (§ 39 WpÜG, dort auch zu den Ausnahmen). Für die Bestimmung der Gegenleistung kommen dieselben Regeln zu Anwendung wie bei den Übernahmeangeboten.

4. Erzwingung des Angebotes

Wird ein Angebot entgegen der Regel von § 35 Abs. 1 WpÜG nicht abgegeben, können die Rechte des Bieters aus seinen Aktien an der Zielgesellschaft im Grundsatz nicht wahrgenommen werden (§ 59 WpÜG). Auch kann die BaFin eine Geldbuße verhängen (§ 60 Abs. 1 Nr. 1a WpÜG). Umstritten ist, ob diese Regelungen als abschließend zu verstehen sind, oder ob die BaFin auch nach § 4 Abs. 1 S. 3 WpÜG ein Angebot erzwingen kann.[44] Ein Aktionär, an den sich ein solches Pflichtangebot zu richten hätte, hat jedenfalls keinen gegen die BaFin gerichteten Anspruch darauf, dass diese tätig wird (§ 4 Abs. 2 WpÜG)[45]. Auch ein Vorgehen gegen den Bieter ist nach Ansicht des BGH nicht möglich.[46] In der Entscheidung wird sowohl ein Anspruch aus § 35 Abs. 1 WpÜG sowie aus § 823 Abs. 2 WpÜG, § 35 Abs. 2 WpÜG sowie aus § 38 Abs. 1 WpÜG verneint. In der Tat folgt aus der in § 38 WpÜG niedergelegten Verzinsungspflicht keineswegs ohne weiteres, dass auch eine Verpflichtung zur Abgabe eines Angebotes besteht. Vielmehr greift die Norm wohl nur, wenn ein Angebot (verspätet) abgegeben und angenommen wurde.

VII. Squeeze-out

§ 39a WpÜG räumt dem Bieter nach einem Übernahme- oder Pflichtangebot, sofern er 95 % der stimmberechtigten Aktien hält, die Möglichkeit ein, auch noch die restlichen Aktien zu erwerben.[47] Auf diese Weise soll es dem Mehrheitsaktionär ermöglicht werden, die mit dem Verbleib einer kleinen Minderheit verbundenen Kosten und Schwierigkeiten zu vermeiden, was wiederum Übernahmeangebote attraktiver macht.

Dieser übernahmerechtliche Squeeze out tritt ergänzend neben den in §§ 327a ff. AktG geregelten aktienrechtlichen und den in § 62 Abs. 5 UmwG normierten verschmelzungsrechtlichen Squeeze out. Ein Vorteil der übernahmerechtlichen Regelung liegt insbesondere darin, dass dieser Squeeze out auf gerichtlichen Beschluss und nicht auf Beschluss der Hauptversammlung durchgeführt wird. Das beseitigt das Risiko, dass der Beschluss nach § 243 AktG angefochten und die Durchführung des Squeeze out auf diesem Weg blockiert wird. Hinzu kommt, dass § 39a Abs. 3 WpÜG festlegt, dass eine in Geld bestehende Gegenleistung dann als angemessen anzusehen ist, wenn der Bieter aufgrund des Angebotes mindestens 90 % der betroffenen Aktien

---

[44] Dazu *Cahn*, ZHR 167 (2003), 262, 265.
[45] *OLG Frankfurt a. M.*, NZG 2012, 302 ff. Schilderung weiterer Verfahren bei *Seibt*, ZIP 2013, 1568 (1569).
[46] *BGH*, ZIP 2013, 1565. Siehe dazu *Buck-Heeb*, Rn. 681 f.; *Langenbucher*, § 18 Rn. 163, 165; *Pohlmann*, ZGR 2007, 1, 9 ff.
[47] Ausführlich *Heidel/Lochner*, Der Konzern 2006, 653.

erworben hat. Umstritten ist, ob diese Vermutung, sofern sie unwiderleglich sein sollte, und die Angemessenheit der Abfindung gerichtlich nicht überprüft würde, verfassungsrechtlichen Vorgaben (Art. 14 GG) gerecht wird. Da § 39a Abs. 3 S. 3 WpÜG die Vorgaben der Übernahmerichtlinie[48] umsetzt, ist aber schon fraglich, ob Art. 14 GG überhaupt einschlägig ist oder ob die Norm lediglich an den Grundrechtsgewährleistungen des EU-Rechts zu messen ist.[49] Das BVerfG[50] ist auf diese Problematik nicht eingegangen und hat ausgeführt, dass das GG keine bestimmte Bewertungsmethode vorschreibt und die Bestimmung, die nach § 31 WpÜG und der AngebotsVO bei der Wertberechnung beim Squeeze-out zu Grunde gelegt wird, den verfassungsrechtlichen Anforderungen genügt. Nicht entschieden wurde allerdings, ob dies auch gilt, wenn die Vermutung unwiderleglich sein sollte.

Beispiel 3: In dem Fall *OLG Frankfurt*, BB 2009, 122[51] hatte die Antragsstellerin durch öffentliches Übernahmeangebot mehr als 90 % des vom Angebot betroffenen Grundkapitals einer börsennotierten AG (D) erworben und hielt nun über 95 % der Aktien der D. Sie beantragte, die restlichen Aktien zu dem Preis des Übernahmeangebotes auf sie zu übertragen. Dem traten die Antragsgegner mit der Begründung entgegen, der für die Aktien angebotene Preis sei zu gering.

Die Vorinstanz[52] hatte entgegen der bislang herrschenden Meinung entschieden, dass die Vermutung von § 39a Abs. 3 S. 3 WpÜG widerleglich sei. Jede andere Interpretation der Norm verstoße gegen Art. 14 Abs. 1 GG. Das OLG hat offen gelassen, ob dem zu folgen sei. Jedenfalls – so das Urteil – sei die Vermutung im konkreten Fall nicht widerlegt.

Wenn man die Angemessenheitsvermutung tatsächlich für widerleglich hält, wird der Squeeze-out nach § 39a WpÜG nicht praktisch werden. Denn gerade das, was mit der Norm erreicht werden sollte (nämlich die Vermeidung der endlosen Diskussion über die „richtige" Bewertung), wäre dann nicht mehr zu erzielen. Hinzu kommt, dass der Antrag, falls die Abfindung nicht angemessen sein sollte, schlicht abzuweisen wäre. Denn eine Erhöhung auf den „richtigen" Betrag sieht das Gesetz in dem Verfahren nach § 39a WpÜG ja gerade nicht vor.

VIII. Andienungsrechte (Sell-out)

Das Gesetz stellt sicher, dass ein Aktionär hinreichend Zeit für seine Entscheidung in Bezug auf das Übernahmeangebot hat. Die Frist für die Annahme des Angebotes muss mindestens vier Wochen betragen (§ 16 Abs. 1 WpÜG). Bei Übernahmeangeboten können die Aktionäre sogar noch innerhalb von 2 Wochen nach Veröffentlichung des vorläufigen Ergebnisses das Angebot annehmen (§ 16 Abs. 2 S. 1 WpÜG, sog Zaunkönigregel). Auf diese Weise soll es dem Aktionär ermöglicht werden, dem Gefangenendilemma[53] zu entgehen[54].

---

[48] S. o. II.
[49] Dazu *Grunewald*, NZG 2009, 332 (333); *Paefgen*, WM 2007, 765 (767); *Schlitt/Ries/Becker*, NZG 2008, 700.
[50] WM 2012, 1374 = NZG 2012, 907
[51] Dazu *Grunewald*, NZG 2009, 332; *Hörmann/Feldhaus*, BB 2008, 2134.
[52] *LG Frankfurt*, BB 2008, 2035.
[53] S. o. IV. 3.
[54] § 16 Abs. 2 WpÜG gilt für Pflichtangebote nicht (§ 39 WpÜG), da dann schon klar ist, dass der Aktionär an einer AG beteiligt ist, in der die Kontrolle im Sinne von §§ 29 Abs. 2, 30 WpÜG bei einem Mitaktionär liegt.

Noch darüber hinausgehend sieht § 39c WpÜG ein Andienungsrecht vor. Wenn der Bieter nach einem Übernahme- oder Pflichtangebot über eine 95%-ige Mehrheit iSv § 39a WpÜG verfügt, können die Aktionäre das Angebot innerhalb von drei Monaten nach Ablauf der Annahmefrist annehmen. Damit wird der in § 39a WpÜG niedergelegten Call-Option des Bieters eine Put-Option der außenstehenden Aktionäre zur Seite gestellt.

Beispiel 4: In dem Fall *BGH,* ZIP 2013, 308[55] verlangte der Kläger von der beklagten AG die Übernahme seiner Aktien gegen Zahlung einer bestimmten Summe unter Berufung auf § 39c WpÜG. Die Beklagte hatte ein Übernahmeangebot nach § 29 Abs. 1 WpÜG in Bezug auf die Aktien, die der Kläger hielt, abgegeben. Bei Ablauf der Annahmefrist hielt sie 87,2% der Aktien, nach Ablauf der weiteren Annahmefrist (§ 16 Abs. 2 S. 1 WpÜG) 88,01%. Der Kläger hatte seine Aktien nicht verkauft. Wenig später erwarb die Beklagte weitere 10,63%. Daraufhin diente der Kläger der Beklagten seine Aktien an.

Der BGH hat die Klage abgewiesen. Nur solange der Bieter ein Übernahmerecht im Sinne von § 39a Abs. 1 WpÜG habe, stünde dem Aktionär ein Andienungsrecht zu. Da die Beklagte nach Ablauf der verlängerten Annahmefrist nicht berechtigt war, gemäß § 39a WpÜG die restlichen Aktien zu verlangen, da sie zu diesem Zeitpunkt nicht die erforderliche Beteiligungsquote erreicht hatte, könne – so der BGH – auch der Kläger nicht die Übernahme seiner Aktien verlangen. Insoweit sei das Andienungsrecht an das Ausschlussrecht gekoppelt. Die Interessen des Minderheitsaktionärs hätten zurückzutreten, zumal es auch außerhalb von öffentlichen Angeboten vorkomme, dass sich Aktionäre einer 95%-igen Mehrheit gegenüber sehen, ohne sich auf ein Andienungsrecht berufen zu können. Offen gelassen wurde, ob die erforderliche 95% Mehrheit nicht vielleicht sogar innerhalb der ursprünglichen und nicht der erweiterten Annahmefrist erreicht werden muss. Folge dieser Sicht des BGH wird sein, dass das Ausschlussverfahren nach § 39a WpÜG weiter an Bedeutung verlieren wird, da der Bieter die 95%-Schwelle nun schon innerhalb der (weiteren) Annahmefrist erreichen muss[56].

---

[55] Dazu *Hentzen/Rieckers,* DB 2013, 1159; *Paefgen,* ZIP 2013, 1001.
[56] *Seiler/Rath* AG 2013, 252.

Autorenverzeichnis

Prof. Dr. Barbara Grunewald, Studium der Rechtswissenschaften an den Universitäten Bielefeld, Tübingen und London. Promotion an der Universität Bielefeld und Habilitation an der Universität Bonn für die Fächer Bürgerliches Recht, Handels- und Wirtschaftsrecht. Inhaberin des Lehrstuhls für bürgerliches Recht und Wirtschaftsrecht und Direktorin des neu gegründeten Instituts für Gesellschaftsrecht der Universität zu Köln.

Prof. Dr. Michael Schlitt, Rechtsanwalt, ist Partner im Frankfurter Büro von Hogan Lovells und Leiter der Praxisgruppe Kapitalmarktrecht in Deutschland. Er verfügt über umfassende Erfahrung bei internationalen Kapitalmarkttransaktionen, insbesondere Börsengängen, Kapitalerhöhungen, Platzierungen von Wandel-, Options-, Umtausch-, Hybridanleihen und High Yield Bonds sowie Block Trade-Transaktionen und öffentlichen Übernahmen. Er berät Investmentbanken und international tätige Konzerne auf dem Gebiet des Kapitalmarktrechts sowie des Aktien-, Übernahme- und Umwandlungsrecht. Michael Schlitt ist Honorarprofessor an der Universität zu Köln und Verfasser zahlreicher Aufsätze und Buchbeiträge, Co-Autor und Co-Herausgeber verschiedener Kommentare und Handbücher zum Kapitalmarkt-, Aktien- und Übernahmerecht sowie Mitherausgeber der Zeitschrift „Corporate Finance Law". Alle relevanten unabhängigen Publikationen wie zB Juve, Chambers Global, IFLR, Legal 500, PLC und Who's Who Legal bezeichnen Michael Schlitt als einen der führenden Anwälte im Bereich Kapitalmarktrecht.

Sara Afschar-Hamdi ist Studentin der Rechtswissenschaften an der Universität Mainz und unterstützte das Corporate/Capital Markets-Team der Hogan Lovells International LLP von September 2012 bis Juni 2013.

Dr. Cornelia Ernst, Rechtsanwältin, arbeitete zunächst als Rechtsanwältin bei Allen & Overy LLP in Frankfurt am Main. Nach mehreren Jahren der Tätigkeit in der Rechtsabteilung einer internationalen Investmentbank arbeitete sie von Februar 2010 bis Januar 2011 als Rechtsanwältin bei Willkie Farr & Gallagher LLP. Seitdem ist sie als Rechtsanwältin bei Hogan Lovells International LLP in Frankfurt am Main tätig. Sie berät Emittenten und Investmentbanken in nationalen und internationalen Kapitalmarkttransaktionen, insbesondere zu Börsengängen, Kapitalerhöhungen, Umplatzierungen und Anleihen.

Dr. Thorsten Becker, arbeitete zunächst als Rechtsanwalt bei Allen & Overy LLP in Frankfurt am Main. Nach seiner Tätigkeit als Rechtsanwalt bei Fried, Frank, Harris, Shriver & Jacobson LLP sowie bei Willkie Farr & Gallagher LLP war er bis Anfang 2012 bei der Hogan Lovells International LLP als Rechtsanwalt tätig. Seitdem ist er Referent bei der Bundesanstalt für Finanzdienstleistungsaufsicht (BaFin).

Simone Jäger ist Studentin der Rechtswissenschaften zunächst an den Universitäten Berlin sowie Paris und derzeit in Freiburg. Im September 2013 unterstützte sie das Corporate/Capital Markets-Team der Hogan Lovells International LLP in Frankfurt am Main als Praktikantin.

Florian Kolling, wissenschaftlicher Mitarbeiter, studierte Rechtswissenschaften an der Universität Bonn. Seit seinem ersten juristischen Staatsexamen unterstützt er ua das Corporate/Capital Markets-Team der Hogan Lovells International LLP im Bereich Kapitalmarktrecht als wissenschaftlicher Mitarbeiter.

Laura Lenz, wissenschaftliche Mitarbeiterin, studierte Rechtswissenschaften an der Universität Hamburg. Sie unterstützt seit Mai 2013 das Corporate/Capital Markets Team der Hogan Lovells International LLP in Frankfurt am Main als wissenschaftliche Mitarbeiterin.

Matthias Murr, wissenschaftlicher Mitarbeiter, studierte Rechtswissenschaften an der Philipps-Universität Marburg und ist seit November 2012, derzeit promotionsbegleitend, als wissenschaftlicher Mitarbeiter im Bereich Corporate/Capital Markets der Hogan Lovells International LLP in Frankfurt am Main tätig.

Dr. Christian Ries, Rechtsanwalt, arbeitete zunächst von 2005 bis 2007 als Rechtsanwalt bei Allen & Overy LLP in Frankfurt am Main. Nach einer Tätigkeit als Rechtsanwalt bei Fried, Frank, Harris, Shriver & Jacobson LLP von August 2007 bis September 2008 und von Oktober

2008 bis Januar 2011 bei Willkie Farr & Gallagher LLP ist er seit Februar 2011 als Counsel bei der Hogan Lovells International LLP in Frankfurt am Main tätig. Er berät börsennotierte Gesellschaften und Investmentbanken in nationalen und internationalen Kapitalmarkttransaktionen zu Fragen des Kapitalgesellschafts- und Kapitalmarktrechts. Dr. Ries hat Artikel und Buchbeiträge zum Kapitalmarktrecht als Co-Autor veröffentlicht.

Dr. Susanne Schäfer, LL. M., Rechtsanwältin, Solicitor (England & Wales), war zunächst bei einer Anwaltskanzlei in der Londoner City tätig und arbeitete von 2003 bis 2007 als Rechtsanwältin bei Allen & Overy LLP in Frankfurt am Main. Nach einer Tätigkeit als Rechtsanwältin bei Fried, Frank, Harris, Shriver & Jacobson LLP und bei Willkie Farr & Gallagher LLP ist sie seit Anfang 2011 Partnerin der Hogan Lovells International LLP. Sie berät börsennotierte Gesellschaften und Investmentbanken in internationalen Kapitalmarkttransaktionen zu Fragen des Kapitalgesellschafts- und Kapitalmarktrechts. Dr. Schäfer hat zahlreiche Artikel und Buchbeiträge zum Kapitalmarktrecht als Co-Autorin veröffentlicht. Susanne Schäfer wird als eine der führenden Anwälte im Bereich Equity Capital Markets in den unabhängigen Publikationen Best Lawyers, Chambers Global und Chambers Europe sowie PLC, IFLR und Who's Who Legal geführt.

Dr. Jan Stoppel, Rechtsanwalt, arbeitete nach seiner Promotion und dem Assessorexamen 2005 zunächst als wissenschaftlicher Mitarbeiter der Universität zu Köln (Lehrstuhl Prof. Dr. Barbara Grunewald). Seit Oktober 2007 ist er als Rechtsanwalt bei DLA Piper UK LLP in Köln im Bereich Corporate/M&A tätig.

Dr. Ann-Katrin Wilczek, Rechtsanwältin, arbeitete nach ihrem Studium an den Universitäten Trier und Münster seit 2001 bei Ashurst LLP in London und Frankfurt am Main und war von Mai 2005 bis Juli 2007 im Kapitalmarktrechtsteam der Allen & Overy LLP in Frankfurt am Main tätig. Seit Juli 2007 ist sie in der Rechtsabteilung einer internationalen Investmentbank in den Bereichen ECM und M&A tätig.

Dr. Jan Winzen, Rechtsreferendar, ist derzeit im Rahmen seiner Wahlstation im New Yorker Büro der Hogan Lovells US LLP tätig. Er war bereits während seines Studiums an der Universität Bonn und anschließend promotionsbegleitend im Bereich Corporate/Capital Markets tätig, zunächst bei Fried, Frank, Harris, Shriver & Jacobson LLP und Willkie Farr & Gallagher LLP. Seit Februar 2011 unterstützt er als wissenschaftlicher Mitarbeiter den Bereich Corporate/Capital Markets der Hogan Lovells International LLP in Frankfurt am Main. Teile seiner Anwaltsstation verbrachte Herr Dr. Winzen in der Rechtsabteilung einer internationalen Investmentbank im Bereich ECM und M&A.

Stichwortverzeichnis

Die angegebenen Fundstellen beziehen sich auf die Kapitel und Überschriften

Acting in concert § 8 IV. 2. f); § 9 III. 4.; § 15 VI. 1.; § 17 VI. 1.
Ad hoc-Publizität § 14
– Befreiung nach § 15 Abs. 3 WpHG § 14 II. 1. c)
– im Konzern § 14 II. 1. d)
Agency-Struktur § 8 III. 1.
Aktiendividende § 3 I. 9.
Aktienverwandte Produkte § 1 III. 3.; § 1 VI. 3. e); § 6
– Abgrenzung zu verwandten Finanzierungsformen § 6 I. 5.
– Absicherungsmöglichkeiten § 6 III. 1. c) bb)
– Anleihebedingungen § 6 V.
– Ausgabe gegen Sacheinlage § 6 II. 2.
– Barzahlung § 6 V. 5.
– Begriff § 6 I. 1.
– Bezugsrecht § 6 III. 1. b)
– Bezugsrechtsausschluss § 6 III. 1. b) aa)
– Bezugsrechtsemission § 6 IV. 1.
– Börsenzulassung § 6 VI.
– direkte Emission § 6 II. 1.
– Gestaltungsformen § 6 II.
– Gremienbeschlüsse § 6 III. 1. a)
– indirekte Emission § 6 II. 1.
– Investorenschutz § 6 V. 8.
– Lieferverpflichtung § 6 III. 1. c)
– Optionsanleihe § 6 I. 1.
– Optionsschein § 6 I. 1.
– Platzierungsverfahren § 6 IV.
– synthetische Wandelanleihe § 6 III. 1. c) bb) (5)
– Transparenzpflichten § 6 VI.
– Umstrukturierung § 6 VII.
– Umtauschanleihen § 6 I. 1.; § 6 III. 2.; § 6 IV. 3.
– Wandelanleihen § 6 I. 1.
– Wandlungsfrist § 6 V. 1.
– Wandlungspflicht § 6 IV. 7.
– Zweckgesellschaft s. Zweckgesellschaft
Angebotsbedingungen § 11 IV. 3. g)
Anleihen § 1 VI. 3. d) § 5
– AGB-Recht § 5 VI. 1. a)
– Änderung der Anleihebedingungen § 5 VII.
– Angebotsdokumentation § 5 V. 4.
– Annuitäten-Anleihe § 5 III. 2. b)
– Ausgestaltung der Anleihebedingungen § 5 III.
– Begebungsvertrag § 5 V. 3.; § 5 VI. 1.
– Börsenzulassung § 5 V. 5.
– Commercial Paper § 5 II. 2. b)
– Emissions- und Angebotsprogramme § 5 II. 2.

– Emissions- und Platzierungsverfahren § 5 V.
– Erscheinungsformen § 5 II.
– Eurobonds § 5 II. 3.
– feste Endfälligkeit § 5 III. 2. a)
– floater § 5 III. 1. b)
– gemeinsamer Vertreter § 5 VI. 5.
– Gerichtsstand § 5 VI. 1. d)
– Gremienbeschlüsse § 5 V. 1.
– Inhaltskontrolle nach § 242 BGB § 5 VI. 1. c)
– Inhaltskontrolle nach SchVG § 5 VI. 1. b)
– internationale § 5 II. 3.
– Kündigungs- und Rückkaufsrechte § 5 III. 2. e)
– Laufzeit und Tilgung § 5 III. 2.
– Medium Term Note § 5 II. 2. a)
– Personalsicherheiten § 5 III. 4. a)
– Platzierung § 5 V. 2.
– Rangverhältnis § 5 III. 3.
– Rating § 5 III. 1. d)
– Realsicherheiten § 5 III. 4. b)
– Rechtsbeziehungen der Beteiligten § 5 VI.
– Rechtswahl § 5 VI. 1. d)
– Restrukturierung § 5 VII.
– Schuldverschreibungsgesetz § 5 VII. 1.
– Sicherung der Gläubigerrechte § 5 III. 4.
– Sonderformen § 5 IV.
– Stand alone-Anleihen § 5 II. 1.
– teileingezahlte § 5 IV. 5.
– Transparenzgebot § 5 VI. 1. b)
– Treuhänder § 5 VI. 5.
– Verbriefung § 5 II. 5.
– Verzinsung § 5 III. 1.
– Zahlstelle § 5 VI. 4.
– Zweckgesellschaft s. Zweckgesellschaft
Anwendungsbereich des WpPG § 11 II. 1.
Anzeigepflicht gem. § 10 WpHG § 13 III. 6.
Arbitrage § 7 I. 2. b)
Asset-backed Securities § 1 VI. 3. g); § 5 IV. 2.
Aufzeichnungs- und Aufbewahrungspflichten nach §§ 16, 16b WpHG § 13 V.
Außenkonsortium § 9 III. 3.

Back-Stop-Transaktion § 4 III. 2. b); § 8 II. 2.; § 8 III. 2.
BaFin § 1 IV. 3.
Basisprospekt § 11 IV. 1. b)
Basiswert § 7 I. 1. b)
Beauty Contest § 2 II. 3.
Bedingtes Geschäft (Option) § 7 II. 2.

Bedingtes Kapital
– bei aktienverwandten Produkten § 6 III. 1. c) bb) (3)
Begrenzungsvertrag § 7 II 4.
Best-Efforts-Underwriting § 4 III. 2. a); § 8 II. 1.; § 8 III. 1.
Bezugsrecht § 3 I. 1.
– bei aktienverwandten Produkten § 6 III. 1. b)
– bei Derivaten auf eigene Aktien § 7 V. 4. b)
– mittelbares § 3 I. 3. b)
– Übernahmevertrag § 8 IV. 2.
Bezugsrechtsausschluss § 1 VI. 3. b); § 2 II. 5. c); § 3 II.; § 6 III. 1. b) aa)
Bezugsrechtsemission § 3 I.; § 8 IV. 2.
– Festsetzung des Ausgabepreises § 3 I. 5. c)
– Gründe § 3 I. 2.
– Inhalt des Bezugsangebots § 3 I. 5. a)
– Platzierungsverfahren § 3 I. 5.
– Prospekt § 3 I. 7.; § 11 II. 2.
– Strukturierung § 3 I. 3.
– Übernahme der neuen Aktien § 3 I. 6.
– Veröffentlichung des Bezugsangebots § 3 I. 5. b)
– Verträge mit Altaktionären § 3 I. 4.
– Wesen § 3 I. 1.
– Zeichnung der neuen Aktien § 3 I. 6.
– zeitlicher Ablauf § 3 I. 5 f.
– Zulassung § 3 I. 8.
Bezugsrechtsfreie Kapitalerhöhung § 3 II.
– Anrechnung § 3 II. 3.
– Ausgabebetrag der neuen Aktien § 3 II. 5.
– Einzahlung des Ausgabebetrages § 3 I. 6.
– Erfordernis einer Referenzperiode § 3 II. 5. d)
– Gremienbeschlüsse § 3 II. 4.
– Haftung § 3 II. 7.
– kein wesentliches Unterschreiten § 3 II. 5. b)
– mehrfache Ausnutzung § 3 II. 3.
– relevante(r) Börse, Kurs § 3 II. 5. c)
– safe harbour § 3 II. 1.
– Stufenermächtigung § 3 II. 3.
– Voraussetzungen § 186 Abs. 3 Satz 4 AktG § 3 II. 2.
– zeitlicher Ablauf § 3 II. 4 ff.
– Zulassung § 3 II. 6.
Bilanzeid s. Zulassungsfolgepflichten
Billigungsverfahren § 11 V.
– Geltungsdauer § 11 V. 4.
– Hinterlegung und Veröffentlichung § 11 V. 3.
– Nachtragspflicht § 11 V. 5.
– Prüfungsumfang und -frist § 11 V. 2.
– zuständige Behörde § 11 V. 1.
Bis-zu-Kapitalerhöhung § 3 II. 4. b)
Block Trade § 4 I. 2.; § 4 III.; § 8 V. 2.
– Ablauf § 4 III. 5.
– Gremienbeschlüsse § 4 III. 3.
– Gründe § 4 III. 1.
– Stabilisierung § 4 III. 4.
– Struktur § 4 III. 2.
Bluechips § 10 X. 1.

Bookbuilding § 2 III. 3. a); § 3 I. 5. c) cc)
– Accelerated Bookbuilding § 4 III. 2. a); § 8 V. 1. a); § 8 V. 2a)
– Decoupled Bookbuilding § 2 III. 3. b); § 11 IV. 3. g); § 11 V. 3.; § 11 V. 5.
– Vorabplatzierung § 3 I. 5. c) cc)
Börse § 1 IV. 4.; § 10
– Anleger § 1 IV. 5.
– Begriff der Börse § 1 IV. 4.; § 10 III.
– Börsenähnliche Einrichtungen § 10 V. 1.
– Börsenaufsicht § 10 IV. 3.
– Börsengeschäftsführung § 10 IV. 2. a) aa)
– Börsenhändler § 10 IV. 2. b)
– Börsenorgane § 10 IV. 2.
– Börsenplätze § 10 VI. 1 f.
– Börsenrat § 10 IV. 2. a) bb)
– Börsenzulassung § 1 VI. 2.; § 10 VII.
– DAX § 10 X. 1.
– Derivate § 7 IV. 1.
– Designated Sponsor § 10 IX. 3. a)
– Einbeziehung § 1 VI. 2.; § 10 VII. 2.; § 10 VII. 3. b); § 11 II. 3.
– Einführung/Notierung § 10 VIII.
– Elektronischer Börsenhandel § 10 IX. 3.
– Entry Standard § 10 VI. 4. b)
– Freiverkehr § 10 VI. 3. b); § 10 VII. 2. b)
– Handelsorganisation § 10 IX.
– Handelssysteme § 1 IV. 4.
– Handelsteilnehmer § 10 IV. 2. b)
– Handelsüberwachungsstelle § 10 IV. 2. a) cc); § 10 IV. 3. c)
– Indizes § 10 X.
– Kassamarkt § 10 IX. 1.
– Market Maker § 10 IX. 3. a)
– Marktsegmente § 10 VI. 3 f.
– MDAX § 10 X. 1.
– Multilaterale Handelssysteme § 10 V. 1.; s. auch Computergestützte Handelssysteme
– Open Market § 10 VI. 4. b)
– Organisation der Börse § 10 IV. 2.
– organisierte Handelssysteme § 10 V. 3.
– Parketthandel § 10 IX. 2.
– Preisfeststellung, elektronischer Börsenhandel § 10 IX. 3. b)
– Prime Standard für Anleihen § 10 VI. 4. c)
– Quotation Board § 10 VI. 4. b)
– Rechtsnatur der Börse § 10 IV. 1.
– Rechtsquellen § 10 II.
– Regionalbörsen § 10 VI. 2.
– regulierter Markt § 10 VI. 3. a); § 10 VII. 2. a)
– Sanktionsausschuss § 10 IV. 2. a) dd)
– Skontroführende Personen § 10 I V. 2. b)
– Skontroführer § 10 IV. 2. b)
– Systematische Internalisierer § 10 V. 2.; s. auch Computergestützte Handelssysteme
– TecDAX § 10 X. 1.
– Terminmarkt § 10 IX. 1.
– XETRA § 10 IX. 3.
– Zulassungsverfahren § 10 VII. 4.
– Zulassungsvoraussetzungen § 10 VII. 3.
Börsenaufsicht s. Börse

Stichwortverzeichnis

Börsengang § 1 VI. 3. a); § 2
– Angebot § 2 III. 3.
– Anpassung der Satzung § 2 II. 2. c)
– Ausgestaltung der Platzierungsaktien § 2 II. 5. a)
– Auswahl der Konsortialbanken § 2 II. 3.
– Beendigung von Unternehmensverträgen § 2 II. 2. b)
– Bookbuilding § 2 III. 3. a); s. auch Bookbuilding
– Börsenzulassung § 2 II. 5. b); § 2 III. 4.
– Contribution Agreement § 2 III. 2.
– Decoupled Bookbuilding § 2 III. 3. b); s. auch Bookbuilding
– Due Diligence § 2 II. 4.; s. auch Due Diligence
– Durchführung § 2 III.
– Emissionskonzept § 2 II. 5.
– Emissionsvolumen § 2 II. 5. d)
– Greenshoe-Option § 2 III. 6.
– Gremienbeschlüsse § 2 II. 6.
– Marketing § 2 III. 5.
– öffentliches Angebot § 2 II. 5. c)
– Preisspanne s. Börsengang – Angebot
– Prospekt § 2 III. 1.
– rechtliche Voraussetzungen § 2 II. 1.
– Roadshow § 2 III. 5.
– Stabilisierung § 2 III. 6.
– Tochtergesellschaften § 2 II. 7.
– Übernahmevertrag § 8 IV. 1.
– Umstrukturierung der Gesellschaft § 2 II. 2. a)
– Vorbereitung der Gesellschaft § 2 II. 2.
– zeitlicher Ablauf § 2 V.
– Zulassungsfolgepflichten § 2 IV.
Börsenindizes s. Börse, Indizes
Börsenorgane s. Börse
Börsenrecht § 1 V. 2.; s. auch Börse
Bought-Deal-Transaktion § 4 III. 2. c); § 8 II. 3.; § 8 III. 2.
Bring Down Call s. Due Diligence

Call § 7 II. 2. a)
Cap § 7 II 4. a)
Circle-up s. Comfort Letter
Co-Manager § 9 III. 5. b)
Collar § 7 II 4. c)
Comfort Letter § 12 V.
– Adressaten § 12 V. 2.
– Aussagen § 12 V. 3.
– Aussteller § 12 V. 2.
– Abgabezeitpunkt § 12 V. 2.
– Begriff § 12 V. 1.
– Change Period § 12 V. 3. b)
– Circle-up § 12 V. 3. c)
– Funktion § 12 V. 1.
– Haftung § 12 V. 4.
Complex Financial History s. Finanzhistorie, komplexe
Computergestützte Handelssysteme § 1 I. 1.; § 1 II. 2.
Corporate Governance Kodex § 15 I. 7.
Coupon § 5 II. 5.

Cross Acceleration Klausel § 5 III. 4. d)
Cross Default-Klausel § 5 III. 4. d)

Datenraum § 12 III. 5.
DAX s. Börse
Decoupled Bookbuilding s. Bookbuilding
Delisting § 16
– gesellschaftsrechtliche Voraussetzungen § 16 III.
– Gründe § 16 II.
– kaltes § 16 I. 4.
– kapitalmarktrechtliche Voraussetzungen § 16 IV.
– reguläres § 16 I. 1.
– vollständiges/partielles § 16 I. 3.
– zwangsweises § 16 I. 2.
Derivate § 1 VI. 3 f.); § 7
– Abwicklung § 7 IV. 5.
– auf eigene Aktien § 7 V.; s. auch Derivate auf eigene Aktien
– Aufsichtsrecht § 7 III. 4. b)
– Begrenzungsverträge § 7 II. 4.
– Begriff § 7 I. 1.
– Bilanzierung § 7 III. 4. a)
– Börslicher Handel § 7 IV. 1.
– Clearing § 7 IV. 5.
– Clearingstelle § 7 IV. 4.; § 7 IV. 5
– Einsatzmöglichkeiten § 7 I. 2.
– Erscheinungsformen § 7 II.
– European Master Agreement § 7 III. 1. a)
– Festgeschäfte § 7 II. 1.
– Handel § 7 IV.
– Informationspflichten 7 III. 2. b)
– Insolvenzfall § 7 III. 3.
– ISDA Master Agreement § 7 III. 1. b)
– Optionen § 7 II. 2.
– Rahmenverträge § 7 III. 1.
– Rahmenvertrag für Finanztermingeschäfte § 7 III. 1. a)
– rechtliche Grundlagen § 7 III.
– Rechtsverbindlichkeit § 7 III. 2. a)
– Sonderformen § 7 II. 5.
– Sorgfaltspflicht der Organe § 7 III. 4. c)
– Swap § 7 II. 3.
– Zertifikate § 7 II. 5. e)
Derivate auf eigene Aktien § 7 V.
– Aktienübernahme für Rechnung der Gesellschaft § 7 V. 3. d)
– Erwerb eigener Aktien § 7 V. 3. b)
– Grundlagen § 7 V. 1.
– Handel in eigenen Aktien § 7 V. 3. c)
– Kapitalschutzbestimmungen § 7 V. 3.
– Schutz der Aktionäre § 7 V. 4.
– Unternehmensgegenstand § 7 V. 2.
Designated Sponsor § 2 I.; § 10 IX. 3. a)
Directors' Dealings s. Zulassungsfolgepflichten
Disclosure Opinion § 12 IV.
– Adressaten § 12 IV. 2.
– Aussagen § 12 IV. 3. b)
– Aussteller § 12 IV. 2.
– Ausstellungsdatum § 12 IV. 2.
– Begriff § 12 IV. 1.

– Funktion § 12 IV. 1.
– Haftung § 12 IV. 4.
Downward Protection § 6 I. 4.; § 8 VI. 2.
Drittbezug bei Insiderinformationen § 13 II. 2.
Due Diligence § 12 III.
– Arten § 12 III. 2.
– Begriff § 12 III. 1.
– Beteiligte § 12 III. 2.
– Bring Down Call § 12 III. 5.
– Due Diligence Defense § 12 III. 3. a)
– Due Diligence Request List § 12 III. 5.
– Gewährleistungsrecht § 12 III. 3.
– Insiderinformationen § 13 III. 1.
– Management Due Diligence § 12 III. 5.
– öffentliche Umplatzierung § 4 II. 3. a)
– Pflicht zur Durchführung § 12 III. 3. a)
– Umplatzierung § 4 II. 3. a)
– Verfahren § 12 III. 5.
– Verhältnis zwischen Emittent und Emissionsbanken § 12 III. 3. b)
– Zulässigkeit § 12 III. 4.

Eigene Aktien
– bei aktienverwandten Produkten § 6 III. 1. c) bb) (4)
– Derivate auf eigene Aktien § 7 V. 1. b)
Einbeziehungsfolgepflichten
– Entry Standard / FWB § 15 III.
Einheitskonsortium § 9 III. 1.
Einheitsvertrags-Konsortium § 9 III. 2.
Einlagenrückgewähr
– Bezugsrechtsemission § 8 IV. 2. e)
– bei Derivaten auf eigene Aktien § 7 V. 3. a)
– Haftungsfreistellung im Übernahmevertrag § 8 IV. 1. f)
– öffentliche Umplatzierung § 4 II. 2. b); § 4 II. 3. b)
– Prospekthaftung § 12 II. 11.
Einzelabschluss § 11 IV. 3. c)
Entry Standard § 10 VI. 4. b)
Emissionskonsortium § 9 III.; IV.
Emittent § 1 IV. 1.
Equity linked-Anleihen s. Aktienverwandte Produkte
Equity Swap § 7 I. 2. e); § 7 V. 3. d)
Erwerbsangebot s. Übernahmerecht
ESMA § 11 I. 2.
EU-Pass § 2 III. 1. g); § 3 I. 7. g); § 11 VI.
EU-Prospektverordnung § 11 I. 2.
Euro Bonds § 5 II. 3.
Ewige Anleihen § 5 III. 2. b)

Festgeschäft § 7 II. 1.
Festverzinsliche Anleihen § 5 III. 1. a)
Finanzhistorie, komplexe § 11 IV. 3. c)
Finanzinformationen § 11 IV. 3. c)
Finanzmarkt § 1 I. 1.
Fire Sale § 8 IV. 1. g) cc)
Floor § 7 II 4. b)
Force majeure § 8 IV. 1. g) bb)
Foreign bonds § 5 II. 3.
Forward § 7 II. 1. b)

free float § 2 II. 1.
Freiverkehr § 10 VI. 3. b)
– Einbeziehung § 11 II. 2.
– Entry Standard s. Entry Standard
Fremdemission § 1 VI. 1. b)
Future § 7 II. 1. a)

Geldmarkt § 1 I. 1.; § 1 III. 6.
Genehmigtes Kapital
– bei aktienverwandten Produkten § 6 III. 1. c) bb) (2)
General Standard § 2 II. 5. b); § 10 VI. 4. a)
Geschäfts- und Finanzlage § 11 IV. 3. d)
Gewinnprognosen § 11 IV. 3. e)
Glattstellung § 7 IV. 3. c)
Gleichbehandlung
– bei Derivaten auf eigene Aktien § 7 V. 4. a)
Global Bonds § 5 II. 3.
Going Public-Anleihe § 6 V. 6.
Grauer Kapitalmarkt § 1 II. 2.; § 12 I.
Greenshoe-Option § 2 III. 6.; § 8 IV. 1. c)

Haftung
– bei Ad hoc-Meldungen § 14 III. 1.
– für Prospekte s. Prospekthaftung
Handelsteilnehmer s. Börse
Hebelwirkung § 7 I. 2. b)
Hedging § 7 I. 2. a); § 8 IV. 2. c)
High Yield-Anleihe § 5 III. 1. d) bb); § 5 III. 4. e)
Hybridanleihe § 5 IV. 1.

ICMA § 5 III.
IFRS § 11 IV. 3. c)
Incorporation by Reference § 11 IV. 2. c)
Informationsmemorandum
– bei Anleihen § 5 V. 4.
Inhalt einer Ad hoc-Mitteilung § 14 II. 4.
Insiderrecht § 13
Insiderpapiere § 13 II. 1.
Insiderinformationen § 13 II. 2.
– mehrstufige Entscheidungsprozesse § 13 II. 2. a)
– Gerüchte § 13 II. 2. b)
– öffentliche Umplatzierung § 4 II. 3. a)
Insiderverzeichnis § 13 IV.
International Offering Circular § 11 VI. 3.
Internationale Emission § 11 VI.
Investmentfonds, Anteile § 1 III. 5.
Investment Grade § 5 III. 1. d) aa)
IPO s. Börsengang
ISDA Master Agreement s. Derivate

Kapitalerhöhung § 1 VI. 3. b); § 3
– Bezugsrechtsemission s. Bezugsrechtsemission
– bezugsrechtsfreie § 3 II.; s. auch Bezugsrechtsfreie Kapitalerhöhung
– 10 %-Kapitalerhöhung § 8 V. 1.; § 11 III. 2. a); s. auch Bezugsrechtsfreie Kapitalerhöhung
Kapitalmarktrecht § 1
– Begriff § 1 I.

Stichwortverzeichnis

- organisierter Markt § 1 II. 2.
- Primär- und Sekundärmärkte § 1 II. 1.
- Produkte § 1 III.
- Rechtsquellen § 1 I. 3.
- Teilbereiche § 1 V.
- Teilnehmer am Kapitalmarkt § 1 IV.
- Transaktionsformen § 1 VI.
Kapitalmärkte § 1 I. 1.; § 1 II.
Kapitalmarktaufsicht § 1 VII.
- Kassamarkt § 7 I. 1. a); § 7 I. 2. b); § 10 IX. 1.
Katastrophenanleihe § 5 IV. 4.
Katastrophenderivat § 7 II 5. c)
Kommunalobligation § 5 IV. 3.
Konsortialbank § 1 IV. 2.
Konsortialvertrag § 9
- Änderung § 9 VII.
- Ausfallhaftung § 9 VI. 3.
- Beendigung § 9 VII.
- Begriff und Funktion § 9 I.
- Bevollmächtigung des Konsortialführers § 9 VI. 2.
- Form § 9 V.
- Fortgeltung § 9 VII. 4.
- Gewinn- und Verlustbeteiligung bei Stabilisierung § 9 VI. 4.
- Inhalt § 9 VI.
- Kündigung § 9 VII. 3.
- Praxis zur Vermeidung eines Pflichtangebots nach WpÜG § 9 III. 4.
- rechtliche Rahmenbedingungen § 9 II.
- Rechtswahlklausel § 9 VI. 6.
- Risikoverteilung für den Fall der Prospekthaftung § 9 VI. 5.
- Standardisierung § 9 V. 1.
- Struktur § 9 III.
- Unmöglichkeit § 9 VII. 2.
- Verteilung von Provisionen und Kosten § 9 VI. 1.
- Zeitpunkt des Vertragsschlusses § 9 V. 2.
- Zweckerreichung § 9 VII. 2.
Konsortialführer § 9 III. 5. a)
- Bevollmächtigung § 9 VI. 2.
Kontrollerwerb § 8 IV. 2 f.)
Konzernabschluss § 11 IV. 3. c)
Kreditderivat § 7 II 5. b)

Lagebericht § 11 IV. 3. c)
Lamfalussy-Bericht § 1 I. 3. b)
Legal Opinion § 12 IV.
- Adressaten § 12 IV. 2.
- Assumptions § 12 IV. 3. c)
- Aussagen § 12 IV. 3. a)
- Aussteller § 12 IV. 2.
- Ausstellungsdatum § 12 IV. 2.
- Begriff § 12 IV. 1.
- Funktion § 12 IV. 1.
- Haftung § 12 IV. 4.
- Qualifications § 12 IV. 3. a)
Lock-up-Vereinbarung § 8 IV. 1. d)

Macrotron-Entscheidung § 16 III. 1. a)
Makroderivat § 7 II 5. c)

Margin § 7 IV. 4.
Market Maker s. Börse
Marktschutzvereinbarung § 8 IV. 1. d)
Material adverse change § 8 IV. 1. g) bb)
MD&A s. OFR
Medium Term Note s. Anleihen
Mehrfach derivatives Produkt § 7 II 5. d)
Mehrzuteilungsoption § 8 IV. 1. c);
Multilaterale Handelssysteme s. unter Börse sowie Computergestützte Handelssysteme
Musterverfahren § 1 V. 6.; § 12 II. 14.

Nachtragspflicht § 3 I. 7 f.) ; § 2 III. 1. f); § 11 V. 5.
Negative Pledge-Erklärung § 5 III. 4. c)
Netting § 7 III. 3.
Notifizierungsverfahren § 11 VI. 1.
Nullkuponanleihen § 5 III. 1. c)

Öffentliches Angebot § 1 VI. 1. a); § 2 II. 5. c); § 11 II. 2.
Optionen s. Derivate
Optionsanleihe s. Aktienverwandte Produkte
Ordnungswidrigkeit
- bei Verstoß gegen Publizitätspflichten nach § 15 WpHG § 14 III. 2.
- Insiderverzeichnis § 13 IV.
OTC-Handel
- Anleihen § 5 V. 5.
- Derivate § 7 IV. 2.

Pakethandel § 4 I. 3.
Parketthandel s. Börse
Perpetual bonds s. Ewige Anleihen
Pfandbriefe § 5 IV. 3.
Pflichtangebot s. Übernahmerecht
Preisfestsetzungsverfahren § 3 I. 5. c) cc)
Primärmarkt s. Kapitalmarktrecht
Prime Standard § 2 II. 5. b); § 10 VI. 4. a)
Private-Equity-Investoren § 12 II. 4. b)
Privatplatzierung § 1 VI. 1. a); § 11 II. 2.
Pro Forma-Zahlen § 11 IV. 3. c)
Prognosen § 11 IV. 3. e)
Prospekt § 11
- Billigung § 2 III. 1. d); § 3 I. 7. d); § 4 II. 2. c); § 11 V.
- Befreiung von Prospektangaben § 11 IV. 4.
- Betragsgrenze für Prospektpflicht § 11 III. 1. b)
- Bezugsrechtsemission § 3 I. 7.
- Geltungsdauer § 11 V. 4.
- Nachtragspflicht § 11 V. 5.
- Nichtaufnahme von Angaben § 11 IV. 4.
- öffentliche Umplatzierung § 4 II.
- Prospektformat § 11 IV. 1.
- Prospektinhalt § 2 III. 1. b); § 3 I. 7. b); § 11 IV. 2.
- verhältnismäßige Angabepflichten § 11 ? show IV. 3. f)
- verkürzt § 3 I. 7. a)
- Veröffentlichung § 2 III. 1. e); § 3 I. 7. e); § 11 V. 3.

– Zulassung § 11 V.
– Zusammenfassung § 2 III. 1. b); § 11 IV. 3. a)
Prospekthaftung § 12
– Anspruchsberechtigte § 12 II. 6.
– Börsengang § 2 III.
– Bezugsrechtsemission § 3 I.
– Due Diligence § 12 II. 5. b)
– Experten § 12 II. 4. c)
– fehlender Prospekt § 12 II. 8.
– Fehlerhaftigkeit der Angaben § 12 II. 2.
– Haftungsadressaten § 12 II. 4.
– Haftungsausschlüsse § 12 II. 9.
– Haftungsfolgen § 12 II. 7.
– Kausalität § 12 II. 3.
– Konkurrenzen § 12 II. 12.
– öffentliche Umplatzierung § 4 II. 2. d)
– Prospektbegriff § 12 II. 1.
– Prospektberichtigung § 12 II. 9. a)
– Prospektveranlasser § 12 II. 4. b)
– Prospektzusammenfassung § 12 II. 9. b)
– Sorgfaltspflicht § 12 II. 5.
– Verjährung § 12 II. 10.
– Verschulden § 12 II. 5.
– prozessuale Aspekte § 12 II. 14.
Prospektpflicht § 2 III. 1. a); § 11 II.; § 3 I. 7. a)
– Ausnahmen § 11 III.
Prospektrichtlinie § 11 I. 2.
Prospektverordnung § 11 IV. 2.
Public Secondary Offering s. Umplatzierung, öffentliches Angebot/öffentliche Umplatzierung
Put § 7 II. 2. b)

Qualifizierte Anleger § 11 III. 1. a)

Rahmenvertrag für Finanztermingeschäfte s. Derivate
Rating § 5 III. 1. d)
Rechnungslegungspflichten s. Zulassungsshy; folgepflichten
Registrierungsformular § 11 IV. 1. a)
Regulierter Markt § 10 VI. 3. a)
Risikofaktoren § 11 IV. 3. b)
Risikomanagement § 7 I. 2. a)
Roadshow § 2 III. 5.

Schuldbuchforderungen der öffentlichen Hand § 5 IV. 6.
Schuldverschreibungsgesetz § 5 VII. 1.
Sekundärmarkt s. Kapitalmarktrecht
Selbständiger Optionsschein § 7 II. 2. c)
Selbstemission § 1 VI. 1. b)
Sell out s. Übernahmerecht
Settlement § 7 IV. 3.
– effektives § 7 IV. 3. a)
– Glattstellung § 7 IV. 3. c)
Sicherheitsleistung (Margin) § 7 IV. 4.
Sittenwidrige Schädigung
– Ad hoc-Mitteilung § 14 III. 1. a) bb); § 14 III. 1. b) aa)
– Insidergeschäft § 13 III. 5. b)

Sondervermögen s. Investmentfonds, Anteile
Special Purpose Vehicle § 5 II. 4.; s. auch Zweckgesellschaft
Spekulation (Trading) § 7 I. 2.
Sprachenregelung § 11 VI. 2.
Spreading § 7 I. 2. b)
Squeeze out s. Übernahmerecht
Stabilisierung § 2 III. 6.; § 15 I. 5.
Step-up Klausel § 8 IV. 2. d)
Stripped Bonds § 5 III. 2. d)
Strukturiertes Produkt § 7 II 5. e)
Sub-Underwriting § 9 VIII.
Synthetische Position § 7 I. 2. d)
Systematische Internalisierer s. unter Börse sowie Computergestützte Handelssysteme
Swap s. Derivate

Termingeschäft § 7 I. 1. a); § 7 II; § 10 IX. 1.
– s. auch Derivat
Terminmarkt § 10 IX. 1.
Termsheet § 6 IV. 2.
Transparenz- und Publizitätsgesetz § 3 I. 5. c) bb)
Trendinformationen § 11 IV. 3. e)

Übernahmeangebot s. Übernahmerecht
Übernahmerecht § 1 V. 4.; § 17
– Angebotsänderung § 17 IV. 4.
– Angebotsunterlage § 17 V. 2.; § 17 VI. 3.
– Aufbau des WpÜG § 17 III.
– Ausnahmen vom Pflichtangebot § 17 VI. 2.
– einfaches Erwerbsangebot § 17 IV.
– Erzwingung des Pflichtangebots § 17 >VI. 4.
– Gegenleistung § 17 V. 2.
– Pflichtangebot § 17 VI.
– Pflichten der Organe der Zielgesellschaft § 17 IV. 5.; § 17 V. 3.
– Squeeze out § 17 VII.
– Sell out § 17 VIII.
– Übernahmeangebot § 17 V.
– Voraussetzungen des Pflichtangebots § 17 VI. 1.
– Wasserstandsmeldungen § 17 IV. 3.
Übernahmevertrag § 8
– aktienverwandte Produkte § 8 VII.
– Anleihen § 8 VI.
– Arten § 8 II.
– Funktion § 8 I.
– prospektfreie Aktienemission § 8 V.
– prospektpflichtige Aktienemission § 8 IV.
– Rechtsnatur § 8 III.
– Vertragsbeendigung § 8 IV. 1. g)
Umplatzierung § 1 VI 3. c); § 4
– Ablauf § 4 II.; § 4 III. 5.
– Arten § 4 I.
– Gremienbeschlüsse § 4 II. 4.; § 4 III. 3.
– Gründe § 4 II. 1.; § 4 III. 1.
– öffentliches Angebot/öffentliche Umplatzierung § 4 I. 1.; § 4 II.; § 11 II. 2.
– Prospekt § 4 II. 2.
Umtauschanleihe s. Aktienverwandte Produkte

Stichwortverzeichnis

Unselbständige Optionsscheine § 7 II. 2. c)
Upstream-Garantie § 5 III. 4. a)

Variabel verzinsliche Anleihen § 5 III. 1. b)
Verbot von Insidergeschäften § 13 III.
– Ausnahmen § 13 III. 4.
– Rechtsfolgen eines Verstoßes § 13 III. 5.
– Transaktionen unter Verwendung von Insiderinformationen § 13 III. 1.
– Verleitung eines anderen zu Transaktionen § 13 III 3.
– Weitergabe von Insiderinformationen § 13 III. 2.
Veröffentlichungspflicht
– nach § 15 Abs. 1 S. 1 WpHG § 14 II 1.
– nach § 15 Abs. 1 S. 4, 5 WpHG § 14 II 2.
– nach § 15 Abs. 2 S. 2 WpHG § 14 II 3.
Verdeckte Sacheinlage s. Einlagenrückgewähr
Verwässerung § 6 V. 8. a)
Vorabmitteilung nach § 15 Abs. 4 WpHG § 14 II. 5.

Wandelanleihe s. Aktienverwandte Produkte
Werbung § 11 VII.
Wertpapierprospektgesetz § 11 I. 2.
– Anwendungsbereich § 11 II. 1.
Wetterderivat § 7 II 5. c)
Widerspruch
– Delisting § 16 IV.
Wrapper § 11 VI. 3.

XETRA s. Börse

Zero Bond s. Nullkuponanleihe
Zulassung § 1 VI. 2.; § 11 II. 3.; s. auch Börse
Zulassungsfolgepflichten § 15; s. auch Insiderrecht sowie Ad hoc-Publizität
– Aktionäre § 15 VI.
– Änderung der Rechtsgrundlage § 15 I. 2. b)
– Änderung der Wertpapierrechte § 15 I. 3. g)
– Angaben zu Hauptversammlung, Dividendenausschüttungen sowie bestimmten Kapitalmaßnahmen § 15 I. 3. f)
– Auskunftserteilung § 15 I. 2. a)
– Befreiung von Mitteilungs- und Veröffentlichungspflichten § 15 I. 3. h)
– Beteiligungsveränderung § 15 VI. 1.
– Bilanzeid § 15 I. 6. c)
– Datenschutz § 15 I. 3. c)
– Directors' Dealings § 15 V.
– Einrichtungen und Informationen zur Rechtsausübung § 15 I. 3. b)
– Emittent § 15 I.
– Entry Standard / FWB s. Einbeziehungsfolgepflichten
– Entsprechenserklärung § 15 I. 7.
– Gleichbehandlung § 15 I. 3. a)
– Jahresabschlüsse/Jahresfinanzberichte § 15 I. 6. d)
– Pflichtangebot § 15 VI. 2.; s. auch Übernahmerecht
– Prime Standard/FWB § 15 II.
– Quartalsberichte/Zwischenmitteilungen der Geschäftsleitung § 15 I. 6 f.)
– Quotation Board § 15 IV.
– Rechnungslegungspflichten § 15 I. 6.
– Sanktionen § 15 II. 3.; § 15 III 4.
– Verbot der Marktmanipulation § 15 I. 5.
– Vollmachtsformular § 15 I. 3. e)
– Zahlstelle § 15 I. 3. d)
– Zulassung später ausgegebener Aktien § 15 I. 1.
– Zwischenberichte/Halbjahresfinanzberichte § 15 I. 6. e)
Zusammenfassung s. Prospekt
Zweckgesellschaft § 5 II. 4.; § 6 II. 1.; § 8 VII. 2.